神奈川大学人文学研究叢書35

近現代中国人日本留学生の諸相

「管理」と「交流」を中心に

大里浩秋
孫　安石
編著

御茶の水書房

まえがき

大里浩秋

このたび、同好の士と共に『近現代中国人日本留学生の諸相―「管理」と「交流」を中心に』を、神奈川大学人文学研究叢書の一冊として上梓することになった。先に同じ大里・孫の編で近代の中国人日本留学を主な内容とする『中国人日本留学史研究の現段階』と『留学生派遣から見た近代日中関係史』を公刊したが、三冊目の本書は、先の二冊よりも多い一五人の執筆者を得、戦後の状況を中心にした論文や資料を加えている点で、扱うテーマが多岐にわたり、ページ数も厚くなった。タイトルを「近現代」…「諸相」としたゆえんである。以下、十四篇の論文と二篇の資料について、掲載順に簡単に紹介したい。

大里浩秋「東亜同文会機関誌に見る明治期日中留学交流史」は、東亜同文会が一八九九～一九一一年に出した三つの機関誌に載った日中双方の留学関係の記事を拾ってコメントを加えたもので、そうした作業を通じて当時の日本側の留学に関する取り組みや考え方を、第一次資料とは違う角度で知ることが出来るのではないかとした。

胡頴「清末留日学生の留学経費について―公費生を中心に」は、清末の日本への留学を官費と私費の二種でとらえる従来の研究に、「公費」派遣の視点を加え、それに関係する資料を発掘することで、多様な留学派遣が存在したことを明らかにしており、今後中華民国期についても同様の研究が期待される。

李暁東「「軍国民」考」は、清末の「軍国民」思想は、日本に留学した中国人学生が梁啓超のみか徳富蘇峰や尾崎行雄からも影響を受けて提唱したものであることを明らかにするとともに、それが近代中国のナショナリズム形成過程で果たした役割について論じている。軍事留学に始まった筆者の研究の集大成といえる力作である。

周一川「近代中国人留学生統計資料に関する考察」は、留学史研究にとって不可欠な各種の統計資料について、それが作られた背景・目的・内容・特徴のみか、遺漏や誤記についても指摘しており、今後の研究に役立ててほしいと述べているが、長年統計資料にこだわってきた筆者にして初めてなし得た分析になっていると思う。

孫安石「中華民国留日学生監督処の研究―一九一〇年代から一九三〇年代を中心に」は、清末の留日学生監督処に比べて従来言及されることの少なかった中華民国期の監督処の資料を使って、そこでの仕事内容や留学生との間で起こったトラブルなどを重点的に紹介したもので、多量にある関係資料を利用して今後継続すべき課題であることを示唆している。

田中剛「「蒙疆政権」留学生の戦後―東北・北海道を中心に」は、日本の敗戦直前から戦後すぐにかけて「蒙疆政権」が派遣した留学生に焦点を当てて、敗戦前後の東北・北海道における留学生の状況を明らかにしたもので、従来その時期の留学生について、しかも地方都市にいた留学生について論じることが少なかった点で画期的な問題提起になっている。

王雪萍「救済・召還をめぐる国府の中国人留日学生政策の迷走」は、敗戦直後に日本にいた中国人留学生に関する筆者の論考を含む先行研究の成果を概説しつつ、台湾に保存されている外交部・教育部関連の資料によって、その時期の中華民国の政策が「迷走」したことで、多くの留学生が中国共産党側に引き寄せられていった過程を明らかにした。

易恵莉「秋瑾の日本留学及び服部繁子と実践女学校」は、清末の革命家秋瑾の日本留学と退学の経緯について、彼女の家庭環境や性格を分析し、留学費用の欠乏に悩まされ続けたという視点で論じたもので、革命思想の持ち主として論じられることが多かったこれまでの研究とは異なる秋瑾像を提示している。

劉建雲「第一高等学校特設予科時代の郭沫若―「五校特約」下の東京留学生活」は、郭沫若が二人の兄の影響を受けつつ日本への留学を決意した経緯を紹介した後、東京で五校特約により第一高等学校予科を受験し合格して学校に通う経過を、本人の手紙や一校の資料で明らかにしたもので、五校特約による留学の具体例を示したものとしても価値がある。

中村みどり「陶晶孫の日本留学と医学への道―陶烈、佐藤みさをとの交流から」は、上記郭沫若とは異なり子供の頃から日本で育ち、五校特約で一校予科に入ったことなどに触れつつ、弟陶烈や妻みさをとの関係や、「対支文化事業」による学費の補助を受け、その後帰国してからの医学研究で方向転換があった点に考察を加えている。

譚皓「倉石武四郎の中国留学初論」は、中国語研究で優れた業績を残した倉石武四郎が文部省の派遣で一九二八年から北京に留学した時のことを、本人の日記に主に依拠して明らかにしたもので、「あの蔑視と殺戮が充満した非人間的な時代において、中国の文化と古書籍を熱愛し、平等な価値観で中国に対することができた」人物と評価する。

木山英雄「今村与志雄編『橋川時雄の詩文と追憶』（汲古書院刊）を読む（上）（下）」は、五四時期から日中戦争の終結までを北京で過ごし、中国の学者や文人と交わりながら数えきれないほどの学術・文化上の交渉役を務めた橋川時雄という人物を主軸にして、明治から昭和にかけての日本の文化人の中国との関わりを縦横に論じたもの。

尾高暁子「音楽学校の中国人留学生―東京音楽学校を中心として」は一九〇二年から一九四五年までに日本の音楽学校に在籍した中国人留学生について概観して、とくに東京音楽学校については詳しく在籍時や帰国後の状況を紹介し、さらに在籍者一覧を付しているのは、個別専門分野における留学状況を紹介する際に模範となる労作である。

見城悌治「近代日本におけるデザイン専攻中国留学生の動向と帰国後の活動」は、これまではなかった「工芸」を学ぶ留学生に関する研究を、図案（デザイン）に焦点を当てて進め、彼らが何を学んだかを明らかにするとともに、帰国後には芸術系学校の教壇に、あるいは産業界の第一線に立って活躍したことを明らかにした。

続いて、資料編について。

川崎真美「敗戦前後の中国人留学生受け入れ関連資料」は、敗戦直前大東亜省が日華学会などを統合した組織として創った日華協会に関する一連の資料を中心にして、昭和二〇年の日華協会の解散に至るまでのいくつかの資料を紹介し、要領よく解題を付しており、これらによって敗戦ぎりぎりの時点の留学生管理の実態が明らかにされている。

王雪萍・田沼彬文「『中国留日学生報』記事目録」は、中国留日同学総会の機関紙として一九四七年から五七年まで発行された新聞の記事目録である。この目録を利用することで、敗戦後一九五〇年までの中国人留学生の生活と意識状況がわかり、さらに日本政府や中華民国政府の対応、一九四九年以降の中華人民共和国政府の対応までも知ることができて便利である。

以上、適切な紹介になっているか恐れるが、とにかく木山先生は別格として、その他の論文や資料解題については、研究会かシンポジウムで報告し討論を経てから、書き上げたものばかりである。完成には至っておらず、引き続き調べたり考えたりする必要がある論文もあるが、それでもなお、それぞれに貴重な問題提起を含んだ内容ばかりだと自負している次第。やればやるだけ課題が出てくるのを承知で、これからもしばらくは中国人の日本留学史のみか、日本人の中国留学史の実態を明らかにする研究会を続けたいと考えているので、忌憚のないご意見を寄せていただきたい。

近現代中国人日本留学生の諸相　目次

目次

近現代中国人日本留学生の諸相——「管理」と「交流」を中心に

I

日中関係の開始——留学生の「管理」

東亜同文会機関誌に見る明治期日中留学交流史

大里浩秋

一　はじめに

東亜同文会（一八九八・十一～一九四六・三）は、中国・朝鮮にさまざまな関心を持つ日本人が集まって結成した団体で（当初から中国への関心が主だったが、一九〇六年朝鮮に統監府を置いてからは中国一辺倒に変わった）、結成時に定められた綱領は「支那を保全す。支那乃朝鮮の改善を助成す。支那朝鮮の時事を討究し実行を期す。国論を喚起す。」であった。のち、一九〇九年の同会秋季大会で、中国も朝鮮も日本も、さらにそれぞれの国同士の関係も大きな変化を来しており、「保全」、「改善」、「時事を討究・実行」などの表現は、上から見下したものだとして中国人が嫌がっていることもあり、適当ではなくなったとして、先の綱領をすべて削除することになった（『東亜同文会報告』第百二十一回、「本会記事」、のちにも触れる）。そして、この綱領を削除したことをもって、その後の東亜同文会が「支那を保全す」等々の考えから無縁になったと理解する研究者もいるが、事実は日本の敗戦に至るまでこの考えは会員周辺で根強く維持され、この考えに基づく活動が種々展開されたと、筆者は捉えている。

しかし、本論文は成立過程や綱領などを取り上げて東亜同文会論を書こうとするものではない。筆者が長年関心を持ってきた近代以降の日中双方の留学の歴史に、東亜同文会はどのように関わり、どのような記録を残してきたかを、同会の結成時から解散直前まで途切れることなく発行された機関誌のうち、明治期に出た『東亜時論』、『東亜同文会報告』、『支那調査報告書』を取り上げ、さらに同会に関連するその他の資料を援用することで確認し、そうした作業を通じて、日中双方の留学に関わった同会の狙いやその中身についての理解を深めることをめざす。なお、大正期から昭和期に延々と発行された『支那』を取り上げた同様の作業は、今後の課題とする。

二　機関誌ごとに留学に関する記事や論考を見る

発行された順に、まず筆者の関心にしたがって機関誌の内容を概観し、次に留学に関する記事や論考を取り上げて、内容を紹介するとともにコメントを加えることにする。

a　『東亜時論』（一八九八・十二～一八九九・十二、全二十六冊、月二回発行）

日清戦争に勝って結んだ下関条約で清国に四つの租界の開設を認めさせたが、そのうちの蘇州・杭州・沙市の租界がこの機関誌が発行される前に置かれたにもかかわらずいずれも何ら進展していない状況を伝え、日本政府の対応の悪さを批判する声があることを紹介している。また、下関条約とは関係なく清国に認めさせた福州・厦門の租界についても、開設の交渉は済んだもののその後の進展がない状況を伝え、さらに、蘇州・厦門では設置に反発する地元住民が日本人に暴行する事件が起こり、日本政府が中国側に善処方を求めている様子を伝えている。総じて、租界設置を足掛かりに中国への経済進出を図る試みが順調にいっていない様子が多くの記事に反映されており、日本の経済力では西洋列強のようには事が進まないことを思い知らされているのがわかる内容となっている。

留学関係の記事に目を転ずると、湖北・天津などからぼつぼつ日本に留学生を派遣する動きがあることが書かれている。それらの記事を列挙すると次のようになる。

・第五号（一八九九年）、「清国留学生」—湖北から十九名、南洋から十四名の武備学生が成城学校に入学した。師範生二名、政治法律生四名は帝国大学付属の日華学堂に入った。（「　」は記事のタイトル、—の後は内容の紹介と筆者による若干のコメントである。以下も同じ。但し、内容の紹介やコメントを付していない場合がある。また、記事を引用する際は、原文中の漢字旧字体は新字体に、カタカナはひらがなに変え、さらに適当に句読点を加えた。［　］は筆者による注である）

・第九号、「天津通信」—突然北洋から二十名が派遣されてきた。内訳は、武備学堂八名、水師学堂六名、大学頭等学堂鉱山学研究三名、二等学堂三名。「大同学校開校式」—横浜大同学校が前年一八九八年十二月に開校し、この年三月十八日にその開校式を挙行。「第三回清国の留学生来る」—上記「天津通信」と重なる内容。「清国留学生の入学式」。

・第十三号、「会報」—広東に派遣する留学生五名を選んだ。

・第十六号、「成城学校に於ける清国学生」—成城学校には一九九八年六月に受け入れた浙江からの四名に始まり、上記第五号と第九号の学生を含めてすでに四十六名が学んでいるとし、授業の成績はみな優秀で一人の病患者も出していないことなど、日常生活の一端を紹介している。「広東留学生の出発」。

・第十八号、「清国の留学生」―「清国派遣の公私留学生は現今八十名を下らず」として、成城学校、日華学堂、高等師範学校などに在籍する留学生の様子を伝えている。この記事の最初に、張之洞の孫が東亜同文会会長近衛篤麿の監督下学習院に在籍していることに触れているのは、中国人の日本留学にとって、張之洞の影響が強く、そのパイプを重視していることの表れであろう。「会報」―上海支部に新たに留学生七名を派遣する予定。

・第二十一号、「清国学生の諸学校入学」―日華学堂を経て帝国大学、第一高等学校、東京専門学校に入学する者の氏名を挙げている。

・第二十三号、辻武雄「清韓留学生の教育主義を論ず」―韓国と中国の教育事情を視察した著者が、日本に最近留学する中国人が多いのは、湖広総督張之洞が『勧学篇』を著して日本留学を推奨したことに力を得ているとした上で、中国人は「本邦を師とするは唯其自家の位置を一歩上進せしむるのみにて数十歩数百歩の高きに上進せしめんとせば必ず…欧米諸国を師とせざるべからず」と信じているが、それは中国人の思い込みにすぎず、「教育主義」が少しもない欧米諸国には留学する効果は期待できない、日本としては、陸続として留学して来る清韓の学生に対し「根本的教育主義」を発揚し、「本邦国体の尊厳なる所以を知らしむ」「隣邦扶植に対する我朝野人士の高義を知らしむ」「本邦に留学するは西洋に留学するに優る所以を知らしむ」べきだとする。「湖北短信」―文中の湖北留学生の派遣に関する部分で、去年湖北が派遣した留学生の成績がいいので、さらに派遣することにした、両湖書院から十名、経心書院から十名とする。「新来の清国留学生」―湖北から四十六名来日、多くは成城学校へ。続いての留学生三十五名が神戸に到着した。「大同学校」―神戸に大同学校を設立する計画ができる。「清国学生の寄宿舎」―福建からの留学生二名を東亜同文会が受け入れることを決める。

・第二十四号、「清国留学生の来朝」―張之洞派遣の学生中、程家檉、陸宗輿など五名の教育を東亜同文会に依頼してきたので、引き受けた。
・第二十六号、原口聞一「広東通信」―五名の留学生を澳門で勉強させることにした。

以上は、ほぼ一年間発行された『東亜時論』に載った留学に関わる文の全部である。そのうち清国から日本への留学生派遣の動きを伝えている記事は、陸軍に学ぶ目的でその予備門の性格を持つ成城学校に入学することが派遣の中心にあったことを示している。なお、上記第二十一号の記事の続きに、海軍を学ぶ希望で天津水師学堂から派遣された学生は、海軍大臣の許可を得られずに仕方なく日華学堂に入っているとのことで、日本の陸軍と海軍の受け入れの違いが当初からあったことに気付かされる。他に、張之洞が一八九八年に『勧学篇』を著して日本への留学を勧めた事実と関連して、当初湖北からの日本留学が他省に比べて多かったことも、これらの記事で確認できることである。さらに、教育事情に通じる辻武雄の論考（第二十三号）からは、まずは日本に留学したとしても、さらに深く学ぶには欧米に留学すべきだとする中国側の理解があるが、それをはねのけ、日本の「根本的教育主義」によって中国からの留学を今後とも確保すべきだとする考えが披瀝されていて興味深い。

他方、広東や上海に留学生を送るとの記事が散見するのは、東亜同文会として現地で中国語を学ばせつつ、そこでの支部の活動を支える役割を期待しての動きと考えられるが、その後の様子を見ると、広東では、留学生として派遣されながら潮州の東文学堂の日本語教師になる者がおり、上海の場合は、同地に留まらせる者もいるし、南京にまもなく開校する学校（南京同文書院）に入れるべく南京に行かせた者もいて（『東亜同文会第六回報告』「会報」）、同会としての中国への留学生派遣のイメージが必ずしも固まったものではなく、その場その場の対応として処理されて、それを留学と呼んだとの印象を受ける。

総じて、自ら留学業務に乗り出す直前における東亜同文会の中国人日本留学と日本人中国留学についての関心や準備の一端が、これらの記事や論考に反映されていると考えられる。

b『東亜同文会報告』（一八九九．十二～一九一〇．六、全百三十二冊、第百二十二回まで月一回、以後月二回）

最初の二年ほどは、中国各地に派遣された会員が現地の中国人と協力して日本語学校を開いたり、中国語新聞を発行したりすることで、会の綱領にある「支那の保全」「支那の改善」の考えを現地住民に伝え、影響力を強めようとしている様子を伝えている。しかし、東亜同文会は清朝に批判的な維新派を支持しているという清朝政府の疑念に付きまとわれ、一九〇〇年に起こった義和団事件や唐才常らの逮捕処刑事件を経て、清朝を刺激することを避けるべく現地、とくに広東における活動を縮小していった様子が見て取れる。

その後租界の未発達、貿易不振の現実を踏まえ、それを打開する試みとして「満韓視察談」や「対露主戦策」などロシアを意識した記事や主張が載り、日露戦争に勝つと日清、日露間で交渉を重ねて、東北地方（以下、「満洲」とする）でロシアが握っていた租借地や鉄道附属地などの特権を日本が得ていく動きを報じている。こうして、会としての主張は当初に増して政府の方針を後押しするものとなり、大部分の日本租界は不振のまま維持するしかないとしつつ、その分満洲で特権を得ることに関心を移した様子が伺える。さらに、辛亥革命勃発の一、二年前の記事では、日本の企業や個人がある程度中国に進出している状況や、日本政府と清朝政府の関係がそれほど矛盾なく維持されている状況が報告されていて、政権や社会の急激な変化を望まず、このまま清朝が継続されることを望んでいると思える論調になっている。

他方、留学に関わる動きを見ると、一九〇〇年からは南京で、まもなく義和団事件の影響を受けてからは上海に移して、日本の若者に中国語や中国との通商に役立つ知識を教える学校（当初は南京同文書院、のちに東亜同文書院と改称）を経営し、東京には中国の若者を収容して日本語と普通学［今の日本の中学校・高校で教える程度の内容を指している］を教える東京同文書院を経営することで、日本の中国進出に役立つ人材、日中親善を担う人材の育成に乗り出している。以下、関連する記事を取り上げてaと同様に内容の紹介と若干のコメントを加えるが、十年余続いた雑誌ゆえに多量に上るので、筆者の判断で載せない記事があることをお断りする。

・第六回（一九〇〇年）、「春季大会」―支那部の事業計画の部分で根津幹事長は、漢口に留学生を七名、広東に五名を送ることにしたとし、それについてのその後の経過も報告している。しかしaでも触れたように、派遣された土地に一定期間腰を落ち着けて留学を続ける状況ではなく、その後これらの留学生がどのような道をたどったかは一部を除いては確認できないようである。また、南京同文書院を開設する準備が進んでいることを報告している。それによると、「日清両学生を収容し、日本学生には支那語を主とし傍ら実地に適切なる政治経済の課を授け、支那学生には日本語を主とし傍ら科学の思想を注入するを目的とす」として、日本の学生については「各府県より地方税を以て二三名つゝ出さしむる筈」とし、この件について両江総督劉坤一の「温かなる同情」があるとする。他に、東京同文書院を前年十月に設けたことを述べている。中国から日本に留学する者が増えてきた際に「之れが適当の監督所なからんか、徒に身を誤らんことを恐る故に…寄宿習学せしむるの便に供せんが為に」設置し、すでに十二、三名を収容して「語学及諸科学」を教えているとする。そして、以後毎号のごとくにこの二つの書院に関する記事が載ることになる。

・第九回、南京同文書院報「南京通信」―会長代理根津一が会長近衛篤麿から預かった日本刀を劉坤一に贈り、歓談した様子を伝えている。そして、劉が同文書院主意書を見て高く評価したとする。「南京近信」―北方で起こった義和団事件が南京に及ぼした影響について触れるとともに、同文書院の日本人学生には早くも夏季休暇として、長江や蘇州などの旅行を実施し、中国人学生には授業をしたが、できる学生に対応する授業が準備されていないことで不満が続出し、こちらも夏季休暇に切り替えた状況を伝える。

・第十一回、「東京同文書院の現況」―九月五日に開院したと記して、教育方針、授業課目名や職員名などを挙げ、学生の異動についても名前を挙げている。上記第六回の記事で、一八九九年十月に設けたとするのは、その頃から準備段階に入ったということか。田鍋安之助「南京来信」―義和団事件の余波で南京では落ち着いて教育ができないと考え、南京同文書院を当面上海に移すことにしたと述べる。

・第十三回、「支那留学生募集遊説」―「清国事情に通達する人士に益々欠乏を告げんことを慮り、来年度よりは同書院の規模を拡張し大に日本学生を増募するの方針」を採ったとして、各府県における派遣勧誘をしている状況を記している。「会報」―南京同文書院改正章程の大要。なお、各府県における学生募集の結果は、第十四回の「南京同文書院留学生募集遊説の結果」と第十五回の「南京同文書院留学生募集遊説員各府県巡回報告」に載っており、各地での理解を得て学生数が確保された様子を詳しく知ることができる。

・第十七回（一九〇一年）、「南京同文書院拡張事業の進行」―職員名とその担当課目、留学生を上海に引率する手順を決めたこと、上海の設備の準備が進んでいること等。

・第十八回、「書院の漢文要領」―中国人に南京同文書院を開設する意義を訴えて中国人の入学を勧誘する文を載せ、これを中国人に配るはずだとするが、実際に配られてどんな反響があったのかはその後の記事からは確認できず、事実としても中国人学生を受け入れていない。鶴岡永太郎「日清貿易と実業教育」―日清貿易の不振を克服する一手段として実業学校を設立すべきだと主張し、それは「我商権拡張の為」だけでなく、「清国保全の実を挙」げることにもなるとする。日本人の進んだ教育によって遅れた中国人に「実学の新学派を起し専ら農工商業の学を教」える学校を、始めは漢口、上海、北京に設けて他地に拡大していき、そこで学んだ学生を将来日本に留学するように導くとする。西洋諸国のような経済力を持たない日本としては、教育を施すことで中国への影響力を増すしかないというわけである。この主張がそのまま実施に向けて動き出したとはその後の記事では確認できないが、同様の考えを持って中国人に教育しようとした日本人が他にもいたことを推量させる内容である。

・第十九回、「南京同文書院学生の入学式」―七十余名の新入生が東京での入学式に参加、その後横浜から乗船し、大阪、長崎経由で上海に向かった。

・第二十回、「南京の同文書院」―南京から上海に移した経緯を説明する過程で、南京同文書院を設立する目的は、他の地方でやっている留学のような、「単に三年五年と云ふ位な、さう云ふ考へではないのであって、日清両国の間に役に立つ所の人間を作らうと云ふ考へ」である、と述べているのは、興味を覚える発言である。そのためには、日本人の主導の下で日本人子弟の教育に当たる学校が必要であり、我が南京同文書院はそのような学校をめざすのだ、ということか。「上海に於ける南京同文書院の開業式」―上海に設けた校舎で盛大な式典を開いたことを伝えている。その最後に、書院に対する中国人の反応として、清朝の有力者である劉坤一、張之洞の祝辞（ともに代読）があり、一般の人も歓迎しており、各新聞にも賞賛の記事が載っていると書いている。

・第二十二回、「南京同文書院の改称及章程改正」―上海に移した際は義和団事件が一段落した時には南京に戻るつもりであったが、「学校の根拠地として殊に日本学生養成地としては」上海の方が適当と考えてこのまま上海に置くことにし、名前を東亜同文書院に改めるとして、そのうしろには細則を並べている。

・第二十四回、桑田豊蔵「福州通信」―かねて東亜同文会が会員（桑田豊蔵）を派遣して支援をしてきた福州東文学堂に最近速成科を新設し、中年以上の志ある者に「日本文を会得するだけの学力の普及を計らんとして」三十名募集したところ、三百名以上の応募があったことを紹介し、それは「時勢の進運」があるからだと書いている。

・第二十七回（一九〇二年）、「東京同文書院開院式」―東京同文書院に入学した中国人学生の数が二十名前後まで増えて赤坂檜町の校舎が手狭になり神田錦町に新校舎を建設していたのが落成して、一月十九日に開院式を行った様子を伝え、学生の出身地や卒業後の進学先に関する情報も紹介している。

・第二十九回、「在東京清国留学生」―最近の調査によればとして、日本に留学する中国人を出身省別、年齢別、在籍学校別に人数を挙げ、それにいくつかの説明を加えているのは、この時期の留学情況を分析する時に役立つ資料であろう。その説明のいくつかを挙げると、留学生の総計は二百七十四人で、内訳は官費生が百六十三人、自費生が百十一人、湖北・江蘇・浙江からが多く、全部で十五省から来ている等。

・第三十回、「清国留学生会館の設立」―留学生数が三百名近くになり、監督の便利、相互の交流、知識の交換を目的に、神田駿河台鈴木町十七番地に清国留学生会館を設立し、その開館式を三月三十日に開いた様子を伝えている。当日の参加留学生は二百二十名であったとし、職員氏名と会館章程を付している。

・第三十三回、「東京同文書院の近況」―在籍者が五十名以上となり、書院の近くに四十余名を収容する監督宿舎を設けたとし、一年生に学年試験をした際の成績表を付している。

・第三十五回、「支那留学生の調停と関係各学校との協定」、および第三十八回、「秋季大会」根津幹事長報告部分―この二つの文を総合すると、留学生と清国公使館の間で、官立学校に入る際に公使の保証が必要なのに、公使がそれを与えなかったことから衝突事件に発展し、一時は学生がそろって帰国するかという騒ぎになった際、留学生総代から東亜同文会に力になってほしいと言ってきた。学生らの意向を聞くと、留学生の総監督を設けてほしい、「便宜の方法を以て文武の学校に入学するの路を開」いてほしいの二点の要望を挙げたので、彼らの意を汲みつつ外務省と弘文学院、清華学校、東京同文書院の関係者とが相談した解決案を留学生総代に伝えて、ようやく騒ぎが沈静したという。さねとうけいしゅうは、この件を「成城学校入学事件」のタイトルで詳しく論じており(『増補中国人日本留学史』、くろしお出版、一九七〇年)、一九〇二年七月私費留学生九名が成城学校に入学しようとして、当時日本の学校に入学する際には清国公使の保証がなければならないとの決まりに基いて、公使蔡鈞に入学証書への押印を求めたが、蔡鈞がそれをこばんだことに事件の発端があるとする。そして、そこから留学生たちと公使館との意見の対立となり、抗議して公使館に押しかけたまま退去しようとしない留学生を警官が逮捕することにもなってますますこじれた状態になったとするが、上記第三十五、三十八回の文はその辺の事情に触れないまま調停のところから書き出しているので、事実経過がよく理解できない内容になっている。

・第三十九回(一九〇三年)、井手三郎「南清の近況」―上海の新聞や学校で日本語・日本文化の影響が強まっていることを紹介した後で、「長江の上流の各省及び南北各地にも新学堂の創立は続々として起」こり、日本人が経営する漢字新聞が五紙、日本語を教える学校は二十四校に上っていると語っている。

・第四十三回、「南北両事件に関する民間の与論」中の満州問題に関する部分―義和団事件で出兵したロシア軍が満洲に留まったままであることに対し、日本留学生の主な者が、在京学生全員を集めて留学生会館で集会を開き、北京政府に速やかにロシア軍の撤退を求めるべきなどの決議をしたことを紹介している。「春季大会」―東京同文書院は生徒数が増加して百二十人に達した。南京三江師範学堂の件では、張之洞が南京総督として、南京に新設する高等師範学堂に日本人教習十一人を雇いたいとして、その選考を東亜同文会長に依頼してきたとする。
・第四十四回、「三江師範学堂の近況」―日本人教習が赴任して六月二十五日に開学式を開いた前後の状況を記している。
・第四十六回、「北京通信」其二、留学生の監督―日本における中国人留学生中に「往々放縦不穏当の所為ありて蔡公使を始め専任監督官王某も殆ど持て余しつゝある」件で、北京当局は内田公使と協議して、近々十分な権限を持った監督を置くことにしたとする。「東京同文書院卒業式」―第一期留学生四人が全課程を修了して七月二十二日に卒業式が行われた時の様子を紹介するとともに、その時の挨拶文を載せている。
・第四十九回、「東亜同文書院第三年学生の修学旅行」―三年生五十六名（商務科五十名、政治科六名）、天津・北京地方に十日から二週間程度の修学旅行を実施、「各班毎に調査問題を授け班員協力し帰院の上其調査報告書を出さ」せることにしたとして、各班に与えた課題を列記しており、旅行中各地の「日清人は大に厚遇と便宜を与え」てくれたとする。「東文学堂組織改革」―「本会より教習桑田氏を派遣して教育経営を助成しつつ」ある福州の東文学堂は、本学期から福建政府の直轄となって全閩師範学堂と改称し、本科では「教育家養成に必需の学課を総て日本語を以て教授し」、卒業後は福建各府県の小中学校を開設させてその教員を担当させるというもの。
・第五十回（一九〇四年）、「秋季大会」―支那に於ける事業の一つとして東亜同文書院の第一期生の旅行について、旅行中の学生の態度が厳粛で調査に熱心であったことに対する外部からの賞賛の声が多く届いている点、「課題研究を命じたる次目は遺憾なく調査を遂げ」ている点を書院として喜んでいるとし、さらに、一年生には蘇州・杭州を旅行させ、二年生には先に「上海に於ける事物の実地問題調査をなさしめ以て調査の能力を養」ってから揚子江筋を旅行させて、三年生の調査旅行につなげる方針であることを明らかにしている。また、同会が支援している学校として福州の東文学堂の他に汕頭の嶺東東文学堂があることに言及して、そこでは「日本語及中学程度の普通学」を教えているといい、両校ともに生徒数が増加している現状を紹介している。さらに、南京の三江師範学堂についても、北京の大学とならぶ「清国に於ける二大学校の一」であるとして、十一名の日本人の教習が熱心に教えている様子を伝えている。「東亜同文書院第三年生修学旅行報告」―上記第四十九回で触れ、第五十回の「秋季大会」でも言及されている最終学年の修学旅行について、引率した学生監督から詳細な「第三年生北京天津地方修学旅行報告書」が提出されたとして、その全文を載せており、同様の報告はその後の回でも繰り返し載ることになる。「三江師範学堂状況」―同校総教習菊池から近衛会長に宛てた報告。

・第五十二回、「東亜同文書院第二年生の修学旅行報告」―上記第五十回に言及されている二年生の修学旅行が漢口での調査を内容として実施された際の報告書。三年生と同じく班ごとに「調査問題」を割り当てて実施されたことがわかる。

・第五十四回、「東亜同文書院第一期卒業式詳報」。「東亜同文書院卒業生の成績と前途」―第一期生五十九名の学業成績を載せるとともに、卒業後の仕事先として、従軍通訳、中国政府雇用の教師・税関吏等、中国における日本人経営の会社・銀行員、外交官・外務留学生などの七項目で希望をとり、書院として便宜を与えたところ、全員が希望の仕事に就くことになったとする。多いのは従軍通訳二十五名、日本企業への就職十五名、独立実業等十名。

・第五十七回、「春季大会」―東京同文書院の学生数は百三十二名（自費生百六名、官費生二十六名）おり、現校舎が手狭になったので、目白の近衛会長所有の土地に移すことを計画中とし、さらに、今年中に福建官費生二十余名、山西からも多数が来る予定であるという。東亜同文書院第一期生の就職先については、上記第五十四回の記事より詳しく、就職先の名前を挙げて報告している。また、支援をしている南京の三江師範学堂や福州の東文学堂が順調に運営されている様子を伝え、汕頭の嶺東東文学堂の場合は経営の基礎ができて自力でやれる状況になったので、同会としては補助を辞すことになったという。

・第五十八回、「清国学生監督招待」—増え始めた留学生の世話役である省ごとの留学生監督と公使楊枢を始めとする公使館員を接待する会合を開いた。出席した浙江、雲南、湖北、両広、南洋、北洋の監督の名前が書かれているのは、他の資料でも見ることが少ないので貴重である。「東京同文書院第二回卒業式概況」。「東亜同文書院第四期留学生の入学式」。「東亜同文書院第一回卒業生一覧表」。

第五十九回、「東亜同文書院第三年生修学旅行」—第二期生の北京・天津修学旅行で班ごとに課した「調査問題」を並べて紹介している。「東亜同文書院日課表」—一年生から三年生までの時間割。

・第六十一回、柏原文太郎「清国視察談」—北京の教育事情を視察した後の談話記録。その中で、現地で聞いた教育関係者の日本の中国人教育に対する希望はいずれも「正則に教育をして貰ひたい」というものであり、「浅薄なる教育などをして帰国」して「在来の清国の教育を受けた者よりは劣る」というのでは困るのだと言われたとする。中国でも追々教育が正則な方に向かうはずなのに、日本における清国人に対する教育はその反対の傾向があるのではないか、今は速成学生をたくさん送ってくるけれども、そのうち「本統の学問をしたものでなければ往かない」ということになるのではないかと述べて、「故に我が会に於きましても今後は正則の学生を成るべく多く収容して日本の正則の教育を受けさせて、是ならば日本で教育を受けたと言はしても充分なりと云ふ卒業生を出し清国に帰したいと思ひます」と訴えている。「東亜同文書院第三年生北清修学旅行」。

・第六十五回（一九〇五年）、「東京同文書院第四回卒業式」。

・第六十六回、「東亜同文書院第二回卒業式記」。

・第六十七回、「商業学専攻留学生」―商部が各地の督撫に電訓し、学堂に学ぶ優秀な子弟三十名を選んで日本で商業学を学ばせ、帰国後に商部と各地の商務学堂で教える人材を育てる準備をしているという。「東亜同文書院第二回卒業生就職表」。

・第六十八回、「日本留学生殿試」―日本に留学して帰国後中央官庁に勤めている者に「進士、挙人の資格を与ふる為」先月殿試〔清朝宮殿で行う官吏登用試験〕を実施した結果、第一等（進士）に八名、第二等（挙人）に五名選ばれたのは、「日本留学生に対する未曾有の栄誉」であるとする。「春季大会」―「南満洲の学校経営」の小見出しで、根津幹事長が「満洲に於ける教育の普及は現下の急務なるも之を為すには学校を建つるより外方法無きを以て予は本会の命を帯び先づ我守備軍司令官及軍政署に赴きて之を計りたるに孰れも大なる賛成を得たり」とし、これまでに開設した学校にはすべて総教習として東亜同文書院の卒業生をあてた、さらに満洲から留学生を日本に送るよう勧めて、四名の留学生を東京同文書院に収容した、また、「海軍士官養成」の小見出しで、清国の陸軍留学生はこれまでも成城学校に入学しているが、海軍の留学生は来ていない〔実際は、上記『東亜時論』第九号には、天津水師学堂から留学生が来ていることが書かれているが、その時は日本の海軍が受け入れるまでには至らなかった。〕、しかし、清国としては海軍の再興を図る必要があり、その場合人材養成が必要になるので、「本会は大に之に助力を与へ…適当の方法により清国海軍士官養成の便を開き」たいと考えていると報告した。

・第七十回、「留学生奨励の上諭」。「北京修芸所設立」―工巡局保軍衙門と内務府審刑司が関わる、「罪人及び貧民に工芸を教ふる」修芸所を創ることにし、その仕事に日本に留学した者を就かせることにしたとする。「法政学校と鉄道科留学生」―伍廷芳等の上奏で北京に法律学校、各省に法律学堂を設立することが認められ、また、張之洞が四十名を選んで日本で鉄道専科を学ばせる準備中と述べる。

・第七十一回、「日本留学生の報告」―江南の紳士数名が日本視察をした結果を巡撫衙門に報告し、本省派遣の官費生は卒業帰国後必ず本省に採用する、本省武備学堂から毎年四名を派遣して高等な学術を学ばせる、粤漢鉄道の経営に役立つ人材養成の為多数の学生を日本の鉄道学校に派遣する、省内の州県はその大小に応じ師範学生と警察学生を日本に留学させることなどを主張している。

・第七十三回、「清国人入学公私立学校規定」―文部省が十一月二日に発した省令第十九号「清国人を入学せしむる公私立学校に関する規定」の全文を載せている。この規定は、留学生を取り締まる意図で出されたとして、「清国留学生取締規則」反対の表現で多くの留学生を巻き込む運動に発展するが、留学生が反対だとする文面を意識してか、この規定の第一条、第四条、第九条、第十条には傍点が施されている。「清国留学生問題」―上記文部省が出した規定に対し、留学生が反発し同盟休校に発展した様子を伝えるとともに、「元来此文部省令は清国留学生保護の精神に出でたるものなることは勿論にて、発布の当時清国公使とも充分打ち合わせの上其同意を得て発布したる由なるも、事の此に至りたるは或は政治上の意味を含みし一派が背後に在って此等学生を煽動したるならんとも伝ふ」と書き、学生たちの過激な行動を鎮めて適当な方法で救済すべく、各学校代表者、有力な団体及び有志家が「目下清国公使及当局と協議中なれば、不日落着すべしと云ふ」とする。なお、この事件についても、さねとうけいしゅうは『増補中国人日本留学史』において「留学生取締規則」反対運動のタイトルで、その経過を詳細に紹介している。「日本留学生の建議」―福建出身の学生が清国政府等に意見書を出した。内容はロシアが満洲に持っていた各種特権を日露戦争で勝った日本が譲り受ける件で日中間で交渉しているが、日本としては東清鉄道を清国に交付する代わりに福建の泉州などを要求する考えがあると聞く、しかしそれには断固反対であるというもの。

・第七十四回（一九〇六年）、「秋季大会記事」―「東京同文書院」の小見出しの部分、同書院の校舎が目白の近衛前会長の所有地に新築されて、十一月に開校式を開き現在の生徒数は約二百名である等の現状が報告された他に、五年前、今起こっているような留学生同盟事件が「他日必ず発生すべきを先見し、其弊を未萌に防遏するの成案を立て、同文会にて清国の留学生全体を収容教育し他日の禍なからしめんと当局に交渉する所ありしも」、それが煮詰まらないままに今に至っていると述べ、それゆえ「同書院の生徒に対しては、学術風儀其他総ての点に於いて清学生養成の各学校の模範たらしめんことを期し、一名と雖も他宿を許さず悉く寄宿舎に収容して教育しつゝあり」とする。

・第七十五回、水野梅暁「湖南通信」―旧年末の清国留学生取締規則に反対して集団帰国した留学生中の湖南出身者に関する動きを伝える。「革命党の一派」が「彼等新帰の学生と合して如何なる珍事を惹起するやも計られず」と警戒したが、一月初め百余名の帰省者があったものの、警察の厳重な取締りによって少しも不穏の挙動はなかったとする。「清国学生紹介委任」―上記文部省が出した規定中の第一条に、入学を希望する学校に「清国公館の紹介書」を提出しなければならないとある点で、清国公使館は紹介方を委任した人物として、練兵署監督と山西・河南・陝西・湖北・山東・雲南の留学生監督の名前を挙げている。

・第七十七回、「留学生派遣見合わせに関する学部の通達」―海外への留学が増えて各種の問題を生じている現状に鑑みて、今後留学生規則を定めるまでは各省の学生派遣を見合わせるべしとの内容。

・第七十八回、「楊公使の在日清国留学生情況密奏」―楊枢公使が日本に留学している中国人学生の現状について、とくに速成で普通学を学んで発生している問題点について指摘して、本国で「留学生選派規則を厳定」してほしいと要望している。その文中、中国人留学生を受け入れている日本の普通学校で「完備せるものは成城学校外三四か処」しかないこと、高校・大学とも定員があって留学を受け入れる人数に限りがあることを述べている。「張総督と留学生」―内田公使に対して、張之洞は日本における留学生の取り締まりにはさらに厳重な方策を設けるべきだと語ったとする。

・第七十九回、「提学使の留学」。「日本留学生規程」―清国政府が過日日本に留学する者についての規定を定めたとして、「遊学長期に亘るもの、中程度の卑き工芸を学修するもの」、「高等以上の学校及各専門学校に入学せんとするもの」、「短期にて法政或は師範等の速成科を修めんとするもの」に分けて、それぞれ準備すべきことを定めている。そのうち、速成科で学ぼうとする場合は、あらかじめ「普通学及清文に優等にして…」といくつかの足かせを課している。「貴州の学事」―貴州に師範学堂、中学堂、陸軍小学堂が新設され、いずれも日本人教習の下日本語の学習が盛んに行われている様子を伝える。「春季大会記事」―「海軍学生養成」の小見出しで、清国海軍が七十名の学生を日本に送ることになり、すでに日本に来ている学生は商船学校で学ぶことになっている、これは本会の尽力で海軍と逓信省と交渉して決まったことだとする。「東亜同文書院と外務省留学生」―これまで外務省が中国に派遣する留学生は、従来尋常中学校卒業者で外務省の試験に合格した者から選ばれたが、今回規定を追加して、外務省が認定した「在清国学校を卒業したる者」も応募する資格ありとし、東亜同文書院卒業生もそれに該当することになったとする。

・第八十回、「東亜同文書院第三期学生卒業式記事」―第三期学生卒業成績表を付す。「東京同文書院院長披露式及生徒卒業式概況」―第五回、第六回卒業生の名簿を付す。

・第八十一回、「楊公使排斥」―楊枢公使の任期満了で外務部は留任を決めたようだが、他方在日留学生からは同公使の不正行為を七つ挙げて、排斥の声が挙がっているという。「浙江省留学生の給費」―浙江省から来た自費で陸軍を学ぶ留学生十五名は、優秀な成績で振武学校を卒業して聯隊その他に入ったが、今後彼らを同省の官費生にすることに決まったという。「女学堂の教習」―北京付近の女学堂では教習が不足している折、学部の方針で東京日清学堂卒業生三十名を帰国させて教習に就かせることにしたという。「直隷留学生の紡績会社設立計画」。

・第八十二回、「留学生制限」―学部は遊学制限章程を制定して、本国に於ける中等教育を拡張すると同時に留学生を制限すべき旨各省督撫に訓令したという。日本留学生の総数は一万三千人に達し、かつその大多数は速成科を志望している状況では、「清国学務の急需に応ずるに十分なりと認」め、今後は一切速成志望の学生は自費・官費を問わず派遣してはならないとする内容。「学部の日本文部省調査」。「東亜同文書院第六期生入学式」。

・第八十四回、「陸軍留学生規約」―陸軍学生の日本留学に就き清国当局と取り決めた内容。例えば、「爾後毎年留学生は七十名を定員とし振武学校に入学せしめ、卒業後聯隊に入れ、次で内五十名を士官学校に送り二十名は測量経理科に入学せしむ」等。「留学生登庸試験の紛議」―十月に「東西両洋留学生の学位授与試験」が行われ、受験生四十二名中日本留学生は二十三名を占めたが、九名が進士に二十三名が挙人に合格したうち、日本留学生からは一人の進士も出なかったことから物議が生じ、答案の再調査をすることになったという。

・第八十五回、「留学卒業生試験規則」。

・第八十六回（一九〇七年）、「清国留学生の師団配付」―今回振武学校を卒業した百四十名の留学生の各師団への配付が始まった。「秋季大会」―根津幹事長の秋季大会事業報告から留学に関わることを拾うと次のようである。東京同文書院に在籍する中国人留学生は約二百名であるが、もともと集めすぎないようにしてきたのであり、中国人留学生を受け入れている学校の模範になるよう通学は認めずすべて寄宿舎に留めて教育してきたし、かならず普通学を三年以上学ばなければ卒業証書は与えないやり方をしてきた。今後普通学を終えた者は高等学校に入ることになるが、それがスムーズにつながるかどうかは「日本の対清政策にも大関係がある事と思」うので、それが順調に進むように二年前から苦心して草案を作って中国側にも日本側にも交渉しているところであるとする。また、現在出版準備中のものに『支那経済全書』があるが、これは同文書院が設立されてから毎期の学生に問題を与えて長年かけて調査した

「上は支那の財政から下は労働者の組合規則まで、総て之を学術的に攻究して組織的に列べた」一万頁の大部のもので、それを今年と来年に分冊して出版する。さらに、柏原幹事の満洲及北清視察報告の部分では、「教育上の事は余ほど形勢が変って」いるとして、以前のようには日本人による教育が重視されておらず、「少し露骨に事実を云へば日本人の教育に関係して居るを排斥したい」という所があるとし、そう感じる事実をいくつか指摘している。そして、このように形勢が変わった一因に、日本の速成教育があり、「日本では支那人の教育は期せすして日本の手に帰したので、教育家かいらい者になった様ですが彼地ではさうではない」と述べているのは、この間日本人が中国各地で日本語と普通学の教育を順調に展開してきたのが重大な転機を迎えていることを具体的に証言しているものである。

・第八十七回、「留学生取締」―外務部は楊枢公使の意見に基づき日本に留学する学生を取り締まる規則を上奏したが、その内容は秘密にされているとする。「清国学界潮流の一斑」―「清国一般の風潮は利権回収の熱と共に教育界も又其低気圧を受け」て、外国人が関わる教育の現場は次々に中国側の管轄に代わり、日本人が関わった学校も同じ運命になっているとして、具体例を挙げている。「清国学生指定学校」―留学生監督の実を挙げる為、公使館内に教育協議会を設け、清国学生の入学の為に十九の指定学校を定めたとする。「東亜同文書院第四期生漢口南京地方修学旅行報告」。

・第八十八回、「留学生に於ける警戒」―最近中国国内各地で起こっている「暴力沙汰」は、「日本留学生及び留学生と日本一部の人々との間に何らかの関係あり」として、留学生に対する警戒を強めている。

・第八十九回、「陸軍留学生に対する制裁」―陸軍部は、陸軍留学生が学術の専攻に努めるよう各国駐在の公使宛に監督を厳格にすることを依頼した。「留学生への訓戒」―最近日本留学生の「風紀退廃せるの声漸く盛んなるを以て」、学部は留学生に対し長文の訓戒を与えたとして、その内容を紹介している。

・第九十回、「外人の東亜同文書院観」―イギリス陸軍大尉カートンが、東亜同文書院を訪ねて授業のみか食事や運動の様子も取材した上で上海の英字新聞『土曜評論』に発表した内容。学生たちの外貌は中国人とそっくりだが、「その実は支那（此国や孤弱ながらも土地広濶、而かも終には日本に左右せらるべき世界の大市場のみ）の秘事を捜索する狡猾鋭敏の視察者たるなり。日露戦役に軍事探偵数十名を出し大に国に盡したるは此の校なりき。日本政府が支那帝国に対する政治と商業とに関し各般の情報を得たるも亦此校なりき。」と述べ、また、先に日本軍の戦争の仕方を見て「日人は全く日本流の戦法をとれりき。今や商戦に際しても全く日本的の兵法を応用す。彼の国民の習俗は全然〝スパルタ〟的にして、真に愛国の情に富み艱苦を厭はず且勤勉無比なる人民より成れり。斯の如き国民は到底進歩せざるを得ず。」とも語っている。中国の地で徹底して日本流に運営されている東亜同文書院のありように、強い警戒心を持っての発言というべきか。「日本留学の減少」―昨年（一九〇六年）に長崎経由で東京に着いた留学生は二千六百四十二人だったが、今年は三月十五日までに四百八十四人で、このままでは今年一年で去年の半分にしかならないのではないかと見ている。「東京同文書院卒業式記事」―根津幹事長の演説では、学生に対して「務むべきは博学者たらんより精深堅実にして其学びたる所を事物に応用するにあり殊に速成は其尤も戒むべき所なり」として、速成否定を強調している。

第九十一回、「日本士官学校の清国生」―陸軍士官学校の留学生の現状と今後の入学予定。これを見ると他の学校への留学が減少状態にあるのと比べて、陸軍留学は変わらず人気を保っていることがわかる。「同文書院と独逸」―昨年上海ドイツ領事が本国政府に発した秘密報告を紹介している。それには、日本は対清教育政策として「清国の留学生を本国に誘致して日本的に教習し」「上海に東亜同文書院を設けて盛んに本国学生を清国的に教習しつゝあり。今後此二者の上に築かる、政治上経済上の対清経営は恐るべき者あり」と書かれている。「列国対清貿易の前途と上海東亜同文書院の関係」―東京各新聞記者招待会席上での根津院長の演説要旨。根津はおそらく上記第九十回のイギリス人や今回のドイツ人のような反応を意識しつつ、東亜同文書院がめざしている内容を説明したものであり、「対清貿易欧米日本難易比較」を十四の項目を挙げながら、日本として欧米に比べて劣っている点、例えば、「資本乏しく金利高し」「金融の便備はらず」等々を克服し、優れている点、例えば「支那語を学ぶを必要とし其風俗に従ふを恥とせざるにより業を興し事を成すこと易し」等々を伸ばす教育を行って、不振の対清貿易を盛んにする人材を育てていると述べている。「春季大会記事」―根津幹事長の報告によると、東京同文書院の今回の卒業は三十三名で、いずれも普通学を修めて帰国せずに高等学校に進学した、教育の効果として「学術のみならず、其言動振舞等に於ても「全く支那人と一変して坐作進退の如き正確に毅然とし」た様子になったとする。また、これまでの普通学の教育に関する混乱については、公使と相談し、各学校と申し合わせて、「少なくも二年以上修業せねば卒業証書はやらぬと云う規約を結」んだ、高等学校以上については同文会が案を出し中国の有力者と相談して中国政府の同意を得て十年計画を作り、中国政府が二百万を文部省に納め日本政府も三十万の補助をするというものだが、今春の議会には提出されなかったとする。

・第九十二回、「東亜同文書院第四回卒業式記事」。「東亜同文書院第四期生北清修学旅行報告」。

・第九十三回、「新任駐日公使の留学生に対する意見」―日本への留学は年々増えている状況で、学生が公使と衝突するケースが増えている。これに対し近く着任する李公使は、留学生の事情に詳しい人を副監督にし、学生と話す際は同郷会などの団体が選んだ代表と話をすることを考えているとする。「留学生に関する学部の内訓」―これまで各省から派遣された留学生は「往々其学科を深究せずして中途帰国する者」がいたが、今後は「何種の留学生を論ぜず、規定の年限内其校に在て卒業帰国せしむる方針である」との訓電を各省に出した。「在外留学生制限に関する通知」。

・第九十四回、「端方の留学生帰国弁法」―両江総督端方が清朝に申請したところでは、日本留学生を三回に分けて帰国させ、三年後には一人もいないようにするという内容。「東亜同文書院第七期生入学式」。

・第九十六回、「留学生派遣の選択」―管学張之洞は、これまでの留学生派遣の方法は各省バラバラで制限がなかったことに鑑み、今後は清国文の素養があり普通学卒業の証書をもつものに限って派遣すべきとの訓令を各省に発した。

・第九十八回（一九〇八年）、「在湖北日本教習姓名」―湖北府の諸学堂に現在招聘されている「文武各教習技師」の氏名を載せる。「日本留学生副監督更迭」―王克敏の病気で張煌全に交代。

・第九十九回、「秋季大会記事」―根津幹事長の事業報告によると、東京にいる中国人留学生の数はだんだん減って、目下は五千内外であり、中国人を受け入れている学校はいろいろ困難を抱えているとした上で、東京同文書院は春より少し増加しているといい、また、上記第九十一回で触れた、両国政府が計二百三十万を十年計画で出して云々の続きとして述べているのは、その計画は「支那の留学生全部を統一して完全に教育する」というもので、それがほぼ決まりかけていたのが、「或る故障のために成らなかった」、もしそれが実現していたら「支那留学生の情勢は…衰退の傾向を呈するやうなことはなかったであろう」とするのは、具体的な事実関係が不明ながら、興味深い証言ではある。また、同じ根津報告で東亜同文書院卒業生の就職先に触れて、前年までは中国の学校で日本の教師を盛んに募集していたが最近は募集しなくなり、その代わりに外務省の留学生や外務省の書記生になる者が多くなったというのも、その頃の日中関係を反映した動きであろう。さらに、「或る財源」を得て「古参学生約百人を十六組に別ち」「支那十五省の方面に調査問題を持たせ」研究旅行に出させたところ、それまで知らなかったようなことを「沢山発見したり聞き付けたり」する成果があり、この報告書もいずれ出版して世の人に読んでもらうと述べている。「留学卒業生任官章程」。

・第百回、「陸軍留学生の制裁」—陸軍部は一月末、今後外国に留学する官費陸軍学生は、国内の中学堂卒業生以外は許可しないことを上奏し裁可を得たという。

・第百一回、「電気科学生日本留学」—農工商部管轄の実業学堂電気科の学生を日本に留学させる計画が煮詰まりつつあるとの情報。

第百三回、「学生教育新方針」—「近時清国留学生の著しく減少したる主因は彼等の多数が徒らに速成を尚びたる結果帰朝後何等の実役にも適せざるに基因する」が、清国政府は「同国将来の教育上に顧み我文部省と種々交渉したる上、将来の官費留学生は全部之を文部省直轄学校に依嘱し全部寄宿舎に収容し順序を踏みたる教育を受けしむることを決定し」、「各直轄学校は目下之に充つべき寄宿舎の増設に着手し」ているが、他方「従来短期留学生当て込みに設立した」私立学校はほぼ全部が廃校するに至っているとする。「外国に於ける清国学生と清国に於ける其予備教育」—『東亜ロイド』が五月の紙面で関係列国（日本・アメリカ・イギリス・ドイツ）の清国学生教育の状況を取り上げているとして、その内容を紹介している。そのうち日本に関しては、その教育が「寧ろ不成功に了らんとすることについて」「一時八千の自費及官費の留学生は二箇年の修学期限にて東京及大阪の諸大学に入りしが、今日迄の経験によれば、此等の学生は其母国の為に有用なるよりも寧ろ有害なりと」されているとし、そのようになった原因を述べている。そしてその一には、「彼等の多数は語学及科学上の素養に乏し」いので、日本語を覚えるのに時間がかかるし、本国における基礎的教育ができていないので、日本の学校での授業が理解できないことにあるとし、さらには、本国での「厳粛なる家庭、窮屈なる学校に養われし身が、俄に外国の束縛なき自由の中に置かれ、何事も自己の儘なるに従ひ、其行為は終に常軌を逸し、不道徳なる行動を敢て」する者がいて、「改革派又は革命党」に加わる者も多く出たからだとする。「春季大会」―第九十九回の「秋季大会」で根津幹事長が報告していることの続きとして、今回同氏が報告しているところによると、東亜同文会が間に入って清国公使と文部省との相談がその後も継続され、結果として「高等学校以上の学校に転ずる者は、文部省で一切引き取り…文部省直轄学校内に別に寄宿舎を建て完全に教育して帰すと云ふことになり、本年から一ヶ年約百五十人乃至百六十人をさう云う風に収容することになった」と述べているのは、第一高等学校・東京高等師範学校・山口高等商業学校・東京高等工業学校・千葉医学専門学校がそれぞれ数十名の中国人留学生を受け入れるといういわゆる五校特約の実施を指しているが、第九十九回の根津の報告にある「留学生を全員」入れるという際のイメージとは程遠い内容と規模である。

・第百四回、「早稲田大学卒業生」―早稲田大学は清国留学生部を設けて、同じく中国人留学生を受け入れている学校の中で異彩を放っていると前置きした後、その第一回卒業生を出したとして、学科名と卒業生の名前を記している。「東亜同文書院第五回卒業式」。

・第百六回、「日本留学生の地位」―士官学校生の卒業帰国後の分配先について述べている。

・第百七回、「留学生試験発表」。「東亜同文書院第八期入学情況一班」。「東亜同文書院学生調査旅行隊状況」。

・第百八回、「陸軍留学生試験」―陸軍部で陸軍留学生の試験を実施、受験者六十八名中日本留学生が五十六名、ドイツ留学生が十二名で、優等及第者二十七名のうち二十六名は日本留学生が占めた。「日本留学生監督」―清国留学生監督処は、従来総監督、総副監督を置いたのを、公使の指揮下監督一名を置くことに変更し、田呉炤氏が監督に就任した。「留学生依托」―文部省は清国政府の要請で五校が留学生を受け入れることになり、五校にはそれぞれ諸設備費が清国政府から支払われることになり、「今後の官費留学生は漸次良好の結果を見るに至るべし」と書く。

・第百九回、「東京同文書院出身者の好成績」―最近北京で実施された登用試験で、外国留学生中十七名は東京同文書院出身者であるとして名前を挙げている。

・第百十回（一九〇九年）、「山東省の日本留学費」―山東省から向こう十年間留学生派遣に使う費用として五十万円を計上したというニュース。清国政府と日本政府間で取り決めた五校特約にかかる費用の分担金を含んで計算された金額だと思われる。「秋季大会」。

・第百十二回、「南京に於ける日本人」―南京在住の日本人数や職業の統計表を載せながら、職業中最も多かった「清国雇聘教師」が減りつつある現状を記している。学校が次々に設立され、「泰西諸国が競ふて清人教育に熱注」する中、日本人が創った東文学堂は日本留学の予備校の役割を果たしていたが、日本留学生の減少で維持できなくなり廃校の状態になったとする。「留学生学費増給」―日本留学の陸海軍学生監督から学生手当の月額増給の要請がなされたが、陸軍部は経費が切迫しているので、これまでの年間の旅行費用として支給している三十円を廃する代わりに、毎月五円を補助することにしたという。

・第百十三回、「欧州留学生の学費及取締」。「留学生試験新章程」。「東京同文書院の中学併置」―中学校を設けて、日本人子弟を養成することにした。

・第百十五回、「留学生登用試験」―先ごろ北京で実施した試験の合格者の人数を書いているが、日本留学生の結果には触れていない。「春季大会」―根津幹事長の報告によると、清国学部の方針で、普通学は本国で学んでから日本に来て「日本語並に算術をやり、それから高等学校に入る」ことになって、東京同文書院に来る学生も減った、いろいろな機会に中国で宣伝しているけれども効果はあまりない、そこで余った校舎と教師を使って日本人に教える中学校を設置することにしたとする。

・第百十六回、「上海東亜同文書院第六回卒業式」。

・第百十七回、「米国留学生派遣規則」—昨年アメリカが義和団事件賠償金を清国に返還することを申し入れ、清国からその金で毎年留学生を派遣することになり、今年から実施するとして外交部が作った規則。「東亜同文書院新入学生」。

・第百十八回、「東亜同文書院第九期生の宮庭拝観」—第九期生の入学式を東京・華族会館で挙行した後、「今回は特別の思召を以て畏くも宮庭拝観許可賜は」り、根津院長引率の下皇居を訪れた。

・第百十九回、法貴慶次郎「清国教育事情」(一)—前北京大学堂教習の著者が次回、次々回に分けて詳しく論じたレポートで、この回では「支那人が我国の洋学を尊重せぬ歴史的原因あり」「何故に支那が我国より教師を聘し又我国へ留学生を送るやうになりしか」等の小見出しで日本との関係を論じている。

・第百二十回、「留学卒業生試験」—今年七月に公布された「留学卒業生試験規則」(第八十五回に紹介され、第百十三回には、「留学生試験新章程」と題して言及されている)に基づいて今回実施された状況が書かれているが、日本留学生の受験状況には触れていない。「陸軍留学卒業生試験」—今回の試験合格者二百二十九名中、日本留学生が二百十八名を占めた。「日本海軍と清国海軍留学生」—これまでも清国政府は自国海軍学生の留学を日本の海軍が受け入れることを求めてきたが、その取扱い等で検討を要するとして日本の海軍は態度を保留していたところ、今回検討を終えて受け入れることになり、商船学校を卒業する学生八名を第一回清国海軍学生として横須賀の海軍砲術学校に収容し、今後も同様の経路で受け入れることになったとする。

・第百二十一回、「欧州留学生監督」—中国人の欧州各国への留学が年々増える状況に対応して清国政府は各国に留学生監督処を設けることにしたとし、その監督氏名を列記している。「秋季大会記事」—根津幹事長の報告によると、中国人留学生に普通学を教える学校は今や成城学校と東京同文学校のみとなったが、東京同文学校としては百二十五名程度を相手に経験改良を重ねて完全なる教育を行い衛生状態もよろしく、帰国後の評判も高いという。また、これまでの大会報告にはなかった西欧諸国の中国人留学生受け入れの現状に触れて、現在約四千人の留学生がいる日本としては、決して中国人子弟を教育する政策について劣っているとは思わないと語っている。さらに、同じ秋季大会においては、根津幹事長から創立時に定めた東亜同文会綱領を削除したいとの提案が出されて、議論の末提案通りに削除することになった。この点は、本拙文の「はじめに」でも触れたことで繰り返しは避けるが、留学に関する中国との対応一つとっても順調には進まない状況に至って、中国側に反発を招くような綱領中の表現は削るのが賢明だと考えたのであろう。

・第百二十二回（一九一〇年）、「外人の事業」―アメリカを始め、イギリス、ドイツ、ロシアが中国人を対象にした教育に乗り出している状況を伝える。

・第百二十七回、「第一回遣米留学生の入学情況」。「憲兵留学生の帰国」―二月に日本憲兵本部練習所清国留学生第一回卒業式が行われ、十二名全員が優秀な成績で卒業したという。

・第百三十回、「清国留学生と外国陸軍大学」―各国陸海軍大学は従来外国人の入学を許可していないが、日本の参謀本部が特に清国陸海軍留学生が日本の陸海軍大学に入学できるよう取り計らっていると聞いて、米英仏も清国学生の入学を許すと語っているとの新聞情報。

・第百三十一回、「欧州留学生監督処章程」。「留学生の外人と結婚するを禁ず」。

・第百三十二回、「春季大会事業報告」。

C 『支那調査報告書』（一九一〇．七〜一九一一．十二、全三十七冊、月二回発行）

機関誌のタイトル、編集責任者が経済学者で当時東亜同文書院教授だった根岸佶、発行部署が支那経済調査部であることから窺えるように、先の二つの機関誌よりもさらに経済状況に重点を置いた記事内容になっていて、中国経済情勢に関する論説や中国各地の経済面の動きが多数紹介されている。例えば、「支那工業の前途」、「対満貿易私見」（いずれも根岸の執筆）など。そのうち、後者の冒頭には、日本は「日清日露の二役により、二十億の大金と数十万の人名を犠牲にし」て満洲における今の地位を得たのだから、それを失わず、もっと高めなければならないとする一節がある。同様の表現は他の人の文にも見られるもので、その後の満洲進出を鼓舞する内容である。以下には、留学に関する文を拾っていく。

・第一巻第三号（一九一〇年）、「在上海東亜同文書院第七回卒業式」―このうちの根津院長の告辞には、卒業生を叱咤激励する次の一節がある。「日露戦役後我国民の国費負担は昔日に倍蓰し、今や民力為に枯渇し野に余財なきに至れるは、余が親しく各地を巡遊して知る所なり。此艱難の時に際し之れを救済するの道実に対清貿易の発展に在り。而して諸子は各府県より公費以て其学を修めしもの、其郷国に負ふ所誠に少なからさるなり。今より進んで時務に尽瘁し以て其本に報するは、豈其一大責務に非すや。」この年に限らず、毎年の卒業式における院長の告辞や来賓のあいさつは、その時々の日中関係を反映した内容で卒業生の「責務」を説いている。

・第一巻第四号、「東京同文書院の卒業帰国留学生招宴」。

・第一巻第五号、「東亜同文書院入学式」。

・第一巻第六号、「本年京師考試の盛」―科挙を廃止して五年になる今年も各種の役人登用試験を実施していることを伝える新聞記事。そのうち、五月には留学卒業生の為の殿試が行われ、二百名余が参加したとする。「女子の日本留学に関する学部の訓示」―留学では「高等専門の学」を学ぶため「学部章程には中学卒業程度以上のものに限ること」としているが、「女学は未だ発達せず学校多からざる為め中学卒業程度のものに限る事」ができないので、自費で日本に留学しようとする女性は必ず提学司で試験をして成績がよければ許可されるというもの。

・第一巻第七号、「留学鉄路生考試」。

・第一巻第九号、「東亜同文書院創立十週年紀念祝典」。「東京支部に於ける同祝賀会」。

・第一巻第十号、「上海東亜同文書院大追弔会」―上記創立十週年のお祝いに引き続き、この間に書院学生卒業生で亡くなった人五十四名の霊を慰める儀式を行った。

・第一巻第十二号、「日本留学海軍学生」―一九〇六年に日本に留学した海軍学生七十名は今年十一月商船学校を卒業した後海軍省と交渉して海軍砲術学校に入学させたが、そのうち八名は軍艦津軽に搭乗して実習させることになった。今商船学校に在学するのは二十五名である。

・第一巻第十三号、「陸軍将校の日本留学」―陸軍部は先に日本士官学校を卒業した将校十八人を選び再度日本への留学を命じたとする新聞情報。「東亜同文会秋季大会」―根津幹事長の報告によると、東亜同文書院の卒業時に実施している「支那内地大旅行」の報告書がこれまでに五万ページ以上に達し、それを整理し調査して選び抜き、さらに欧米人の著書や中国人の書物から有益な個所を参考にして、支那地理全書とでもいうべきものを出版するつもりであるとし、また東京同文書院については、近年中国から来る留学生はどんどん減っている中でむしろ増加していると述べている。

・第二巻第四号（一九一一年）、「陸軍留学生監督処の廃止」―これまで各省から日本に派遣された陸軍学生の為監督処を置いてきたが、多額の経費がかかるために廃止して、その事務を公使に一任することになった。

・第二巻第五号、「清国留学生の帰国」―清国陸軍馬医学堂第一回卒業生十六名が一九〇八年来日し、うち十名は同学堂教師伊藤技師の引率で数か月間関東・東北・北海道の牧野で研修した後帰国、六名は留学生として振武学校に入学して各種の研修を積んだ後、最近満期で帰国した。同じく陸軍留学といっても、軍馬担当の留学生受け入れもあったことを知るのである。「清国留学生の決議」―清国留学生千二百名余が「自国民の惰眠を覚醒せんとして、二月二十六日牛込区西五軒町の留学生会館［上記aの第三十回にある神田駿河台の清国留学生会館が移転した先」に集まって協議し、「十八省の留学生は其後一省五名宛の代表者を選挙し」、代表者は三月五日再度集まって実行方法を相談した。「清国留学生の奮起」―「学生団」の方針は「自国民の覚醒を促し漸次に智識の啓発を計」ることにあり、目的は「清国全部を通じて軍国民として十分の資格を具備」させることにあり、それを実行するため国民会を組織し、「国民全般に対する警告書数万枚」を印刷して国内各地に発送することにした。帰省する学生は「飽くまで平和の手段を用ひ」て地元の先輩や役人に連絡を取り、日本に留まる者は「日本の先輩有志に意見を聞」くとともに、「留学生自制会を起して品性の修養、勤倹勉励の風を養ひ、留学生自ら国民の模範たるを期」す、などの動きを紹介している。なお、この時の学生たちの動きはロシアのイリへの派兵、イギリスの雲南への派兵に端を発したもので、それに危機感を持った学生たちによって激烈に討論され、対策が講じられた様子については、小島淑男の『留日学生の辛亥革命』（青木書店、一九八九年）に詳しい。小島の紹介した内容に比べて、ここに載った記事では学生たちがなぜ集会を開いて対策を協議しているかがわからないままとなる。

・第二巻第十一号、「在日本の清国留学生」―四月二十二日の調査による日本留学の清国学生数として、学校ごとの人数と合計を挙げている。そのうち男子の合計は三千二百三十七名、女子は三十名、「士官学校其他家庭教師勉学中」が五百名、総計は三千七百六十七名である。

・第二巻第十二号、「春季大会」―根津幹事長の報告では、「二、三年の間に同文会の一大事業として出版する考えで準備を進めている「支那地理全書」について、「是は原稿は上海の東亜同文書院の方で支那の実地に就て調査して居る」もので、これまで原稿は六万ページに達したが、それを精選して二〜三万ページにまとめるつもりだとする。この数年来の大会報告で繰り返されるこの出版に向けた経過説明に、大きな期待をかけていることを窺うことができる。他には、中国においてアメリカが中国人教育に力を入れている状況について、彼らの学校に受け入れているのは「支那の高等学校を卒業した学生である。人心を懐けることも教育の方面から掛るのが便利である。而も高等学校大学と云ふものは中流以上の子弟の心が陶冶されることであるから将来有利なる利便である」とし、さらにアメリカに留学した中国人は帰国して「朝野に重要なる位置を占むべく、支那に於ける米国の発展は盛なる見物であると思ふ」と述べているのは、日本の教育面での中国への働きかけが、留学にしろ中国国内での教育にしろ順調にはいかなくなった現状を踏まえての発言であろう。

・第二巻第十五号、「在上海東亜同文書院第八回卒業式」。

・第二巻第十八号、「上海東亜同文書院第十一期生入学式」―一昨年に続き新入生の「宮城拝観」が許可され、「難有恩命に拝泣し」て皇居に行った様子を記すとともに、新入生の出身県や氏名を載せる。

・第二巻第十九号、「日本留学予備校設置計画」―清国学部と日本文部省の取り決めで五校に清国留学生百六十五人を留学させると決めたことから、学部は上奏して北京に「此等学校入学の予科校を設け、専ら日本語を享受し一二年の後日本に派遣するに決し」、学校設立の計画中で、「米国留学生の予備校たる清華学堂に対するもの」だとする。しかし、その後この計画が実施に移されてはいないようである。「清国依託海軍学生」―第一回依託学生は卒業してすでに帰国したが、第二回学生二十三名、第三回三十三名がそれぞれ修業中の他、商船学校では二十五名が予備学科に入っている。しかし清国が今後委嘱してくるかは不明とする。

・第二巻第二十三号、「外国留学卒業生試験」―学部が開いた今年度の試験の結果を記す。但し日本留学生の結果がどうだったかには触れていない。

・第二巻第二十四号、「東亜同文会秋季大会」―根津幹事長の報告では、東京同文書院の学生は漸次増加の傾向にあったのが、「此度の大動乱」［十月十日に勃発した辛亥革命を指す］の影響で百名余減少したが、残った五十名ほどは「平常よりも却って一層熱心に勉学しつゝあるやう」だとする。また、帰国したいにも旅費がなくて帰れない留学生が多数おり、「之を救助する事は隣邦人の情誼でもあり、且前途対清事業の経営上に大なる関係あるもの」なので、本会としても救助案を考えたが、「他の五、六の富豪等が相計って醵金いたし」救助する事になった［財界有志が「同情会」と称してカンパを募り留学生の帰国を支援したことを指す］ので手を引いたという。さらに、東亜同文書院の三年生による調査旅行は、実施の途中で動乱となって心配したが、どうやら無事に戻ってきたと述べる。

以上、b、cと続けて、一九〇〇年から一九一一年までの東亜同文会の機関誌、『東亜同文会報告』と『支那調査報告書』に載った日中双方の留学に関わる記事や論文を取り上げて、内容の紹介と若干のコメントを行ってきた。一冊あたりに載った関連記事の数やそれが占めるスペースは多くはないけれども、十二年分の機関誌から拾っていくとかなりの数になり、かつこれまで知られていなかった、あるいは必ずしもはっきりとはしていなかった事実に触れたものがいくつかあって（この点は、先の『東亜時論』においても同じであるが）、やはり読んでみるものだと実感した。それらの記事を全面的に検討する準備ができていないけれども、以下に、東亜同文会がこの時期に取り組んだいくつかのことについて、感じたことを書き記すことにしたい。

（1）東亜同文書院の創立・運営について

東亜同文会が東亜同文書院を創立し運営し続けたことについては、両機関誌に繰り返しその経過が書かれているので、それが形を成していく様子を逐一知ることができる。そして、その経過を追うにつれてますます感じられてくるのは、その出自が日清貿易研究所、さらにさかのぼれば漢口楽善堂の活動にあるという点である。その点は従来の研究でも大方指摘されていることであるが、会の発足にあたって政府の財政援助を受けただけでなく、東亜同文書院の創設にあたっては綿密に各府県を回って学生派遣の支持を取り付けた点は、日清貿易研究所発足時の経験と反省を踏まえたものであり、運営にあたっても、授業科目の設定等に研究所での実践を生かしている。さらに、最初の卒業生が出た時点から中国各地への調査旅行を実施して、それを毎年調査項目を変えることで行い、その複数の調査結果をまとめて『支那省別全誌』全十八巻をのちに公刊した点は、荒尾精の指導下漢口楽善堂に集った二十名前後の若者が中国各地に散って調査をし、それ等を基礎に根津一が編集して『清国通商綜覧』にまとめたことの延長線上にある。卒業を控えた若者が中国旅行をすることで自由に見聞を深めるというのではなく、予め「調査問題」を与えられてそれに基づく調査をして報告を提出するという、良くも悪くも指導者からの縛りを受けた課題旅行であり、そうすることで、漢口楽善堂の調査ではなし得なかったような緻密な内容で調査した記録が、東亜同文会の成果として公にされることになったのである。

東亜同文書院は、一九〇〇年南京同文書院として日本人学生のみか中国人学生をも受け入れる学校としてスタートしたが、義和団事件の影響でまもなく上海に移ってからというもの、中国人の受け入れはせず、その分一層日本人に対して日本式の教育を施すことになったであろうし、指導者が考える通りの調査旅行まで実施したことになる。それゆえ、単に場所を中国に置いただけの日本人の学校であり、それを留学といえるのかという問題は当初から存在したはずであるが、この点も日清貿易研究所のやり方を引き継いでおり、中国貿易に役立つ人材を育てるという自分たちの目標に沿った教育をするには、この形と内容しかないと考えて運営されていったのである。卒業生の就職先が当初は従軍通訳になる者が圧倒的多数であったのも、日露戦争後日本人の満洲進出が増えるとともに現地の学校で日本語を教える必要が生じて、卒業生を満洲に派遣することにしたのも、自前の日本人教育を施す学校ゆえにできることであった。

（2）東京同文書院の運営、および中国人全般の日本留学への関わり

東亜同文書院の開校に半年先んじて、一八九九年中に東京に中国人を受け入れる東京同文書院を開く準備をして、東亜同文会を頼ってきた学生を主な対象として日本語と普通学を教え始め、学生数が増えると、それに見合った校舎を用意し、卒業すると進学する学校を紹介するなどして、留学生を受け入れている日本の学校の模範となるべく心がけたようである。そのためかどうか、一九〇五年に文部省が公布した留学生の入学に関する規定（いわゆる清国留学生取締規則）に反対して多くの留学生が同盟休校した際にも、同校では学生全員を「寄宿舎に収容して」授業を続けたし、一九〇六年には速成教育に対する否定的評価から日本への留学が減った際にも、同校に入学する学生数はむしろ増える傾向があり、速成教育を実施する学校が軒並み廃校に追い込まれる中でも、維持されていった。

また、東亜同文会は東京同文書院の運営以外にも中国人の日本留学に深く関わっているようであり、中国人学生が日本で困難な状況にある時にはその解決のために手を差しのべ、例えば、一九〇二年の成城学校事件や一九〇五年に起こった清国留学生取締規則反対の際には、公使館あるいは文部省と留学生間の仲介役を任じていることが記事中で確認できる。さらに、中国各地からの留学生派遣について、日本の受け入れ先への仲介役に任じており、例えば、清国海軍が学生を日本の海軍に受け入れることを希望している件で、海軍省に働きかけをしている様子が何度か記事に

なっている。他には、速成教育への留学を禁じて高等教育を施す受け入れ先を確保したい学部や駐日公使の要望に応えるべく、清国側と文部省との協議に関わっている様子も記事から知ることができる。こうした東亜同文会の関わりが実際に効果をもたらすものになったかは不明とするしかないが、とにかく日中間の教育に関わる問題には積極的に首を突っ込むという姿勢があったのではないかと思わせるところである。

（3）中国における日本語教育の高揚と衰退、速成教育批判等

一九〇〇年前後から潮州や福州での日本語を教える学校が存在して、それを担当する日本人教習が東亜同文会から派遣されているとの記事があり、一九〇三、四年には東亜同文会が支援する学校が増えて、南京や福州、汕頭などの様子が盛んに報じられて、そこで日本語を習った学生がやがて日本に留学することになるのではという期待を込めた内容も現れている。しかし、他方一九〇四年には日本での速成教育には問題ありとの声が中国で上がるようになり、一九〇六年にはその声はますます高まって、楊公使の密奏を含めて、速成教育を主体とした日本留学は失敗で高等教育重視の留学に転換しなければとの指摘が出されて、学部は以後速成教育を受けるための留学生派遣は許可しないとの方針を打ち出し、駐日公使館内に「游日学生監督処」を設けて留学生管理を厳しくした。そして、時を同じくしてそれまで中国現地で盛んになっていた日本語教育も下火となり、ついには廃校になる所が続出して、東亜同文会にも教習依頼のお呼びがかからなくなっていった。

中国現地の日本語ブームが去った原因は何かを考えるに、それは速成教育批判をきっかけにする日本人の教育に対する不信にあるというよりも、上に並べた記事の中に、当時の中国の動きとして「利権回収の熱」が教育面にも波及して、外国人が関わる教育の現場が次々と中国側の管轄に代わったとの指摘（第八十七回「清国学界潮流の一斑」）があるように、満洲進出を始めとする日本の特権獲得に対する中国人の反発が広がったことにこそあるのではないかと、

筆者は考えている。また、日本における速成教育は役に立っていないとの中国側の批判についてみると、確かに速成教育を受けて帰国してそれが少しも役立たなかった事例は多かったとして、それでも派遣先の必要によって師範とか法律とかを学ぶ人以外にも、技術を身につけるべく鉄道学校を始め各種の専門学校に入って、そこで学んだ技術を帰国後に生かした留学生も多かったであろうとは、上記の記事からも窺えることで、清国政府筋の評価に従って一概に速成教育留学は失敗だったとするのは早計ではないかと、筆者には思えるのである。

（4）日本の留学政策と他国の反応など

『東亜同文会報告』の記事を見るかぎり、東亜同文会は東亜同文書院や東京同文書院を運営し、中国各地に日本語を話せる人材を養成すべく教習を派遣したりして、教育の面では西洋諸国に一歩先んじて中国に対する影響を強める推進役になったようだと捉えることができる。それは、根津一が繰り返し語っているように、西洋諸国の経済力に及ばない日本が彼らに伍して中国との貿易を盛んにするためには、教育を通じて中国への影響力を高める方法しかないという考えに基づいて進めたことであり、それが功を奏しつつあると見られた時期に、日本に大量に留学してきて受けた速成教育に対する批判が中国各所に起こり、さらに日本が日露戦争に勝って以来西洋諸国に負けじと特権を得ようとするやり方への反発が民衆レベルにも広く起こって、一頓挫を来すことになるのである。

そして、その頃から日本の中国への教育攻勢に西洋諸国が注目し警戒するようになるとともに、教育面からの彼らの中国への接近が強まったように見える。その点で、いずれも『東亜同文会報告』に載った、「外人の東亜同文書院観」（第九十回）、「同文書院と独逸」（第九十一回）、「外国に於ける清国学生と清国に於ける其予備教育」（第百三回）などは、当時の日本の中国人留学生受け入れや東亜同文書院の様子に言及していて興味深く、また、それらの文で示された西洋人の見方に対する東亜同文会の見方を対置して、教育を通じた日本の中国への接近の合理性を述べた根津一の「列国対清貿易の前途と上海東亜同文書院の関係」（第九十一回）も、当時の日本の中国へのスタンスを考える上で興味ある問題提起となっている。さらに言えば、中国人の日本留学について中国人はどう考えているかに言及した、辻武雄「清韓留学生の教育主義を論ず」（『東亜時論』第二十三号）、柏原文太郎「満洲及北清視察報告」（『東亜同文会報告』第八十六回）、法貴慶次郎「清国教育事情」（二）（『東亜同文会報告』第百十九回）なども、今後明治期における日中留学史研究にとって参考になる情報を提供していると思った。

三　まとめに代えて

論文と呼ぶに値しない文を書きついできた中身は、一八九八年から一九一一年までに東亜同文会の機関誌に載った記事や論考の紹介とコメントである。その中にはこれまでに知られている事実に触れた記事もあり、他の資料にはもっと詳しく述べられている場合もあるが、それにかまわずに載せている。なぜかといえば、東亜同文会としてその時々にどんな記事をどんな内容で扱ったかを確認したかったからである。このようにして明治時代の関連記事を見てきて、残るのは大正・昭和の、日中関係にとっての対立・激動の時代における記事の確認である。

ところで、東亜同文会の最も大事な事業だと繰り返し強調されている東亜同文書院の運営は、その後日中戦争終結に至るまで両国の緊張関係に翻弄されつつ継続された。その間一時期中国人学生を受け入れたことがあり、政府の方針で天津、漢口等に開くことにした中国人を対象にした学校の経営にもかかわることになり、さらには、外務省派遣の補給留学生の受け入れを積極的に請け負うことにもなって、日本政府の中国向け教育政策実施の出先機関のごとくになった末に、四十五年間の奮闘の歴史を閉じることになった。また東京同文書院の場合は、大正時代になり学生数は減ったにもかかわらず、五四運動の頃まで持ちこたえてから、一九二二年に閉校となった。明治期を通して中国人の日本留学のまとめ役を任じていたと思える東亜同文会も、大正期になって中国人留学生の世話をする団体として日華学会ができてからは、その任務からは外れて、東亜同文書院関係の仕事以外には、もっぱら日本政府の対中政策を後押しして世論工作をする役割を演じたというのが筆者の感想であるが、それを確認する作業も今後の課題にしたいと思う。

清末留日学生の留学経費について
――公費生を中心に

胡穎

はじめに

清末の留学生関連文書あるいは史料において、一般的に日本に留学した中国人留学生は官費生、公費生、私費生の三つに分類され記されている[1]。これまでの先行研究には、官費生をめぐって、留学政策の制定、派遣経緯、入学状況などを検討したものが多く見られる。しかし、主として「公費生」を取り上げて論述している先行研究は皆無と言っても過言ではない。なぜ、公費生が取り上げられていないのか。その原因は三つあると考えられる。一つは現代的な意味では、官費は「政府から出る費用。私費に対して、広く公費」[2]とされ、公費は「国または公共団体の費用。おおやけの費用」[3]と解釈され、公費生と官費生は同じように扱われるからであろう。もう一つは官費生に比べると、公費生の存在は大勢の留学生の中で少数であり、特別扱わなくても、清末の留日学生の全体的な流れを把握できると考え

【表1】

年別＼省別	浙江省	湖南省	湖北省	直隷省	江蘇省	安徽省	四川省
一九〇一年	一名						
一九〇二年	二名	二名					
一九〇三年	四名	八名		四名	四名		
一九〇四年	七名	二五名	一二名		二名	二名	八八名

本表は『清国留学生会館報告』第二、三、四、五回により作成。

られたからである。さらに、公費生に関する史料は少なく、公費生を取り上げて考察したくてもできないという状況がある。

しかし、当時の史料でわざわざ公費生を官費生と区別して記載しているのは、官・公費生の本質が異なることを示している。そのため、官費生と分けて公費生について考える必要があろう。また、公費生の人数を見ると【表1】、一九〇一年には浙江省の一人、一九〇二年には湖南省と浙江省から二人ずつ増え、一九〇三年には浙江省、湖南省、直隷省、江蘇省からそれぞれ四名、八名、四名、四名が新たに来日している。一九〇四年になると、四川省だけで八十八人の公費生が来日し、ほかに湖北省、湖南省、直隷省からも複数名来ている。しかし、日本留学がピークを迎えた一九〇五年～一九〇六年については、公費生に関する統計資料が見当たらないため、確実な人数は掌握できない。但し、一九〇六年後半に駐日公使館内に設置された游学生監督処（以下監督処と略す）が発行した『官報』の記録によれば[4]、山西省七十八名と江西省九十三名の公費生が、一九〇七年に在日したことが分かる。また、先行研究では確認されてこなかった雲南、貴州、河南などの省の公費生に関する情報を、少ないながらも『官報』から確認できた。実際、公費生は辺境の新疆、東北三省以外のほとんどの省から派遣されており、清末の日本留学史を通して存在したと言える。

では、清末の留日学生の中から公費生を取り上げて研究する意義はどこにあるのか。まず、清末において派遣された公費生のほとんどは各省の下にある州や県の出身者で、その地域の財政によって賄われており、清末の各省留学生派遣の一種の形態をなしている。これまで必ずしも明確になっていたわけではない清末各省の留学生派遣の実情を考察する上で、公費生を一つのテーマとして留学生史研究に位置付けることは重要であろう。また、州や県による公費生については留学経費の点から考えても、官費生とは、本質的な違いがある。清末の日本留学史を通じて相対的に安定した留学生活を送れた官費生と対照して、公費生の留学生活の状況が如何なるものかを検討することで、清末の留日学生全体の生活状況を、より一層鮮明にすることができるであろう。

そこで、以上の問題意識を踏まえて、本稿では日本にいる留学生が同郷青年へ送った留学勧誘の文章、清末の留学生に関する新聞や雑誌の記事、監督処発行の『官報』や『経費報銷冊』などの資料を駆使して、清末の各省から派遣された公費生の状況を明らかにしたい。[5]

なお、いくつかの名称について予めことわっておきたい。一は、本稿における「公費生」は、一般の民営資本で創られた団体、企業などから派遣された公費生を含まず、州や県の資金で送られた者を指している。二は、本稿の「地方」とはすべて各省の下にある州や県を指している。[6]三は、留学生を官費生と公費生に分けて記すのは、すべて史料の記述に従うものである。

一　各省における公費留学の背景

公費生を検討する前に、各省における日本留学生派遣の資金的な準備について触れておきたい。周知のように、日清戦争以降、清政府は軍事費が拡大し、列強に巨額の賠償金を支払うと同時に、一九〇一年からは新政の実施により各改革事業の支出が増加して、ますます財政的に困難な状況に陥り、教育改革を全国的に展開するには費用が不足していた。それ故、新式の学校教育制度を導入するため、清政府は中央政府、省政府、州や県に、それぞれ高等学堂、中等学堂、初等学堂の教育経費を分担させる意向を示したのである。[7]

一九〇三年、張之洞と袁世凱は、世界各国の各級学堂はすべてが政府の財政負担ではないので、我が国も高等教育は政府の責任で、普通教育は地域の士族と紳士が責任をもつべきであると主張した。[8] また、初等教育普及の準備にあたって、州や県は「現地籌款」の原則を実施して必要な経費を調達した。[9] このような教育財政分担の中、日本への留学生派遣をめぐって、留学経費調達は中央政府と各省政府が直面する問題となった。

一八九八年に清政府が官費生を中心にした日本留学派遣政策を定めた際に、留学経費については、ただ「学生の費用は当該官署から駐日公使におくり、随時支発する」というだけで、[10] 具体的な財源には触れていなかった。ところが、清政府は一九〇一年、新式の学堂を創設するにあたって、近代的な教育人材を育成するのが急務となったため、日本への留学生派遣を重視し、留学奨励政策を打ち出した。その留学奨励政策には、留学経費について、政府の資金が限られているため、各省に自費留学を希望する者がいれば奨励すべきだという旨を各省政府に通達するよう記されている。[11] また同年八月五日に清政府は、留学経費を各省が準備して適切に支給し、その経費を正常な支出項目として許可するよう各省に通達した。[12] 清朝においては、各省は基本的な行政支出以外に大きな財政支出がある場合に中央政府の許可が必要であったが、[13] 留学経費は正当な支出として認められていたのである。以上のことから考えれば、留学経費に対して中央各部署から各省に至るまで、各々留学経費を準備して派遣すると同時に、自費で留学する希望者がいれば奨励すべきだというのが中央政府の意向であったと理解できる。

続いて、各省が中央政府の留学政策に従って日本留学生派遣を準備する際に、どのように留学経費を調達したのかを、資料によって見てみる。留学経費の調達を初めて取り上げたのは、康有為である。一八九八年六月に康有為が記した「請広訳日本書派游学折」では、「政府に学費を統括して準備してもらう、或いは州や県にそれぞれ学費を用意してもらう。大きな県は三人、中ぐらいの県は二人、小さい県は一人という割合で、すべて県の秀才を選び、当該県が各自で資金を集めて学費を支給すべきだ」と述べて、州や県の資金で当該県の人材を育成するという見解を示している。[14] また、省段階で初めて留学派遣に充てる経費の調達法を示したのは四川省であった。一九〇二年に四川省学政は中央政府の留学生派遣の上諭に対して、「現地における籌款しかない、州や県における「私的」財産を集めて「公的」な財産に充てるという方法である」と上奏し、さらに、現地籌款の方法としては具体的に以下のように述べている。[15]

まず、四川省の州や県を調べたところ、地方紳士、金持ちは学田[16]を設けて科挙の文武受験生を援助していたが、現在、武系の科挙はすでに停止し毎年この部分のお金が残っているので、それを回して留学費に充てる。少ない額ではあるが貯めていくうちに多くなり、毎年凡そ数千金[17]を引き出せる。中ぐらいの県では津捐、賓興[18]などの経費に余りが出ることがある。また文昌宮・各廟堂[19]は常々無駄をし過ぎているので、これらのお金を節約して集める。或いは寄付を募ることで、大きな県と中ぐらいの県が毎年二三百金を集めるのは難しくない。このような方法を採るようそれぞれの州県に命じ、年ごとに留学経費の名目で県に納め、県から府に、府からまとめて塩道庫[20]に預けて随時使用する。

上記のように、四川省は州や県の学田、津捐、賓興、文昌宮などの余剰金或いは無駄を削って得た資金、また寄付の呼びかけにより各県から毎年二三百銀両を集め、それを留学経費に備えるという方法を考え付いた。しかも、集まったお金を省の塩道庫に入れて、随時使用しようとしている。但し、この段階の四川学政の考えには、地方に散在している資金を集めて省の塩道庫に預けて省政府の財政収入に加え、それを官費生派遣に使うという意図が窺える。しかし、実際の留学生派遣は、資金を公庫に預けず、州や県の経費を直接当該学生に支給する場合もあった。例えば、一九〇四年に四川総督錫良が州や県から選んで日本に送ったおよそ二百人の多くは公費留学生であり、各州・県は、それぞれの経費を出して留学費用を負担している。[21]

四川省以外の湖南、山西、直隷、江西などの省の留学経費の調達はどうだったかを次に見てみる。湖南省の場合、一九〇二年に湖南出身の日本留学生が湖南巡撫に宛てた日本留学派遣を勧める手紙には、「湖南省政府はすぐに資金を捻出するのが難しく、各府、州や県に通達して頼むしかないので、それぞれに資金を準備させて、大きな県は二・三人、小さい県は一・二人を選び派遣すべきだ」と書かれている。[22] 多くの留学生を派遣するために、財政難の湖南省政府としては州や県の財力を借りて当該地の人材を育成するという一つの解決法を示しているのである。山西省の場合、一九〇五年に留日師範生が書いた日本留学を促す文章では「浙江省、四川省などは、すでに地方州や県から出資して当該地の留学生を日本に送るという方法を採用し、皆百名ぐらいの規模で速成留学をさせていて、帰国後当該出身地で教育事業に従事させることにしている」と述べ、山西省もその方法を真似して留学生を派遣するよう勧めている。[23] 山西省政府はその要請を受け、一九〇六年に州や県から七十八人の公費生を派遣した。また、直隷省の場合、一九〇五年に総督袁世凱が多くの日本視察させる州や県の地方官や郷紳（以下地方官と郷紳を官紳と称す）と速成留学生を派遣する際に、一五二の州や県が各々公費を出して現地の者を選ばせるようにした。[24] 江西省では、一九〇六年に州や県の公費を使って、当該地出身の一〇八名からなる公費生を日本に送った。[25]

先に述べた教育関連の財政状況を踏まえれば、清末の複数の省がそれぞれ州や県の財力を頼って現地の者を選んで日本に派遣した様子が見えてくる。とりわけ、一九〇六年七月に学部が速成教育廃止を通達する前には、州や県初等学堂に充てる教員を至急育成する必要があったから、財政がもともと苦しい省にとっては現地籌款が最も効率の良い解決策であったと考えられる。現地籌款は、州や県が負担する初等教育の普及に採用した経費調達策であったが、留学生派遣にも応用されたのである。

ここで、各省の留学経費の調達法を検討した結果をまとめると次のことが言える。すなわち、清政府は財政難の状況で、留学派遣奨励策を出すと同時に留学経費の捻出を省政府に任せた。しかし、省政府は同じく困難な財政状況下、州や県における初等教育普及に必要な人材を育成するために、州や県の財力を利用して現地の人を派遣することになった。これが、州や県が公費を出して留学生を日本に送った背景である。

二　各省の派遣した官・公費生の区別

「はじめに」で触れたように、これまで先行研究で公費生が取り上げられなかった理由の一つは、公費生の捉え方があいまいで、官費生とほとんど変わらないという認識が持たれていたことによるからだと考えられる。このような認識によって、清末の官費生と公費生は同じものと理解され、わざわざ分類して捉える必要はないと思われがちであった。そこでまず、当時の官・公費生の区別はいったいどこにあるのかをはっきりさせなくてはならないと考えている。

官費生と公費生の区別をはっきりさせる前に、清朝の財政制度について言及しながら「官款」と「公款」の境目を限定してみることにする。清朝においては、中央集権的な財政制度を実施して、中央から州や県まで統一の財政体系が築かれ、「官吏の給料及び行政の公費に至るまで、中央の戸部によって」決められていた[26]。各省は清政府の命令に従って各種の税金徴収を担い、それを公庫に預けて、省で使う必要な費用を除く他の項目の支出があれば、清政府に許可を取るという処理の仕方をしており、独立した財政権力を持たなかった[27]。一方、清朝の官職が置かれるのは州や県までに止まって、したがって最下層の行政機関として田租と各種税金を徴収する役割を担う一方、官吏俸禄や行政公費などを差し引いて、すべて国に納めていた[28]。州や県とその下の地域で教育を含む公共事業などを起こすための経費は、国家の財政収支外に限定され、知州、県令、紳士らが自力で工面していた。特に、清末の新政及び地方自治を展開する必要な経費は、国家税金収入を使わず、地方のおおやけの経費や公共財産、公益事業のための募金及び罰金の三項から使うことに決められていた[29]。

以上のような財政制度を踏まえて、官費と公費の境界を整理するならば、中央から州や県まで国家財政収支範囲に入る経費はすべて官費となり、そうではなく上述のような州や県及び下の地域で公共事業を起こすために集められた各種経費は公費であるといえる[30]。

その場合の地方公共事業費の財源がどこから捻出されたのかについては、公費生の派遣に最も関連する州や県の教育公費を例に見ておく。清末の地方教育公費の財源としては、一は科挙制度を廃止した後、残った科挙試験受験者を援助するために準備した旅費や受験費などの各種費用、新式の学校に切り替わった伝統的な教育機関である書院に残った各種経費であり、二は祭祀などを行う廟堂、大家族が祖先を供養する祠堂、会館などの公共財産及び各地で厄よけや招福を行う行事の迎神賽会、演劇などに使う費用の一部であり、三は教育普及のために地元の人から新たな税金を徴収して得たものである[31]。ほかに官吏による捐銀[32]は教育公費の来源の一部とされた[33]。そして、留学派遣に使う公費も地方の教育改革の一環として、このような教育公費から賄われたと考えられる。

では、教育公費から使われる公費生の留学経費について、さらに具体的な出所を説明するには、浙江省からの日本留学生が同省に留学生を多く派遣すべきだと訴える文章が助けとなる。それによると「地方公費」、「学堂公費」、「家族公費」の三つ公費としての派遣方法があるという[34]。その内容を要約すると次のようになる。

「地方公費」は二種類あり、一つは通常の公費であり、もう一つは特別に募集した公費である。通常の公費は、善堂、各行公所、会館、演劇、賽会などの預金、あるいは経費削減により集まった資金であり[35]、特別に募集した公費は、上級官吏に賄賂を贈る費用と州や県が公に名乗って一般に民衆から徴収した費用を削って留学経費に充てるものである[36]。「学堂公費」は官立学堂の経常費から特別費用として引き出して留学に充てるものである。「家族公費」は一族の祠堂の公款であり、大きな一族は必ず祠堂を設けており、供養や祭などに使って余ったお金で、留学生派遣の経費に充てられた。

さて、上述の公費の種類に基づいて官費生と公費生を区別すると、次のようにいえるのではないだろうか。官費生とは国家財政経費の一部を利用して派遣された者であり、公費生とは地方の各種公共施設の公共財産、祠堂公費、特別募集などの経費を利用して派遣された者である。

しかし、清末の公費生派遣について見てみると、最初の清政府の留学派遣政策では触れられておらず、一九〇一年の留学派遣の関係文書にも「貴冑留学生」、「官派留学生」、「游学学生」の三つしかなく、公費生は見られなかった[37]。「貴冑留学生」は皇族大臣の子弟を指し、本稿の内容に直接的な関連性がないためここでは略すが、「官派留学」と「游学学生」については「京師大学堂、各省督撫・学政・及び各大臣により派遣された者」と「各地から来た自弁で留学する者」と説明され、明らかに官費生と私費生のことを指していることがわかる[38]。さらに、一九〇六年に学部が頒布した『管理游学日本学生章程』（以下「管理章程」と略す）の「管理条規」は官費生と私費生に関する内容にとどまり、公費生については触れられていない[39]。従って、公費生は中央政府と関係なく、各省の具体的な実情に沿うかたちで生み出された方法で派遣された留学生であるといえる。

しかし、省によって派遣された留学生には、官費生と公費生の両方が存在している。次は各省の具体的な派遣例から官費生と公費生の違いを見ていきたい。まず、官費生の場合、広東省、江蘇省、浙江省の例を見ると広東省は一九〇四年、欧米各国二十六人及び日本二十二人の官費生派遣を準備する時に、学務処の経常費の項目から毎年十万元を出すと決めた[40]。広東省のように学務処の経常費を留学経費としたのは、先述した中央政府が許可した正当な支出の一種に当たる。また後に扱う『官報』に載っている各省の官費生も、この形式で各部署の経費を使って派遣されているのである。それに対して、江蘇省において同年巡撫端方が学務処に命じて州や県から凡そ百三十人を選んで宏文学院に送り出した速成師範科留学生の経費は、各守門人[41]に賄賂を贈るために用意されていた費用を減らし、それを留学経費に転用したものであった[42]。また、浙江省の場合、同じく一九〇四年に浙江巡撫が速成法政科を学ばせるため留学生を派遣した際に、自ら捐廉で[43]行政職務用の公費の一部を出して、留学経費に充てた[44]。江蘇省と浙江省のように、正当な国家財政支出を使わず、巡撫が自ら調達した資金を使って派遣した場合も官費生の一種である。

また、公費生の場合、四川省、湖南省、湖北省、広西省、浙江省の例を見ると、四川省の瀘州は一九〇五年に各種の慈善事業を行う処である体仁堂から二千元を出して、五人を送り出し[45]、翌年合州は賓興の経費を使って、二〇人余りを選んで日本に派遣している[46]。湖南省の湘潭県では、一九〇五年に易姓の大家族が本族の祠堂などの公費を使って族内の子孫を選んで派遣する計画を立てていた[47]。湖北省の漢陽県と南漳県では、それぞれ「賠款興学」と「賠款捐」の資金を出して計十四人を派遣した[48]。また、広西省容県では、留学生を派遣しようとしても資金がなく困っているところで、勝手に官職を名乗った何祖瑞という者が官府側に処罰されて納めた罰金三千元の内から二千元を留学経費として四名の留学生を派遣した⁽⁴⁹⁾。さらに、浙江省では、浙江巡撫は金華、衢州、厳州の三府を鉄道敷設の路線の経過地とされたことで、鉄道関連の業務に務める人材を育成するために、当該府県に公款を出し数名の鉄道留学生を派遣するように命じている⁽⁵⁰⁾。以上のように各省の州・県においては、善堂の公費、賓興費、大家族の公費、罰金等を使って公費生を派遣していることが分かる。さらに、湖北省のように州や県に分担させられた義和団賠償金の一部を利用して公費生を派遣した例もあった。

なお、史料上では「官・公費生」と記載されているが、実は、はっきりとしない例もある。一九〇四年に四川総督錫良が州や県に資金を用意してもらって選んだ凡そ二百人の中には、九十名以上の官費生と八十名以上の公費生が含まれている⁽⁵¹⁾。前述の地方公費の種類を参考にして考えれば、一部を公費生と呼ぶことは理解できる。しかし、一部が官費生と呼ばれている点は費用の出所が明らかではないため、判断がつかない。同じような例として、一九〇五年に直隷省宣化府が各県県令と紳董（勧学所に関わる郷紳を指す）の捐銀及び官立学堂の公費で「官・公費生八人」を日本に送ったことが挙げられる⁽⁵²⁾。この派遣対象は官紳の勧誘や推薦で現地の紳士や知識人、各学堂の学生を中心としていた。詳細は以下のようである。

宣化県令謝愷は捐銀二百五十両で、馮延鋳一名を推薦した。龍門県令経文は捐銀二百五十両で、本県の（紳士の中に）留学希望者がいないため、中学堂学生楊淵懋一名を推薦した。懐安県令普容は捐銀二百五十両で、中学堂学生黄松齢一名を推薦した。万全県前任県令王錫光と現任県令万和寅は合わせて捐銀百両と、該県の紳董の捐銀百五十両で、馬増基一名を推薦した。懐来県令周世銘は捐銀百二十両と該県官立高等小学堂の公款からの三百六十両を合わせて、席之琦、中学堂学生高士廉二名を推薦した。赤城県令周学淵は官立高等小学堂の公款からの二百五十両で、該学堂学生程瀛一名を推薦した。張家口督銷局総董王之節は捐銀二百五十両で、中学堂学生保安州人趙慶元一名を推薦した[53]。

このように県令の捐銀、県令と紳董の共同捐銀、総董の捐銀及び官立高等小学堂の公費を使うことで[54]、官・公費生と呼ばれていたが、いったい誰が官費生で、誰が公費生か、というのを判断するのは難しい。前節で清末の官吏の捐銀はよく利用される教育公費の一部だと指摘したが、上述の直隷省の例では捐銀で派遣された留学生が官費生と呼ばれているようにも見受けられ、判断できずに曖昧なまま保留するしかない場合もある。

三　公費生の留学生活状況―官費生と比較して

次は官費生と比較しながら公費生の留学生活状況を見ていく。一九〇七年一月に『官報』が発行される前については、当時の新聞・雑誌の記事によって一部の省の公費生の派遣状況が確認できる。しかし、公費生の日本での生活に触れる史料はほとんどないため、彼らの生活状況を知るのは難しい。おそらく、早い段階（速成留学が廃止される前）で速成留学として派遣された公費生は、特別な事情がなければ、決められた期間に卒業して帰国したので、その間の留学生活を安定した状況で過ごしたと推測できる。ところが、速成留学が廃止された後の公費生は決して安定した留学生活を送ったとは言えない。『官報』が発行されると、そこには監督処は官費生と公費生を分けて記載しているので、公費生に関する状況を一定程度確認できる。そこで、以下『官報』と『経費報銷冊』の記録に基づいて公費生の状況を見ることにする。

公費生に対する管理は、監督処設立前は、それぞれの省が派遣した監督によって行われたと考えられる。一九〇六年になってから、駐日公使館内に設置された監督処が各省の監督に代って、一元的に留学生を管理することとなった。しかし、二節でふれたように学部の「管理章程」には公費生に関する規定がなかったため、監督処側の公費生に対する扱いとしては、彼らから問い合わせが寄せられたら処理するというものであった。そのような内容を載せている第一期から第五十期までの『官報』には、公費生に関する文書が四十篇以上ある。これらの文書の多くは、公費生の依頼を受けて、監督処から公費生出身省の提学使或いは総督・巡撫宛てに、彼らの学費に関して問い合わせている内容である。特に、それまでの監督楊枢が交替して新しい監督李家駒が着任する前後の第十期より第十三期（一九〇七年）までの『官報』に、公費生に関する文書が多く載っている。また、この時期には公費生から費用に関する問い合わせが多かったため、監督処はすべての省の総督・巡撫宛てに公費生の学費を学期ごとに先払いするようにという文書を出している。その文書には、「今、日本にいる公費生は多く、彼らに支給する費用の殆どは監督処を通じて渡してはいない。たとえたまに渡すことがあっても、経理帳簿に彼らの費用に関する記録は残していないため、調べられない。だから、州や県に公費の未払い分があればそれを清算し、今後の公費については、時期どおりに先払いするように各省の総督・巡撫を通して伝えてほしい」と書いてある。[55] この新任の李家駒監督が出した文書から、公費の管理が混乱している状況が複数の省で起きたということが窺える。[56] 本稿では、日本に来た公費生の状況を把握すべく、『官報』に載った公費生に関する文書の一覧を、公費生の氏名、出身地、公費の出所、『官報』の期号などの項目別に並べた表（表2）を作成した。

表2によって公費生に関する出身地、公費の出所、公費の金額などの基本的な情報を確認すると、出身地について

【表2】

姓名	省別	公費金額	公費出所	『官報』の期号
郭伯棠	江西南康県	先付一百五十金	南康賓興公費	十期（光緒三十三年九月／一九〇七年十月）
魏昌清	四川資州		本州公費	同右
王士選	山西虞郷県	三百金	前県令時、撫台閲辺学台過境両項下提抽三百金	同右
相黄六	山西解州	紋銀三百両	本県公款	同右
向忠勤	湖南沅州府黔陽県			同右
熊作丹、彭啓萊	湖南瀏陽県		本邑公費	同右
盧建侯／葉先堪	江西瑞州府／萍郷県			十一期（光緒三十三年十月／一九〇七年十一月）
潘平界（元名毓）	湖南岳州府華容県	除川資匯費外僅有二百四十元	本県李令及本地紳士議定抜給公款	同右
周鴻儀	安徽天長県	第一年官費四百元	天長県地方公費	同右
楊啓祥	湖北宜昌府		宜人学社公費	十二期（光緒三十三年十一月／一九〇七年十二月）
劉志遠	湖南来陽県			同右
李秉晋	山西澤州府高平県	学費三百金	本地公款提給学費三百金	同右
蕭鴻鈞／劉彭年				同右
劉崛、陳毅雄	広西梧州		地方公費	同右
馬凌雲	山西			
文俊	湖南醴陵県		地方公費	同右
李誉龍	四川瀘州江安県	毎年学費三百金		同右
李崇典、梁津	四川重慶府長寿県		本邑公費	同右
喬烈	山西陽曲県	毎年学費三百金	本県公費	十三期（光緒三十三年十二月／一九〇八年一月）
昿達	湖北潜江県		本県公費	同右
劉志楊	湖南来陽県	毎年四百両	本県公費	同右
陳逢元→鄭文光→王兆栄	湖南永定県	毎年四百元		同右
曹運鵬→胡蕙	江西新建県		本邑賓興項下籌抜経費	同右
陳鳳鳴、趙家珍、李彝倫→李光鼎	雲南寧洱		寧洱固有公費項下毎年提出一千三百余両、永遠作為寧洱遊学経費	十五期（光緒三十四年二月／一九〇八年三月）
盧式楷請求補充公費留学	江西清江県		賓興公款毎年提抜出洋常款一千四百余元、額定留学生四名	十七期（光緒三十四年四月／一九〇八年五月）
葉奪元	山西聞喜県		本県公費	二十期（光緒三十四年七月／一九〇八年八月）
李讜、匡謔、黄鶱、李昀、李光、李暮	広西省梧州府蒼梧県		地方公款	二十四期（光緒三十四年十一月／一九〇八年十二月）
李有甲	江西崇仁県			二十六期（宣統元年正月／一九〇九年二月）
李潤鼎	山西大同県			三十一期（宣統元年五月／一九〇九年七月）
相黄六	山西解州		志誠公局籌解	三十四期（宣統元年八月／一九〇九年九月）
李師洛	江西省盧陵県			三十三期（宣統元年七月／一九〇九年八月）
黄爵文	広西恩隆県			三十四期（宣統元年八月／一九〇九年九月）
顧懐慎	安徽鳳陽県			同右
冷天才	四川銅梁県			三十九期（宣統二年正月／一九十〇年二月）

は、江西省、広西省、四川省、山西省、湖南省、湖北省、安徽省、雲南省の例がみられるが前二節では他に江西、山西、安徽、雲南省も公費生を派遣していることに触れており、全国の広い範囲で公費生が存在していたことが分かる。公費の具体的な出所については、凡そ以下の四種類に分類される。一つは、地方公費（各出身地の州、県、郷などの公費の総称）であり、これにより派遣されたのは計十六人で、最も多い。二つは、「賓興公費」を使って留学経費とした三人である。三つはある団体の運営資金で派遣した二人である。[57]四つは無駄を削減して得た資金で派遣した一人である。この四種類の出所のうち、ここではじめて触れるのは団体の運営資金である。

次に、このような派遣元から一人の公費生にいくら支給しているのかを見ると、公費生の支給額はまちまちで統一の基準がなく、各派遣元によって決められていると推定される。表2「公費金額」の欄を見ると、年額で「三百金」が五人いて最も多く、四百銀両は三人、旅費を除き二百四十銀元というのが一人である。[58]清末の各省においては、流通する貨幣が異なっているため、貨幣を表す単位も「両」と「元」があり、公費生がもらった貨幣の種類までも異なっている。

さらに、公費生が受け取ったお金を日本円に換えた後の金額により、官費生の受領している金額と比べて官・公費生の待遇の違いを見ることにする。もともと公費生が受け取ったお金は出身地で流通している貨幣で「銀両」、「英洋」、「銀元」等であり、公費生自身が提学司或いは監督処を通じて日本円に換金したが、[59]当時の英洋、銀元などは換金率が異なり日本円に換金すると、若干違う金額になった。山西省が公費生に送金した例では、送られた三百両は監督処を通して日本円の「三百九十元零五角二分」と引き換えている。[60]それによれば、当時の銀両と日本円の比率はおよそ〇・七対一である。また、英洋の場合は、銀両と異なり大体日本円と一対一であり、[61]後述する江西省の公費生の場合は、派遣当初一人当たり毎年支給された英洋は三百六十元で、日本円にして三百六十円となった。ところが、学部の「管理章程」が定められてからは、官費生の学費支給はすべて日本円で統一され、私立学校四百円、官立高等専門学校四百五十円、官立大学五百円となった。(62)先の例を見ると、山西省の公費生が受け取る三百両を日本円にすると三百九十元零五角二分となり、官費生より十円少ないだけであるが、江西省公費生の英洋の学費は日本円に換えても変わらない三百六十円であり、官費生より四十円少ない。公費生の手元に届いた学費は、日本の物価や為替市場の変化により、さらに少なくなる場合があったと考えられる。(63)また、実験費や旅行費などは別途に、医薬費は実費で支給される官費生と違って、公費生のすべての支出は学費として支給される中から賄うことになっていた。公費生よりも官費生の方が経済的に恵まれた状況にあったのである。

しかし、公費生の中には、派遣元に学費を請求する際に私立学校の官費生と同じ金額四百円を求める者が存在した。例えば湖南公費生潘平界は、留学生活には四百円なければならないと述べている。(64)また、江西省の公費生の学費は、翌年の一九〇七年に、初年度の三百六十元を学部の「管理章程」に従って一人毎年日本円四百三十円（一割は臨時費）に変更され、私立学校の官費生と同じ待遇になった。(65)江西省のように途中で公費生の支給額を変えた原因の一つは、公費生自らの要求を受け、江西省政府が認めたためであろう。以上は、官費生と比べた公費生の待遇に関することである。

以下、『官報』に書かれている公費生に関する内容を具体的に見ていくが、その内容のほとんどは、学費が延滞された、或いは一部しか支払われなかったため早く送金してほしいという公費生の訴えである。

例えば山西省の澤州府高平県李秉晋は、庫平銀二百三十金余をもらったが、正月までにすでに使い切って、十数回交渉した結果、地元の官紳がようやく百金を送ってきたが、六月には再び尽きたという。(66)聞喜県の葉奪元は、毎年正月に学費が届くはずだが、今回は七月になっても送ってこないため、同郷の援助で数か月の学費を工面したが、三か月間病気になって家賃のみならず医薬費まで払えないほど困窮している状況を訴えている。[67] 四川省瀘州江安県李誉龍は、公費が未だに日本に届いていない、何回も借金をして、もうすぐ卒業になるが、旅費などがないので帰れないと訴えている。[68] また、湖南省瀏陽県の熊作丹と彭啓萊は、一九〇五年に来日、残り半年の学費が未だに送られていないと訴え、[69] 岳州府華容県の潘平界は速成留学で派遣されたが、速成停止後、宏文学院の三年制の師範科に入学しているため、本県でただ一人の留学生である自身に四百元を支給してほしいと言っている。[70]

上記のように、各省の公費生の送金状況は延滞や未払いが多かった。各省の公費生はなるべく早く送金してもらうために自身の状況をやや過剰に述べている可能性があるが、それにしても、彼らは公費に頼って留学生活を過ごしているため、仕送りの延滞などで困窮していた状況を窺うことができる。監督処の文書を見る限り、最も大変な状況は、湖北宜昌楊啓祥のように、「一週間以内に残りの学費を払えば、通学を続けられる。そうでなければ退学させられる」という窮地や、[71] 山西聞喜県の葉奪元のように家賃も医薬費も払えないほど心身とも苦しんでいる状況である。[72]

送金の遅れなどを訴えた文書以外にも、公費生に関する情報がある。それは、もともと日本にいる私費生が公費生に変わりたい、或いはまだ日本に来ていない者が空きの公費を得て留学したいなどという内容である。例えば、湖南黔陽県の向忠勤が公費を申請したことに対して、湖南省提学使は、官費と違って出身県が公費を捻出できるならば、公費を与えられると応じている。[73] 雲南寧洱出身の公費生の場合は、もともと寧洱公費で四人を派遣したが、途中で一人が病気で亡くなったので、同じ寧洱から来た私費生李光鼎が勤勉なところを評価され公費生に変更された。[74] 三人の私費生が一人の公費枠を希望した湖南省公費生の場合は、同郷の留学生の協議や監督処での学業等に関する審査などを経て、劉彭年が選ばれた。[75] 湖南永定県の王兆栄は明治大学専門部三年目で卒業間近となったので、公費を与えられた。[76]

また、元の公費生が途中で退学した或いは病気で帰国した場合は、補欠として、すでに私費で日本に留学している者や卒業間近の者、学業や品行などが優れた者に限って公費を与えられることがあった。さらには、公費生が官費生に変わる可能性については、学部の「管理章程」に従って官立学校に合格した場合或いは「五校特約」(77)の学校に合格した場合である。(78)例えば、第四十八期の「学界記事」に書かれている江西省の公費生名簿では四人が五校に合格して官費生になったことが分かる。(79)

四　公費生の学費延滞問題など

前節で、公費生が送金の延滞で留学生活に困窮している様子を確認したが、その延滞はなぜ発生したのか。その直接的な原因について、以下いくつかの公費生の実情に基づいてまとめてみたい。

まず、上に挙げた湖南省華容県の公費生潘平界の場合は、もともと速成留学で派遣されて日本に到着した後、速成科の廃止で仕方がなく宏文学院の三年制の師範科に入学した。持ってきた公費は旅費を除いた二百四十元をすでに使い切っていた。これから毎年四百円が必要で、華容県からの留学生は自分しかいないため、四百円の公費を支給してほしいと主張している。監督処側は当該県令及び県紳の合議で公費を当該学生の学費に充てることを決めたからには、続けて支出し、卒業まで支えてほしいと湖南提学使宛てに文書を送っている。(80)これによると、速成留学のために当該県令及び地元の紳士により公費を支給されたにも関わらず、速成留学にかかる費用のみが用意されたため、三年制の師範科に入った場合に学費を継続して受けられるかどうかの問題が出ていることが分かる。同じ状況の山西省解州県の相黄六の場合は、一九〇九年度の学費を地元に請求した時に派遣先の返事によれば、かかった費用はもう九百両を超えており、前任知州から派遣された当初は、簡易師範一年分の費用しか用意されていなかったことが分かった。[81]この二人の公費生はいずれも速成留学のために一年分の公費しか用意されていなかったので、一年を超えた後に公費支給問題が起きて、それをめぐって監督処と出身省や地元の間にやり取りがあったのである。

また、湖北宜昌の楊啓祥の場合は、公費の経理を担当する官紳が更迭されてから、送金が時期通りにされなくなったため、学費が延滞された。[82]山西省陽曲県の喬烈の場合は、県令の交代で後任の県令が公費生派遣の事情を知らないため、残額が届かないと訴えている。[83]江西省崇仁県公費生李有甲の場合は、原籍の崇仁県が公費の調達が困難だという理由で、あとの留学期間に年間学費を二百円削減された。[84]

さらに、四川銅梁県冷天才の場合は、光緒三十一（一九〇五）年十一月に来日した。旧歴では十一月を学費受領の時期としていたが、派遣先から日本までの距離は「海から天ほどに遼遠」で、往復まで数ケ月以上かかり、送金が遅くて急迫した状況から救われないと語っている。[85]

以上のような公費生の実情から、費用延滞の直接的な原因は以下のようにまとめられると思われる。すなわち、州や県は速成留学のため、速成期間或いは一年分の公費のみを用意した。故に、公費生が留学を延長した場合、また、速成科が廃止され、やむ得ない理由で他の学科に入った場合、継続的な送金が難しくなった。また、留学派遣時に公費調達を担当していた地方官や郷紳たちが更迭され、後任がその経緯を知らない場合に公費生の費用問題が出てきた。さらに地方の財政難で公費を捻出できない場合は、公費生の学費が停止、または削減された。なお、四川省などの辺鄙な州や県の場合、交通往来の不便で送金に数か月かかり、学費延滞の原因となった。

しかし、このほかにも州や県からの公費支給が不安定であったもっと深層的な要因があると考えられる。ここでは、先述した山西省の公費生相黄六の事例を挙げて、その深層的な要因を探ってみることにしたい。

第四期の「調査報告」に載っている山西省公費生統計表から、相黄六が宏文学院速成師範科に在籍していることが分かる。ところで、第三十一期には監督処からの当該年度の学費支給の問い合わせに対する山西省側の回答が載っており、中には公費を支給し続けられない理由が詳しく述べられている。すなわち、当該公費生相黄六は前の解州知府によって速成師範科に送られたが、そこを卒業した後法政科に入って、また卒業したことですでに日本留学は三年が過ぎ、計九百両のお金を使い切った。また、相黄六は、公費生は卒業後、帰国しない場合は必ず入学した学校名といつ卒業したのかを報告して始めて公費を支給し続けるという規定を守らず、その後どこの学校に入るかを報告しなかった。さらに、「現在は地方公費が不足して、学費の捻出をしがたい」といった理由で、出身地側は相黄六に対して公費を停止するという決断を下したのである(86)。

ところが、第三十四期に載った監督処から山西巡撫宛ての文書で、当該公費生は自身の処遇に不満があって反論していることが分かる。それによれば、派遣当初から留学期間が限定されておらず、宏文学院速成師範科を一年で卒業後、学業が未完成であるため再び法政大学法律専門部に入学して、まだ卒業したわけではないとしている。また、公費の有無に対して、相黄六は、「去年各紳士が公款の利息を差し引いて毎年二三千金の余りがあると教えてくれて、公費不支給の理由とされた廟堂の火災も光緒三十三年（一九〇七）のことで、しかも「光緒三十四（一九〇八）年分の公費が届いているのだから、どうして宣統元年分だけ捻出しがたいのか」ということまで述べている。それについて、監督処側は、「当該公費生の留学期間が限定されているかどうかを監督処で把握していないが、一九〇八年と一九〇七年の経費が支給されているのだから、卒業まで支給してほしい」という意見であった(87)。

この相黄六の例から以下の傾向が読み取れるのではないか。すなわち、公費生に提供している公費財源は毎年固定されておらず、支出判断の権限を持っているのは地方官紳である。公費生派遣当初に、派遣元と公費生の間で派遣期間をはっきり決めていなかったため、限られた公費でよい効果を求める所謂「公」である派遣元側と、なるべく「公」に頼って自分にとってより良い将来を考えようとする個人の間に摩擦が生じたのである。この摩擦を理解するには、一九〇七年七月に監督処が出した「遊学計画」が有用であろう。そこでは公費派遣を遊学の弊としてつぎのように指摘している。「地方公費を引き出して留学生の学費としたこれらの公費生は、たいてい留学年限が一、二年に限定され、多くとも三年までで、派遣当初に、帰国後は義務を尽くす約束をした。そこで、もっと深い知識を求めたい者がいても、終了後の学費の出処がないため、帰国しなくてはならないことになった」[88]。

さて、前述の公費生の学費が延滞された直接的な原因と山西省公費生の例から読み取れた傾向を合わせて考えてみれば、各公費の提供が不安定だった深層的な要因は、以下のようなものになろう。それは、公費生に提供する公費の基盤の脆弱さである。清末の州や県においては「一つの教育事業を起こす際に資金を調達し、その場その場で処理しているので、固定の財源がない」という状況で[89]、公費生に留学費用を提供する財源も地方の教育財政状況と同じく、固定ではなかったのだろう。公費生の派遣は、地方官紳の力で実現したが、派遣する側と派遣される側を拘束する約束が必ずしもあるわけではなかった。地方官紳などの地方における有力者が自らの地方の各事業を主導しているので、公費を出すには彼らの主観的な判断によることが多い[90]。このような要因が、地方の財政難と重なると、より困難な状況に陥り、自然と公費生に提供する資金の保証に影響が出てくると言える。派遣元となる州や県内の事情が公費生の留学生活に影響を及ぼしていたことが、官費生との大きな相違点である。

以上、『官報』から各省の個別の公費生について、それぞれの状況を見てきた。そこから見えてきたのは公費生に費用を提供する州や県側の態度であるが、省側は地方公費で派遣した公費生にどのような扱いをしたのか、その点を江西省派遣公費生の経費問題を例にして、検討すると、江西省の留学生の派遣は一九〇四年から始まり[91]、速成留学を廃止する動きが始まった一九〇六年には、江西巡撫が州や県に通達して、州や県が資金を出して速成留学目的に一〇八名の公費生を日本に派遣した。彼らは留学途中に速成留学が廃止されたわけで、公費の支給状況に変化があった。その変化によって、省側としての姿勢及び公費生ならではは体験した境遇を窺うことが可能である。

次はこれらの公費生に対する扱い方を『官報』から見ることにする。前節で触れたように、江西省の公費生は一九〇七年から毎年一人日本円四百三十円を支給され、私立学校の官費生と同じ待遇になった。しかも、第二十五期までの『官報』には監督処が出した江西省の毎学期の学費予算表に公費生と官費生が一緒に統計されている。このように統計がとれたのは、監督処が管理の便宜を図るための一面もあるが、州や県において公費生に関しての公費延滞や未払い問題がまだ深刻になっていなかった段階にあった面もあると考えられるであろう。

第二十六期（一九〇九年二月）の文書は、江西省の官費留学生は計一九三名とし、その中に公費生も含んでいるとしている。第三十三期（一九〇九年九月）には、江西省の官公費留学生の人数は鉄道局公費生八名、地方公費生九十三名、官費生八十三名で、合わせて計百八十四名だと書かれている。[92]この江西巡撫から監督処宛ての文書では、江西省は今後は五十名定員として官費生をとり、公費生はすべてその枠外において官費生とはっきり分けるべきだと述べている。その理由としては「地方公費九十三名は前学務処が各県に通達し、大県は三、四名、小県は一名を選び、その経費は官紳により集める。しかし、光緒三十二年に派遣を開始してから、龍南、浮梁、鄱陽三県は一文の公費も出さず、他の県は、一学期或いは半学期の分のみ払って、多額の未払いが生じた。このような状況では、きちんと公費を払い続けられなくなる恐れがある」からとしている。[93]すなわち、州や県が留学経費を出さない状況が深刻化する一方で、官費生のように安定的に支給する財源の保証はないのである。また、この一文によって、公費生派遣が開始した当初から、江西省の州や県の公費の支払い状況はあまりよくなかったことが分かる。

一九一〇年になって、支払の状況がさらに悪化したことで、江西省政府は公費生に対する扱いを変更した。その経緯は、第四十八期（宣統二年十月十七日）の「学界記事」から窺える。「学界記事」の内容を要約すれば、次のようである。

速成師範として派遣された公費生の費用は、当該学生の原籍の賓興費或いは地方公費から提学司を経て監督処に送金している。しかし、州や県が時期どおりに資金を送らないため、学務公所が立て替えて時期通りに送金していた。前提学使は州や県に早く送金するよう催促したが、州や県は財政難で費用を捻出しがたいと訴えている。今年末（一九一〇年末）まで、各地方は学費と医薬費を合わせて計英洋十一万九千三百四十元余りの借金があるが、それを提学司に返済していない。しかも、返済できない州や県は多数を占めている。中央政府から各省政府まで全国範囲で財政を整理して予算を執行する際に、江西省巡撫は学部に報告すると同時に、駐日大臣を経由して監督処に次の旨を伝えた。すなわち「宣統二年の後学期まで、江西省のすべての公費生を自費生に変更させる。もし公費生自らが原籍の官紳に相談して公費を続けてもらえるならば、直接郵送してもらう。もらえないか或いは自力で留学を続けられない者は、監督処に頼んで旅費を支給して帰国させる」というものである。

以上の江西省公費生の実例からは、次のことがいえるだろう。公費生の派遣を開始してから、州や県の支払い状況はまちまちで、あまり思わしくなかった。このような状況はますます悪くなり、未払いが積み重なって多額の借金となったため、省政府が途中で公費生に対する扱いを調整したのである。江西省政府は、公費生の経費を負担しないで、州や県に負担させるはっきりとした姿勢を見せた。そして、これらの公費生の経費は省に納められ、省を経由して送金されるが、経費自身は州や県及び当該出身地によって支出されるもので、省の財政収支とは関係ないことが分かる。[34]

また、速成留学廃止の年に速成師範科の留学生を派遣した江西省にとっては、このような方法で人材を養成する需要がまだあったということであろう。しかし、学部は普通教育の普及が遅れた江西省などの具体的な状況は考えずに、速成留学を一律廃止することにしたので、江西省政府はその政策に従うしかなかったのである。

おわりに

本稿では、これまで中国人日本留学生史研究において重視されてこなかった公費生を取り上げて検討した。その結果、次のようにまとめることができる。

日本留学政策を定めて以降、中央政府から各省政府にいたるまで財政難の中にあり、四川省をはじめ一部の省（山西、江西、直隷など）では「現地籌款」という方法で州や県の財力に頼り、州や県の人材を育成する経費調達策を採った。州や県の初等教育がそれぞれの財力に頼るこの策は、当時の清政府の教育財政分配の方針と一致し、公費で留学生派遣を生み出すきっかけとなった。限られた公費を使って短期間で近代的な教育を受ける人材を養成するのは公費生派遣の目的である。言い換えれば、速成留学の段階で留学生を派遣するのは、地方の財力が大きな役割を果たした。

公費生と官費生の区別についてまとめるなら、官費生とは中央政府の各部署、各省総督・巡撫などにより派遣され、且つその留学経費が国家財政経費の一部或いは総督・巡撫が自ら調達した費用から提供されている者である。公費生とは各省総督巡撫及び州や県の官紳により派遣され、且つその留学経費が地方にある各種公共財産及び特別募集などに賄われている者である。しかし、史料上では、特に『官報』が発行される前の各省の留学派遣の経費について、公費で派遣したか官費で派遣したかを判断しがたい場合もあるので、その場合は保留にするしかないと考えている。

速成留学から長期留学に変わった時期の公費生について『官報』に基づいて検討した結果、公費の支給が延滞されたため、公費生は官費生ほど安定した留学生活を送ることはできなかったことが分かった。公費生を派遣した州や県にはそれぞれの事情があったが、それが公費生が苦しい状況に陥る直接的な原因となった。しかし、最も深層的な要因もあり、その一つは、留学経費としての固定的な財源がなく、地方財政の基盤が弱かったことにある。二つ目は、公費生の派遣は、地方官紳の力で実現したが、派遣する側と派遣される側がお互いに守るべき制度的な拘束が必ずしもあるわけではなかった。三つ目は、地方官紳などの地域有力者の主観的な判断によることが多いという傾向である。このような派遣元の事情が公費生の留学生活に影響を及ぼしたことが、官費生との最大の相違点である。

『官報』に書かれている江西省公費生に関する記録は、公費留学の実情を現わしている典型的な例であるといえる。速成留学の廃止に合わせて長期留学に変わらざるを得ない状況において、州や県からの経費の未払い問題が深刻になり、省政府は公費生に対して、公費の支給を停止するか帰国させるかという扱いに変更した。公費生の費用は終始州や県によって負担されており、省政府の財政とはっきり分けられていた。しかし、学部が全面的に速成留学の廃止を決める時期になっても、多くの速成師範科の留学生を派遣した江西省にとって、このような方法での教育人材養成の需要がまだあったのであろう。

なお、本稿において、ほぼ中国全域にわたる広い範囲で現地の公費を用いて地元の人間を派遣させるという、清末の州や県の留学生派遣の様子を確認でき、これまでの中国人日本留学生史の研究の空白をある程度埋めることができた。一九〇一年に始まる新政により、初等教育改革を担う人材の育成が急務となった背景を踏まえれば、地方公費で州や県及びその下の郷までの出身者を留学させるのは、速成留学がおこなわれていた時期では最も効率の良い手段だったと考えられる。但し、その後長期留学に変わると、公費留学は費用の支払いをめぐって延滞や未払いなどさまざまな問題が生じ、より高等な専門知識を持つ人材育成には限界があるというデメリットの一面も現れた。さらに、公費生の立場に立って考えれば、そもそも「公」の力を借りてもっと良い将来を目指したいという個人の意思はあるものの、江西省のように強制的に帰国或いは私費生に変えられるという境遇に遭う場合、地方の公費を出す側の意思に従うほかなかったのであろう。

このように、本稿では清末の時期に限って公費生について論じてきたが、民国時期になっても公費生が存在している。その時期の公費生の状況は如何なるものかは、今後の課題にしたい。

（付記：北京大学の尚小明教授はご自分で長年にわたって収集した貴重な関連資料を提供してくださった。ここに感謝の意を表したい。）

（1）游学生監督処発行の『官報』の記録によれば、その他に半費生、津貼生等の存在が確認できる。なお、支出先の違いによって自国の海外留学生が分類されたのは、中国より日本のほうが先であった。それによると、最初期の日本人海外留学生は官費、藩費、私費の三種に分けられている（桑兵「近代の日本人中国留学生」大里浩秋・孫安石編著『留学生派遣から見た近代日中関係史』御茶の水書房、二〇〇九年、四頁）。

（2）『大辞林』。また『広辞苑』も、「官費」は政府から支出する費用とほぼ同じ解釈をしている。

（3）同右。『広辞苑』の「公費」は、国家または公共団体の費用としている。

（4）『官報』は、一九〇七年一月より発行され、監督処が扱っている各種文書や各種統計などが載っている留日学生に関する専門誌である。大里浩秋「『官報』を読む」（大里浩秋・孫安石『中国人日本留学史研究の現段階』御茶の水書房、二〇〇二年）が詳しい。

（5）『経費報銷冊』『官報』の付録として、各種経費の報告書である。同右参照。
（6）一般に地方は中央を除く行政区域を指しているが本稿では省以下の州や県及びその下の地域までに限定する。
（7）清末の教育改革実施に関しては、商麗浩『政府与社会近代公共教育経費配置研究』（河北教育出版社、二〇〇一年）と劉恵林『中国地方教育財政問題研究』（黒竜江人民出版社、二〇〇八年）を参照。
（8）この主張については「袁世凱、張之洞奏請逓減科挙折」（璩鑫圭・唐良炎編『中国近代教育史資料匯編・学制演変』上海教育出版社、一九九一年、五二五頁）を参照。
（9）「現地籌款」とは、州や県において現地の有力者の力によって教育経費を調達し準備することを指している。一九〇四年に張百熙、張之洞、栄慶によって制定された『学務綱要』にも、「各省側は財政難なので、官府によって学堂を多く設けられない……紳士と金持ちに勧めて資金を出して学堂を設けるよう地方官に命じること」とする現地籌款の意向が示されている。（舒新城編『中国近代教育史資料』〈上〉人民教育出版社、一九八一年、一九九頁）。
（10）さねとう・けいしゅう『中国人日本留学史』増補版、くろしお出版、一九七〇年、四三頁。
（11）張之洞・劉坤一「変通政治人材為先遵旨籌議折」（苑書義等編『張之洞全集　奏議』第二冊、河北人民出版社、一四〇五頁）を参照。
（12）中央政府の上諭については、「前雲貴総督魏奏陳資遣学生出洋游歴折」に触れている（陳学恂・田正平編『中国近代教育史資料匯編　留学教育』上海教育出版社、一九九一年、十四頁）。
（13）朱英「晩清地方勢力的発展与中央政府的対策」（『探索与争鳴』一九九六年一月）四十一頁を参照。
（14）前掲陳学恂・田正平編『中国近代教育史資料匯編　留学教育』三三四頁。
（15）同右。

(16) 科挙時代に州や県にある書院などの官学と私塾の私学を経営するために、土地を貸出して利息を収める方式は学田という、「学田は専ら学校の経営或いは貧困な人のためである。」(『清史稿・食貨志一』)。

(17) 金額はすべて史料のままに表記している。「〇〇金」の言い方はほかの史料でも見られるが、「金」は流通している貨幣ではないため、千金と表現すれば千銀或いは千元であると理解できる。但し、なぜ「〇〇金」というのかについては、筆者は不明である。

(18) 清末、四川省などにおいては、軍事費や軍事給与を支払うために、農民から粮税を徴収すると同時に津貼銀も収めたが、のちに津貼が足りないので、軍需捐を収めることになった。この種の収入は津捐ともいう。鄭学檬主編『中国賦役制度史』(上海人民出版社、二〇〇〇年)六五二頁を参照。賓興については、各種の解釈があるが、ここでは清末の科挙時代に地方官が郷試受験の人を招待する或いは援助する事業を指している。その詳細は毛暁陽『清代科挙賓興史』(華中師範大学出版社、二〇一四年)を参照されたい。

(19) 一般的に、文人らが科挙試験に合格するため祈願するところで、功名利禄を司る神様文昌帝君の名前を取って文昌宮と名付けられた。清末に全国各地に文昌宮があった。四川省の文昌宮については、清朝乾隆時代の四川省の『大邑県志』を参照されたい。

(20) 道庫は官庫名、塩道庫は塩税及び雑費を預ける官庫である。兪鹿年編著『中国官制大辞典』(黒竜江人民出版社)七三三頁と賀旭志編著『中国歴代職官辞典』(吉林文史出版社)四七六頁を参照。

(21) これらの留学生派遣は、各自が資金を用意して留学生を送るように総督から各州・県に命じている。凌興珍「清末四川留日速成師範教育及影響」(『四川師範大学学報』(社会科学版)第三十六巻第四期、二〇〇九年七月、一二二頁)を参照。

（22）兪誥慶等「湖南留学日本師範生上諭中丞書」『選報』第三三期一九〇二年一〇月三一日（『選報』は一九〇一年に上海で創刊されたが、停刊の時期は不明である。）

（23）「山西留学日本師範生致李観察宗棠函」『四川官報』第八冊、乙巳四月上旬（一九〇五年五月）。四川省の派遣は、一九〇四年の総督錫良による州や県の派遣を指している、注（19）を参照。また、浙江省の派遣は、一九〇五年に送り出した百名の師範生のことを指している。

（24）『東方雑誌』第八期（一九〇五年九月）と第九期（一九〇五年九月）を参照。

（25）経済学会『清光緒年二十二省財政説明書』（安徽江西巻）二〇〇八年復刻版。

（26）瞿同祖『清代地方政府』法律出版社、二〇〇三年、十四頁。

（27）前掲朱英「晩清地方勢力的発展与中央政府的対策」四十一頁を参照。

（28）魏光奇著『官治与自治：二十世紀上半期的中国県制』商務印書館、二〇〇四年十月、三十三頁。

（29）一九〇九年一月『城鎮郷地方自治章程』が頒布され、地方自治の経費は各地方が自力で準備する方法を示したのである。前掲『清末縦備立憲答案史料』七三八頁を参照。

（30）ここで言う公費は官吏の行政公務に使う「公費」ではなく、各種公共事業に使う費用の総称である。但し、官吏が寄付の形で出した行政公費の一部は、公共事業に使われる場合もある。行政公費については、関暁紅「晩清直省「公費」与吏治改革」（『歴史研究』二〇一〇年、第二期）を参照されたい。

（31）田正平・陳勝「教育負担与清末郷村教育衝突」『浙江大学学報』人文社会版、二〇〇八年、第三期、一四三頁を参照。

（32）養廉銀は清朝雍正年代から実施され、官吏に生活用の給料、行政公務の費用などを支給する俸禄制度である。官吏はその部分の費用を一部出して地方事業を支援する仕方があり、その仕方は捐銀と捐廉と呼ばれている。養廉銀の詳細については「清代雍正朝における養廉銀の研究－地方財政の成立をめぐって」(三)(東洋史研究会『東洋史研究』第三〇巻第四期一九七二年)を参照されたい。

(33) 前掲商麗浩『政府与社会近代公共教育経費配置研究』四十八頁。

(34) 孫江東主筆「敬上郷先生請令子弟出洋游学併籌集公款派遣学生書」『浙江潮』第七期、一九〇三年九月一日。

(35) 善堂は貧困な人を救済する或いは老人や児童を収容する場所である(「善堂紳董稟道憲暨製造局憲稿」虞和平編『辛亥革命百年記念文庫　経元善集』華中師範大学出版社、二〇一一年を参照)。公所は同じ地域で同じ業種の人が集まる場所であり、会館は他省或いは都にある同郷が集まる場所である(潘君祥・段煉・陳漢鴻著『上海会館公所史話』上海人民出版社、二〇一二年を参照)。

(36) 清朝の州や県においては、このように規定上は禁止されているが、事実は恒例となっている「陋規」が最も多い。魏光奇『有法与無法―清代的州県制度及其運作』商務印書館、二〇一〇年九月、三三七頁を参照。

(37) 「外務部：奏議復派赴出洋遊学辦法章程折」(前掲陳学恂・田正平編『中国近代教育史資料匯編　留学教育』十五頁)。

(38) 同右。

(39) 前掲陳学恂・田正平編『中国近代教育史資料匯編　留学教育』三八六～三八七頁。

(40) 前掲『南洋官報』第一百一冊。

(41) 守門人は、役所で紹介状を渡し来訪者の通報及び文書を渡すなどの役を務める者である。清朝において、守門人に賄賂を贈る習慣が公式上に認められ、そのための経費まであった。陋規の一種である。注(36)を参照。

(42) 『南洋官報』第九十九冊(光緒三十年七月)と講道館所蔵『宏文学院関係書類』を参照。

(43) 同注(29)。

(44)『警報日報』一九〇四年九月十七日(『警報日報』は最初『俄事警聞』と呼び、一九〇三年十二月十五日上海で創刊された。停刊時期は不明である)。
(45)『東方雑誌』第九期、一九〇五年十月。
(46)『東方雑誌』一九〇六年六月。
(47)『嶺南学生界』第八冊第二期、一九〇五年十二月。
(48)『東方雑誌』第十一期、一九〇五年十二月二十一日。なお、漢陽の留学情報は直隷省の『教育雑誌』(第十三期)にも「地方公費派生游学」という見出しで載っている。各省に分担させている「義和団賠償金」(中国側は「庚子賠款」という)について、湖北省の場合は、「光緒三十(一九〇四)年八月より、納めるべき庚子賠款分担金六十万両を「学堂捐」に変えて、各州・県は集めた分を納めず当該地に残すことにする。当該地で学堂を創設する際に使う専用資金として、移用禁止」と張之洞が命じた(蘇雲峯『张之洞与湖北教育改革』中央研究院近代史研究所専刊三十五 一九七七年、一九三頁)。この南漳県は、学堂経費に変えても余分があるので、その余分を使って留学生を派遣した。
(49)直隷省で発行される『教育雑誌』第十二期、一九〇五年九月十三日。
(50)『東方雑誌』第十期、一九〇五年十一月十一日。
(51)前掲『警報日報』一九〇四年六月二十五日。なお、官・公費生の人数は『清国留学生会館報告』(第五次、一九〇四年)で確認したものである。
(52)『東方雑誌』第九期、一九〇五年十月。
(53)同右。
(54)一九〇五年八月に、直隷省は全国初めて州・県の教育行政機関である勧学所を設けている。その長官は総董といい、当該地方出身の紳士を地方官に任命されている（孫雪梅『清末民初中国人的日本観：以直隷省為中心』天津人民出版社、二〇〇一年、一五二頁を参照）。

（55）「咨各省総督部堂巡撫部堂為請通飭各属迅将公費学生学費分季先期匯解文」『官報』第十三期。

（56）次期の胡維徳監督になっても、また同じような文書「咨各省通飭各属凡有公費学生学費査照前咨催令迅解文」を出している（『官報』第二十三期）。

（57）湖北省の公費生楊啓祥は、光緒二十九年に地方紳士・商人及び留日学生らが募金して創立した「宜人学社」により派遣された者である。派遣元の宜人学社は湖北省の官吏の支持を得て運営した団体で、その運営資金ですでに二十人余りの留学生を日本に送り出した（『官報』第十二期）。山西解州相黄六の公費は「志誠公局」から出されている。「公局」は、州や県の下にある郷に置かれ、郷紳らによって、地元のできごとを処理している所である。

（58）注（17）を参照。

（59）清末において流通している貨幣はさまざまである。単に銀の場合は、銀両、銀元、洋銀三種があり、銀両は重さと色（質）の違いによって庫平、漕平などの種類がある。洋銀は墨（メキシコ）銀（鷹銀また英洋と呼ぶ）、本（スペイン）洋などあり、銀元は光緒半ばごろ広東、湖北など七、八省で洋銀を真似して作ったものである（基準臨時台湾旧慣調査会第一部報告『清国行政法』第三巻、十一頁～十三頁、九十三頁～九十六頁）を参照。

（60）『経費報銷冊』（光緒三十三年十二月～光緒三十四年五月）。

（61）楊芾の『扶桑十旬記』には、一九〇七年日本に行く直前に上海の横浜正金銀行で為替して、その時の日本円百円は英洋三百九十九元だと書いている（瀋雲龍主編『近代中国史料業書』第十冊、四九一頁）。

（62）「管理章程」に決められている官費生の待遇である。

(63) 江西省公費生の学費の場合は、光緒三十四（一九〇八）年冬になると、日本円が急騰したため、宣統元（一九〇九）年から為替相場によって多めにお金を払っている（前掲『財政説明書』）。他省の公費生の場合、地元の金で送金されると日本円にしたら少なくなる。

(64) 「致湖南提学使為学生潘平界催公費函」『官報』第十一期。

(65) 同注（25）。

(66) 「咨山西巡撫為学生李秉晋催寄公費文」『官報』第十二期。

(67) 「咨催山西巡撫匯解葉奪元公費文」『官報』第二十期。

(68) 「咨四川提学使为李誉龍催公費文」『官報』第十三期。

(69) 「致湖南提学使為学生熊作丹催公費函」『官報』第十期。

(70) 同注（64）。

(71) 「咨湖北学生公費並通咨各属按期匯款文」『官報』第十二期。

(72) 同注（67）。

(73) 「致湖南提学使為学生向忠勤請補公費函」『官報』第十期。

(74) 「咨雲南提学使為以鼎李彝倫公費」『官報』第十五期。

(75) 「致湖南提学使為簫鴻鈞遺額准補劉彭年函」『官報』第十二期。

(76) 「咨湖南提学使為王兆栄補鄭文光公費文」『官報』第十四期。

(77) 一九〇七年、学部と文部省の間に結んだ協定である。毎年定額の留学生を文部省直轄の東京高等師範学校、東京第一高等学校、東京高等工業学校、山口高等商業学校、千葉医薬専門学校の五つ学校に送り、一般に「五校特約」という。

『官報』第八・九期「游学計画」を参照。

(78)「管理章程」により、官立学校或いは「五校特約」に合格すると、官費生あるいは五校官費の枠に入れることになる。

(79)『官報』第四十八期。

(80)同注(64)。

(81)「山西巡撫咨復相黄六本籍公費業已停止文」『官報』第三十一期。

(82)同注(57)。

(83)「咨山西提学使為喬烈不能改給官費催解公費文」『官報』第十三期。

(84)「江西提学使咨為査復李有甲何日旋東応扣学費若干文」『官報』第十五期。

(85)「咨請四川学使転催匯解冷天才公費文」『官報』第三十九期。

(86)同注(81)。

(87)「咨山西巡撫為相黄六請続給公費文」『官報』第三十四期。

(88)『官報』第八・九期。

(89)前掲商麗浩『政府与社会　近代公共教育経費配置研究』三十二頁。

(90)田正平は、各州県の下の郷村において教育費などを準備する際に、地方紳士が積極的にお金を出すか或いは集まった金を横領するかなどさまざまな出来事があり、そのようなことが起こったのは、地方紳士たち個人の素質に関係があると指摘している(田正平・陳勝『中国教育早期現代化問題研究以清末民初郷村教育衝突考察為中』浙江教育出版社、二〇〇九年十月、一五六頁〜一五七頁を参照)。商麗浩も同じ意見である(前掲『政府与社会近代公共教育経費配置研究』二三八頁を参照)。

(91) 黄耀柏「清末江西留日学生述論」『江西社会科学』一九九二年、第一期、一一九頁。
(92)「江西巡撫咨官額以五十名為限文」『官報』第三十三期。
(93) 同右。
(94) 前掲『財政説明書』(安徽江西巻)。

「軍国民」考

李暁東

一　はじめに

近代中国のナショナリズムが自発的に組織された運動として初めて現れたのは何時に遡ることができるか。これについていろいろな見方があろうが、「拒露運動」は最初の運動のひとつであったことは疑いない。例えば、同じく「外圧」の刺激で自発的に組織された一八九五年の「公車上書」という行動に比べて、拒露運動のなかでは近代的ナショナル観念が明確に現れていたからである。

周知のように、拒露運動の勃発は、一九〇三年四月に、ロシアが約束通りに中国の東北部から撤兵しなかったことがきっかけだった。これに対して上海各地で抗議の集会が行われた。これと時を同じくして、中国の東北部とそこにおけるロシアの動向に強い関心をもっていた日本のメディアがいち早くロシアが撤兵しなかったことを大々的に報道した。報道は東京に留学していた中国人留学生たちを強く刺激した。留学生たちは自発的に大会を開き、「拒露義勇隊」を組織して中国東北部に赴くことを決めた。二〇〇人余りの留学生が義勇隊に入隊することを志願した。義勇隊はその後、「学生軍」に名を改め、軍事訓練を始めた。しかし、この愛国心から自発的に創られた組織が清朝政府に相手にされず、また、日本政府の干渉で解散させられた。これを受けて、留学生たちは「形式を変えても精神を変えない」ということを決め、「学生軍」の形式を「軍国民教育会」に改めて、会の旨を「尚武精神を養成し、愛国主義を実行する」と決めた(1)。

注目すべきは、この運動をきっかけに広く使われるようになった「軍国民」という言葉であり、それは運動の核心的理念でもあった。留学生たちがナショナリズムが興隆していた日本で西洋の近代的知識を受容して、伝統的天下国家から近代的ネイション・ステートへと意識転換を実現したことを象徴しているのは、「尚武」と「愛国主義」を旨とする「軍国民」という言葉にほかならなかった。

このような近代的国家意識から生まれた国を守るという情熱が日清両国の政府に抑圧されたことにより、政府に対する学生たちの失望感は想像に難くない。学生たちの近代国家に対する意識はさらに満・漢という異民族の観念の刺激を受けて、より先鋭化するようになった。拒露運動をきっかけに、清朝政府に絶望して、それを倒すという革命主張に傾けた学生が少なからず現れた。「軍国民教育会」のあとに相次いで創設された華興会、科学補習会、光復会、及び同盟会などの革命的団体がいずれも留学生たちを主体としていたことは、拒露運動による影響を抜きにしては語れない。その意味では、拒露運動の意義は運動そのものにとどまらず、その後の激動する中国の政治のゆくえを規定するきっかけを作ったと言っても過言ではない。

のみならず、「軍国民」という言葉は運動の挫折によって消えていったどころか、むしろ逆に「尚武」などの言葉とともに、同時期の『浙江潮』や、『湖北学生界』、『武学』などの留学生雑誌や、梁啓超が主宰する『新民叢報』などの雑誌のなかで盛んに取り上げられた。これらの雑誌の宣伝によって、「軍国民」は中国社会の知識層の間で広まり、人々の政治的立場を超えて、清末から民国初期にかけて大きな影響力を持つ重要の思潮のひとつとなった。

とくに、「軍国民」は教育理念として清末民初の学校教育に絶大な影響力をもっていた。一九〇六年に、軍国民という言葉は清朝政府の学部が発布する教育の趣旨の中に書き入れられた。その中で、「凡そ中小学堂各種教科書に、必ず軍国民主義を寓し、児童にこれを熟視させ聞かせ学習させる」[2]と述べられており、軍国民教育は学校教育を通して普及すべき理念として位置付けられるようになった。さらに、辛亥革命後の一九一二年に、教育部によって発布された教育の趣旨のなかでも、「道徳教育を重んじ、実利教育と軍国民教育を以てこれを輔け、さらに美感教育を以て其の道徳を完成する」[3]と述べられている。近代的国民を養成するための軍国民教育は、民国になった後も依然として教育理念の重要な内容のひとつであった。軍国民思想はこのように、清末に始まった近代的教育を通して急速に中国社会で普及し広範な影響をもつ思想となった。

第一次大戦後、軍国民思想は退潮した。ドイツの敗戦と大戦の惨禍のなかから生まれた平和主義への志向は、ドイツの鉄血主義を一つのモデルとした軍国民思想の挫折を象徴するものだった。しかし、その後も「軍国民」は消えることなく、中国が国家の存亡危機に臨むときに、たびたび取り上げられた。

例えば、一九三二年に「満州国」が成立したのを受け、その翌年に、上海で『軍国民雑誌』が創刊された。その発刊の辞は、外来の侮辱や圧迫に抵抗し、内在する文弱、消沈を克服するための「軍国民主義」を提唱したと同時に、それは、「黷武」「窮兵」主義ではなく、侵略に防御し暴行に反抗する「自衛」「抵抗」主義だと強く主張した。[4]また、蒋介石も日中戦争が五年目を迎えた年に、ある訓示で次のように述べている。「われわれの今日の一切の教育は、一つの中心目標をもたなければならない。それは軍国民教育を実施し、軍国民の気風を養成することである。軍国民教育とは何か。それは中国固有の礼楽射御書数という六芸教育であり、同時に智信仁勇厳という五つの武徳の養成を重んじるべきことである」[5]。このように近代中国における「軍国民」は、激動する時代のなかで抵抗するナショナリズムという性格をもって、たえず提起されたのである。

以上のように、軍国民思想は、最も早い時期のナショナリズム運動を支える理念として、そして、近代中国の政治変動方向を大きく影響した思想として、清末民初に大きな影響力をもっていた。にもかかわらず、これまでの「軍国民」思想に関する研究はきわめて不十分だと言わざるを得ない。軍国民（教育）思想は清末から民国初期にかけて、近代中国の公的教育理念の一端を担っていただけに、たしかに、近代中国の教育史に関する研究は、舒新城の研究をはじめ、それに言及しないものはないと言える。また、近年、中国において蔡鍔や蒋方震らが唱えた軍国民思想に関する研究も少なからずある[6]。しかし、軍国民思想の形成をその源に遡って考察する研究は皆無である。そのため、軍国民思想が初めて打ち出されたのは、近代日本においてであり、留学生の軍国民思想の提唱は日本の影響に負うところが大きかったという側面も重視されてこなかった。これは近代日本の各種のメディアに、「軍国民」という言葉があまり登場していなかったという事情とも関連しているであろう。さらに、「軍国民」に対する理解が不十分のため、軍国民思想を軍国主義と同一視する研究すら存在している[7]。

これまでの研究状況を鑑みて、本論は、「軍国民」が打ち出された過程を考察し、軍国民思想の形成と日本との関係を明らかにするとともに、その中身を吟味して、軍国民思想が近代中国のナショナリズム形成過程で果たした役割について検討することにしたい。

二　軍国民思想：「尚武」と「国魂」

「軍国民」思想を初めて提起したのは、日本に留学した中国人留学生であった。管見の限り、近代中国では、日本陸軍士官学校の学生だった蔡鍔の「軍国民篇」と蔣方震の「軍国民之教育」、そして『遊学訳編』における著訳者不明の「武備教育」よりも早く「軍国民」に言及し軍国民思想を唱道する論説はない。しかも内容から見ても、これらの論説は「軍国民」に関するもっとも代表的な文章だと言える。

蔡鍔と蔣方震とは陸軍士官学校の同窓であり親友であった。二人はともに梁啓超を師として仰いでいた。二人の論説は相前後して梁啓超主宰の『新民叢報』に発表している。蔡鍔の論説は奮翮生という筆名で一九〇二年二月に『新民叢報』の創刊号に掲載され、その後、四回にわたって同雑誌に連載された。論説の中で、蔡鍔は軍国民主義を実行すべきだという主張を展開した。一方の蔣方震の「軍国民之教育」は『新民叢報』の第二二号に載せられており、蔡鍔の論説より少し遅かったが、雑誌の編者の梁啓超の説明でわかるように、この論説は蔣方震の旧訳である。したがって、蔣方震は論説が発表されたときよりも早く軍国民思想に注目して翻訳をしたということになる。さらに、一九〇二年の末に、黄興ら湖南省留学生を主体とした雑誌『遊学訳編』の第一期に「武備教育」と題する翻訳が掲載された。訳者不明の当論説は四回にわたって第四期まで連載された。この翻訳は蔣方震の「軍国民之教育」とともに、同じ書物をもとに翻訳されたものと考えられる(8)。

「軍国民」に関する紹介と論述は上記の三篇の文章から始まり、蔡鍔と蔣方震らは「軍国民」思想の最初の論述者であったと言える。その後、この思想はさらに蔣方震が創刊にかかわった『浙江潮』をはじめとした留学生雑誌や、梁啓超の『新民叢報』などによる積極的な呼応で広まり、同時代におけるもっとも影響力をもつナショナリズムの思想のひとつとなった。

「軍国民篇」の著者蔡鍔（一八八二～一九一六）は、本名艮寅、梁啓超の長沙時務学堂時代の弟子であった。蔡鍔は特に辛亥革命後の袁世凱の帝制に反対するために「第三革命」をリードしたことで名を知られている。蔡鍔は一八九九年に日本に留学した。期間中、彼は最初の留学生団体「励志会」の立ち上げに関わり、同時に唐才常の「自立会」のメンバーでもあった。一九〇〇年、蔡鍔は他の留学生たちとともに帰国して唐才常蜂起に参加した。蜂起の失敗は彼に大きな刺激を与えた。日本に戻った彼は、「鍔」に名前を変えて、翌年に私費留学生として、日本士官学校の予備校である成城学校に入学し軍事の学習に転向した。一九〇三年、蔡鍔は陸軍士官学校に入学し、第三期の留学生となった。「軍国民篇」の掲載時間から考えれば、それは蔡鍔が成城学校に入って間もないころに書いたものだと推測できる。その意味では、この論説は蔡鍔が軍事の学習を目指すようになった理由を説明したものでもあった。一方、「軍国民之教育」の著者蒋方震（一八八二～一九三八）は、字は百里、蔡鍔と成城学校及び日本陸軍士官学校の同窓であった。蒋方震は蔡鍔を通して梁啓超と知り合い、梁を師として仰いだ。彼は一九〇三年に他の留学生たちとともに雑誌『浙江潮』を創刊し、自ら編集長を担当するとともに、旺盛な文筆活動を展開した。彼は論説で梁啓超の主張に異議を唱えるなど、その思想の独自性を発揮した。(9) 日本留学から帰国後、蒋方震はさらにドイツに留学をした。帰国後、保定軍官学校の校長などを歴任した。蒋は近代中国の有数な軍事理論家と軍事教育家として名をよく知られている。

以下、軍国民思想をめぐる議論を、蔡鍔と蒋方震の論説を中心に見ることにしたい。

両論説は「尚武」と「国魂」をその基本内容としていると言ってよい。まず、蔡鍔は論説のなかで次のように述べている。「軍国民主義はギリシアのスパルタに起源をもち、近世の諸強国に広まった。西欧の人々は、たとえ女性や子供でもこの主義の影響を深く受けない人はいない。これらの国々はこれを以て全国国民の普通教育と為しているからである。国民がこの主義を終身の至大義務としてあがめている」[10]。蔡鍔によれば、古代のスパルタや、現在の日本はいずれも軍国民主義を実行したために、小国でありながらも弱肉強食の世界に立脚している。逆に、中国の場合を見ると、蔡鍔によれば、今日の中国は「国力が弱く、生気が消沈」しており、そのため、「軍国民主義を四億の人民に普及させなければ、中国は亡びることになる」[11]。蔡鍔が「軍国民」主義に注目したのは、何よりもまず中国の亡国への危機意識であった。彼は教育など八つの面から中国が弱体化した原因を分析した。蔡鍔によれば、「欧米諸国における教育は青年の才力を陶冶して、将来軍国民の資格をもつようになるためであり、中国の教育は青年の才力を破壊して、将来奴隷の資格をもつようになるためである」[12]。秦朝が天下を統一して以来、「国民の憂患心と競争心がますます振るわなかった」[13]。同様、学派、文学、風俗、身体、武器、音楽、国勢などの面からしても、中国はいずれも文を尊び武を卑しむ民族である。「良い鉄は釘に使わず、良い人は兵にならない」という諺は古来の社会風俗を反映しており、科挙で八股文を競うことは人々の精神を消耗させ、人をますます文弱に向かわせる。それにアヘンの毒、婦人の纏足などはさらに中国大地にほとんど完全な人間をなくさせ、漢民族を「堕落腐敗」させているのである。

要するに、著者によれば、弱肉強食の世界のなかで、中国を強くするために、何よりもまず軍国民教育を実行し普及して、文弱を取り除き武を尊ばなければならない。その場合、古代のスパルタや、プロシアの鉄血主義、同時代の日本の武士道などがいずれも軍国民主義のモデルである。蔡鍔が論説の中で提唱するこのような「尚武」の精神は軍国民思想の最初の特徴である。

蔡鍔の『軍国民篇』の連載が終わった後、梁啓超も自ら「斯巴達小志」を著し『新民叢報』に掲載して、自分の弟子を応援した。梁啓超は、「天演物競」という世界のなかで、「尚武精神が立国の第一基礎であることはみんな認め」

ており、「これより二〇世紀の世界は、軍国民主義をとらなければその国は世界に立つことはできない」と力説した。彼は「スパルタは中国にとって、実に第一の良薬である」(14)と言い切った。さらに、同時代のなかで最も影響力を持っていた『新民説』のなかでも、梁啓超は特別に「論尚武」という節を設け、その中で、「尚武は国民を元気にして国家がそれによって成立し文明がそれによって維持されるものである」、「もし尚武の国民と鉄血の主義がなければ、……もって激しい競争の舞台に立つことはできない」(15)と唱えている。この時期は梁啓超が最も精力的に西洋の近代思想を取り入れた時期であった。彼はカントや、ミル、ベンサムなどの西洋近代の思想家の学説を紹介したと同時に、軍国民の尚武精神を唱え、中国の武士道を提唱した。尚武精神は梁啓超が主張する「新民」(民を新たにする)においてもはや欠かせない構成部分になっていた。

蔡鍔や蒋方震の論説の後に、蒋方震が主宰する『浙江潮』や『湖北学生界』などの留学生雑誌が相次いで創刊された。これらの雑誌に、「尚武」や、「軍国民」に関する文章が数多く掲載された。蒋方震は飛生という筆名で、『浙江潮』に「国魂篇」、「真軍人」などの論説を発表し、軍国民思想を宣伝した。若き魯迅も拒露運動を背景に「斯巴達之魂」という小説を著し『浙江潮』で連載した。これらの雑誌は『新民叢報』と同じように、大量に中国国内に持ち込まれ、中国社会の思想の啓蒙で大きな役割を果たした。

しかし、以上の「尚武」だけで軍国民思想を語りつくすことはできない。軍国民思想に今一つの重要な要素があり、それは「国魂」である。蔡鍔は「軍国民を創出しようと思えばまず国魂を陶冶しなければならない」、「国魂とは、国造りの大綱であり、国民自尊自立の種である」(16)と述べている。彼によれば、日本の国魂は武士道であり、独、米諸列強もそれぞれの国魂をもっている。また、蒋方震も次のように述べている。「国魂は、国が国になるゆえんであり、国民の愛国精神と熱血で醸しだし生み出した不可思議の妙物である」(17)。ここでは、軍国民思想における「尚武」や

「軍人の精神」はただ「国」と結びつけられているにとどまらず、「国」は同時に「民」と緊密に結びつけられているのである。

蒋方震は「軍国民之教育」のなかで次のように述べている。「軍務は、国民の負債である。国防は国民の義務である。今日の戦争は国民全体の戦争であり、一人一姓の戦争ではない」[18]。同時に、「国なるものは誰がこれを守るか、軍人がこれを守るのだ。国なるものは誰がこれを有しているか、国民がこれを有しているのだ。国民と軍人とをどうして分けることができるのか。誰が死を顧みずに人のために家産を守ることができるのか。人は必ずこの物が我が有しているものだと知って初めてこれを愛し、死を顧みずにそのために争うことができる」[19]。

蒋方震の言葉は「軍・国・民」の本質を突いていると言わなければならない。国家は国民の国家であり、国家の安危は一人一人の国民がこれを守るものである。そのため、すべての国民は国家が自分たちの国家であることを認識して、初めて国家のために身を捧げることができるのである。これは「国魂」の真の意味の所在だった。論説のなかで、蒋方震は「軍人精神教育之大綱」を挙げ、それはすなわち、①国魂を生み出す愛国の精神、②国家に対して尽くすべき義務という公徳、③国のために身をささげる名誉心、④素質と忍耐力などである。蒋方震にとって、これらは「軍国民」思想の中身にほかならなかった。

軍国民の中身を明らかにした蒋方震は、「我が国民によく考えてほしい、中国の興亡による禍福は他人に関係がないのだ」[20]と熱く語り、一方の蔡鍔もその論説で中国における国民意識の欠如を批判して、最後に、「ここまで執筆して、私は恥ずかしく思う。しかし私の脳裏に国魂がある」[21]。二人とも明確に近代国家の本質を認識し、中国の国魂の創出を強く願っていたのである。

三 『武備教育』における「軍国民」の受容

もっとも早く軍国民思想を唱えた蒋方震、蔡鍔は、彼らの師である梁啓超の思想的影響を抜きにしては語れないだろう。彼らはともに梁が主宰する『新民叢報』に論説を載せ、一方の梁啓超も自分の弟子たちの主張を応援した。蔡鍔と蒋方震のかみ合った議論と近似した主張は二人の近代思想形成に対する梁啓超の影響を窺わせるものだった。しかし、蔡鍔や蒋方震らの論説からわかるように、より直接な影響を感じさせるのは同時代の日本であった。留学生たちが軍人を尊敬する日本社会の雰囲気に大きなインパクトを受けたことは前述したが、そのような直観的な感想が内面化して理論化するには、やはり留学生たちを取り囲む日本の言論界の影響が大きかった。なかでももっとも直接に留学生たちを影響したのは徳富蘇峰と民友社、そして、尾崎行雄だった。そして何よりも、「軍国民」という言葉そのものも日本から受容したものだった。

まずは「軍国民」の起源についてみることにしたい。

1 「軍国民」の誕生――『武備教育』の制清策

軍国民思想を最初に唱導した蔡鍔、蒋方震の論説、及び同年に『遊学訳編』で連載した翻訳「武備教育」という三つの文章は、いずれも同じ書物の影響を受けた。なかでも、留学生雑誌『遊学訳編』に創刊号から連続四号にわたって連載した「武備教育」(それぞれ、一九〇二年の光緒二八年一〇月、一一月、一二月、翌年の一月一五日に刊行)と蒋方震の「軍国民之教育」(光緒二八年一一月一五日に刊行)は、程度の差があるにせよ、いずれも民友社の『青年叢書』シリーズの第一巻『武備教育』という書物からの翻訳だということがわかる。[22] この書物は、日清戦争後の一八九五年

（明治二八年）に、徳富蘇峰（一八六三～一九五七）が主宰した民友社が出版したものだった。[23]実は、留学生たちが用いた「軍国民」という言葉は、ほかならぬこの『武備教育』から直接に受容したものであったのである。

蒋方震の論説に比べて、『遊学訳編』の中の「武備教育」はより詳細に民友社の『武備教育』の内容を紹介している。しかし、それもやはり簡訳本であった。原書は一三章からなっているが、『遊学訳編』の翻訳は結論を含めた六章分だけを訳出している。しかも訳出された各章はいずれも訳者の関心から選択的に訳出したダイジェストであり、それに訳者自身の感想が加えられている。一方、蒋方震の「軍国民之教育」もやはり翻訳であった。『遊学訳編』の「武備教育」に比べて、蒋方震の翻訳はもっと簡略に、しかも意訳的に行われ、さらに訳文と区分した形で、蒋方震自身の感想が数多く加えられている。また、蔡鍔の「軍国民篇」にも同様に民友社が出版したこの書物の影響がうかがえる。

では、同じ年に発表されたこの三つの論説が大きな影響を受けていた民友社が出版した「青年叢書」の第一巻である『武備教育』は、どのような書物であろうか。

まず、『武備教育』の最後に添付されている「青年叢書」の広告頁に次のように書かれている。「新勝は国運を急変し而して国勢の進転は国民の資格と伴はざるべからず。……癒ゆべからざる鉄創を頑清に加へ、新興国として世界の嫉妬と畏懼の中心に立てる大日本は武装せるスパルタに非らずや」、「武育的国民にして高美的市民、時務を知り技術を有せる人、一代の人にして世界の人を造るは一等国の国是、今日の急務也、大なる日本人を造るは大なる日本国を形る唯一の道に非ずや。新人物は新事業を産み、新事業は新国運を開く」[24]。

『武備教育』の著者によれば、日本は日清戦争で清に「癒ゆべからざる鉄創を頑清に加へ」たが、さらに新たな任務を負っている。それは「敗敵の反撃を予防する」ことであり、「一たび暴清の全力挫きし吾人は飽迄永遠に彼を屈服せざるべからず」ことである。そして、「武備教育は実に制清策の第一歩」[25]である。武備教育とは、言い換えれば「全国皆兵主義」を実行することであり、それは「武装せる社会制度を建設せんとするもの也、進歩せる軍国制度を建設せんとするもの也」[26]。このように、「制清策」としての「軍国民」、「武育的国民」、「全国皆兵」などが唱えられており、それは本書の基調をなしていると言ってよい。

『武備教育』のなかで、冒頭から「軍国民」という言葉を用いて議論を展開している。「軍国民」はここで初めて提起され、定義された。第一章「軍国民」のなかで、具体的に軍国民の三つの資格について論じている。三つの資格とは、著者によれば、新組織新制度としての「全国皆兵主義」[27]、消極的国防の方針としての「武装したる国民」[28]、そして、「軍事的智識」である。

『遊学訳編』の「武備教育」は原書の第一章の内容を適宜省略しながらも、基本的に主な内容を忠実に翻訳した。一方、蒋方震の「軍国民之教育」の場合、梁啓超は『新民叢報』のなかでそれを「訳稿」としているが、それは『武備教育』の内容を借りつつ、自ら再構成したものだと言ったほうがふさわしいかもしれない。それでも、原書の初めの部分にある「軍務は国民の負債なり、国防は国民の義務なり」[29]や、「威厳と実力とは、興国の第一歩にして最終迄の護国器なり」を正確に訳出している。さらに、以上の二編と比べて、蔡鍔の「軍国民篇」は、原書にある「列強陸海軍費と人口比例表」と同じものを使用している[30]以外に、民友社『武備教育』からの直接の引用はあまりなかった。しかし、例えば、「日本人にある者が曰く、軍なるものは国民の負債なり。軍人の智識、軍人の精神、軍人の本領は独り従軍者に限らず凡そ全国国民が皆之を具えるべきものである」[31]と説いた部分、あるいは、「軍国民主義は昔ギリシアのスパルタに起源をもつ」こと、大和魂は日本の尚武精神であることなどの主張[32]は、やはり民友社『武備教育』の主張の痕跡が見られる。例えば、『武備教育』における「武備教育は其制度に於て、……昔時のスパルタを再造せんとするものなり。その精神に於ては……今猶名残を止めたる武道を再興せんとするものなり、進歩せる現時の智力を以て朽ちざる大和魂を発揮せんとするに在り」(33)という議論は蔡鍔の主張と対応しているように思える。同級生の蔣方震との親密な関係を考えると、蔡鍔が『武備教育』を手にしたことはないと考えるのはむしろ不自然だろう。

以上から、蔡鍔や蔣方震らによって打ち出されて、清末民初の中国で流行っていた「軍国民」思想は、民友社出版の『武備教育』にその源をもつ、ということができる。

2　劇薬――留学生たちの受け止め方

このような性格をもつ書物は留学生たちにとって、けっして気軽に読めるものではなかったはずだった。では、彼らがなぜあえて翻訳を手がけたのだろうか。

これに対して蔣方震のコメントは一つの答えとなろう。彼は、「嗚呼、我が国民が自ら考えるがよい。甲午以来、彼の国が勝ったにもかかわらず、我国を恐れている。我国が敗れたにもかかわらず、奮起しない。一、二の仁人が奔走し呼びかけたとは言え、和議が成ったや否や、平気で歌に耽る。……嗚呼、それでもなお人心があるというのか。たとい滅ばないようにしようと思っても、はたしてできるのか」(34)蔣方震は日清戦争後の日清両国に見られるギャップにショックを受けたのである。『武備教育』はその意味では、蔣方震にとって、中国の病を治すための「劇薬」にほかならなかったのである。

前述のように、留学生たちの翻訳が忠実な訳でなかった。しかし、それを単に留学生たちの語学力の限界にその原因を求めるのはあまり意味をなさないであろう。訳者たちの意訳や再構成にむしろ留学生たちの強烈な問題意識を反映しているように思われる。以下、まず、民友社の『武備教育』と、翻訳である『遊学訳編』の「武備教育」や蔣方震の「軍国民教育」との間の対応関係から、留学生たちの主張の性格についてみることにしたい。

まず、原書になかった内容の追加である。「武備教育」の冒頭に、原書になかった次の一節が入れられている。

従来、軍は国とかかわることが必要はなく……民とかかわる必要はなかった。故に、軍国民という言葉は東方で未だにこれを聞いたことはなく、知らなかったものである。今日、武備教育を講じようと欲せば、軍国民の義を講じなければならない[35]。

原書になかったこの一節は、見事に軍国民によって象徴される近代ナショナリズムに対する訳者の理解をよくあらわしている。同様、蔣方震もその「軍国民之教育」の冒頭に、

今日の戦争は国民全体の戦争であり、一人一姓の戦争ではない[36]。

と述べている。この文の後半は蔣方震自身が意識的に付け加えた原書になかったものである。蔣方震は近代的「国民」と前近代的君主制を象徴する「一人一姓」とを対比させることによって、国民の近代性をより鮮やかに表出した。もちろん、原書には、「軍務は国民の負債なり、国防は国民の義務なり、和戦は国民の意志なり、国民は己が利害得失を標準とし己が高義尊栄を良心とし、総ての国民的大問題を解釈し遂行せざるべからず[37]」と書かれており、国民の義務を説くとともに、国民の主体性を強調している。一方で、軍国民の資格として、「完全なる市民として完全なる軍人たらんことを切望す[38]」と説く。この場合の「市民」の中身については『武備教育』に具体的に言及されていな

い。しかし、『武備教育』に二か月遅れて出版した同叢書の第三巻である『市民』のなかに答えが用意されていた。そのなかでは、「大日本市民は臣民として万世一系の皇室を奉戴し、国民として世界列国民の間に聳立」[39]すると説かれている。つまり「市民」とは、対外的に国民であり、対内的には臣民だということである。そして、「大日本市民」は市民道徳の権化でなければならず、「市民道徳」の源泉は、忠君、武士道と紳士の気品だとされている。[40]たしかに、この場合の臣民は明治憲法を前提にしていたが、しかし、本書の著者は、「憲法上の日本臣民は統治者に対して、秋毫の権利を有す者に非ざるの一事なり」[41]と断言し、立憲の象徴機関である議会も、「統治者に対し独存自立自動の機関に非ず、統治者の意志に従ひ憲法上成立するものなり」[42]と説いた。

こうして、明治憲法がもっていた近代的立憲の側面がこのような解釈によって消されるようになり、「市民」はもはや「臣民」にほかならず、「一人一姓」の天皇制国家の方向へ収斂されていくものとなった。後述するように、このような論調は民友社を主宰した蘇峰の日清戦争後の転向と直接に関わっており、この時期の蘇峰の思想を反映したものだったと言ってよい。

留学生たちは蘇峰から大きな影響を受けたが、この点において、留学生たちと『武備教育』とは鮮明な対照をなしている。留学生たちは原書に沿って翻訳を行ったが、その過程で自分たちの問題意識に基づいて理解し、読み換えたのである。

次に、訳者たちは原書になかった内容を自らの理解に基づいて加えただけでなく、「改訳」も行った。以下、二、三例を見てみたい。

『武備教育』が日清戦争後に出版されたものだっただけに、これに接した留学生たちは、その軍国民の主張に大きく触発されただけでなく、武備教育を「制清策」として位置付ける本書から大きな刺激を受け、「自強」の心をより強くした。例えば、原書はロシアの元帥モルツケ（プロイセンのモルトケの誤り？）の増兵策に関する言葉が引用されているが、その中に傍点を加えた一文がある。すなわち、

増兵の大本は天下の平和を破て一国の私を営むに非ず、我兵力を以て天下の治安平和を保持せんが為めのみ。(43)

しかし、翻訳のなかで、この文は次のように変えられている。

増兵之意未必尽欲破天下之平和以営一己之私欲、无如我若不强、则使他国生心以为鲸吞蚕食之计、反足以破天下之平和也」（増兵の意義は必ずしも天下の平和を破って一己の私欲を営むに非ず、もし我が強くなければ、他国に併呑蚕食の計を為す心を生じさせ、逆に天下の平和を破ることになる）(44)。

「天下の治安平和を保持」する、の代わりに、自らを強くしなければ平和を破ることになる、というのである。言い換えれば、自強こそが平和を守るための手段である。ここでの読み換えは、留学生たちは自国が置かれていた現実からリアリスティックに世界を捉えていることをよく反映している。原文が直接引用した内容だったにもかかわらず、翻訳者は自分の問題意識に基づいてあえてそれを解釈し直したのである。

次に、原書が軍国民の最後の資格である「軍事的智識」について論じるときに、まず、

至美の兵制は国民天与の性稟父祖伝来の血性に基因するに在り、日本国民は天与の武人民族なり然らば如何な

る兵制を採用し（国民的教育の眼光を以て）、如何の軍事的智識を鼓吹すべき[45]。

と説いた。それに触発された訳者は、思わず自国の場合と比較せずにはいられなかった。この部分は以下のように言い直された。

日本国民者天性尚武之国民也。苟欲采用兵制受军事教育自与寻常文弱之国不同。寻常之国由父祖传来之血性即有重文轻武之心姑不深论而日本国民可以无此缺点（日本国民は尚武の天性をもつ国民である。もし兵制を採用し軍事教育を受けようとすれば、自ずと尋常の文弱の国と異なる。尋常の国では父祖より伝わった血性に文を重んじ武を軽んずる心を持つ。これについてここでは深く議論しない。日本国民はこの欠点を避けることができる[46]）。

ここでの「尋常の国」は、同時代の留学生たちの論説に照らせば、中国をはじめとした儒教伝統をもつ国々のことを指していると理解して間違いないだろう。「尚武」の日本と「文弱」の中国という対比は同時代の留学生たちが共有した認識であった。このような認識は留学生たちの日本社会での体験によって実証され非常に説得力をもつものであった。「尚武」と「文弱」というギャップがもたらした衝撃は（ウェスタン・インパクトというよりも）何よりもまず「日本の衝撃」であった。このような翻訳における「創作」は留学生たちの問題意識をより鮮明に映し出している。

さらに、民友社『武備教育』の第二章の「何をか武備教育と謂ふ」のなかで、「日本将来百年の長策は他なし常に制清策を取る」ことであり、そして、「武備教育は実に制清策の第一歩」[47]と説かれている。この部分は、翻訳ではそのまま訳出されている。それに対して、その理由に関する説明の部分に、原書のなかでは、当代の日本国民は遂に癒ゆべからざるの鉄創を隣邦に加ふるの止む無き場合に立ち到りぬ、戦勝固より祝すべし、而して一たび暴清の全力を挫きし吾人は飽迄永遠に彼を屈服せざるべからず。(48)

と説かれているが、翻訳は次のようになっている。

吾国虽于甲午一役大挫暴清、然于军事知识初未得有大益。清国自经此挫、安知其不人人愤恨、研求战术以为报复之计乎。越之报吴、十年生聚、十年教训。清国之民患不知生聚与教训之道耳。一旦知之、则吾国岂能安枕哉（我国が甲午の一役で暴清を大きく挫けたが、軍事知識において大きな益を得ていない。清国はこの挫折を経て、これより一人一人が憤慨して戦術を研究し以て報復の計とすることはないことをどうして知ることができるのか。越が呉に報復するのに、十年間人力と物力を蓄積し（生聚）、十年間教訓をした（教訓）。清国の民は生聚・教訓の道を知らないのは憂うことだが、一旦これを知れば、我国は果たして安心して眠れるのか）。(49)

ここでは、翻訳というより、むしろ原文を読んだ訳者自身の立場からの述懐だったと言ったほうが正確である。翻訳者であることを意識しつつも、日本の制清策に対して素直に中国の立場からの「臥薪嘗胆」の反応をしたのである。そして、「暴清」を原文のままに用いたのは、雑誌『遊学訳編』の反清革命的性格を窺えると言えるかもしれない。

このように、翻訳者である留学生たちは、一方では、『武備教育』の原書に大きく啓発され、軍国民をクローズアップして、それを受容し紹介したが、他方では、原書に説かれている主張に対して自らのコメントを挿入するだけでなく、自らの立場と問題意識から翻訳を通して原書を読み換えたのである。

四　蘇峰と尾崎行雄の影響

1　『武備教育』と徳富蘇峰

『武備教育』という書物は徳富蘇峰が著したものではないが、「尚武」を強調した『武備教育』をはじめとした「青年叢書」は日清戦争後の蘇峰の思想的傾向を反映したものだと言ってよい。

蘇峰の留学生たちに対する影響力は、革命派留学生だった馮自由がその回想録の中で、「筆者が民国成立前一四年の戊戌年に東京に留学した時にすでにその名を熟知していた。凡そ彼の都に留学した留学生が、蘇峰が著した国民小叢書を読んだことがなかった者がほとんどいなかった」(50)と述べているように、絶大なものだった。

周知のように、蘇峰は近現代日本の著名な思想家、歴史家と政論家であり、明治と、大正、昭和という三つの時代をまたがって長く日本の言論界で活躍し、戦前から戦後にかけて近現代の日本に大きな影響力をもつオピニオン・リーダーだった。蘇峰は一八八七年の一月に民友社を創設し、その翌月に『国民の友』を創刊し、自ら編集長を担当した。この時期の彼は「平民主義」を唱える民権主義者であった。彼は貴族主義と藩閥専制主義を批判したと同時に、自由平等な社会を目指すべきだと唱えた。しかし、日清戦争を機に、蘇峰が転向して、対外膨張主義に傾いていった。彼は対内的に平民主義を実行し、対外的に帝国主義を実行すると主張するようになり、そしてそれに合わせて、国内で軍備拡張を通して武備社会を形成させることを唱えた。『武備教育』における「武備」に関する議論は日清戦争後の蘇峰の転向ぶりをよく反映していると言ってよい。

元来、転向前の一八八六年に、二三歳の蘇峰は『将来の日本』のなかで、「武備主義」を原理とする「旧日本」である徳川封建社会と、「生産主義」を原理とする「新日本」である明治日本とを対立させ、両者が相容れられない関係にあると位置付けた。蘇峰は、「武備機関の澎張したる邦」としての徳川時代に、富が専ら武士の驕奢に供されて、結局、二百六十年余りの太平が続いたにもかかわらず、「我邦は依然たる野蛮にして貧国」[51]だったと批判した。この時期の蘇峰にとって、このような「武備主義」は排斥すべきネガティブな意味しかもたなかったのである。彼はさらに、「今や我邦に流行する国権論武備拡張主義の如きも要するに其新奇なる道理の外套を被るにも係らず、皆是れ陳々腐々なる封建社会の旧主義の変相に過ぎざるなり」[52]と述べて、「国権論武備拡張主義」を一蹴した。一方、蘇峰は「平民主義」を掲げて、同時代の日本論壇に大きな衝撃を与えた。蘇峰もこれによって論壇ないし思想界での地位を確立した。

しかし日清戦争前後、蘇峰の思想は対外膨張的な帝国主義に大きく旋回した。「国民的拡張」を主張する彼は、日清開戦前後に書いた『大日本膨張論』のなかで、戦争の最大戦利品は日本国民が「世界に雄飛する」資格もつ自信力を獲得したことだと主張している[53]。これと対応して、彼が主張していた徳川時代の「封建」と明治時代の「近代」という二元対立も「鎖国根性と世界に雄飛する自信力」との間の対立に変わった[54]。

蘇峰によれば、徳川幕府は二百年余りの太平を維持した。しかし幕府の鎖国政策は「国民の膨張性」を完全に枯死させた。徳川時代の武士たちは国民観念をもたず、「封建鉄網細工の成功は、日本国民をして精神的の侏儒」[55]にさせた。それにとどまらず、維新後の明治日本社会の変化についても、彼は次のように批判している。「世人が文明の進歩を誇称す、……然れども泰平の社会と人心とが、文明病に伝染せられつつあるは、争う可らざる事実也。文明病とは何物ぞ。社会の上に於ては、放逸、驕奢、文弱を意味し、制度の上に於ては、繁文縟礼を意味し。個人の上に於ては、人心の腐敗を意味す。而して総て足るを知りて、進取の意向なきもの、此が一大病根と為す」[56]。

そんな彼にとって、日清戦争は維新後の「三十年来泰平の夢を破」[57]ったもので、救いだった。今後の「経世」方針について、彼は改めて「富国強兵」を唱えて、「吾人は強兵と共に、否な強兵の手段として、積極的富国策を講ぜざる可らざるを信ず」[58]と主張した。「富国」はここにおいて強兵と対外膨張の必要手段に成り下がり、蘇峰はかつて自ら批判していた「国権論武備拡張主義」に与するようになった。

民友社の『武備教育』に展開されている論調は、この時期の蘇峰の強兵論と軌を一にしている。そして、皮肉なことに、日清戦争後、敗戦になった中国の反撃の可能性に脅威を感じた心理から展開された論調は、ほかならぬ敗戦国の中国から派遣された軍関係の留学生に大きな影響を与え、思わぬ形で留学生たちの軍国民というナショナリズムの形成に大いに役立った。留学生、とくに初期の軍関係の留学生たちは、そのほとんどが日清戦争後に日本の「長技に師する」ために派遣された者であった。留学生たちは軍事技術や知識の面の「長技」の習得を期待されていたが、軍国民思想の唱道と「拒俄運動」に見られた行動に象徴されているように、「長技」は何よりも精神面における「国魂」の鋳造、近代国家意識の形成を意味するものだった。日本社会でよく見られた露骨な対中国拡張の言論は、留学生たちにとって自国の病を治すための劇薬となった。蘇峰とその民友社が唱導したナショナリズムが留学生たちのナショナリズムの形成に対する影響は、近代の日本と中国のナショナリズムの交錯を象徴するものにほかならなかった。

2　尾崎行雄の書物の影響

上記の『武備教育』の他に、蔡鍔の論説における引用からわかるように、若き時代の尾崎行雄（一八五八〜一九五四）から大きな影響を受けていることがわかる。蔡鍔は論説のなかで『対支那処分案』における尾崎の論調をたびたび援用した。尾崎の漢民族が弱体化した理由についての分析と、中国は永遠に雄飛する望みがないという断言は、いずれも蔡鍔によって紹介されている。

尾崎は近代日本の名高い政治家と自由主義思想家である。一九一三年の藩閥官僚政治に反対するための護憲運動の先頭に立った彼は、「憲政の神」と呼ばれているのは周知のとおりである。彼は同時に軍国主義に反対し、軍備縮減の積極的な唱道者であった。しかし、第一次世界大戦の終わりまで、尾崎はむしろ強兵論者だった。彼の『対支那処分案』は民友社の『武備教育』と同じように、一八九五年に書かれたものである。

そのなかで、尾崎は日清戦争後の形勢を分析して、東洋の治安をかく乱する要素が二つあるとしている。それはすなわち「欧人の東侵」と「支那の再起復讐」[59]であった。『武備教育』の著者と同じように、尾崎も中国の再起の可能性を警戒していた。しかし、一方、尾崎によれば、戦後の清国は「内乱外寇の交至は、支那の亡因なり。而して其期近く目睫の間に在り」[60]。そのため、「我が対清政略は、唯だ独力併領の一あるのみ」[61]。逆に、そうしなければ中国はやがて欧州列強に併呑されることになる[62]。ヨーロッパの列強より先手を打って、中国を「併領」することは、同時に、中国の再起を防ぐ策となるのである。

しかし、蔡鍔の論説を読んでわかるように、このような尾崎の帝国主義的主張よりも、彼にインパクトを与えたのは、尾崎の中国に対するとらえ方であった。

尾崎によれば、中国は、「人民未だ国家の何物たるを知らず」[63]、「国家思想、忠義心、愛国心、団結力は、皆な保国の要素なるに、支那人一も之を備えず。此の如くにして、独立を傾奪世界に保全し得たる事例は、余の未だ曾て知らざる所なり」[64]。国家の観念がないために、「支那人は古来数々夷狄禽獣視せる者の統御を甘受し、其朝廷を視ること逆旅の如し。故に何人来て之を併領するも、唯だ安んじて其業務に就くことを得ば、則ち之に満悦す」[65]。尾崎にとって、「支那民族ほど征服し易く、駕御し易」い民族はなかった[66]。したがって、彼は、清朝政府による内政改良が望めないなか、「支那民族をして永く内乱外寇の禍患を免れ」させるために、中国を併領することは日本の「天職」である、と主張した[67]。

蔡鍔は尾崎の主張から大きな刺激を受けたに違いない。しかし、尾崎の批判に対して、蔡鍔はそれを避け、あるいは拒絶するのではなく、むしろ逆に、「（尾崎の主張は）その国民の敵愾心を鼓舞するために発したものだが、それに接してみると、実際と少しも変っていない。自分の心に自問して、どうして尊敬しないことができるだろう」[68]と賛辞を送った。彼は尾崎の主張を引用して、「軍国民を造るにはまず国魂を鋳造しなければならない」[69]と強く主張した。尾崎は「軍国民」という言葉を使用しなかったが、蔡鍔は尾崎の議論を借りてその軍国民教育の主張を支えるための根拠としたのである。

さらに、『対支那処分案』のみならず、今一つ取りあげなければならない尾崎の著作は『尚武論』である。尾崎は一六歳の時から慶応義塾に学び、塾長の福沢諭吉に見込まれていた。一八七九年、まだ二一歳だった尾崎は福沢の推薦で『新潟新聞』の主筆を任された。この時期に、尾崎は自分が海軍士官を対象に行った講演を新聞で連載した。連載は最終的に『尚武論』という題目でまとめられ、一八八〇年に書物として出版された。この書物は刊行された七年後に再版が出され、日清戦争の前の一八九三年にさらに第三版が出されたロングセラーだった。蘇峰は本書の再版の時に尾崎のために序を書いた。序において、蘇峰は、「尚武の目的たるや、……唯だ一国の元気を鼓舞し、其精神を発揚し、其の人民をして独立独行自愛堅忍不抜の人民たらしむるにあるのみ。尾崎君の尚武論を著す、其意此にある哉」[70]と述べた。

『尚武論』のなかで、尾崎は次のように主張している。「国家盛衰興亡の本源多くは武の足ると足らざるとに在り。人民文弱なれば国必ず衰え人民勇武なれば国必ず興る」[71]。それを受けて、彼は内外両面から当時の形勢を分析した。まず、「内勢」から見れば、徳川の二百年あまりの泰平が日本社会の「柔弱驕奢」、「因循姑息」の悪弊を養った。明治維新はこの悪弊を一掃したが、盲目的に西洋を崇拝した「洋学者流」の影響で、「一旦萌芽を発せる剛毅朴訥侠義武勇の気風は索然地を拂て、驕奢柔弱軽薄の悪弊復た熾んなるに至れり」。[72] 尾崎はここで『大日本膨張論』における蘇峰の議論を想起させるような議論を先取りして述べている。一方、「外勢」から見れば、「各国交際の道未だ開けずして情義を顧みず理非を問わず後患を慮らずして近利是れ計る」、[73] という「腕力是れ権理」の世界であった。尾崎からすれば、このような「虎狼の世界」を生きるために、日本は「柔弱驕奢」の悪弊を克服し、「尚武」しなければならないのである。

尾崎によれば、「尚武と云う何ぞ必ずしも捧銃帯剣の士を養い抜陣陥城の器具を蓄うるの謂いならんや。余が貴重する所は武人に在らずして武人の気象に在り」。[74]「武人の気象」とは、すなわち「勇進敢為の気象」、「活発壮快の気象」、そして、「侠義廉節の気象」[75] である。そして、彼からすれば、尚武の実施は多方面から着手することができる。「曰く海陸両軍の費額を増す也。曰く大中小の諸校皆な兵学の一課を設け書生をして之を講習せしむる也。曰く撃剣、角力、競馬、競舟、山川跋渉、鳥獣遊猟等の如き勇武なる遊戯を奨励する也。曰く三国誌、水滸伝、八犬伝等の類勇壮快活なる野史小説を著述して之を流行せしむる也。曰く警察の保護を減し此民をして自治の気象を発揮せしむる也」。[76]

興味深いことに、論述内容や引用状況からみれば、『尚武論』と『武備教育』とは酷似している。両書は章立て、節立てが異なっているが、両書を比較すれば、『武備教育』のなかに『尚武論』の影響を見ることができる。その影響は、両書が同じく尚武を強調し、しかも、いずれも徳富蘇峰と深いかかわりをもっているという点にとどまらず、両書物の第一章の初めに、いずれも老蘇（北宋の文学者蘇洵のこと）の『幾策』の冒頭にある「治天下者定所尚、所尚一定、至於千万年而不変……故聖人者出、必先定一代之所尚」という段落を引用して、尚武や軍国民の重要性を説いた。[77]また、前出した『武備教育』におけるプロイセン・ビスマルク時代の元帥で軍事家モルトケの増兵策に対する引用も、日本語の表現がいくらか異なっているが、『尚武論』にも引用されている。[78]このように引用箇所が共通していることは決して偶然ではない。なぜなら、書物の中身を検討すればわかるように、上記の「尚武」や「武備教育」の実施方法に関する説明は、『武備教育』はほとんど『尚武論』の議論を敷衍したもので、その拡大版と言ってよい。そして、これらの実施方法は蒋方震の論説や『遊学訳編』の「武備教育」の中にいずれも反映されている。内容からすれば、「青年叢書」第一巻である『武備教育』は直接に尾崎行雄の『尚武論』から大きな影響を受けていることは明らかである。

このように、若き時代の尾崎の論調は日清戦争後の徳富蘇峰とは非常に近いことがわかる。二人の著作は同時代の留学生たちの重要な思想的資源となった。彼らの中国に対する批判や、露骨な侵略などの言論は留学生たちを大きく刺激した。しかし、弱肉強食の世界観が支配的であったなかで、留学生たちはこうした刺激に反発するよりも、むしろそれを劇薬として受け入れ、自分たちのナショナリズム形成の資源とした。なかには、清朝政府に完全に失望するようになり、革命に赴いた人も少なくなかった。

五　終わりに

清末の「軍国民」思想は、日本に留学した中国人留学生が最初に日本で受容したあと、自分たちの宣伝と実践を通して、中国社会に広範な影響を与えた近代的ナショナリズムの思想だった。

学生たちは一方では、思想的に梁啓超の影響を受け、他方では、日清戦争後の蘇峰や民友社、そして尾崎行雄の書物に直接に触れることによって、軍国民思想を唱導するようになったのである。留学生たちによって提起された軍国民思想は、直観的でわかりやすいため、中国に紹介された後に、外交と内政両面で危機状況に臨んでいた中国で迅速にその影響を拡げた。とくに、初めて「軍国民」を用いた『武備教育』のなかでの「全国皆兵」や、「武育的国民」の提唱は日清戦争後の中国の復讐の可能性に対する警戒感を背景にしており、そして、「軍国民」や「尚武」を提起する際、中国を反面教材として取り上げたため、これらの論調は留学生たちを強く刺激した。「文弱」と「尚武」、国家思想の有無という日中の間の大きなギャップを痛感した留学生たちは自分たちの奮起しようとする心情を論説のなかに盛り込んだため、軍国民思想がよりいっそう人々の感情を動かす力をもった。

軍国民思想は、軍事を重視し尚武を唱えるという点において、清末の洋務運動と同じだが、それはただ物質的な「器」の次元にとどまらず、より根本的に思想と精神面から「尚武」精神を強調する。そして、なによりも重要なのは、「軍国民」思想は「愛国」を強調するが、「人の家産を守る」という忠君式の愛国ではなく、「人は必ずこの物が我が有していることを知って初めてこれを愛し、死を顧みずにこれを争うことができる」という近代的なナショナリズムであった。

軍国民思想は清末の人々の観念のなかに広く浸透していた。国家の富強は国民の強い身体が必要であり、そして、より根本的に近代的国民意識の養成を必要とする。軍国民教育が清末から民国初期の教育の旨の一部になったのは、「軍国民」教育を通して、小さいころから国民の身体を強健にし、国民意識を確立して、近代的国民を創出するためにほかならなかった。

第一次世界大戦後、軍国民思想は平和論が主流になったなかで退潮した。しかし、その後の中国が国難に直面したたびに、たえず提起された。その中に、『文理月刊』という雑誌の創刊号（一九四〇年）に掲載された「日本軍国民主義教育の没落」と題する論説があった。論説の著者によれば、敵国日本はプロイセンと肩を並ぶ徹底的な軍国民教育を実施した国であった。軍国（民）教育をもって民族独立を求めることは効果を収めやすかったが、日露戦争以降、忌憚なく凶悪な帝国主義者になろうとした日本は、やがて国内でも支持が得られなくなった。軍国民の教育もただ扇動と麻酔に過ぎず、結局「愚民教育」という矛盾に陥ることが避けられなかった。著者は最後に以下のように結論付けた。「軍国主義の教育は有用なものだが、必ず侵略に抵抗し民族解放を求めることを条件としなければならない。教育は間違いなく道具ではあるが、それは人類社会の進歩と発展を促進することにしか適合しない。野心家はもし教育を利用して私欲を遂げようとしたら、結局は失敗を免れない」[79]のである。

ナショナリズムは民族独立、解放運動によって初めてその「健全性」が担保されるのか。あるいは、ナショナリズムが国家の「富強」によって変質するのはある種の宿命なのか。軍国民思想の提起とそれをめぐる議論の消長の歴史は、このような古くて新しい問題を今でも我々に突き付けている。

（1）「留学記録：軍国民教育会之組織：軍国民教育会公約」『湖北学生界』一九〇三年第三期、中国国民党中央委員会党史史料編纂委員会。なお、「軍国民教育会」について、楊天石、王学荘編『拒俄運動一九〇一－一九〇五』中国社会科学出版社、一九七九年、また、中村哲夫「拒俄義勇隊・軍国民教育会」『東洋学報』（第五四巻第一号）東洋学術協会、一九七一年六月、などを参照されたい。

（2）舒新城『中国近代教育史資料』（上）人民教育出版社、一九八一年、一二一〇頁。

（3）同上、一二一三頁。

（4）承季厚「発刊詞」、軍国民雑誌社『軍国民雑誌』創刊号、一九三三年三月。

（5）「中央訓練団党政訓練班第二十二期　総裁関於教育之訓示要点」『中央訓練団党政訓練班資料彙編』（陳誠副総統文物、典蔵号008-011001-00025、入蔵登録号008000001265A）国史舘（台湾）所蔵。

（6）中国では、謝本書「論『軍国民主義』」『貴州社会科学』一九八九年第十期、李群「日本体験与近代中国尚武思潮的発生」『東疆学刊』第二八巻第一期、二〇一一年、「清末民初的軍国民教育思潮的興起及其衰落」『軍事歴史研究』二〇〇七年第三期。など、「軍国民」及びそれと関連する「尚武」思想に関する研究論文が多数ある。日本では、例えば、吉澤誠一郎『愛国主義の創成――ナショナリズムから近代中国を見る』岩波書店、二〇〇三年、のなかでは触れられている。

（7）例えば、付可塵「蔡鍔軍国民教育思想浅析」『懐化学院学報』第三〇巻第三期、二〇一一年三月、四五頁。

（8）論説「武備教育」は無署名のため、梁啓超が言及した蔣方震の「旧訳」であったかどうかは判断できない。しかしこの時期に、この三つの文章以外に「軍国民」思想に関する論説が皆無だったことから、蔡鍔か蔣方震、とくに後者と関係があった可能性がある。ちなみに、蔣方震が浙江省出身の仲間とともに雑誌『浙江潮』を創刊したのは一九〇三年の二月だった。

（9）蔣方震は『浙江潮』の第八、九号に飛生という筆名で「近時二大学説への評論」を連載して、梁啓超の「新民説」における主張に異議を唱え、国家の急を救うために、よりラディカルな手段で国民を「震撼」させ「前進の気を鼓舞する」ことを主張した。それに対して、梁啓超は「答飛生」を著して自らの真意を説明した。

（10）『新民叢報』第一号、台湾芸文印書館、一九六六年、八〇頁。

（11）同上。

（12）同上、八四頁。

(13)『新民叢報』第七号、六八頁。
(14)『新民叢報』第一二号、二八頁。
(15)『新民叢報』第二八号、一頁。
(16)『新民叢報』第一一号、四八頁。
(17)蔣方震「軍国民教育」『新民叢報』第二三号、三六頁。
(18)同上、三三頁。
(19)同上、三六頁。
(20)同上。
(21)『新民叢報』第一一号、五一頁。
(22)『遊学訳編』の「武備教育」と蔣方震の「軍国民教育」はともに『武備教育』の部分訳であるが、内容的に相互補完性が高い。両者が異なった部分を訳出しており、重なる部分は少なかった。これは偶然だということはあまり考えられない。二つの翻訳は同一人物によるものだったということは断定できないが、一方が他方を参照した可能性がかなり高いと言える。
(23)この叢書はもともと全部で一〇巻を出版予定だったが、実際、全部で六巻と二冊の号外を出版したようだ。第二巻以降は、それぞれ『遠征』、『市民』、『職業論』、『技術』、『学校生涯』と、号外『本朝美術』、『征塵余録』だった。
(24)(青年叢書第一巻)『武備教育』民友社、一八九五年(以下、民友社『武備教育』と略す)。
(25)民友社『武備教育』、一六-一七頁。
(26)同上、一八頁。

(27) 同上、四頁。
(28) 同上、一二頁。
(29) ちなみに、この文の『遊学訳編』の「武備教育」における訳は、「軍務者国民之義務、国防者国民之責任」になっている。
(30) 『新民叢報』第一号、七三頁。
(31) 『新民叢報』第一号、八〇頁。
(32) 同上。
(33) 民友社『武備教育』、一八頁。
(34) 蒋方震「軍国民之教育」四七頁。
(35) 「武備教育」『遊学訳編』第一冊、中国国民党中央委員会党史史料編纂委員会、一九六八年、四三頁。
(36) 蒋方震「軍国民之教育」『新民叢報』二二号、三三頁。
(37) 民友社『武備教育』、一頁。
(38) 同上、一四頁。
(39) (青年叢書第三巻)『市民』民友社、一八九五年、一頁。
(40) 『市民』、前掲、八頁。
(41) 『市民』、前掲、四七頁。
(42) 『市民』、前掲、五五頁。
(43) 民友社『武備教育』、五頁。

(44)「武備教育」四四頁。
(45)民友社『武備教育』、一三頁。
(46)「武備教育」五頁。
(47)民友社『武備教育』、一七頁。
(48)民友社『武備教育』、一六頁。
(49)「武備教育」四九頁。
(50)馮自由『革命逸史』第四集、中華書局、一九八一年。なお、蘇峰は留学生たちの間で大きな影響力があっただけでなく、梁啓超にも大きな影響を与えている。石川禎浩「梁啓超と文明の視座」、『梁啓超——西洋近代思想受容と明治日本』みすず書房、一九九九年、を参照されたい。
(51)徳富蘇峰「将来の日本」、植手通有編（明治文学全集三四）『徳富蘇峰集』、筑摩書房、一九七四年、九八頁。
(52)同上、一〇八頁。
(53)「大日本膨張論」、『徳富蘇峰集』、二六一頁。なお、植手氏は、「いわゆる蘇峰の転向は、思想的には、本書によってほとんど完了している」と指摘している（「解題」三九四頁参照）。
(54)同上、二六二頁。
(55)「吉田松陰」、『徳富蘇峰集』、一七一頁。
(56)「大日本膨張論」『徳富蘇峰集』、二六四頁。
(57)同上。
(58)同上、二七二頁。

(59)尾崎行雄「対支那処分案」、清塗太郎、小松悦二編『愕堂集』読売新聞社、一九〇九年、一四一三頁。
(60)同上、一四四〇頁。
(61)同上、一四七四頁。
(62)同上、一五五一頁。
(63)同上、一四八五頁。
(64)同上、一四二四頁。
(65)同上、一四八九頁。
(66)同上、一四九〇頁。
(67)同上、一五五三頁。
(68)『新民叢報』第一号、八三頁。
(69)『新民叢報』第一一号、四頁。
(70)「再版尚武論後序」『尚武論』、東京博文堂、一八九三年、一頁。なお、文中のカタカナはひらがなに直した。以下同。
(71)同上、一〇一頁。
(72)同上、四五頁。
(73)同上、五三頁。
(74)同上、六八頁。
(75)同上、
(76)同上、九〇頁。

(77) 民友社『武備教育』、三頁、尾崎行雄『尚武論』、二―三頁。ただし、『武備教育』において、「老蘇」が誤って「蘇老」になっていた。

(78) 民友社『武備教育』、五頁、尾崎行雄『尚武論』、五五頁。尾崎が「普国大元帥モルトケ」としているのは正確だったが、『武備教育』はモルトケをモルツケとしたうえ、「露国元帥」と誤っている。両書物は同一作者でないことがはっきりしている。しかし、『武備教育』が『尚武論』を下敷きにしている可能性は大きい。

(79) 林礪儒「日本軍国民主義教育の没落」『文理月刊』創刊号、一九四〇年。なお、論説のなかで、「軍国民主義」と「軍国主義」とが併用されている。

＊本研究は、筆者の科研基盤研究Ⓒ「明治日本の軍隊と近代中国のナショナリズムの形成」(課題番号23520871)の成果の一部である。

近代中国人留学生統計資料に関する考察
——民国期を中心に

周一川

はじめに

近代中国人日本留学を研究する際、当時の各関係機関の統計は極めて重要な資料であり、留学史を論述する場合、不可欠のものである。筆者はいままでの中国人女子日本留学史研究の中で留学生統計資料を収集することに重点を置いて、清末からの各年度留学生総人数をまとめようとした。(1) 多量な資料を調べ、照合した過程において担当機関による統計資料の特徴などに気づく一方で、統計ミスなどもいくつか見つかった。本稿では、中国人留学生に関する統計資料を担当機関に分け、各統計の背景、目的、内容、特徴及び遺漏や誤記などを分析し指摘する。これにより各機関の統計資料の性質を析出するとともに、いくつかのミスを発見したことにより、資料使用の錯誤を減らすことができれば幸いである。

本文の【表】は、筆者が史料をまとめて作成したものである。［資料］とした各統計は、原史料の写しであるが、文章表現は資料のままにし、漢数字はアラビア数字に、漢字は当用漢字に、縦書きは横書きにした。

一　中華民国留日学生監督処

留日学生監督処（以下監督処）は中国政府が設置した留学生を直接管理する部門であり、その統計は留学生実態に近いはずであった。しかし、監督処の統計は実数よりはるかに少なかった。一九三四年監督処が詳細な統計を作成した際、日本の文部省や外務省文化事業部、日華学会など日本側のデータに頼っていた。(2)その主な原因は、日本に行き来するにはパスポートが要らず、自由に往来できるからであった。それ故、多数の私費留学生は教育部に報告せずに来日でき、日本に来てからも監督処に登録せずに入学が可能であった。

一九三四年に監督に就任した周憲文は、監督処にある留学生資料がどういうものかについて「留日学務近状一瞥」で次のように明確に説明した。「一、監督処のすべての登記は、教育部が発行した留学証書を受領した学生に限る。事実上、一部の学生は、留学証書を受領せず日本に留学したものである。このような学生の状況はすぐに調査できないので本文には含まれていない。二、監督処が行う登録は民国一七年から始まったが、これを根拠にして各種の統計を制作しようという試みも一度あった。民国一七年以後、監督処が保存していた檔案の中に、学生の登録カードしかない、すでに整理した統計表がない。……。」(3)

周監督が書いたこの文には、次のような統計表が掲載されている。

（一）「全国留日学生之人数及各省分配比較表」（一〇七〇名）

（二）「全国留日官費生人数及各省分配表」（二六七名）
（三）「全国留日学生所在学校比較表」（一〇二七名）（外務省を経由して文部省に依頼した一九三三年の調査データ）
（四）「全国留日学生学科比較表」（一〇二七名）（外務省を経由して文部省に依頼した一九三三年の調査データ）
（五）「全国留日学生国内経過学校比較表」（一一二八名）（日華学会一九三三年調査データ）

周監督の説明では私費留学生の状況が把握できないとなっていたが、（二）官費生の統計（二六七名）と比べてみると、（一）の数字（一〇七〇名）は私費留学生が含まれた数字であることはあきらかであった。（一）のデータの出処について、周監督は、監督処に登記したデータによると説明しているが、周監督の同文の「……留学証書を受領していない……学生の状況はすぐに考査できないので本文には含まれていない」という説明に合わない。つまり、周監督が（一）を作成した際、日本側のデータを参考にしたのではないかと推測できる。

（三）と（四）は文部省の統計で総人数は一〇二七名であるが、日華学会の調査による（五）は一一二八名であった。その差は文部省と日華学会の調査対象の違いによるものだと考えられる。後述の【表1】からわかるように、文部省の場合には、留学予備校の学生数が総人数に入れられていないが、日華学会の調査では、留学予備校や軍事学校などの学生数も留学生総数に含まれていた。

この記述からもわかるように、監督処の留学生の統計資料はかなり不完全なものであり、私費留学生のことはほとんど把握できていない。周監督のこの文章は、日本側の文部省と日華学会のデータを使用した（五表中の三表）もので、民国時期の監督処の最も詳細な統計を反映したものであったと考えられる。

［資料 1］

支那留学生収容公私立学校数並員数調（毎年 5 月末現在）				
年度	収容学校数	男子	女子	合計
大正 3 年度	135	3041	89	3130
同 4 年度	117	2273	60	2333
同 5 年度	118	1903	73	1976
同 6 年度	116	2015	60	2075
同 7 年度	109	**2741**	70	2812
同 8 年度	121	2433	63	2496
同 9 年度	112	2192	44	2236
同 10 年度	87	912	36	948
同 11 年度	133	980	91	1071
同 12 年度	295	1730	98	1828
同 13 年度	360	1624	132	1756
同 14 年度	378	2046	49	2095
同 15 年度	156	1615	159	1774

注：太字の数字は間違いであり、正確には 2742 である。（後掲［資料 3-2］を参照）

出典：「支那留学生ニ関スル調査」文部省普通学部局、大正 15 年 5 月末現在。（外務省記録文書『在本邦留学生関係雑件』第 3 巻所収）。

二　文部省

日本側の留学生についての資料は種類が多く、文部省、外務省、警視庁、日華学会、興亜院など各種機関の統計があった。

留学現場を管轄した文部省の統計資料は、各学校の報告によるものであり、信憑性が高く、研究者がよく利用する重要な文献である。いままで研究者たちがよく使用した文部省の統計資料は、ほとんど日本外務省外交史料館に所蔵されている外務省記録と同一である。現在戦前期の外務省記録はアジア歴史センターのホームページでかなり見られるようになった。

1　主な統計資料を照合する

文部省の留学生に関する重要な資料がいくつかあるうちの一つは、［資料 1］の「支那留学生収容公私立学校数並員数調」である。

【表1】1923～1926年中国人留学生総人数

年度	収容学校数	男子	女子	官公私立大学と専門学校生総数	中・女・実業・小学校を加えた人数	留学予備教育学校学生数、（　）内は東亜高等予備校学生数
1923（大正12）	64	1606	26	1632	不明	不明
1924（大正13）	64	1533	31	1564	1818	340（255）
1925（大正14）	69	1361	46	1407	2095	519（360）
1926（大正15）	70	1305	49	1354	1774	463（321）

注：1923年度の文部省『官公私立大学専門学校支那留学生現状調』には、名簿しかないので、男女別の人数及び総数は、その名簿を数えた結果である。

出典：(1)『官公私立大学専門学校支那留学生現状調』文部省、大正12年度。（外務省記録『在本邦留学生関係雑件』第3巻所収）。
(2)『支那学生ニ関スル調査』文部省普通学務局、大正13年5月末現在。（外務省記録『在本邦各国留学生関係雑件　別冊支那留学生ノ部』第2巻所収）。
(3)『支那学生ニ関スル調査』文部省普通学務局、大正14年5月末現在。（外務省記録『在本邦留学生関係雑件』第3巻所収）。
(4)『支那留学生ニ関スル調査』文部省普通学務局、大正15年5月末現在。（外務省記録『在本邦留学生関係雑件』第3巻所収）。

外務省外交史料館に保存されている中国人留学生の関係資料は、二〇年代初めごろから急速に増えだしており、詳細な名簿付きの調査が多い。この現象は、一九二四年に始まった「対支文化事業」の準備段階の調査を反映していると考えられる。以前の文部省の留学生調査は、名簿つきの調査などは殆どなく、統計表には中国人と朝鮮人とを同じ表としているものが多かった。

外務省記録には、文部省年度別の中国人留学生に関する名簿付きの詳細な調査が、一九二三年から見られるようになった。それは、『官公私立大学専門学校支那留学生現状調』（以下『現状調』）であり、ほかには『支那学生ニ関スル調査』（以下『調査』）もあった（【表1】の出典を参照）。

『現状調』は、一九二三年度と一九二四年度のものである。その中には、官公私立と専門学校に在籍している高等教育を受ける留学生だけが集録されていて、中学校・女学校・実業学校・小学校の留学生は収録されておらず、下記『調査』にあるような総合統計もなかった。一九二四〜一九二六年度の『調査』については、留学生県別、入学状況並入学者学歴、男女別、学科目卒業者数並卒業後情況、出身省別、年齢別、学費などの総合統計表になっているのがほとんどであった。それ以外に、中学校・女学校・実業学校・小学校の留学生も収録されてはいたものの、大勢の留学生が在籍していた東亜高等予備校の学生は、別枠で統計されて、総数に入れていなかった。

筆者はそれらの資料に基づいて【表1】を作成した。

【表1】を作成した元のデータは、文部省の調査資料であるが、同じ文部省の統計である［資料1］と比べて、合わない部分が二つある。一つは、収容学校数のズレが大きいこと、もう一つは、官立学校が含まれないはずの公私立学校［資料1］の一九二五年度と一九二六年度の学生総数が、官立学校も含まれている【表1】の総数（予備校が含まれず）と一致していることである。

2 ［資料1］統計上の二つのミス

［資料1］は、タイトルから見ると、官立（直轄）学校を含めない公私立学校の統計であり、一九二六年度の『調査』統計表の一つである。『調査』は、他に一九二四と一九二五年度のものがあった。それを調べてみると、一九二四–一九二五年度の『調査』にも、［資料1］と同じ書式の統計表があった。［資料1］と同じ書式の一九二五年度の統計表は、後掲［資料2］である。［資料2］の調査対象は中国人だけではなく、朝鮮人も含まれている。［資料1］と［資料2］を比較してみると、［資料1］に統計上のミスがあることが判明し、それによって収容学校数のズレの

［資料2］

支那朝鮮留学生収容公私立学校数並員数調（毎年5月末現在）								
年度	収容学校数	支那人			朝鮮人			合計
		男	女	計	男	女	計	
大正 3年	135	3041	89	3130	457	17	474	3604
同　4年	117	2273	60	2333	365	21	386	2719
同　5年	118	1903	73	1976	387	18	405	2381
同　6年	116	2015	60	2075	394	23	417	2492
同　7年	109	**2741**	70	2812	472	42	514	3326
同　8年	121	2433	63	2496	336	30	366	2862
同　9年	112	2192	44	2236	761	18	779	3015
同　10年	87	912	36	948	905	46	**949**	**1897**
同　11年	133	980	91	1071	873	60	933	2004
同　12年	295	1730	98	1828	1251	112	1363	3191
同　13年	360	1624	132	1756	1368	137	1505	3261
同　14年	378	2046	49	2095	1808	106	1914	4009

注：大正7年度の太字の数字は、間違いであり、正確には2742である（［資料3-2］を参照）。大正10年度の太字は、計算違いの数字と思われる。

出典：「支那留学生ニ関スル調査」文部省普通学部局、大正14年5月末現在（外務省記録文書『在本邦留学生関係雑件』第3巻所収）。

一つの原因が分かったのである。

(1) 収容学校数のズレについて

［資料1］と［資料2］を見れば分かるように、［資料2］（一九二五年度）が［資料1］（一九二六年度）統計のもとになっている。［資料1］は、［資料2］の統計にある「朝鮮人」と「合計」部分を切り捨て、一九二六年度の中国人の統計数字を加えたものである。しかし、収容学校数においては、朝鮮人だけを受け入れる学校を表から削除せず、そのままにしてしまったことがミスにつながってしまったのである。『学校在学支那朝鮮留学生員数調』（大正一〇年五月末日現在）[4]を調べた結果、官立学校でも「朝鮮人」だけを受け入れる学校（上田蚕糸専門学校、京都高等蚕業学校、山口高等学校）があることが確認できた。

(2) 一九二五〜一九二六年の総数について

【表1】と［資料1］とを照合してはっきりするのは、一九二五年度と一九二六年度の総人数が一致していることである。【表1】は、官公私立学校の統計であるが、［資料1］は、官立が含まれていない公私立学校の統計なので、これが一致しているということは、つまり、どちらかの数字が間違っていることになるのである。

文部省の『調査』であるにもかかわらず、なぜ本省が管理していた官立学校の各年度統計がないのか、どうして官立学校が含まれていない公私立学校の統計だけが各年度の『調査』の最後に掲載されているのか、不可解なことである。そこで遡って資料を調べた結果、下記の［資料3］のとおり、一九二一（大正一〇）年度に官立学校と公私立学校を別にした二つの総合統計表があり、他に、留学予備学校の統計もあることがわかった。［資料3］は、文部省普通学務局第一課から外務省亜細亜局第一課への『支那留学生教育施設の概要』にある表であった。

［資料3－1］の官立学校の統計表を、如何なる理由から文部省の一九二四－一九二六年の『調査』に掲載しなかったのかはわからないが、少なくとも、当時の担当者は、大正一四年度（一九二五）と大正一五年度（一九二六）の官立学校留学生を含む総数を、間違って同年度の［資料2］の『支那朝鮮留学生収容公私立学校数並員数調』と［資料1］の『支那留学生収容公私立学校数並員数調』に統計の続きとして、掲載したことが推定できる。

文部省のデータは学校からの報告により作られたものであったが、報告していない学校があれば、その学校の留学生名簿が欠落してしまい、統計は不完全のものになる。文部省の『調査』は、一九二三年の統計には東京女子医学専門学校（その年に在籍の留学生が少なくとも八名がいる[5]）が見当たらないのだが、一九二四年の『調査』には収録されていることから、一九二三年のものは、不完全な統計であることが分かる。

外務省記録に学費補給の留学生名簿や調査資料が多く、これらの調査はほとんど担当部門外務省文化事業部（前身

［資料 3-1］ 1921（大正 10）年官立学校の総合統計

直轄学校在学支那朝鮮留学生員数調（大正 10 年 5 月末日現在）			
学校名	現　在　員		
	支那人	朝鮮人	計
（各学校名略）	（各学校人数略）	（各学校人数略）	（各学校計略）
合計 63 学校 内収容学校 44 校	1171	119	1290

備考（略）

最近 8 個年比較（毎年 5 月末日現在）				
年　次	収容学校数	支那人	朝鮮人	計
大正　3 年	37	666	?	666
大正　4 年	32	778	?	778
大正　5 年	35	814	54	868
大正　6 年	36	816	59	875
大正　7 年	36	912	68	980
大正　8 年	35	959	76	1035
大正　9 年	36	1015	75	1090
大正 10 年	44	1171	119	1290

出典：「直轄学校在学支那朝鮮留学生員数調（大正 10 年 5 月末日現在）」（外務省記録文書『在本邦清国留学生関係雑纂—日華学会』所収）。

［資料 3-2］ 1921（大正 10）年公私立学校の総合統計

支那朝鮮留学生収容公私立学校数並員数調 （毎年 5 月末日現在、大正 10 年 12 月印刷）								
年度	収容学校数	支那人			朝鮮人			合計
		男	女	計	男	女	計	
大正　3 年	135	3041	89	3130	457	17	474	3604
大正　4 年	117	2273	60	2333	365	21	386	2719
大正　5 年	118	1903	73	1976	387	18	405	2381
大正　6 年	116	2015	60	2075	394	23	417	2492
大正　7 年	109	2742	70	2812	472	42	514	3326
大正　8 年	121	2433	63	2496	336	30	366	2862
大正　9 年	112	2192	44	2236	761	18	779	3015
大正 10 年	87	912	36	948	905	46	**949**	**1897**

注：太字は原資料の計算違いの数字と思われる。

出典：「支那朝鮮留学生収容公私立学校数並員数調（毎年 5 月末日現在、大正 10 年 12 月印刷）」（外務省記録文書『在本邦清国留学生関係雑纂—日華学会』所収）。

［資料 3-3］　1921（大正 10）年留学予備学校の総合統計

支那留学生予備教育ニ関スル調（大正 10 年 12 月現在、大正 10 年 12 月印刷）						
収容学校	収容人員	修業期間	学費		設立者	所在地
			入学料	授業料年額		
東京高等師範学校（特別予備科）	37	1 ヶ年	円	円 60.00		
第一高等学校（特設予科）	54	1 ヶ年	3	40.00		
東京高等工業学校（特別予科）	38	1 ヶ年	5	45.00		
成城学校（清国留学生部）	55	2 ヶ年		71.50	沢柳政太郎	牛込区原町
慶應義塾（特別予科）	48	3 ヶ年	5	75.00	鎌田栄吉	芝区三田
東亜同文書院	10	2 ヶ年		38.50	柏原文太郎	豊多摩郡落合村
財団法人東亜高等予備学校	450	1 ヶ年	1	33.00 55.00	松本亀治郎	神田区仲猿楽町
日華学院	21	1 ヶ年		36.00	松下大三郎	神田区表猿楽町
計	713					

出典：「支那留学生予備教育ニ関スル調（大正 10 年 12 月現在、大正 10 年 12 月印刷）」（外務省記録文書『在本邦清国留学生関係雑纂―日華学会』所収）。

は「対支文化事務局」）の調査であったが、学費補給以外の留学生調査については、文化事業部は文部省と日華学会に依頼しており[6]、同資料に日華学会に調査補助金を支払う決案もあった。

外務省記録には一九二七年以後文部省の中国人留学生に関する総合的調査資料がかなり減少した。その理由は、日華学会が一九二七年度から中国人留学生名簿を刊行することになったためと考えられる。

三　日華学会

日華学会は一九一八年に成立した。当初は、中国人留学生のために学校の斡旋や下宿探しなど便利さを提供することを目的とした民間組織であったが、その後、法人となり、外務省や文部省などに協力して留学生に関する調査などを行う半官半民の機関となった。

日華学会は一九二七年に学報部を設置し、留学に関するニュースや報道などを掲載する『日華学報』の発行を始めた。同年から一九四四年まで毎年中国留学生に関する調査を行い、一八冊の留学生名簿（以下『名簿』）を出版した。日華学会の『名簿』は政局の変化により何度も名称を変えた。第一版（一九二七年）から六版までは、『中国留学生名簿』であったが、「満洲国」が成立したため、第七版から一〇版までは、『留日学生名簿』に、第一一版から一三版までは『中華民国・満洲国留学生名簿』となった。一九三五年から駐日「満洲国」大使館は留学生の統計を採り始めたので、『名簿』は第一四版から中華民国留学生だけを調査することになり、『中華民国留日学生名簿』と改称した。

『名簿』の統計形式は、前後若干変化があったが、大部分の年度の統計は、文部省直轄校、官、公、軍、私、実習、予備学校の順番であり、各校在学生が掲載されている。各学生の欄目に、年齢、専攻、出身地、出身校、費用などの詳細な記録があり、備考に帰国などを記していた。

『名簿』のデータの出処は、各学校からのものであったが、最初の数年間は留学生監督処のデータも使用した(7)。第一版は各学校の留学生名簿だけであったが、第二版は各省別人名表が増えた。第三版から留学生人数や分布などの総合統計がはじまり、一三版までは歴年の人数、省別などの総合統計表を載せているものが多かった。一四版からは同年度の卒業生名簿が掲載されていたが、総合統計表はなくなった。一八回の『名簿』は、謄写版印刷であり、「例言」に「用紙緊縮のため附録留日学生卒業者名簿及名簿索引を削除せり」という説明があった。

日華学会の統計は文部省調査より幅広く、文部省管轄の学校以外の軍事、鉄道などの学校も含まれ、林業、工業などの試験場、講習所、研究所も収録されている。

前述のように、周監督の文章中の一部の統計も日華学会のデータを使用したもので、日華学会の留学生に関する統計の重要性が当時でも認められていたことがわかるが、それでもなお、『名簿』のデータを使用するときには以下の注意点がある。

第一、日華学会の第一四版（一九四〇年）『名簿』から、中華民国留学生だけを収録することになり、「満洲国」留学生を含む統計は、一九三九年度までである。

第二、『名簿』は、年度により、収録していない学校もあり、不完全統計である。第三版（一九二九年）には日本大学が未調査であったため、「目次」の日本大学の下に「未調」と書かれてあったが、前年度の一九二八年日本大学の留学生は一七七名、次年度の一九三〇年も一一九名いたので、少なくとも一九二九年度の統計には一〇〇名以上の誤差があったことになる。ほかには帝国美術学校の統計も数年間欠けていた。『名簿』に一九三七年初めて帝国美術学校が収録されたが、同年度の帝国美術学校に五年生がいたことから、すくなくとも一九三二年にはすでに留学生が在籍していたことになる。つまり、一九三二年～一九三六年の『名簿』には帝国美術学校の留学生の統計が欠落されてしまったことが明らかである。

第三、『名簿』は在籍学生数を中心とした統計であったが、「在籍」者の全員が学校にいるとは限らず、休学、帰国していた学生も含まれている。したがって、休学と帰国した人数を除くと総人数は減ることになる。一九三九年度の『名簿』には休学と帰国した留学生を除いた「残留実数」の統計があり、同年度の総人数と「残留実数」の差は四一五名であった。

【表 2】日華学会『名簿』の留学生統計（1927 ～ 1944 年度）

年度～版・回	総人数 【多重学籍人数】	高等・専門 総人数（内枠）	備考
1927（昭和 2） 第 1 版	1924	未分類	筆者注：軍事学校、試験場などが含まれているが、予備校が含まれていない。
1928（昭和 3） 第 2 版	2480	未分類	同上
1929（昭和 4） 第 3 版	2485	未分類	筆者注：予備校が含まれている。以下同様。
1930（昭和 5） 第 4 版	3049	未分類	同上
1931（昭和 6） 第 5 版	3096【124】	2528（大 945、専 1065、陸 378、特予 140）	筆者注：学校分類が始まる。
1932（昭和 7） 第 6 版	1421【21】	1365（大 600、専 616、陸 50、特予 99）	『名簿』の注：実際に在留勉強中の者は 800 名内外。
1933（昭和 8） 第 7 版	1417（中 1046、満 311） 【60】	1266（大 556、専 688、特予 22）	筆者注：専には陸軍が含まれている。以下同様。
1934（昭和 9） 第 8 版	2340（中 1419、満 749） 【172】	1855（院 147、大 669、専 971、特予 68）	
1935（昭和 10） 第 9 版	3781（多重学籍者を除く中 2394、満 1133） 【258】	2911（院 261、大 839、専 1149、予科など 662）	筆者注：総人数は内枠数と合わない。
1936（昭和 11） 第 10 版	5909（多重学籍者を除く中 3857、満 1805） 【247】	4777（院 354、大 1078、専 2068、予科など 1277）	
1937（昭和 12） 第 11 版	5945(中 4009、満 1936) 【415(中 352、満 63)】	5114（院 301、大 1214、専 3126、予科 873）	
1937.11.1	（中 403）		出典：第 14 版『名簿』
1938（昭和 13） 第 12 版	3132(中 1512、満 1620) 【29(中 10、満 19)】	2916（院 150、大 921、専 1630、予科 215）	『名簿』の注： 正味在籍：3103 一時帰国：1099 残留実数：2004
1939（昭和 14） 第 13 版	2357(中 1023、満 1334) 【25(中 8、満 17)】	2016（院 75、大 500、専 1179、予科 262）	『名簿』の注： 正味在籍：2332 休学帰国：415 残留実数：1917
1940（昭和 15） 第 14 版	中 1204	未分類	
1941（昭和 16） 第 15 版	中 1466	未分類	
1942（昭和 17） 第 16 回	中 1341	未分類	
1943（昭和 18） 第 17 回	中 1380	未分類	
1944（昭和 19） 第 18 回	中 1118	1028（学部以上 346、予科 92、専 590）	

注：毎年の統計時期は、1941 年度（9 月）以外、4 ～ 6 月であった。

出典：日華学会各年度『名簿』。

四　興亜院

一九三八年末興亜院が設置され、同時に東方文化事業は外務省から興亜院に移管された。

興亜院政務部は一九四〇年度一〇月に『日本留学中華民国人名調』(以下『人名調』)を作成した。『人名調』は、一九三九年四月に専門学校以上の各学校に調査を依頼し、その調査報告及び卒業生名簿をもとに作成されたものであり、将来『新中国人名鑑』の編纂の参考にする目的で編集されたものである。(8)『人名調』の名簿は、卒業生を中心としたものであるが、各学校の報告によって作成したもので、在学生が含まれている学校もかなりあった。『人名調』は約一三〇〇〇名を収録しているが、「満洲国」留学生は含まれていない。

『人名調』は一九三九年までの中国人留学生卒業生に関しては大いに役立つが、目立つミスもあった。例えば、帝国美術学校は一九二九年(昭和五年)に創立された学校であるはずなのに、一三名の卒業生の卒業年度記録が明治と大正となっている。(9)さらに、日華学会の『名簿』を調べた結果、一九三八年度『名簿』に掲載されている一三名の留学生の氏名は『人名調』のとまったく同じであった。しかし、一九三七年七月日中戦争が勃発して留学生は帰国したので、全員「帰国中」となっていた。一九三七年度『名簿』では帝国美術学校の留学生は一〇名であり、五年生一名、四年生一名、ほかに研究科日本画の学生であった。この二冊の『名簿』とも六月の統計なので、一九三七年には氏名がなく、一九三八年に氏名が載せられていた三名は、一九三七年六月以後の入学生であると考えられるが、一九三八年に全員が「帰国中」と記録されているので、その三名は入学して長くても数か月で帰国したと推測できる。しかし、このような学生の名前も『人名調』卒業生名簿にあったことから、この統計の信憑性は疑わしくなる。

興亜院の『人名調』にはミスもあるが、他の機関の調査資料にほとんど触れられていない卒業生の統計もあり、その意味では貴重な統計である。さらに、文部省の調査資料に収録されていない「陸、海軍諸学校及警察講習所之部」が含まれており、中国人軍事留学研究にとっても不可欠なデータである。

五　駐日満洲国大使館

一九三二年三月一日に日本の関東軍の支持を受け、清朝最後の皇帝溥儀を執政として傀儡政権満洲国は成立した。一九三四年からは溥儀を皇帝として帝政を施き、年号は大同から康徳に変わった。それ以来、「満洲国」の日本への留学生派遣は十数年間続き、日本での中国人留学生は「中華民国留学生」と「満洲国留学生」とに分けられた。日本留学は「満洲国」の国策であり、留学生を管轄する機関は、民生部（一九三七年まで文教部）であった。官費留学生も私費留学生も厳しく管理されていた。駐日満洲国大使館は一九三五年から一九四三年（一九四四年と一九四五年不明）まで毎年『満洲国留日学生録』（以下『学生録』）を刊行し、『学生録』には留学生名簿、人数、費用、分布、出身地、専攻などが詳細に統計され、一九三七年度からは留学に関する重要な三つの章程も付録されていた。『学生録』は他の機関の留学生統計と比べてデータは多く、詳細で遺漏が少ないと感じる。

しかし、『学生録』は、途中で統計の対象や基準などに変化があり、統計データを使用するときに注意しなければならない。一九三五〜一九三七年度の『学生録』には官吏《ママ》（在職）留学生が含まれており(10)、その中には鉄道、警察、陸軍等の分野もあり、その後の学科科目統計とは違っている。総人数にも官吏留学生が含まれていたので通常の意味での留学生だけの統計ではなかった。しかし、一九三七年九月に出された勅命一四三号「留学生に関する件」では「留学生ト称スルハ官署ノ命ヲ承ケ留学スル者ヲ除クノ外外国ノ学校ニ留学スル学生ヲ謂フ」(11)と定められたことから、

【表3】『学生録』の「満洲国」留学生数統計（1934～1943年）

年度＼性別	男子	女子	合計	1937（康徳4）年度総数（官吏留学生を含む）
1934（康徳元）	809	85	**884**	894
1935（康徳2）	853	129	982	1214
1936（康徳3）	1203	160	1363	1798
1937（康徳4）	1674	148	1822	2017
1938（康徳5）	1355	164	1519	
1939（康徳6）	1161	164	**1315**	
1940（康徳7）	805	128	933	
1941（康徳8）	1050	206	1256	
1942（康徳9）	1031	189	1220	
1943（康徳10）	821	183	1004	

注：太字は原資料の計算違いの数字と思われる。

出典：『満洲国留日学生録』駐日満洲国大使館、昭和18年度・康徳10年度、「留日学生性別男女比較表」96頁。
『満洲国留日学生録』駐日満洲国大使館、昭和12年度・康徳4年度、「五、附表」「留日学生性別男女比較表」1頁。

駐日満洲国大使館の統計も変わり、民生部が管轄する留学生だけを統計対象とした。官吏留学生が集中していた鉄道、警察、陸軍の科目はなくなり、また法政経は別にして統計している。

この表からわかるように、『学生録』の統計にも単純な計算ミスがあった。

六　その他

以上の統計以外には、警視庁外事課や中華民国留日学生同学総会及び中華年鑑社などの統計もある。

外務省記録の中に警視庁外事課の調査資料があり、その中の一つは『大正一一年　支那関係事務概要』[12]（以下『概要』）である。この調査は、総人数の一五三〇人に東亜予備学校が含まれてはいたものの、軍事関係学校は含まれていなかった。また、『概要』の備考に「本表は陸海軍留学生を含まず、但し現在四二人なり」と書かれている。『概要』には一九一六年から一九二一年までの総数は次のように書かれている。

大正五年	六年	七年	八年	九年	一〇年
（一九一六）	（一九一七）	（一九一八）	（一九一九）	（一九二〇）	（一九二一）
二三五八人	二四六五人	二六五三人	三八一五人	三四八一人	二〇八七人

今までの研究では、文部省資料から一九〇六～一九二一年度[13]、一九二二～一九二六年度の中国人留学生総数などの統計が明らかになったが、ただ一九二二年度の総合統計のみがまた未発見であった。この点で、警視庁の統計は一九二二年度のものなので参考になる。

終戦前後にかなりの留学生が帰国したが、様々な原因で日本に滞留している者もいた。中華民国留日学生同学総会が一九四六年に『中華民国留日学生名簿』を出版した。この名簿は、謄写版で序言の中に同学総会の設立過程、組織の重要性、在日留学生の苦悩や将来祖国に帰る希望などについて論述しており、付録に「中華民国留日学生省別表」があって、その表から一一五二名の留学生中、台湾省出身者が七三四名、大陸出身者が四二八名であることがわかる。

一九四八年出版の『中華年鑑』の「附表1　歴年度出国留学生之留学国別　一八年度至三五年度」[14]の日本留学生の数字は次のようである。一九二九（民国一八）年度からの統計であるが、一九三八（民国二七）年度からの人数は「—」になっている。

年度	民国一八	一九	二〇	二一	二二	二三	二四	二五	二六	二七
人数	一〇二五	五九〇	八三	二一七	二一九	三四七	四四七	四九六	四九	—

この数字は、総人数ではなく、その年出国した留学生の統計ではないかと思われる。日本側の統計よりかなり少なく、教育部あるいは留学生監督処に登録した人数で、大勢の私費留学生は含まれていないと考えられる。一九三八年

以後の統計はなかった。

終わりに——総数統計の相対性

以上の論述でわかるように、各統計機関の統計は調査対象と基準が違うので、総数のズレがあるのは当然であろう。同機関の統計でも収録対象が変わることがあり、ミスや遺漏もあったので、それらの資料を基にして作成された本稿の各表の数字はあくまでも概数であると理解する必要がある。主たる理由は以下の三つである。

第一、調査機関の違い

文部省と日華学会の統計を比べた場合、統計基準が違うため、両方の調査結果には、少なくとも数百人の差異がある。文部省の『調査』にも日華学会の『名簿』にも、学校名が全部掲載されているから、調査対象になった学校は一目瞭然である。文部省は、本省の管轄以外の軍事学校などは調査対象にせず、東亜高等予備校の学生数も総数に入れずに別枠で統計を出している。一方、日華学会の『名簿』の統計は、官公私立学校以外に、軍事、鉄道、留学予備校を調査対象にしている。他に、東亜高等予備校は毎年数百人の留学生が在籍していたために、統計対象にこの学校を外すと、統計上に数百人の差異が出る。

第二、各統計に不完全統計やミスがある

前述のように一九二三年文部省の『調査』には東京女子医学専門学校が見当たらないのだが、一九二四年の『調

査』には収録されていることから、一九二三年のものは、不完全な統計であることが分かる。日華学会の『名簿』にも同様のことがあり、日本大学や帝国美術学校などは年度により欠落している。また、どの機関の統計にも筆写ミスや計算ミスがある。

第三、調査期間の違い

日中両国の政局によって、日本へ留学する学生の変動が激しい。留学生は留学中に数回大きな学生運動を起こし集団帰国も行なったので、その前後の留学生の人数は、数百人ではなく数千人の違いもあった。同じ年でも、調査の月の違いにより総数の変動が大きいこともあった。

日本に留学した中国人留学生の総数をまとめようと考え、幅広く資料を収集し、一九〇六～一九二六年、一九二七～一九四四年までの統計表[15]を作成したが、無理な部分もあり、本文では、統計機関により、三つの表に分けた。[資料]と【表】のデータによって民国時期における中国人留学生の概数がほぼ明らかになり、中国人日本留学の流れも、総人数の角度から見られることになった。

本稿より中国人日本留学史研究者各位にささやかな手がかりを提供することができたら幸いである。

[付記]

本研究はJsps科研費25360051の助成を受けたものである。

（1）「近代日本に留学した中国人の総数をめぐって―一九二二―一九二六年のデータに関する調査」『中国研究月報』中国研究所、二〇〇七年二月号、二一～二八頁。
「近代中国留日学生人数考弁」（中国語）中国山東大学文史哲編輯部『文史哲』二〇〇八年三月、一〇四～一一二頁。

「近代における中国人海外留学の流れについて―日本とアメリカ留学の比較」アジア教育学会『アジア教育』第二巻、二〇〇八年一一月、六二～七一頁。

（2）JACAR（アジア歴史資料センター）Ref.B 05016184700「昭和九年一月　最近十ケ年支那留学生調査依頼」（外務省外交史料館）。
JACAR, Ref.B 05016185100「昭和九年六月　学費補給留学生名簿請求」（外務省外交史料館）。

（3）周憲文「留日学務近状一瞥」、『教育雑誌』第二四巻第一号、一九三四年九月、一七四～一七八頁。
周憲文「留日学務近状一瞥」、『教育雑誌』第二四巻第一号、一九三四年九月、一七三頁。

（4）外務省記録『在本邦清国留学生関係雑纂―日華学会』所収。

（5）三崎裕子「東京女医学校・東京女子医学専門学校中国人留学生名簿―一九〇八年から一九四二年まで―」（『辛亥革命研究』八、一九八八年、六七頁。

（6）「支那留学生実況調査に関する件」大正一三年八月一六日。外務省記録『在本邦留学生関係雑件　第一巻』所収。

（7）日華学会第一版（一九二七年）と第三版（一九二九年）『名簿』の「凡例」。

（8）『日本留学中華民国人名調』興亜院政務部、昭和一五年一〇月、「凡例」。

（9）『日本留学中華民国人名調』興亜院政務部、七四六～七四七頁。

（10）各官署から派遣された在職の青年軍人、司法官、警察、技師、教師等であり、費用は派遣機関により提供され、留学後は元の官署に戻る。

(11) 一九三七年度『学生録』「留学生に関する諸法令」、「留学生に関する件」一頁。

(12)『大正一一年　支那関係事務概要』警視庁外事課、大正一一年六月一五日現在。(外務省記録『在本邦各国留学生関係雑件　別冊支那留学生ノ部』第一巻所収)

(13) 二見剛史・佐藤尚子「中国人日本留学史関係統計」『国立教育研究所紀要』第九四集、日本教育研究所、一九七八年、一〇一頁。

(14)『中華年鑑』「附表一　歴年度出国留学生之留学国別　一八年度至三五年度」中華年鑑社、民国三七年、一七四七頁。

(15)「近代中国留日学生人数考弁」(中国語)中国山東大学文史哲編輯部『文史哲』二〇〇八年三月、一〇四－一一二頁。

中華民国留日学生監督処の研究
——一九一〇年代から一九三〇年代を中心に

孫安石

はじめに

本稿は、中華民国留日学生監督処の活動の一端を日本側の外務省外交史料館が所蔵する資料を通して解明することを試みるものである。清末の留日学生監督処の活動については大里浩秋氏の論文「『官報』を読む」が、留日学生監督処の発行した『官報』を紹介するなかで、その業務の範囲が留学生の学費の管理、日本の文部省と各大学との連絡、留学生の入・退学と転学、留学生の病気、事故などに対する対応など幅広い範囲にわたっていたことを指摘するほか、呂順長氏の論文「留日学生監督処『官報』及其史料価値」は、『官報』と日本側の資料を駆使し、清末の留日学生監督処の変遷についてその一部を明らかにしている。(1) しかし、これらの先行研究においても中華民国時期以降の一九一〇年代から一九三〇年代における留日学生監督処の活動については多くを触れていない。

そこで、本稿は外務省外交史料館が所蔵する留日学生監督処関連の資料を通して、以下の四つの点に注目しながら中華民国留日学生監督処の活動の概略を論じることにしたい。
（一）一九一〇年代における留日学生監督処の設置と初期の活動、
（二）一九二〇年代に留日学生監督処が運営経費の逼迫を理由に日本の外務省から予算の一部支援を受ける経緯と
それに付随して起きた様々な問題、
（三）一九二七年の南京国民政府成立以降に留日学生監督処が進めようとした管理強化の動き、
（四）満州事変、日中戦争から一九三七年八月の留日学生監督処閉鎖にいたるまでの経緯、

これら各時期の留日学生監督処の活動については、本来であれば中国側の留日学生監督処自体の一次資料をもって研究と分析を進めるべきであるが、筆者は、その資料の一部が台湾の国史館の教育部関連檔案に現存していることを確認するのみで、まだ利用には至っていない。幸い、中国の留日学生監督処の業務相手であった外務省の文化事業部と文部省の受発文書が現存することから、今回は一先ず日本側の資料を使って留日学生監督処の活動の概略を整理、紹介することにしたい。

なお、留日学生監督処の名称について、残されている中国と日本側の外交文書などに見られる公印や便箋、また文章では中華民国「駐日学生監督処」、「留日学生監督処」、「駐日留学生監督処」などが混在している。制度・組織上の変更があったことが推測されるが、それらを中国の教育部檔案で跡づけることは現時点ではできていない。そこで、本稿では、用語の混乱はみられるものの、「留日学生監督処」という名称を使用することにする。また、資料の引用にあたってはカタカナを平仮名に、旧漢字を新漢字にしたほか、適宜句読点を補った。

一　清末の留日学生監督処―制度の未確定

中国からの留日学生が日清戦争が終息して数年後を境に飛躍的に増加したことは周知の通りであるが、日本側の外務省記録に留日学生監督として最初の記載が確認できるのは一八九七年十一月に浙江省巡撫より「文武留学生監督」として任命された孫淦である（【図1】を参照）。この記録によれば、浙江省から日本に派遣された候補知県の張大鏞が「求是書院」四名の学生と「武備学堂」四名の学生を帯同し、日本の各学校で修学する際に、当時すでに日本に滞在していた五品頂戴の孫淦を留日学生の監督として任命したことが分かる[2]。

この後、湖北省、江蘇省、南洋大臣などから派遣される留学生が増えるにつれ、各省は留学生を監督するためにそれぞれ留学生監督を派遣することになる。この清末の留学生監督の派遣とその経過については、すでに呂順長氏が『清末中日教育文化交流之研究』においてその着任と離任の一覧表を作成しているので大いに参考になる[3]。しかしここでは一覧表を作成するのみで、出典とされている外務省外交史料館の一次資料の中には、留日学生監督処の制度を理解するために重要な事柄と思われる事実が、まだ多く含まれている。

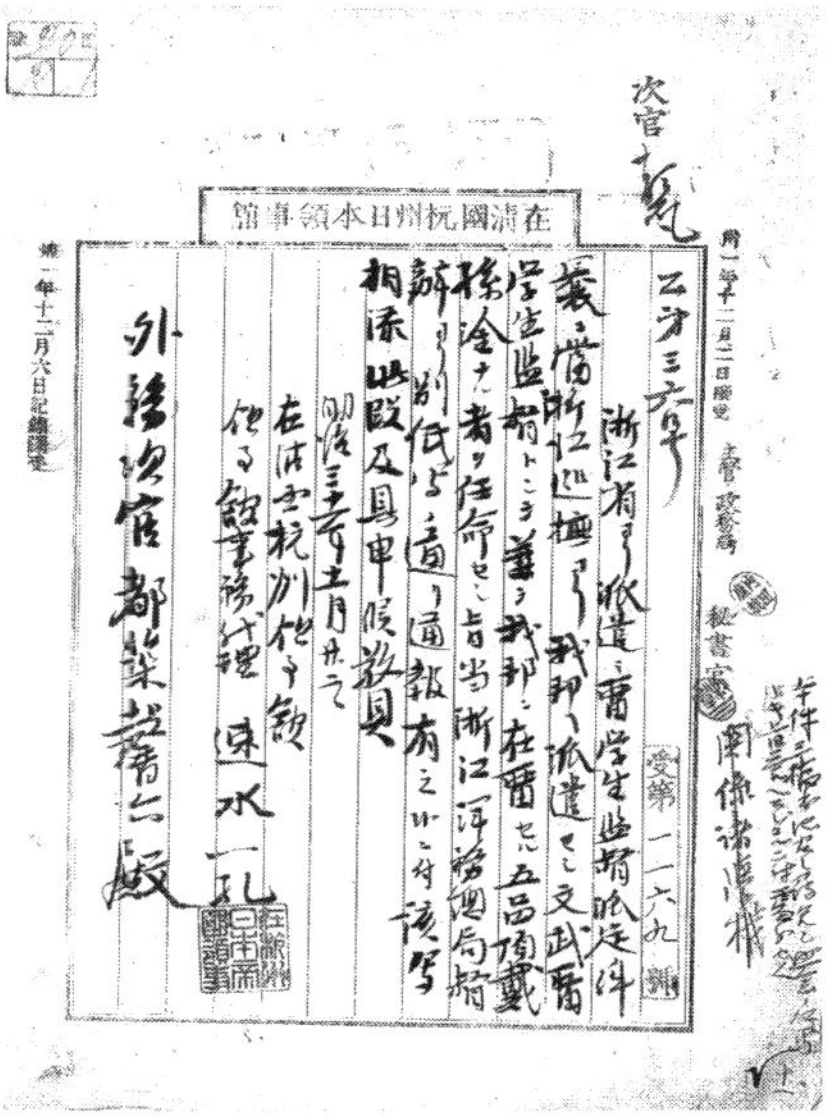

【図１】「浙江省より派遣の留学生監督決定の件」（外務省外交史料館、『学生監督並視察員之部』、請求番号：B-3-10-5-3-4）

そこで、ここではまず、制度が未確定な清末における留日学生監督処のさまざまな側面を示す具体例をあげながら、一九一〇年代の中華民国期における留日学生監督処の活動について触れていくことにしたい。

一つ目は、清国が派遣する留日学生監督の任命について中国側の意思によって決定されていたことは言うまでもないが、留日学生監督処の制度が定着していない清末に、日本側による監督候補を推薦する動きがあったという事実である。

その一例が、一八九九年に「南洋留学生監督」人事をめぐって名前が登場する鄒凌瀚について、日本と中国が交わした公文のやりとりである。即ち、当時、日本に滞在していた鄒凌瀚は日本の外務省官員との交際を通じて信用を得ており、日本側は鄒を南洋留学生監督候補として南京営務処総辦の陶森に推薦する旨の公文を送り、この推薦人事は湖広総督張之洞にも電報で伝えられた。(4) しかし、この人事が進む過程で、鄒凌瀚は、すでに中国に帰国して江西省の鉱山開発事業に従事していることが明らかになり、中国側からは「鄒凌瀚は営利に長じており、学生を監督する職務では適任ではない」という評価が出された。(5)

この人事は、一八九九年九月に候補知県の銭恂が「湖北学生監督」と「南洋留学生監督」を兼任することで決着をみたが（一八九九年当時、湖広総督張之洞によって派遣された中国人留学生は、官費留学生七八名、私費留学生三名の合計八一名であったという）、留日学生監督任命に日本側が積極的に関わり、その候補を推薦していたという事実は、その後の留日学生監督処の運営を理解する上で、大変興味深い。なぜならば、留学生監督は高い官職ではなく留学生監督処の実務担当者レベルであり、日本外務省の対支文化事業部の官僚が交渉相手になることから中国側もある程度配慮した節があるからである（後述する一九二〇年代の張振漢の事例を参照）。

二つ目は、これまで多くの研究が指摘してきたように、留日学生監督の最も重要な仕事は留日学生の学費と学業の

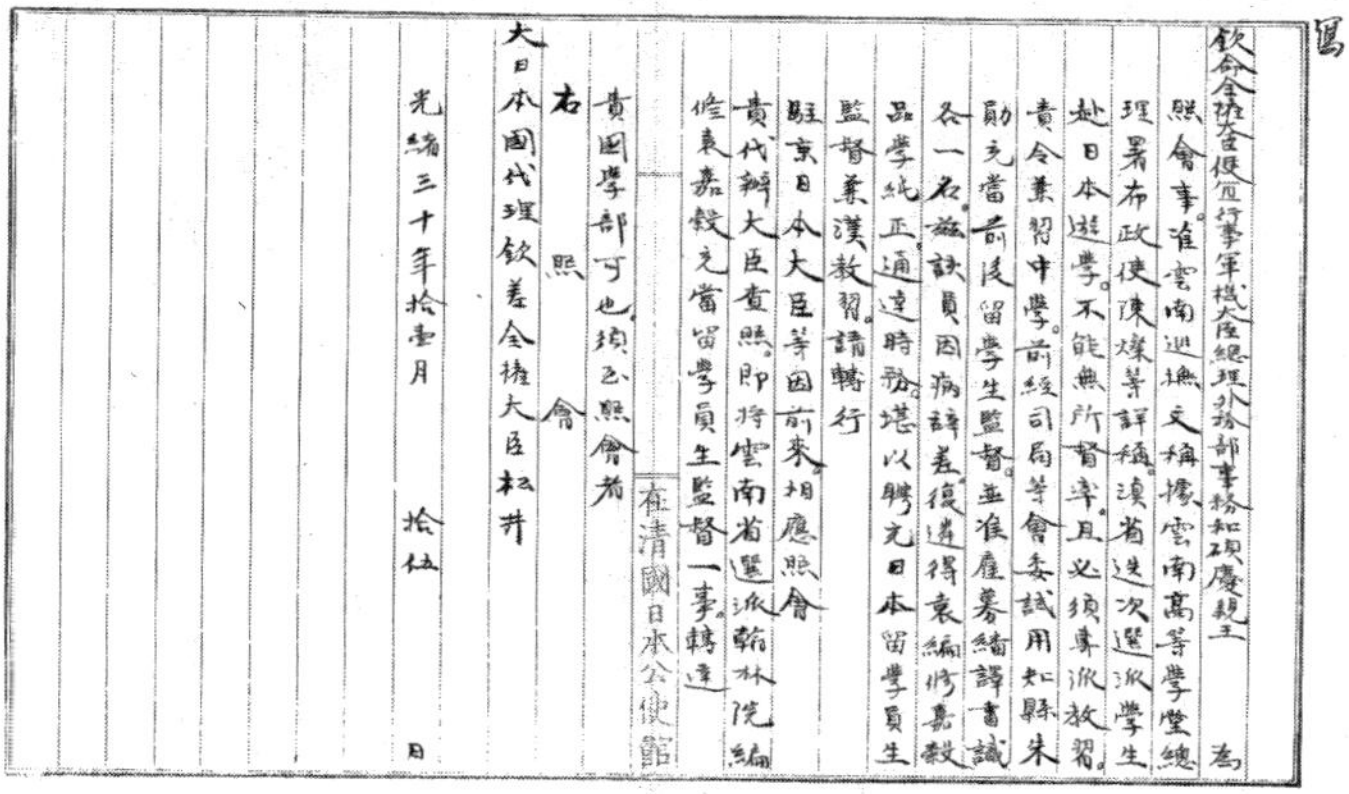
寫

欽命全權大臣便宜行事軍機大臣總理外務部事務和碩慶親王 為
照會事。准雲南巡撫文稱據雲南高等學堂總
理署布政使陳燦等詳稱。滇省迭次選派學生
赴日本遊學。不能無所督率。且必須專派教習。
責令兼習中學。前經司局等會委試用知縣朱
勛充當前次留學生監督。並准雇募繙譯書識
各一名。茲該員因病辭差。復遴得袁編修嘉穀
品學純正。通達時務。堪以聘充日本留學員生
監督兼漢教習。請轉行
駐京日本大臣等因前來。相應照會
貴代辦大臣查照。即將雲南省選派翰林院編
修袁嘉穀充當留學員生監督一事。轉達
貴國學部可也。須至照會者
右　照　會
大日本國代理欽差全權大臣松井
光緒三十年拾壹月　拾伍　日

在清國日本公使館

【図２】「雲南省派遣留学生監督派出の件」（外務省外交史料館、『学生監督並視察員之部』、請求番号：B-3-10-5-3-4）

管理であったが、一部の省では中国人留学生に対して「漢学」という中国古典の素養を教えることも重要な仕事としていたことである（【図２】を参照）。例えば、一九〇四年十二月の北京の臨時代理公使松井慶四郎の報告に添付された中国側の照会文によれば、雲南省から日本に派遣された留日学生監督は、留学生監督業務の他に学生に「漢学」を習得させる目的が明記されている。(6)

これによれば一九〇四年当時の雲南省の留学生監督朱勛の業務は、留学生の監督と「漢学」の教習であったが、病気で辞任することになったので、「学問が正統で、時務に通達している」翰林院編修の袁嘉谷を雲南省の「監督兼漢教習」として当てることが記されている。湖南省、湖北省、江蘇省などの場合には留日学生監督に、知県、または候補道などの肩書をもつ行政職の人が多かったこととは異なり、雲南省の場合は一九〇六年の人事においても翰林院編修の謝崇基がその職務に当たっていることから、留日学生監督の役割の一つとして「漢学」を教えることが強く期待されていたことが分かる（【表１】を参照）。(7)

三つ目は、清朝の一九〇六年の学部改革により日本に留学する学生を対象にした「管理日本游学生章程」が新たに制定され、学部は

【表1】各省派遣の留学生監督一覧（一九〇六年七月十三日、現在）

各省と機構	監督の氏名
練兵処陸軍学生監督	正参領李士鋭
直隷兼山東学生監督	候補道丁惟魯
南洋留学生監督	候補道劉秉楨
湖南留学生監督	主事陳炳煥
湖北留学生監督	候補道喜源
河南留学生監督	直隷州殷柏齢
江西留学生監督	知県金保權
雲南留学生監督	輸林院編修謝崇基
山西留学生監督	知県呉春康
陝西留学生監督	繆延福

出典：駐日公使楊枢から外務大臣西園寺公望宛ての公信「第二百七十七号」の添付資料より作成（外務省外交史料館『学生監督並視察員之部』、請求番号：B-3-10-5-3-4）

各省ごとに派遣していた留日学生監督を廃止し、中国全体を統括する留日学生監督処を強化しようとしたが、その実現はなかなか難しかった、ということである。(8) 例えば、【表1】各省派遣の留学生監督一覧は、一九〇六年当時の各地方の省や陸軍から派遣された留学生監督をまとめたものであるが、学部の編制に含まれない陸軍からの留学生を監督するための陸軍留学生監督は廃止されることなく、存続し続けていた。【図3】「第三百零八号」は、一九〇六年十一月二十六日に駐日公使楊枢から外務大臣林董宛に「管理遊学日本学生章程」の内容を告げるものであるが、今後は各省から派遣された留学生管理業務の一切を公使館が引き継ぐこと、公使館の参賛官布政使銜候補道の王克敏が留日学生監督処の副総監督として赴任することを伝えている。つまり、留学生の監督が留日学生監督処に一括されたことが分かる。

しかし実際には、清国政府は練兵処の陸軍と海軍派遣の留学生を学部が監督することを撤回し、一九〇八年には再び陸軍留学生監督を復活させ、周家樹を同監督として任命している（【表2】を参照）。さらに、一九一〇年代に入ってからも依然として各省の公費留学生の留学経費を支払うため各省から派遣された経理員

【表２】留学生監督処職員姓名（一九〇八年七月現在、原文は「学務監督所」と表記している）

留学生監督
- 庶務課長　何寿朋
  - 庶務課員　程鯍霖　卓勳　鄭延祜
- 会計課長　夏循坦
  - 会計課員　張充高　馬羣亮　薛錫珍
  - 会計副課員　葉金　陳振　田行煊
- 文牘課長　陳懋治
  - 文牘課員　王盛春　高鑾　程学鑾
- 通訳課長　楊彦潔
  - 通訳課員　郭左淇　孫士傑　通訳副課員　時功璠
- 官報理事員　李滋然　曹和澄
- 諮議員　林鵾翔　李家穀

出典：「受第一六七五六号」（外務省外交史料館、『学生監督並視察員之部』、請求番号：B-3-10-5-3-4 より作成）

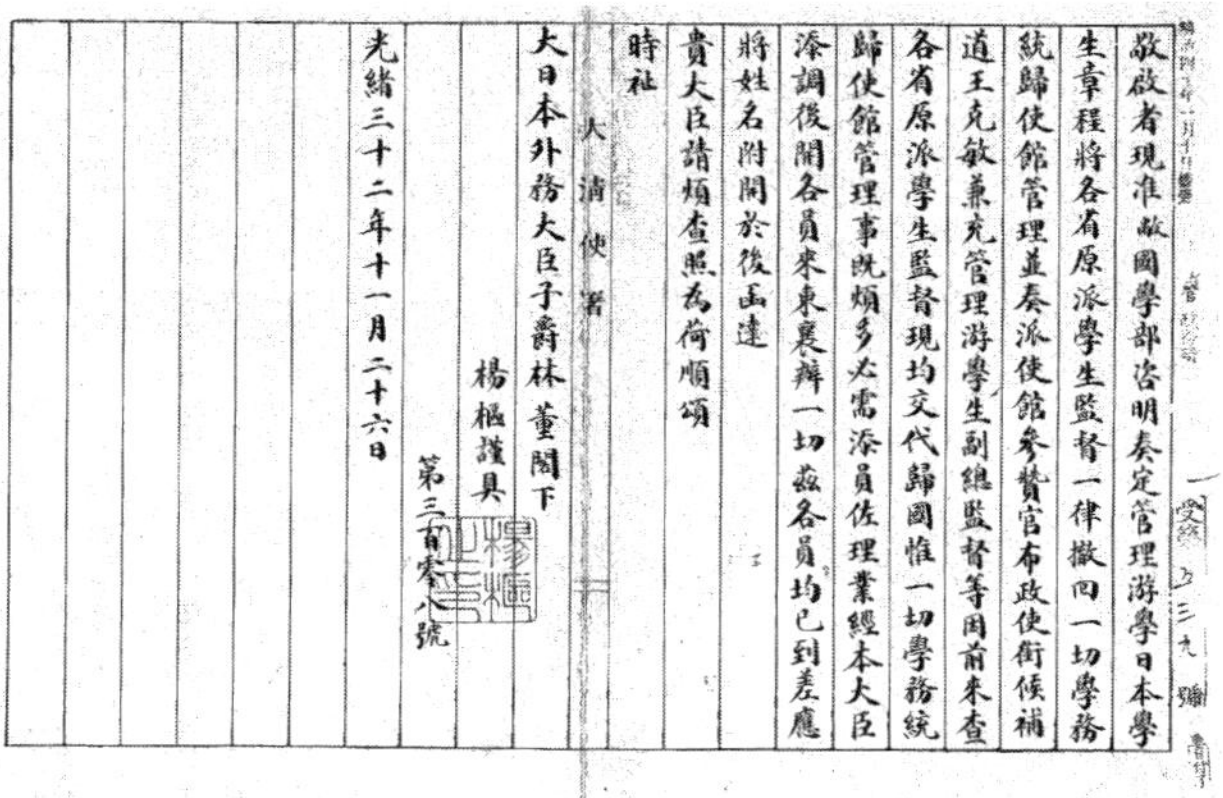
敬啟者現准敝國學部咨明奏定管理游學日本學生章程將各省原派學生監督一律撤回一切學務統歸使館管理並奏派使館參贊官布政使銜候補道王克敏兼充管理游學生副總監督等因前來查各省原派學生監督現均交代歸國惟一切學務統歸使館管理事既煩多必需添員佐理業經本大臣添調後開各員來東襄辦一切茲各員均已到差應將姓名附開於後函達
貴大臣請煩查照為荷順頌
時祉
大清使署
大日本外務大臣子爵林董閣下
楊樞謹具
第三百零八號
光緒三十二年十一月二十六日

【図３】「第三百零八号」、駐日公使楊枢から外務大臣林董宛の報告（外務省外交史料館、『学生監督並視察員之部』、請求番号：B-3-10-5-3-4）

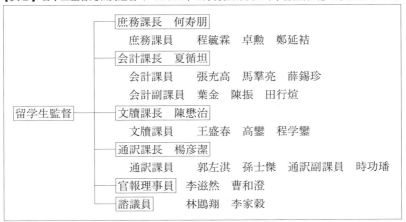

が日本に滞在しており、一九二〇年代以降の業務分担や『中華民国駐日留学生監督処一覧』（一九二九年）などからも、中国の留日学生監督業務が中央政府によって統一された体制ではなく、中央と地方の監督業務が併存していたと理解すべきであろう。

最後に四つ目は、留日学生監督処の根幹をなす業務は、清末期から中華民国期の全時期を通して留学生に対する学費の支給と学業の管理、そして、官費留学生の選抜などであったが、それらの業務が留学生の利権と直結していることから監督処は絶えず横領、賄賂、不平等などと言ったトラブルに巻き込まれていたという事実である。清朝政府が一九〇六年に留日学生の経費を管理する各省の経理員制度を廃止し、中央が留学生監督業務を統括しようとしたのは、この学費支給と官費留学生の選定等をめぐる不正を排除するためであったが、残念ながら留学生監督処を舞台とする大小様々な不正や疑惑が払拭されたとは言い難い。

例えば、一九一〇年に発生した留学生監督田呉炤を排斥する運動は、留学生の学費の横領疑惑に端を発した事件で、留学生の一部は田呉炤の不公平さを次のように訴えている。

「田監督は一般留学生に対して甚だ不公平な措置多く、且つ眼中利欲の一点あるのみにして、少しも自己の職責を顧みず、自費留学生にして高等学校に入学する者に対しては即時に官費生に編集せられ一ヶ月三十三円を支給せらるることに成り居るに不拘、（中略）自己は政府より学資を受け取り之を留学生に渡さずして横領するを常とし、自己因縁の留学生及び追従をなす留学生等に対しては官費生に編入せらるるや、即時に学費を支給し其他特別の便宜を与ふる等不公平背徳の行為多し」(9)（傍線は筆者によるもの）

学費を支給する過程での監督による横領や、官費留学生選抜の不正といった疑惑は、ここでその一部を紹介したが、実際は留日学生監督処が設置され、一九三〇年代に廃止されるまでの全過程で見られる構造的な問題であったと言えよう。

以上、従来先行研究では十分に取り上げられることのなかった外務省外交史料館資料に基づき、清末の留日学生監督処が直面していた幾つかの新しい事実関係について指摘した。それでは、清末の留日学生監督処の業務は、辛亥革命を経た後一九一〇年代にはどのように変遷するのであろうか。

二　中華民国初期の留日学生監督処の管理と摩擦（一九一〇年代）

辛亥革命を前後した時期に留日学生監督処の業務がどのように引き継がれたのかについては不明な点が多いが、陸軍と海軍の留学生を監督する業務は中断されることなく、継続していたことが分かる。即ち、一九〇九年八月に「清国海陸軍游学生監督」を務めた周家樹が、駐日留学生監督副官の羅友声、胡大猷との折り合いが悪いことを理由に辞職した後、陸軍の参議庁一等検察官協参領の呉宗煌が任命された。呉は翌年一九一〇年二月に病気を理由に辞職するが、続いて湖北補用道姜思治が「駐日海陸軍游学生監督」として業務を引き継いだ。

その後、辛亥革命の武昌起義直前の一九一一年二月には、「駐日海陸軍游学生監督処」が駐日公使館内の「大清使署陸海軍留学生監督処」に改められ、黄遵楷、沈廷鑑、沈承祓、兪安澄の四名が業務を引き継ぎ、辛亥革命後の一九一四年一月には中華民国臨時代理公使の馬廷亮が「外甲字第一号」で、前年十二月に本国の陸軍部からの連絡で呉宗煌を「陸軍留学生学生監督兼海軍留学生事務」として派遣する旨を外務大臣牧野伸顕に照会している。(10)

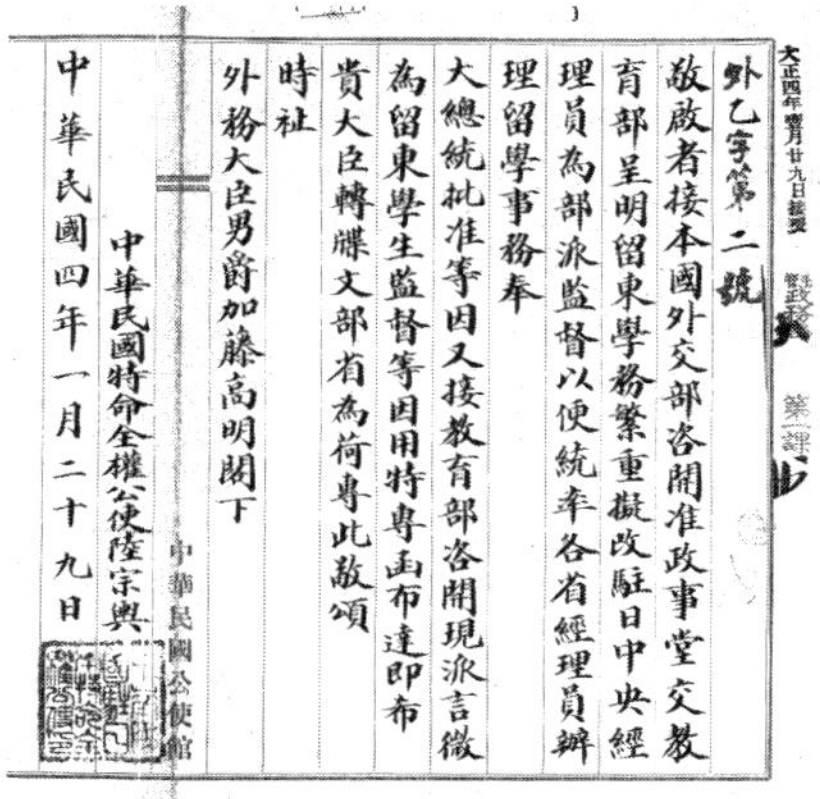
外乙字第二號
敬啟者接本國外交部咨開准政事堂交教
育部呈明留東學務繁重擬改駐日中央經
理員為部派監督以便統率各省經理員辦
理留學事務奉
大總統批准等因又接教育部咨開現派言微
為留東學生監督等因用特專函布達即希
貴大臣轉牒文部省為荷專此敬頌
時祉
外務大臣男爵加藤高明閣下
中華民國特命全權公使陸宗輿
中華民國四年一月二十九日

【図4】「外乙字第二号」（外務省外交史料館、『学生監督並視察員之部』、請求番号：B-3-10-5-3-4）

このように一連の公文書のやり取りにより陸海軍留学生監督事務が辛亥革命前後も継続して存在していたことが確認できるが、中華民国が成立した時期の留日学生監督処が組織として改編したかどうかについて、日本側の外務省記録でその詳細をあとづけることは今の段階ではできない。

しかし、一九一五年一月二十九日に中華民国特命全権公使陸宗輿から外務大臣加藤高明に送られた公文「外乙字第二号」に清末時期の留日学生監督処に類似する業務を担当した「駐日中央経理員」という項目が見られる（【図4】を参照）。

それによれば、日本への留学生に関連する業務（原文では「留東学務」と表現される）量が増えたことから、駐日中央経理員を派遣し、各省の経理員が管理する留学事務を統率させることにしたと記されている。そこで、初代の駐日中央経理員として任命されたのが言微で、その他に林鵾翔が駐日本陸軍学生監督として任命されている。[11]

また、その他に一九一六年四月当時の留日学生監督処の住所が東京市赤坂区霊南坂町十三番地、電話番号が「芝四八三八番」で、「中華民国管理留日学生事務所」という名称を使っている記録が見られることから恐らく一九一六年前後に留日学生監督処の名称と業務が復活したものと推測される。[12] こうして留日学生監督として翌年の一九一七年には彭清鵬が、一九一八年には総統府の顧問官を兼ねていた江庸が派遣された。ところが、留日学生監督江庸を待っていたのは、学費増額の要求と学費の円滑な支給を望む留学生らの不満であった。

官費留学生に対する学費の支給は留日学生監督処の業務であり、一九〇六年の組織改編はその権限の中央集権化を図ったものであったが、辛亥革命を挟んだ混乱の中で再び省が派遣した地方経理員が学費を含む経費を独占するようになったらしい。留日学生監督の江庸は次のようにその窮状を訴えている。

「留学生取締に関しては名実共に之が監督の責に任し、本国政府は之に絶対関渉せざることとし、然して従来官費支給権は各省長に其実権ありたるが、今回政府と交渉の上其権限を監督に一任することになりたりと云ふ。四川、陝西の両省は昨年（一九一八年）六月より学費の送金なく、湖南、広東、江西三省の送金は常に二、三ヶ月宛遅れ勝ちて、昨年六月頃より章公使斡旋の下に朝鮮銀行東京支店より二十万円余負債を為し漸く学費を調達し居る模様なるが之等の償還は既に成立せる秘密借款中より支払ふものの如し」(13)

学費が不足しているだけではなく、支払いも滞納しているという窮状であった。

ここで江庸は、官費留学生への学費が地方の省長と経理員に掌握されており、地方からの学費の送金は遅れ勝ちで、なかなか円滑な支払いができない状況から朝鮮銀行から借款を実施することを計画したらしい。しかし、この学費借款が実施されることはなかったようだ。なぜなら、江庸は一九一九年十一月に留日学生監督を辞任しているが、江庸が辞任した表面上の理由は、留学生らが留日学生監督の指示に従わず、日本の警察に逮捕される「不祥事」が起きたことによるものであるが、辞任のもう一つの理由として、留学生にかかわる財源を確保できなかったことがあった。

ここでいう「不祥事」とは、一九一九年五月に行われた日本の皇太子の成年を祝う祝典に際し、中国人留学生の一部が排日運動を計画し警察に逮捕された事件のことで、江庸は留学生の監督不備を理由に辞任した、というのが表面上の辞任理由であった。

しかし、江庸の辞任には、中国人留学生に支給すべき学費と生活費の財源を確保できないという厳しい現実もあった。

「近来学生の騒きつつある物価昂騰に伴ふ学費増額は是亦事情已むを得さるものと認め、余は本国政府に増額を要請したるに適当なる解決を与へず、已むなく余は臨機の処置として台湾銀行より拾万円を借受け臨時に補充したるが、之れとても只十二月一月迄の二三ケ月を維持するに止まり、今後に於ける学費給与に就ては益々困難なるへく現在の儘に放棄し置くに於ては遂に第二の騒擾を起こすに至るは必然なり。之れ第二の原因なり」[14]と江庸は語ったとされている。

留学生に支給する学費と生活費の不足問題は、江庸が辞職した後、新しく赴任した林鵾翔の代においても改善されることはなかった。留日学生監督処が直面していた窮迫した財政状況を、日本の警察総長から外務省政務局長宛の報告（一九二〇年一月十二日付）では次のように語っている。

「本月支給さるべき筈の学費額は、約三千円なるが未だ本国政府及旧臘二十日交渉の為北京に赴きたる金代理監督よりも何等の通知なく、従て本月十九日迄に前記の金額到着せざるには官費留学生も各自困難を来すならんとの懸念」[15]があるという。

この文面をみてもわかるように、政府から支給される学費と生活費を唯一の収入源とする留学生にとって、学費の受け取りは深刻な死活問題であったといえる。

ところが、さらに深刻な問題は、留日学生監督処の運営経費自体が足りず、人員を削減するなど逼迫した対応が必要であった、という事実である。日本側は、留日学生監督処の運営経費不足が結果的には監督処の規模と権限の縮小に繋がるのではないか、と理解していた。

「這回の更迭に際し留日学生監督処の権限縮少せられ定員も監督以下六名となり、経費の如きも僅かに一ケ月六百五十円にして、現在の監督処は家賃一ケ月二百八十円、瓦斯代六十円余を支払いつつある状況なるを以て、目下諸物価騰貴の折柄経済上の関係にて自然他に移転するの止むなきに至る」[16]。

このような厳しい財政状況の下で、留日学生監督の金之錚は、一九一〇年代以来本拠を構えていた東京市赤坂区霊南坂町十三番地を撤退し、留日学生監督が私邸として使っていた小石川区茗荷谷町十五番地に留日学生監督処の住所を移転する決断を下すことになる[17]。

留日学生監督の金之錚は、運営経費の不足を解決すべく、日本国内で活躍する中国の実業家に働きかけ、駐日公使へ嘆願するなど様々な方策に乗り出したが、解決の糸口をつかめず、結局、辞任する道を選ばざるをえなかった。「胡公使援助の下に横浜在住支那商人より金三万円の教育借款を為したるに依り、夫々各官費学生に支給したるが、尚本月（一九二〇年十二月）分より支給すべき学費に窮し、更に胡公使に之が調訂方を懇請したる模様なるが意見合はざるやにて、更に昨一日本国教育部並に胡公使に辞職を申出で近く帰国する由なり」[18]。

このように逼迫した状況の中で、運営経費を確保するためには人員削減という手段をとるほかなく、留学生監督処は、監督処内部と各省から派遣された経理員の数を削減する事務組織の改革を実施することになる。一九二一年四月にには、

「留日学生監督処に於ては目下各省経理員減少し僅かに湖南以下六省に止まり、其他の各省は監督処に於て之か代

【表３】留日学生監督処の事務分担（一九二一年四月、現在）

中央、奉天、黒竜江	学費経理　徐廷瑾
福建、陝西	学費経理　張振漢
江蘇、浙江	学費経理　李篔
江西	学費経理　冷汝職
四川	学費経理　徐祖詒
各省一般学務	陳沢寛
各省一般学務	劉紹曽
庶務	徐廷瑾
庶務	李篔
入学参観実習紹介調査	冷廊清
入学参観実習紹介調査	沈鍵真
自費生氏名報告入学試験	葉洪
接待伝達	張樞
接待伝達	江濬

出典：「外秘乙第五〇二号　留日学生監督処の行動」（外務省外交史料館、『学生監督並視察員之部』、請求番号：B-3-10-5-3-4 より作成）

理を為しつつあるより公務の外殆ど余暇なきに対し、一般留学生等は事毎に面会を求め甚た其の繁に堪へさるのみならす、公務を執る能はさるより重大事件の外は此後各主任者をして処理」[19]することとなった。

【表3】は一九二一年四月当時の留日学生監督処の事務分担を表しているが、徐廷瑾と李篔が庶務の仕事をしながらそれぞれ中央・奉天・黒竜江と江蘇・浙江の学費経理を兼任していることから合計一二名が業務を担当していたことが分かる。この一二名という人数を【表2】学務監督所職員姓名（一九〇八年）と比較してみれば、一九〇八年の留日学生監督処の事務担当者が各省経理員を除いて合計二二名であったことと比べて、ほぼ半分の人員削減が断行されたことになる。

このような運営経費の不足を解消するために留日学生監督処が選択したのが、日本の対支文化事業の補給生として留学生を選抜する業務が急増したことを理由に、日本外務省対支文化事業部予算の一部を受け入れるという解決策であった。

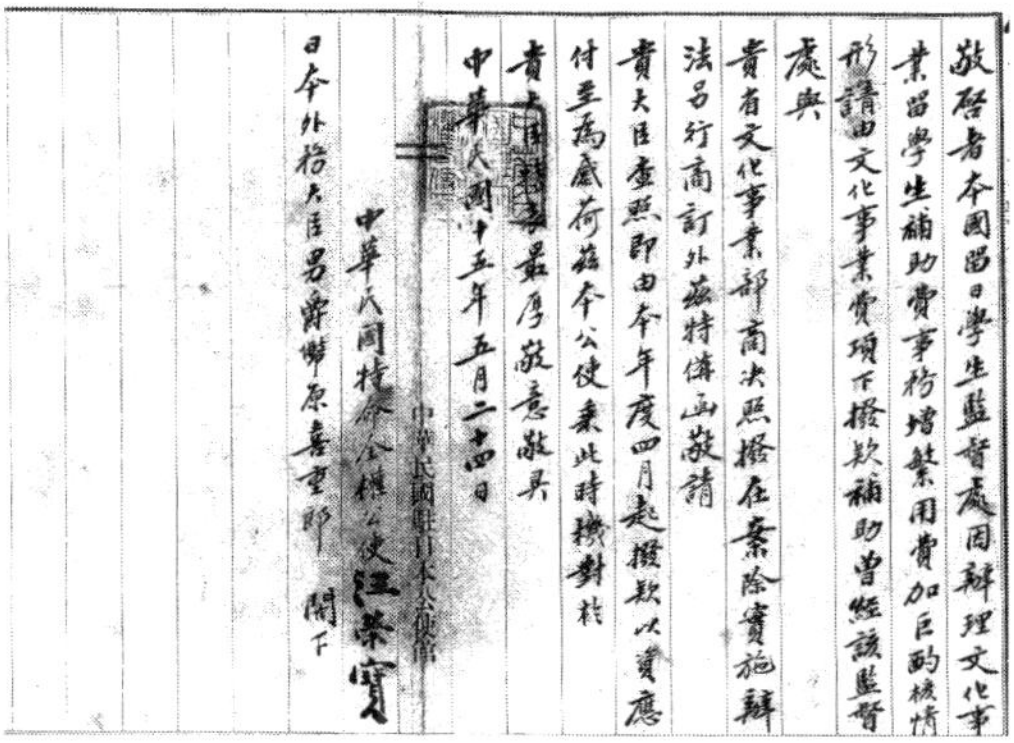
敬啓者本國留日學生監督處因辦理文化事
業留學生補助費事務增繁用費加巨酌核情
形請由文化事業費項下撥款補助曾經該監督
處與
貴省文化事業部商決照撥在案除實施辦
法另行商訂外茲特備函敬請
貴大臣查照即由本年度四月起撥款以資應
付並為感荷茲本公使乘此時機對於
貴大臣表最厚敬意敬具
中華民國十五年五月二十四日
中華民國駐日本公使館
中華民國特命全權公使汪榮寶
日本外務大臣男爵幣原喜重郎閣下

【図５】「寅字第一二八号」の一部、（外務省外交史料館、『駐日留学生監督所関係雑件』、アジア歴史資料センター、Ref.B05015570900）

三　留日学生監督処の運営経費不足と日本の対支文化事業

（一）留日学生監督処の運営経費不足

一九二〇年代に入り義和団賠償金の一部を活用した対支文化事業の実施により、日本へ留学する中国人留学生の学費補給が本格的に運用されると、留日学生監督処の業務は、留学生志願者の資格の調査とその選抜（選抜留学生と特選留学生）をめぐってさらに急増することになった。ここに至って、運営経費の不足により通常の業務を行うことさえも困難であった留日学生監督処が業務量の急増で悲鳴を上げるのも無理はない[20]。

そこで、留日学生監督処は一九二六年五月に中華民国特命全権公使の汪栄宝を経由して外務大臣幣原喜重郎に、運営経費の一部補助を要請する照会文「寅字第一二八号」を送付することになった（【図５】を参照）。

この中国側の要請に対し、日本の外務省は同年七月十日に留日学生監督処の業務増加を考慮し、一部の経費を補助することを決定している。

「（前略）本国政府よりの送金額は監督処本来の経費支弁にすら不充分なる状態なるに付、文化事業部より右経費の補給を受け事務の

【表4】在本邦支那留日学生監督処支給経費月額内訳

内　容	金　額	其　他
庁費	五〇円	
調査費	八〇円	
雑費	三〇円	
特別手当	二八〇円	現監督処員七名
増員手当	六〇円	増員一名
合計	五〇〇円	

出典：「在本邦支那留日学生監督処経費支給に関する件」、大正一五年七月一三日附より作成（外務省外交史料館、『駐日留学生監督所関係雑件』第一巻、アジア歴史資料センター、Ref.B05015570900、所収）

円滑を期することにすべき旨、従来屡次非公式に申出の次第ありたるか、今般汪公使より別紙の通り事情を具し正式に申出つるところありたり。右は支那留学生学費支給事務を円満迅速に進むる為必要なりと被思料に付、留日学生監督処とも篤と協議を遂けたる結果、本年度に於て金六千円也対支文化事業費の款事業費の項支那留学生給与の目より支給すること致度」（傍線は筆者によるもの）[21]。

このことから一九二六年五月以前から、留日学生監督処が非公式のチャンネルを通して、運営経費の補給を日本側に要請していたことが分かる。この年額六〇〇〇円の支出を毎月五〇〇円として換算した内訳が【表4】である。日本側の対支文化事業による補給留学生と特選留学生の選抜業務が、留日学生監督処の業務量を増加させた大きな理由の一つであったことには、外務省の以下のような記述を見てもわかる。

「目下支那は国乱の為中央政府の財政頗る不如意に陥り為めに、監督処の経常費すら送金し得さる現状に在り経費窮乏の折柄、今回選抜留学生並特選留学生の調査選定等の為事務増加し事務所も他に移転の必要生したる趣従て費用嵩み、同処張学務課長よりも目下已に金千八百円余の

【表５】留日学生監督処の人件費と事務費の内訳（一九二七年三月、現在）

人件費三〇〇円の内訳		事務費五〇〇円の内訳	
学務科長一名	一二八円	賃料	一四〇円
科員　二名	一二八円(六四円×二名)	筆、墨、紙代	六〇円
録事　一名		電話、ガス、薪炭費	五〇円
	四八円	調査費	八〇円
		小使一名(又は二名)	三五円(又は七〇円)
		郵便電報料	一〇〇円
		合計	五〇〇円
合計	(学務関係職員、監督を含まず)三〇〇円		

出典：「在東京留日学生監督処の組織変更に伴ひ右経費補助方に関し張監督来訪の申出に関する件」（外務省外交史料館、『駐日留学生監督所関係雑件』第一巻、アジア歴史資料センター、Ref.B05015570900、所収）

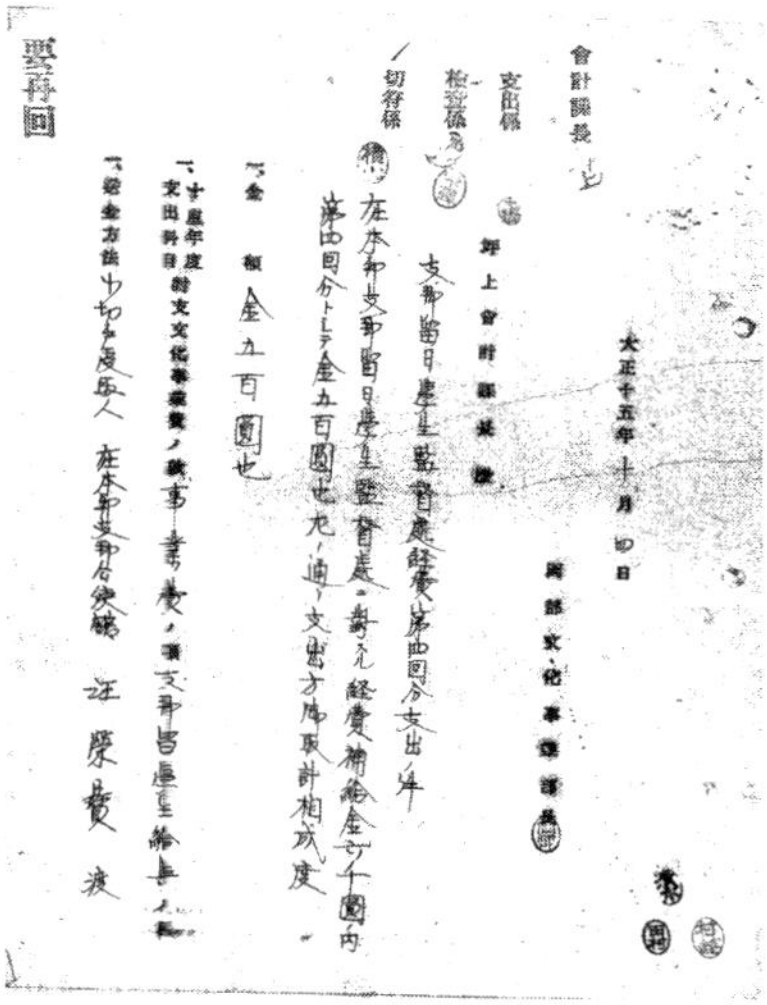
會計課長
支出係
檢査係
切符係
大正十五年十月四日
文化事業部長
部上會計課長殿
支那留日學生監督處經費第四回分支出ノ件
在本邦支那留日學生監督處ニ對スル經費補給金六千圓内第四回分トシテ金五百圓也左ノ通リ支出方御取計相成度
一、金額 金五百圓也
一、十五年度 支出科目 對支文化事業費ノ款事業費ノ項支那留日學生給與ノ目
一、送金方法 小切手受取人 在本邦支那留學生監督 江庸 殿
要科目

【図６】「大正一五年一〇月四日、支那留日学生監督処経費第四回分支出の件」（外務省外交史料館、『駐日留学生監督所関係雑件』第一巻、アジア歴史資料センター、Ref.B05015570900、所収）

【表６】留日学生監督処の運営経費一六〇〇円時代の内訳（一九二七年三月、現在）

内訳	金額
監督給料	五〇〇円
監督交際費	一〇〇円
科長二名	三〇〇円
科員四名	二二〇円
給事二名	八〇円
事務費	四〇〇円
合計（月額）	一六〇〇円

出典：「在東京留日学生監督処の組織変更に伴ひ右経費補助方に関し張監督来訪の申出に関する件」（外務省外交史料館、『駐日留学生監督所関係雑件』第一巻、アジア歴史資料センター、Ref.B05015570900、所収より作成）

不足を生し居るに付き此際右金額補給方特に詮議相成度旨懇請ありたり」。[22]

ここで一つ興味深いことは、留日学生監督処が、日本の外務省に運営経費の一部の補助を要請する段階で、いままで外部に明かされることがなかった留日学生監督処の運営経費の内訳を日本側に提示する必要があり、そのため一九二六年頃の留日学生監督処の運営経費の概略を窺える、という点である。

【図6】は、一九二六年一〇月四日に外務省の坪上会計課長から岡部文化事業部部長宛で、対支文化事業費の事業費に「支那留学生給与」として分類されていた予算から、留日学生監督処に対する第四回目の経費補助として金五〇〇円（小切手）を駐日中国公使汪栄宝宛てに支払ったことを報告する公文である。

このように、日本側からの運営経費補助があったにもかかわらず、留日学生監督処の運営経費の不足は一九二七年に入っても改善されることはなかった。一九二七年四月、留学生監督代理の張振漢は日本の外務省文化事業部に次のように窮状を訴え、運営経費の補給の継続を求めている。

「前年度に於て年額金六千円を補給し以て支那留学生学費支給事務の円滑を期し来れる処、今回監督処は本国政府の訓令に依り組織を変更することとなりたる為、留学生事務は別に人員を増加し処弁せさるを得さるに至り、従来の金額にては今後事務の遂行に差支を生する趣を以て、補給金増額方に関し別紙訳文の通り汪支那公使より申越あり、又張留日学生監督代理も来省の上、今回同処の経費に大削減を加へられたる為、従来の補給金を以てすら費用不足勝なるに近来留学生の選定及調査の事務は益々増加する状態なるを以て、此際経費の増額方特に詮議あり度き[23]」

【表７】在本邦支那留日学生監督処支給経費月額内訳

内訳	金額
庁費	一五〇円
調査費	八〇円
処員四名特別手当	一八〇円
特別処員三名増員手当	二六〇円
雑費	三〇円
合計	七〇〇円
合計（月額）	一四〇〇円

出典：「在本邦支那留日学生監督処経費増加方に関する高裁案」、昭和二年四月十五日起案、同二十六日決裁（外務省外交史料館、『駐日留学生監督所関係雑件』第一巻、アジア歴史資料センター、Ref.B05015570900より作成）

外務省文化事業部は、留日学生監督処の増額要求に応えて、毎月経費七〇〇円を支出することにしたが、その内訳は【表7】の通りであった。

留日学生監督処が直面した運営経費の不足という苦境については、同時期に留日学生監督処に勤めていた陳国禎もほぼ同じ主旨の意見書を残している。[24]

それによれば、留日学生監督処の運営経費の不足は処員に給料を払えないほど深刻で、多くの処員が無報酬で勤務するありさまで、一部の処員は帰国の道を選び、一部の処員は代理監督張振漢との友誼関係から、継続して勤務していたのみであった。しかし、留日学生監督処の窮状を知らない留学生は、湖南省の官費生の補欠選定をめぐって不満を爆発させ、処員に対しても威嚇や扇動を繰り返し、脅嚇を加えるなど処員をまるで学生らの「奴隷」のように扱う雰囲気さえあったとし、留学生の反省を求めている。ただし、ここで名前がみえる代理監督の張振漢は、日本の外務省の選抜留学生に関する業務を担当していた功績が認められ、一九二七年から一九二九年まで毎月一〇〇円の手当を受給し、留日学生監督処を辞職する一九三〇年二月には慰労金として一八〇〇円を追加で受給していることが判明している。[25]

留日学生監督処が直面した問題は、運営経費の不足だけではなかった。

留日学生監督代理として日本からもその手腕を認められた上記の張振漢は、当時の留日学生監督処が直面した問題の一端を次のように述べている。[26]まず、そもそも官費留学生へ留学経費が円滑に支給されない理由として、その財源が安定していない点を指摘する。

すなわち、官費留学生の財源は、北京の崇文門の通行税を徴収し当てているが、その年額は官費留学生の経費として充分ではなく、その問題を解決するために各省に官費の送金を依頼すべきである、と主張する。その次に、義和団賠償金を原資として運用される対支文化事業の選抜留学生と特選留学生の関連業務は複雑で、留日学生監督処だけでは各省の官費生、自費生の資格を調査することは極めて難しく、各省の経理担当者からの報告もないため留学生の実態を把握することがなかなか困難である、と指摘する。

それだけではなく、官費留学生の選定に対する留学生の不満が爆発する理由についても次のように触れている。すなわち、私費の留学生が官費の資格を得ることは、本人にとっても一大事で、留学生の皆が関心を寄せるところであるが、その選定が各省経理員の裁量に任せられることが多く、個人の利益が重視されることも度々ある。そのために官費または公費の留学生を選定する時期になれば、決まって留学生の抗議が続き、留日学生監督処はその対応のために公務の執行がままならないほどの混乱に陥ることもある、と指摘し、これらの構造的な問題を改善する必要があると述べている。

(二) 中国国内の世論と批判

日本の外務省が中国の留日学生監督処の運営経費を補給する問題について、勿論中国国内で全く反対や異論がなかったわけではない。

一九二七年に南京国民政府が成立すると大幅な教育制度の改革が進められ、留日学生に対してはその管理と強化を主な内容とする「留日学生管理事務規定」が新しく策定されることになった。この本国政府の要請に応えるべく留日学生監督の姜琦（一九二八年九月任命）は、中華民国の大学院（教育部）の「留日学生管理事務規定」に従い、公費と私費の補助を行う留学生に対し、氏名、本籍、学校、学科、成績などを調査した報告の準備を義務付ける「中華民国留日学生監督処　佈告第七号」（一九二八年十月二十一日）を公布した。

「（前略）本処は留東学務を整理し、大学院の命令を尊重する為め徹底的に調査の上新統計を作るの必要あり。依りて本年十一月一日より十一月末日迄に総登記表及留日学生章証を調製せんとす。内若干は経理員に託し、又京外学生は領事館或いは学校に託して弁理すべきも其他の各省の在京学生は本処に登記すべし。登記に際しては左記七項に注意して登記表に記載すべし。若し在留学生にして故意に登記を怠ることあらば将来大学院に於て留学生たることを否認するが如きことあるとも本処は其責に任ぜざることを茲に声明す」[27]。

この時の成果として刊行されたのが『中華民国駐日留学生監督処一覧』（一九二九年十月二日）で、その内容は当時の留日学生監督処の業務と職員一覧、各省経理員一覧、留日学生事務規定、会議規定、監督処重要命令を網羅するなど、留日学生監督処の実態を把握するためには極めて重要な資料を豊富に盛り込んでいる（【図7】を参照）。

留日学生の監督業務を立て直す段階で、留日学生監督処が日本の外務省から運営経費の一部を補給してもらっている、という事実が公にされれば、中国国内では当然批判が起きる。そもそも自国の留学生を管理する機関が外国から財政支援を受けることも一国の教育機関、外交機関の体面に関わることは言うまでもない。そこで、駐日公使の汪栄

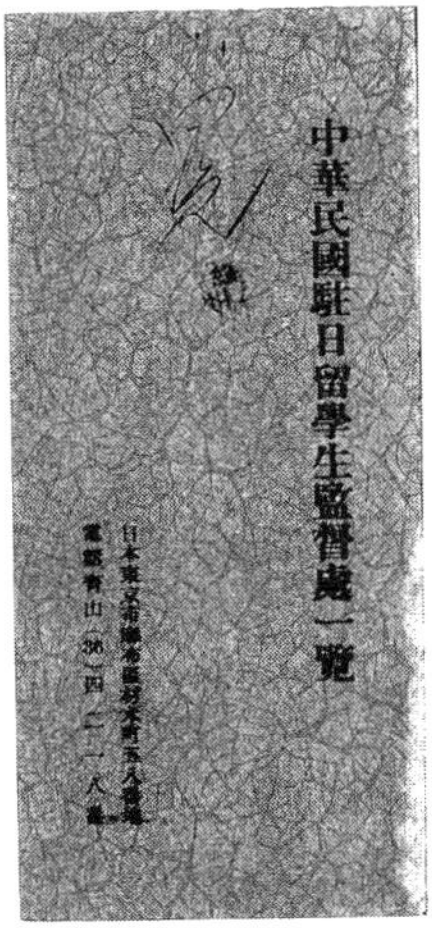

【図７】『中華民国駐日留学生監督処一覧』の表紙（左）と民国十八年度の「中華民国駐日留学生監督処全体職員」の写真（右）

宝は、留日学生監督処の運営経費を補助する外務省に対して、その経費の受け取りを辞退する公文を送ることになったが、その一部始終を日本側の公文は次のように記している。

「在本邦支那留日学生監督処に対する経費の補給は大正十五年度（一九二六年）より之を開始し本年度に於ても曩に高裁を経て毎月七百円宛合計八千四百円を在本邦支那公使館を経て補給することとし、既に昭和三年十二月分迄支給済なる処、最近国民政府の基礎漸次定まるに従ひ同政府の機関たる監督処か其の経費を文化事業部より受くるは面白からすとの体面論出て、殊に予て監督処に快からさる留学生中には往々之を以て監督処非難の口実となす者あるに鑑み本年（一九二九年）一月中汪支那公使より口頭を以て右経費を辞退し度き旨申出ありたり」（傍線は筆者によるもの）[28]。

駐日公使汪栄宝が、留学生の一部がこの運営経費の補給を問題視していることと「体面」を重視する建前を理由に運営経費の受け取りを辞退することは、特に矛盾するものではなく、留学生の感情論も理解できないものではない。しかし、留日学生監督処の運営を任されていた組織の長を務める留日学生監督にとって運営経費の確保は「体面」ではなく、必要不可欠なものであった。そこで、留日学生監督の姜琦は、従来駐日公使館を経由して受けてきた経費補給を留日学生監督が直接受け取ることにし、その名目も一般給費生調査事務費に改めるという対策を取り、運営経費を引き続き受け取ることを提案することになる。

「（前略）現在本国政府に於ては凡百の経費に対し節約方針を採り居る為、弊処の経費の如きも十四年（一九二五年）九月教育部の規定せる額に比し少額に有之候処、留学生補給費に関する調査事務並各学校、各機関の希望に応し特別に訳員を雇用すること等は経費を要し月月籌備支出の必要有之、且文化事業の範囲に属するに付文化事業費中より支出せらるへきものと思考せられ候。就ては従来の名称を用ふること並公使館経由の方法は不便にして、且つ誤解を招く虞あるに付本年（一九二九年）一月以降は其の名称を一般給費生調査事務費と改め、且つ直接支給相成る様致度」[29]（傍線は筆者によるもの）。

これに対して日本側は今回の照会が、（一）留日学生監督処が運営経費の受け取りを拒否するものではないことを理解し、（二）経費補給の名目を変更し、留日学生監督処に直接支給すること、（三）悪意をもって監督を批判しようとする留学生らにこの事実が明らかにされると弁明することも容易ではないことから一般の留学生には「秘密」として取り扱うこと、とした[30]。

しかし、このような秘密は守られるはずもなく、翌年の一九三〇年に入ると日本の外務省からの運営経費の補給問題が発覚し、最終的には留日学生監督姜琦の収賄疑惑へと発展し、結局、姜琦は辞職は追い込まれることになる。「姜監督は表面日本政府の補助を拒絶し置き乍ら外務省より依然として秘密裡に従前同様七百円の手当金を収受しありしことを、省派遣経理員等に依り摘発せられ（中略）本件に関し中国国民党東京支部に於ては事態国辱的にして容易ならすとし一月十八日、第四十四次東京支部執行委員会を開きの協議の結果、一、姜琦を永久党籍より除籍すること、外に二件を決議し、民国政府教育部に報告せる外各省政府に通知し、広東経理員羅翼群を代理監督に推すこと」（傍線は筆者によるもの）とした[31]。

各省からの派遣経費員と一部の留学生、そして中国国民党東京支部の観点からみれば、姜琦の行動は、「国辱」的なものであったに違いない。

四　留日学生監督処の疑惑と閉鎖—一九三〇年代の苦悩

以上、一九一〇年代の留日学生監督処が直面した様々な問題と、一九二〇年代の運営経費の補給受け取りをめぐる日中の思惑などについて述べてきた。とくに、中国は一九二七年の南京国民政府の成立を境にして、日本への留学派遣制度の改善に新たな制度を準備することを試みたが、財政不足という慢性的な問題で所期の成果を上げることはできなかった。本稿が取り上げる留日学生監督処がその運営経費の不足を補うために日本側の外務省の経費補給を受けなければならなかったことは、何よりの証拠であると言えよう。しかし、留日学生監督処の活動が制約されたもう一つの大きな原因は、留日学生監督の在任期間が一年にも満たないという極めて短期間であったことに求めることができる（【表8】を参照）。

【表８】留日学生監督の在職期間（一九二七年～一九三五年、一部、不明な個所あり）

監督氏名	就任	辞任
張振漢（代理）	一九二七年三月	一九二七年十月（？）
徐鴻澤	一九二七年十月	一九二八年七月
張振漢（代理）	一九二八年七月	一九二八年九月（？）
姜琦	一九二八年九月	一九二九年一月
羅翼群（代理）	一九二九年一月	一九二九年四月（？）
王克仁	一九三〇年四月	一九三〇年十二月
劉燧昌	一九三〇年十二月	一九三三年二月
黄霖生	一九三三年三月	一九三四年五月
周憲文	一九三四年五月	一九三五年五月
陳次傳	一九三五年九月	

出典：外務省外交史料館『駐日留学生監督所関係雑件』第一巻～第三巻、請求番号 H-5-5-0-9_002より作成。

【表８】は一九二七年から一九三五年までの留日学生監督の在職期間をまとめたものであるが、留日学生監督の劉燧昌が一九三〇年十二月から一九三三年二月までの約二年間在職した他は、ほとんどの場合が一年に満たない期間であったことが分かる。留日学生監督に赴任してから一年に満たない期間に留学生が直面していた問題を把握し、その改善のための対策を指示し、日本との交渉を乗り切るにはあまりに短い時間であったと言わざるをえない。

また一九三〇年代に入ると、留日学生監督処と日本の各大学が直接文書をやり取りできなくなるという新たな事態も発生し、留日学生監督処の活動はさらなる困難に直面した。

そもそも正式な外交機関ではない留日学生監督処が、どのような規定に基づいて日本の外務省や各大学の事務機構と公文書をやり取りできたのかについては不明なところが多いが、少なくとも一九二五年を前後から留日学生監督処と外務省の対支文化事業部との間では、外交案件ではなく、留学生の関連業務という範囲において連絡をとることが認められていた。

駐日公使の汪栄宝は一九二五年十一月に、留学生の業務に関連する公文書の照会を留日監督処が行うことに対して日本側の賛同を求める照会文を発送している。

「外交事件に関係するものは固より本公使之を商義処理すへきも、文化事業補助費生に関する各種問題にして外交的性質を包含せさるものは、同監督之を直接貴省文化事業部長と商議し実施することにせは比較的簡便ならんと思考せられ候に付、今後本公使より貴大臣に転達するの手続を省略し以て手続を省き簡便を期することと致度思ふに貴大臣も必ず之に賛同せらるることと存し候」（傍線は筆者によるもの）。[32]

この照会文からもわかるように、対支文化事業の本格的な運用に伴い留学生に関連する照会が増え、さらに各省の経理員らも留学生の学業の実態を把握するために日本の官署や学校などと直接の照会を行う必要があったので、正式な外交機関ではない留日学生監督処も外務省、文部省の他、各地方の大学との直接通信が可能であった。しかし、一九三〇年代に入ると、まず文部省が、留日学生監督処が従来の直接交渉による公文書の往復を原則として認めない方針をとることになる。すなわち、

「最近、往々にして駐日中華民国留学生監督より諸種案件交渉の為直接文書を学校に発送致す趣なるが、監督より直接交渉の公文書往復は、原則として之を認め得さるものに付、爾後かかる場合は左記事項に関する事項を除くの外之れが回答を避けらるるよう致度此段取通牒す」。[33]

この措置によって留日学生監督処と各省の経理員が、中国人留学生の学校と学業に対して照会する必要があるとき

には外務省を経由して問い合わせるという、限定された範囲の問い合わせしかできなくなった。

一九三〇年代前半は日中関係の摩擦が際立つ時期でもあったから、日本側は、留日学生監督処が日本の地方機関や学校と直接通信を行うことに反対し、制約を加えようとしたと推測されるが、いまの段階ではその真意を確認することはできない。

ちょうどこの時期である一九三四年五月に、上海の東亜同文書院と日本の京都帝国大学で勉んだ後、上海市党部の組織部総務科長、上海特別市党部文芸宣伝委員会の委員を歴任した周憲文が留日学生監督として就任することになった(34)。

ここで日本留学の経験をもつ周憲文は、中国人留学生の関連業務が直面した様々な問題を洗い出し、(一)日本の実情に合わせた留学規定の改定、(二)自然科学系留学生の増員、(三)中国が主導権をもつ東方文化事業の実施、(四)留学生の高い教育レベルを確保、(五)留学生監督処の組織の改編などを推進すべきである、と主張した。そのために留日学生監督処は(一)根拠のないことは言わない、(二)留学生教育に関連する業務を政治や外交に利用しない、(三)学生を利用し自分の利益にしないこと、を約束すべきである、と述べている(35)。

しかし、このような意気込みとは裏腹に、周は就任間もない時期から留学生の選定と経費の問題で不正を働いたという疑惑に巻き込まれたようである。すなわち、周憲文は、(一)同じ浙江省出身の留学生であった駱美中が国民党東京支部の常務委員名義で、妻の学籍を偽造し、公費の留学生費用と党費を流用した疑いを見逃した、(二)湖北省籍の留学生張国和が自分の出身省ではない新疆省枠を利用し、義和団賠償金の支援による留学費用を受け取ったのを見逃した、(三)留学生らが中心になった『時光雑誌』の創刊を名目に詐欺行為を繰り返す楊世賢と手を組んだという三つの疑惑にかかわった「黒幕」として「中華留日学生主持正義同人」の告発を受けたのである(36)

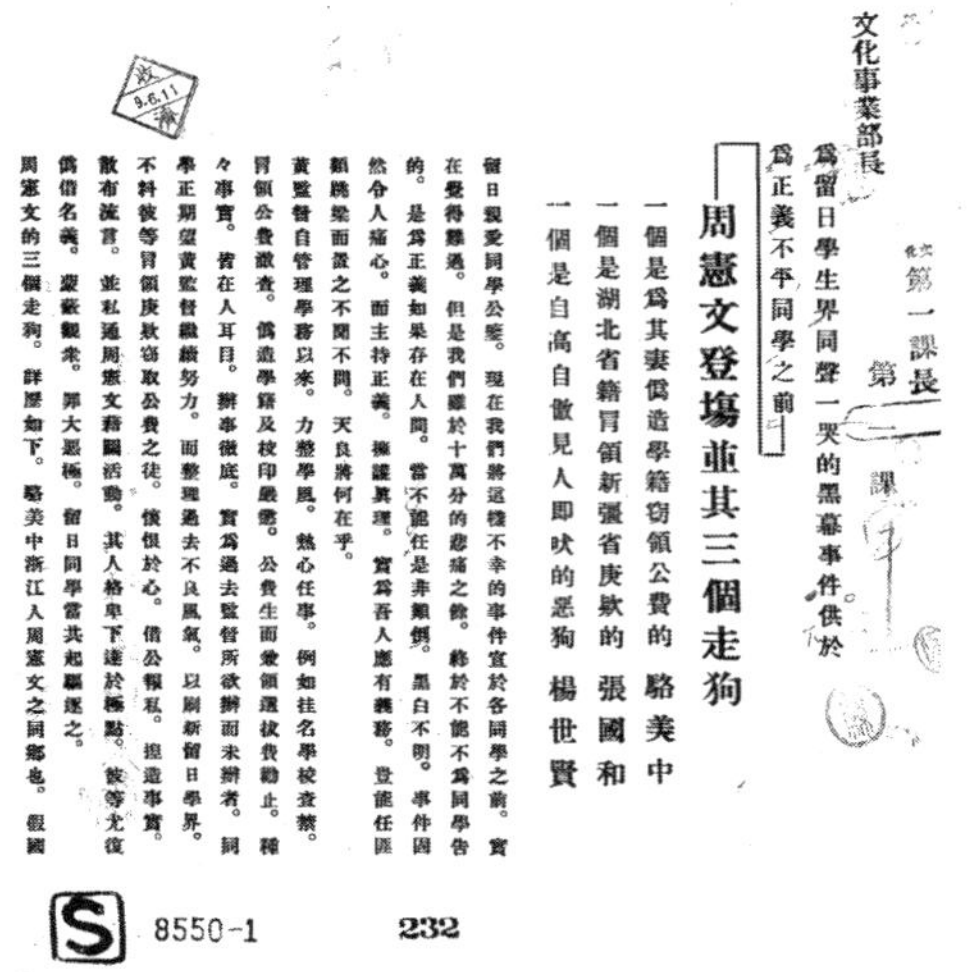

文化事業部長　第一課長　第　課

爲留日學生界同聲一哭的黑幕事件供於
爲正義不平同學之前

周憲文登場並其三個走狗

一個是爲其妻僞造學籍竊領公費的　駱美中
一個是湖北省籍冒領新疆省庚款的　張國和
一個是自高自傲見人即吠的惡狗　楊世賢

留日親愛同學公鑒。現在我們將這樁不幸的事件宣於各同學之前。實在覺得難過。但是我們處於十萬分的悲痛之餘。終於不能不爲同學告的。是爲正義如果存在人間。當不能任是非顛倒。黑白不明。事件固然令人痛心。而主持正義。擁護眞理。實爲吾人應有義務。豈能任匪類跳梁而置之不聞不問。天良將何在乎。

黃監督自管理學務以來。力整學風。熱心任事。例如挂名學校查禁。冒領公費徹查。僞造學籍及校印嚴懲。公費生而兼領選拔費勸止。種々事實。皆在人耳目。辦事徹底。實爲過去監督所欲辦而未辦者。同學正期望黃監督繼續努力。而整理過去不良風氣。以刷新留日學界。不料彼等冒領庚款竊取公費之徒。懷恨於心。借公報私。揑造事實。散布流言。並私通周憲文藉圖活動。其人格卑下達於極點。彼等尤復僞借名義。蒙蔽觀衆。罪大惡極。留日同學當共起驅逐之。

周憲文的三個走狗。詳歴如下。駱美中浙江人周憲文之同鄉也。假國

9.6.11

8550-1　232

【図８】「周憲文登場並其三個走狗」一九三四年六月一十一日（外務省外交史料館、『駐日留学生監督所関係雑件』第三巻、アジア歴史資料センター、Ref. B05015574100）

留学生らの告発と抗議はこの一回に留まらず、三か月後には、「駆周委員会告同学書」という抗議文が日本の外務省東方文化事業部にまで届けられる事態へと発展した。この「駆周委員会告同学書」は、周憲文に対して、（一）学生として在籍している人を職員に採用してはならないという規定を無視し、法政大学の留学生宋崇文を留学生監督処の総務科長として任命したこと、（二）勤務時間を守らず遅刻と早退を繰り返し、一か月の半分ほどしか業務を行わないこと、（三）日本の各大学が設けている高等専攻科、または研究科に在籍している留学生の身分を認めないこと、（四）前任者の留学生監督黄霖生が認めていた東京の華僑学校に対する経費補助が、周憲文の代で中止になっていること、（五）一九三四年六月に上野東京府美術館で開催された「留日中華学生美術展覧会」の会場で発生した留学生の薛瀛生による「暴力事件」に対して、周憲文は司法上の判断（刑法民法）を仰がず、年齢が若いことを理由に除籍と帰国措置に留めたこと、などの合計一〇箇条の「罪状」を列挙し、「国

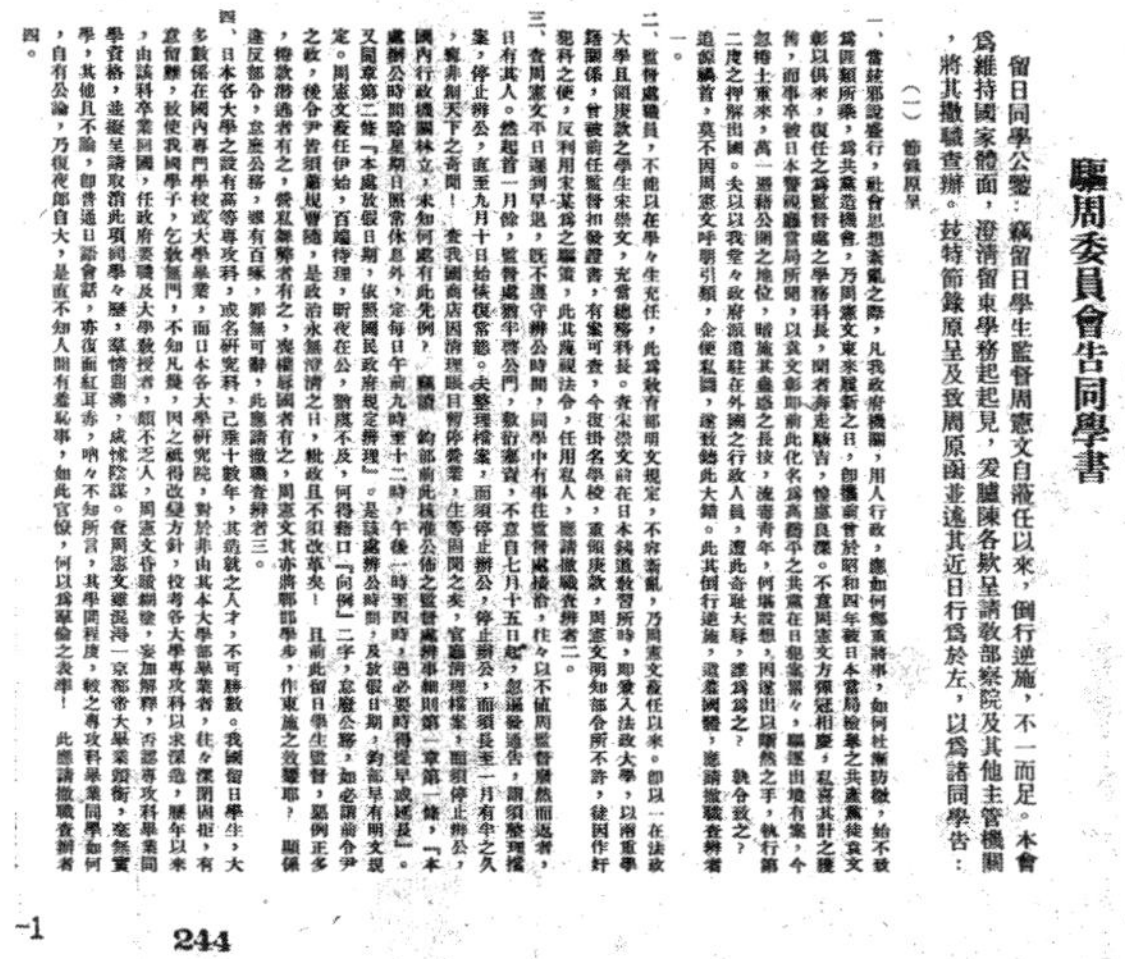
驅周委員會告同學書

留日同學公鑒：竊留日學生監督周憲文自蒞任以來，倒行逆施，不一而足。本會爲維持國家體面，澄清留東學務起見，爰臚陳各款呈請教部察院及其他主管機關，將其撤職查辦。茲特節錄原呈及致周原函並述其近日行爲於左，以爲諸同學告：

（一）節錄原呈

一、當茲邪說盛行，社會思想紊亂之際，凡我政府機關，用人行政，應如何鄭重將事，如何杜漸防微，始不致爲匪類所乘，爲共黨造機會，乃周憲文東來履新之日，即攜前曾於昭和四年被日本當局檢舉之共產黨徒袁文彰以俱來，復任之爲監督處之學務科長，聞者奔走駭告，愴慮良深。不意周憲文方彈冠相慶，私喜其計之獲售，而事卒被日本警視廳當局所聞，以袁文彰即前此化名爲高爵平之共黨在日犯案累々，驅逐出境有案，今忽捲土重來，爲一遷籍公團之地位，暗施其蠱惑之長技，流毒青年，何堪設想，因遂出以斷然之手，執行第二度之押解出國。夫以我堂々政府派遣駐在外國之行政人員，遭此奇恥大辱，誰爲爲之？孰令致之？追源禍首，莫不因周憲文呼朋引類，企便私圖，遂致鑄此大錯。此其倒行逆施，瀆蔑國體，應請撤職查辦者一。

二、監督處職員，不能以在學々生充任，此爲教育部明文規定，不容紊亂，乃周憲文蒞任以來，即以一在法政大學且領庚款之學生宋崇文，充當總務科長。查宋崇文前在日本鐵道教習所時，即兼入法政大學，以兩重學籍關係，曾被前任監督扣發證書，有案可查，今復掛名學校，重領庚款，周憲文明知部令所不許，徒因作奸犯科之便，反利用宋某爲之爪牙，此其蔑視法令，任用私人，應請撤職查辦者二。

三、查周憲文平日遲到早退，既不遵守辦公時間，同學中有事往監督處接洽，往々以不値周監督廢然而返者，日有其人。然起首一月餘，監督處猶半啓公門，敷衍塞責，不意自七月十五日起，忽漏發通告，謂須整理檔案，停止辦公，直至九月十日始恢復常態。夫整理檔案，而須停止辦公，停止辦公，而須長至一月有半之久，寧非創天下之奇聞！查我國商店因清理賬目暫停營業，生等固聞之矣，官廳清理檔案，而須停止辦公，國內行政機關林立，未知何處有此先例？　驟讀　鈞部前此核准公佈之監督處辦事細則第一章第一條，「本處辦公時間除星期日照常休息外，定每日午前九時至十二時，午後一時至四時，遇必要時得提早或延長」。又同章第二條『本處放假日期，依照國民政府規定辦理』。是該處辦公時間，及放假日期，鈞部早有明文規定。周憲文蒞任伊始，百端待理，昕夜在公，猶虞不及，何得藉口『向例』二字，怠廢公務，如必謂前令尹之政，後令尹皆須蕭規曹隨，是政治永無澄清之日，秕政且不須改革矣！　且前此留日學生監督，惡例正多，營私舞弊者有之，喪權辱國者有之，周憲文其亦將邯鄲學步，作東施之效顰耶？　顯係違反部令，怠廢公務，縱有百喙，罪無可辭，此應請撤職查辦者三。

四、日本各大學之設有高等專攻科，或名研究科，已逾十數年，其造就之人才，不可勝數。我國留日學生，大多數係在國內專門學校或大學畢業，而日本各大學研究院，對於非由其本大學部畢業者，往々深閉固拒，有意留難，致使我國學子，乞救無門，不知凡幾，因之祇得改變方針，投考各大學專攻科以求深造，歷年以來，由該科卒業回國，任政府要職及大學教授者，頗不乏人，周憲文昏聵糊塗，妄加解釋，否認專攻科畢業同學資格，並擬呈請取消此項同學々歷，羣情鼎沸，咸悚陰謀。查周憲文雖混得一京都帝大畢業頭銜，實無實學，其他且不論，即普通日語會話，亦復面紅耳赤，吶々不知所言，其學問程度，較之專攻科畢業同學如何，自有公論，乃復夜郎自大，是直不知人間有羞恥事，如此官僚，何以爲羣倫之表率！　此應請撤職查辦者四。

−1　244

【図９】「駆周委員会告同学書」（「監督周憲文排斥ニ関スル件」一九三四年九月六日（外務省外交史料館、『駐日留学生監督所関係雑件』第三巻、アジア歴史資料センター、Ref.B05015574100）

家の体面」を維持するために教育部、監察院、その他の主管機関が速やかに留学生監督周憲文を罷免することを求めている。(37)

周憲文に対する不信任運動はその後もなかなか収まらず、十一月に入ると被害者の王文溥が仲間を糾合し、周憲文を駆逐すべきとする内容のビラを作成したのが、【図９】の「駆周委員会告同学書」である。日本警視庁の調査（一九三四年十一月）によれば、このビラは、本郷区根津の西須賀町九六の森印刷所で一千部が印刷され、約一〇〇部が中央党部、国民政府教育部、各省の教育庁、各省の大学や専門学校、各新聞社宛てに発送され、残りの九〇〇部は日本国内の各地留日同学会、各省留日同郷会に発送される予定であったことが分かる。

そして、この事件はいよいよ日本を越え、中国上海にまで飛び火していく。すなわち、上海総領事の石射猪太郎が一九三四年十二月十一日に外務大臣広田弘毅に送った「機密第一四一二号」の「中国留日学生監督に対する反対宣伝に関する件」は、上海での動きを次のように伝えている。

「(留日学生駆周委員会なる団体組織は)『駆周委員会の同学に告くる書』と題する別添訳文の如き宣伝文を当地各中国新聞社及公共機関等相当多方面に郵送したる模様なり(但し当地新聞中之を掲載せるは一、二の小新聞のみに止まれり)。而して其の内容は周憲文の罪状なるもの十個条を掲けて彼の免職懲戒せらるへき(後略)」であるとしたうえで、今回の周憲文の不信任運動は、「単に留日学生のみの発動に依りて起れるものに非すして、其の背後には何人か周の地位を奪ひて之に代らんと欲する者の策動ありたる結果ならむとの趣なり」といって、今回の運動が一つの政治や権力闘争という背景に絡んでいるとも指摘している(38)。

また、留日学生監督処が直面した問題として、留日学生聯合会という学生の任意団体が組織される過程で、留学生の身分保障をめぐって駐日大使館と留日学生監督処との間で確執と対立が起きるという問題があった。

「中華留日学生聯合会」は、留日学生の団結と意思の疎通、そして求学という目的達成のため東京帝国大学、早稲田大学、日本大学、明治大学、中央大学、東京農業大学などの学生が参加した親睦団体的な性格をもつ組織であった。一九三六年十月二十五日に開催された成立大会には、中華民国大使館書記官の儲応時、留学生監督陳次溥、日華学会理事大島譲次、留東新聞主幹張健冬などが来賓として参加し、それぞれ挨拶しているので、その段注目することはない。

ところが、中華民国大使館と留日学生監督処は、同年九月に発生した中国人留学生の朱学恵の死亡事件をめぐって、監督処が留学生に関連する情報を日本の警察当局に提供し、協力したという疑惑で対立することになる。

ことの発端は留日学生聯合会の代表二名(早大生唐道五と明大生陳超寰)が十一月に中国大使館を訪問し、近年、留日学生監督処から留学生関連の情報が日本の警察当局に提供されており、留学生の身分保障が担保されていない点を陳情したことにある。

すなわち、抗議に訪れた留学生らは、同年九月に起きた留学生の朱学恵の死亡について、日本の警察がその死因を精神病によるとしたのに対して大いに疑問があると主張し、大使館と留日学生監督処が日本の警察に対して真相究明を求めない理由を問い質したのである。また彼らは、留日学生監督処が留学生の安全を等閑視し、日本の警察当局に留学生関連の情報を提供しているのではないか、と抗議した。

「近時、警視庁は恣いままに我国人を逮捕して追放して居るにも不拘、大使館及学生監督処は何等の措置を講せす、然も現在劉中なる者は警視庁に逮捕されて居るか、之は監督処が警視庁と連絡を取りて逮捕せしめたものである。我々留学生の安全は全く保持されて居らぬ」（傍線は筆者によるもの）(39)。

このような留学生の指摘に対して許大使は、留学生代表に対して留日学生監督処の対応は適切ではなく、厳しく警告する旨を伝えた。

「諸君の安全に関しては余は常に考慮して居る。目下警視庁が我国人を盛に逮捕追放している事も知て居るので不都合と考へて居る。孰れ適当なる方法を以て交渉する決心で居る。『劉中』の問題は監督処か警視庁に依頼して逮捕させたものであれば甚た不都合てある。我国人を他国の官憲に蹂躙せしむるものであって、自分は絶体に不満足てあるが、本件は既に過去の問題にして諸君か騒くことは我国の面目にも影響する処てあるから十分自重せられ度い。将来、斯る問題の起らない様監督処に対して警告を発する考えてあり」（傍線は筆者によるもの）(40)。

結局、留学生の身分を保障する問題をめぐっては、十一月十九日に大使館側が留日学生監督の陳次傳を呼び出し、今後同じような問題が発生した時には適切な措置をとるように「警告」したが、この措置に対して留日学生監督処は強く反発した。

「本件は既に過去の事件なる故止むを得ないか将来斯る方法を以て留学生を圧迫することは絶対に不賛成なりと警告したる模様なるか、之に対し監督処にありては、現許大使の一般留学生に対する方針は、全く無方針にして徒に甘言を以て学生に迎合し居るものにして、『劉中』問題等に関し直接学生に対し監督処の措置を不当なるものと発表せし事実の如きは将来学生に対する監督作用を無力化せしむるものにして我々は不満に堪へない。『劉中』の問題は監督処独自の意思に非す、本国教育部の方針なるに、仮に本件に関しては直に教育部に情況を報告と共に元来我々か抱持せる留学生の素質向上、学界刷新の為め邁進する考えてあり、留学生監督方法に関し中国大使館と完全に意見の対立せる事を遺憾とする」（傍線は筆者によるもの）。[41]

満州事変の発生以降、中国人留学生に対する取り締まりが厳しさを増す中、留学生の管理と監督を第一の使命とする留日学生監督処が毅然とした態度をもって留学生に対処すべきことを主張しているが、一国の外交を代表する大使館と留日学生監督処の意見が対立し、互いが「警告」と「不満」、そして「遺憾」という激しい語調で相手を非難していることは、やはり異常な状況であると言わなければならない。

そして、いよいよ一九三七年八月になると日中戦争が本格的に始まり、東京の留日学生監督処の役割は一つの終焉を迎えることになる。外務省の東方文化事業を担当していた嘱託の小林は、留日学生監督処の総務課長蒋君輝の来訪を受けた際の談話の要領を次のように記している。

「今般目下本邦に留まれる中華民国留学生を改めて登記せしめたる処、其数約四百五十名なり。此等の学生を監督処に呼ひ出し、左の二点に就き話せり。(一) 学費及生活費に不自由なきものは希望ならば何時迄も踏み止まり勉強を継続すへし、(二) 生活費に困るものは来る此九月三、四日に横浜並神戸より便形あるに付帰国すへし、赤貧なるものに対しては一人金十五円宛補助すへし」(42)。

引き続き、留日学生監督処の組織についても本国からの命令により引き揚げることになることが告げられた。

「監督処は本国より引揚命令なき限り駐まる考なり。但七月分も八月分も未た本国より送金なし。引き続き送金無けれは処員(現在六名なり。四名は帰省中なる由)は一人月額金三十円にて生活する予定なり」(43)。

そして、一九三七年の九月末、いよいよ留日学生監督処の引き揚げが正式に決まることになる。

「両三日前、留学生監督処蒋総務科長砂田理事を訪ひ、此度本国政府より監督に対し引揚命令有、且留学生に対し『此際学生は帰国するか本当なるべし』と云う意味の通達を為すへしと申越ありたり。仍て監督は現在残留せる留学生に対しては帰国を強制せす、各学生は其の自由意思に依り善処すへき旨通達せること、並に監督は十月中旬までに帰国する予定なることを語れり。尚目下天津へ帰国する学生に対しては監督は証明書を下付せさる

由なり」。(44)

五　おわりに

以上本稿は、清末の留日学生の急増に対応するために組織された留日学生監督処が清末から一九三七年の日中戦争の勃発によって引揚げるまでの過程を辿ってみた。用いる資料は日本側の外務省外交史料館所蔵資料のみという制約はあったものの、(一)留日学生監督処が担っていたさまざまな役割と地方の経理員が共存した理由、(二)一九二〇年代の留日学生監督処が直面した運営経費の不足問題、(三)そして、日本の外務省の対支文化事業による運営経費の補助の実態などについてその一部を解明することができた。

留日学生監督処は多くの留学生と多額の留学生経費を管理するという重要な役割を担っていたことから様々な軋轢や横領などの疑惑に晒される存在であった。一九一〇年代から一九三〇年代にいたるまでの留日学生監督を務めた者の多くはほぼ例外なく留学経費の不正問題が持ち出され、官費留学生の選抜をめぐる疑惑に悩まされていたことが、それらを裏付けている。この留日学生監督処の運営と管理を改善すべく、南京国民政府の成立以降の歴代の留日学生監督は様々な方策を講じたが、いずれも在任期間が短期であったなど、大きな成果を出すには及ばず、満州事変と日中戦争により一九三七年八月には留日学生監督処が閉鎖されることになる。

留日学生監督処に関連する一次資料は現在、台湾の国史館が教育部関連の檔案資料を所蔵し、早稲田大学には留日学生監督処が日本に在留していた留学生を対象に調査した各種の在籍調査表が現存していることが知られている。これら三つの資料を照合すれば、留日学生監督処の制度と運用の全般に対するさらなる解明ができるはずである。次の研究課題にしたい。

（1）大里浩秋「『官報』を読む」（大里浩秋・孫安石編『中国人日本留学史研究の現段階』、御茶の水書房、二〇〇二年、所収）、呂順長『清末中日教育文化交流之研究』（商務印書館、二〇一二年）を参照。
（2）「浙江省より派遣の留学生監督決定の件」『学生監督並視察員之部』（外務省外交史料館、請求番号：B-3-10-5-3-4）、所収。
（3）呂順長『清末中日教育文化交流之研究』前掲書、一二七～一二八頁の「表一　清末留日学生監督一覧表」を参照。
（4）「機密第一〇号、鄒凌瀚を南洋派遣学生監督に任命の件」『学生監督並視察員之部』所収。
（5）「機密第三十二号　南洋派遣学生監督者之件具申」『学生監督並視察員之部』所収。
（6）「雲南省派遣留学生監督派出の件」『学生監督並視察員之部』所収。
（7）駐日公使楊枢から外務大臣林董宛ての報告「第二百六十一号」『学生監督並視察員之部』所収。
（8）一九〇六年の学部改革と「管理日本游学生章程」については、呂順長『清末中日教育文化交流之研究』前掲書、一二九頁、川島真「清末における留学生『監督』行政」（大里浩秋・孫安石編『中国人日本留学史研究の現段階』前掲書）、五四～五五頁を参照。
（9）「清国留学生監督排斥の件」『学生監督並視察員之部』所収。
（10）「清国陸海軍留学生監督処に関する件」『学生監督並視察員之部』所収。また、同文書を前後した公文を参照。
（11）中華民国特命全権公使陸宗輿から外務大臣加藤高明宛ての公文「外乙字第二号」と「外乙字第十二号」『学生監督並視察員之部』所収。
（12）日本の文部次官から外務次官宛ての公文「文部省発普一六一号」『学生監督並視察員之部』所収。

(13)「外秘乙第四〇八号　支那留学生監督江庸の留任其他の件」『学生監督並視察員之部』所収。
(14)「外秘乙第四八二号　留日学生監督江庸の談」『学生監督並視察員之部』所収。
(15)「外秘乙第六号　支那留学生監督処に関する件」『学生監督並視察員之部』所収。
(16)同右。
(17)「外秘乙第四二四号　支那留学生監督処に関する件」『学生監督並視察員之部』所収。
(18)「外秘乙第七一六号　留日学生監督辞職に就て」『学生監督並視察員之部』所収。
(19)「外秘乙第五〇二号　留日学生監督処の行動」『学生監督並視察員之部』所収。
(20)「在本邦支那留日学生監督処経費支給に関する高裁案」、大正一五年七月三日起草、七月十日決裁（『駐日留学生監督所関係雑件』第一巻、アジア歴史資料センター、レファレンスコード（Ref.）B05015570900所収）。
(21)同右。
(22)「在本邦支那留日学生監督処経費追給に関する高裁案」、大正一五年九月三〇日起草、十月二日決裁（『駐日留学生監督所関係雑件』第一巻、アジア歴史資料センター、Ref.B05015570900所収）。
(23)「在本邦支那留日学生監督処経費増加方に関する高裁案」、昭和二年四月十五日起案、同月二十六日決裁（『駐日留学生監督所関係雑件』第一巻、アジア歴史資料センター、Ref.B05015570900所収）。
(24)「四月十九日　陳国禎　拝啓」の部分（『駐日留学生監督所関係雑件』第一巻、アジア歴史資料センター、Ref.B05015570900所収）。
(25)「監督所員張振漢を当省嘱託に命の件」（『駐日留学生監督所関係雑件』第二巻、アジア歴史資料センター、Ref.B05015572300）を参照。

(26)「五月三日　張振漢　拝啓」の部分（『駐日留学生監督所関係雑件』第一巻、アジア歴史資料センター、Ref. B05015570900 所収）。
(27)「兵外発秘第三三七九号　支那留学生監督処佈告に関する件」（『駐日留学生監督所関係雑件』第一巻、アジア歴史資料センター、Ref.B05015571100 所収）。
(28)「在本邦支那留日学生監督処に補給留学生調査事務費支給方に関する高裁案」、昭和四年二月十二日起案、同月十八日決裁（『駐日留学生監督所関係雑件』、アジア歴史資料センター、Ref.B05015571100 所収）。
(29)「在本邦支那留日学生監督処に補給留学生調査事務費補給の件」付録の民国一八年二月九日付、駐日留学生監督姜琦から外務省文化事業部長岡部長景宛ての公文（『駐日留学生監督所関係雑件』第一巻、アジア歴史資料センター、Ref. B05015571100 所収）。
(30)「監督処に対する経費に関する件」（『駐日留学生監督所関係雑件』第一巻、アジア歴史資料センター、Ref. B05015571100 所収）。
(31)「駐日中華留学生監督姜琦辞職に関する件」（『駐日留学生監督所関係雑件』第一巻、アジア歴史資料センター、Ref. B05015571600）を参照。
(32)「新字第五三号」、一九二五年十一月五日（『駐日留学生監督所関係雑件』第二巻、アジア歴史資料センター、Ref. B05015572500）を参照。
(33)「発専一〇八号　駐日中華民国留学生監督文書発送に関する件」、一九三〇年六月二十日（『駐日留学生監督所関係雑件』第二巻、アジア歴史資料センター、Ref.B05015572500）を参照。
(34)周憲文については、孫安石「駐日留学生監督処監督『周憲文』の経歴」、『人文学研究所報』（二〇一五年三月）を参照。

（35）周憲文「留日学務近状一瞥」『教育雑誌』第二四巻、第一号（一九三四年九月）を参照。

（36）「周憲文登場並其三個走狗」、一九三四年六月十一日、「監督周憲文排斥ニ関スル件」一九三四年九月六日（『駐日留学生監督所関係雑件』第三巻、アジア歴史資料センター、Ref.B05015574100）を参照。

（37）同右「監督周憲文排斥に関する件」を参照。

（38）同右。

（39）「留日学生研合会に起因し大使館と監督所の確執」、昭和十一年十一月（『駐日留学生監督所関係雑件』第三巻、Ref.B05015574700）を参照。

（40）同右。

（41）同右。

（42）「中華民国中日留学生監督所引揚及其れに関する監督所側処置」（『駐日留学生監督所関係雑件』第三巻、アジア歴史資料センター、Ref.B05015575400）。

（43）同右。

（44）同右。

「蒙疆政権」留学生の戦後
——東北・北海道を中心に

田中剛

はじめに

戦時下の日本には既卒者も含めて一万三〇〇〇人以上（一九三九年当時）の中国人留学生が学んでいたと言われる。その多くは汪精衛政権や「蒙疆政権」「満洲国」など日本占領下にあった傀儡政権・傀儡国家から日本政府が積極的に集めてきた留学生であった。

一九四五年八月、日本の敗戦で傀儡政権が崩壊すると、留学生のなかには中国へ帰国する者も見られたが、一方では日本に留まって各地の留学生と連携をはかり、組織化を進めていく留学生もいた。留学生の組織は華僑とも関係を結びつつ、戦後日本において新たな中国人社会を形成していくことになる。戦後の中国人留学生や華僑については、近年研究の蓄積が進みつつある[1]。だが、研究の対象になっている地域は東京、横浜、大阪、神戸など大都市が多く、地方都市の実態を分析した研究はまだまだ少ない。筆者も敗戦直後の日本の留学生政策について考察したことがあるが、[2]疎開先での留学生たちの実態を十分に明らかにすることができなかった。そこで本稿では、「蒙疆政権」の留学生に焦点を当てつつ、日本敗戦前後の地方都市における留学生の実態を見ていく。日中戦争中に「蒙疆政権」が留学生を集中的に派遣したのが北海道帝国大学と盛岡農林専門学校であり、また、戦争末期に「蒙疆政権」の留学生が疎開した先が盛岡であった。戦後初期の日本にどのくらいの「蒙疆政権」留学生が留まり、どのように生活し、どのような組織を作ったのか、東北・北海道を中心に明らかにしたい。

一　「蒙疆政権」留学生の疎開

「蒙疆政権」から日本への留学生派遣は、モンゴル王公の徳王が内蒙古自治運動のころに始めた留学生派遣事業が拡大したものである。一九三三年夏に南京国民政府に対してモンゴル人による高度自治を求めた徳王は、軍事力の強化のためにモンゴル青年の日本派遣を模索する。関東軍と連繋して内モンゴル西部で調査・教育・医療などの文化工作を展開していた善隣協会（一九三四年一月設立）は、徳王の要請を受けて一九三四年一〇月にモンゴル青年八名を日本に派遣して留学生派遣事業を開始する。これ以降、四五年の日本敗戦に至るまで、「満洲国」を除く内モンゴル方面からの留学生派遣は善隣協会が一貫して引き受けることになる。一九三七年七月七日に日中全面戦争が始まると、関東軍は華北から内モンゴル西部まで進攻し、占領地域に「蒙疆政権」を樹立する。「蒙疆政権」（主席は徳王）における留学生派遣事業は、それまでの政策を継承しつつも、派遣学生をモンゴル人だけでなく、漢族や回族など占領下の各民族にも拡大しつつ、さらに積極的に進めていった。「蒙疆政権」から派遣された留学生の在留人数は、一九四一年に九八名、四二年に一五八名、四二年一一月に一六三名に達している。その目的は日本側の期待した親日エリートの養成にあったが、農牧業振興とモンゴル社会改造をめざすモンゴル人たちのイニシアチブもあって派遣先は畜産・農林分野が重視され、北海道帝国大学や盛岡高等農林学校へ留学生が集中的に送り出された。派遣事業が開始された当初は、内モンゴルから善隣協会の善隣協会専門学校（一九三九年に善隣高等商業学校）に留学生を直接派遣して一、二年ほど予備教育を受けさせる方式を採っていたが、事業の拡大にあわせて一九四一年以降は、張家口に開校した蒙古留日予備学校で日本語を徹底的に教え込んだ後、日本の高等教育機関や善隣高商へ派遣するように変わっている。「蒙疆政権」から派遣された留学生については、公費留学生・私費留学生を問わず、日本留学中は善隣協会が管理・監督にあたっていた。留学生たちは善隣協会に併設された善隣学寮で寄宿生活を行いながら、半年から一年間ほど日本語教育を受けた後、大学・高等学校に進学することになっていた。[3]

戦争末期になると一九四四年二月の「決戦非常措置要綱」、そして五月二二日の「戦時教育令」に基づいて日本国内の学生や生徒の通年動員が決まり、これによって大学や高等学校、専門学校などは無期限に授業停止となった。そのため、留学生教育の見直しも必要になっていた。一九四四年七月、静岡県富岡村大畑（現在の裾野市）の不二般若道場に「蒙疆政権」留学生がやってきた。黄瀬川を見下ろす高台にある不二般若道場は、臨済宗妙心寺に学んだ齋田定光（釈定光老師）が、在家仏教を布教するために創設した釈迦牟尼会の根本道場として一九二二年に建立された禅道場である。ここに留学生がやって来たのは、善隣協会が日本政府から「モンゴル留学生を処分しろ」と指令されて困っていたところ、協会職員のなかに釈迦牟尼会の会員がいたことから、定光老師に相談して留学生の受け入れが実現したという。[4] 七月二二日、善隣学寮の職員三名がまず不二般若道場に入山した。留学生たちの受入れ準備のためと思われる。つづいて七月二六日、「蒙疆政権」の留学生約四〇名が善隣協会職員の織本重義、津田亀吉らに伴われて入山、翌一七日には入所式が行なわれた。

不二般若道場での修養は当初、例年実施していた夏期訓練の一環で一か月ほどの予定であった。しかし、戦況の悪化で大学、高等学校、専門学校の授業も停止され、留学生たちは夏期休暇が終わっても東京に戻ることができず、そのまま不二般若道場に留まることになった。夏期休暇のあいだ大陸へ帰省していた学生たちも、東京に戻ってみると善隣学寮が閉鎖されていることを知って、静岡へ疎開してきた。留学生たちの疎開が長期化して学業の継続が問題になったため、不二般若道場から黄瀬川を挟んだ対岸の佐野実業学校で教育をすることになった。佐野実業学校で留学生たちが学習できるよう、校長と掛け合ったのは定光老師だったという。一一月八日に善隣協会の織本重義、津田亀吉と佐野実業学校の全教職員で懇談し、留学生に英語と教練が教授されることに決まり、英語の授業は一一月一五日から始められた。留学生たちは道場で座禅や清掃など修行中心の生活を送りつつ、佐野実業学校で教育を受けたり、教職員にモンゴルの歌や相撲などを披露したりすることもあったが、多くは自学自習の状態であった[5]。留学生の生活は地元の人たちが支えていたようだ。大畑集落の人々は留学生を家に招いてサツマイモや麦を食べさせたり、「モンゴル人ならお肉を食べたいだろう」からと、戦時下で屠畜の制限されていた豚を裏山で密殺し、留学生たちに振舞ったこともあったという[6]。

「蒙疆政権」の留学生政策とも関連するので、「満洲国」の場合も見ておく。「満洲国」の留学生については満洲国留日学生輔導協会と大東亜省の主催で夏期錬成が一九四四年八月一二日から行なわれた。その目的は、「日本仏教を通じて日本精神の体得と確固不動の大信念を把握せしめ、一億国民の聖戦遂行の真剣さとその雰囲気を霊地に於て浸潤せしめ」ることにあった。山梨の身延山では満洲国烈士慰霊祭や聖戦必勝祈願を行い、日蓮主義などの説法を受けたあと、富士山の八合目まで登山した。その後、「満洲国」の留学生たちは「蒙疆政権」の留学生のように夏期錬成の宿泊先に留まることなく、八月二三日には東京に戻ってきている。[7]

ただし、八月三一日に駐日「満洲国」大使が東北帝国大学を訪問している。このとき「満洲国」大使は、日本国内の各学校では日本人学生が学徒勤労動員の作業に出勤してしまい、「満洲国」留学生だけ学校に残されても授業停止なので、することもなくて困っていると伝えた。その上で、「満洲国」留学生の疎開を考えていること、仙台は疎開地として適当であることを述べて、東北帝大の協力を求めた。翌日に開かれた東北帝大の評議会では、留学生を定員外として入学させ、法文学部あたりで別に一組を編成して教育してはどうか、という案が話し合われている。[8]「蒙疆政権」留学生の静岡疎開と同様に、「満洲国」も日本政府の決定に先行して留学生の地方疎開を検討していたのである。

そして一九四四年一二月二九日、「留日学生教育非常措置要綱」が閣議決定され、留日学生を国別・専門別に地方の学校に疎開させることが正式に決まった。次いで文部省は四五年二月三日の「留日学生教育非常措置要綱」で、留日学生を二月末までに指定学校に集合させるよう各学校に通牒した。これを受けて、汪精衛政権の留学生は京都帝国大学、鳥取農林専門学校、高松経済専門学校へ疎開を開始した。

受入れ側の準備も進められ、東北帝国大学では留学生の疎開について検討している。一九四五年二月末の大学評議会では、「決戦非常措置要綱に基づく学徒勤労動員の徹底強化に伴い、留日学生の学業の継続困難となれる現状を打開し、緊急事態の発生にも備えるため」、東北帝大に「満洲国」と「蒙疆政権」の留学生が法文学部に八六名、理学部に八名、工学部に二三名、医学部に一五名、計一三二《（ママ）》名が疎開してくる予定であると大学総長からの説明があり、これに対応するため大学職員の増加案を検討した。また、学力にばらつきのある留学生をいかに教えるのかが議論されている。[9]

四月以降、「満洲国」留学生の疎開が進められた。医学系留学生は京都帝国大学に集められた。東北帝大には一九四五年四月から五月にかけて、六〇名の「満洲国」留学生が転入してきた。その内訳は法文学部三六名、理学部二名、工学部一二名、医学部一〇名であった[10]。実際に東北帝大に疎開してきた「満洲国」留学生は、二月の大学評議会で伝えられた人数の半分以下にとどまっている。これは、「満洲国」が留学生の帰国に積極的であったことが関係していると考えられる。「満洲国」は六月になって派遣留学生のうち大学二年生を仮卒業、一年生を休学にさせることに決定し、多くの学生を大陸に帰国させている。また、「蒙疆政権」留学生の東北帝大への疎開は、理学部の一名を除いて見送られた。

さらに「満洲国」留学生の疎開先には盛岡も選定された。一九四五年四月、「満洲国」の留学生三〇名余りが盛岡に疎開することになり、岩手県知事は市内に留学生寮を二つ設置した。一つは報恩寮で、南部五山の一つにも数えられる曹洞宗の報恩寺を開放した。もう一つは仁王寮で、篤志家の大光寺毅夫が自宅を提供した。報恩寮には盛岡工業専門学校に疎開した「満洲国」留学生を集め、元女学校校長の三田寮長夫妻が世話にあたり、仁王寮には盛岡農林専門学校の「満洲国」留学生を収容し、大光寺夫妻が世話をした。「満洲国」の訪日宣詔記念日にあたる五月二日にふたつの留学生寮でそれぞれ開寮式が行なわれた[11]。

一方、「蒙疆政権」の留学生も盛岡に疎開することに決定し、一九四五年四月には静岡の不二般若道場に疎開していた学生や、大学学部以上を除く東京や札幌の留学生たちが盛岡に集められた。留学生寮は盛岡市郊外の高松池畔にあった「茶屋」を利用することとした[12]。

盛岡にやって来た二八名の「蒙疆政権」留学生たちは、盛岡農林専門学校や岩手師範学校で教育を受けることになった。とはいえ、一九四五年三月一八日に「決戦教育措置要綱」が閣議決定されて以来、すべての学校が授業全面停止のなか、盛岡農林高等学校の日本人学生たちは附属施設や各地農村などで勤労作業や援農作業に駆り出され、岩手師範学校の日本人学生も勤労動員で青森や釜石、川崎などに派遣されていた。そのため、岩手師範ではモンゴル人学生五、六人に教育心理学などの専門や英語が教えられたり、盛岡農林では国家奉仕を説いた『臣民の道』が留学生に教えられたぐらいだった。戦争末期は盛岡も食糧難で、寮の食事もスイトンやオカラぐらいで腹一杯にならず、学校が終わると留学生たちは市街に出て食堂を回っては食べ物を探すばかりだった。岩手師範の「蒙疆政権」留学生には六月になって農村での援農作業が一週間だけ割当てられたが、このとき初めて日本人の農家と語り合ったことが何よりも楽しかったという。[13] 米軍の攻撃は、三月一〇日未明に盛岡駅周辺がＢ29爆撃機一機による空襲を受けた後、留学生が疎開して来てしばらくなかったが、八月一〇日に飛来した艦載機一機によって盛岡駅を中心に銃爆撃を受けた。市民に死傷者はなかったが、このとき盛岡工業専門学校の一部が焼失し、隣接する盛岡農林高等学校の一部も機銃掃射にさらされた。[14]

一九四五年八月になって、「満洲国」は日本に残っていた留学生全員の帰国を決定した。わずかな例外（約八〇名）を除き、「満洲国」留学生は四回に分けて帰国させる計画を立て、第三回まで順調に帰国させた。このとき、盛岡に疎開しないで北海道帝大医学部に残っていた「蒙疆政権」留学生のウルジダライとエリチンジャムスの二名も、世話係であった北大の先生に呼ばれて、新潟から出る船で帰国するように指導された。「蒙疆政権」も「満洲国」の決定に歩調をあわせ、大学学部以上の留学生を帰国させることにしたと考えられる。七月二八日に札幌を出発したウルジダライたちは、青森大空襲の直後に津軽海峡を越え、なんとか新潟港にたどり着いてみると、すでに「満洲国」の留学生三〇人ほどが四回目の輸送船を待っていた。四五年八月八日、船は朝鮮の羅津に向けて新潟を出港した。ところが翌日になってソ連の対日参戦が明らかとなり、羅津は爆撃を受けて危険と判断し、急遽予定を変更して清津に向かったが、ここもソ連に爆撃されているという情報が入り、さらに変更して元山に向かっているうち、食糧と水が底をついてしまう。そこで補給のために鳥取県境港まで一度戻り、八月一五日朝に改めて釜山に向けて出航した。しかし、その日の正午に洋上で日本の敗戦を知り、釜山を目前にして本土に引き返すことになるのである。輸送船は福井敦賀港の沖合で一五日から三日間も停泊したまま、ようやく一八日朝になって下船すると、日本人の中尉から「自由行動」を言い渡され、留学生たちは敦賀港に放り出されることになった。[15]

その頃、「蒙疆政権」の留学生二八名は、盛岡市郊外の高松池畔で日本の敗戦を迎えた。八月一五日も留学生たちは、食糧を求めて盛岡の街を歩き回っていたが、寮に戻って日本敗戦を初めて知り、「やっと戦争が終わった」とみんなで大騒ぎしたという。[16]

一方、大陸帰還を目前にしながら、日本敗戦のために本土に引き返してきた「満洲国」留学生たちは、しばらく敦賀港の海員会館で寝泊まりし、倉庫の底に残っていた大豆や魚で飢えをしのいだ。それも尽きたころ、京都は爆撃を受けていないから食糧もあるだろう、という学生の提案で京都に移動した。京都で二週間ほど過ごしたが食糧難は解決されず、盛岡には留学生が数十名残っているから食糧もあるだろう、という噂を頼りに盛岡まで移動した。結局、年越しまで盛岡で過ごすことになる。[17]

「満洲国」留学生と同じ船で敦賀港に降ろされた「蒙疆政権」留学生のウルジダライは、食糧を求めて秋田まで貨物列車に潜り込んで移動した。秋田師範に知り合いがいたので、彼に頼んで秋田市郊外の農家に住み込みで働かせてもらえることになった。稲刈りや脱穀、供出米の算出などを手伝いながら年を越し、四六年二月末になって東京に出ていった。[18]

一九四五年末、留学生管理機関はＧＨＱ（連合国軍最高司令官総司令部）の指導によって相次いで解散している。満洲国留日学生補導協会は四五年一一月に解散を決定、翌四六年一月一五日に解散を登記して精算を開始した。[19] 善隣協会はそれまでの内陸アジア研究を放棄してヨーロッパ研究に切り替え、再生を図ろうとしたが、[20] 資金のメドも立たず、GHQの指導もあり、結局は一二月二七日に開かれた理事会の決議に基づき、「自発的に」解散を満場異議無く決定するほかなく、協会付設の善隣外事専門学校だけ存続が許可され、その管理のために四六年四月一日に財団法人善隣教育財団が設立され、文部省も四月八日付でこれを許可したのであった。[21] 汪精衛政権の留学生を管理していた日華協会も四五年一二月一七日に理事会で解散が決定され、翌四六年一月三一日に解散する。

このように相次いで解散した管理機関に代わって、「満洲国」「蒙疆政権」、汪政権の留学生管理は、国際学友会に移管されることになる。一九四六年二月一日のことである。これによって国際学友会がもともと所管していた南方留学生とあわせ、大東亜共栄圏の留学生管理がすべて集約された。国際学友会は汪政権三二九名、「満洲国」八七名、「蒙疆政権」四一名、南方一〇七名の計五六四名の留学生を管理・監督することになった。[22] 一九四六年一月八日、善隣協会職員の津田亀吉は、離任のあいさつに岩手師範学校を訪ねている。津田は「蒙疆政権」の留学生が静岡に疎開して以来、盛岡に移った後も世話を続けてきたが、今後は文部省教学課の職員が担当することになったことを伝えて盛岡を去った。また、一月一九日には善隣協会の織本重義も岩手師範学校を訪問し、「蒙疆政権」留学生の補導事業が国際学友会の所管に移ったことを伝え、それまでの感謝を述べている。[23] こうして「蒙疆政権」の留学生と善隣協会との関係は終了した。

二　留学生の移動と組織化

戦後直後の留学生の情況について東北地方を中心に見ておこう。宮城県には汪政権と「満洲国」の留学生があわせて一五名、台湾人学生が二〇名、朝鮮人学生が五〇名（高専以上一四名、中学三六名）いた。学資・生活費の送金途絶のため、彼らはそれぞれ代表を立て、費用貸与と保護を宮城県に対して願い出た(24)。これを受けて宮城県が外務省に対応を照会したところ、汪政権と「満洲国」の留学生については、日華協会と満洲国留日学生補導協会がともに解散して国際学友会へ業務を引き継いだ関係上、今後の問い合わせは国際学友会へ直接連絡すること、台湾人と朝鮮人については内務省へ問い合わせるよう回答を得ただけであった。そこで宮城県はGHQの了解のもと「宮城県在留外地外国人援護協会」を設立し、外国・外地出身者の帰国斡旋や生活保護、留学生の保護斡旋に乗り出した。中華民国と台湾学生には学生自治寮（一九四五年一二月一二日）を、朝鮮学生には朝鮮寮（四六年一月一二日）を設置し、これへの国庫補助の交付申請をした(25)。また、外務省は四六年二月になって、宮城県の留学生を保護するよう国際学友会に対して要請したこと、一般中国人や台湾省民、朝鮮人は厚生省の主管になることを宮城県に伝えている(26)。

盛岡の「蒙疆政権」学生に対しては、「満洲国」や汪政権の留学生と比べて早くからGHQによる特別配給が始まったようで、缶詰などが留学生に配給された。これに学生たちは「留日蒙古学生救済会」を組織して特配の窓口とした(27)。岩手県保安課も留学生に対して一定の配慮をみせ、宮城県など東北各県の対応を調査した上で連絡協議会を開き、必要に応じて生活必需品なども特配することを確認している(28)。

盛岡には「蒙疆政権」や「満洲国」の留学生のほか、一部の汪精衛政権の留学生も疎開していた。彼らは留学生を派遣した傀儡政権ごとに分かれて教育を受けていたため、日本敗戦まで相互の交流はあまりなかったようだ。だが、傀儡政権が崩壊すると、留学生たちは自主的に「中国人」留学生としての連帯を築きつつあった。一九四五年一一月一二日、盛岡市内にある岩手県公会堂で「国父孫総理誕生紀念日祭大会」が開催され、各傀儡政権の留学生が参加した。「満洲国」留学生がGHQに掛け合って開催されたものであった。「蒙疆政権」留学生は敗戦まで同じく盛岡に疎開していた「満洲国」留学生と接することもなく、この大会に参加して初めて盛岡に六〇人以上の中国人留学生が在留していることを知ったという。同様の動きは、鳥取農林専門学校でも見られ、疎開していた中国人留学生一七名（宇都宮・岐阜・三重など各農林高等学校から疎開）が鳥取市内の田中重兵衛宅に集まり、農専の校長・副校長も臨席して双十節を祝い、孫文の偉業を偲んでいる(29)。

また盛岡では、岩手県華僑聯合会の主催で一九四六年四月一日、盛岡市内の多賀食堂で「還都祝賀会」が開催され、留学生も参加している(30)。盛岡の留学生や華僑は、祝祭を通じて「中国人」としての連帯を強めていただけではなく、日本人とも積極的に関わっていった。四六年四月、岩手県華僑聯合会の文化部は盛岡市図書館で中国語講習会を開催している。これに中国語講師として参加したのが盛岡農専のチョクバトと田福（ともに「蒙疆政権」派遣）、岩手医専の王樹槐（「満洲国」派遣）であった(31)。

一九四五年一二月、日本外務省は「留学生帰国斡旋要領(32)」を各学寮に通知した。同年一〇月の「留日学生帰国ニ関スル件」で留学生の帰国促進に方針転換したことを受けての対応であった。しかし、日華協会は補導する中国人留学生の帰国状況に関して四五年末の時点で次のように伝えていた。「帰国を希望する者に対しては協会より旅費を支給するの外、乗車、乗船等に関しても関係当局と連絡し出来得る限り便宜を供与することとしたるも希望者以外（ママ）に少なく実際帰国したるは僅かに十数名なり(33)」と。

「蒙疆政権」の留学生はどうだったのか。富山薬専のプリントクスのもとには四五年七月頃、東京の「蒙疆政権」

代表部からモンゴル人職員が訪ねてきたようだ。そのときは、たまたまブリントクスが寮を留守にしていたため、「故郷の親戚、病気だから早く帰るように」と置手紙を残して職員は帰ってしまった。手紙を見たブリントクスは、それが日本の敗戦がいよいよ近いこと、戦況がさらに悪化する前に内モンゴルへ戻るよう伝えるための口実であることを理解したが、すでに大陸へ渡る手段もなくなり、帰国できないまま日本敗戦を迎え、一〇月になって上京したという。[34] 盛岡農専に疎開していたドウシンガは、四六年になって内モンゴルから引き揚げてきた日本人が自分を探していることを知り上京した。そこで日本人から「なるべくモンゴルに帰らない方がよい」という叔父の言葉を伝えられ、帰国を思いとどまったという。[35] 傀儡政権から日本へ派遣されたという負い目が、帰国を逡巡させた。

日本政府は留学生の所在を把握できていなかったようだ。終戦連絡中央事務局は四六年一月、札幌事務局に対して北海道帝国大学の「Richijamso」と「Kurelo」の二名を一月二〇日までに東京へ「護送」するよう指示している。[36] 連絡を受けた札幌事務所が確認したところ、そのような学生は北大に在籍していなかったが、四五年七月末にウルジダライとエリチンジャムスが帰国のため北大から立ち去っていることが判明した。ウルジダライは北大の「Tsuda Toyotaro」先生に四六年一月一四日付で手紙を送ってきていることから、現在は秋田に居るようだと終戦連絡中央事務局に返答している。[37] その頃、秋田の農家にいたウルジダライは、一時上京してから奈良県天理を訪ねていた。彼の日本留学に際して天理教から一部学資を受けていたためで、天理教の援助で何とか帰国できないかと考えてのことだった。だが、戦後の混乱で結局は、それも叶わずに東京へ戻り、秋田のヤミ米を東京まで運んで販売しながら生活を支え、その後は朝日新聞外信部で中国語情報の翻訳を担当することになった。[38]

この頃、早期帰国を促すために在留中国人の届け出が進められつつあった。ＧＨＱは日本に滞在する中国人に対して在留登録と帰還意思を四六年三月一八日までに最寄りの窓口で手続きするよう指令を出した。岩手県では盛岡の華僑聯合会事務所で受付がおこなわれ、「この登録を怠ると帰還および中国国民たる資格を失うから注意されたい」と新聞広告まで掲載して手続きを促した[39]。だが、四六年九月末までに帰国した「蒙疆政権」の留学生は僅かに一九名、彼らは必ずしも帰国に積極的でなかった。日本敗戦直後の四五年九月に外務省が行った調査では、「蒙疆政権」の留学生四九名のうち数名が残留を希望した以外、多くは帰国を希望していたが、大きく状況が変わっていた。結局、四六年一〇月時点でも「蒙疆政権」学生は三一名が日本に滞在したままであった。こうした傾向は「蒙疆政権」の留学生に限らず、多くの中国出身の留学生に見られたことだった。

思うように帰国促進策も進まず、日本に滞在する留学生の多いことから、文部省学校教育局は一九四六年六月一八日、「外国人留日学生取扱要領[40]」を策定した。そこでは、外国人留学生の入学について、①自由に入学を志望することができる。②別段入学資格を定めない。必要に応じて学力試験を行う。③外務省や外国公館などの紹介は当分の間、文部省で認めた機関・団体の紹介をもって代える。④中華民国留日学生のために設置した第一高等学校特設高等科、同予科、東京工業大学附属予備部同予科などは存置して広く外国人学生一般の入学を取扱うこととし、在学中の留日学生の取扱いについては、第一に帰国を希望する者は関係各庁で斡旋する。第二に引続き留学を希望する者は現在校に引続き在学するのを原則とする、ものであった。

また、一九四七年二月二〇日にも文部省学校教育長の名義で「外国人留日学生取扱要領に関する件[41]」が出されている。これは上述の「外国人留日学生取扱要領」を再確認したものであり、外国人留学生はいかなる学校にも「自由に」希望進学できることを骨子としていた。具体的な便宜供与にかんしては関係団体の身分証明、紹介・推薦ある者に限って学校が考慮するよう指示した。ここでいう関係団体とは、中華民国人学生（台湾を含む）が中華民国駐日代表団第四組、朝鮮人学生が「朝鮮奨学会」、それ以外の国籍を持つ留学生のうち従来から国際学友会に関係のある者は同会で、そのほかは文部省とされた。これによって中華民国の留学生は駐日代表団の監督するところとなった。戦時中は留学生の入学先や専攻分野についても日本側の厳しい管理を受けていたが、こうして戦後は留学生の希望を尊重しようという体制が整えられようとしていた。

日本の留学生政策が変りつつあるなか、「蒙疆政権」から派遣された留学生たちも疎開先から移動を始めつつあった。一九四五年秋に上京していたブリントクスは千葉医科大学に籍を移していたが、しばらくして「蒙疆政権」留学生が多く疎開する盛岡に移動、その後ふたたび上京して中央大学法学部に入学、四七年には日本人女性と結婚した。席占明、李学士、バーサラクチ、田福の四名は四六年三月、盛岡からふたたび疎開前に学んでいた札幌に戻り、北海道帝国大学農林専門部に復学した(42)。サンバラジャブは四六年春、叔父で留学生のボルチョロとともに上京、第一高等学校特設高等科を受験した。叔父は合格したが、サンバラジャブは入学が叶わず、飯田橋の平和寮に入寮して勉学に励み、翌四七年に早稲田第一高等学院に入学を果たした。ウルジホシグは四七年に盛岡農専を卒業、善隣高校で一年間ほど日本語を改めて学んだ後、東京で小学生を相手に家庭教師をして暮らし、四七年には結婚もして、五〇年四月から横浜中華学校で教師として勤務する。その時の事情について本人は、「横浜に中華街があるというので行ってみただけ。街中わからないよ、広東の言葉ばかり、通る人、中国服ばかりだったよ。学校へ行ってみたら、先生は全部留学生で日本に来た人ばかり。中国がごたごたして帰れなくなったのでそこで働いたんだ。その先生たちと親しくなって、先生しないか、と言われたわけ、それで先生になった(43)」と回顧している。チョクバトも四七年春に盛岡農専を卒業した後、横浜中華学校で教師を務めていたが、五一年三月に中国へ帰っている。一方、盛岡に留まったモンゴル人留学生に対しては、盛岡城跡の内丸（現在は岩手公園）に蒙古学寮が設けられて生活の便宜が図られた。すべての留学生が戦後も学生を続けたわけではない。叔父を知る日本人から帰国を思いとどまるよう伝えられたドウシンガは四九年一月、叔父の親友の紹介で盛岡から北海道夕張に移動、そこで炭坑住宅の建築現場の警備員として勤務を始めた。しばらくして生活が安定してくると、盛岡から留学生仲間のヤンサンジャブ、リンチンドルジ、ドログルサンを呼び寄せて一緒に働いた(44)。

留学生の再移動が活発になってくるなか、中国人留学生の組織化も始まった。東京ではすでに一九四五年一一月二六日に中華民国留日学生東京同学会が結成されていた。そして四六年三月、「中華民国留日同学総会」(主席博定、副主席羅預龍)が成立したのであった。北海道帝国大学に復学した席占明も北海道代表として、同学総会準備会の段階から東京での会議に参加していた。四六年九月には留日同学総会は第二期執行委員会の改選を行い、これにウルジダライが執行委員会事務科として参与することになった(45)。また留日同学総会は機関誌『中華留日学生報』を発行していたが、全国の中国人留学生からの寄稿が掲載され、北海道帝大の席占明も「七七余談」のタイトルで日本の中国侵略を批判している(46)。

そして中華人民共和国が誕生して間もない四九年一一月二六日、留日同学総会は第八期全国会員代表大会を開催、新しい執行委員を選出した。この第八期執行委員で留日同学総会の主席に就いたのがブリントクスであった。同じく執行委員会で機関誌『学生報』の主編にはウルジダライが選出されている。組織の中枢を漢族で固めるのではなく、モンゴル人でも主席に選出され得る留日同学総会の柔軟な有り様を見て取ることができる。留日同学総会主席のブリントクスは五〇年の年頭挨拶に次のように述べている。「中国本土における人民解放軍の赫々たる勝利の喜びのなかで、私は光栄にも同学総会の主席に就任したが、現在の同学会の現状を見るとき、創立以来の最難関にあり、かつ同学諸兄の未曾有の経済窮乏は私の最も責任を痛感するところです。…祖国においての人民革命の勝利、そして統一、平和、民主の新中国の誕生は、我々の希望を一新し、また使命を増大させた。このことは同学諸兄とともに喜びに堪えませんが、同時に前途有為なる留日学生としての認識を高め、やがて新中国建設の棟梁たる自覚を深めることを望みます[47]」と。

戦後も日本に残った「蒙疆政権」留学生に対しては、アメリカが関心を持っていたことを付け加えておく。関係者に聞き取りしたところ、GHQが接触してきたことを語る元モンゴル人留学生の証言がある。それは、「蒙疆政権」主席の徳王からの伝言ということで、国民党政権でも米英でも今後の身の処し方を自由に決めれば良いことがGHQから留学生に伝えられたというものだ[48]。この証言を裏付ける史料は確認できないが、「蒙疆政権」留学生に注目したGHQのレポートが残されている。一九四六年一〇月、GHQの秘書グレイブスはGHQ民間情報教育局のハリス少佐に対し、モンゴル人留学生三〇～四〇人が日本になおも滞在していると伝えている。政治的に重要度を増す中央アジアの言語研究は今後のアメリカに不可欠であるから、「日本に取り残された」モンゴル人留学生を二名ほど選抜し、アメリカで奨学金を支給して言語研究に従事させることを提案する。仮にモンゴル人留学生が言語研究を望まない場合は、薬学や物理学でも良いが、一番の目的はモンゴル語の方言まで聞き分けることができるネイティブスピーカーの獲得にあると述べている[49]。これに関連して、GHQのCIE（民間情報教育局）言語改革顧問のハルパーンは一九四六年一一月、本州在住の「モンゴル人」留学生三二名（実際には「蒙疆政権」派遣の留学生リストで漢族も含む）のリストをGHQに送付している。あわせて、留学生たちの情報は週内に入手する予定であることを添えている[50]。

結局のところ、留日モンゴル学生をアメリカに派遣させる計画は、実現には至らなかった。しかし、これとの関連は定かでないが、中華民国では一九四六年一一月に開催した国民大会の前後に、モンゴル人青年二名がアメリカに派遣されている。ジョンズホプキンス大学の研究所がモンゴル語文を教育できる者を二名探しているとのアメリカ側の依頼に対し、南京の蒙古青年同盟は会議を開いてゴンボジャブとウルグンゲの二名をアメリカに派遣した[51]。二名は戦時中に日本に留学していた経験もある。冷戦の緊張が高まるなか、内陸アジアに対する関心の強くなったアメリカが、日本支配下の内モンゴルで育ち、日本で学んだモンゴル人たちに期待したということだろう。

三　北海道大学の留学生と札幌華僑社会の成立

戦後の北海道帝国大学（一九四七年一〇月に北海道大学）には、疎開先から復学してきた留学生や、新たな学業の場を求めて移って来た留学生が集まってきた。戦時中は派遣した傀儡政権ごとに汪精衛政権は札幌学寮、「蒙疆政権」は興蒙学寮に分かれて寄宿生活を送ってきたが、戦後になって北大の中国人留学生は全員が汪精衛政権の札幌学寮を改称した中華学寮に入寮して学業を再開した。

中国大陸で国共内戦がいよいよ激しくなっていた四八年末、北海道大学の中国人留学生四名は、北海タイムスの取材に対して次のように答えている[52]。席占明（四七年九月に農学実科を卒業、北大農学部に進学）は、「動乱動乱と日本人がいうが私たちはそう神経をとがらせていない、内戦を欲しないのは、だれでも同じだが中国の歴史をひもとけば内戦はどこにもある、とくにこんどの内戦は中国を統一するための、危険ではあるが一つの過程をして認められ、明日の中国の躍進に寄与するものがあると思うし、そうあるように願っている」と語っていた。

次に李士廣（上海市出身）は、「国民が国民党の政策に不満を抱いていることは事実だと思う、国民党の綱領はいいが、それは口先ばかりで実行は少しもされていない、こんどの内戦も一部の人が己の地位を維持しようとして国民をかりたてているのではないかと思う。…一方共産党の政策はソ連式共産主義と違った本当に中国に根を下し中国の特色を生かした共産主義を進んでいるので国民も次第に共産党を認識していることと思う、その点中共は進歩している、要は中国の内戦というものを客観的に正しく批判してほしいと思う」と訴える。

また、バーサラクチャは、「私たちは砂煙の中に立っているわけでないので国の状態はよく分からないが中国の内戦も中国の統一のためには仕方がないと思う、ただこの戦争が終わってから、いかに政府が（それが国民党でも中共でも）戦いにつかれた国民を休息させるかが問題になる。いろいろの見方で内戦が批判されている、日本人は中国の内戦が日本の将来の発展を阻害するものであるようにいっているがこれは大きな間違いだ。中国は一つの水準、世界的なレベル（近代的な中国）に向かって戦っているのだ。私は一日も早く中国が文化的にも社会的にも一つのレベルに達することを望んでいる、そうすることが世界の平和を達することにもなる。中国の発展そして日本の発展は日本人が中国を軽べつ的にみないこと、日本の徹底的な民主化によることが大である、私の中国政府に望むことは猛進的でもよいから馬力のある能力的な政権を望んでやまない」と言う。

そして田福は、「内戦は進歩的に動いているということを確信している、内戦は中国の国民性がそうさせるように世界の人々がいっているようだが、これは大きな誤りだ。中国人は中国の発展世界的な中国にするための過程として戦っているのである、そして中国内戦に対しては他国の干渉を絶対排除する」と、彼らはいずれも中国共産党支持を明確にしていた。

北海道には既に函館華僑を中心に設立された留日華僑北海道連合会があったのだが、北海道大学の留学生は特別配給の申請を円滑に行うために、「中国留日学生北海道同学会」を組織した。やがてこの同学会の事務と北海道大学中華学寮の総務とを分ける必要が生じたことから、一九四九年三月二八日に中国留日学生北海道同学会が正式に成立する。会員は北大の中国人留学生二〇名（五〇年一一月時点）、会則は李士廣と田福が起草、幹事は第一期が主席に李忠恕、副主席に田福、書記に李志廣、監察に李学士、王秀閣、第二期が主席に李志廣、総務に鄭啓昭、文化に席占明、第三期が主席に席占明、総務に田福、文化に李志廣を選出した。

北海道同学会は日本社会とも積極的に関わっていった。四九年一二月八～一一日、北海道同学会は「中日親善友好倶楽部」の後援も受けて札幌三越百貨店で木版画展覧会を開催した。五〇年五月には、「中日両国人民のさらなる理解のため」に札幌市立中央創成小学校で中国語講習会を開催している。中級・初級の二班三七名が受講し、留学生が講師を務めた。講習は三カ月で終了したが、北大法文学部の伊藤正研究室に中国語研究会を結成して日本人に対する講習を継続した。また札幌三越百貨店では五〇年五月にも「新中国写真展覧会」を開催した。東京同学会が東京で開催した写真展覧会と時期が重なったため、僅かな写真ではあったが日本人に中華人民共和国の姿を知ってもらうよう努めた。北海道同学会は会誌も発行している。四九年一〇月の会員大会で会誌発行が議論され、誌名は「雪華」と「国境線」の二案があったが結局、「国境線」とすることで決定した。会誌発行の資金には特配で得た物品を換金して充てた。五〇年八月に季刊とする予定で創刊号を発行したが、一一月の二号で停刊となってしまった。誌面には北大留学生だけでなく、札幌在住の日本人の論文も掲載している。(53)

北海道の華僑社会は幕末の開港以来、函館が中心で、札幌の華僑は戦前から少なく、戦後は北大の留学生約二〇名のほか、戦前からの華僑が二世帯、被強制連行者七世帯が暮らしていたという。留学生たちは北海道同学会を通じて特配を受けていたが、そのほかの華僑・被強制連行者は独自の組織を持たなかったために函館まで定期的に特配を受け取りに行くしかなかった。函館まで受け取りに行くことが余りにも煩雑なため、札幌の華僑・被強制連行者は留学生と相談して一九五〇年、「札幌地区自治会」を設立して特配受け取りの窓口とすることにした。会長は劉智渠、一九二〇年生まれの彼は二五歳で日本に連行され、秋田の花岡鉱山で強制労働に従事させられ、戦後はＢＣ級裁判で証人として出廷した経歴を持つ。自治会の事務責任者には北大留学生の席占明が就いて実務を手伝った。(54)こうして、札幌でも留学生と華僑の連繋が顕著となる。

札幌地区自治会の活動は、特配を受け取る以外に東京華僑総会と連絡を取り、中国共産党系の留日華僑民主促進会の発行物を自治会の内外に配布するくらいであったという。(55)ところが一九五一年頃、札幌地区自治会事務所の隣にあった在日本朝鮮人聯盟が進駐軍MPによって封鎖される事態となり、あわてて自治会は事務所を中華学寮に移転、五二年になって事務所をさらにススキノへ移し、翌五三年からは華僑貿易弁事所も創設して僅かながら中国との貿易も始めた。

このように特配の受け取りという限定的な目的で小規模にまとまっていた札幌の中国人社会が大きな転機を迎えるのは、一九五三年から日本全国で始まる中国人労働者遺骨収集送還運動による。戦時中に連行された中国人が、日本各地の事業所で強制労働と拷問によって亡くなっていることが明らかになったのは、一九四九年秋のことであった。在日本朝鮮人聯盟花岡支部のメンバーが留日華僑民主促進会に状況を報告し、『華僑民報』記者が花岡に入って現地調査を行い、花岡事件を報道したことが発端である。五〇年二月、留日華僑総会、留日同学総会、東京華僑聯合会、留日華僑民主促進会は連名で「遺骨の適切な処置を求める要求書」を日本政府へ提出、五三年二月には日中友好協会や仏教団体が参加して「中国人俘虜殉難者慰霊実行委員会」が成立した。

東京華僑総会副会長の陳焜旺が札幌を訪れたのは一九五三年のことであった。札幌地区自治会を訪問した陳焜旺は、道内での遺骨の発掘収集を手助けして欲しいと要請した。北海道大学を五〇年九月に卒業した後も研究室に残っていた席占明と李学士も陳焜旺の要請を受けて遺骨発掘作業に加わることになった。これにあわせて五三年秋、札幌地区自治会は「札幌華僑総会」に名称を変更した。会長は盧社鉄（広東出身）、副会長は陳清祥（台湾出身）、事務局長は席占明が務め、このときの会員は二〇世帯ほどになった。(56)

戦時中の中国人強制連行は道内五八事業所（炭鉱、港湾、土木など）に及び、二万人が強制労働に従事させられ、三〇〇〇人以上が死亡したといわれていた。その遺骨発掘のために「北海道中国人殉難者慰霊実行委員会」（事務局長は陳清祥）を結成、一九五三年七月に北海道慰霊実行委員会は遺骨送還に関する諸費用の捻出方法を議論し、連行者一名に対し三〇〇円を使用業者が賛助負担するほか、関係諸団体からの寄付を集めることとした。北海道慰霊実行委員会の陳清祥と北大留学生の曲学礼は五三年七月に室蘭港湾荷役会社を訪問し、事業所が外務省に提出した「華人労務者就労顛末報告書」（四六年三月作成）の写しを北海道慰霊実行委員会に提出するよう申し入れた。荷役会社は資料提出の可否を外務省に確認して対応にあたった[57]。資料収集から始まった道内での遺骨発掘収集は、五五年夏までに全道で六一一柱（全国では二一一七柱）を収集して中国に送還した。また五五年には、芦別市だけでも殉職者が五一八名にもなることが調査で明らかになった[58]。こうして収集された遺骨は、札幌東本願寺別院輪番で北海道教務所所長でもあった安藤専哲によって慰霊祭が開かれた。

一九五三年八月一五日、北海道慰霊実行委員会の陳清祥、福田顯規（荒井組）、田原昇（労組）ほか四名は外務省アジア局第五課を訪問した。彼らは遺骨を中国に送還する「捧持団」の人員割当について北海道からは三名以内とする日本政府の説明に納得できないとして、北海道の実情を理解して再考して欲しいと割当増加を求めた。北海道の遺骨は速やかに中国へ帰そうという全道民の要望により七月二〇日に三一一体を東京へ送って来たが、これには道庁等も全面的に援助している、という説明であった。これによって、中央慰霊実行委員会が再度定めた割当は、捧持団員二三名のうち北海道は五名（日本人二名、中国人三名）ということになった。

さらに第二次遺骨捧持代表団（五三年八月二六日〜九月八日）の団員一八名でも北海道代表は五名（日本人三名、華僑代表二名は劉智渠と陳清祥）となっている。そして第五次（五五年一一月六日〜一八日）では、北海道代表三名（日本人二名、華僑一名）のなかに「蒙疆政権」留学生であった李学士が札幌華僑総会副会長として参加した。李学士の参加については「北海道各地の遺骨調査に身を以て任じ、大きく成果をあげてきたと同時に北海道慰霊実行委員として協力してきた」と説明された。[59] 捧持団として訪問した北京で李学士は華僑事務委員会主任であった何香凝に面会し、彼女から「日本に残って彼ら〔華僑〕の面倒を見てくれれば尚いい」と言われて日本に留まることを決意したという。[60]

北大の中国人留学生が、遺骨の発掘送還運動に関わりながら札幌華僑総会の活動を支えていたところ、一九五八年二月に起きたのが、いわゆる劉連仁事件である。劉連仁は山東省諸城県出身、一九四四年九月に日本軍によって拉致され、北海道沼田町の明治鉱業昭和鉱業所で使役させられていたが、余りにも酷い扱いのために四五年六月に脱走して、北海道の山中で暮らしていた。その彼が北海道石狩郡当別町の山中で発見されたのは五八年二月八日のことであった。翌二月九日には札幌北署に連行され、取り調べを受けたが、「スパイ、不法入国等の容疑なし」と認められた。

事件を知った札幌華僑総会は二月一〇日、札幌北署に連絡し、席占明と張来栄らが劉連仁の身柄を引き取り、北大前の「ゑびすや旅館」に投宿させることとした。[61] 札幌華僑総会は劉の帰国・滞在費用の一切は日本政府に責任があると表明、札幌日赤や道庁、市役所とも折衝したが満足する回答を得られず、僅かに日赤が衣服類を提供し、明治鉱業が援助しただけであった。三月三日、劉の出頭を求める入国管理局に対して札幌華僑総会は李学士が代表して回答した。すなわち、「劉連仁の俘虜たる身分を日本政府機関で決定するまで直接本人について取調られることは差控えて貰いたい」と。仕方なく入国管理局の担当係官が劉のもとに出向して面談することになったが、その時の情況を入国管理局側は「劉連仁はいちいち右「李学士」の顔色をうかがい、返答は李学士が行っている有様であった」と報告して札幌華僑総会に対する不信をあらわにしている。[62] 劉連仁と札幌華僑総会は岸内閣に謝罪と補償を求めて抗議したが、政府の反応がないまま劉は三月二六日に東京到着、四月八日には内閣官房長官から謝罪のない内容曖昧な手紙と十万円が届けられたが受取りを拒否、四月一〇日に第八次遺骨送還船で帰国した(63)。この頃、中国留日学生北海道同学会は自然消滅したという(64)。会員の留学生がいなくなったためである。確かに、北大を卒業した中国人留学生の数は四七年九名、四八年四名、五〇年七名、五一年六名、五二年一名、五三年三名、五八年一名と続いて六〇年一名を最後に途切れる。学業を終えて留学生の肩書きの取れた彼らもまた「華僑」となり、その後は活動するのである。

おわりに

以上、本稿では日中戦争期に日本が占領地から招致した留学生について、日本敗戦後の動向を「蒙疆政権」派遣留学生に焦点をあてて概観してきた。戦争末期、日本の大学・高等専門学校では学徒出陣、勤労奉仕によって日本人学生が大学から離れていく情況が顕著になったため、日本政府は留学生の地方疎開を決定した。その方針は出来る限り留学生を帰国させるよう促しつつ、残留する学生は傀儡政権別に分けて集合教育を行うというものであった。日本の敗戦と傀儡政権の崩壊の後も、日本政府は出身地別の集合教育を維持しようとしたが、留学生たちはその枠組みを乗り越えて「中国人」としての連帯を戦後直後から深めつつあった。その始まりは何かしらの組織から指示を受けていた訳ではなく、盛岡や鳥取で行われた祝祭の事例でも明らかなように自然発生的なものであった。その延長線に結成されたのが中華民国留日同学総会であったとも言えよう。また同学総会の活動については、「蒙疆政権」から派遣されたモンゴル人留学生の活躍もあったことは特筆してよいだろうし、それは戦時中に日本が内モンゴル占領地で行ってきた各民族を分断・反目させるような政策の限界を示すものでもあった。また、エリートであった留日学生は、組織の事務担当や教師として華僑社会へ積極的に入っていくことにより、華僑社会との連携を獲得したのであった。こうした人的繋がりの上に札幌などに戦後、華僑社会が誕生することになる。これまで日本華僑史の研究では、幕末・明治以来の海港都市、例えば長崎、神戸、横浜、函館などが注目されることが多かったが、海港都市のほかに華僑社会が広がっていったのは本稿で見たとおり、戦後直後の情況が大きく関連している。戦後も日本に在留した（せざるを得なかった）留学生たちが、大学・高等専門学校を核として海港都市以外に華僑社会を築いていったのであった。その意味で、傀儡政権によって派遣され、戦後も残った留学生の存在は、今日の日本華僑社会にも大きな特色を与えていると言えよう。

（1）陳焜旺主編『日本華僑・留学生運動史』日本僑報社、二〇〇四年一二月。渋谷玲奈「戦後における「華僑社会」の形成—留学生との統合に関連して—」『成蹊大学法学政治学研究』第三二号、二〇〇六年三月。川島真「過去の浄化と将来の選択—中国人・台湾人留学生」、および王雪萍「留日学生の選択—〈愛国〉と〈歴史〉」、劉傑・川島真編『一九四五年の歴史認識—〈終戦〉をめぐる日中対話の試み』東京大学出版会、二〇〇九年。陳來幸「戦後日本における華僑社会の再建と構造変化—台湾人の台頭と錯綜する東アジアの政治的帰属意識」、小林道彦・中西寛編著『歴史の桎梏を越えて　二〇世紀日中関係への新視点』、二〇一〇年など。

（2）拙稿「日本敗戦前後の中国人留日学生政策—汪精衛政権・「満洲国」・「蒙疆政権」」、森時彦編『長江流域社会の歴史景観』京都大学人文科学研究所、二〇一三年。

（3）拙稿「「蒙疆政権」の留学生事業とモンゴル人留学生」『歴史研究』第三八号、二〇〇一年三月を参照。

（4）森本義雄氏に対する聞き取り調査（二〇一四年九月二八日実施）。森本氏の父は一九四七年に遷化した定光老師に代わって不二般若道場を主宰し、生前は定光老師から留学生受け入れの経緯をよく聞いていたという。

(5) 静岡県立裾野高等学校創立百周年記念事業実行委員会記念誌編集委員会編『静岡県立裾野高等学校創立百周年記念誌』静岡県立裾野高等学校、二〇〇四年一〇月、七六－七七頁。

(6) 前掲、森本義雄氏に対する聞き取り調査。森本義雄「定光老師・不二道場・大畑」『禅味』第四八三集、二〇〇五年一一月、一一－一二頁。

(7) 苫米地四楼「本年度夏期錬成経過の概要について」『満洲国留日学生会会報』第九巻第一〇号、一九四四年一〇月、一－四頁。

(8) 東北帝国大学評議会幹事「評議会議事録案送付ノ件」一九四四年九月二八日、東北大学史料館所蔵、本部／総務／二〇〇六／一－九、『昭和一九年　評議会議事録』。

(9) 東北帝国大学評議会幹事「評議会議事録案送付ノ件」一九四五年三月二四日、東北大学史料館所蔵、本部／総務／二〇〇六／一－一〇、『昭和二〇年　評議会議事録』。

(10) このとき東北帝国大学の理学部には、「蒙疆政権」の留学生一名も理学部（地球物理）に東京工業大学予備部から編入している。永田英明「戦前期東北大学における留学生受入れの展開―中国人学生を中心に」『東北大学史料館紀要』第一号、二〇〇六年三月、二三頁。

(11) 「留学生を寮教育」『朝日新聞』（東京）朝刊、一九四五年四月一三日、二頁。「盛岡に日満親善の学寮」『新岩手日報』一九四五年五月四日、二頁。

(12) 同前、「留学生を寮教育」。

(13) サンバラジャブ氏への聞き取り調査による。サンバラジャブ氏は一九二七年、内モンゴル・ジョソト盟生まれ。一九四二年に来日し、善隣高商を経て一九四五年岩手師範学校に入学。田中剛「「蒙疆政権」留日学生への聞き取り調査報告」、科学研究費補助金研究成果報告書『阪神華僑の国際ネットワークに関する研究』二〇〇五年三月。

(14) 岩手県教育委員会編『岩手近代教育史』第二巻、岩手県教育委員会、一九八一年、一一三三頁。

(15)「善隣学生会館」史研究グループ「『善隣学生会館』の歴史とたたかい」『中国研究月報』第二四九号、一九六八年一一月、一四頁。宇留治達頼「昔話」、『東京都医師会雑誌』第五一巻第八号、一九九九年一月、一五三二-一五三三頁。

(16) 前掲、田中剛報告。

(17) 前掲、「善隣学生会館」史研究グループ「『善隣学生会館』の歴史とたたかい」、一四頁。

(18) 前掲、宇留治達頼「昔話」、一五三三頁。

(19) 外務省管理局総務課長から東京新宿電気通信管理所長あて「財団法人満洲国留日学生輔導協会加入電話機移転申請の手続に関する件」一九五〇年三月六日、戦後期外務省記録 I'.1.8.1.1-30『本邦における協会及び文化団体関係　満州学生会館関係』。

(20) 財団法人善隣協会会長公爵一條實孝から外務大臣吉田茂あて「本協会昭和二十年度下半期企画書並ニ予算書提出ノ件」一九四五年一〇月一三日、戦後期外務省記録 I'.1.8.1.1-37『本邦における協会及び文化団体関係　善隣協会』。

(21) 木村会計課長あて書簡一九四六年四月二六日、前掲『本邦における協会及び文化団体関係　善隣協会』。

(22)「財団法人国際学友会概要」一九五一年一〇月二〇日、戦後期外務省記録 I'.1.8.1.1-8『本邦における協会及び文化団体関係　国際学友会関係』第一巻。

(23) 岩手師範学校『昭和二十一年　当直日誌』。

(24) 宮城県から外務省管理局長あて「外国並ニ外地学生処遇ニ関スル件」一九四五年一二月二六日、戦後期外務省記録

I'.1.1.0.1『在本邦諸外国留学生関係』第一巻。
(25) 宮城県知事から「在留外地外国人援護事業補助ニ関スル件」一九四六年二月二三日、同前。
(26) 同前。
(27)「物資特配方依頼の件」一九四七年五月一四日、戦後期外務省記録 I'.1.1.0.1-2『在本邦諸外国留学生関係　中国人の部（華僑を含む）』第一巻。
(28)「留学生の保護万全」『新岩手日報』一九四六年三月三〇日、二頁。
(29)「偲ぶ孫文先生」『日本海新聞』一九四五年一〇月一一日、二頁。
(30)「南京遷都祝賀会」『新岩手日報』一九四六年三月二九日、二頁。
(31)「中日親善は言葉から」『新岩手日報』一九四六年四月二一日。
(32) 財団法人日華協会「昭和二一年度事業報告書」、戦後期外務省記録 I'.1.8.1.1-26『本邦における協会及び文化団体関係 日華学会（協会）関係』第一巻。
(33) 同前。
(34) 前掲、田中剛報告、二九八頁。
(35) 徳興阿「終戦前後」、善隣会編『善隣協会史』日本モンゴル協会、一九八一年七月、二三五頁。
(36) 児玉総裁から終戦連絡札幌事務局長あて「北海道帝国大蒙古人二名ノ東京へ護送方ノ件」一九四六年一月一四日、前掲『在本邦諸外国留学生関係』第一巻。
(37) 竹前英治監修『ＧＨＱへの日本政府対応文書』第三巻、エムティ出版、一九四四年、四三三頁。
(38) ウルジダライ氏ご家族への聞取り調査（二〇一二年三月実施）

(39)「中国人はぜひ登録」『新岩手日報』一九四六年三月三日、三頁。
(40)文部省学校教育局長「外国人留日学生取扱に関する件」一九四六年六月一八日、前掲『在本邦諸外国留学生関係』第一巻。
(41)文部省学校教育長「外国人留日学生取扱要領に関する件」一九四七年二月二〇日、同前。
(42)前掲、田中剛報告。
(43)村上令一『横浜中華街的華僑伝』新風社、一九九七年二月、七四頁。
(44)前掲、徳興阿「終戦前後」、二三五―二三六頁。
(45)陳焜旺主編『日本華僑・留学生運動史』中華書店、二〇〇四年一二月、六〇―六一頁。
(46)席占明「七七余談」『中華留日学生報』第九号、一九四七年八月一五日。
(47)前掲『日本華僑・留学生運動史』、八五―八六頁。
(48)前掲、田中剛報告、二九九頁。ブリントクス氏への聞き取り(二〇〇三年一二月実施)で得られた証言では、終戦後にGHQのアレン大佐が「徳王から頼まれた、心配しているから」ということで「蒙古留学生」のところにやって来て、ブリントクス氏自身はそれが「本当か嘘か分からなかったけど」、「南京政府に行くにしても、アメリカに行くにしても、イギリスに行くにしても自由だから、好きにしなさい」と伝えられたという。
(49)Graves to Harris, October 21, 1946, Mongolian Students, RG331, Records of Allied Occupational and Occupation Headquarters, World War Ⅱ, NARA(アメリカ国立公文書館)。
(50)Halpern to Trainor, "Mongolian Students", November 6, 1946, Mongolian Students, RG331, NARA.
(51)札奇斯欽『我所知道的徳王和当時的内蒙古(二)』東京外国語大学アジア・アフリカ言語文化研究所、一九九三年、一七九頁。

(52)「動乱の故国を想う留学生」『北海タイムス』一九四八年一二月一六日、二頁。

(53)「北同的自我紹介」『国境線』第一期第二号、一九五〇年一一月二五日、二八－二九頁。

(54)席占明「北海道での強制連行者との出会い」(手記)、二〇〇〇年八月一五日。

(55)「華僑会館が出来るまで」『札幌華僑華人通信』第六号。

(56)同前。

(57)株式会社栗林商会、室蘭港湾荷役株式会社から外務大臣岡崎勝男、北海道庁長官田中敏文あて「中国人就労資料の提出に関する件」一九五三年七月三一日、戦後期外務省記録K'.7.3.0.8-4『中国人労務者遺骨送還関係　民間団体等の動向、陳情及び対政府折衝』第一巻。

(58)殉難中国人慰霊北海道委員会から芦別市長側見清一あて「殉難中国人遺骨の調査、発掘、慰霊、送還執行に関する要請書」一九五五年七月三〇日、前掲『中国人労務者遺骨送還関係　民間団体等の動向、陳情及び対政府折衝』第一巻。

(59)「第一次～第八次遺骨送還代表団名簿」一九六四年一〇月一四日調、戦後期外務省記録K'.7.3.0.8-4『中国人労務者遺骨送還関係』。

(60)前掲、田中剛報告。

(61)席占明「発見後の劉連仁と共にした二ヶ月」、札幌郷土を掘る会シリーズ九編集委員会編『憲法・平和主義を掘る』札幌民衆史シリーズ九、札幌郷土を掘る会、二〇〇一年八月。

(62)外務省アジア局第二課「元華人労務者劉連仁に対する政府の措置」一九五八年三月一二日、戦後期外務省記録K'.7.3.0.1-2-2-1『太平洋戦争終結による在本邦外国人の保護引揚関係雑件　中国人関係　労務者関係　劉連仁関係』。

（63）前掲、席占明「発見後の劉連仁と共にした二ヶ月」。

（64）「華僑会館が出来るまで二」『札幌華僑華人通信』第七号。

救済・召還をめぐる国府の中国人留日学生政策の迷走

――中華民国外交部・教育部档案を手がかりに

王雪萍

はじめに

一九四五年の日本の敗戦が日中両国民に大きな影響を与える出来事であったことは言うまでもない。特に、敗戦当時、相手国に住んでいた人には、想像を絶する変化がもたらされた。八月十五日の日本には、数多くの中国大陸出身の留学生、華僑、捕虜、労働者が滞在していただけではなく、日本の植民地であった台湾から日本人の立場で来日した台湾人も少なくなかった。戦争終結時点で日本に滞在していた中国大陸及び台湾出身の華僑の人数を正確に把握した統計データは確認されていない。ただし、GHQ（連合国最高司令官総司令部）の送還データなどから、おおよその規模を推定することは可能である。同資料によると、戦後少なくとも八万五六九二人の中国人（台湾人を含む）が日本に滞在していたが、一九四五年から一九四八年までの間に、六万五八八五人の中国人が帰国した。(1)また、陳来幸の調査によれば、一九四八年三月までに中華民国駐日代表団（以下：駐日代表団）に登録した在日中国人三万三一四八人の内、大陸出身者が一万九七一五人、台湾出身者は一万三四三三人であった[2]。いずれの調査結果においても、戦後の在日中国人社会が数万人の規模を維持していたことがわかる。

植民地台湾出身の在日華僑の場合、戦時中は日本人として生きてきたにもかかわらず、終戦で台湾が中華民国に復帰したことに伴い、在日台湾人は日本人としての身分を喪失し、中華民国の国民としての国籍回復という過程をたどった。他方、戦後在日中国人社会には、中国大陸から来た労働者や戦争捕虜として日本に連れてこられた元中国軍人も多数いた。彼らは日本に生活基盤がなく、日本の敗戦で働く場所を失って生活困窮に陥ったことから、いち早くＧＨＱによる外国人本国送還船での帰国を選んだ[3]。ゆえに、中国人捕虜、労働者の送還が一段落した時点で日本にいた中国人は、主として留学生と華僑であった。華僑の場合、戦前から数世代に亘って日本で生計を立て、一定の生活基盤を有する人が多かった。半面、戦後なお日本に滞在していた中国人留日学生[4]は、戦時中に勉学のため来日した人が多く、また台湾、満洲国、汪精衛政権などの植民地政府や日本の傀儡政権から派遣された人も少なくなかった。しかし、日本の敗戦によって、彼らの生活源である派遣政府が崩壊するとともに、また日中両国間の送金停止で家族からの援助も得られなくなったため、彼らの多くはたちまち生活難に直面した[5]。

終戦後の日本はＧＨＱの占領下で経済、社会の混乱が続いた。そうしたなか、留日学生は自分の利益を守るため、戦後各地で中国大陸及び台湾出身の留日学生団体を数多く組織した。留日学生団体について、当初は大陸系、台湾系と別々に設立され、それぞれが勢力を拡大していた。しかし、一九四五年末から一九四六年春にかけての短期間のうちに、大陸系及び台湾系の留日学生団体の統合が一気に進んだ。一九四六年五月二十二日の日本全国の大陸系及び台湾系留学生の統一団体「中華民国留日同学総会」（以下：同学総会）の設立は、その象徴的な出来事であった[6]。当然ながら、日本全国における大陸系と台湾系の留日学生団体の統合過程は同学総会発足後も続いたが、ひとまず一九四六年春に全国レベルの中国人留日学生団体の統合にこぎつけたことは意義深い。その後、同学総会の機関紙として『中国留日学生報』[7]（以下：『学生報』）が刊行され、中国関係情報や留日学生の動向などを報道した。日本全国に滞在していた留日学生だけではなく、一部の華僑子弟である華僑学生にも配布されたため、『学生報』は留日学生のみならず、在日華僑にも影響力を持つ新聞へと発展した。やがて、『学生報』の存在はGHQや駐日代表団に注目され、さらには中華人民共和国政府にも認識されるようになった。[8]

同学総会は、留日学生の生活救済をめぐってGHQ、日本政府、駐日代表団と交渉することが主たる任務であった。[9]とくに、終戦直後から一九四六年までの間、中華民国の国民になっていた留日学生は連合国民としての特別配給を受けられたため、同学総会とその「下部組織」である各地の同学会は、特別配給の受領及び分配目的の機関としての役目も果たした。また、同学総会は、成立大会で駐日代表団代表の謝南光が出席し、駐日代表団を代表して祝辞を述べたことからも、中華民国政府（以下：国府）の駐日代表機関としての性質を持つ駐日代表団と密接な関係を有していたと考えられる。[10]

しかしながら、戦後留日学生と国府の関係について分析した既存研究は、筆者の知る限り、川島真の研究[11]を除けば皆無に近い。その理由について、以下の三点が挙げられる。

⑴長年、一九四五年の終戦が近代史研究における境界線として定着しており、一九四五年八月十五日の終戦までの中国人留日学生に関するこれまでの数多くの研究成果は、歴史研究者によって公刊されてきた。[12]これに対して、戦後の中国人留日学生に関する研究は現代中国研究の範疇とされ、教育学、政治学、文化人類学をとり入れつつも、一九七八年の改革・開放後以降の中国人留学生の動向に集中している。[13]

しかし近年、台湾と中国大陸の教育部及び外交部の留学生関連档案の公開と史料集の公刊が進み、プランゲ文庫の整理や日本の国会図書館などでの全面公開もあって、歴史学の手法で終戦直後から一九五〇年代にかけての中国人留日学生関連の研究が可能となった。戦後初期の留日学生と国府の関係についての研究として、上述の川島真の論文[14]が最も詳しい。川島は中華民国教育部と外交部の档案及び同学総会の機関紙である『学生報』に基づき、留日学生と国府の関係を概説した。とくに、国府の留日学生に対する「浄化」政策が留日学生の心理に与えた影響を分析し、国府の政策と留日学生組織、学生たちの思想変容との関係性を分析した貴重な論考である。ただし、その分析は国府と学生の双方の視点からの概論に留まっており、国府と留日学生の関係は掘り下げて論じられなかった。

田遠の研究[15]では、当時の留日学生を取り巻く政治環境の背景として駐日代表団の設立について少し触れたものの、田論文は『学生報』の記事を中心に分析したためか、国府と留日学生の関係解明にはさほど関心を払わなかった。楊子震の論考[16]は、駐日代表団の設立から撤廃されるまでの経緯、組織、業務内容及び成果を分析し、駐日代表団研究の空白を埋めたと言える。しかし、駐日代表団の全体像を追求するあまり、留日学生の問題を含めた個別事例に対する分析はほとんど行われなかった。筆者も、留日学生の救済金に関する論文[17]でこの問題をとりあげているが、一九四八年以降の救済金をめぐる同学総会と駐日代表団の関係の一側面しか述べておらず、戦後初期の国府の留日学生政策の全体像を示すにはほど遠い。

なお、戦後初期の留日学生と日本政府の関係について、田中剛[18]は日本の外務省文書を主な史料として分析し、筆者[19]は建国後の中華人民共和国政府と留日学生の関係についても論じている。

(2)同学総会を結集軸とする留日学生は、戦後の一時期総じて左傾化し、多くの台湾学生を含む留日学生が中国大陸へ帰国したことから、戦後中国人留日学生の問題に対する台湾側研究者の関心は低い。中華民国外交部と教育部の档案（文書・史料）など、数多くの史料が公開されているのにもかかわらず、台湾での研究はそれほど進んでいなかった。対照的に、戦後の在日台湾人華僑及び留学生に関する研究は活発であった。その主なものとして、陳来幸[20]、許淑真[21]、何義麟[22]、楊子震[23]、許瓊丰[24]の論文が挙げられる。

(3)同学総会の関係者の多くは親中国共産党（以下：中共）の立場から、日本で華僑運動に従事するか、中国大陸に帰国したこともあって、国府との関係を語りたがらなかった。結果、多くの同学総会メンバーの回想録における同学総会に関する記述では、国府に関連した内容に触れない、あるいは国府と対立した部分のみを強調する傾向が見られる[25]。

そこで本稿では、台湾の国史館と中央研究院近代史研究所档案館に保存されている中華民国外交部と教育部の関連档案を史料に、終戦直後における留日学生と国府の関係を解明することを目ざす。

一　戦後留日学生の境遇

一九三七年の日中戦争勃発後、日本で留学していた中国人留学生の大半が帰国した。川島真の調査によれば、当時留日学生監督処に登録していた四五〇名の留学生のうち、帰国旅費十五円を受け取って帰国した者は二〇〇名であった。帰国した留日学生の中には再来日を試みた者もいたようであるが、彼らは「抗日主導者」と日本から疑念を持たれ、中華民国新政府か地方治安維持会からの推薦書や日本の在華公館の証明書がないと、再来日は困難となった。再来日した留学生はもはや国府ではなく、対日協力政権からの派遣として処遇された[26]。その後一九四五年までに新たに来日した中国人留日学生も中国各地の対日協力政権管轄地域の公費及び私費留学生であったため、対日協力政権関係者あるいは彼らの親類、関係者の可能性が高いと推測できる。もちろん、台湾から来日した学生は、この範疇に含まれなかった。日華学会の統計によれば、一九三八年から一九四四年までの在日中国人留学生（満州国を含まず）は常に一〇〇〇人〜一五〇〇人の規模を保っていたという[27]。

しかし、空襲の激化に伴い多くの留日学生は帰国し、一部の留日学生は強制的に疎開させられた。一九四六年五月に駐日代表団から教育部に送付した「留日学生の概況」という報告書は、一九四五年から一九四六年三月までの留日学生の状況について以下のように説明している。

「一九四五年四月、強制疎開の結果、偽寧（汪精衛政権を指す）地域の学生は五百名前後になり、偽満洲国の学生は百名前後で、蒙疆政権の学生は五、六十名前後である。今日の数とそれほど大きく違わない。現在、台湾籍学生以外、各省留学生総数は四五六名である。台湾籍学生について、台湾学生聯盟の報告によれば、七六五名である。合計で現在留日学生総数は一二二一人である。

抗日戦争中、自費生以外の留日学生の学費の出所は約四種類である。一、日本政府及び傀儡組織（政権）の双方、二、傀儡組織のみ、三、在中国の日本軍政機関から、四、中国の教育及び社会機関。

日本の投降後、中日両国間の銀行送金が断絶したため、学生たちは自ら日本政府外務省と交渉した結果、日本側は政府給費以外の大学以上の学校に在籍する官公私費生に、一人毎日二百円、高等専門以上の者に百八十円を給付し、それを「貸金」と略称した。官費生について、日本政府がもともと負担していた部分以外に、学費補足分として大学生に二百円、高専生に百八十円を給付し、それも「貸金」と呼ぶ。昨年秋以来、物価が高騰し、本年一月、学生たちはまた日本側と第二回目の交渉を行い、結果として、官公私費を問わず、また大学、高専の区別なく、一人毎月五百円を一律で給付し、貸金と官費の区別計算方法は、従来の決まりに従う。台湾籍以外の学生は、一律に上述の規定に従い、費用を受け取る。台湾籍学生については、日本の外務省ではなく、厚生省から受け取り、毎月一人百五十円を受領できる(28)」。

右の報告から分かるように、終戦直後、中国大陸と台湾の留日学生は元の派遣機関や祖国の家族からの送金は途絶えたものの、敗戦後から一九四六年一月にかけて、日本での勉強や生活資金を確保するため、留日学生たちは自ら日本政府と交渉し、学費と生活補助金を獲得しただけではなく、物価の上昇に対応するための追加交渉も行った。このように、満洲国、蒙疆政権、汪精衛政権の留学生はいち早く、一括りの中華民国の留日学生として活動し、認識されていた。ただし、台湾籍学生については、彼らと明らかな待遇の違いがあった。それは、日本の植民地台湾の華僑は戦後中華民国の「戦勝国民」として認められず、GHQに「解放国民」として認定されたことと関係している(29)。戦争終了直後は送金途絶による一時的な混乱があったものの、自らの活動によって、大陸系及び台湾系の留日学生全員をカバーしたものではないにせよ、日本政府（外務省、厚生省）による補助金を受領できるようになったのである。

ところで、戦後の留日学生の人数については、調査時期及び調査機関によって、大きな違いが見られる。上述の報告書は、駐日代表団による一九四六年五月時点の人数統計である。これとは別に、一九四六年二月四日に中華民国留日学生同学会が作成し、国府教育部に提出した「中華民国留日学生調査統計表」と、一九四七年七月七日に南京国府に届いた駐日代表団が国府僑務委員会と教育部に送付した「留日学生人数分布統計表」があるが、これを表1と表2にまとめた。表一を見ると、一九四六年二月当時の東京留日同学会の統計には台湾籍学生は含まれていないし、中国東部の沿海地域出身の学生が多いことを指摘できる。表2を見ると、留日学生は日本全国の二二の都道府県に滞在し

【表１】中華民国留日学生調査統計表

	本籍統計		年齢統計	
1	広東省	78 名	15 歳	1 名
2	河北省	76 名	16 歳	0 名
3	遼寧省	43 名	17 歳	2 名
4	福建省	36 名	18 歳	5 名
5	江蘇省	29 名	19 歳	11 名
6	山東省	24 名	20 歳	21 名
7	察哈爾省	18 名	21 歳	39 名
8	湖北省	16 名	22 歳	54 名
9	浙江省	13 名	23 歳	54 名
10	綏遠省	8 名	24 歳	59 名
11	山西省	8 名	25 歳	51 名
12	吉林省	6 名	26 歳	42 名
13	黒龍江省	5 名	27 歳	24 名
14	江西省	4 名	28 歳	13 名
15	熱河省	4 名	29 歳	9 名
16	四川省	3 名	30 歳	6 名
17	安徽省	3 名	31 歳	2 名
18	湖南省	1 名	32 歳	0 名
19	河南省	1 名	33 歳	0 名
20	雲南省	1 名	34 歳	2 名
21	貴州省	1 名	35 歳	0 名
22	蒙古省	1 名	36 歳	0 名
23	其他省	18 名	37 歳	1 名
			不明	1 名
	合計	397 名	平均 23.8 歳	

内訳　華僑子弟　41 名　　台湾僑胞　16 名　　偽政府（傀儡政権）、日本政府、各団体官公費生　268 名　　男　367 名　　女　30 名

希望　迅速な帰国を希望する者　61 名　　卒業後の帰国を希望する者　298 名　　未定者　38 名

編制責任者：中華民国留日学生東京同学会

作成日時：中華民国 35 年（1946 年）2 月 4 日制

出典：国史館所蔵中華民国外交部档案「留日學生」入蔵登録号 020000030933A、典蔵フィルム番号 020-010105-0033-0030a～0034a、1938 年 3 月 3 日～1956 年 9 月 27 日

【表2】留日学生人数分布統計表

地名	台省学生	其他各省学生	合計
東京	446	218	664
京都	52	103	155
神戸	25	7	32
宮城	10	15	25
岩手	11	18	29
群馬	1	0	1
東海	4	3	7
秋田	2	5	7
鳥取	1	10	11
北海道	2	9	11
福岡	1	4	5
山梨	9	0	9
大阪	36	1	37
新潟	8	1	9
岡山	2	0	2
奈良	0	8	8
山口	8	8	16
山形	4	4	8
千葉	1	12	13
北陸	0	7	7
鹿児島	1	0	1
長崎	0	1	1
全日本	台省学生	624名	合計1058名
	其他各省	434名	

作成者：中華民国駐日代表団

作成時間：1947年5月末までの中華民国留日僑民登録データに基づき、作成

出典：国史館所蔵中華民国外交部档案「留日學生」入蔵登録号020000030933A、典蔵フィルム番号020-010105-0033-0071a～0072a、1938年3月3日～1956年9月27日

ていたが、一九四七年五月の時点で地方滞在者はごくわずかであり、関東と関西圏に集中していたことが分かる。

また、表1の一九四六年二月と一九四六年五月のデータを比較すると、留日学生の人数は外国人僑民の送還に伴う減少が見られず、むしろ増加傾向にあることが判明した。その理由として、以下の四点が考えられる。

(1)中華民国留日学生東京同学会の統計は東京を中心に調査しており、地方の留日学生を十分把握できていなかったため、その後の調査で新たに判明した学生を追加した可能性が高い。

(2)留日学生として登録されると、日本政府、GHQ、国府の補助金、救済金を受領できるようになるため、これまで各地の留日学生組織に登録していなかった学生たちも、留日学生としての登録を行った。

(3)疎開した留日学生の一部は戦争終了後すぐには元の大学や居住地に戻らなかったため、留日学生としてカウントされなかったが、その後所属する学校に復帰したため、追加登録を行った。

(4)台湾籍の学生や華僑の子弟の華僑学生も、中華民国留日学生のための救済金、補助金を受領するため、もしくは戦勝国の優越感から中華民国の学生を代表する留日学生団体に登録した。

さらに、表2に示された一九四七年五月末時点の留日学生の人数、とくに台湾籍学生の人数の減少は、後述する留日学生の召還政策との関連性が推測される。

二　日本各地での留日学生団体の乱立と統合

上述の通り、留日学生は自ら日本政府と交渉し、学費・生活費の確保に向けて奔走し、出身地域、官公私費の区分や大学・高専の違いを問わず、広範囲の留日学生のために、「貸金」と呼ばれる生活補助金を獲得できた。一連の経緯から、これらの交渉は個々人ではなく、組織的な活動によるものと考えるのが妥当であろう。

戦争中、日本には中国人留日学生団体として満州国出身留学生の組織であり、駐日満州国大使の監督を受けていた「満州国留日学生会」[30]、蒙疆と日本政府を後ろ盾に組織された「在日本蒙古学生修養会」[31]、日華学会留学生教育部の指導の下で設立された「中華民国留日学生会」[32]、抗日の学生団体としては「東亜青年抗日同盟」[33]などが存在した。

しかし、戦後、中国大陸にあった日本の傀儡政権や台湾の植民地政府が崩壊し、日本が敗戦国となったため、中国大陸及び台湾の留日学生はそれまでの傀儡政権あるいは日本政府との関係の強い留学生団体とは無関係の新団体を設立し始めた。もっとも、戦後における中国人団体の組織化は、留日学生が始めたわけではなく、日本各地の華僑によって行われ、留日学生の活動はその一環と位置付けられた[34]。

一九四五年八月の日本の敗戦後、台湾華僑による台湾同郷会の発足と同時に、台湾出身の学生を統合する組織の設立が試みられ始めた[35]。何義麟の研究によれば、戦前から台湾学生会は各地に存在しており、学生会同士、所属する個人同士のネットワークも存在していたという。戦後、台湾学生を束ねた組織を作る必要性は高まり、各校の台湾学生会の代表を集め、組織の統合について討論し、十月二十八日、東京女子大学の講堂で台湾学生聯盟の成立大会が開催された。聯盟の活動拠点は台湾人留日学生の寮である清華寮に置き、第一期代表委員会の委員長として羅豫龍が選出された。十一月十一日には、機関誌『龍舌蘭』の創刊号（月刊）を発行している[36]。

他方、東京地域における中国大陸出身の留学生は、一九四五年末に「中華民国留日学生東京同学会」（以下、東京同学会）を設立した[37]。東京同学会の発足後、北海道、盛岡、仙台、横浜、京都、大阪、神戸、福岡、長崎にも同学会が設立された。一九四六年一月、東京同学会は幹部の構成について、博定を代表に選ぶ一方、台湾学生聯盟から副代表を選ぶことを決定した[38]。これが日本全国の大陸系及び台湾系留学生団体の統合に向けた第一歩となった。そして、東京同学会を中心に、全国各地の大陸系及び台湾系の同学会組織が共同で、中華民国留日同学総会（同学総会）を発足させた。一九四六年五月二十二日の同学総会の設立大会では、東京同学会の主席である博定を主席、台湾学生聯盟の委員長である羅豫龍を副主席に選出すると同時に、機関報『学生報』の発刊も決定された。同設立大会には駐日代表団第二組組長の謝南光も出席し、祝辞を述べている[39]。

同学総会が設立された一九四六年五月は、駐日代表団の設置、中華民国留日華僑総会の成立とも時期が重なる。日本全国の大陸及び台湾出身の学生団体を統合した同学総会の正式名称は「中華民国留日同学総会」であった。しかも、同年四月に日本全国の華僑団体を統合して設立された華僑団体の正式名称も「中華民国留日華僑総会」である。二つの統合団体の名称の類似性、そして「中華民国」という国名を冠していることから、留日学生及び留日華僑の日本全国の統合団体の設立に対する国府の関与があったことは否めない。中華民国留日華僑総会に関する許淑真の研究によって、こうした動きは国府、駐日代表団との関係性がある程度解明された[40]。これに対し、同学総会に関する先行研究では、学生や華僑の取り組みに重点を置いて分析されたものの、国府との関係についてはほとんど言及されてこなかった。二〇一四年春に田遠氏が提出した博士論文で、初めて同学総会の設立と在日華僑の関連業務を管轄するために日本へ派遣された国府外交部情報司科長の劉増華との関係が分析された。田によれば、国府は留日華僑と留日学生の困窮状況を調査し、対処するために、一九四五年十二月に劉と他三名の事務職員の日本派遣を決定した。劉は翌年の一月十五日に重慶を出発、十八日には「ＧＨＱ連絡員」としても任命されている。劉が日本に到着して間もない一月二十八日には同学総会の発起人連席懇談会が開かれ、同学総会を設立するための準備会の開催、組織の名称と会章起草大綱を決めた。さらに、まだ正式に発足していないにもかかわらず、「中華民国留日学生同学総会」の名義で教育部に忠心を誓う書簡を送ったことから、同学総会の結成は劉増華の提案を受けてのものであり、同学総会は中国人留日学生団体の中で唯一当時の国府に承認された団体として、留日学生の管理を担うようになったのではないかと田は推量している。(41)

ただし、同学総会の発足により、日本全国の大陸及び台湾の留日学生団体の統合作業が完了したわけではなく、東京の両岸学生組織の統合は一九四六年十二月まで先送りされ、さらに各地域の同学会の成立や両岸学生団体の統合は、それ以上に時間がかかった。これに関連して、何義麟は、各地域の同学会は同学総会と必ずしも厳格な上下関係にあったわけではなく、概ね緩やかな連携を保っていたに過ぎないと述べている。(42)

三　救済問題をめぐる国府と留日学生のミスマッチ

戦後の留日学生の置かれた状況について、国府はどのように考えていたのか。一九四五年十二月の時点で、国府内で留日学生の救済に関する検討はすでに始まっていた。国府の档案を筆者が調べた限り、戦後留日学生の救済に関して最初に登場したのは、元留日学生で北平市博愛医院院長金子直の懇願書である。そこには、日本への送金ができなくなったことで留日学生が困窮し、対策を講じなければ、留日学生が日本で誰の支援もなく、飢餓で亡くなる可能性があり、人道面での配慮、または戦勝国民の威信を守るためにも留日学生の救済問題について、国府が米国当局と交渉し、現地での救済、あるいは帰国支援のかたちで、彼らの生命を守るべきだと主張されていた。懇願書は、北平行営の李戌艶主任に提出されたが、李主任は懇願書を中国陸軍総司令の何応欽に転送し、適切な対策を講じるよう求めた。何応欽は懇願書が提案した救済方法は、「実行する可能性があるように思える」との文言を添え、一九四五年十二月十四日に教育部長朱家驊に宛てて電報を打ち、対策の検討を要請した。(43)何応欽の電報は教育部だけではなく、陸軍総司令部から外交部長王世傑宛てにも同日に送付されている[44]。

何応欽の電報を受け、教育部内で検討した結果、その四日後の同月十八日に外交部に電報を打ち、外交部の日本駐在職員に対して、留日学生の人数調査、留日学生の早期帰国に向けたＧＨＱとの交渉開始を依頼した。この電報から、教育部は留日学生の生活救済よりも、迅速な送還を希望していたことが分かる[45]。

何応欽からの電報を受けた外交部東二科は、同十八日に陸軍総司令部と教育部への返信電文を検討し、学生華僑救済のために留日学生を調査する人員の日本派遣を決定したとの連絡に加え、教育部での対策検討も促した。教育部に送付した電報には、何応欽から受け取った電報の抄録も添付されていたが、この十八日に作成した電報が教育部に送付されたのは同月二十六日であった。そうした事情から、十八日に教育部からの電報を受けた外交部は、同部東二科が二十六日送付の電報には書かれていない金子直の要望及び何応欽の電報を受けて検討した外交部の電文を十二月二十七日に作成、一九四六年一月五日に教育部宛ての電報を再度発し、教育部の要請に回答する形を取った。この二通の電報のタイムラグを勘案すると、外交部が留日学生救済のための人員派遣を迅速に決めたのは、陸軍総司令の何応欽の要請を受けたためであり、教育部の要請を重視したからではないと考えられる。これに関しては、何応欽と教育部への返信電文の丁寧さの違いからも読み取れる[46]。

档案からは、留日学生の問題をめぐる教育部と外交部の主導権争いがあったことも伺える。上記の十二月二十七日に外交部が教育部宛ての二度目の電文を作成した前日（二十六日）、国府軍事委員会軍令部は教育部に同部の発した電報に返信するかたちで電報を打ち、国外にいる留学生については、外交部に全面統括させるべきである旨を伝えている[47]。教育部が軍事委員会に出した電報自体は確認できなかったものの、留日学生問題に関して主管する希望を表明したものと推測される。当時、教育部は日本に職員を派遣しておらず、外交部の決定で留日学生問題の処理のために派遣する人員が全員外交部の職員であったことも、主導権争いと関連があろう。また、後に設立される教育・文化・宣伝を管轄する駐日代表団第四組の主管部門をめぐる権限争い（後述）につながったと考えられる。

前述した外交部の決定により、劉増華たちの来日が実現した。劉の来日以降、日本全国の中国大陸及び台湾系の学生団体の統合に向けた動きは活発化していく。ところが、劉たちの調査が完了していない一九四六年一月九日、教育部は陸軍司令部に再度電報を打ち、国府の日本駐在官員に対し、マッカーサー将軍と留日学生送還問題について速やかな交渉に入るよう要請した件の進展状況を確認するよう依頼した。この電報からも、教育部は留日学生の実態把握よりも、迅速な送還を優先させていたことがうかがえる。(48)

教育部の思惑を知ってか知らずか、東京同学会は一九四六年二月四日に「中華民国留日学生調査統計表」を完成させた。表1はその一部分であるが、掲載項目以外に大学、高等学校・専門学校・大学予科・予備部・高等師範学校、大学院に在籍した専攻別の学生人数などの調査結果もまとめている。表1の統計表と同じ二月四日付で、まだ正式に設立されていない中華民国留日同学総会の名義で教育部への書簡を作成し、抗日戦争中に日本へ留学した理由について、戦争中学識の高い教授は皆奥地に移り、奥地や欧米への交通が遮断されていたことから、学問を究めるためには移動可能な日本への留学しか選択できなかったと述べた。その上で、戦後になっても帰国しなかったことについて、帰国したくないというわけではなく、むしろみんな早く帰国したかったが、政府の指示を待っていたことと、どこに帰るべきか分からなかったという二つの理由を挙げた。以上の統計表と同学総会の書簡は、米国から帰国途中で東京に立ち寄った外交部亜東司長の楊雲竹氏が持ち帰り、同年二月十九日に教育部長朱家驊へ転送するとともに、この件に関する面談を申し込んだ。(49) 現在確認できる資料には、この面談結果については記録されていない。

一方、金子直の懇願書を読んだ国民政府主席の蒋介石は、一九四六年二月二十二日に行政院秘書処を通じて、外交

部に至急対応するよう指令した。(50)

同指令を受け取った外交部は、三月五日ＧＨＱ専員として日本に駐在している劉増華に電報を出して行政院と蒋介石の指令を伝え、即座にＧＨＱと交渉し帰国を希望する留日学生の召還策を講じるよう求めた。同日には、行政院秘書処に対し、留日学生救済の件で日本駐在中の劉増華にＧＨＱと交渉させ、帰国したい留日学生を支援するようにとの指示をすでに出したと報告している。(51)

このように、金子直の懇願を機に、蒋介石、何応欽などの国府指導者の指令を受けて外交部と教育部は迅速に行動し、日本に人員を派遣し、留日学生の帰国に向けた方策を実行するよう命じた。では、留日学生は本当に帰国を望んでいたのであろうか。

戦後直後から一九四六年までの留日学生の状況は、日本の外交文書と中華民国の外交部档案を利用した田中剛の研究によってある程度解明されている。田中によると、終戦直後留日学生は総じてこれまでと変わらず通学しており、即時帰国を希望する学生は少なかった。ところが、一九四五年九月二十日に外務省がまとめた調査では、学生の希望に変化が見られ、中国大陸出身の留日学生の多くが帰国を希望していたことが確認された。彼らが帰国希望に転じた理由として、敗戦を経て日本国民が留日学生に対して冷淡な態度を示すようになったこと、物価の高騰に伴い日本政府から受け取った「貸金」では生活を賄えずにいたことが挙げられる。日本政府は日本国内の経済状況、留学生に対する日本人の態度を考慮して、同年十月二十二日に「留日学生帰国ニ関スル件」を定め、外国人留学生を積極的に帰国させる政策へと方針転換した。その後、中国人留日学生の帰国に関して、外務省は「中華民国留日学生帰国斡旋要領」を定め、帰国する留学生に対して、帰国船の準備、乗船地までの輸送、乗船日までの宿泊地と船中の食料の手配、乗船地までの車中用の乾パンや缶詰の提供にとどまらず、千円を上限に「帰国旅費」を支給することまで規定した。

この規定から、日本政府は留日学生の帰国を積極的に進めようとしていたことがうかがえる。ところが、上海へ送還する留学生の「第一次輸送計画書」（十月から十一月）における年内帰国希望者は、わずか九名であった。また、十二月に日華協会を通じて帰国希望の中国人留学生を募ったものの、送還希望者は「意外と少なく」、実際に帰国したのはわずか十数名だったと報告された。田中の分析によると、留日学生が帰国を希望しない主な理由は、戦争中の傀儡政権との関係がネックとなっていたためであった。[52] 確かに、表1の東京同学会がまとめた留日学生に関する統計から見ても、一九四六年二月段階で迅速な帰国を希望したのは、三九七名中の、一五パーセントの六十一名であった。留日学生が早期帰国を希望しなかった理由は、表1の留学生の構成からもうかがえる。三九七名の内、二六八名は傀儡政権、日本政府や各団体の官費生あるいは公費生であった。これらの官費生と公費生の多くは傀儡政権と関係が深く、日本国内で漢奸裁判などの情報に接していたことから、帰国を躊躇していたのであろう。その考えは、前述の一九四六年二月に同学総会名義で教育部に送付された書簡からも読み取れる。[53]

それでは、留日学生はあまり帰国を望んでいないなか、金子直はなぜそのような嘆願書を国府上層部に提出したのか。田遠の分析によれば、金に救済を要請したのは、大陸出身の留日学生であった可能性が非常に高い、つまり、大陸出身の留日学生は生活困窮の現状を国府上層部と深い関係を有する金子直に訴え、留学資金の援助と生活の救済を国府に求めたのではないかとしている。しかし、国府教育部と外交部は、留日学生の希望とは反対に、経費がかさむことや日本への送金の難しさもあって、留日学生の救済ではなく、GHQと交渉し速やかに帰国させる方針を決定した。

その後、中華民国教育部が留日学生全員を中国に召還する準備をしているとの噂が日本中で広がり、駐日代表団は一九四六年六月、慌てて外交部と教育部に確認し、噂を否定せざるを得ない事態にまで発展した。[54] そして後の駐日代表団の調査でも、留日学生の大多数は帰国を希望していなかった事実が判明している。[55] つまり、留日学生の帰国希望は戦後直後から一九四六年春夏までの間、その時々の日本と中国をめぐる国内外情勢の変化に従い、常に変化しているが、しかし国府は必ずしもその状況を時事折々に把握していると言い難い。

四　中華民国駐日代表団の来日と留日学生の管理

(一) 留日学生問題を所管する駐日代表団の部門

駐日代表団の正式な設置は一九四六年五月であったが、[56] 第一組から第三組の担当者はすでに四月に赴任し、業務を開始していた。駐日代表団の来日当時、日本には国府の関連機関として国府外交部から派遣された「駐日辦事処」と「駐日盟軍最高統帥部(ＧＨＱ)軍事連絡辦事処」があり、さらに極東委員会の中国代表として来日した国府の官僚も駐在していた。[57] また、一九四六年二月六日に中華民国外交部が出した辞令によれば、駐日代表団初代団長の朱世明が日本へ赴任する際の最初の肩書は、「連合国対日委員会中国代表」であった。[58] 駐日代表団の来日以前に、日本には国府の代表がすでに多数滞在しており、様々な業務にあたっていた。駐日代表団の来日後、それまであった国府代表の一部機能は駐日代表団に吸収された。例えば、前述した劉増華も後に僑務処の職員として勤務するようになった。[59]

来日当初、第二組が政治と教育を担当していたが、教育、文化、宣伝面を専門で担当する部署がないため、同年七月になって駐日代表団の組織内で、上記の業務を担当させる部署としての第四組の組織作りがようやく始まったものの、組としての形態が出来上がったのは八月、業務が少しずつ軌道に乗るまでには、さらに時間がかかった。七月の段階で、第二組にも第四組にも教育部から部員が派遣されていることが、外交部人事処の留日学生の管理部署に関する意見から確認できる。[60]

こうした混乱のなか、一九四六年七月の時点では、留日学生の問題を専門的に担当する部署はなかった。しかし、後述する留日学生の救済をめぐるGHQや、日本政府との交渉が難航したうえ、留日学生の召還政策を進めていたこともあり、留日学生の救済や帰国をめぐる業務は増加し、その管轄をどの部署に任せるべきなのか、駐日代表団、外交部と教育部の三部門で検討しなければならなくなった。七月から八月にかけて、三部門で討論した結果、八月二十二日、外交部は駐日代表団朱世明団長に対して専号第六九号電報を出し、駐日代表団の僑務処が暫定的に留日学生の問題を兼務することにつき、教育部が同意したことを通知した。[61]

以上の経緯により、留日学生の関連業務は、当初僑務処、第四組、第二組がそれぞれ所管する状況があったことが分かる。駐日代表団の档案からは、三つの部署の報告書の中で、留日学生に関する案件がそれぞれ出ていたが、第四組の業務が軌道に乗った一九四六年秋以降、留日学生に関する案件は徐々に、第四組へ移行したことも分かる。とはいえ、留日学生の問題は、政治、戦後賠償、華僑との関係も深く、関連問題が生じた際、第四組以外の部署の档案にも、留日学生の関連文書が散見される。留日学生関連業務が第四組へ移行する過程では、駐日代表団内部における国府の各部門の権力争いも滲み出ている。教育部職員で第四組設立当初からの担当者である張鳳擧は、一九四六年七月三〇日に教育部長朱家驊に出した書簡に「目下、こちらの第一組は国防部と参謀部に所管され、第二組は外交部に所管され、第三組は経済部と資源委員会に所管されている。もし第四組が完全に我が部によって掌握されれば、今後弟(張鳳擧の自称)の業務は比較的に便利になるであろう」と書き、駐日代表団に教育部所管部門がないことに伴う不便さを訴え、教育部に第四組に関する主導権争いに参画するよう求めている。[62]この書簡についての返事は見つかっていないため、朱部長や教育部の考えについては断言できないものの、僑務処が所管していた留日華僑系の新聞や華僑学校の関連業務は、その後第四組へ少しずつ移管され、また第四組は外交部を通さず教育部に直接意見を求めたことから、張の建議はある程度実現したと考えられる[63]。

なお、留日学生の管理業務は、駐日代表団が改組された一九五〇年以降、再び華僑学校などの業務と共に、第二組へ移管されることになる[64]。

(二) 救済と召還の狭間に揺れる国府の留日学生政策

駐日代表団が赴任早々直面したのは、留日学生の救済問題であった。上述の通り、終戦直後、日本政府は中国人留日学生と台湾籍学生に対し、金額こそ違うものの、「貸金」と呼ばれた補助金を支給していた。しかし、一九四六年四月十五日に駐日代表団の朱世明、李済、張鳳擧は重慶の朱教育部部長、杭次長に電報を発し、日本政府が経費の負担があることを理由に、留日学生への補助金支給を継続できない旨を駐日代表団に伝え、留日学生の救済問題については、駐日代表団が対応を引き継ぐよう要求してきたことを報告した。また、留日学生の内、帰国したい者及び卒業までの留学継続希望者からの「(1)その学籍を認めてほしい、(2)継続して留学したい元官費生に対しては官費を継続的に給付してほしい、(3)帰国したい学生に対して旅費と便宜を提供してほしい、(4)帰国して他大学に転入したい学生に関して転入を認めてほしい」という四つの要望も伝えた[65]。日本政府はそれまでに負担した留日学生の補助金問題への対応を着任間もない駐日代表団に依頼したのである。

その後、駐日代表団は教育部、外交部の意見を求めながら、同年十一月までGHQや日本政府と交渉を重ねた。中国の法幣と日本円との直接の両替及び送金が不可能なため、留日学生を救済するために毎月三十万円、ドル換算で二万ドルの費用が必要であり、それを教育部から提供してほしいと求めたが、望ましい成果を得られず、日本国内で対策を検討せざるを得なかった。引き続き、日本政府と交渉を重ねた結果、日本政府は台湾学生に関しては六月まで補助金を出し、大陸出身の学生に関しては九月まで支給されることになったが、その後両方とも停止された[66]。

さらに、義和団事件賠償金の対日部分を利用する案と日本政府に先に二千万円を立て替えさせて、後に日本から中国への戦争賠償金あるいは中国の在日資産から差し引く案の二つの選択肢をGHQに提案し、日本政府との交渉を求めた。しかし、いずれの案も成功しなかった。まず義和団事件賠償金については、情況が複雑なうえ、戦争で多くの資料が失われたため、日本政府に資料の提供を要求したものの、進展が見られなかった。また日本政府に二千万円を立て替えさせる案については、GHQより日本政府にそれを要求する権限はなく、中華民国の留日学生に関しては救済より、全員を本国に送還すべきという意見が寄せられた。この結果を受けてもなお、駐日代表団はGHQに日本政府と交渉し、暫定的に毎月五十万円の臨時救済費用を提供するよう要望したが、要望は受け入れられなかった。その後、駐日代表団は仕方なく国府教育部に対応策の検討を再度依頼したが、一九四九年春になっても救済方法は提示されなかった。

一方、一九四六年から一九四七年にかけて、台湾学生を含む留日学生は中華民国の戦勝国民としての登録を完了し、戦勝国民向けの特別配給食品などを受け取れるようになり、多くの留日学生はそれを売って生活費に充てていたようである[67]。しかしながら、一九四九年五月、日本政府は予算削減を理由に、特別配給を一律停止した。さらに、駐日代表団が日本の留学生援助団体である有隣学会と協議の結果、大陸出身の一部の留日学生に対して有隣学会から毎月五百円が支給されていたが、それも同年六月には停止された[68]。

留日学生の救済に関する駐日代表団の取り組みは着手から三年経っても、ほとんど進展が見られなかったのは、GHQ、日本政府、国府の間でその経費負担をめぐる対立が続く間、留日学生の中国への召還が別途検討されていたからである。

三で述べたように留日学生全員の中国への召還に関する日本国内の噂に関して、一九四六年六月十五日に駐日代表団が外交部を通じて教育部に確認した際、三日後に教育部から外交部経由で駐日代表団に示された回答は「そのような決定はない」というものであった[69]。けれども、「火のないところに煙は立たぬ」と言われるように、これは全く事実無根の噂ではなかったのである。一九四六年六月中旬までの期間、留日学生の送還については、駐日代表団の朱世明、張鳳擧、徐逸樵と陳果夫、教育部長朱家驊の間で、すでに何度も書簡を通じて、留日学生問題の解決策として検討されてきた。特に、教育部長朱家驊は同年六月十三日に陳果夫へ出した書簡に「駐日代表団に経費を出してもらい、成績優秀な者に対しては救済を行い、学業を完成させる。成績があまりにも悪い者については、方法を検討して帰国させる」という意見をすでに表明していた[70]。

同年六月二十九日、外交部は駐日代表団の徐逸樵から留日学生と華僑の問題に関する提案を受け取った。徐は留日学生の処理方法について、「(1)実科以外の学生は本国へ一律送還しても良いと考えられる。(2)実科学生の内、成績優秀者に関しては、その卒業を待っても良い。(3)本国に送還する学生に関しては、必ず一定期間の厳正な補習教育を受けさせる必要があり、その後彼らを各自のレベルに相応する学級へ編入させても良い。(4)台湾学生は概ね比較的長期間の国語補習機会が必要である。そうしなければ、彼らは基本的に日本人学生と大差がない」の四項目を外交部に提案した[71]。徐の提案を受け、外交部長王世傑は亜東司に検討させると同時に、同七月二日には教育部部長朱家驊に抄録を送り、教育部での検討も依頼した[72]。

これに対して、七月十六日と十八日、教育部は二回にわたり、外交部に回答の公函を出し、教育部は徐の提案を関連部門に検討させ、留日学生の召喚に関する具体的な辦法を現在作成中であり、確定後に外交部にも送付する旨を伝えた[73]。こうして、教育部によって作成された「抗戦期間留日学生甄審辦法草案」と「留日学生召回辦法草案」は八月二十六日に行政院に提出された[74]。

教育部内での三か月近い検討を経て、十月十九日、留日学生に審査用の試験に参加させる必要があり、帰国して転学を希望する学生は、その審査合格証の提示が入学試験への参加条件になるとの考えを示した。この時点で教育部が提示した留日学生問題の処理策は、留日学生の留学継続用の学費については、駐日代表団が日本政府と交渉して解決するとし、重点は帰国して転学を希望する学生への対応に置くものであった[75]。

しかし八月に提出した草案に対する行政院からの返事は得られなかったうえ、十一月になると、駐日代表団から二つの好ましくない連絡が入ってきた。まず張鳳擧から、日本政府との交渉が難航し、望ましい結論はほとんど期待できないこと、駐日代表団で留日学生救済の経費の捻出は困難であり、留日学生の生活状況を勘案して、やむを得ず彼らを送還させる準備を始めたという電報が、十一月一日教育部に送付された[76]。さらに、教育部案の留日学生に対する審査用の試験に対して駐日代表団で検討した結果、学生たちの居住地が日本全国に及び、また専門もさまざまであるため、各分野の試験委員会を組織して各地で試験を行うためには膨大な経費が必要であり、また中国語ができない留日学生も多くいるため実行の見込みもないとして、審査委員会を組織し、学生の生活状況、在学中の学校の成績と素行を審査基準にして、審査を行う代替案が示された。この案の場合、各学校の成績の基準が一定ではなく、厳密に審査を行えるかどうかという懸念も示してあったものの、文面からは代替案を勧めていることが見てとれる[77]。

日本政府やGHQとの交渉で留日学生に対する救済資金が得られず、審査用試験の日本での実施も困難になったため、教育部は留日学生の召還に関する検討を一段と加速させた。行政院に提出した「抗戦期間留日学生甄審辦法草案」と「留日学生召回辦法草案」について、十二月十八日になってようやく微修正を要するとの回答が出され、一九四七年一月に批准されて、「抗戦期間留日学生甄審辦法」と「留日学生召回辦法」は公布された[78]。

同辦法の内容を見ると、留日学生に対する審査は、日本在留の学生に加え、抗日戦争期に留学し、すでに帰国していた学生も含まれた。また審査委員会は駐日代表団内ではなく、教育部が国内で組織し、帰国した留日学生に対して審査を行う形式となった。また、留日学生の召還について、召還範囲は以下の三条件の内、一つでも当てはまれば、召還すると規定している。(1)学業が完成、あるいは一段落した者、(2)自力で留学を継続できない者、(3)その他の特殊な理由を有する者。この三条件からは、卒業していないが、自力で留学を継続できる学生に対して、強制的には帰国させないとの解釈も可能であった。半面、日中両国間で送金できない状況下、自力で留学を継続できる学生は少なく、留日学生側から見れば、一定の強制性があるとの受け止め方もできた[79]。

とりわけ、当時まだ検討中の留日学生救済金との関連性に触れた以下の条項は、留日学生側から見れば、さらに厳しい内容であった。「召還される留日学生は、帰国する前に送金不能や手当不足のため足りない生活費に関しては、その学生の状況に合わせて帰国するまで毎月救済費を支給する。召喚され帰国すべき留日学生の内、本辦法に従わず帰国しない者に対しては救済金の支給を停止する。必要に応じて帰国を命じる[80]」。つまり、召還範囲と照らし合わせると、学校を卒業し、あるいは自力で留学が継続できない学生で、召還辦法にも従わず帰国しない者に対しては、救済金を支給しないということになる。国府との信頼関係が十分に築けておらず、帰国を決心できない大陸出身の留日学生にとって、この条項はかなり厳しいものになった。ゆえに、一九四七年以降、同学総会を中心に、留日学生の救済支援を駐日代表団だけではなく留日華僑の団体や個人にも求めることになっていく[81]。

こうした問題はあるにせよ、上記辦法の公布によって少なくとも帰国を希望する留日学生の召還は実現の可能性を増した。それは召還辦法の内、「召還に応じて帰国する留日学生に対して、その帰国する交通手段について教育部がまとめて準備し、帰国旅費を準備できない者については、教育部に補助を申請できる」と規定していたためである。確かに、その後帰国予定の留日学生の名簿作りが始まり、留日学生を送還するための予算案も駐日代表団から教育部に送付された(82)。国内では、教育部は「留日学生資格甄審委員会組織規程」を作成し、留日学生資格審査委員会の人員構成も決められ、準備作業は着々と進んでいるように見えた(83)。

しかし、この段階に至って召還用の経費が突如問題となった。教育部は一九四七年五月と六月の二回にわたり留日学生の召還費用の経費を申請したが、行政院は同年六月二十四日に「当該留日学生の件に関しては、駐日代表団が方策を考え、我が国の貿易貨物船に搭乗させ、帰国させるべきである。貴部申請の外貨は議論する必要がない。すぐに駐日代表団に電報で連絡し、この決定通りに実行させる」という指令を行政院長張群の名義で教育部に送付したのである(84)。

この決定が駐日代表団に伝わったのは八月二十六日であり、駐日代表団はこの決定に戸惑いながらも実行を検討した。しかし、貿易貨物船に乗って上海に到着しても、到着後の旅費を工面できない留日学生が多く、それを補助する金銭的余裕のない駐日代表団は、一九四八年七月十一日行政院と教育部に予算申請を再度行ったものの、帰国経費の問題は結局解決されなかった。台湾籍学生に限れば、台湾到着後の進学面などでの便宜を図ると台湾省が約束してくれたため、一六九名の台湾籍学生は賠償物資を運ぶ船に同乗させて台湾に帰らせた。一九四九年六月時点で、駐日代表団は留日学生召還に関する進展状況を右のように報告している(85)。

経費問題で躓き、留日学生に関する救済や召還はいずれも進展せず、駐日代表団の来日から三年経っても問題解決が見通せない状態に陥ったことで、留日学生の間での駐日代表団の権威失墜につながったと言える。

一九四九年六月以降、駐日代表団は突然、留日学生救済金の問題を再検討しはじめた。それは、内戦における国府の劣勢が明確になり、左傾化した留日学生を再度国府側に引き寄せたいという駐日代表団の思惑によるものであった。[86]

先述したように、留日学生の生活困難が最もピークに達したのは、戦後直後ではなく、一九四九年春の戦勝国民の特別配給及び有隣学会の援助がすべて停止された後である。この時期、同学総会は駐日代表団と留日学生救済金の問題をめぐって幾度となく交渉を重ねた末に、駐日代表団は最終的に費用を捻出し、一九四九年十一月から同学総会の幹部を含む留日学生への補助金をようやく支給し始めた。[87] ところが、補助金配布の主導権を駐日代表団に握られた同学総会は、駐日代表団との関係を決裂寸前まで悪化させた。結局、駐日代表団の補助金を受領した同学総会の幹部を含めた留日学生が多数いたにもかかわらず、同学総会の中共寄りの姿勢を変えられなかったことで、国府に失望感が生まれ、一九五〇年に駐日代表団の改組、一九五二年には、留日学生救済金の停止へと至ったのである。一九五二年駐日代表団による補助金停止後、廖承志率いる中華人民共和国僑務委員会が同学総会に救済金を送るようになり、留日学生の中共寄りの姿勢は一段と強まっている。その経緯については、筆者の別論文で詳細に論じており、ここでは割愛する。[88]

終わりに

留日学生は華僑と異なり日本での生活基盤がないので、祖国からの送金が途絶えた後の生活は困窮状態に陥ったが、それでも、傀儡政権から派遣された等の政治的な理由により帰国を躊躇する者が多かった。しかし、日本での生活を維持できなければ戦勝国民としての威信低下にもつながりかねないことから、蒋介石を中心とする国府は留日学生の召還政策に力を入れた。この決定についてはＧＨＱや日本政府の意思も伺える。この召還政策は、帰国を躊躇していた留日学生に国府に対する不信感を一段と増幅させた。また、帰国希望の学生に対して旅費を補助するための資金をなかなか捻出できない失態も、国府への失望につながった。さらに、渋谷事件や二・二八事件などを通じて、台湾籍華僑の国府及び駐日代表団への反発は次第に高まった。その結果、台湾籍学生・華僑を中心に留日学生・華僑の左傾化が進んだのである。(89)

しかし、国府の政策をすべて否定的に評価する必要はないであろう。考え直せば、一九四六年六月から七月にかけて、日本政府の台湾籍学生への補助金は停止され、大陸学生への補助金の停止期日が迫るなか、台湾籍の学生を中心に帰国支援への要望が高まったことも事実である。また、この時期に台湾籍の学生及び華僑の中華民国国籍への復帰も実現し、華僑登録の手続きがどんどん進められていた。日本の厚生省が台湾籍学生の補助金を停止した原因の一つは、こうした状況を踏まえてのものである。また、大陸出身の学生と異なり、台湾籍学生は台湾が植民地であった歴史から漢奸として見られる可能性が低く、台湾への帰還に対しても抵抗感がなかった。(90)当時、駐日代表団は留日学生・華僑の問題に力を尽くしており、台湾籍の華僑の中華民国国籍復帰のブームを迎えて、駐日代表団と留日学生・華僑との関係は最も良好な時期であった。この時点で国府が留日学生召還政策を制定したのも、政策立案者の側から見れば一定の合理性があったと言えるであろう。

国府側の問題は、教育部に関連経費を出す意思がなく、行政院へ経費の申請をしたり駐日代表団へ対応を丸投げしたことにある。留日学生救済用の経費を確保できないことが判明すると、教育部は最も費用の掛からない召還政策へと傾いていく。だが、召還に伴う旅費などの経費さえも、教育部や行政院は捻出できず、帰国学生を貿易貨物船に乗せる案まで検討せざるを得なかった。さらに、内戦という非常事態に陥り、中国の港に到着してからの旅費を出す余裕が国府になくなっていたことも、送還事業の停滞につながった。

また、一九四七年以降、救済金問題の進展がなかなか見られなくなったのは、駐日代表団団長の朱世明は李香蘭との関係が問題視されて、団長を突如解任され、商震が後任の団長になってから駐日代表団の腐敗が一段と深刻化し、留日学生救済問題に対する関心を低下させたことも原因と考えられる。[91] この件に関しては、史料不足もあって深い分析ができていないため、今後の課題としたい。

留日学生救済金をめぐる駐日代表団の失策と腐敗は、同学総会を全面的な中共支持へと傾かせた。また、『学生報』の左傾化及び代表団への批判報道によって、駐日代表団と同学総会の関係は改善不可能な状態に陥り、救済と召還の問題をめぐって、対立が決定的なものとなった。[92] 加えて、国共内戦における中共側の勝利は、同学総会に一九四九年十月に予定していた中華民国の双十節祝賀の式典を中華人民共和国の建国祝賀大会へと変更させる最後の一押しとなったのである。[93]

（1）竹前栄治・中村隆英監修『GHQ日本占領史　第十六巻　外国人の取扱い』日本図書センター、一九九六年、二〇－四二頁。

（2）陳来幸「戦後日本における華僑社会の再建と構造変化――台湾人の台頭と錯綜する東アジアの政治的帰属意識」小林道彦・中西寛編著『歴史の桎梏を超えて――二〇世紀日中関係への新視点』千倉書房、二〇一〇年、一八九－二一〇頁。

（3）竹前栄治・中村隆英監修『GHQ日本占領史　第十六巻　外国人の取扱い』日本図書センター、一九九六年、一九－二六頁。日本華僑華人研究会『日本華僑・留学生運動史』日本僑報社、二〇〇四年、二三三－二四一頁。

（4）戦後日本にいる中国人留学生に関する呼称は当事者、研究者によってさまざまな呼び方があるが、本稿では、中華民国外交部档案、当時の留学生が自ら発行した新聞や雑誌で多く使用した「留日学生」という呼称を使用する。特別な説明がない場合、「留日学生」は在日中国人留学生を指す。

(5) 川島真「日本占領期華北における留日学生をめぐる動向」大里浩秋・孫安石編著『留学生派遣から見た近代日中関係史』御茶の水書房、二〇〇九年、二一三―二三八頁。川島真「過去の浄化と将来の選択――中国人・台湾人留学生」劉傑・川島真編『一九四五年の歴史認識――〈終戦〉をめぐる日中対話の試み』東京大学出版会、二〇〇九年、三一―五一頁。

(6) 日本華僑華人研究会『日本華僑・留学生運動史』五九―六〇頁。

(7) 筆者が確認したところ、中国留日同学総会の機関紙は一九四七年一月に創刊され、一九四七年三月一〇日～一九四七年四月三〇日までの名称が『中華民国留日学生旬報』、一九四七年五月一日～一九四八年一月三〇日は『中華留日学生報』、一九四八年五月四日以降の名称が『中国留日学生報』であった。本稿では注記を除き、すべて『学生報』と表記した。『学生報』については、①プランゲ文庫、②横浜華僑陳立清氏のご遺族の寄贈で設立した陳立清文庫、③中国留日同学総会元主席の郭平坦氏からの提供資料を用いて、本稿は執筆した。この点を付記して、感謝の意を示したい。

(8) 陳来幸「在日台湾人アイデンティティの脱日本化――戦後神戸・大阪における華僑社会変容の諸契機」貴志俊彦編『近代アジアの自画像と他者――地域社会と「外国人」問題』京都大学学術出版会、二〇一一年、八三―一〇五頁。王雪萍「戦後期日本における中国人留学生の生活難と政治姿勢をめぐる葛藤――救済金問題を事例に――」大里浩秋編『戦後日本と中国・朝鮮――プランゲ文庫を一つの手がかりとして』研文出版、二〇一三年、八三―一一九頁。林連徳「中国留日同学総会側記」、全国政協暨北京、上海、天津、福建政協文史資料委員会編『建国初期留学生帰国紀事』中国文史出版社、一九九九年、三九七―四〇四頁。

(9) 王雪萍「戦後期日本における中国人留学生の生活難と政治姿勢をめぐる葛藤――救済金問題を事例に――」。

(10) 譚璐美・劉傑『新華僑　老華僑──変容する日本の中国人社会』文藝春秋、二〇〇八年、一八四－一八六頁。

(11) 川島真「過去の浄化と将来の選択──中国人・台湾人留学生」。

(12) さねとう　けいしゅう『中国人　日本留学史』くろしお出版、一九六〇年。阿部洋編『日中関係と文化摩擦』巌南堂書店、一九八二年。大里浩秋・孫安石編『中国人日本留学史研究の現段階』御茶の水書房、二〇〇二年。阿部洋『「対支文化事業」──戦前期日中教育文化交流の展開と挫折』汲古書院、二〇〇四年。大里浩秋・孫安石編著『留学生派遣から見た近代日中関係史』。紀旭峰『大正期台湾人の「日本留学」研究』龍渓書舎、二〇一二年など。

(13) 岡益巳・深田博己『中国人留学生と日本』白帝社、一九九五年。段躍中『現代中国人の日本留学』明石書店、二〇〇三年。葛文綺『中国人留学生・研修生の異文化適応』溪水社、二〇〇七年。王雪萍『改革開放後中国留学政策研究──一九八〇－一九八四年赴日本国家公派留学生政策始末』世界知識出版社、二〇〇九年。廖赤陽主編『大潮涌動：改革開放与留学日本』社会科学文献出版社、二〇一〇年など。

(14) 川島真「過去の浄化と将来の選択──中国人・台湾人留学生」。

(15) 田遠「戦後直後における中国人留日学生の境遇と選択：一九四五～一九五二──主に『中国留日学生報』を通じて」神奈川大学大学院外国語研究科博士論文、二〇一四年三月。

(16) 楊子震「中国駐日代表団研究──初探戦後中日・台日関係之二元架構」『国史館館刊』第一九期、二〇〇九年三月、五一－八五頁。

(17) 王雪萍「戦後期日本における中国人留学生の生活難と政治姿勢をめぐる葛藤──救済金問題を事例に──」。

(18) 田中剛「日本敗戦前後の中国人留日学生政策──汪精衛政権・「満州国」・「蒙疆政権」」京都大学人文科学研究所付属現代中国研究センター研究報告『長江流域社会の歴史景観』二〇一三年一〇月、二三五－二六三頁。

（19）王雪萍「留日学生の選択――〈愛国〉と〈歴史〉」劉傑・川島真編『一九四五年の歴史認識――〈終戦〉をめぐる日中対話の試み』二〇三―二三二頁。王雪萍「中華人民共和国初期の留学生・華僑帰国促進政策――中国の対日・対米二国間交渉過程分析を通じて」『中国21』（愛知大学現代中国学会）Vol・33、二〇一〇年七月、一五五―一七八頁。王雪萍「中国の対日政策における留日学生・華僑――人材確保・対日宣伝・対中支援」王雪萍編著『戦後日中関係と廖承志――中国の知日派と対日政策』慶應義塾大学出版会、二〇一三年、一〇七―一三一頁。

（20）陳来幸「戦後日本における華僑社会の再建と構造変化――台湾人の台頭と錯綜する東アジアの政治的帰属意識」。陳来幸「在日台湾人アイデンティティの脱日本化――戦後神戸・大阪における華僑社会変容の諸契機」。陳来幸「二戦後的日本華僑社会與華僑教育――「新華僑」台湾人発揮的作用」夏誠華主編『僑民教育研究論文集』玄壯大学出版、二〇〇五年、一三七―一五七頁。

（21）許淑真「留日華僑総会の成立に就いて（一九四五―一九五二）――阪神華僑を中心として」山田信夫編『日本華僑と文化摩擦』巌南堂書店、一九八三年、一一九―一八七頁。

（22）何義麟「戦後在日台湾人之処境与認同：以蔡朝炘先生的経歴為中心」、『台湾風物』第六十巻第四期、二〇一〇年、一六一―一九四頁。何義麟「戦後台湾人留学生の活字メディアとその言論の左傾化」大里浩秋編『戦後日本と中国・朝鮮――プランゲ文庫を一つの手がかりとして』二一〇―一六八頁。

（23）楊子震「帝国人民から在日華僑へ――渋谷事件と戦後初期在日台湾人の法的地位」『日本台湾学会報』第一四号、二〇一二年六月、七〇―八八頁。

（24）許瓊丰「在日華僑の経済秩序の再編――一九四五年から一九五〇年までの神戸を中心に――」兵庫県立大学『星陵台論集』第四一巻第三号、二〇〇九年一月、一一五―一四八頁。許瓊丰「戦後中華民国政府の華僑政策と神戸中華同文

学校の再建」『華僑華人研究』第六号、二〇〇九年一一月、六三―八〇頁。許瓊丰「戦後日本における華僑社会の再編過程に関する研究：在日台湾人と神戸華僑社会を中心に」兵庫県立大学経済学研究科博士論文、二〇一〇年三月。許瓊丰「在日台湾人與日本神戸華僑的社会変遷」『台湾史研究』第一八巻第二期、二〇一一年六月、一四七―一九五頁。

(25)『回国五十年――建国初期回国旅日華僑留学生文集』台海出版社、二〇〇三年。林連徳「中国留日同学総会側記」、全国政協暨北京、上海、天津、福建政協文史資料委員会編『建国初期留学生帰国紀事』中国文史出版社、一九九九年、三九七―四〇四頁。郭平坦「留日同学会引導我们走愛国回国的道路」全国政協暨北京、上海、天津、福建政協文史資料委員会編『建国初期留学生帰国紀事』中国文史出版社、一九九九年、四〇五―四一六頁。日本華僑華人研究会『日本華僑・留学生運動史』。

(26) 川島真「日本占領期華北における留日学生をめぐる動向」大里浩秋・孫安石編著『留学生派遣から見た近代日中関係史』二一三―二三八頁。

(27) 周一川『近代中国女性日本留学史』社会科学文献出版社、二〇〇七年、二七一―二七二頁。

(28)「駐日代表団張鳳擧函陳教育部留日学生概況及用費意見」林清芬編『台湾戦後初期留学教育史料彙編　留学日本事務（一）』国史舘、二〇〇一年、五―一二頁。

(29) 外務省編『日本占領重要文書』（第一巻基本編）、日本図書センター、一九八九年、一一一―一六六頁。

(30) 劉振生「「満州国」日本留学生の派遣」大里浩秋・孫安石編著『留学生派遣から見た近代日中関係史』一五三―一九三頁。

(31) 祁建民「善隣協会と近代内モンゴル留学生教育」大里浩秋・孫安石編著『留学生派遣から見た近代日中関係史』一九五―二一二頁。

(32) 見城悌治「一九四〇年における「中華民国留日学生会」の創設と日華学会」『中国研究月報』Vol・68 No・10、二〇一四年一〇月号、二一-一四頁。「中華民国留日学生会記事」『日華学報』第八十二(一九四〇年十一月)号、五八-六〇頁。

(33) 周一川『近代中国女性日本留学史』二八〇頁。

(34) 許淑真「留日華僑総会の成立に就いて(一九四五-一九五二)——阪神華僑を中心として」。

(35) 日本華僑華人研究会『日本華僑・留学生運動史』五四-五六頁。

(36) 何義麟「戦後台湾人留学生の活字メディアとその言論の左傾化」。

(37) 中華民国留日学生東京同学会の成立日について、何義麟「戦後在日台湾人之処境与認同:以蔡朝炘先生的経歴為中心」と川島真「過去の浄化と将来の選択——中国人・台湾人留学生」の中で、一一月二六日だと指摘したが、日本華僑華人研究会『日本華僑・留学生運動史』で一二月一六日だと書いてあったので、具体的な成立日について、さらなる検証の必要がある。

(38) 川島真「過去の浄化と将来の選択——中国人・台湾人留学生」。

(39) 日本華僑華人研究会『日本華僑・留学生運動史』二八-三〇頁。

(40) 許淑真「留日華僑総会の成立に就いて(一九四五-一九五二)——阪神華僑を中心として」。

(41) 田遠「戦後直後における中国人留日学生の境遇と選択:一九四五~一九五二——主に『中国留日学生報』を通じて」五〇-六八頁。

(42) 何義麟「戦後台湾人留学生の活字メディアとその言論の左傾化」。

(43) 「中国陸軍総司令何応欽電教育部為留日学生生活困難請求救済請核辦見覆」林清芬編『台湾戦後初期留学教育史料彙編

留学日本事務（一）』二六五－二六六頁。

（44）台湾国史舘所蔵中華民国外交部档案「留日學生」入蔵登録号020000030933A、典蔵フィルム番号020-010105-0033-0020x～0023x、一九三八年三月三日～一九五六年九月二七日。

（45）台湾国史舘所蔵中華民国外交部档案「留日學生」入蔵登録号020000030933A、典蔵フィルム番号020-010105-0033-0018x、一九三八年三月三日～一九五六年九月二七日。

（46）台湾国史舘所蔵中華民国外交部档案「留日學生」入蔵登録号020000030933A、典蔵フィルム番号020-010105-0033-0019x～0023x、一九三八年三月三日～一九五六年九月二七日。

（47）「国民政府軍事委員会軍令部電覆教育部関於留日学生之処理似應由外交部統籌辦理」林清芬編『台湾戦後初期留学教育史料彙編　留学日本事務（一）』一頁。

（48）「教育部電覆中国陸軍総司令部教部辦理留日学生救済情形」林清芬編『台湾戦後初期留学教育史料彙編　留学日本事務（一）』二六七－二六八頁。

（49）台湾国史舘所蔵中華民国外交部档案「留日學生」入蔵登録号020000030933A、典蔵フィルム番号020-010105-0033-0029a～0035a、一九三八年三月三日～一九五六年九月二七日。「外交部楊雲竹函教育部長朱家驊為転陳留日学生呈及留日学生調査統計表」林清芬編『台湾戦後初期留学教育史料彙編　留学日本事務（一）』一－四頁。

（50）台湾国史舘所蔵中華民国外交部档案「留日學生」入蔵登録号020000030933A、典蔵フィルム番号020-010105-0033-0024x～0026x、一九三八年三月三日～一九五六年九月二七日。

（51）台湾国史舘所蔵中華民国外交部档案「留日學生」入蔵登録号020000030933A、典蔵フィルム番号020-010105-0033-0027x～0028x、一九三八年三月三日～一九五六年九月二七日。

（52）田中剛「日本敗戦前後の中国人留日学生政策——汪精衛政権・「満州国」・「蒙疆政権」」。

（53）台湾国史館所蔵中華民国外交部档案「留日學生」入蔵登録号 020000030933A、典蔵フィルム番号 020-010105-0033-0029a～0035a、一九三八年三月三日～一九五六年九月二七日。「外交部楊雲竹函教育部長朱家驊為転陳留日学生呈及留日学生調査統計表」林清芬編『台湾戦後初期留学教育史料彙編　留学日本事務（一）』一－四頁。

（54）台湾国史館所蔵中華民国外交部档案「留日學生」入蔵登録号 020000030933A、典蔵フィルム番号 020-010105-0033-0041a～0043x、一九三八年三月三日～一九五六年九月二七日。

（55）「駐日代表団張鳳擧函行政副院長朱家驊検呈救済留日学生辦法請行政院及教育部核准経費」林清芬編『台湾戦後初期留学教育史料彙編　留学日本事務（一）』二七四－二八〇頁。

（56）「駐日代表団　全宗」紹介（台湾・中央研究院近代史研究所档案館サイト、http://archdtsu.mh.sinica.edu.tw/filekmc/ttsfile3?4:1953652415:19:::12@@1537944152、二〇一四年九月四日閲覧）。

（57）楊子震「帝国人民から在日華僑へ——渋谷事件と戦後初期在日台湾人の法的地位」。

（58）台湾国史館所蔵中華民国外交部档案「駐日代表団任免」入蔵登録号 001000002957A、フィルム番号 001032134001002a、一九四六年二月八日～一九四八年五月一九日。

（59）許瓊丰「戦後日本における華僑社会の再編過程に関する研究：在日台湾人と神戸華僑社会を中心に」七七頁。

（60）台湾国史館所蔵中華民国外交部档案「留日學生」入蔵登録号 020000030933A、典蔵フィルム番号 020-010105-0033-0045a～0051a、一九三八年三月三日～一九五六年九月二七日。台湾国史館所蔵中華民国外交部档案「駐日代表團第三組工作報告」入蔵登録号 020000001227A、典蔵フィルム番号 020-010121-0008-0237a～0241a、一九四七年五月五日～一九四八年八月一八日。

（61）台湾国史舘所蔵中華民国外交部档案「留日學生」入蔵登録号020000030933A、典蔵フィルム番号020-010105-0033-0041a～0051a、一九三八年三月三日～一九五六年九月二七日。

（62）「二五、駐日代表団張鳳擧函陳教育部長朱家驊留日台籍学生留学経費等八項事」林清芬編『台湾戦後初期留学教育史料彙編　留学日本事務（一）』二二一－二二四頁。

（63）台湾中央研究院近代史研究所档案館所蔵外交部档案「駐日代表團僑務處工作報告」档号11-01-02-19-04-009、旧档案番号11-EAP-02208、一九四六年一月～一九五〇年一二月。

台湾国史舘所蔵中華民国外交部档案「駐日代表團第三組工作報告」入蔵登録号020000001227A、一九四七年五月五日～一九四八年八月一八日。

（64）台湾中央研究院近代史研究所档案館所蔵外交部档案「駐日代表團一般業務報告」档号11-01-02-19-04-002、旧档案番号11-EAP-02201、一九五〇年一月～一九五一年五月。

（65）「駐日代表団朱世明李済張鳳擧電外交部転教育部長朱家驊留日学生要求政府四事應如何善後乞電示」林清芬編『台湾戦後初期留学教育史料彙編　留学日本事務（一）』五頁。

（66）「駐日代表団張鳳擧函陳教育部留日学生概況及用費意見」林清芬編『台湾戦後初期留学教育史料彙編　留学日本事務（一）』五－一二頁。「駐日代表団張鳳擧函陳教育部長朱家驊留日台籍学生留学経費等八項事」林清芬編『台湾戦後初期留学教育史料彙編　留学日本事務（一）』二二一－二二四頁。台湾国史舘所蔵中華民国外交部档案「駐日代表団第三組工作報告」入蔵登録号020000001227A、典蔵フィルム番号020-010121-0008-0246a～0247a、一九四七年五月五日～一九四八年八月一八日。

（67）「学生への特配」『中華留日学生報』一九四七年五月一日。

（68）「駐日代表団張鳳擧函行政院副院長朱家驊検呈救済留日学生辦法請行政委員及教育部核准経費」林清芬編『台湾戦後初期留学教育史料彙編　留学日本事務（一）』二七四－二八〇頁。台湾国史館所蔵中華民国外交部档案「駐日代表団第三組工作報告」入蔵登録号020000001227A、典蔵フィルム番号020-010121-0008-0246a～0247a、一九四七年五月五日～一九四八年八月一八日。許淑真「留日華僑総会の成立に就いて（一九四五－一九五二）――阪神華僑を中心として」。

（69）台湾国史館所蔵中華民国外交部档案「留日學生」入蔵登録号020000030933A、典蔵フィルム番号020-010105-0033-0041a～0043a、一九三八年三月三日～一九五六年九月二七日。

（70）「駐日代表団朱世明函教育部朱家驊留日学生接済事日方表示七月以後由中国自籌辦法已由張鳳擧向盟軍磋商」林清芬編『台湾戦後初期留学教育史料彙編　留学日本事務（一）』一二一－一二三頁。「陳果夫函教育部長朱家驊為駐日代表団徐逸樵来函表示留日学生似宜速定方針従事処理」林清芬編『台湾戦後初期留学教育史料彙編　留学日本事務（一）』一二三頁。「教育部長朱家驊函覆陳果夫関於留日学生事已函商朱世明請由駐日代表団内核撥経費対於成績佳者予以救済成績太差者則設法遣令回国」林清芬編『台湾戦後初期留学教育史料彙編　留学日本事務（一）』一四頁。

（71）資料には「実科」の定義についての説明がなかったが、前後の文脈から理工系や、医学などの実学の分野を指していると推定できる。

（72）台湾国史館所蔵中華民国外交部档案「留日學生」入蔵登録号020000030933A、典蔵フィルム番号020-010105-0033-0056a～0059a、一九三八年三月三日～一九五六年九月二七日。「外交部王世傑函教育部抄駐日代表団徐逸樵来函建議処理留日学生四点辦法」林清芬編『台湾戦後初期留学教育史料彙編　留学日本事務（一）』一七－一八頁。

（73）台湾国史館所蔵中華民国外交部档案「留日學生」入蔵登録号020000030933A、典蔵フィルム番号020-010105-0033-0044x、一九三八年三月三日～一九五六年九月二七日。「教育部長朱家驊函外交部王世傑関於処理留日学生問題覆請査照」林清芬編『台湾戦後初期留学教育史料彙編　留学日本事務（一）』二〇頁。
(74)「教育部呈行政院検呈抗戦期間留日学生甄審辦法及留日学生召回辦法草案等件請鑑核示遵」林清芬編『台湾戦後初期留学教育史料彙編　留学日本事務（一）』六三－六四頁。
(75)「教育部長朱家驊函覆駐日代表団張鳳擧関於召回留日学生各点」林清芬編『台湾戦後初期留学教育史料彙編　留学日本事務（一）』二七－二九頁。
(76)「駐日代表団張鳳擧電報教育部長朱家驊留日学生回国事項」林清芬編『台湾戦後初期留学教育史料彙編　留学日本事務（一）』三一－三二頁。
(77)台湾国史館所蔵中華民国外交部档案「留日學生」入蔵登録号020000030933A、典蔵フィルム番号020-010105-0033-0092x～0093x、一九三八年三月三日～一九五六年九月二七日。
(78)「行政院令教育部拠呈送抗戦期間留日学生甄審辦法等件准予備案」林清芬編『台湾戦後初期留学教育史料彙編　留学日本事務（一）』六四－六五頁。「教育部令公布制定抗戦期間留日学生甄審及び留日学生召回辦法」林清芬編『台湾戦後初期留学教育史料彙編　留学日本事務（一）』六五－六九頁。
(79)「学生召喚どうなる」『中華留日学生報』一九四七年五月一日。元留日学生郭承敏へのインタビュー、二〇一一年九月二一日、天津。
(80)「教育部令公布制定抗戦期間留日学生甄審及び留日学生召回辦法」林清芬編『台湾戦後初期留学教育史料彙編　留学日本事務（一）』六五－六九頁。
(81)王雪萍「戦後期日本における中国人留学生の生活難と政治姿勢をめぐる葛藤——救済金問題を事例に——」。
(82)台湾国史館所蔵中華民国外交部档案「駐日代表團第三組工作報告」入蔵登録号020000001227A、典蔵フィルム番号

020-010121-0008-0250a、一九四七年五月五日～一九四八年八月一八日。「駐日代表団電教育部造具三十六年度應行召回之留学生経費概算表三份請鑑核転呈賜撥」林清芬編『台湾戦後初期留学教育史料彙編　留学日本事務（一）』七三－七五頁。

(83)「教育部令公布留日学生資格甄審委員会組織規程」林清芬編『台湾戦後初期留学教育史料彙編　留学日本事務（一）』七六－七七頁。「留日学生資格甄審委員会主任委員和各委員與留日学生資格甄審委員会召開第一次会議函請出席」林清芬編『台湾戦後初期留学教育史料彙編　留学日本事務（一）』七八－八〇頁。

(84)「行政院指令教育部留日学生應由駐日代表団設法使其搭運我国易貨物資船隻回国所請結撥召回経費外匯應毋庸議」林清芬編『台湾戦後初期留学教育史料彙編　留学日本事務（一）』八四頁。

(85)「駐日代表団張鳳擧函行政副院長朱家驊検呈救済留日学生辦法請行政院及教育部核准経費」林清芬編『台湾戦後初期留学教育史料彙編　留学日本事務（一）』二七四－二八〇頁。

(86)「駐日代表団張鳳擧函行政副院長朱家驊検呈救済留日学生辦法請行政院及教育部核准経費」。

(87)「駐日代表団電報教育部辦理留日学生救済経過情形」林清芬編『台湾戦後初期留学教育史料彙編　留学日本事務（一）』三〇二－三〇四頁。

(88)王雪萍「戦後期日本における中国人留学生の生活難と政治姿勢をめぐる葛藤——救済金問題を事例に——」。王炳根「呉文藻、冰心日本帰国記」『档案春秋』二〇一三年九月、二四－二八頁。

(89)楊子震「帝国人民から在日華僑へ——渋谷事件と戦後初期在日台湾人の法的地位」。何義麟『二・二八事件：「台湾人」形成のエスノポリティクス』東京大学出版会、二〇〇三年。何義麟「戦後台湾人留学生の活字メディアとその言論の左傾化」。

（90）楊子震「帝国人民から在日華僑へ――渋谷事件と戦後初期在日台湾人の法的地位」。台湾国史館所蔵中華民国外交部档案「在外台僑国籍問題」入蔵登録号020000001134A、一九四五年一〇月一六日～一九四八年八月二八日。「駐日代表団張鳳擧函陳教育部長朱家驊留日台籍学生留学経費等八項事」林清芬編『台湾戦後初期留学教育史料彙編　留学日本事務（一）』二一一－二一四頁。

（91）王炳根「呉文藻、冰心日本帰国記」。楊子震「中国駐日代表団研究――初探戦後中日・台日関係之二元架構」。

（92）王雪萍「戦後期日本における中国人留学生の生活難と政治姿勢をめぐる葛藤――救済金問題を事例に――」。王炳根「呉文藻、冰心日本帰国記」。

（93）王雪萍「留日学生の選択――〈愛国〉と〈歴史〉」。

II

日中関係の多様性——留学生の「交流」

秋瑾の日本留学及び服部繁子と実践女学校

易惠莉（大里浩秋訳）

本稿は主に以下の二点について論じる。第一に、秋瑾が一九〇四年に日本に留学した原因、および服部繁子との関係、第二に、秋瑾の二度にわたる実践女学校への入学と退学の原因、および実践女学校との関係である。

第一の問題に関しては、これまでの研究では、北京の時代的雰囲気、親交のあった友人の影響、および秋瑾自身の結婚に対する不満が日本留学の主な原因とされてきた。第二の問題については、一般的な研究はおしなべて、秋瑾が一九〇四年夏に京師大学堂教習服部宇之吉の夫人繁子が休暇で帰国するのに同行して船で東京に行き、その後、日本帝国婦人協会が運営する下田歌子が校長の実践女学校に留学し、最終的には一九〇五年一二月に文部省が公布した留学生取締規則に反対する運動中に退学・帰国し、秋瑾が実践女学校には一年あまりいたようだとするものである。

しかし、一九八二年に服部繁子の「秋瑾女士の思い出」が公刊されたこと、および同じ頃に元実践女学校で舎監を務めたことのある坂寄美都子の秋瑾を回顧する談話が公開された後、以上の観点は若干の疑問と修正を受けるようになった。

例えば、一九八五年に中国の学者章念馳が「秋瑾留学日本史実重要補正」を発表し[1]、同年大里浩秋教授も「日本人の見た秋瑾—秋瑾史実の若干の再検討」を発表した[2]。両者ともに服部繁子と坂寄美都子の秋瑾に対する回想を使用しているが、それぞれに注目すべき重要な指摘がある。章念馳の論文は、主に服部繁子が秋瑾と知り合った経緯、および秋瑾の留学前後の服部とのやり取りを紹介することを通じて、秋瑾の日本留学の原因についての中国における既存の研究の観点について疑問を呈した。その他、この論文は久保田博子氏の秋瑾の一九〇四年と一九〇五年の二度にわたる実践女学校への入学に関する研究も紹介している。また、大里教授の論文は服部繁子と坂寄美都子の秋瑾に対する回想を利用している他、実践女学校の関係資料も利用し、秋瑾が一九〇四年一二月前にすでに実践女学校を退学し、一九〇五年八月に再度入学していることを実証的に述べており、さらに秋瑾の二度にわたる実践女学校の退学の原因についても分析を加えている。

この二本の論文に筆者は大変啓発を受けた。本論文は既存の研究を参考にしたうえで、新しい視点で秋瑾の家庭の出身、個人的性格や抱負、および日本留学の費用などの面から秋瑾の日本留学と二度にわたる実践女学校退学の原因について、解明の補充を試みるものである。

一　秋瑾が一九〇四年に日本留学を決めた原因および服部繁子との関係

第一の問題、秋瑾が日本への留学を決定した原因と服部繁子との関係について。秋瑾は一九〇一年に父親寿南が湖南省桂陽に知州として任官中に死去した後、彼女はずっと秋家一族の状況を変えようと努力しており、紹興の秋家の経済的没落に不満を覚え、秋家に官職に就くものがいないことに不満を覚え、秋家の科挙に合格して任官する伝統および秋家の数代の栄光が彼女の代で断絶してしまうことに不満を覚え、夫が科挙の出身ではなく金を納めて小役人の地位を得たことに不満を覚えることなど、様々に不満な現状を変える機会をずっとうかがっていた、と筆者は考えている。そして機会はついにやってきた。それは一九〇四年二月下旬、彼女が清朝政府に招かれて北京にいた京師大学堂教習服部宇之吉の夫人繁子と知り合ったことを指す。秋瑾はほぼ最初の出会いで、繁子が六月の休暇で帰国するのに同行して日本に留学することを決めた。服部繁子と知り合ったことが秋瑾の日本留学の決定的な要因となり、彼女はこれを自身と紹興の秋家一族の運命を変える契機になるとみて、一切の代償を払うことを惜しまずにこの契機を掴もうとしたのである。筆者は以下いくつかの面からこの結論に導くための論証をしたい。

1　名門の娘秋瑾

秋瑾が亡くなった後に残された兄誉章への一一通の手紙のうち、二通はこの世で名を残すことについて触れている。四番目の手紙には、「水が岩場を流れて音を発するように、人は刺激を受けて壮大な志を生み出すのであり、今後も青史に名を留めることができるならば、私の一生の願いは満足を得ることになります。」とあり、五番目の手紙には「私は最近夫婦の情や子どもへの情を気にしなくなりました。気になるのは後世に名声を残すことであり、そうでなければこの世から消えるに越したことはありません。」とある。(3) 名前を残すことができなければむしろ死んだほうがよい、死ねば名前を残せる、これが秋瑾の人生観であり、最終的に彼女はこのような姿勢で自身の若い生命を閉じたのである。(4) こうした人生観の形成は、秋瑾が幼いころから義侠小説を愛読し、文学の才能を持ち、多感な詩人であったことなどの要因のほか、主要には家の出自と関係がある。秋瑾はすでに四世代続けて科挙に合格し官職に就いた家庭の出身であり、生まれてからずっと一族の栄光がついて回り、一族への責任感も陰のごとくについて離れなかったのである。

秋瑾の誉章への一一通の手紙のほとんどすべてに、兄の職業と前途、紹興山陰の秋家一族の甥や姪の前途に対する心配事が書かれ、焦りの気持ちさえもが記されていて、彼女がすべての人のために事細かに心を砕いている様子が伝わってくる。しかし、秋瑾は幼い二人の子供の母親であり、当時、子供は湘潭の夫の実家で生活していたが、一一通の手紙にはこの二人の子供については一言も言及していない。残された『秋瑾集』と名のつくものすべてに、母親、兄弟姉妹や女性の友人を懐かしむ文字は見られるが、子供を懐かしむ文字はまったくない。(5) たまたま子供を懐かしむ文字が保存されてこなかったのだろうか。残された兄への一一通の手紙から受ける印象は、総じて力を尽くして紹興の秋家一族を再興させるということである。

彼女は手紙の中で夫をひどく責め、結婚を激しく後悔している出発点になっているのは、夫との結婚が秋家の振興の助けにはならなかったことである。例えば彼女は四番目の手紙のなかで、「私によい夫がいて互いに切磋琢磨していれば、…七八年来の学業は、今と比較できないくらいに素晴らしいものになったでしょう。今のようではなく、きっと人に抜きん出て秋家の家族、父母兄弟の誇りとなる存在になっていたでしょう」と言っている。また五番目の手紙には、「これは結婚が自由ではなかったためです。もし家庭の出自のよい夫に嫁いだならば、私の才能を伸ばして秋家のために栄光を勝ち取ることができないことがあるでしょうか。悲しむべきことです。私の人生は終わりです」とある。(6) 紹興山陰の秋家の過去と現状は、重大な責任と重荷を秋瑾に背負わせたのである。以下、紹興の秋家の過去と現状についていささか紹介する。

秋瑾の曽祖父の父、秋学礼は乾隆巳酉（一七八九）の科挙の挙人であり、秀水県（今の浙江省嘉興）の教諭を務めた。曽祖父の秋家丞は、嘉慶癸酉（一八一三）の科挙の挙人で、安徽の碭山や上海など多くの県の知県などの職を歴任した。祖父の秋嘉禾（一八三一～一八九四）は、同治乙丑（一八六五）の恩科の挙人で、福建の雲霄、厦門などで知県、知州などの職を歴任した。嘉禾には三人の兄がおり、長兄の秋曰覲（?～一八六二）は、咸豊辛亥（一八五一）恩科の副貢生であり、知県、同知などの職を歴任した。一八六二年に台湾の彰化県の反乱〔戴潮春の乱〕の平定で死去し、その子孫は雲騎尉の栄誉を世襲した。次兄の秋宇鴻は、身分は補用同知江蘇候補知県、署理金匱県知県であった。三兄の秋鶴皋の身分は運同銜、分発同知であった。父親秋寿南（一八五〇～一九〇一）は、同治癸酉（一八七三）の科挙の挙人であり、湖南常徳の湘郷、および湘潭厘金局総弁、郴州、直隷州の知州などの職を歴任し、一九〇一年桂陽で知州の任に就いていた時に病死した(7)。

秋家は史書に名を残すほどの高官は出していなかったが、四代続けて挙人を出しており、知県や知州、同知などに就いている。これは科挙に合格して官職につく伝統がある浙江紹興ではあっても、かなり成功した一族の例であり、当時の社会では極めて少ない。このような名門の娘として、秋瑾がどんなに栄誉を重視し誇りを感じていたかをうかがい知ることができるだろう。

秋瑾の父親寿南の代については、寿南が挙人である以外、寿南の兄弟やいとこに科挙合格の記載は見られない。寿南の二人の弟福南と慶南について、秋瑾は兄への手紙で言及していないが、秋瑾の異母弟である秋宗章の『六六私乗』と『六六私乗補遺』によると、福南と慶南の両家は分家しておらず、すべて紹興南門の秋瑾の祖父嘉禾が構えた「和暢堂」に住み、嘉禾の遺産に頼って暮らしていたという。福南と慶南によい職業と社会的身分がなかったのは推して知るべしである。秋瑾が誉章への手紙のなかで多く言及している「清墅」、「十二叔」とは、すなわち宗章が『六六私乗』と『六六私乗補遺』で取り上げた秋桓豫、すなわち寿南のいとこであり、科挙の出ではないが官職に就いている。

寿南と妻の単氏夫妻は三人の子供をもうけた。それが秋瑾の兄誉章（一八七三〜一九〇九）、秋瑾（一八七七〜一九〇七）、妹の秋珵（一八七九〜一九四三）である。寿南の妾であった孫氏は秋瑾の弟宗章（一八九六〜一九五五）を生んだ。誉章は一八歳で張氏を娶り、夫婦は二人の息子と三人の娘をもうけたが、独立せず父のもとで暮らした。秋瑾は一九歳の時、湘潭で質屋を営む豪商の息子王廷鈞（字は子芳）に嫁ぎ[8]、秋珵も一九歳で湖南候補知県に任じた杭州人王哲夫の子、王守廉（字は堯階）に嫁いだ。当時の基準からすると、寿南と単氏夫妻は子供のためにできる限り家柄の釣り合いのとれた婚姻を選択したことになる。

2　父親死去後の秋瑾の二つの計画

父親寿南は中下級官吏ではあったが、秋家は四代続けて科挙により官吏になっていた。このような家の娘が当地の豪商の家に嫁いで若奥様になるのは、決して身分が不釣合いということはなかった。秋瑾は嫁いだ翌年一人の男児を産み、加えて彼女自身も才女であって湘潭城内では詩歌で名が知られ[9]、周囲に顔がきくようになり、豪商の家庭の歓心を必ずや得たいと願っており、生活は当地の上流に属するものだったので、秋瑾の結婚後の生活は楽しいものだったといえる。この点を証明するのがこの時期の秋瑾の詩作である。湖南の詩人田翠竹の研究によると、秋瑾は結婚後、湘潭城内由義巷にある夫の実家が開いた義源質店内に住んでいたが、彼女は「題松鶴図李翰平先生王父之小影」のような詩文や朗詠を作って現地の著名人士と応酬したばかりか、「上陳先生梅生索書室聯」といった詩も創作し、積極的に現地の著名人に拝謁することもあった[10]。その時の秋瑾はきっと名門の娘としての自信と栄誉を帯びて、これら湘潭地方に住む著名人と交流していたのだろう。

しかし、一九〇一年一一月に父寿南が赴任地桂陽で死去するという残酷な現実により、秋瑾のそれまでのほぼ詩作のみで日を過ごした若奥様、女流詩人の生活スタイルを閉じるしかなくなり、名を残したいとする彼女の人生態度は、父寿南が死去したことにより次第に形成されていった。それゆえ彼女は、自分のためと兄誉章が担当すべき秋家一族のために二つの計画を立てた。そしてこの二つの計画は、ついに徹底的に自身の人生と小さな家庭生活、および誉章が担当する秋家の大家庭の生活を変えた。ここでいう秋家の大家庭とは、主に秋瑾の母単氏と誉章の小家庭、および父の妾孫氏とその子宗章を指す。

第一の計画は、一九〇二年の初め、秋瑾が「一人で遠方に嫁いだので、親戚と離れたくない」との理由から誉章に家の者を引き連れて故郷紹興に戻らせないで、父親のもとの赴任地である桂陽から秋瑾の居住地である湘潭に移住させたことである。宗章の回想によると、当時秋瑾は「自分の金数千両を出し、兄と話し合い、兄も同額の銀を出し、二人で和済銭荘を開設した」。銭荘とは、私営の金融機関である。さらに正確な状況をいうならば、秋瑾が夫の王廷鈞を説得して夫の家から「一万両の銀子」を分けてもらい、この銀で誉章と共同で和済銭荘を開いたのである。しかし翌年初め、誉章は「書生的性格で経営の損得がまったく分からず」、秋瑾も「名門の娘だから自分で銭荘を経営したことがなく」、和済銭荘を任せた経営者が「横領して憚ることがな」かったことから、倒産に追い込まれてしまった。誉章が破産の債務を背負ったばかりか、秋瑾もネックレスを債務返済のために差し押さえられた。その結果、秋家の経済は「一敗地にまみれてすべての資産を失う」ことになった。誉章は結局家産を抵当に入れて数百両の銀をかき集め、一九〇三年夏にようやく父親の棺を持って紹興に帰り、祖父の構えた和暢堂に居を構えた(11)。父親が死去した後秋家が湘潭に定住して銭荘を開いた様子からすると、秋瑾は早くに嫁いだが、彼女は実家では依然として発言権があり、実家の兄と兄嫁は大事においてはその主張に従ったことがわかる。

第二の計画は、秋瑾が夫王廷鈞に「金を出して工部主事の官職を得」させたことである。このことについては当年北京で秋瑾夫婦と親しく交際し、後に秋瑾夫婦の長男王沅徳の岳父となる湘潭人張翎六が「子芳先生夫婦合伝」のなかで、王廷鈞が「清光緒二七年、夫婦の密接な仲を示すべく、金を寄付して工部主事の官職を得た」と書いている。[12]この光緒二七年すなわち一九〇二年は、まさに秋瑾が兄誉章とともに和済銭荘を開いた年である。「夫婦の密接な仲を示すべく……」とは、もちろん王廷鈞が妻秋瑾の要求を満足させるため、寄付を通じて工部主事の官職を得たことをいっているのであり、寄付金は当然王氏の家からのものである。この計画は成功した。

秋瑾の二つの計画を補足証明し得るのは、二年後、すなわち一九〇四年六月に彼女が日本留学前に起きたある出来事である。渡日前、秋瑾は五月初め母を見舞うために紹興に帰った際、上海で官吏の妻「琴文」と知り合い、この女性が旅費に困っているのを知って、資金援助したのである。そして北京に帰った後、彼女はすぐに琴文に手紙を書いているが、その内容は、「おばさまと上海で知り合って意気投合し、名残惜しくお別れしました。……少額のお金ですし、かつて友人間でもお互いに融通し合ったことがあります。途中で旅費が足りなくなるなどとは、誰も予測できないことです。……これは私が当然すべきことですから、あなたが褒めすぎているのには汗が出るほど恥ずかしくなります。おばさまのご主人は近々昇進なさるのでしょうか……最近、納める現銀の割合が四割六分、肩書だけならば一割八分となりました。先にご子息が寄付で官職を得ることを望んでいると伺いましたので、このいい機会を逃すべきではないと思って、お知らせしました」というものだった。[13]

琴文という人物の具体的状況は不詳で、ただ秋瑾の手紙から知りうるのは、この官吏の妻は、夫の官位が昇進する時期にあって家には資金が少なからずあり、息子のために官位を買うための金を蓄えていたということである。官吏の妻が旅費の欠乏という苦境に陥った際、秋瑾はこの偶然知り合った人に気前よく手を差し伸べ、北京に戻った後にもまた手紙で挨拶をしている。しかしこの時、秋瑾はまさに留学費用を捻出するためにネックレスを売ったり、友人から借金したりしており、母を故郷に見舞ったのも、どうやら母に資金援助を求めるためだったと思われる。しかしこのようであっても、秋瑾はやはり資金援助をした。このことは秋瑾の義侠心に溢れ、「金を使うのに糸目をつけない」性格を表している。[14] また秋瑾は官吏の妻と知り合ったことを、密かなチャンスとみなしていることをも示している。

特に手紙で、官吏の妻の夫についての栄転の機会があるかという関心を持ち、また、官吏の妻の息子が金で官位を買うことに関して納める現銀の割合が四割六分、肩書だけならば一割八分になった〔清朝政府の公開価格の四割六分、肩書だけの官位を得る場合は公開の一割八分の額で買えるようになったの意〕という、北京で官吏を得るための寄付金に関する情報をすかさず伝えているところに、この点が表れている。したがって、官吏の妻との偶然の出会いと援助、および手紙のなかの昇進、官位買いの話題は、秋瑾が決して俗世間を知らない名門のお嬢様であったのではないことを示している。逆に彼女は官界と社会に関心があり、しかもよく知っており、家庭経済や社会における身分・地位について非常に重視していた。これも、父の死去によって秋家に収入源と社会的地位がなくなった後、秋瑾が迅速に二つの計画を立てた深層における原因である。

父が任官の途中で世を去って秋家は社会的、経済的後ろ盾を失い、秋瑾は金を出して兄と銭荘を開く一方、夫に要求して北京に行って金で官位を買ったこと、ここにすでに、秋瑾は秋家のために新しい活路を見出す準備をしており、彼女は決して湘潭の王家で若奥様や女流詩人として人生を送ることに安んじてはいなかったことを見て取ることができる。

3　北京の女性名士秋瑾

一九〇三年六月に和済銭荘が倒産し、その後始末が完了して誉章が家族全員を引き連れて紹興へ帰って定住すると、秋瑾は寄付金で工部主事の官位を買った夫と共に北京へ行き、早速北京で積極的に多方面にわたる社交活動を展開した。

一つに、北京在住の浙江人士との交流である。秋家の父と娘二代と関係のある紹興人陶在東の回想によると、「光緒癸卯甲辰の頃（一九〇三、〇四年）、私は商部に転勤になり古都北京に赴いた。秋瑾は政府が邸報〔民間に流す情報〕によって私に関する情報を得て会いに来た。……その時、秋瑾は文学面で大いに上達し、北京の名所旧跡についてたくさんの詩を書いた。……詩を書くたびに私に持ってきて読ませてくれた」[15]。陶在東夫婦のほかに、秋瑾は陶在東の本家、陶大均（杏南）とその夫人荻子と交流があった。秋瑾が一九〇五年春帰国した後に誉章へ送った手紙には、「兄さんが（陶杏南さんと）顔を合せたときに、彼に向って、私が北京にいたときは彼ら夫婦に友好的に付き合ってもらったことにお礼を言ってほしい……また陶杏南夫人のところに妹の龍頭の翡翠腕輪一個、真珠や衣服があるけれども、もし彼女が売っていなかったら、兄さんに渡してくれと話して下さい」と書いている[16]。

手紙の内容から読み取れるのは、秋瑾は北京にいる間、陶大均夫婦との関係がよく、渡日前には貴重な首飾りや服さえも陶家に預けて、陶荻子に頼んで売ってもらっていたことである。陶在東、陶大均夫婦のほかに、秋瑾は同じ紹興人で日本の横浜正金銀行北京支店で買弁をしていた陳静齋とも交流があった。当時、陳静齋の二人の息子陳威（公孟）、陳毅（儀、公侠）が日本に留学しており、長男威は早稲田大学政治経済科に入り、次男毅は振武士官学校に入っていた。

二つに、北京在住の湖南人との交流である。例えば張翎六はこのように記している。「（秋瑾は北京で）いつも本を携え詩を口ずさみ、同郷の郭桐白、李翰屏は、彼女が詩を上手に書くのを慕って書いてもらっており、彼女も彼らを満足させていた」とある。[17] また陶在東は、「湘人（湘郷の人）戸部郎中李希聖は、『光緒会稽録』を著して有名になった。劉少少（善化の人）は、帝国日報の社説を担当したが、秋瑾は彼らと交流してはよく一緒に議論したことが、彼女が文学から政治に関心を向けさせることになった」と書いている。[18]

三に、北京の文化人との交流である。例えば江亢虎、廉泉、呉芝瑛夫婦などである。江亢虎（一八八三～一九五四）は、名は紹銓、江西弋陽の人、官吏の家の出身で、一九〇一年に日本に行って政治を考察し、帰国後袁世凱に請われて北洋編訳局総弁や『北京官報』の総合編集者となり、再び日本へ留学して一九〇四年に病のために帰国し、刑部主事や京師大学堂日本語教師を務めた。[19] 廉泉（一八六八～一九三二）は、江蘇常州金匱県の人で官吏の家庭出身、一八九四年に江蘇郷試第十位の挙人となり、一八九七年後は度支部郎中、戸部郎中などに就いた。[20] 呉芝瑛（一八六八～一九三四）は安徽桐城の人、文筆、詩作、書道に長けており、当代の謝道韞（中国古代の著名な才女）といわれた。父呉康之、字宝三は、かつて山東鄆城などの県で知県を務め、伯父呉汝綸は進士で、前後して曽国藩、李鴻章の幕僚となった。一九〇二年に呉汝綸は清朝政府の命を受けて京師大学堂総教習の身分で教育の視察のため渡日した際、清朝政府が招請した京師大学堂教習服部宇之吉が夫人繁子と共に北京に赴任することを知り、繁子の北京での生活が寂しくならないようにと、姪の呉芝瑛を繁子に紹介した。その年の九月に繁子は夫と共に北京に来ると、呉芝瑛はすぐに訪問し、二人の交流が始まった。呉芝瑛のほかに、繁子は欧陽夫人とも知り合った。欧陽夫人の夫の欧陽弁元は、この時京師大学堂仕学館の学生だった。[21] 繁子の回想によると、一九〇四年一月、欧陽夫人が彼女を訪問し、清朝政府が繁子に委託した北京で女学校を開設する計画が頓挫したことに鑑みて、彼女と呉芝瑛などが相談して、一婦人談話会を作り、時々集って相互に研究をもし、智識の交換を致したいということになりましたからどうぞ御指導をお願いします」と言った。一月中旬のある日、北京西城のある会館で婦人談話会の発会式が行われた。「広い会場に予想外の人。男子もなかなか多い。婦人には南人が多く、姍々と蓮歩をはこぶ美人連」、さらには清朝、満州族の上級官吏の夫人たち、例えば「粛親王の姉上」までもいた。(22) ここから呉芝瑛らの北京での社交能力や知名度を知ることができる。呉芝瑛や欧陽夫人が発起した婦人談話会に、秋瑾が参加した、あるいはそのつもりがあるとの記載が全くないのは、恐らく身分や地位が呉芝瑛などの階層には達していないからで、それゆえ北京の女性界の社交の流れにはまだ入ることができずにいたのであろう。しかし、秋瑾の積極的な多方面にわたる社交活動は非常に影響力があり、例えば天津の『大公報』一九〇四年二月一日の報道では、「杜若洲農部は南城に女学堂を創設し、学生の往来には車で送り迎えする計画を立てている。浙江の秋女史を教師とし、縄匠胡同某宅を選んで教室とし、明正〔陰暦正月〕には開校する。北京の女学堂はここから始まるのであり刮目してそれを待つ」とある。杜若洲（一八六四～一九二九）、名は徳與、四川宜賓の人で、光緒二四年（一八九八）進士となり、この時は戸部主事だった。戸部は農部ともいった。妻黄銘訓（一八七九～一九二九）は湖北漢口の人、父黄光奎は進士の出で、のちに有名な豪商となる。黄は書画に秀でており、現地では有名な才女だった。杜夫婦は女子教育に熱心で、縄匠胡同の杜の家に女学堂を開設しようとしていた。秋瑾が杜徳與と知り合ったのは、縄匠胡同に住んでいたためかもしれない。

秋瑾は、杜徳與のほかに別の進士出身の傅増湘とも知り合った。秋瑾はその年の六月に日本に渡る前、傅増湘の仲立ちで天津大公報社に行き、女性編集者の呂碧城を訪問した。呂は新聞社経理英斂之などに称賛されて、天津、北京で有名になった女詩人で才女だった。このことは秋瑾が当時北京でいかに積極的に社交活動を展開して自身のために機会を探っていたか、また、秋瑾が懸命に上流社会、有名人および新しい知識界の人物と接触しようとし、当時の社会の新しい気風にかなり敏感であったことを物語っている。秋瑾の天津大公報社訪問に関しては、英斂之が一九〇四年五月の日記に、取り上げるに値する次のような記録を残している。「(五月一八日) 道恒が北京から来て、北京にはまた碧城女史がいる、姓は秋で王氏に嫁いでいると語った」「(五月二八日) 潤沅が北京から手紙を寄こし、秋碧城女史が十六日に天津に来るのは、呂碧城に会うためである」「(六月一〇日) 十時秋閨瑾女史が北京から来、夫王子芳、秦も一緒に来て、ともに昼食を摂った。昼食後秋は留まり、王と秦は帰った。夜傅潤沅が来て、しばらく話した後去った。秋と碧は同室に泊まった」「(六月一三日) 秋は、碧城と新駅に向い潤沅と北京に行くと言ったが、私はそれは適当ではないと思った。碧城もまた行かないことに決めた。午後秋は傅のところに出向き、一緒に北京に行った」[23]。日記中の「道恒」が誰であるのかは、今のところ資料が見つかっていないが、彼が語ったと日記に書かれたことによって、秋瑾は北京における一定の範囲で知名度があり、彼女もまた「碧城女史」という筆名を使っていたことが明らかになる。「潤沅」とは傅増湘（一八七二～一九四九）の字であり、四川瀘州江安の人である。光緒二四年（一八九八）に進士となり、一九〇二年に袁世凱の北洋軍に入り、翌年翰林院編修となり、その後順天郷試〔直隷省順天府で開かれる郷試〕の主任試験委員となった。杜徳與と傅増湘が一八九八年に同時に進士に合格したことから連想すると、秋瑾は杜徳與によって傅増湘と知り合ったのかもしれない。英斂之の日記を読むと、杜徳與は傅と親しかったとある。上述の『大公報』一九〇四年二月一日で杜徳與が秋瑾を女学校の教師として招こうとしていると報道しているのは、杜徳與、あるいは傅増湘によって大公報社に提供されたものであると推量されるところである。

秋瑾は北京の社交界で活発に行動すると同時に、服装や行動にも変化が表れるようになり、彼女は男装したばかりか、行動も男性のようになった。陶在東は北京時代の秋瑾を、「青い旗袍を着て、おしろいを薄く塗り、車夫を雇い車の轅の上にまたがって車夫と一緒に座り、手には書物を持っている。北方の婦人が乗車すると轅の内側に座ってすだれを下ろし、下女でなければ轅にまたがって座ることはないので、街中の人は彼女を見かけるとびっくりした。女史は名士の気取りだったのである」と回想している。[25]そして、呂碧城は大公報社を訪ねてきた時の秋瑾を「その名刺は赤い紙に秋閨瑾の三文字。館内では使い走りがそれを高く掲げて伝えるには、髪を結った方が来られましたと。その頃秋瑾は男装して髷を結い、長身で直立し、両目は鋭く風格があったので、主人は彼女を招いて留まらせ、私と一緒に泊まらせた」と回憶しているのである。[26]秋瑾があえてこのような身なりで北京や天津を出入りしたり、進士で翰林の傅増湘に同行したりしたのは、彼女がすでに決心して独自の考えで世を歩む姿勢をもって社会に登場したことを物語っており、また交流を持った人は彼女を「名士」、すなわち男性として待遇していたことを物語ってもいる。一般庶民は彼女を見てびっくりしたが、交流を持った人は動じることはなかった。[27]

秋瑾の積極的な人との付き合いや男装など、さまざまな形跡は突然に変化したものではなく、これらの変化の要因は前節で触れたごとく、父の死後紹興の秋家の現状を変えるために機会を探っていた中にあり、早くから心の奥深くに秘めていたものであった。物事を感じ取る力が強い秋瑾は、すでに北京の社会と時代の空気が彼女に機会を提供してくれることを嗅ぎとっていたのではないかと筆者には思えるのである。

4　秋瑾と服部繁子

繁子の回想によると、一九〇四年二月のある日の婦人談話会に秋瑾が入ってきて、欧陽夫人と呉芝瑛の紹介で婦人談話会に入ることを求めた。これにより秋瑾は繁子と知り合い、翌日には約束通り繁子の住まいを訪問している。繁子が秋瑾になぜ男装をしているのかを問うと、秋瑾は「夫人も御存じの通り中国では男子が強く女子は弱かるべきものとして圧迫され通し。私はどうか男子の強い心になりたい。それには先ず形を男子にすれば、心までも男子になると思います。それに辮髪は夷狄の風で中国人のすべきものではない。それで私は洋服を着るのです」と答えた。また、繁子が秋瑾の家庭について問うと、秋瑾は「私の家庭は必要以上に平和です。……良人がもっと強暴であってほしい、強暴で私を圧迫してほしい。なぜなら、もしそうならば私はもっと強い決心で男子に対抗するものを……否々私一人のことではない。すべての婦人のため男子を屈服させなければならない。夫人！　私は男子でもできないことをして見たい」「私は何の意気もなく生きているのに堪えられません。私は男子に勝とうとする強さをどこまでも押し通します」と答えている[28]。

繁子の回想は何年も後のことなので、詳細については少し誤りがあるだろうが、秋瑾との対話で秋瑾が夫王廷鈞と自身の小家庭について大まかに話したことと、他の人の回想中の王廷鈞のイメージや秋瑾の小家庭の状況とは一致しているのである。ここで王廷鈞のイメージについて触れるならば、同郷の張翎六が「色白で男前、ふるまいは颯爽としている」といい、また「理解力はあるが、暗記は得意ではない。作文はいったん書き終えるや、二度と見直そうとはしない。碑帖を手本にして練習しないが書く字は美しい。志は遠大で仕官することに焦っており、二度秀才を受け一度挙人を受けて失敗すると、それからは科挙を受けるのをあきらめた」と述べている[29]。王廷鈞が科挙の勉強に耐え困難を克服する力に欠けており、また天分も才能もなかったことが伺える。なお繁子は、王廷鈞について「年齢よりは少しわかく見える白面の青年。見るからに気の毒らしいほど温和な家庭青年」と回想している[30]。

上述の談話から四、五日後、繁子はまた秋瑾夫妻の家に招かれた。その時に交わした話の内容を繁子は、「秋瑾さんはかねがね米国に憧がれ、今年の内には渡米がしたく英語を学んでいるという。そしてこの渡米は夫も承知しているそうな。私もこの米国行きはこの人にありそうな事だと思って賛成した。」「このごろから秋瑾さんは談話会にはあまり出席しないが、私の宅にはちょいちょい来て英語と日本語とも少々ずつ話す。」という。また別の日の対話で、繁子はぜひとも夏には一度日本に帰るつもりだと語り、それに対して「秋瑾さんは米国に行くには横浜から行くのだから横浜まで同行してくださいという。呉夫人も頻りに懇情する」と述べたとする。

そして、繁子が帰国を六月に定めると、秋瑾はアメリカには行かないと言い、繁子に同行して日本に留学したいのだと頼んできた。秋瑾の性格や考え方からして、繁子は、日本留学は秋瑾には合わないので、日本行きには反対だと述べたが、六月になると、まず呉芝瑛が繁子を訪問し、秋瑾が非常に東京に行きたがっており、秋瑾を連れて行くように頼んで、繁子はどうしていいものか決めかねた。続いて秋瑾の夫王廷鈞が突然繁子を訪ね、同様に秋瑾を東京に連れて行くように頼んできた。繁子は王廷鈞の訪問と願いを「意外」に感じ、王に「あの人の主義からいって日本よりは米国の方が適していますから、私は米国行きをすすめています」と言うと、王は繁子にこう答えた。「しかし夫人、妻が日本に行きたいという希望は非常に熱心で、私にはとめる事はできません。もし夫人がどうしてもお連れ下さらずば私は妻にどのように苦しめられるか判りません。私は二人の幼児があるにも係わらずお願いします。どうぞお連れ下さい。留学するか又観光だけで還るかは彼女の自由に任せます。もし留学するならば東京には三、四の友人がいますから、その人たちに世話をして貰います。御夫人にご迷惑はかけません。彼女がどうしても行きたいと思えば誰とでも行くかも知れませんが、私としては夫人にお願いするのが一番安心です。[31]」

以上は秋瑾との出会いと秋瑾の日本留学の由来に関する繁子の回想である。しかし、呉芝瑛の回想によると、秋瑾が繁子と初めて会った時、彼女はすでに繁子に同行して日本に留学する決心が芽生えたとする。呉芝瑛の回想には、秋瑾が積極的に義兄弟の契りを結ぶ前後の事情について書かれている。「芝瑛は甲辰正月、烈士〔秋瑾〕の日本留学の学費を工面する計画を立てた。烈士は人日〔旧暦一月七日〕、義兄弟の誓約書を書き、あなたと義兄弟の契りを結びたいと言った。芝瑛も一筆してこれに応えた。二日目、烈士は男装して私に会いに来て一首の詩を贈った。また私に花の刺繍の靴やスカートをくれて、これは私の嫁入りの時の物です、今後私は男装するのでいらなくなりました、今日姉さんに送ります、お別れした後の思い出の品としてください、私たち大いに飲みましょうと言った。[32]」

「甲辰正月」とは一九〇四年二月のことであり、「人日」とは同年二月二二日のことである。既存の研究によると、欧陽夫人と呉芝瑛などが発起した婦人談話会第一回集会は二月二〇日であったとされており、[33]もしそうだとすると、秋瑾はこの集会に実際に参加しており、集会で繁子と知り合い、翌二一日に繁子の住居を訪問し、繁子を訪問した後に、秋瑾は繁子の帰国に同行して日本へ留学する計画が芽生えたことになる。それゆえ「人日」の日、二月二二日に、秋瑾が誓約書を持参して呉芝瑛を訪問し、義兄弟の契りを交わしたという可能性にたどり着く。つまり秋瑾のこの行動は、その目的が呉芝瑛と繁子の関係を利用して繁子の同意を得て日本に行くためであったと推量できるのである。

さらに、三月一日の『大公報』の秋瑾に関する報道は、秋瑾がその時すでに日本へ留学し、繁子の帰国に同行する計画であると説明している。報道にはこうある。「浙江西部の秋璇〔瑾〕卿女史はよく勉強する人である。去年冬に彼女を女学堂の教師に招こうとする人がいたが、女史は文明教育を自ら学んだ経験がないことを以ってあえてその職に就かなかった。そこで日本に留学して学問の現状を理解することを強く望み……現在大学堂教習服部氏の夫人と相談してそれに同行することとし、今後日本行の船があればすぐに出発することになっている」。この報道は、秋瑾が繁子の帰国に同行し、日本に留学しようとしていることをはっきり説明しているし、また、呉芝瑛の回想は、秋瑾が「甲辰正月」すなわち一九〇四年二月にすでに日本留学の計画があったのは間違いがないことを証明しており、上述の『大公報』二月一日に発表した杜若洲が女学堂を創立して秋瑾を教師として招こうとしたという報道も、秋瑾が日本留学を決定した日時は確かに二月下旬に服部繁子と知り合った後であることを説明しているのである。秋瑾はいったん繁子の帰国に同行して日本に留学することを決めた後、すぐに外に向かって公表することにし、それゆえに三月一日の『大公報』がこの報道をしたのであろう。この点を、繁子の回想では六月にようやくアメリカではなく日本に留学することに決めたとするのは、繁子の回想に誤りがあるか、秋瑾が繁子に隠しだてしていたかである。しかし、『大公報』が三月一日に秋瑾の日本留学を発表し、大学堂教習服部氏の夫人に同行すると書いているからには、秋瑾が繁子に隠しだてしていたとは考えにくい。だから、この点は繁子が日本留学の決定時期を誤って記憶していたとすべきである。[34]

5　秋瑾の日本留学の目的

上述のように、名門の娘であった秋瑾は父が亡くなった後、秋家のために新しい活路を開こうと努力した。兄と共同で銭荘を開く第一の計画は失敗し、夫に北京で官位を金で買わせる第二の計画は成功したが、これはかえって彼女にたくさんの苦悩をもたらした。例えば、秋瑾が工部主事の官位を買った夫に付き添って北京に居住した際、交際した友人は陶大均のように日本に留学した経歴があり、陶在東は挙人の出身、廉泉、呉芝瑛夫婦の場合は挙人と才媛でともに書画や詩作に長けていて、北京の社交界ではすこぶる有名であり、杜徳輿、傅増湘になると進士の出であった。これらの人々は完全に本人の実力で官職や社会的地位を得たのであり、夫王廷鈞のように商人の家庭、金で官位を買って社会的身分を獲得したのではないから、王廷鈞はこれらの人に比べるともちろん価値が低かった。北京に居住した後、秋瑾の新たな悩みもこれゆえに生じた。そして、新たに知り合った服部繁子の家庭は学者の出で、繁子自身が高い教養を身に付けていることを知って、秋瑾に元々あった苦悩を激化させるとともに、彼女にいまだかつてない機会を探し当てさせた。[35]これが上述のごとくひとたび繁子と知り合うや、秋瑾は即座に日本留学を決めることとなり、これを自身と紹興の秋家大家族の運命を変える絶好の契機とみてとったのである。

紹興の秋家のような家庭は、たとえ父親寿南が早逝したとしても、兄誉章が科挙に合格して官吏の道に進むことができたならば、あるいは長女秋瑾の夫が科挙に受かることで官吏の道に進むことができたならば、秋家の社会的な身分と地位は維持されるばかりか、祖父嘉禾一門の子孫の職業と前途にも相応のものを得ることができた。惜しむべきは、兄誉章と夫の王廷鈞の状況がそうではなかったことである。秋瑾は兄誉章が科挙で名を成さなかったことに対して不満をもっていたが、彼女が残した文章中にはそのような公然とした不満は見られない。ただ、遍く研究者によって秋瑾の自伝的性格があると見られている『精衛石』の文字を子細に読むと、誉章への不満が滲み出ていると筆者には感じられる(36)。

誉章が科挙によって名をなさなかったことに密かに不満はあったが、上述の如く、秋瑾は誉章に湘潭に住み共同で銭荘を開くことを提案して、誉章が責任を負う秋家の生活費となるはずの父親の遺産を食いつぶしたことに、すまない気持ちを深く抱いており、それゆえ秋瑾は秋家の現状への不満を夫の王廷鈞の身に集中したと思われる。陶在東の回想によると、秋瑾の王廷鈞に対する最大の不満は、科挙の出身ではないにもかかわらず、官吏の身分で収入源を得ていたことにあった。「清朝期、中央の役人は印結費に頼って生計を立てていた。印結とは、すでに役人の資格を取っていて役職を任命された人は任命される前に北京の高級官僚に率いられて皇居に入って皇帝に拝謁する必要があり、かつ中央で任官している同郷が保証書を提出してその内容に違反しないことを保証しなければならず、この保証書のために一定の費用を納める必要があった。蘇、杭両省の他、湖南の保証書収入はとても多く、そのため保証書を書く湖南出身の役人は、毎月一人当たり数十ないし百数十両の金を得ていた。一般の富豪の子弟は多く金を納めて某部の官職に就いたあとにこの印結費を得ており、子芳ももちろん例外ではありえず、秋瑾はこのようなやり方を軽蔑していた。こうした中央の役人がもしも科挙に受かっていたら、附監生の資格で……挙人の身分を得て官界に進出することができた。子芳は頭がよく振る舞いは颯爽としていたが、早くに科挙の試験を放棄し、それゆえ科挙を通じて役人になる道は閉ざされていた。これが秋瑾が最も心を痛めていた事情である。」

陶在東はまた、秋瑾は廉泉、呉芝瑛夫婦とも関係がよく、彼女は毎回廉泉夫婦に夫のことを話していたことについて、次のように回想している。「(秋瑾が) 涙ながらに訴えるには、夫婦間はもともと性格が合わず、加えて北京に来てからは、家が独立したことで家事の処理に追われて二人の仲は一層悪くなったということで、それはよそ目にもわかることだった。その頃、廉、呉夫婦、私の本家の陶杏南と夫人倪荻倚、私と妻宋湘嫵は何度も二人の調停に奔走したが、ついには効果はなかった。そこで秋瑾は日本に留学することになった。[37]」秋瑾は湘潭の夫の実家に住んだ時は若奥様であり、詩作が彼女の主な生活スタイルだった。しかし北京に住んでからの彼女は小家庭の女主人となり、全家族の生活の面倒を見ることになり、これはおおかた彼女が満足できないことであった。繁子の回想によると、一九〇四年初春、彼女が秋瑾の家を訪問した時、「書架には書物と衣類とが無造作に束ねてあり、爪子児や果物の皮などが室の隅にちらかっていて異様な臭いがする。余り清潔とはいえない」とある。[38]秋瑾は、当時は家にお手伝いさんを雇っていたが、状況は依然としてこのようであったのは、秋瑾が決して専業主婦となることを考えておらず、自分の小家庭にまったく重きを置いていなかったことを説明している。

名門の娘としての秋瑾は、大家庭には強い責任感を抱いており、もし秋家の大家族が比較的よい経済的、社会的身分を持ち続けていたら、秋瑾の夫に対する期待はそれほど強烈ではなかったかもしれない。しかし実際、秋家の大家族はすでにすべてを失い、そこに彼女の誤りによるものもあり、だから秋瑾は秋家への責任をすべて夫に託し、一旦夫が秋家の責任を負いきれないとみるや、彼女は日本留学を選択した。彼女は「女主人」たる自分が秋家の責任を負おうとしたと考えられる。これこそが秋瑾が日本に留学した根本的原因であろう。

二　秋瑾の二度にわたる実践女学校への入退学の原因と学校との関係

秋瑾は一九〇四年八月に繁子の援助のもとで東京の実践女学校に入学した。しかし三ヶ月後の同年一一月には彼女は学校を自主退学している。筆者が思うに、秋瑾の退学原因は学費の不足にあった。実践女学校は原則的に学生の退学後の再入学は認めていないが、一九〇五年の上半期に学校は一年制の「清国女子師範工芸速成科」を開設した際、秋瑾は学校側と一種の暗黙の了解を得て再入学を許されたと思われる。一九〇五年三月下旬、秋瑾は帰国し学費を準備し、七月に東京に戻った。八月五日に正式に登録された学生となり、新たに同校の寄宿舎に入った。「実践女学校支那留学生分教場日記」のなかに、「明治三十八年八月五日、本日学生秋瑾入校す」との記載があり、(39)秋瑾が学んだのは師範速成科であったことが分かる。しかし同年一二月五日、秋瑾は文部省が公布した留学生取締規則に反対する同盟休校運動に参加したことで、再び退学した。二度目の入学からちょうど四ヶ月だった。一二月末、秋瑾は東京を離れて帰国し、彼女の留学生活は完全に終わった。表面的に見ると、秋瑾は留学生取締規則反対の同盟休校に参加したために再び退学となっているが、実際の状況は、たとえ留学生の同盟休校がなかったとしても、秋瑾は主体的に退学することになるのは予見し得ることである。二度目の退学原因は、最初のものと軌を一にしている。すなわち留学費用が切迫しており、引き続き勉強することがすでに不可能になっていたのである。もし表面的に見たとしたら、二度の退学は、学校の管理規定とぶつかる状況下で起こったのであり、とりわけ二度目はそうであった。しかし、そうであったとしても、依然として秋瑾の二度にわたる実践女学校の退学の原因は、主に費用の問題であると判断する理由がある。筆者は以下いくつかの面から分析する。

1 実践女学校への二度の入退学の経緯

一九〇四年、秋瑾は繁子に同行して七月三日に東京に着いた。七月一六日、実践女学校は初めての中国人卒業生陳彦安、銭豊保二人のために盛大な卒業式典を開いた。陳、銭の二人は同校で初めて卒業する中国人留学生であり、中国駐日公使楊枢だけでなく、日本の枢密院副議長東久世〔通禧〕などの要人も卒業式典に出席し、その頃日本で教育を視察していた中国直隷学務司督弁厳修も招かれて式典に出席している。陳彦安たちが実践女学校での学業を全うしたことは確かに秋瑾を鼓舞することであった。それは彼女が書いて贈った詩「望海潮　送陳彦安、孫多琨二姉回国」[40]から証明できる。繁子の回想によると、秋瑾は八月に彼女の家に行き実践女学校で勉強したいと申し出た。繁子は少し意外に思った。なぜなら繁子は、以前秋瑾はずっと女子師範で学びたがっていたと理解していたからである。繁子は秋瑾になぜ実践女学校で学びたいのかを問うと、秋瑾は「あの学校には友人もいるし、それに下田女史は有名な人だし、私は満足します。この節は入学がなかなかむつかしいそうですが、太々、貴女は下田女史とは特別な関係がおありだそうですから、ぜひ頼んでください」と述べた[41]。

繁子は彼女を助け、秋瑾は願いどおり入学し、学校の寄宿舎に入ったのである。繁子の回想には秋瑾が実践女学校に入ろうとした時期は八月とあるが、それは誤りであり、実際には遅くとも七月中旬には入っている。というのは、七月二二日に『大公報』に掲載された秋瑾が呂碧城にあてた手紙には、「(五月)二十日に東京に着きました。…すぐに実践女学校に入りました。一年後には師範学校に進みます」といっているからである。陰暦の五月二〇日は陽暦の七月三日であり、秋瑾は七月三日に東京に到着したことが分かる。呂碧城への手紙は遅くとも七月一五日前後には出されていることになり、この手紙から秋瑾は東京到着後すぐに実践女学校に入学しようと計画していたことが分かる。彼女は七月一六日に陳、銭の二人の卒業式典があることを耳にした時に、実践女学校に入学する計画が芽生えた可能性が高い。秋瑾が入学したのは確かに八月であり、このことは『大公報』八月二六日の記事に「昨日秋璇〔璿〕卿女史の日本東京実践女学校からの手紙が呂碧城女史に次のように伝えてきた。東京には以前共愛会があったが、途中で廃止された。今東京にいる女学生は計三十人余いて、来るものはますます多くなっている。今私と陳擷芬女史が共愛会を再興して共愛会の趣旨を実行する。かつ女性招待員を設けて女学生が日本に来て学校に入ることについて世話をする。広く同志に伝えたい、来日して留学したいと思っている人は、横浜山下町一百五十一番地陳擷芬か東京中渋谷実践女学校秋瑾宛に電報で知らせるように」とのことであった。秋瑾が実践女学校に入学したのは八月二〇日以前であることは明らかであろう。(42)

秋瑾は繁子と実践女学校校長下田歌子の私的な関係を通じて入学したとはいえ、彼女は三ヶ月後、繁子に知らせることなく自ら学校を退学した。退学後は自然と学校寄宿舎を離れて貸家に住んだ。一九〇五年一月一三日から三月二三日まで東京で六回秋瑾の居住地を訪問したという宋教仁の日記によると、秋瑾の住まいは「本郷元町、元日館」であった。(43)宋教仁日記に記された秋瑾との交流、および宋教仁がこの時期東京で活動していたことから、秋瑾のこの時期の大まかな生活内容と状態を知ることができる。まず、秋瑾はこの時留学生演説練習会の責任者であり、宋教仁は彼女に入会を申し出ている。宋教仁のほか、秋瑾は湖南華興会のリーダー劉揆一らと頻繁に関わり、劉揆一は二月一一日に宋教仁に誘われて秋瑾の住まいに出かけて議論した。この時はまさに宋や劉は、華興会が湖南で蜂起に失敗して東京に逃げた後、今後の湖南革命の方策を定め、速成陸軍を組織し、各省で独立自治を謀り、東京で雑誌『二十世紀之支那』を創刊することに関して討論し策略を練っていたところであった。だから、秋瑾がこれら湖南人の反清革命の討論に参加していたことは容易に推測できることである。湖南人との活動のほか、秋瑾は、例えば四川、江蘇、山西などの出身の学生との交流もあった。(44)そのほか、この時東京にいた秋瑾の同郷陶成章の言によると、秋瑾は留学

生会館の日本語講習会で日本語を学んでいたともいう。(45)

宋教仁日記における秋瑾の住まいへの最後の訪問の記載は三月二三日であるが、(46)これは秋瑾がその月に帰国する直前であった可能性が高い。秋瑾のこの時の帰国目的は、実践女学校で再び学ぶための費用の工面であり、そのほかに実践女学校のために中国国内で宣伝と学生募集を行うことにあった。(47)推量するに、後者は実践女学校が退学した秋瑾に再度の入学を許可する主な原因であったのではないか。これについて二つの点から分析する。

秋瑾が東京から上海に到着した時、北京にいる兄誉章に手紙を送った。この手紙には日時が書かれていないが、手紙の内容から大まかな日時を推測できる。手紙はこのようである。「師範はまだ始まっておらず、おそらくは四月に開校になって夏休みはないので、近く家に帰ることにします。(48)」手紙の中の「四月」とは陰暦を指す。秋瑾は、師範は「おそらく四月に開校」といっており、「来月に開校」とはいっていないので、この時は陰暦の二月中であり、陽暦では四月四日以前だと判断できる。また宋教仁が三月二三日に東京で秋瑾の住まいを訪問しているので、秋瑾の帰国時期は三月二三日（陰暦二月一八日）の後である。秋瑾のこの時の帰国について、繁子は「（明治）三十八年（一九〇五年）の初め、上海から秋瑾さんの手紙が来て、東京を去って上海に来たとの事。また事によれば再び渡日するかもしれないとの事であったが」と書いている。(49)年の初めというのはあまり正確ではないが、秋瑾は確かに春には帰国しているのである。

兄への手紙でいう「師範」とは、実践女学校が中国人留学生のために開設した一年制の「実践女学校付属清国女子師範工芸速成科」を指す。それは「師範速成科」と「工芸速成科」の二つを含む。この「清国女子師範工芸速成科」は、一九〇四年一一月、実践女学校が中国湖南政府から官費女子留学生二〇名の受け入れ申請を受けて作られたもので、その後学校はこれら湖南の学生を受け入れる準備作業を始めた。学校は専門の「清国留学生部」設立を決定し、湖南の二〇名の官費留学生を受け入れるだけでなく、その他の省からの自費留学生も受け入れた。学校は東京赤坂檜町に分校（分教場）を設置して「清国留学生部」を置き、その準備作業は一九〇五年上半期に行われた[50]。上海のある雑誌では「日本の実践女学校長下田歌子は東京で女子師範工芸速成科を設立し、およそ中国の女子でこの科に留学する者は……一年で卒業となる。各科の教授は日本人教師によって行われ、我が国の人が通訳を担当する」、「一年の学費は三六元、入学金二元、食費一二〇元、宿泊費二四元、校服も含めた一年の全費用は二一五元五角」とある[51]。湖南が実践女学校に初めて二〇名の官費留学生を派遣した知らせは、中国の一部の省で女子教育が重視され始めたことを示しており、また実践女学校が女子教育の面で評判が高いものであったことを物語っている。しかも実践女学校は、確かにこれら湖南の女性のために一年制の師範、工芸速成科を開設したのである。これらは秋瑾が引き続き実践女学校で勉学したいという願いを新たに喚起するものであったと思われる。というのは、女子師範留学は彼女の最初の期待であったからである。

秋瑾の帰国が実践女学校再入学に備えた資金集めのためだったことに関しては、陶成章の『浙案紀略』中の「秋瑾伝」に書かれている。陶によると「秋瑾は上海に帰ると、愛国女学校に蔡元培を訪ね、次いで南京に行って資本家辛某の子漢に働きかけたが功を奏さず、また上海に戻った。秋瑾が帰国したのはもともと学費を集めたかったからで、故郷に着くや母を頼ったが、母は娘を深く愛していたとはいえ、家の構えはあるものの実際に資産はなく、どうにか数百金を用立てたに過ぎなかった。」陶は一九〇五年一月に東京に行った後で浙江紹興の同郷の紹介で秋瑾と知り合い、その後密接な交流を持った。秋瑾は同年三月に帰国する前、陶成章に頼んで上海の光復会会長の蔡元培と紹興の徐錫麟に紹介状を書いてもらっているので、陶成章は秋瑾の帰国の意図を聞いていたはずである。陶は、秋瑾は「南京に行って資本家辛某の子漢に働きかけたが功を奏さず」といっている[52]。ここでいう「資本家の辛某の子漢」とは辛漢のことである。一九〇四年七月秋瑾は東京に到着した際、辛漢はまだ東京に留学しており、留学生演説練習会の三人の発起人のうちの一人であった。秋瑾はすぐさま演説練習会に入って熱心に活動したようであり[53]、辛漢とは親しかったであろう。彼女の帰国時、辛漢はちょうど南京に帰っていたので、彼女の南京行きは、辛漢の南京での人間関係を通じて江蘇の官費留学生の資格を得るためであったと推測されるのである。当時日本に留学する官費生は、例えば湖南、湖北の場合省政府が一年間に提供する金額は四〇〇元だった。だから、もし一旦官費生の資格を取れば、日本での年間費用は比較的満たされることになった。秋瑾は当時の官費生の状況を理解しており、兄への手紙でも「官費は必ずしも浙江人である必要はなく、浙江人が別の省で得ることもできます」と知らせている。南京で辛漢に働きかけて江蘇官費生の資格を得ようとして失敗した後、秋瑾は故郷紹興に帰り、母親に頼って資金を工面しつつ、紹興で官費生の資格を得る計画を持っていた。五月二七日、彼女が紹興で誉章へ宛てた手紙を見ると、「おそらく月末には日本に行きますが、近く官費を得るための働きかけをし、また紹興中の何人かの女学生に留学を進めたいと思っています。……しかし、実現は難しいかもしれません」とある。

六月一九日になるまで秋瑾はずっと紹興におり、その日の兄への手紙では「女学生への働きかけは順調ではありません。日本側の学校から何度も督促が来ているので、月末には出発することにしました」とある。「女学生への働きかけ」とは「紹興から何人かの女学生を留学させる」ということであり、秋瑾が紹興にいる間に「実践女学校付属清国女子師範工芸速成科略章啓事」を印刷して、浙江の女性が日本に留学するよう呼びかけたことを指している。「啓事」には次のように書かれている。「近頃留日の諸君が速成師範女学校を組織した。およそ我々が留学するのは我国の女性界にとって未だかつて幸いでないことはなかった……思うに今後は、我国の姉妹で経費の負担、時間の切迫、希望がかなわぬことに悩んでいる人は皆身軽な旅装を整え……続々と日本に渡って授業の準備をすることができる。

私、秋競は個人の学業を犠牲にして、前月末に帰国して親愛なる姉妹のために駆け回り呼びかけているものである。……姉妹たちで私の苦衷を察して支持を表明してくださる人は、自費であれ費用を集め留学するであれ、各々高見を述べ方法を相談して、紹城万安橋下明道女学校宛て手紙を寄せてほしい。……」[54]「啓事」のはじめに、秋瑾は実践女学校附属清国女子師範工芸速成科」を中国の日本に留学している諸君が創ったものだといい、清国女子師範工芸速成科開設の由来を説明しているが、秋瑾にとってはその辺の事情は始めからわかっていたことだった。なぜなら、湖南政府が実践女学校に二〇名の官費女子留学生を受け入れることを申請し、実践側が「清国留学生部」の開設を決定した件は、当時の駐日公使楊枢やすでに法政大学を卒業していた范源濂、および当時の留日学生聯合会総幹事楊度などが開始時から準備に関わっていたからである。秋瑾がここでいう学校は「留日の諸君が組織した」ものであり、そう述べることで、さらに多くの女性に日本での留学を鼓舞、宣伝しようとしたのである。その他、実際に秋瑾が東京から上海に帰った後、すぐに『女子世界』に「致湖南第一女学堂書」を投稿し、そのなかで「日本では女学校が創られ、女子の教育がますます盛んになり、人々はみな一芸を選んで生きる糧にしようとしている。……男も女も座して食する人がないとしたら、どうしてその国が強くないわけがあろうか。我姉妹たちにもしもこの志があるならば日本に留学しなければいけない。もし私のところに来ることを願うならば、一切お世話をすることができる」と述べている。[55]先の紹興で出した「啓事」にしろ、『女子世界』への投稿にしろ、秋瑾は積極的に国内で実践女学校のための学生募集を宣伝し日本留学を奨励していることが分かる。なぜ秋瑾は実践女学校のために中国国内で学生募集を行ったのかといえば、思いつくのは、秋瑾はこれにより学校側から好感を得て、再入学に同意してもらおうとしたのではないかということである。たとえ双方の間に約束があったといえなくても、少なくも双方には暗黙の了解があったのではないだろうか。[56]

秋瑾は紹興にいる間に徐錫麟に会い、徐の紹介で光復会に加入している。六月二八日彼女は紹興を離れて上海に到着し、半月滞在して陶成章が東京から上海に戻った機に、陶の紹介によって浙江で反清の考えを持つ会党の人士、丁礫、呂雄祥などと知り合った。(57) 七月一七日に船で再び日本に渡り、七月二三日に東京に到着した。(58) 旅費を節約するためか、出航のタイミングによるものか、秋瑾の再来日は三等船室で、道中は困難を極めた。「長旅で暑さに堪えて、病気になって起き上がれなくなりました。(59)」そのため秋瑾の実践女学校への再入学は、東京着から十日後になった。八月五日、彼女は学校に行き、正式に登録を行った。しかし上述のごとく、四ヶ月後の一二月五日彼女はまた退学することになった。

2　秋瑾の行為と学校の学生に対する培養目標や管理規則との衝突

一九〇四年七月一六日、実践女学校長下田歌子は陳彦安と銭豊保二人の卒業式典上、「卒業式告辞」のなかで「清国は、いま尚封建制度を持続して居りまして、そういう君主専制の下に生活して居た者が、急に外国に参って自由な生活態度を目撃致しますと、動もすると非常に激越な民権論者となり、せっかくの学問が形の上において、乱臣賊子を生むやうな危険を招かぬとも限りません。かねてさうした点を心配して居た私は、特にこの思想方面の取締りを厳重にして、或ひは過酷な迄に、きびしく貴嬢方に対ひました」と述べている。(60) この「きびしく貴嬢方に対ひ」と「特にこの思想方面の取締りを厳重にして」には、二つのはっきりした意味がある。一つは学校が学生に対し厳格な規律を要求したことであり、もう一つは、学校は学生が「激越な民権論者」や「乱臣賊子」になることを決して許さなかったことである。秋瑾の行為はまさにこの二点の規律に反するものであった。

実践女学校の学生に対する厳格な規律は、同校が制定した学生寄宿舎規則中の外出等に関する規定によって知ることができる。『実践女子学園八十年史』には秋瑾が在籍していた一九〇四年と一九〇五年の頃の学生寄宿舎規則は収録されていないけれども、一八九九年と一九〇八年の規則は載っていて参考になる。[61] そのうち一八九九年の規則によると、学生の外出には舎監の許可を得るとともに外出の理由および行先を伝える必要があること、宿舎に戻った時には舎監に行った先の主人の署名入りの証明を提出し、かつその証明を出入登記簿中に保管する必要があること、たとえ親戚や友人であっても舎監の許可がない場合は接待できないこと、たとえ親戚や仲の良い友人であっても男性の場合は学校の関係者が付き添わない限り面談してはいけないこと、などとなっている。一九〇八年に制定されたのは、もっぱら「附属清国女子師範工芸速成科」のために作った規則であるが、その内容は上述の一八九九年のそれに比べて一層厳しくかつ細かいものになっていて、おそらくは、一九〇五年に制定されたという規則は一八九九年と一九〇八年の規則の間に位置するような内容だったのではないかと推測される。

しかし、たとえ一八九九年の規則によって秋瑾の一九〇四年八月入学後の行為を秤に掛けたとしても、規則との衝突は明らかなことであった。上述の八月二六日の『大公報』掲載の呂碧城への手紙にあるように、実践女学校への入学直後、秋瑾は女子学生のリーダー陳擷芬などと「実行共愛会」を組織した。それと同時に秋瑾は留学生演説練習会の活動にも加入している。九月中旬、演説練習会が『白話』を創刊することを決定した際、秋瑾は同会の会長となり、毎号にわたり「鑑湖女俠秋瑾」の名で文を発表した。[62] 九月一八日、留学生会は戊戌六君子〔戊戌政変で逮捕・処刑された譚嗣同ら六人を指す〕殉難記念会を組織し、秋瑾はそこで演説した。上海の『女子世界』の報道によると、記念会の席で、「同会の演説では、浙江の秋璿卿女史が最も痛切で、この日の参加者一二〇余人は演説を聞いて皆泣いた」とあり、また、演説練習会の「会長秋瑾氏（二七歳）は来年女子高等師範学校を受験する。会では機関誌として『白話』雑誌を発行しており、会場での演説を多く記載している」とある。[63]

一般留学生が組織した活動に参加するほかに、秋瑾は留学生中の浙江と湖南省の同郷会にも参加した。この時、秋瑾とともに東京にいて関係がよかった湖南人王時沢の回想によると、「秋瑾は浙江紹興の人で、浙江同郷会の会合があると、いつも参加していた」という。[64]この点について、陶成章も「秋瑾は日頃から熱心に事にあたり、会議の時には出席資格があれば出席しないことはなく、革命党の秘密会合も参加することができるならば、参加しないことはなかった」と述べている。[65]

一〇月、秋瑾は『白話』第二期、第三期で、「敬告中国二万万女同胞」、「警告我同胞」（上）という二つの文を発表している。革命党の人物、馮自由らが発起して反清団体「三合会」を組織した時、秋瑾は馮自由の妻李自平に請われて横浜に行き、三合会の二回目の義兄弟の契りを結ぶ儀式に参加した。同時に王時沢、湖南人劉道一、浙江人龔宝銓、四川人彭金門なども参加し、秋瑾はこの会の「白扇」（いわゆる軍師）に祭り上げられた。[66]

一一月、北京で服部繁子は秋瑾が実践女学校を退学になったという知らせを聞いた。繁子の回想によると、「一一月の中旬ごろ秋瑾さんから手紙が来た。それには実践女学校の不備、先生たちの浅学無能がならべてある。私はこれに対し返事をしない。するとやがて学校の主事から手紙が来て、秋瑾さんが下田先生に対し不平の数々を書面で申送っておいて学校を去ったという事。依って私は先生に手紙でおわびをすると、御返事があって、どうやら私があのような思想の婦人を日本に帯行し、しかも実践女学校にお願いしたのをお咎めになるような口吻であったので、私は少々不平に思った。[67]」この繁子の回想は信頼できるものであろう。秋瑾が手紙のなかで実践女学校への不満をいろいろ述べて退学した状況は、少しも驚くに値しないからである。これは名門の娘としての栄光とプライドをずっと持っていた秋瑾の性格と符号する。下田歌子の繁子への返信で、秋瑾のような考えの持ち主を実践女学校に紹介したことをとがめていたとするのは、学校側はすでに秋瑾の行為と思想が学校の培養目標や管理規則と著しくかけ離れたものであることを知り、下田が困惑していたことを説明している。しかし、秋瑾は留学費用が底をついたことで自主退学したというのが実態ではなかろうか。秋瑾の留学費用が底をついた点については、のちに分析する。

一九〇五年八月、秋瑾は実践女学校に再入学した後、自身の行動と思想に束縛されなかっただけでなく、いっそう積極的に留学生のさまざまな反清活動に参加したり組織したりした。例えば八月二〇日、同盟会が東京で成立すると、同盟会の成立にかかわった当事者馮自由と王時沢の回想によると、「東京同盟会本部成立の半月後、馮自由の紹介で秋瑾は黄克強の自宅に行って入会した」、「同盟会加入後、彼女は浙江の責任者に推薦された。その後、浙江人士の入会者は多くが彼女の紹介による」とある。(68) その後、秋瑾は、広範にわたり同盟会及びその他の留学生の活動に関わった。例えば劉揆一は、「(黄興が)爆弾製造機関を横浜に設けて、ロシアの虚無党の人を教授に招いた」際は、秋瑾と陳擷芬など女子学生は「みな練習に加わった」し、その弟「道一と秋瑾女史は…十人団という組織を持っていた」と述べている。(69) また王時沢の回想によると、当時秋瑾は「東京麹町区神楽坂の武術会によく行き、射撃の技術を学び、また爆薬の製造を学んだこともあった」という。(70) 一九〇五年冬、光復会の陶成章、徐錫麟、龔宝銓などは前後して東京に来て、軍事学校に入ろうとした。「錫麟は妻の王氏、名前は振漢を同伴し、秋瑾はその一切の面倒を見た。」(71) この時秋瑾は、陶成章、徐錫麟、龔宝銓、陳伯平ら六名の浙江出身者と東京本郷の北辰館で同盟を結ぶ集まりを持っている。(72)

秋瑾は頻繁に外で活動を行ったばかりでなく、学校の寄宿舎でさまざまな来訪客を接待し、日本で一貫して長期にわたって孫中山の反清活動を支持し、かつ孫中山と日本の政治家との間の橋渡しの役割を果たした宮崎滔天のような数奇な人物でさえ、よく学校に来て秋瑾と面会しており、学校の清国女子留学生部の舎監であり教師の坂寄美都子も、秋瑾は「駿河台に三〇〇、上海に五〇〇の部下がいる」革命のリーダーであるとの噂を校内で耳にしていた。(73) 必然的に秋瑾のこの時期の行動は学校側のさらなる大きな不満を呼び起こすことになったが、問題は学校側の秋瑾の行動と思想に対する許容度がどのくらいの大きさかにかかっていた。秋瑾のこの時期の自分の行動が重大な結果をもたらすであろうことははっきりわかっていたはずだった。したがって、個性が強くプライドの高い名門の娘である秋瑾からすれば、おそらくは学校がこれ以上はその行動と思想を容認し続けることが困難であろうと察知していたのではないだろうか。しかしこの時の退学を最終的に決定づけたのは、やはり学費の問題だったと筆者は考える。実際同年一一月には、秋瑾は留学経費の面で、これ以上留学を続けられない事態に立ち入っており、退学は目前に迫られている事情にあったからである。そして、一二月五日、秋瑾は全体留日女学生の代表として、留学生たちによる日本政府の留学生に対する取締規則に反対する集会に参加した後、ついに退学した。李宗棠はこの日の集会と秋瑾のことについて、「そのとき女学生秋瑾は、女子の愛国心を発揮せよと演説して痛哭し、哭しをはりてまた演説した」と記し、さらに秋瑾が学校から出て来た事情については、実践女学校の学生はもともと校内に住むことになっているが、秋瑾が同盟休校を提起して集会に向かった、実践の校長は「同盟休校をする人は、学校をでてゆきなさい」と言い、秋瑾は同窓ら一七名と住む家も決まっていないのに学校の寄宿舎を出て来たとしている。[74] 大里教授の研究によると、実際には、当時同盟休校に参加した一七名の実践女学校の学生のうち、秋瑾を含む三名の学生しか寄宿舎を離れておらず、その他の一四名の学生は一時期休学の状態のまま依然として寄宿舎には住んでおり、その後再開した授業に参加している。また退学した三名中、秋瑾は帰国して革命運動に一層邁進することになったのは周知のことであるが、あとの二名の内の一名は遅れて復学し、もう一名のその後は不明となっている。[75]

3　秋瑾の二度の退学を決定づけた留学経費の不足

陶在東の回想によると、一九〇四年に秋瑾が留学した時、「夫の家は学費の提供に反対で秋瑾は憤っていた。衣類やネックレスを売っても限りがあり、私は彼女に数百金を工面した」という。(76)呉芝瑛も、秋瑾は留学前「ネックレスを売って学費とし」「非常に窮迫していた」と回想している。(77)上述のように、一九〇二年秋瑾の父が死去した後、秋瑾は夫に実家から銀一万両を出させて兄と銭荘を開いたり、これまた夫の実家に金を出させて北京で工部主事の小官位を買わせたりしたために、すでに息子のために多くのお金を使った王家にとっては、この期に及んでさらに秋瑾のために留学費用を提供することをしないのは当然のことだったのである。まして秋瑾夫婦の小家庭が北京に移り住んだのはわずかに一年前のことであり、秋瑾は夫と二人の子供を置いて日本に行ったからには、王家が秋瑾のために留学費用を提供しようと思わないのは理解できることである。その他、秋瑾の父が死去した後、彼女は兄誉章に秋家の大家庭を彼女の住んでいる湘潭に引っ越させ、同時に父の遺産で銭荘を開かせた。最終的に銭荘は閉鎖して、誉章は全部の家財を債務の返済に充てており、それゆえ秋瑾の実家にも留学費用を提供する能力などなかった。秋瑾が留学費用をネックレスや衣類を売って工面したり、友人に借りたりするのは決して意外なことではないのである。

しかし人に意外な感じを抱かせるのは、秋瑾がネックレスや衣類を売って準備した金、あるいは友人から借金した十分ではない留学費用を、見ず知らずの官吏の妻、琴文の旅費のために使ったり、北京の監獄に入れられた維新党の王照のために人を介して贈ったりしたことである。(78)秋瑾は日本に行く前に紹興に母を見舞いに行って、母親から多くはない借金を得たのかもしれないとしても、同年六月下旬に服部繁子に同行して来日した際の留学費用の準備は決して十分ではなかったはずである。

それでもなお、一一月下旬、秋瑾が自身のまったく潤沢ではない費用の中から他人に贈るという状況がまたも発生した。事の始まりは、華興会による湖南での反清蜂起が失敗した後、リーダーであった劉揆一、黄興、章士釗などが前後して一一月下旬に東京に来て、党員万福華が上海で前の広西巡撫王之春を狙撃するのに失敗して入獄した事件について、留学生から義援金を集めたことにあった。当事者の章士釗がいうことには、「秋瑾は最も多くのお金を寄付した一人であった」。その後秋瑾と知り合った陳志群によると、当時秋瑾は「懐に四〇元しかなかったが、これをすべて献金に使った」という(79)。秋瑾のこれまでのやり方によると、彼女が一度に「四〇元」を出したのは疑うに値しない。しかしこの金額が当時の秋瑾にとって何を意味しているのか。上述のとおり、当時実践女学校の年間の学費は三六元、寮費二四元である。秋瑾の出した「四〇元」は彼女の六ヶ月あまりの学費と寮費である。だから四〇元を出した後は生活が苦しくなり、秋瑾は自主退学せざるを得なくなったと考えられる。しかも秋瑾が四〇元を出した時は、繁子による回想のなかの秋瑾退学の時と符合している。繁子の回想に誤りはないであろう。

一九〇五年八月、秋瑾が再び実践女学校に入った時、その費用工面の状況は前年に比べてもっと悪化していた。同年春、秋瑾が帰国したのは「学費工面」のためであり、主に「官費を得るための働きかけをする」ためであった。彼女は、帰国後まず南京に直接行き、江蘇の官費生の資格を得ようとした。紹興の故郷に帰った後は、浙江でも官費生の資格を得ようとした。各地の官費生の資格を得る望みがなくなった後、秋瑾は多方面から費用工面を開始した。上述のように、前年に渡日する前に彼女は紹興で北京にいる誉章に手紙を送り、陶大均の夫人陶荻子に託したネックレスと衣類を取り戻し、それを売るように頼んでいる。

それと同時に、各地で官費生資格を得ることができなかったことで、秋瑾は大いに腹を立てることになっていった。六月一九日なお紹興にいる際に誉章に宛てた手紙のなかで、夫の王廷鈞を痛罵し始めたのである。これは秋瑾が残した文字のなかで初めて見せる夫を痛罵する内容であった。手紙から知ることができる秋瑾が夫を罵る原因は、夫が湘潭の夫の実家に残っているネックレス「珠帽及珠花」と誉章が誤って湘潭の王家に送った「銀元一百」を、この時湖南にいた秋瑾の妹の秋珵にいまだ返していないことにあった。秋瑾が留学費用を工面しきれずにいる状況下、夫が「いまだこの金や物を自分のところに留めておこうとするのは、私の命を絶とうとしていることです」といい、珠帽及珠花と銀元一百のために、秋瑾は手紙で激烈な言辞で夫を痛罵しているのである。「子芳の行為は禽獣にも劣り、人としての良さがないこと、これ以上ひどいものはありません。(80)」ここに、秋瑾が留学費用を集める際に生じた焦りと苦悩とが見てとれる。

七月一七日、秋瑾は再び船で日本に向かい、二三日に東京に着いた。秋瑾は東京到着後重病にかかったが、それは一つには道中が困難を極めたからであり、もう一つには官費生の資格が得られず、母親が無理に工面した学費は多くなくて、追い詰められた心境にあったからであろう。ここで八月一四日の誉章への手紙を見ると、銀百元を妹の秋珵がすでに王家から取り戻したかを引き続き尋ねているとともに、再度夫王廷鈞を痛罵し、また自分の結婚を後悔し始めている様子を見て取れる。「妹はよく手紙をくれますか。王廷鈞からあの百両を取り戻す際には、彼と決裂しても構いません。彼は実に無礼極まりなく、人としての良さをまったくなくしていて、ひたすら私を死地に置こうとしているからです。彼はわが秋家には人がいないと思っていて、私はもう彼を恨み骨髄に感じ、敵だと思っています。……心を空しくして自問するに、私は決して愚か者ではないので、世の浮き沈みに身を任せて平々凡々と人生を送ることがどうして出来ましょう。水は岩場を流れて音を発するように、人は刺激を受けて壮大な志を生み出すのであり、今後もし青史に名を留めることができるならば、私の一生の願いは満足を得ることになります。私はあのような良心のない人間が私の周辺に現れることを望みません。もし今後人が夫のことを聞いたら、すでに死んだと答えてやります。」

その後、九月一二日、一〇月六日、一一月六日、一一月二八日などに兄に宛てた手紙のなかでは、夫の王廷鈞および湘潭の夫の実家が学費を提供ないし貸与しようとしないことを罵り軽蔑する内容が書かれている。九月一二日の手紙では、すでに夫に手紙を送り、王家から一千両の銀を借りて留学費用にしたいと頼んだことを伝え、もし夫と王家が首をたてに振らなければ、夫と別れることで報復するとしている。さらに、手紙には次のような文面がある。「私は近頃夫婦の情や子供への情を気にかけなくなりました。気になるのは後世に残る名声のことで、そうでなければ、いっそこの世から消え去る方がましで、あのような少しも信義のない者に私の英雄独立の精神を汚されることを願ってはいませんが、ただ金銭のことにはまさに難渋していて……最近私は子芳に手紙を書いて、あの百両と真珠のネックレスの件を詰問しました。手紙にはなお、経済的に困っているのであなたに一千両貸してほしいと相談したいと書き、また、この一千両は以前の借金を返すためのもので、今後の費用についてはなおあなたに借りたいと書きました。彼がどんな風に答えてくるかを見ます。もしも貸さないとするか返事もない場合は、私は手紙で彼と往来を絶ち、今後は王家は秋家の娘を嫁にしていることを外で言ってはならないと伝えるつもりです。[81]」しかし王廷鈞からの返答はなかった。妹の秋珵は姉の費用工面のため、夫の家と王家の関係を利用して夫の父に王家に相談に出向かせ、秋瑾に五〇〇元を貸し付けるように頼んだが、それが失敗すると、また、彼女は長兄に頼んで父親のいとこ清墅に会い、秋瑾へお金を貸すよう申し出たが、これも失敗した。[82]

留学費用を工面できず、秋瑾の気持ちはますます追い詰められた。とりわけ彼女が誉章に出した一一月の二通の手紙からは、留学費用の不足によって、悩みと焦りがますます大きくなっていることを読み取ることができる。先の一通には「湘潭に置いてきた衣類は売れたのかどうか、非常に焦りを覚えています」とあり、あとの一通には、「学費が足りないとはいえ、目下、無理にでも方法を考えようとしていますが、腕輪が売れておらず、妹のところの衣類はいったい売れたのかどうかも、回答がないので焦りを覚えることこの上ありません」と記している。さらに、あとの手紙の最後には、秋瑾が非常に心を痛めていたと思われるくだりがある。「私はこの世で最も苦痛に感じていてしかもその苦しみを打ち明ける機会をさがせずにいる人間です。ただ私だけがいて、家にいても楽しみを感じられず、外出しても親戚友人の手助けがなく、天涯孤独で、今後一体どんな結果になるのか予測しがたいのです。兄さんは私よりはましですが、やはり話す人がおらず、親戚友人の手助けもありません。幸運なのは男に生まれたということで、結局のところ私の十倍勝っているというべきです。しかし私はちっとも人も天も憂えていません。今日のこのような世の中、国さえもこんな状況におかれていて、私個人のことなど何を憂えることがありましょう。でも。私に異常に怒りを覚えさせるのは、敵に報復する方法がないことであり、これは私の心の奥底に潜んでいる苦痛なのです。(83)」

夫と夫の実家が留学費用を提供したがらないことによって、秋瑾はすでに二度彼らを並び立つ者がない敵とみなすようになった。さまざまに方法を講じても依然として留学費用を集め切ることができず、それによって秋瑾にもたらされた苦痛と打撃は深まった。秋瑾のこの時の心理状態は、費用が差し迫って必要とされているという問題として表れており、この問題は彼女が退学を決意するのはまもなくであることを示している。

学費不足が招来した落胆や悲観ないし焦りは、秋瑾が初めて実践女学校に入った後にすぐに表面化したことであった。繁子は回想のなかで、一九〇四年九月末に中国に戻る前、秋瑾は彼女の家に行き、以下のような会話をしたことに言及している。

秋瑾「このごろ私はどうしてだか、この世に長く生存しないような気がする。私の魂は私を捨ててしまい、私はただ魂のない残骸に鞭打っているだけよ。」

繁子「どうしたの秋瑾さん、貴女にも似合わぬ弱いことをいう。魂が貴女を見捨てたならば貴女は更に新しい魂を見つけなさいな。決して残骸にはならない事よ。しかし秋瑾さん、貴女はつまり家庭の人なのよ。その家庭を捨てて馴れぬ風土から受ける心のさびしさに神経が過敏になったのよ。貴女はいっその事貴女の家庭に帰る方がいい。」

秋瑾「家庭に帰る？　私は無意義の平和にひたる事は出来ない。夫人の御厚意は感謝します。私は学校には不平ですが退校しようとは思わぬ。……アア、私はこの世に長く生存はしないと思う。この魂のない残骸に鞭打ってなすべきことをしなければ[84]。」

一九〇五年八月、再度実践女学校に入学した後にも、秋瑾は同様に上記のような状況になった。王時沢の回想によると、当時秋瑾は東京にいた彼の母に自費で実践女学校師範速成科に入学するよう勧め、母が入学後、秋瑾と同部屋になった。「私の母が繰り返し語ったことには、秋瑾は学校で粘り強く勉強しており、気力は驚くべきものがあり、毎晩宿題を済ませた後、みな消灯して眠りについてからもまだ本を読み、深夜まで書きものをしていて、沈痛な件を書くたびに、胸を叩いて痛哭して、憤るあまり生を欲しない様子となり、母が再三勧めた後にようやく筆をおいて床に就いたとのこと。現在『秋瑾集』に収録されている詩や文章の多くはこの時期に書かれたものである[85]。」

秋瑾は詩人であり、悲しい詩を好み、「沈痛な件を書くたびに、胸を叩いて痛哭して、憤るあまり生を欲しない」という状況はおそらくあったであろうが、筆者が考えるに、秋瑾のこのような状況はおもに留学費用の不足に由来するのではないだろうか。前に分析した八月一四日から一一月二八日までの兄へ宛てた手紙と結びつければ、筆者の上記の考えは容易に理解してもらえるのではないかと思う。これは秋瑾が一九〇四年九月末に繁子との対話のなかで見せた気持ちの落ち込みや不安定さと一致する。ゆえに秋瑾の今回の退学と最後の離日において鍵となるのは、最初の退学と同様、留学費用が底をつき、かつ工面することもできなかったことにある。

秋瑾が最初に実践女学校に入学した一九〇四年九月末、繁子と会った時に、頻りに学校の不備を言い、一一月上旬に繁子への手紙でも実践女学校への不満を書いているが、もし彼女が学校に対する不満を本気で感じて退学したのであれば、彼女は二年目に学校側に再入学の許可を求めるはずはない。

そのほか、たとえ、湖南の反清活動家の劉揆一、黄興、章士釗、宋教仁、および浙江の著名な反清人物陶成章、徐錫麟、龔宝銓、さらに同盟会の創始者孫中山、馮自由など専業革命家のイメージが影響して、女性教育家になるべく実践女学校で必死に勉強するか、あるいは学校を退学して上述した人々のように専業の反清革命家になるかで徘徊し矛盾を深めたとしても、秋瑾の個性と彼女の秋家大家族にたいする責任感から、軽々しく留学生活を放棄することはなかったであろう。なぜなら一旦放棄すれば、あらゆる期待と希望がすべて消滅してしまうからである。たとえ彼女個人は留学費用を工面できなくなった一九〇五年一〇月、一一月であっても、彼女はなお兄への数通の手紙のなかで借金をして留学するように勧めているのである。例えば一一月六日、彼女は再度手紙で督促して、「お兄さんの留学のことはどのように進展しましたか。いろいろなところに頼んで官費による出国を得るよう動くことが最も大事です。……いまや地位を得ようと思えば、絶対に留学の経歴が必要です」。彼女はお節介にも兄嫁の張氏に手紙を書くことさえして、張氏に実家に出向いて一千元を借り、誉章の日本留学の費用にするようにと頼んでいる。[86] 秋瑾はひたすら兄の日本留学を煽って、長男が国内で老いた母親、幼弱な弟とその妻、五人の小さな子供からなる一〇人の大家庭の生活の面倒を見なければならないことにまったく考えを及ぼさなかったが、そのわけは、秋瑾が日本留学に秋家一族の命運の発展と救済への期待を託していたことにある。秋瑾自身がもし経費を使い果たしていなかったとしたら、絶対に退学などせず、留学生活を全うしていただろうとは、完全に信じる理由があることである。

以上のような分析を通じて、極めて個性に富み、社会に対する感受性が極めて強い名門の娘であった秋瑾が、家族の衰退と時代変革の荒波のなかで、必死に機会を掴んで個人と家族の命運を変えようとしていたことを見て取ることができた。彼女は二〇世紀初頭の北京で、まず開明的な新思想を持つ人々と接触し、科挙制度の廃止が公布されて、日本留学がしだいに個人の前途や中国の変革を模索しようとする有為の若者の選択となると、彼女は京師大学堂から招請された日本人教習服部宇之吉の夫人繁子と知り合い、これまでにはなかった個人と秋家一族の運命を変える契機を掴んだと感じ、すぐに繁子の帰国時に同行して日本に留学することを決意した。実践女学校へ二度入学したが、彼女の生活と活動はずっと学校の学生に対する厳格な管理要項を超えており、その身分は最後まで学生と反清活動家の中間にあったものの、いつも後者に近かった。秋瑾は実践女学校に入学し、退学し、また入学し、最終的に退学する。ここから彼女の留学生活で直面した最大の困難が見えてくる。すなわち、彼女の二度の入学は、どちらも固定した十分な留学資金の準備がない中で、首飾りや衣類を売ったり、友人に借金したり、母親に頼って内緒の援助を得ていたのである。それに加えて、彼女はよく献金をし、各種の反清活動にも参加して少なからぬ経費をそれらに費やしているので、留学費用はなおさら不足状態に置かれていた。多方面から資金を集めようとしても効果がまったく得られない状況で、秋瑾はとうとう日本政府による取締規則に反対する留学生の同盟休校運動を選択する中で退学し、その後日本を離れて帰国した。これは秋瑾にとって当然のことながらこの上なく遺憾なことであった。秋瑾の二度の退学は留学費用の不足を重大な原因とするものだったと筆者は考えているが、それゆえなお、一九〇五年一二月に文部省が公布した取締規則に反対する同盟休校運動で最終的に帰国した学生のなかには、秋瑾と同様、経費の不足を原因とする者がまだ少なからずいたはずであろうと推測するのである。留学生取締規則に反対する運動の当事者の回顧によると、当時退学して帰国した大多数は自費生であり、学業をまもなく終えようとして、かつ専門に勉強する分野のある学生や官費生で帰国した者は少なかったという(87)。宋教仁は取締規則運動反対の当初は、退学、帰国を主張するグループにいたが、すぐに立場が動揺して、もとの主張に戻ることはなかった。それが同年夏に湖南省官費生に転じたことと関係があるかはわからないが。総じて、当年日本にいた多くの留学生中で、学業を全うする、留学経費が不足する、反清革命活動家となる、の三者の葛藤の中にずっと身を置いていた人がかなりいたのではないだろうか。

（1）『浙江辛亥革命回憶録』第三輯、浙江人民出版社、一九八五年。
（2）『中国研究月報』一九八五年一一月号。
（3）『秋瑾集』、上海古籍出版社、一九七九年、三六、三九頁。夏暁虹は、秋瑾が有名になることを願い生前死後に名を残すことに執着するという特徴があることに注目している。「北京時期的秋瑾―在首都師範大学的演講」、河北社聯『社会科学論壇』二〇〇七年第一二期、八九頁。
（4）このような見方をするのは、筆者が関連する資料を解読して、秋瑾は逮捕される前に逃走できる機会があったにもかかわらず、実際は常軌に反してその場を離れなかったと考えるからである。
（5）秋瑾が残した文字を徹底して集めて編集した『秋瑾全集箋注』（郭長海、郭君兮輯注、吉林文史出版社、二〇〇三年）にも、筆者は秋瑾が二人の子供に触れて書いた文を見つけることが出来なかった。
（6）『秋瑾集』、三六、三八頁。
（7）秋瑾の先祖や家族の状況については、来新夏主編『清代科挙人物家伝資料滙編』第八三巻「秋寿南」の項目、学苑出版社、二〇〇六年、二八九～二九一頁を参照した。
（8）秋瑾の出生や結婚の時期について筆者が参考にしたのは、秋瑾夫婦の息子王沅徳の岳父で湘潭人の張翎六の「子芳先生夫婦合伝」である。趙世栄『曾国藩的故園』、岳麓書社、二〇〇〇年、一四二頁。
（9）湘潭で秋瑾と交流した経歴のある陶在東は、湘潭時期の秋瑾について「試作を好み、それが世間に知れて、一時期女才子として注目された」と書いている。「秋瑾遺聞」、郭延礼編『秋瑾研究資料』、山東教育出版社、一九八七年、一〇八頁。

(10) 田翠竹「秋瑾在湘潭写的詩及佚事」、『秋瑾全集箋注』三四～三六、四〇頁。秋瑾の二首の詩は、『秋瑾集』六一、六二頁に載る。

(11) 以上の経過は、秋宗章「六六私乗」、『秋瑾研究資料』一一四、一一五頁、秋宗章「関於秋瑾与六月霜」、郭長海、李亜彬編著『秋瑾事迹研究』、東北師大出版社、一九八七年、一五頁に見える。また、陶成章『浙案紀略』「秋瑾伝」にもある。『辛亥革命』(三)、上海人民出版社、一九五七年、六〇頁。

(12) 「子芳先生夫婦合伝」、『曽国藩的故園』一四二頁。

(13) 「致琴文書」、『秋瑾集』三一～三二頁。

(14) 秋瑾が一九〇六年に親しくなった徐自華は「秋女士歴史」において、秋瑾の性格を「生まれつき遊侠伝を好んで読み、朱家や郭解などを慕い、任侠心に富んで義を好み、金を使うのに糸目をつけず、広く交遊して、まことに女界の豪傑である」と述べている。『秋瑾研究資料』六一～六二頁。文中の朱家と郭解は中国古代の任侠の士である。

(15) 「秋瑾遺聞」、『秋瑾研究資料』一〇八、一〇九頁。

(16) 『秋瑾集』三三頁。

(17) 「子芳先生夫婦合伝」、『曽国藩的故園』一四二頁。

(18) 「秋瑾遺聞」、『秋瑾研究資料』一〇九頁。なお、劉少少が『帝国日報』に勤めたのは一九〇九年以降のことで、ここは陶在東の記憶違いである。

(19) 一九〇五年秋瑾は兄への手紙で何度も江亢虎に言及して、兄に江と「義兄弟」になるよう勧めている。『秋瑾集』三三、

三六、四一頁。

(20)一九〇三年秋瑾夫婦が北京に着くと、宣武門外縄匠胡同の廉泉、呉芝瑛夫婦宅に間借りしている。

(21)服部繁子は「秋瑾女士の思い出」、『季刊東西交渉』第三号、一九八二年で、欧陽弁元は京師大学堂の助教授だと言っているが、彼は京師大学堂仕学館に学ぶ前は清朝の戸部郎中だった。

(22)「秋瑾女士の思い出」、『季刊東西交渉』三八、三九、四〇頁。他に、夏暁虹の研究によれば、ここでいう婦人談話会、つまり「中国婦女啓明社」については、天津『大公報』の同年二月一〇日に最初の報道があり、該社の第一回の集まりは二月二〇日に開かれたと推測している。夏暁虹「秋瑾北京時期思想研究」、『浙江社会科学』二〇〇〇年第四期一一五頁。したがって、繁子の回憶した具体的な時期は誤っている可能性がある。

(23)「秋閨瑾」は秋瑾の祖父が命名した名前で、彼女は来日前にはずっとこの名前を使っていたが、来日後の七月に清国留学生会館に登録した時に「秋瑾」の名前を使い出した。

(24)「英斂之先生日記遺稿」、沈雲龍編『近代中国史料叢刊続編』(〇二一‐〇二三)八二四、八三一、八三九頁。

(25)「秋瑾遺聞」、『秋瑾研究資料』一〇九頁。

(26)王祖献「秋瑾与呂碧城的交往」、『秋瑾研究資料』二七三頁。

(27)その三年後になっても、浙江紹興の社会風紀は秋瑾が男の形象で現れるのを認めなかった。陶成章は、一九〇七年に紹興大通学堂となって「自ら男子の体操服を着、馬に乗って城内を出入りした際、紳士たちは皆彼女の所作を喜ばず、声をそろえて非難した。秋瑾は学生たちの後援を得て、紳士たちと争ったので、紳士たちは敵わなかったもののその分恨みが募った」と書いている。『浙案紀略』「秋瑾伝」、『辛亥革命』(三)三一頁。

(28)「秋瑾女士の思い出」、『季刊東西交渉』四二頁。

(29)「子芳先生夫婦合伝」、『曾国藩的故園』一四二頁。また、秋瑾の弟宗章は姉婿を「…、まるで女性のような風貌で」、秋瑾はこれと比べて「一層男勝りだった」と言う。「六六私乗」、『秋瑾研究資料』一一四頁。

(30)「秋瑾女士の思い出」、『季刊東西交渉』四二頁。

(31)「秋瑾女士の思い出」、『季刊東西交渉』四二頁。陶在東によれば、秋瑾は北京にいる時期に日本人中島裁之から日本語を習ったという(「秋瑾遺聞」、『秋瑾研究資料』一〇九頁)。中島は甲午戦争前から中国で活動しており、一九〇一年李鴻章の同意を得て北京で東文学社を設立して、中国人に日本語を教えた。

(32)呉芝瑛「蘭譜」、『秋瑾研究資料』五五~五六頁。

(33)注(22)を参照のこと。

(34)秋瑾のアメリカ留学をする計画については、ただ繁子の回想において見られることであるが、秋瑾がよく繁子と討論した件は、繁子の話が無から有を生じたものではないと思われ、今後の調査が必要である。

(35)ウィキペディア「島田篁村」を参照。繁子の単著としては、『清国家庭及学堂用家政学』、冨山房、一九〇八年がある。

(36)秋瑾が「精衛石」(『秋瑾集』一三二~一三三頁)中に描いている女性主人公の兄長の形象が参考になる。

(37)「秋瑾遺聞」、『秋瑾研究資料』一〇九頁。

(38)「秋瑾女士の思い出」、『季刊東西交渉』四二頁。

(39)実践女子学園八十年史編纂委員会編『実践女子学園八十年史』、一九八一年、一〇六頁。

(40)『秋瑾集』、一一一頁。

(41)「秋瑾女士の思い出」、『季刊東西交渉』四七、四八頁。

(42)実践女学校の資料中には、秋瑾がこの時入学した記録がない。彼女が最初に実践女学校に入学した際の身分が速成科学生であったか、聴講生であったかは再考が待たれるところである。
(43)『宋教仁日記』、湖南人民出版社、一九八〇年、三六頁。
(44)以上の内容は、『宋教仁日記』二五、三三、三六、三七、三九、四八頁に見える。
(45)『浙案紀略』「秋瑾伝」、『辛亥革命』(三)六一頁。
(46)『宋教仁日記』四八頁。
(47)平慧善は『秋瑾』、江蘇古籍出版社、一九八四年、三五頁で、秋瑾はこの時「帰国して親に会い学費の工面をするとともに、青山の実践女学校の学生募集を手伝った」と述べ、『秋瑾事迹研究』一三六頁も同様のことを書いているが、両書ともこの結論を説明するに足る根拠を示していない。
(48)『秋瑾集』三三頁。手紙に「早々に旅装を解く」の表現があり、秋瑾が上海に着いたばかりであることを知ることができる。
(49)「秋瑾女士の思い出」、『季刊東西交渉』四九頁。
(50)『実践女子学園八十年史』一〇二頁。
(51)『女子世界』一九〇五年四月と五月発行の二号。
(52)『浙案紀略』「秋瑾伝」、『辛亥革命』(三)六一頁。
(53)『秋瑾事迹研究』一三〇頁。
(54)以上の引用は、『秋瑾集』四一、三四、九~一〇頁に見える。
(55)六月に発行された『女子世界』に載る(『秋瑾集』三二頁)。
(56)実践女学校教諭・舎監の坂寄美都子は、秋瑾の退学と再入学時の経過について、「一度退学して又まもなく再入学を希望した。再入学は許さない規則なので、下田校長に相談すると、一言任せるよとおっしゃった。それ以上口出しはならない。……それでもし事違うようなことがあれば、こっちの目がなかったのだから仕方がないといわれた。」と述べている。大里浩秋「日本人の見た秋瑾―秋瑾史実の若干の再検討」、『中国研究月報』一二頁。

(57)『浙案紀略』「秋瑾伝」、『辛亥革命』(三)六一頁。ここで陶成章が、秋瑾が紹興で徐錫麟の紹介で光復会に加入した時期を乙巳六月(西暦七月)としているが、この時間は間違っていると思われる。秋瑾が東京に戻って兄に出した最初の手紙に、六月二八日紹興を離れたと書いているからである。

(58) 七月二三日に日本に着いてからの最初の手紙は、『秋瑾集』三七頁にある。

(59)「紀秋女士遺事」、『秋瑾研究資料』七一頁。

(60)『実践女子学園八十年史』一〇七頁。

(61) 一八九九年の規則は八六～八七頁、一九〇八年の規則は一一六～一一七頁に載る。

(62) 記録上残っている『白話』三期分の目録が参考になる。

(63)『秋瑾事迹研究』三二頁。

(64)「回憶秋瑾」、『秋瑾研究資料』一九九頁。

(65)『浙案紀略』「秋瑾伝」、『辛亥革命』(三)一七～一八頁。

(66)「回憶秋瑾」、『秋瑾研究資料』二〇〇頁。

(67)「秋瑾女士の思い出」、『季刊東西交渉』四九頁。

(68) 馮自由「鑑湖女侠秋瑾」、『革命逸史』第二集、中華書局、一九八一年、一六五頁。王時沢「回憶秋瑾」、『秋瑾研究資料』二〇二頁。

(69) 劉揆一「黄興伝記」『辛亥革命』(四) 上海人民出版社、一九五七年、二八二、二八七頁。
(70) 「回憶秋瑾」、『秋瑾研究資料』二〇一頁。
(71) 『浙案紀略』「秋瑾伝」、『辛亥革命』(三) 六一頁。
(72) 「秋女烈士略伝」、『秋瑾研究資料』八九頁。
(73) 「日本人の見た秋瑾—秋瑾史実の若干の再検討」、一八頁。なお、駿河台は当時清国留学生会館があった地名である。
(74) さねとうけいしゅう『増補中国人留学史』、くろしお出版、一九七〇年、四七三頁。
(75) 「日本人の見た秋瑾—秋瑾史実の若干の再検討」一六、一七頁。
(76) 「秋瑾遺聞」、『秋瑾研究資料』一〇九頁。
(77) 「秋女士伝」、『秋瑾研究資料』六八頁。
(78) 陶在東はこのことを回想して、当時秋瑾は王照が獄中で急ぎお金を必要としていることを知って、「財布にあるすべてを取り出して贈った。彼女の義によって財を軽んじることかくの如くであり、私たちは再度彼女にお金を送って、それでようやく日本に向かうことが出来た」という(「秋瑾遺聞」、『秋瑾研究資料』七一頁)。また呉芝瑛の回想では、秋瑾は王照のことを知ると、「自分の手中にある一部を分けて、人に託して獄中の王照に届け、その際お金を出した者の名前は告げてはならないと言いつけた」とする(「秋女士遺事」、『秋瑾研究資料』一〇九頁)。
(79) 『秋瑾事迹研究』三七頁。
(80) 『秋瑾集』三四、三四〜三五頁。
(81) 『秋瑾集』三六、三八〜三九頁。
(82) 『秋瑾集』三六、四一頁。

(83)『秋瑾集』四一、四三、四四頁。

(84)「秋瑾女士の思い出」、『季刊東西交渉』四八頁。

(85)「回憶秋瑾」、『秋瑾研究資料』二〇三頁。

(86)『秋瑾集』四一、四二頁。

(87)「胡漢民自伝」、『近代史資料』総四五号、中国社会科学出版社、一九八一年、一八、一九頁。『罪案』(節録)、『辛亥革命』(二)、上海人民出版社、一九五七年、二四三頁。

第一高等学校特設予科時代の郭沫若
――「五校特約」下の東京留学生活

劉建雲

はじめに

郭沫若は中国近現代史において論議の多い人物である。毀誉褒貶相半ばするが、否定的な評価は基本的に彼の私生活における責任のなさと、建国後の政治運動に見られた一貫性のない言動に集中している。(1) 同時に、彼は中国ロマン主義文学の旗手、現代詩歌の基礎を築いた詩人、唯物史観に基づいた史学研究の先駆者、現代中国の革命的イデオロギーの重要な解釈者・宣伝者と称され、中国の近現代社会の進展に大きな影響を与えたことも事実である。(2) 周知のように、郭沫若(一八九二―一九七八)は青年期に日本に一〇年間(一九一四―一九二三)留学し、壮年期に亡命で日本に一〇年間滞在していた。留学期に『女神』(上海泰東書局、一九二一年)を出版して中国現代詩歌史における不動の地位を確立し、河上肇の著書を翻訳してマルクス主義を信奉するようになり、亡命期は中国古代社会と古代文字の研究で卓越した業績を残している。よって、「彼の思想の形成・転化は全て日本留学中になされ」、「彼の人間形成は日本で完成した」と、蘇徳昌が「中国人の日本観—郭沫若」という文章の中で指摘している。[3] しかしながら、「彼の日本滞在中の生存状態について今なお脳裏で完全なイメージを描くことができない」と嘆かれるように、[4] 郭沫若の二〇年間にわたる日本滞在の実態とその人間形成のプロセスに関していまだ未解明のところが多い。

筆者は同じ日本留学の経験者として、従来の日中教育文化交流史研究の視点から留学先の岡山大学文学部の先輩にも該当する郭沫若の日本留学に強い関心を持ち、日本在住の利便性を生かしてその全体的な把握を長年試みてきた。そうすることで、郭沫若研究に必要不可欠な基礎データを提供できるのみならず、百十数年前に現れたあの史上初の中国人日本留学ブームの全容解明にも何らかの寄与ができると思うからである。

郭沫若の日本留学は東京時期と、第六高等学校時期（岡山、以下六高と略記）、九州帝国大学時期（福岡、以下九州帝大と略記）に分けられる。六高時期に関しては、一九九五年『中国研究月報』NO．五七〇に掲載された名和悦子「岡山における郭沫若」があり、六高時期の郭沫若の成績・交友関係・下宿先などについて先駆的な考察が行われた。それを踏まえて、拙稿「岡山時代の郭沫若—地元市民とのふれあいをたどりながら—」（『人民中国』二〇〇九年五月）、「郭沫若在岡山的住所考」（『郭沫若学刊』総第九二期、二〇一〇年）が公表され、さまざまな史実が明らかになりつつある。九州帝大時期の郭沫若については、武継平が『異文化のなかの郭沫若—日本留学の時代—』（九州大学出版会、二〇〇二年）のなかで、郭沫若の母校で学ぶ優越性を生かして「福岡における郭沫若の実生活を克明に調査」したとされている。[5] ただ、郭沫若の日本留学の一駅目である東京時期、とりわけ第一高等学校特設予科（以下、一高特設予科と略記）時期の生活と学習のみが深く追究されていない。唯一前掲武継平の著書において若干論及されているが、全体的な調査と具体的な検証は行われておらず、史料の扱い方や論述・論点にも再検討を要するところが認められる。

郭沫若は一九一四年、「五校特約」が実施されていた時期に日本に留学してきたのである。「五校特約」は日中政府間で一九〇七年に締結され、一九〇八年から実施された文部省直轄五校による留学生教育受託事業であり、清末民初の中国人日本留学が「多数速成」から「少数正統」への政策転換の動きのなかで最も注目されてきた事業である。[6]五校とは、東京高等師範学校、東京高等工業学校、千葉医学専門学校、第一高等学校、山口高等商業学校のことを指すが、実施期限は一五年間、費用は中国の地方各省によって分担され、毎年入学試験によって百数十名が選ばれた。そこで、本稿は「五校特約」下の中国人留学生生活の一事例として郭沫若が留学していた当時の時代と社会環境に着目し、『桜花書簡―一九一三年至一九二三年家信選』[7]、『第一高等学校六十年史』（一九三九年。以下、『六十年史』と略記）などの一次資料を解読・検証して、さらに実地調査を加えることで、一高特設予科を中心とした東京時期の郭沫若の勉強と生活の実態解明に努めた。そうすることで郭沫若の一見雑駁な思想・人生の原点探索にも何らかの役に立つことができれば幸いである。

一　特約五校を目指した受験勉強

一―一　来日前の郭沫若の基礎学力―なぜ日本留学への道を選んだのか

郭沫若は一八九二年一一月一六日、四川省嘉定府楽山県観峨郷沙湾鎮の商人兼地主の家に生まれた。八人兄妹の三男である。[8]彼が日本留学への道を歩むに至ったのは、二人の兄の影響が大きかったと言える。渡日前の日本事情、日本の留学生教育に関する知識と情報はほとんど二人の兄からもたらされたものであった。

長兄郭開文は、『欽定学堂章程』（一九〇二）が発布されてから四川省で最初に創られた新式専門学校の一つである成都東文学堂[9]の第一期生（一九〇三・一二～一九〇四・一二）で、一九〇五年二月省費派遣留学生として来日していた。

彼は一二歳の郭沫若も連れて来たかったが、親の反対で実現できなかった。しかし、彼の呼びかけで楽山県の若者が十数人も一緒に来日したという。開文は一九〇六年九月から一九〇九年七月にかけて東京帝国大学法科大学の「選科」に在籍し、聴講生として政治学を学んでいた。一九〇七年に『漢訳法律経済辞典』を同期・同郷の張春涛と共訳して奎文館書局より刊行している。

また、次兄開佐は、『欽定学堂章程』が発布されてから四川省で最初に創られた軍事学校である成都武備学堂の第一期生（一九〇二・一二～一九〇六・一二）であった。開佐は一九〇六年冬「軍事視察」の名目で日本に派遣されたが、折しも「五校特約」が締結された年であった。来日した開佐は、「軍事が嫌いで科学を学びたい」と考えを改め、生活は省費留学生の長兄に頼りながら特約五校への受験勉強を始めた。しかし、初年度の選抜試験は受験生が二〇〇〇人に及び、開佐は受験に失敗して、その年末帰国せざるを得なかった[10]。

二人の兄の影響を受けて、郭沫若は幼少期から日本を「憧れの土地」と考えていた[11]。

郭沫若は四歳から自宅の私塾である「綏山山館」に入り、『詩経』・『春秋』などの中国古典を学び、いわゆる「中学」の基礎をしっかり固めた。しかし、近代科学の基礎知識は一切なかった清末の旧い知識人が西洋文明の摂取を急ぐあまり一気に日本になだれこんできたものの、結局近代の高等専門的な学問を習得できなかった人が多かった。長兄郭開文もその一人と言える。郭沫若の場合はどうであろうか。ここでは、自叙伝『少年時代』[12]などに基づき、彼の来日前に築いた近代教育の基礎学力を考察しておきたい。

一九〇六年春、一三歳の郭沫若は試験を経て新式の嘉定高等小学堂に入学する。同小学堂は、科挙制度が廃止されてから楽山県に設立された最初の小学堂であり、生徒の多くは、「院試」という科挙試験の最初の関門を目指した「老童生」と呼ばれる旧い知識人であった。小学堂の教習には日本留学帰国者が二人いて、一人は帥平均（一八七〇

－一九五三）と言い、四川省が一九〇一年に日本に派遣した最初の省費留学生である。帥は嘉納治五郎の弘文学院で勉強したというが、同小学堂での担当科目は算数、音楽、体操、国語で、その内、国語以外の課目は内容が貧弱だったという。もう一人は杜少裳（一八八〇－一九三六）と言い、同じく弘文学院に留学していた。杜は、一九〇六年夏に帰国したばかりで、担当科目は数学と物理、科学の知識は帥より上だった。

一九〇七年秋、嘉定中学堂が新設され、成績優秀か年齢の高い高等小学堂の生徒が進学することとなった。郭沫若も進学し、小学堂生活はわずか一年半で終わった。中学堂の授業も新設まもないため、教師陣の力量は極端に貧弱であった。地理の教師は日本と朝鮮の方角を間違え、博物の先生は烏賊の口を肛門だと言い、英語の先生は日本の正則英語学校の教科書を使ってアルファベット二六文字だけを半年間もかけて教えた(13)。国内外の短期速成教育で育った教師では、郭の旺盛な知識欲が満たされることなく、外の世界への憧れが募るが、それも実現できず自暴自棄になる。

一九一〇年春、成都高等学校分設中学堂に転入する。翌年、辛亥革命と清帝退位という中国近代史における波乱の時期が訪れ、成都の教育は「絶望するほど」混乱に陥る。中学堂卒業生は「挙人」の身分に相当するというので、成都には分設中学堂・成都府中学堂・華陽県中学堂などの官立中学堂以外に、私立中学堂も多数存在していた。官立中学堂は「人情の世界」と言われ、私立中学堂は「卒業証書を売るのが公然の秘密」だったという。そのほか、私立の法政学堂が四〇～五〇校もあり、「法政の人材を造ることは職人の造花より簡単」であった(14)。

一九一三年春、分設中学堂を卒業し、成都高等学堂に進学する。高等小学堂は一年半で終わったが、中学堂は五年半を費やしたことになる。

同年夏、天津陸軍軍医学校が全国各省で選抜試験を行うことになるや、郭沫若はこれに挑戦し合格した。成都を離れるチャンスを得たのである。しかし、この官立軍医学校には外国人教習は一人もなく、著名な中国人教員もいなかったことに失望した郭沫若は、入学を待たずに北京に赴き、川辺経略使代表を務めていた長兄開文を頼った(15)。

一九一三年末、開文の東文学堂時期の友人で、当時国会議員を務めていた張次瑜が訪ねてくる。翌日日本視察のため渡日するというので、郭沫若は彼について来日し、二人の兄と同じ日本留学への道を選んだ。

京奉鉄道に乗り奉天・安東を経由して、まず向かったのは韓国の釜山であったが、釜山領事館で領事をしていた柯栄階も長兄の東文学堂時期の同期生であった。領事館内に一週間留まり、一九一四年の正月も釜山で迎えた(16)。処女作『牧羊哀話』はこの時の経験に基づいて書かれたものと考えられる。そこから海を渡り東京に辿り着いたのが一九一四年一月一三日であった(17)。

ところで、郭沫若の渡日に関して、武継平は張次瑜がもらした「どうして日本に留学しに行かないの」の一言が決心させた点に着目し、郭の「日本留学は計画性のまったくない偶然なきっかけによるもの」だったと述べている(18)。しかし、この時は長兄の郭開文が日本遊歴から帰国したばかりであった。彼の頭に弟を日本留学に送り出すという腹案がまったくなかったとは考えにくい。彼も張次瑜も日本の留学事情と自国の留学政策を熟知していた。特約五校の入学試験は難しいこと、準備は通常一年半を要すること、今の自分にそれだけの費用も捻出できないことを考慮して、あえて口にしなかったのであろう。幼少期から海外に憧れ、二人の兄の日本留学を見て育った郭沫若も、軍医学校の入学を放棄した時点で、日本留学が念頭になかったとは言いにくい。彼が気にしたのも経費問題であった。実弟の経験から発した張次瑜の「若い人は頭が速いから半年の準備をすれば受かるだろう」という言葉が、郭兄弟に最後の決意をさせた違いない(19)。きっかけは「偶然」かもしれないが、「計画性のまったくない」行動とは考えられない。

一―二　異国での初めての下宿生活

郭沫若はみずからの「五十年簡譜」（一九四一年）や自叙伝などにおいて、自身の文学創作と世界観の形成が日本で受けた留学生教育、及び生活していた周辺の文化的社会環境にどんな影響を受けたのかについてはほとんど語っていない。ただ、留学期に彼が故郷四川の家族に送った手紙のなかでは異国での生活と勉強の状況を頻繁に報告している。それらの手紙は第一夫人の張瓊華に保管され、文革後に現地の研究者達に整理編集されて史料集として刊行されている。それが前掲『桜花書簡─一九一三年至一九二三年家信選』である。『書簡』は、郭沫若が渡日直前から九州帝大医学部を卒業した一九二三年までの手紙六六通を収録し、留学期の彼の生活と勉学を知るたいへん貴重な史料となっている。

『書簡』収録の家信四によれば、長兄がくれた重さ六両の金の延べ棒を手にして来日した郭沫若は、最初東京市小石川区大塚窪町二四番地（現・文京区大塚三丁目辺り）に住んでいた。家主は「戸村」と言い、すぐ近くに東京高等師範学校があった。日本での初めての下宿生活と、取り組んだ受験勉強について彼は次のように述べている。

「こちらの生活水準が高く、一間の家賃は月二〇円前後が必要です。食事は質素です。朝食はパン二枚、砂糖一皿、牛乳一本で、昼食と夕食はいずれもおかず一品、ご飯一甑《こしき》、漬物少々のみです。私の住んでいるところは家賃が一五・五円、比較的安いほうです。来たばかりの時は食事が口に合いませんでしたが、最近慣れてきてなかなかおいしいと思うようになりました。木炭が非常に高く、毎日少しだけ使って暖を取るのにも一角が必要で、我が故郷の一ヶ月分の費用に相当します。近来神田で日本語を勉強しています。下宿に四、五キロ離れていて、毎日行きは徒歩ですが、帰りは電車に乗らなければなりません。午後五時に授業が終わり、夕飯に間に合うよう急がなければならないからです。電車に二回乗れば中国のお金九〇文がかかりますので、毎月交通費は一・五円が必要となります。学費、洗濯代、入浴代などの雑費を合わせると、月三〇円がなければ足りません。（中略）同宿人の楊伯欽は撮影が得意で、昨日写真を撮ってもらいました。楊君は性向が端正で、さすが師範を学ぶだけあります。彼と一緒に住んでいて、私を弟のように可愛がってくれて、すべては彼の教えと導きに頼ります。勉強のための教師を依頼するのにも彼に頼ります。交誼が長くなるにつれて甚大な薫陶を受けました。（中略）残念なことに、彼は今年卒業しまもなく帰国します。盲人が道連れを失おうとしていて、彼と知り合うのが遅く、離れるのがまた早いのを恨みます。鹿蘋とは時々行き来しています。異国で同国人の顔を見るだけでも十分嬉しいのに、同郷且つ親戚はなおさらです。（原文は中国語、日本語訳は筆者。以下、特に断りがなければすべて同様）

ここに記された留学生の生活状況とその水準は、当時流布していた日本留学案内書の紹介とほぼ一致している。[20] 同宿人の楊伯欽も郭開文の友人で、成都東文学堂時代の同期生であった。楊はこの時東京高等師範学校の三年生で、下宿探しや神田の日本語学校への連絡と教師の紹介など、来日したばかりの郭沫若の世話役を務めたと考えられる。「鹿蘋」は苗字が呉、郭沫若と同年齢で、九年前に開文と一緒に来日し、当時は一高本科の二年生であった。妹・蕙貞の旦那の長兄ということから、「同郷且つ親戚」というのである。

大塚窪町二四番地の下宿屋に郭沫若は一九一四年一月から一高特設予科に入った後の九月末まで八ヵ月以上住んでいたと考えられる。

一―三　一高特設予科の選抜試験

民国初期の日本留学政策は、清国留日学生監督処が設置されてからの官立校重視の政策を援用していた。ただ、軍閥混戦などの国内の混乱が深刻化するなか、各省では負担金送付難が頻発し、多くの省は「五校特約」以外の官立校留学生の学費負担を相次いで拒むようになるため、実質上五校への進学は当時の留学生にとって目的達成のためのほぼ唯一の確実な選択肢となった[21]。特約五校は、前述したように文部省直轄の東京高師、東京高工、千葉医専、一高、山口高商の五校を指す。これらの学校に入れば教育水準が保証されるだけでなく、入学試験に合格すると留学に必要不可欠な「官費」が祖国から支給されるので、当時留学生の間では競争が非常に激しかった。

郭沫若も当然五校を目指した。ただ彼は師範学校を望まず、一九一四年度山口高商が留学生を募集しなかったため、結局選択肢は東京高工・千葉医専・一高の三校のみであった。文系が得意だったが、辛亥革命前後の成都教育界の混乱と腐敗に対する嫌悪感から、中国の「読書做官（勉強は立身出世のため）」という悪習に反発して文科を選ばず、「実業」と「医学」の二つに志望を絞ることになる。

特約五校の入学試験は倍率が高く、七、八年受けても受からない留学生がいたという。押しつぶされそうなプレッシャーを抱えて、郭沫若は勉学に全力を注いだ。来日して二ヵ月後の家信五（三月一四日）において、彼は勉強の進捗状況と受験への心構え、および経済面の厳しさを次のように綴っている[22]。

「私が日本に来て二ヵ月になりました。日常会話は少しできるようになり、最近作文も書きはじめました。まだ上手とは言えませんが、もう思うことを苦労なく書けるようになりました。本や新聞もだんだん理解できるようになりました。この調子だと半年頑張れば、六、七月の受験に挑戦できると思います。私はできるだけ出費の節約に努めています。一月は来たばかりで、書籍や被服、日用品などを若干購入し、合わせて六〇円ほどは使いました。二月は二七円しか使っていません。そのうちの四円はまた予想外の出費です。来日してから換金するたびに野村氏の世話になったので、謝礼として三円を使いました。ほかに、目の治療で一円使いました。少し疲れて充血したのです。今もう全快しました。この三月は二五・六円があれば十分足りると思います。」

要するに、この時点で数ヵ月後に控える前記三校の受験に対してもう多少は自信が付いたのである。彼は六月に東京高工を受験したが失敗し、七月にまた一高と千葉医専を受験して、結果は一高特設予科の第三部に合格した。受験勉強に費やした「半年たらず」は当時においてもっとも短かったと、郭自身は自画自賛している。(23)

ところで、一高特設予科の入学試験は、開始当初毎年二月に清国公使館留学生監督処が日本在住の受験生から志願者を募集して一高に連絡し、三月初めに行われ、四月に新学期が始まっていた。入試がいつ七月に変わり、新学年がいつ四月から九月に変更されたのかは不明である。一高は当時三部制を採用していたので、試験科目も日本語・外国語・数学が共通で、第一部に進学したい者には地理と歴史、第二、三部に進学したい者には物理と化学がそれぞれ課されていた。ちなみに、初年度（一九〇八年）の入試日程は次の通りである。(24)

四月一〇日　八：〇〇～一〇：〇〇　国語ノ書取、作文
　　　　　　一〇：〇〇～　　　　　国語ノ会話
四月一一日　八：〇〇～一二：〇〇　数学（算数、代数、幾何）
　　　　　　一三：〇〇～一七：〇〇　英語（日語英訳、英語日訳）

試験の結果、志願者二一〇名のうち、六〇名が合格し入学している。また、『六十年史』によれば、一高は受験生に対して特別の手配をすることなく、特設予科に入りたい留学生はおのおの市内の私塾で日本語・英語・数学などを学び受験準備をしていたという。(25)これは郭沫若が残した記録と一致する。郭沫若が通った日本語学校は、教師を選ぶ

ことができたことから、集団教育というより個別指導だったのであろう。随時入学してくる留学生に対する効果的な指導方法だったと考えられる。郭沫若は受験準備の半年間、神田の日本語学校までの通学時間を除けば、ほとんど外出することもなく、「一生涯もっとも勤勉な時期」を過ごしたと記している。(26)

一―四　初めての学外近代体験―房州海水浴

一高特設予科に受かった郭沫若は、さっそく楊伯欽、呉鹿蘋と三人で房州（現、千葉県南部）へ避暑に行った。家信八（七月二八日）には「東京は人口密度が高いので、夏に入るととても住みづらいです。先日楊伯欽、呉鹿蘋と一緒に房州へ避暑に来ました。ここの風景は素晴らしいとは言えませんが、気候は東京より爽やかです。その上、海が近いので、毎日海水浴をしていてとても楽しいです」とある。休暇中の八月二九日に彼は初めての官費を受け取った。

『向陵誌』（一九一三年）によると、房州は明治後期からすでに一高を中心とした首都圏各学校の主な水泳練習場であった。特に北条の鏡ヶ浦は風がなければたいへん穏やかで、理想の水泳練習場だったという。毎年七月頃になると、大勢の一高健児が続々と海辺に設けられた寄宿舎に集まり、師範の指導のもとで水泳術を競い合った。「沖島廻游」や「那古遠泳」に挑戦し、さらに他校と「関東聯合游泳大会」を開催して海辺を大いに賑わしていた。大正三年一一月発行の『第一高等学校校友会雑誌』二三九号に水泳部の「部員一覧表」が掲載され、そのなかに中国人と思われる「周昌寿」・「陳震異」の名前が見られる。

房州での避暑生活は、先輩の楊伯欽と呉鹿蘋が主導したと考えられる。三人は共同で借間し自炊生活を送りながら、七月下旬から九月初め頃まで滞在した。当時京橋から北条までは汽船が昼夜を問わずに運行し、専用客船直行便の運賃は片道八五銭だった。水着などの用品は現地でも調達できるので、着替え二、三枚持参すれば気軽に行けたという。

四川の奥深く峨眉山の麓に生まれ、深さ一尺以上の川へ入ることさえ家の決まりで禁じられた郭沫若は、この初めての海水浴により「生まれ変へつた《ママ》」新鮮感を得たという。ただし、水泳はたいして進歩しなかった。彼は水泳を練習した時の体験を後々、「経験がなかつたので口を開いた儘、いきなり水泳部の受持に頭を海へつつこめられ、潮水を一杯飲まされて、とても塩ぱかつた」と思い出している。(27) また、呉鹿蘋が「その時、郭さんは水泳ができなかったので、ある日一人で海辺へ泳ぎに行き、危うく溺れ死ぬところを日本人に助けられ、借間に送りとどけられた」というエピソードを語っている。(28) 郭沫若は水泳に恐怖心をもつようになったのかもしれない。避暑生活が終わった時点でたった十数メートルしか泳げなかったことが彼の手紙に記されている。六高時期の彼もよく旭川で涼んだが、三〇メートル以上を泳いだ記録は見当たらない。

水泳は覚えられなかったものの、それでも彼が呑気に海辺の生活を満喫することを妨げなかった。よく月夜に友人を誘いボートで鷹島や沖島を巡り、時としては酒を持って島に上がって飲んだりした。沖島まで五〇〇メートル、鷹島までは七五〇メートルほどの距離で、一高健児が水泳を練習するコースでもあった。郭沫若は一ヵ月以上にわたって海水浴を続けたため、身体が真黒となり、東京に戻ると友人から田舎男とからかわれた。

見城悌治「近代千葉における中国留学生と海水浴体験」は、中国人留学生の海水浴経験をもう一つの日本における「近代体験」として捉えている。(29) 日華学会主催の房総「銷夏団」は一九二三年に始まるが、その一〇年も前に房州の海岸はすでに中国人留学生の好む避暑地であったことが、郭沫若の記録でわかった。

二　第一高等学校特設予科における郭沫若

二―一 特設予科の教育内容

第一高等学校の留学生受け入れは、一八九九年九月浙江省派遣の聴講生八名の入学をもって嚆矢とする。彼らは日華学堂で一年ほど日本語を学び、すでに「講義を理解し得る」レベルに至ったという[30]。これに次いで、京師大学堂より選抜された生徒三一名が一九〇四年一月に入っている。「将来重要な地位に任用する」という清政府のねらいがあったため、一高は全校を挙げて養成に努めた。三一名の留学生は全員一高の寮に入居し、日本人学生と起居を共にしていた[31]。

一九〇八年に設立された特設予科は、本科の三部制にあわせた学科課程が編成されていた。『六十年史』において特設予科の学科課程が三つ収録されている。一つ目は、「自明治四十一年四月至同四十二年七月　明治四十一年四月入学清国留学生ニ課スル学科目及毎週授業時数」で、いわゆる初年度（一九〇八年）のものである。留学生は二組に分けられ、将来本科一部へ進学する者は第一組、二、三部へ進学する者は第二組とし、修業年限を一年半と想定した五つの学期に基づいて、それぞれ異なった学科課程が編成されていた。二つ目は「自大正七年九月至同八年六月　特設予科学科目及毎週授業時数」で、一九一八年度の学科課程である。本科の三部制に完全に合致した三種類の学科課程が編成され、一高が文理二科に改編される直前のものであり、三部制時期の最後のものでもある。三つ目は文理二科に変更後の一九一九年に編成された学科課程である[32]。

それでは、一高特設予科で郭沫若はどのような科目を履修し、各科目にどれぐらいの時間を費やしたのであろうか。この点について、武継平が前掲書において、『六十年史』第三章「特設予科及特設高等科」の「総説」を取り上げ、「大正十四年八月十一日その規定を創定するに至る迄は、別に規定を設けざりき。この時制定を見たる規定は在来施行し来りし通り定めしものなれば、これによりて以前の特設予科教育の状況をも察知するを得べし」（四七三頁）と

［資料1］三部制時期の「特設予科学科目及毎週授業時数」

部別 / 科目	第一部	第二部	第三部
修身〈倫理〉	1（1）	1（1）	1（1）
日　語	8（6）	6（6）	6（6）
英　語	8（6）	6（6）	6（6）
独　語	3（3）	（3）	3（3）
歴　史	4（3）		
数　学	3（6）	8（6）	8（6）
物　理	（2）	3（2）	3（2）
化　学	（2）	3（2）	3（2）
博　物	（2）	（2）	（2）
図　画		2（3）	（3）
体　操	3（3）	3（3）	3（3）
計	30（34）	32（34）	33（34）

出典：『第一高等学校六十年史』511-512頁による。

の文言に基づき、同章の「各説」に掲載された一つ目の学科課程（五〇一－五〇二頁）の第二組の部分を取り出して、郭沫若が「在学中履修した」と考えられる学科目と毎週の授業時間数を紹介している。しかし、前述したように、一つ目は一九〇八年のもので、修業年限は一年半、五つの学期からなるものである。学年も四月から始まっていて、これをもって郭沫若の学習状況を判断するのは不適切に違いない。また、「総説」にある「大正十四年八月十一日その規定を創定するに至る迄…」云々の文言は、一つ目の学科課程と無関係である。(33)

さて、前述した三つの学科課程のなかで、郭沫若が履修した課程として二つ目がもっとも近いと考えられる。同課程には「旧規定」（一九一八年以前）の授業時数も併記されているので、ここに紹介しておくと、郭沫若は一高特設予科でどのような課目を勉強し、特設予科がどのような留学生教育を行ったのかを知るうえで役に立つであろう。

［資料1］は二つ目、つまり三部制時期の特設予科の学科課程である。（　）印が付いているのは、原資料に併記

された「旧規定」、いわゆる一九一八年度以前の教育科目と授業時数である。資料1から分かるように、一九一八年度以前は理科の二部と医科の三部の学科目と毎週授業時数が全く同じである。文科の一部も「旧規定」では「歴史」があって、「図画」はないところを除けば、二・三部と同じであった。一九一八年度は二部ではドイツ語と博物、三部では博物と図画が削除され、それらの時数は数学・物理・化学の三課目に振り当てられた。共に数・理・化の教育を強化したという形である。逆に、一部は物理・化学・博物の課目を取りやめて、数学の時数も半減し、日本語・英語・歴史の時数が増やされている。重要課目の時数をたっぷり保障したより合理的な調整と思われるが、三つの部から共に「博物」の課目が消え(三つ目の学科課程で復活している)、文科の一部には「地理」の課目がなかったことに注目したい。

郭沫若の自叙伝『創造十年』によると、「医科の三部は生徒数が少なく、性質上文科と近いので、一・三部は一緒に授業をしていた。また、物理・化学・博物のような課目は教室が大きいため、三部そろって授業を受けていた」とある。[34] 一部の物理・化学・博物と、二・三部の博物は一九一八年度になくなっているので、郭沫若が履修したのは( )内の「旧規定」だったに違いない。五〇～六〇名の新入生を相手に、言語類と数学は一・三部が共同で、物理・化学・博物は三つの部が一緒に授業するといった仕組みのようである。

要するに、郭沫若は一高特設予科で日語・英語・ドイツ語・数学・物理・化学・博物などの基礎科目を勉強した。三つの部は共に数学を重視するが、語学の授業時数がもっとも多く、トータルで全体の半分近くを占めていた。週に三時間の体操も今考えれば多いように思われるけれども、留学生の健康維持・体力向上に欠かせない課目であり、当時においては一般的だったようである。[35]

各科目はどのような教材を使い、授業がどのように行われるのかについても具体的に決められていた。ここでは郭

［資料2］特設予科第三部の学習内容と教材

日本語	講読	平易ナル国文及科学的ノ論文等（四時）ヲ課ス　専ラ生徒ヲシテ輪講セシム
	文法	文語法ヲ筆記セシム
	作文	文語文ヲ課ス
	書取	新聞記事科学書ノ筆記ヲ課ス
	会話	第二学期ヨリハ専ラ劣等生ニ課ス、口語法ヲ合セ説クベシ（以上二時）
英語	少クトモ四時間ハ一人ノ講師受持ツベシ、教科書ノ相談一部ニ同ジ（一部は「講師二人又ハ三人ハ用書ヲ相談シテ決定シ其難易ニ偏セザル様注意スベシ」とある。）	
数学	代数	（四時）教科書ニヨリ一次方程式聯立方程式二次方程式（虚数ヲ論ズ）級数順列組合ヲ課ス
	幾何	（三時）平面立体ヲ教科書ニヨリ課ス
	三角	（一時）代数ト合セテ学期ニヨリ時間ヲ斟酌スベシ
物理	教科書ニヨル	
化学	教科書ニヨル	
図画	機械画ノミヲ課ス、投視投影トモニ課ス。ペンシルヲ用フ	

沫若が受講した三部の学科課程の関連箇所を抽出して［資料2］に整理しておく[36]。

［資料2］からわかるように、物理、化学は教科書があり、授業はほぼ教科書に則って進められたようである。数学の場合も教科書はあったが、「一次方程式聯立方程式二次方程式」、「級数順列組合」、「平面立体」など、学習内容まで具体的に規定されている。英語は複数の教員によって担当されるので、教科書の選定に難易度の統一が求められていた。日本語は週六時間の内、四時間を「講読」、残りの二時間を「文法」・「作文」・「書取」に充てていた。「書取」の授業に「新聞記事」を教材に使ったところは興味深い。学習方法として「専ラ生徒ヲシテ輪講セシム」、「文語法ヲ筆記セシム」とある通り、小集団による討議形式か、反復練習による暗記が中心だったことが考えられる。「会話」は成績不良者のみを対象に第二学期から実施するという点から、大正期にも口語は日本語教育の重点でなかったことが伺える。

［資料3］特設予科時期の住居と、第一高等学校との位置関係

一高時期の住居
(1) 本郷区真砂町25番地修園
(2) 2カ所の仮住まい
①本郷区追分町31番地富喜館
②本郷区菊坂町94番地中華学舎

出典：『明治四十年 東京市十五区番地界入地図』人文社

二－二　特設予科時期の郭沫若の住居―本郷区真砂町二五番地修園

ところで、特設予科時期の郭沫若はどのような生活環境のなかで勉学に励んでいたのであろう。家信一四（一〇月二二日）では「大塚は学校から遠いので、最近呉鹿蘋・葉季孚と三人で貸家を借り本郷に移転しました。住所は本郷区真砂町二五番地修園です」と報告している。九月二九日付の家信一二の住所がまだ大塚だったので、引越しは一〇月に入ってからのことと考えられる。前述した楊伯欽はすでに東京高等師範学校を卒業して帰国したのであろう。

本郷区真砂町二五番地は、東京における郭沫若の二ヵ所目の住居であり、特設予科時期は彼がほぼこの地で生活していた。現在の文京区本郷四丁目九－二五真成館ビルの地に該当する。明治三七年（一九〇四）以降ずっと隣接地に居住しておられる諸井氏の証言によれば、諸井邸の旧住居表示は真砂町一七番地、隣接する真成館ビルは二五番地、そこから先は一八番地であった。［資料3］は『明治四十年 東京市十五区番地界入地図』である。右下の、真砂町の二本目の小さな路地の南側にはっきりと一七、二五、一八の番地表示が読み取れ、諸井氏の証言と完全に一致している。旧一八番地に明治期から坪内逍遥や正岡子規など多くの文豪が住んでいた。その印として、現在文京区教育委員会が設置した「坪内逍遥旧居・常磐会跡」の碑が立っている。郭沫若はまさにこのような人文的雰囲気の濃厚な地で同宿人の呉鹿蘋が持ち帰った謄写版の英語補充教材から、タゴールの『新月集』のなかの詩に触れる機会を得るや、その作品に魅了されていったのである。(37) 時はタゴールがノーベル賞を受賞して二年、彼の来日より一年前の一九一五年春のことであった。

真砂町の住居は借家であった。前掲『日本遊学指南』によれば、当時留学生の寄宿先は学校の寄宿舎・下宿・借家の三種類があった。「下宿」の場合は、下宿の主人がすべての面倒を見てくれるので「もっとも便利」だが、欠点は下宿にいる人が「ごっちゃ」で、「よしあし」が一概に言えない。借家は数人一緒でなければ借りられないが、「中国のいっさいのならわしは、我が意のとおりにやれる」ので、最もいいのは「半年か一年してから、ともだちと借家する」ことである。[38] 郭沫若らはまさにそれを実践したのである。それだけでなく、割り勘の貸家は部屋代と食費、トータルで一〇～一二円程度で済まされるので、下宿屋より若干安かったことも考えられる。ここでの共同生活について、同宿人の呉鹿蘋が次のように追憶している。[39]

「私が一高を卒業しようとする年に郭さんが一高の予科に入ってきた。私と郭、葉季孚三人が学校に大変近いところで一軒の家を借りた。郭さんと私は二階に住み、葉季孚は一階に住んでいた。私は郭さんに日本語と英語の補習を手伝ったことがある。郭さんは記憶力がよく、数回読むだけでしっかり覚えられた。三人が共同で女性のお手伝いさんを雇い、まとめて食事を作ってもらった。彼ら二人の日本語は私に及ばなかったので、食事の管理は私が担当していた。毎月の初めに私が彼らから食費を集め、月末にまとめて清算した。私はよく自分の好き嫌いで食事を手配した。私は長芋や小豆類が好きだったが、彼らの口には合わなかった。郭さんは口に合わなくても何も言わなかった。彼らに担当させようとすると、彼らは引き受けない。意見を求めるとただ『随便喫（適当に食べよう）』と返答するだけだった。すると、君たちが担当しないのなら、『随便（適当）』に食べようと、私は言った。」

郭沫若も家信一六（一一月一六日）において、「私が今住んでいる修園は大変清潔で、勉強にもっともふさわしく、前に住んでいた大塚の時よりずいぶん楽しいです」と、家族に報告している。

三人は真砂町に八ヵ月しか住まなかった。後述するように一九一五年五月七日、郭沫若と同宿人が「対華二十一カ条要求」に抗議するため、当時の多くの中国人留学生と同じように一度帰国したからである。帰国前に「書籍を売り」、「鍋や茶碗まで売り払った」というから、貸家は引き払ったのであろう。

二－三　特設予科における学校生活

『書簡』には東京時期の手紙が二八通収録されている。福岡時期と岡山時期よりも多い。ただし、学校は九月一一日に始まり、一二月二四日に第一学期が終了、冬休みはわずか一五日であったとか、第二学期と第三学期はそれぞれ一九一五年の一月八日と四月一一日に始まっていて、六月一四日から二一日にかけては卒業試験、七月一日に卒業証書を受け取ったとかのような学校行事が羅列的に記されたところが多く、学校生活そのものについて書いたところは少ない。抽出すると次のようになる。

一〇月二八日：「表は第一高等学校正門です。私は毎朝登下校する時ここから出入りします。」

一一月一六日：「本学期はまもなく終了し試験となります。予科の理科の勉強は難しくありません。」

一一月二六日：「東京は四川に比べて寒さが厳しく、風砂が多いです。この頃は雨の日になると火に当たりたくなります。（中略）勉強はとても面白く、以前のような浮ついた気持ちがなくなり、ずいぶん落ち着いてきました。」

一二月二日：「今日はもう一二月二日となりました。試験が差し迫っていて、準備が大変忙しいです。（中略）天気はだんだん寒くなり、教室内は昨日からストーブが点けられるようになりました。朝登校すると必ず数名の生徒がストーブを囲んで談笑しています。その情景は中国国内の生徒とあまり変わりありません。」

楽しく充実した校内生活が目に浮かぶ。勉強への言及が少なかったのは、勉強がたいして負担にならなかったからであろうか。同期の銭潮は「回憶沫若早年在日本的学習生活」において当時のことを次のように記している。(40)

「沫若は勉強にとても真剣であった。東京にいた時彼の日本語はもうかなり上手であった。(中略)背が低くて頭が大きく、また寡黙で勉強好きだったため、同級生達に『郭大頭』というあだ名を付けられた。理解力と吸収力が特別優れていたからでもある。彼は数学・物理・化学の成績がよく、特に数学はクラス一一名のうちトップだった。ある日、先生が黒板に数学の問題を書いたが、みんな一所懸命考えても答えを得ることができなかったところ、沫若が登壇してチョークですばやく書き、解き方を説明しながら瞬く間に正確な答えを導き出した。みんなすっかり感服した。」

いっぽう、先輩で同宿人の呉鹿蘋が次のようなエピソードをも披露している。「郭さんは文系が好きで、数学は好みではなかった。彼が試験の準備をする時、数学の問題に丸を付けてくれと私に頼んだ。予科第一学期の期末試験の際に私は一〇問に丸を付けてあげたが、そのうちの三問が試験に出た。」郭沫若自身も数学が苦手だから、三部の医科を選んだと言っている。また『創造十年』において「一高予科の一年間は私の青年期における矜持の頂点であった。銀座のカフェ屋は勿論、浅草の映画館にさえ行ったことはなかった」と述べている。(41)

なお、『第一高等学校一覧』第三冊(大正三‐四年)、「外国人特別入学生姓名」「第三部予科」欄に郭沫若の本名、郭開貞が登録されている。

二―四　日中間の緊迫した関係への反応

郭沫若の日本に対する最初の印象は「勤勉倹約と淡泊を尊び、清潔が好き」で、大変よいものであった（家信四）。また、一高に合格してから弟の郭開運に日本留学を勧め、「国内は教科が不良で、校風も悪い」（家信八）と、間接的に日本教育の先進性を称賛している。ただ、超エリートの自負をもった当時の留学生は中国国内外の厳しい社会事情や日中間の緊張した関係に常に敏感に反応していた。郭沫若は房州海水浴の時の体験を次のように記している。[42]

「その鏡の中に時々意外なるものが現れて来ることがあつた。朝早く浜へ散歩しに行つたりすると、遥か沖の方でまだ消えない海霧の中から黒いものが山の様にぬうと陳列して居た。それは夜中に停泊に来た軍艦だつた。一艘、たまには三五艘。海の景色に一種の奇観を添へる趣もないではないが、然し、穏やかなものでは無論なかつた。殊に異郷人の吾々には色々の聯想を喚起する作用を十分持つて居た。（中略）海湾の形は地図上の渤海湾によく似て居るので、軍艦を見ると、自から……思ひを巡らせざるを得なくなつたものだ。」（旧体字を新体字に直し、その他は原文のままにした。筆者）

第一次世界大戦の勃発と日本の参戦、日本軍による青島・膠州湾の攻陥が相次ぐなか、郭沫若は、みずからの安否を心配しているであろう家族に気を遣いながら、家信のなかで次のように書き記している。

一九一四年　八月二九日：「今西欧諸国が戦争を起こし、戦禍はだんだんと東アジアに移ってきています。日本はドイツに宣戦布告しました。」

九月六日：「欧州の戦争について、内陸地では噂も多いと思います。中日両国は揉め事を起こさないでしょう。私は日本にいますが、特にご心配はいりません。」

一九一五年　三月一七日：「最近日中間の交渉事案が暗礁に乗り上げ、世論が沸騰しています。故郷の四川は辺鄙で情報が閉塞し、不確実な風聞でさぞ一層の騒ぎと驚きを増していると思います。私はこの国にいて、今は相変わらず授業が続いています。留学生の中には帰国する人も少なくありませんが、彼らの多くは私費留学生であり、官費学生はまだ動いていません。（中略）我が国の旧い兵法が言うには驕れる兵は必ず敗れます。日本の驕横は絶頂に達していると言うべきで、天はこれを見ていないのでしょうか。」

四月一二日：「春休みが終わり、昨日授業が始まりました。今この国は桜が満開です。（中略）飛鳥山は市内に近い桜の名所で、昨日友人を誘って一緒に見に行きました。（中略）欧州の戦争はまだ解決しておらず、中日間の交渉も膠着状態です。夏までには決着がつくでしょう。」

五月五日：「交渉は険悪となり、まもなく帰国します。このような時局に際し、自ら慎ましく行動すべきです。どうかご心配しないでください。」

また、この時期の未公開の書簡によれば、彼は両親への手紙の中で第一次世界大戦に言及した時、「戦争を引き起こす者はみな神仙ですが、災難を受けるのはわれわれ民衆のみです」とも述べている(43)。一九一四年一〇月祖国の領土で起きた青島の戦いや、山東におけるドイツの権益を含む善後処理をめぐって大隈重信内閣が翌年一月に袁世凱政権に突き付けた「対華二十一カ条要求」など、この時期日中間に広がった緊迫したムードを回顧してみれば、郭沫若ら中国人留学生の動揺と混乱があったことは想像に難くない。とうとう五月七日、郭沫若も同宿の呉鹿蘋・葉季孚と一緒に帰国の途に就いた。上海に辿り着いた時は袁世凱政府がすでに「二十一カ条」を承認したので、彼は一一日また東京に引き返した。

今回の帰国について、両親や兄弟から厳しい叱責を受けた。本人も「軽率に失した」と深く反省している（家信二五、二八）。学生の本分を守って学業に専念したかったが、個人は所詮大勢に逆らうことができなかったのであろう。

東京に戻った郭沫若は、卒業するまでの二ヵ月間下記の二ヵ所に仮住まいしながら卒業試験に参加し、七月一日に一高特設予科の修了証書を手渡された。仮住まいしたのは、本郷区追分町三一番地富喜館（現・向丘二丁目五～七附近）と本郷区菊坂町九四番地中華学舎（現・本郷五丁目一四～一五附近）である。［資料3］から分かるが、真砂町の住居も仮住まいの二ヵ所も一高から大変近く、いずれも学校まで徒歩数分程度の距離である。

むすび

以上、一高特設予科を中心とした東京留学時期の郭沫若の勉強と生活について、できるだけ資料に即して具体的且つ全面的に考察を行った。郭沫若の日本留学は、清末に始まった中国人日本留学ブームを背景にそれなりの必然性があった。時期は折しも「五校特約」の実施と重なり、彼は長兄の援助と、長兄の東文学堂時期の同期生達の助力、および自らの努力で一高特設予科に入り、その後六高、九州帝大という日本留学のエリートコースへ進む切符を手にした。

来日した郭沫若は、最初に文京区大塚三丁目辺りに下宿し、東京高等師範学校在学中の楊伯欽が彼の面倒を見ていた。一高特設予科の入学試験に合格した郭沫若はさっそく先輩留学生達と千葉の房総海岸へ避暑に行った。一高水泳部を中心とした関東各学校の水泳健児の雄姿を目の当たりにして海水浴を満喫しながら、活気と野心にあふれた近代日本の機運をも体験したと考えられる。

一高特設予科の一年間において、郭沫若は日本語・英語・ドイツ語・数学・物理・化学などの基礎科目を履修し、楽しく充実した学校生活を送った。そこで施された予備教育とキャンパス生活に満足し、何らの不満はなかったようである。彼に不満がなかったことをもって、一高特設予科の教師陣や教育内容・時間数配分などの措置が適切で、予備教育としては成功だったと言えるかどうかは筆者には断言できない。ただ、一九二三年「対支文化事業」の発足に伴う、特約五校以外の官立高等専門学校における特設予科の増設は一高と東京高等工業学校の「成功経験」に基づいた発案であり、実際、「対支文化事業」下で展開された学費補給基準の議論においても五校特約制度に準ずるという提案が出るほど、「五校特約」による留学生教育が後の日本の対華教育施策において評価されていた(44)。

一高時期の郭沫若は日本人学生との交流がほとんどなかった。特設予科は留学生のみの教育なので、日本人学生との接点が少なかったことが一因に挙げられるであろう。しかし、それだけではなかったのではないかと筆者は考える。学業以外のところでは、日中両国の学生同士は基本的に無関心・無関係だったのではないかと、一高本科関連の資料を読んでいて感じられた(45)。

いっぽう、郭沫若は校外でも交際がほぼ留学生同士に限られていた。受験準備の際は楊伯欽と一緒に下宿に住んでいたが、一高に入学してからは同じ一高在学生と三人で借家し、お手伝いさんを雇って暮らしていた。下宿から借家への住居移動は、当時の留学生生活の主流パターンだった。借家は、旧本郷区真砂町二五番地に位置し、現在の文京区本郷四丁目九－二五真成館ビルの場所に該当する。一高に近く清潔で勉強にふさわしかったという。また、同地は明治中期から坪内逍遥や正岡子規などの文学者が居住した文化的雰囲気が漂うエリアで、彼らは官費ならではの比較的ゆとりのある留学生活を送り、同宿人同士が互いに切磋琢磨して思う存分新しい知識の吸収に没頭していた。郭沫若はこの地でタゴールの作品に触れ、魅了されていったのである。一九一五年五月、「対華二十一カ条要求」をめぐって日中両国間では開戦の危機が迫り、郭沫若は多くの留学生と同じように一時帰国はしたが、その後また東京に引き返し無事修了まで特設予科の学業を続けた。

厳安生は『陶晶孫―その数奇な生涯―』において、大正以後、即ち民国初期に来日した創造社グループを代表とした留学生一群を留日第二世代と称している。また、新式学校教育の下で育った「中国近代初の知識青年」としての彼らは日本側の選抜試験を受け、「激動と波乱、豊饒性と多様性の際立つ大正という時代に青春期を過ごし」、「一国の支配層たる学歴貴族を養成する旧制高校・帝国大学という最高学府に身を預けること十年」、彼らの身に「『化学』的な変化あるいは変化《へんげ》」が発生したと指摘している。(46) 大正教養主義と旧制高校の特殊な文化的雰囲気が留学生の知的成長と人間形成に大きく影響したことを力説したものだが、東京時期の郭沫若は、厳しい受験競争、新しい環境への適応、留学先での初めての正統な教育課程をこなしていく上での重圧などで精いっぱいだったと考えられる。タゴールの作品に接してその斬新さに惹きつけられながらも、みずから新詩の創作にチャレンジするような余裕と技量はまだなかったと思われる。「驕れる兵は必ず破れる」といった批判的日本観は、当時の緊迫した日中間の危機意識と祖国の存亡への深刻な憂慮から生じたもので、前述した未公開書簡にも記されたように、彼はむしろ普通の勉学に励む一留学生として平和な環境での留学継続を渇望したと言えよう。「二十一カ条」に抗議して一斉帰国の隊列に加わったのも、個々の現状認識に基づいた突発的で感情的な対応であり、「化学反応」的な変化にはまだ至っていない。「化学反応」を見せるまでの彼に関する克明な追跡はなお課題として残されている。

（1）例えば、日中国交正常化後の最初の日本語ラジオ放送講座の担当者・元復旦大学教授蘇徳昌が「中国人の日本観―郭沫若」（『奈良大学紀要』第二九号、二〇〇〇年）において、「五四運動時期・北伐・日中戦争から中華人民共和国の成立・農地改革までは、彼は基本的に手柄を建てたと言えるけれども、それ以降亡くなるまでは完全にナンセンス或いは逆効果であった」と述べている。

（2）岩佐昌暲「日本における郭沫若『女神』の研究」『海外事情研究』（熊本学園大学）第三九巻第二号、二〇一二年、厳安生『陶晶孫―その数奇な生涯―』岩波書店、二〇〇九年、同「〝あわい〟を生きる―陶晶孫と郭沫若の九大留学時代―」『特集　第一二回日本研究国際セミナー―二一世紀の世界と日本の課題―』福岡ユネスコ協会、第三八号、二〇〇二年、税海模「郭沫若留学日本的多重人生意義」、岩佐昌暲・藤田梨那・武継平編著『郭沫若の世界』花書院、二〇一〇年など参照。なお、鄧小平が郭沫若の追悼会（一九七八年六月一八日）において、「共産主義事業のために終生奮闘努力した忠実な革命家」、「卓越したプロレタリア文化の戦士」、「我が国の傑出した作家・詩人・劇作家」、「マルクス主義の歴史家・古文字学者」、「魯迅に次ぎ、中国共産党の指導の下で、毛沢東思想に導かれた、我が国文化戦線に於けるもう一つの光り輝く旗印」と評している。

（3）前掲蘇徳昌［二〇〇〇］。

（4）蔡震『文化越境的行旅―郭沫若在日本二十年』文化芸術出版社、二〇〇五年、および「『郭沫若與日本』在郭沫若研究中」『当代視野下的郭沫若研究』巴蜀書社、二〇〇八年。

（5）前掲岩佐昌暲［二〇一二］参照。

（6）清末民初の「量から質へ」の留学政策の転換は、大里浩秋「『官報』を読む」（大里浩秋・孫安石編『中国人日本留学史研究の現段階』御茶の水書房、二〇〇二年）、および阿部洋『「対支文化事業」の研究―戦前期日中教育文化交流の展開と挫折—』（汲古書院、二〇〇四年）第Ⅰ部を参照されたい。

（7）唐明中・黄高斌編注、四川人民出版社、一九八一年。郭沫若の第一夫人・張瓊華が保管した手紙を、編注者が調査に基づいて整理編集し、「説明」を加えたものである。以下、『書簡』と略記する。後に、研究が進むに従って一部の手紙の年代と日時が訂正され、それはある程度大高順雄・藤田梨那・武継平訳『桜花書簡—中国人留学生が見た大正時代—』（東京図書出版会、二〇〇五年）に反映されている。二〇〇七年、郭沫若の実子である郭平英が『書簡』収録の手紙の日時についてさらに全面的な考訂を行い、新たな時間序列で「郭沫若一九一三〜一九二三家信一覧表」を整理している（「郭沫若家信集『桜花書簡』への訂正と補遺」『北東アジア研究』第一三号）。本稿は、混乱を避けるため一九八一年版『書簡』の整理番号に基づいて、おのおのの書簡を「家信四」とか「家信一二」の形で記す。

（8）八人とは、具体的に長男郭開文（一八七八－一九三六）、長女郭秀貞（一八八一－一九五二）、次女郭麟貞（一八八四－一九五一）、次男郭開佐（一八八八－一九六三）、三男郭開貞即ち郭沫若（一八九二－一九七八）、四男郭開運（一八九五－一九七二）、三女郭蕙貞（一八九七－一九三八）、四女郭葆貞（一八九九－一九七〇）である。廖久明主編『郭沫若家世』復旦大学出版社、二〇一〇年参照。

（9）成都東文学堂についての詳細は、拙著『中国人の日本留学史—清末の東文学堂—』学術出版会、二〇〇五年、一〇九－一一二頁参照。

（10）拙論「関於郭開文日本留学的初歩考証—清末留日大潮中的一個個例—」（前掲廖久明主編『郭沫若家世』［二〇一〇］）、同「郭沫若三兄弟の日本留学」神奈川大学留学生史研究会での報告資料（二〇一一年七月九日）参照。

（11）郭沫若『少年時代』人民文学出版社、一九七九年。

（12）前掲『少年時代』。

(13) 郭沫若『学生時代』人民文学出版社、一九七九年。
(14) 前掲『少年時代』一七四頁。
(15) 天津陸軍軍医学校は一九〇二年袁世凱が創設した北洋軍医学校より改名されたもので、辛亥革命以前は教習がほとんど西洋人か日本人であった。辛亥革命以降はほかの新式学校と同じく、本校の卒業生や海外に留学して帰国した人を用いるようになり、郭沫若はそれが気に食わなかったようである。ちなみに、この時期アメリカ留学から帰国した中国最初の女子日本留学生と言われる金雅妹も、袁世凱の協力を得て天津で医学校を経営していた(周一川『近代中国女性日本留学史』社会科学文献出版社、二〇〇七年による)。
(16) 前掲『学生時代』九頁。
(17) 郭沫若「自然への追懐」『文芸』一九三四年二月号。
(18) 前掲武継平[二〇〇二]七頁を参照。
(19) 郭開文と張次瑜のやりとりは次の通りである(『少年時代』三三五―三三六頁)。
在十二月二十七日的晩上――這個日期我是没世不能忘的――大哥的一位朋友張次瑜、来訪問他来了。(中略)大哥替我把我的情形告訴了他、最後是説到没有出路、不知道該怎様的好。
――〃何不送到日本去留学呢?能够的時候我可以幇忙送去啦。〃
(中略)他在二十八号便要動身、特別走来向大哥辞行。
国会被解散以後、所有旧国会議員毎人是照原薪支給三個月、発遣回籍的。張領到了這三個月薪金、便決心往日本去遊歴、
――〃我也想到這層、〃我的大哥回答他、〃但你知道我目前是没有収入的人。〃
――〃日本留学不還有官費嗎?考上了官費不是就不要你供給了嗎?〃

――〝官費是誠然有的、但只剰下四校、是東京的一高、高師、高工、和千葉的医専、但都很難考的。（中略）連最小限度的一年半的学費我現在的力量都供給不起。〟

――〝有半年的工夫怕也够了罷？〟張説、〝……、年軽人比我們脳力強、有得半年的工夫怕可以够了罷？〟

（20）『日本遊学指南』（章宗祥著、一九〇一年）によれば、当時留学生の宿泊種類は、学校の寄宿舎・下宿・借家の三種類があり、下宿の場合、上等の部屋代は「一か月およそ五〜六円、食費一か月一〇円」であった。また、『日本留学指掌』（崇文書局編、一九〇六年）に掲載の諸費用に「食費」の欄がないが、寄宿料は一〇円〜一五円となっている。ここでは、実藤恵秀『中国人日本留学史』くろしお出版、一九六〇年、および孫安石「『経費は遊学の母なり』―清末〜一九三〇年代の中国留学生の留学経費と生活調査について―」（前掲大里・孫編［二〇〇二］）による。なお、武継平は前掲書八頁において同手紙の内容に基づき、郭と楊は「二人で下宿の部屋を借りている。借りたのはたった一の一間で、家賃は毎月十五円だった（一人七・五円）」と述べている。

（21）清末民初の留学生政策と実施状況は、前掲大里［二〇〇二］に詳しい。

（22）武継平は前掲書において、「尋常話少能上口」を「日常会話（日本語）は練習するチャンスが少ない」と日本語訳し、来日後、郭沫若はずっと楊伯欽と「同居し、日本語学校に通う以外めったに外出しない彼には、日本語の会話を練習できる相手がいないので会話力やヒヤリングの力はあまり進歩していない」と解釈をしている。

（23）前掲　郭沫若「自然への追懐」［一九三四］、及び『学生時代』一〇頁。

（24）『六十年史』五〇〇－五〇一頁。

（25）『六十年史』四八〇頁。

（26）『郭沫若全集』第一二巻、人民文学出版社、一九八二年、一四頁。

(27)前掲郭沫若「自然への追懐」[一九三四]。
(28)『書簡』四〇頁。
(29)『千葉史学』第六〇号、二〇一二年。
(30)『六十年史』四八〇頁。
(31)三一名のうち、唐演、鐘賡言、劉冕執、劉成志、陳治安の五名が一九〇六年九月から一九〇九年七月にかけて、郭沫若の長兄開文と同じく東京帝大法科大学に設けられた「選科」で政治学か法律学を学んでいた。前掲拙論[二〇一〇]、および薩日娜「旧制第一高等学校に学んだ初期京師大学堂派遣の清国留学生について」『科学史研究』第四九巻、二〇一〇年参照。
(32)『六十年史』五〇一―五〇三頁、五一一―五一三頁、五一五頁。
(33)武継平前掲書[二〇〇二]一四―一五頁。なお、同「郭沫若與日本一高預科及岡山六高詳考」(『創造社作家研究』一九九九年)においては、「大正十四年八月十一日その規定を創定するに至る迄は、別に規定を設けざりき」が「大正十四年八月十一日新制定有関規定以前、曽有另行規定」と中国語訳されている。下線部は筆者。
(34)前掲『学生時代』三一頁。
(35)前掲周一川著書[二〇〇七]に収録された東京女子高等師範学校・奈良女子高等師範学校・日本女子大学校などのカリキュラムも、体育が週三時間となっている。
(36)『六十年史』五一三―五一四頁。
(37)郭沫若「我的作詩的経過」一九三六年。ここでは『郭沫若全集』第一六巻、人民文学出版社、一九八九年による。
(38)前掲実藤恵秀[一九六〇]一七八―一八〇頁参照。

（39）『書簡』四〇頁。

（40）『中国現代文芸資料叢刊』第四輯、上海文芸出版社、一九七九年。

（41）前掲『学生時代』一〇一頁。

（42）前掲郭沫若「自然への追懐」［一九三四］。

（43）李保均『郭沫若青年時代評伝』重慶出版社、一九八四年、六五頁。同著書は注において「手紙の実物は楽山文管所が保存していて、未発表である」と記している。なぜ「未発表」となったのかは説明されていない。また、著者は『書簡』が公表される前に楽山文管所で留学期の郭沫若が日本から家族に寄こしたすべての手紙と写真を調査・閲覧していて、手紙は七〇通以上あったと言っている。しかし、前述したように『書簡』には六六通しか収録されていない。長年『書簡』の訂正と補遺に尽力してきた郭平英氏もこの脱落に気付いていないのはなぜであろう。

（44）前掲阿部洋［二〇〇四］第Ⅱ部第四章、第Ⅲ部第三章を参照。

（45）『向陵誌』（非売品、一九一三年）には、一九一二年両国生徒の「交情甚だ冷淡」たることに鑑みて一高日華同学会が設立されたとある。

（46）前掲厳安生［二〇〇九］vii–xiii。

陶晶孫の日本留学と医学への道
――陶烈、佐藤みさをとの交流から

中村みどり

はじめに

近代中国の学問の形成は、担い手となった知識層の海外留学体験と深く結び付いている。日本留学派においては、留学第一世代は、西洋化推進のもと国力を高める明治日本を目の当たりにし、政治、法律等体制の根幹に関わる学問を修めて祖国の改革に尽力した。これに対して留学第二世代は、大正日本の自由主義の影響下、より自己表現としての学問を追求するものの、列強の圧迫を受け混乱の続く中国の現実の中で個人と国家との関係を模索することになる。(1)

陶晶孫（本名陶熾、一八九七―一九五二）は、留学第二世代が創設した文学グループ「創造社」の作家であり、本業は医学者である。幼少より日本に滞在し、知日派知識人として知られた陶は、戦時は日本占領下の上海に留まり、戦後は国民政府より派遣された台湾から日本へ亡命する等、その生涯はまさに近代中国と日本の交流と摩擦を体現していると言えよう。近年の陶晶孫研究では、創造社の文芸活動のほか、戦時戦後の活動に関する考察も進んでいる。(2)しかし、彼の人生の起点となった日本留学については、[3]まだ不明な点が残されている。特に陶晶孫とその留学を身近で支えた弟の陶烈（一九〇〇―一九三〇）、妻の佐藤みさを（一八九九―一九九三）との関係は、陶兄弟の友人であった拓植秀臣氏の回想文や佐藤姉妹にインタビューを行った澤地久枝氏のノンフィクションに綴られているが、これまで深く言及されたことはなかった。[4]

このため、本稿では、陶晶孫と陶烈、佐藤みさをとの交流を軸として、陶晶孫の留学の学術面、とりわけ学費をめぐる「対支文化事業」との関わりと医学研究における方向転換について考察する。なお、早世した陶烈については、陶晶孫が中華学芸社の機関誌『学芸』で追悼号を編集したほか、二冊の遺稿集『陶烈論文集』『脳之研究』を刊行している。しかし、遺稿集に収められた陶の筆による陶烈略伝等は、その存在自体、あまり知られていない。本稿では、主にこれらの追悼号および遺稿集に収められた陶の文章、みさをの母校尚絅女学校の同窓会誌を資料とし、陶晶孫が陶烈、みさをと共有した医学者としての理想とその行方を辿ることとしたい。

一　陶兄弟の医学研究の志

一九〇六年、東京神田の明治法律学校（現明治大学）に留学中の父陶廷枋に連れられ、長男の晶孫は姉で長女の慰孫と共に故郷の江蘇省無錫を離れて日本へ向かった。その翌年には次男烈、さらに母張淑明と次女虞孫が続いて来日する。本章では、まずは陶晶孫が陶烈と共に江蘇省公費生の身分を獲得し、生理学研究を目指すまでの過程を確認しておきたい。

父陶廷枋は、科挙試験に合格した秀才であったが無錫で郷紳と新興商人の対立事件に連座し、このため日本留学を決意している。帰国後は、黒竜江省の会計検査院に赴任するが、剛直な性格のため職場に馴染めず、無錫に戻り弁護士として開業する。(5)母張淑明は穏やかな女性で、日本では音楽を学んだ。東京で一家は神田付近に居を構え、陶晶孫と陶烈は、明治法律学校の西隣にあった錦華尋常小学校（現お茶の水小学校）へ通った。世俗的な立身出世に背を向けた父は息子たちに医師となることを望み、陶兄弟は、東京随一の進学校であった府立第一中学校（現日比谷高等学校）戊組（ドイツ語専攻クラス）から帝国大学の予科に当たる第一高等学校三部のドイツ語・医学コースに進む。また陶姉妹は、当時まだ女子の高等教育機関が限られていた中、日本女子大学の付属高等女学校を経て、女子教育の最高学府、東京女子高等師範学校（現お茶の水女子大学）理科で学んだ。(6)このように陶家の子女は、当時の日本で最良の教育を受ける機会に恵まれていたと言える。なお、各校の所在地を確認すれば、府立一中は日比谷、一高は本郷の東京帝国大学の隣に、そして日本女子大学付属高は目白、東京女子師範は神田（現湯島）に位置し、陶一家の生活は東京の中心部で営まれていたと捉えられる。

陶晶孫の医学者としての気質は、このような知的な家庭環境のもと育まれてゆく。そしてまた、彼の留学生活は、一九〇七年に日中の政府間で提携された「五校特約」に支えられることになる。「五校特約」では、日本側は第一高等学校に特設予科を設置する等、最高学府の帝国大学をはじめとする高等教育機関への扉を留学生に対して積極的に開き、また中国側は指定校の合格者に一律奨学金を支給した。陶晶孫と陶烈は公費獲得のため、一中の最終学年で一高の特別予科に籍を置き、共に一九一六年に一高への入学を果たす。(7)以後、江蘇省の公費生として帝国大学へ進学する。

ところで、兄晶孫は温厚な「弱」の人、弟烈は厳しい「強」の人であり、相反する性格であったが、非常に仲の良い兄弟であったと、陶烈の友人であった脳神経学者の柘植秀臣は回想している。(8)後述の通り、陶烈は一九三〇年に夭逝する。陶晶孫は前途有望であった弟の死を深く悼み、学術団体中華学芸社の機関誌『学芸』第十一巻第四号（一九三一年八月）で「追悼社友陶烈専号」を編集し、「亡弟陶烈的略伝」をまとめ、また姉慰孫と妹虞孫、兄弟の友人で東北帝大理学部卒の中華学芸社総幹事、鄭貞文等の追悼文を掲載した。その後も困難の中で陶烈の遺稿を整理し、『陶烈論文集』（東京　同仁会、一九三三年）と『脳之研究』（痴僧書房、一九三九年）の刊行に至っている。[9] 同二冊の遺稿集には、陶晶孫が新たに筆を執った「陶烈略伝」「陶烈略伝第三」等が付されている。以下、これら追悼号および遺稿集に収められた陶の文章に拠り、陶兄弟の高等学校、大学時代の学習環境を見てみよう。

私たちは同校（一高を指す——引用者注）ではとても自由であり、教授の休講で時間ができると、図書館に気ままに読書に行き、古本屋で古本を漁ったり、カフェでお茶を飲んだり、郊外に散歩に出かけたりした。私たちは将来医学を学び商売をしなければならないこと忘れ去り、生活の苦悩を忘れ去り、中国政府のやっかいになり、三十三元の学費を得ていた。我たちの経済状況も安定しており、夏には海に泳ぎを習いに行き、高校ではスポーツも幾度か試み、競艇や乗馬等は一通りやってみた。[10]

私と陶烈が若かりし日、周囲に出世して財を成す手本がなく、社会的な苦悩も差し迫ることなく、さらに私たちが入学したのは自由な時代の東京の「第一高等学校」であったため、この時期、若き日の感情と情熱は、私たちを知を求める道へと進ませた。私たちは自然科学において、物質の根源、宇宙の果て、生命の由来、意識の所在、この四大テーマの研究こそが人類における最善最美であると考えていた。[11]

大正期の一中と一高の自由教育については、厳安生氏の著著『陶晶孫　その数奇な生涯』に詳しいが、同書に拠れば[12]、大正教養主義の影響のもと、一中は川田正澂校長の教育方針に基づき、イギリスのパブリックスクールをモデルに生徒の主体性と自由を尊重し、また国内の秀才が集った一高では、原書で西欧の哲学書や小説に取り組む読書熱が盛んであった。陶の回想からは、向学心が強く、自由を謳歌していた陶兄弟の姿が目に浮かぶ。また一九一七年九月の上海の新聞『申報』に掲載された記事「留日学生之水上運動会」に拠れば[13]、中国人留学生の「水上運動会」の平泳ぎの部で「陶熾」は優勝しており、スポーツも善くした陶晶孫の高等学校時代を垣間見ることができる。このような大正期の自由教育は、陶晶孫に学問への情熱を与え、だが同時に中国的な土着性の欠如をもたらしたことが指摘されている[14]。

さて、実学としての医学を修めることよりも、「物質の根源、宇宙の果て、生命の由来、意識の所在」の真理を問う自然科学に夢中になった陶兄弟は、一九一九年、兄は福岡の九州帝国大学医学部、弟は京都帝国大学医学部に進学する。そして、医学の中でも「人間の意識の解明」を問う生理学を志す[15]。京都帝大での陶烈は、読書に励み、留学生仲間と「中華科学友進社」を結成し、機関誌を刊行する等活発に研究活動を行った[16]。一方、九州帝大での陶晶孫は、医学部教授榊原三郎が結成した大学オーケストラに参加したほか、医学部の先輩であった郭沫若と創造社の文学活動を興しており、医学研究とは別の自己の芸術空間も築いている。なお、この時期、陶晶孫はクリスチャンとなっている[17]。

仲の良い兄弟は、時々顔を合わせては、研究の新たな動向について熱心に語り合った。

時に私は九州から汽車で京都へ行き、陶烈と野趣あふれる京都の郊外あるいは完成したばかりの整然とした疎水沿いに座りこみ、それら（生理学を指す——引用者注）の問題について語り合った。顔を合わせる度、陶烈は毎回新しい話題を提供し、私がまだ読んだことのない事を紹介してくれた。ある時はWatsonについて、またある時はKoehlerについて話を聞いた。[18]

陶兄弟の話題に上がった「Watson」「Koehler」とは、アメリカの心理学者ジョン・ワトソン（John Broadus Watson、一八七八－一九五八）とドイツの心理学者フォルフガング・ケーラー（Wolfgang Köhler、一八八七－一九六七）を指すと思われる。二〇世紀初頭、心理学の世界では同分野を「科学」として位置付け直す新説が提唱され、センセーショナルを巻き起こしていた。[19]ワトソンは、従来の精神分析に基づく心理学に反論し、人間の行動を刺激に対する反応として捉えて客観的に観察可能な「行動心理学」を提唱し、その主張は唯物主義や実証主義の流れと合流することになる。またケーラーは、人間の心的状況を個々の感覚の要素的集合としてではなく、全体的な構造として捉える「形態心理学」の樹立に貢献したとされる。なお、ワトソンの理論は、ロシアの生理学者パヴロフの条件反射説の影響を受ける等、当時心理学は生理学、物理学、動物学、脳神経学と密接につながり合った学問であった。

一九二三年、医学部卒業後、陶晶孫と陶烈はさらに研究室に進学する。陶晶孫は仙台の東北帝国大学理学部の物理学教室に入学し、同教室の教授小林巌を指導教官とし、同時にまた医学部生理学教室の藤田敏彦の指導を受け、電気実験を用いた運動神経の反応に関する研究を行った。一方、陶烈は京都帝大医学部に留まり、生理学教室で教授石川日出鶴の指導のもと、生理学と心理学の論文を次々と執筆した。当時、陶は自己の研究課題を「生理学ニ必要ナル物理学」と捉え、「今中生理学ノ広汎ハ此レガ生物学ノ総論ト各論ヲ全ク占メントス。随テ最モ精通シタル物理学者ニシテ初メテ応用ノ効ヲ有ス可ク」と説明している。[20]先述の二〇世紀初頭の心理学新論を取り巻く動向を踏まえれば、

「刺激―反応」を観察する陶晶孫の研究は「行動心理学」に当てはまり、「人間の意識の解明」を兄弟はそれぞれ物理学と生理学の角度から探究しようとしていたことがうかがえる。

なお、東北帝大は、各高等学校卒業者に門戸を開き、また理学部の教壇に歌人として名高い石原純が立ち、かつ各学部研究所を横断する共同研究の伝統を有する等、開放的かつ学際色豊かな校風で知られていた。[21] 陶晶孫は同校の校風に自己の研究の可能性を見出したと思われる。そしてまた、東北帝大進学の更に重要な理由として、郭沫若の夫人、佐藤をとみの紹介で知り合った、その妹で仙台のミッションスクール尚絅女学校に務める佐藤みさをの存在があった。

二　佐藤みさをの教養と世界観

東北地方は、伊達藩を中心に従来キリスト教が浸透していた土地である。また明治維新後、生活の困難の中で武士出身の青年でキリスト教信者となった者が少なくなく、その結果、ピューリタン精神と武士道的精神が融合した、道徳心高いキリスト教の土壌が築かれたという。[22] 仙台片平の東北帝大から近い、広瀬川沿いの丘の上に立つミッションスクールが佐藤みさをの母校尚絅女学校（後に尚絅女学院と改名、現尚絅学院）である。本章では、主に尚絅女学院七十年史編集委員会編『尚絅女学院七十年史』と尚絅女学校同窓会誌『むつみのくさり』に拠り、[23] 尚絅女学校の校史を踏まえ、みさをの教養と世界観の形成の背景について考察したい。

一八九〇年、尚絅女学会はアメリカのバプテスト婦人外国伝道会の支援で設立され、初代のブゼル校長のもと一八九九年に私立学校令により正式に設立が認可され、尚絅女学校と校名を改めた。同校の校史を繙くと、その特色として、「社会に名を成す」よりも「家庭人」であることを優先した、全寮制と少人数制に基づく教育が挙げられる。アメリカ人女性宣教師と同居の寮生活では、五時過ぎの起床、体操、礼拝から一日が始まり、洗濯と掃除の仕方を徹底的に教わる等、修道院式の厳格な訓練としつけがなされた。これは、理想的な日本女性を育てて送り出すという教育的視点からなされたものであり、欧米式の教養をそのまま持ち込んだ当時のミッションスクールの中で異彩を放っていたという。(24)

授業も成績重視で厳しく、自主性が重んじられた。英語の授業では、原書を用い、生徒は一字一句辞書で調べる予習が課され、キリスト教教義の授業では、共同研究のレポートの提出や議論が求められたという。一方、同校では、遠足、音楽会、文芸会、バザーをはじめとする多彩な行事が行われ、家庭的な温かみにも満ちていた。教員と生徒の間には親しい交流があり、学校生活を通して堅実な人生観、世界観を身に付けることができたことを多くの卒業生が回想している。

澤地久枝「日中の懸橋 郭をとみと陶みさを」に拠れば、(25)黒川郡大衡村の佐藤家は士族でキリスト教徒の家系であり、父佐藤卯右衛門はプロテスタントの牧師として布教に専念し、母はつが厳しく子供を教育した。長女をとみに続き、次女みさをは尚絅女学校に入学し、寄宿生として学ぶ。姉をとみは才気溢れる少女であり、妹みさをは落ち着いた性格であったという。尚絅女学校の同窓会誌『むつみのくさり』の記録では、(26)みさをは一九一四年の「文芸会」で「英語対話（Golden Touch）」、一九一五年の「父兄会」で「オルガン独奏」、「文学会」で「英文自作（ヨハネ）」「和文暗誦（都かえり）」を披露したことが記されている。また教員の洗礼四十周年記念会では生徒代表として祝辞を述べていたのが確認できる。これらの記録の断片からは、同校の国際色および文芸色溢れる教育の中で成長した、教養豊かで信仰心篤い少女の姿が浮かび上がる。

一九一六年、みさをは卒業と同時に上京し、麹町の女子英語塾（現津田塾大学）本科に入学する。専攻を英語と音楽で迷った末での選択であった[27]。周知の通り、津田梅子が設立した女子英語塾は、英語を主とした学問重視の女子高等教育機関であり、女子校として初めて英語科教員無試験検定の実施が許されている[28]。東京でのみさをは、尚絅同窓会の東京支部の集いに参加しては、母校を懐かしんだようである。

毎日授業の始まる十五分前の礼拝で賛美歌を歌います毎にはるか遠き北の方の空を眺めては母校をしのんで居ります、そして私はあの清き温かき母校で得たところの何物かをここにもうつしまた神様の栄光のためアルマ、マターのためにベストをつくさなければならぬと云うことを深く感じます、くれぐれもアルマ、マターの上に豊なる神の御祝福のあらんことを祈り申し上げます。[29]

一九一九年、卒業と共にみさをは仙台へ帰り、英語教員として母校の教壇に立つ。当時、尚絅女学校は、新校舎が完成し、さらに校長の交代と共に高等科が設けられた改革期にあった。母校の発展の時期に教員となったみさをは、後輩の育成に勤しみ、充実した日々を送っていたことが予想される。そしてまた、この時期、九州の姉を訪ねたみさをは陶晶孫と出会う。

同様に大正期の高等教育を受けた敬虔なクリスチャンであり、音楽と文芸を愛したみさをに対して、陶が親しみを感じたことは想像に難くない。なお、みさをが英学塾で学んだ時期、陶が程近い一高に通っていたことも、二人の距離を一層近づけたかもしれない。陶の短編小説「胡乱和女学生」（一九二五年八月）では[30]、仙台らしき小都市を舞台に、教会で待ち合わせ、街をそぞろ歩く主人公と女子学生の姿が描かれている。また短編小説「愛妻的発生」（一九二六年）では[31]、やはり仙台と思われる街で、主人公の中国人留学生が丘の上にあるミッションスクールを訪れ、知り合いの女子学生に面会を申し込む様子が記されている。これらの作品には、当時の陶晶孫とみさをの浪漫的な心情が投影されていると思われる。

一九二四年、陶晶孫とみさをは尚絅の教会で結婚式を挙げた。みさをは中国籍に入り、クリスチャンネームのメアリーを中国語に当てて陶弥麗と改名している。[32] 二人の結婚は、「恋愛至上主義を徹底した御生活、ほんとうにみさちゃんらしくて、うれしくきもちよい感がいたします」[33]と同僚たちに祝福された。ただし、みさをの両親は当初、娘が中国人と結婚することに強く反対したという。[34] みさをが国籍に拘らず、愛情に誠実であり得たのは、精神的、経済的に自立した女性であり、また日本人女性の教育のために生涯を捧げたアメリカ人女性宣教師の教えを受けたミッションスクールの学生として、平等な世界観を身に付けていたためだと考えられる。その例として、一九二三年のみさをが編集責任者となった同窓会誌『むつみのくさり』には、「寝言二ツ三ツ」と題した文章が寄せられている。同文では、[35] 西洋人の宣教師が、本国では叶わない貴族のような生活をアジアの国で享受し、「東洋人の不潔を見て嘔吐」することへの批判が述べられている。そして、神の前で世界人類は平等で「先進国」が「後進国」を指導するのは当然の義務であり、世の中に国境や人種差別があることを恨めしく思うことが綴られていた。「迷麗」と「弥麗」は一文字違いで、中国語ではメアリーと読むため、同文はみさをの筆による可能性もある。また、異なる場合でも、国家の枠組みを超えた眼差しを尚絅の学生、あるいは関係者が持ち得たことを示していると言えよう。後述の通り、みさをは夫と共に中国に渡った後、「中国人」として現地の人々の「不潔」を改善することを自らの義務として語る。このようなクリスチャンとしての使命感は、陶晶孫の医学者としての理想を支え続けることになる。

三　学費問題と「対支文化事業」

前述の通り、東北帝大理学部入学後、陶晶孫はみさをと家庭を築く。また研究面では、理学部物理教室と医学部生理学教室を往復しながら実験に取り組み、論文「インドクトリウムの感応インパルスの一、二の性質、並に感応電気の累加」の執筆に取り掛かる。[36] 同時期、音楽部長を務めた生理学教室教授藤田敏彦の依頼で東北帝大の管弦楽団で指揮も務めており、充実した留学生活を送っていたことがうかがえる。[37] 一方、陶烈は、一九二五年に京都から東京帝国大学医学部の精神病学教室に移り、同教室教授三宅鉱一のもと脳神経学の研究を始める。しかし、兄弟共に研究生活に入った一年後、突如二人の江蘇省公費の支給は停止される。本章では、公費生の資格喪失がいかに陶晶孫と陶烈の留学生活に変化をもたらしたかを考察したい。

（一）特選留学生としての選抜

陶晶孫いわく、陶兄弟が江蘇省公費生の名簿から突如外された背景には、公費獲得を狙う同郷の留学生たちと留学経理員との結託があった。陶烈の略伝でその様子は詳細に述べられている。

私たち二人の公費は規則に従い取り消されてしまった。江蘇省の公費は従来実習二年間の規定があったが、知らない間に一年に減らされていた。問い合わせてみたところ、さらに二、三年間学費を貰っている者も沢山いたが、中国のことなので、当然ながら留学経理員もうまい汁を吸ってよい訳だ。かくして交渉をしない者は自ずと損をする。経理員の所で、彼らが「陶晶孫と陶烈は長い間公費をもらっているから、早く取り消すべきだと誰もが言っている」と話しているのを私たちは耳にした。公費生名簿の最初には不幸にも陶晶孫、陶烈の名前が並び、大学在学の四年間、私たち二人の名前は絶えず公費を得たい者たちの攻撃の的になっていたのだ。(38)

卒業後、私は生理学教室で、彼も生理学教室で学び、突如貧困の嵐に見舞われたが、しかし、自分たちの学問について語る際、あたかも春風が吹くが如く、青春の意気は高々と、私たちを包み込んだ。間もなく陶烈は生理学教室を離れて精神（病――引用者注）学教室へ移り、私たちの研究も徐々に分かれていったが、学問に対する青春の情熱が衰えることはなかった。(39)

経済的に行き詰った兄弟は、学費を父親や姉妹の仕送りに頼ることを余儀なくされる。陶晶孫は、留学を中断して帰国し、就職を考えたようであるが(40)、結果として、一九二六年には「対支文化事業」の特選留学生に選ばれ、学費補給を得るに至る。同年みさをが退職しているのは、前年に長男が生まれたという事情のほか、陶の学費問題の解決とも関係があるかもしれない。(41) 一方、研究に邁進する陶烈はいずれの奨学金も受給する機会を得ず、病院の宿直医を務めながら苦学を続けることになる。なお、同期間、勤務先の病院で婚約者となる看護師松本閑子と知り合っている。

ここで、「対支文化事業」の学費補給と特選留学生の概要を説明しておきたい。(42) 日本外務省は、アメリカの中国政策に対抗し、義和団事件賠償金を資金に対中国文化政策を起こす。その一つとして、「五校特約」終了に伴い、一九二三年からスタートした中国人日本留学生の学費補給制度があった。同学費補給制度は、「一般補給留学生」「選抜留学生」「特選留学生」の三種類に区分されており、そのうち「選抜留学生」と「特選留学生」は日本外務省と文部省が選抜を担当した。卒業後研究に従事する学生のみが応募可能であった特選留学生は、月額百五十円の学費補助が支給される等厚遇であったが、当初の定員はわずか十名であり、さらに所属大学の大学長の推薦を必要とする極めて狭き門であったと言える。なお、選抜の評価対象には応募者の成績のほか、性格や思想傾向も含まれていたことに留意したい。

管見の限り、外務省の資料に拠れば、定員が倍増した一九二六年、陶晶孫は特選留学生に選ばれ、一九二八年まで特選留学生としての身分を有していたことが確認できる(43)。特選留学生制度は、同様に「対支文化事業」の一環であった上海自然科学研究所の中国人研究員の養成制度を兼ねており(44)、特選留学生には日本政府の条件に叶った人材が選ばれていたと指摘できる。なお、アメリカ留学を経て再来日し、京都帝国大学理学部で生物化学の研究を行った姉の陶慰孫もまた、一九二八年に特選留学生に選抜されている。

当時、「対支文化事業」を取り巻く環境を確認すれば、本国の知識人や中国人日本留学生の間では同事業を文化侵略と捉える反対運動が続いていた。しかし、一方では、陶晶孫のように学費を求める留学生が応募に殺到するという矛盾した状況が見られた(45)。このような状況は、個人としての留学と中国人としての民族意識とのはざまに留学生たちが立たされていたことを語っている。特選留学生に選ばれた陶晶孫もまた経済的な困難の解決に安堵しつつも、「対支文化事業」に対して屈折した思いを抱かざるを得なかったことは、彼が執筆した小説からうかがえる。

短編小説「特選留学生」(一九二六年五月)では、主人公の中国人日本留学生の無量は、公費を失うが、ある日突然、特選留学生に選抜される。彼は補助金の使い道を考えながら、同時に「この時期に日本人が支那との親善を深めようとして特選留学生を設けたのは、おおかた和製博士を多く育て、これら博士に中国の学界に向けて発言してもらおうという魂胆だろう」(46)と、日本政府の対中国政策を醒めた目で眺めている。また帰国後に発表した短編小説「博士的来歴」(一九二九年十二月)では、主人公の中国人留学生の維羞は、当初は「対支文化事業」を「文化侵略」として批判するが、特選留学生に選ばれた途端、ためらうことなく外務省との契約書に署名する。博士号を取得し、さらに上海自然科学研究所への就職が決まった維羞は、ふと自分の境遇がスパイと重なることを認識し、狼狽する。「月額百五十円を頂戴し、生理学の研究に専念いたします。貴処の規定を遵守し、違反した場合は支給が停止されても異議はございません」(47)と、作中で契約書の内容を具体的に記しているのは、従順な態度を求める日本政府に迎合する主人公の姿を強調するために他ならない。言うまでもなく、主人公の名前には、日本政府が敷いたレールを歩むことに「羞恥」を感じない者への強い諷刺が込められている。そして「生理学」という主人公の専門の設定が示す通り、「博士的来歴」に込められた諷刺と警告は、陶自身にも向けられていたと解釈できる。

特選留学生に選ばれた一九二六年の秋、陶晶孫は一家で上京する。東京帝国大学医学部の副手を務め、また同医学部の実習先である神田の泉橋慈善病院外科で医師として実習を受けるためであった。財閥三井家の慈善事業として建てられた同病院は、東京帝大医学部が管轄した低所得者を対象とする無料の医療機関であり、「対支文化事業」の医療団体「同仁会」が受け入れる中国人医学留学生の実習の場も兼ねていた。(48)このように、特選留学生となったことを境に、医学生としての陶晶孫は「対支文化事業」との距離を縮めてゆく。これに対して、当時やはり東京帝大医学部に所属していた陶烈は、兄と共に同仁会主催の「医薬学生懇談会」に出席し、(49)また同仁会の出版物の中国語翻訳を担当しているが、(50)結局のところ、同事業の学費補給を含めて奨学金を得ることなく、苦学生として研究を続けることを余儀なくされる。

(二) 陶烈の苦学と早世

一九二八年、陶晶孫は日本留学を切り上げ、みさをと二人の息子を連れて無錫へ戻り、翌年に上海の東南医科大学に生理学担当教授として赴任した。一方、陶烈は、一九三〇年に広州の中山大学へ着任し、研究器具等の購入のため日本へ戻る。その際に頸部蜂窩織炎を患い、突如帰らぬ人となった。陶烈と研究上親交のあった仙台の小川鼎三・文代夫妻の自宅で追悼会が開かれたが、出席者は数名であったという。(51) また東京では同仁会と日華学会の共同で陶烈の追悼式が開催された。(52) 帰国後の活躍を目前にした死は、兄弟姉妹、友人達に深く惜しまれ、陶烈の婚約者であった看護師の松本闃子は、翌年彼の後を追い自殺している。(53) 陶が記した弟の略歴には、公費を失った後、陶烈が病院の宿直医として働き、体調を崩しながらいかに研究に邁進したかが、繰り返し語られている。その語り口は静かではあるものの、無念の思いが滲み出ている。

この時私たち二人は経済的な困難に直面した。しかしながら学業を棄てて帰るにはしのびず、苦学を続け、一年経った時、私は突如補助を得、彼にわずか毎月三十元を与えた、だが、思いがけず七月に私の補助費は停止されてしまい、彼は再び経済的な困難に陥った。当時彼はすでに東京で神経学の研究を行っており、幸いにも父親と姉、妹から援助を受けるほか、彼自身が大森病院に小職を得た。彼のこのような経済状況は同情に値し、学費を確保して留学する者、毎月補助を得ている者には、このような困難は理解できない。(54)

彼が東京に移ると共に、省官費は已に期限到来し最早もらえなくなってしまった、此の時から貧乏に甘んじなくてはならなかった。(中略) 併し外国留学者の常として転学して帰えるのは彼の執らない所だったから彼は貧乏と闘った。従って彼は僚友の関係で或は巣鴨保養院に居り或は大森病院に居た。(55)

一九二八年春、彼は東京で突然病気の疑いがあり、診断したところ肺結核であった。もともと彼の東京での生活は決して快適とは言えず、当初は、友人の紹介で巣鴨保養院に住み込んだ。これは精神病院であり、入院患者の当直医を務めていた。(56)

自ずと彼はいつも自分でも収入を得ようとし、また父親が臨床実習を行うことを望んでいたこともあり、東京の大森病院で働いた。同院は内科の病院であった。彼の病気がここで感染したものかどうかはわからない。結局のところ、彼は肺結核に罹り、一九二八年逗子に転居した。（中略）姉はこの時研究のため日本に行き、逆に私は日本から帰国したところであった。姉は彼女のわずかな学費の中から弟を援助した。(57)

これらの文章からは、陶晶孫と陶慰孫は、特選留学生のものと思われる学費補助の一部を陶烈に分け与えていたことがうかがえる。(58)なお、陶烈が勤務した「巣鴨保養院」とは、東京帝大医学部精神病教室の実習を兼ねた精神病院であり、東京府癲狂院、東京府巣鴨病院、と移転と改名を重ねた後、一九一八年に荏原松沢村に移り、東京府立松沢病院と名を改めている。(59)院長を務めた精神病教室教授三宅鉱一は、陶烈の指導教官であり、その関係から同病院で働いていたことが推測される。以下に引用する、陶烈の死後間もなく記した「亡弟陶烈的略伝」の筆致からは、陶烈の死は、病院勤務の過労や結核の伝染に起因する可能性があること、また弟をそのような苦境に追い込んだ遠因には、日本外務省や文部省、東京帝国大学の彼に対する冷遇があると、陶が複雑な思いを抱いていたことがうかがえる。

日本外務省の義和団賠償金はやはり彼に学費を与えることを許さず、彼は努力しながら論文をまとめ、各種の文章を書き、また病の治療にあたった。闘病中、彼は中華学芸社から第四回汎太平洋学術会議に参加した。[60]
ある人いわく、弟は京都で研究に従事していた際、教授と研究上の意見が合わず、反論したことがあり、自分のテーマを研究するため東京に来たという。しかし、この説を私は信じない。／（中略）彼は東京では、自分のテーマの研究を行った。大学院生であり、助手のポストは得られなかった。[61]
脳組織学の研究の半分はすでに発表したが、残りの半分はまだ印刷中であり、全てを発表することなく亡くなった。弟がこれを博士論文として提出しようと考えていたかは、わからない。だが、日本文部省は学位授与の対象でない者に対して、博士号を授けることはできない。だから、彼は未だに学位を持っていない。[62]

ここで疑問に思うのは、兄と姉と同様に最高学府に在籍し、国際会議に参加する等鋭意研究に取り組んでいたにも拘わらず、なぜ陶烈は「対支文化事業」の学費補給を受けられなかったのか、ということである。中国側が選抜する「一般補給留学生」は、各省の定員が決まっており、江蘇省公費と同様、同郷の競争が激しかったことが予想される。では、「選抜留学生」「特選留学生」はどうであっただろうか。留意すべきは、日本側の選抜の条件には、成績のほかに応募者の性格や思想などの評価が含まれていたことである。

陶烈は、学問に対して非常に厳しく、議論となると一歩も引かなかったという。[63] そのような彼の性格を踏まえれば、京都を離れたのは、やはり研究上何らかの不都合があった可能性は否定できない。また経済的に苦しい日々の中、陶烈が「戦闘的」になったことを陶は語っているが、[64]「戦闘的」とは、マルクス主義への傾倒を指していると思われる。

友人の柘植秀臣に拠れば、[65]一九二七年頃から一九二九年にかけて、当時東北帝大理学部の学生であった柘植と陶烈は唯物論研究と社会科学に強い興味を持ち、リャザノフ編『マルクス・エンゲルス選集』第二巻「弁証法と自然」を日本語へ共訳している。また閉鎖的な学界の現状に異を唱え、「進歩」的な生物学者の組織を創設することを計画し、二人は京都帝大の生物学者山内年彦の紹介を経て、やはり生物学者出身で労働農民党の代議士であった山本宣治と面談し、代表となるよう依頼していた。だが、その数日後に山本は右翼団体に暗殺され、組織の成立には至らなかったという。

京都帝大は自治意識が高く、マルクス経済学者河上肇の影響のもと、マルクス主義を信奉する学生が集い、セツルメント等の社会運動の本拠地であったとされる。[66]前出の山内年彦、山本宣治もまた京都帝大の教壇に立った人物である。これらのことを踏まえると、陶烈の左傾化は、京都帝大時代に芽生えたものであったかもしれない。さらに、陶烈は柘植秀臣の紹介により、マルクス主義の立場から中国問題に興味を持っていた朝日新聞記者の尾崎秀実と知り合い、親交を深めていた。[67]一九二七年の「東京朝日新聞」には、尾崎の手を経て掲載された陶烈の医学関連の文章「神経生物学の傾向」等が確認できる。[68]なお、大森病院で知り合った陶烈の婚約者、松本閑子は、彼の影響のもとクリスチャンから社会主義者に転じたという。[69]

以上のことを踏まえると、学界の閉鎖性に不満を持ち、またマルクス主義の視点から社会の改革に強い関心を寄せていた陶烈は、大学の指導教官等の推薦を得られず、「対支文化事業」の学費補給の対象外とされていた可能性が充分にあると考えられる。

「対支文化事業」を軸とした場合、陶晶孫と陶烈の留学生活の後半は、明と暗に分かれていたように見える。しかし、先述の通り、陶烈は陶晶孫と同仁会主催の懇談会に出席し、また同会の出版物の翻訳業務に携わっていた。さらに陶烈の追悼式は同仁会と日華学会の共同主催で行われ、遺稿集『陶烈論文集』は同仁会が出版を請け負っており、陶烈と同仁会のつながりは決して浅くない。一方、東京での陶晶孫もまた「対支文化事業」の権威に寄りかかっていた訳ではない。むしろそれに反するかのように、文芸面では、一九二七年から日本の反戦戯曲やプロレタリア色の強い戯曲を積極的に中国に紹介し始める。また創造社後期のメンバーと共に東京築地の築地小劇場に通い、プロレタリア演劇に関する知識を深めていた様子がうかがえる。(70) 当時の陶の生活を地理的に捉えてみれば、幼少期より慣れ親しんだ東京の中心部にある本郷の東京帝大医学部と神田の慈善病院に「異色」の築地小劇場が加わることにより、陶晶孫もまた自己の地図を広げ、昭和恐慌の前夜、深刻化してゆく社会の不平等に目を向けつつあったことが指摘できる。

前出の引用文の通り、苦学生であった陶烈に対して何の手も差し伸べなかったと、陶晶孫は日本外務省、文部省に対する不信を表明していた。「対支文化事業」と陶兄弟の関係は、一刀両断に捉えることはできない。だが、陶烈の夭逝は、陶晶孫に自己と「対支文化事業」との関わりに対して一層屈折した思いを抱かせたことは間違いないと言えよう。

四　医学者としての理想の行方

一九二九年夏、佐藤みさをは上海から尚絅女学校の同窓会に手紙を送り、自身の近況を以下のように綴っている。

無錫と申します私共の家のある市に、上海より三時間で行く所でございます。上海より田舎になりますが仙台の様な静かないい市でございます。夏以後はずっと無錫に落ち付くかもわかりません。（中略）私共中国人自身でもあれる程、下等社会の人間は不潔でございます。彼らの魂の不潔を取去ると同時に肉体の清潔をも教えなければならないのが私共の義務でございます。私がわざわざ中国に来たのは、何か神が中国人の為私の出来る事をおさせになる為だと思っています。無錫に落ちついて資本が出来ましたら、社会事業を何かやる事を今から計画して居ります。甘くゆくかどうかはわかりませんが、陶も陶の兄弟達も前々からその事は考えて居る事なのでございますから、皆でやれば何かやれる事を信じて居ります。その他、日曜日はバプテスト教会で無料診断治療をする事も考えて居ります。私は中国に来た以上、日本に居るよりもより意義のある生き方をしたいものだと願っています。(71)

みさをの手紙は、彼女が中国での生活の中で自己の居場所を築こうとしていたことを語っている。カトリックの宣教師は中国人を差別せず、信者に慕われていることに言及した上で、下層の人々の「不潔」な魂と肉体を「清潔」にすべく導くことを自己の義務として受け止めている。それは、庶民の生活を上から捉えた視線だと言えるかもしれない。しかし、自らを「中国人」として位置付ける姿勢からは、医学者である夫を支えて衛生面から中国人の生活環境の改善に尽力しようとした、彼女のクリスチャンとしての真摯な思いが伝わってくる。また同書信では、陶晶孫と「兄弟達」、すなわち陶烈らが共同で社会事業を興す予定があったことが記されていることに注目したい。

当時、陶晶孫は東南医学院（東南医科大学の改名後）で教壇に立つ傍ら、文芸面では、創造社の仲間と上海で結成した左翼劇団「芸術劇社」に参加し、また編集を務めた文芸雑誌『大衆文芸』の誌面を左傾化し、積極的にプロレタリア文学の紹介に努めていた。(72)この時期、陶烈の友人であった尾崎秀実とも親交を深めている。(73)しかし、一九三〇年春から初夏にかけて、国民政府の熾烈な言論弾圧に遭い、陶晶孫は左翼文芸の表舞台から徐々に姿を消す。それと入れ替わるかのように無錫の衛生模範実験区の主任に就任し、公衆便所を改良する等公衆衛生事業の推進に尽力し、また農民を往診しながら農村調査を行った(74)。日本留学以来、陶が生理学研究と文芸活動に注いできた情熱は、中国の現地に根差した衛生事業へ姿を変えつつあったと捉えられる。そして、これらの社会改革の仕事には、おそらく陶烈も加わるはずであった。

後日、友人の柘植秀臣は、陶烈の遺稿整理が大きな契機となり、陶晶孫が社会の矛盾に強い関心を寄せるようになったのではないか、と推測している(75)。陶は、陶烈の遺稿に目を通し、弟の一連の仕事を「自然科学」と「社会科学」の結合として捉え(76)、また以下のように語っていた。

陶烈は生理学、神経学からさらに社会衛生学へと向かったことが見て取れる。陶烈が為したのは何であったのか、説明するとしたら、神経学、生理学のほか、この社会衛生学を挙げるべきである。／最後に付け加えれば、彼は陶晶孫が編集した『大衆文芸』のために「東京演劇評」を書いたことがある。これは芸術方面での唯一の作品である。彼は芸術方面において大いに考えを持っていたが、しかし、それを書く機会は二度とない(77)。

論考「弁証的並行論」のほか、衛生学に関する論考「東京市之衛生設備及社会事業」「戦闘的衛生学」が並び、陶晶孫がこれらを弟の最後の仕事として受け止めていたことがわかる。

「陶烈著作紹介」（『脳之研究』）「陶烈遺作目録」（『陶烈論文集』）に目を通すと(78)、陶烈のマルクス主義への傾倒を示す論考「弁証的並行論」のほか、衛生学に関する論考「東京市之衛生設備及社会事業」「戦闘的衛生学」が並び、陶晶孫がこれらを弟の最後の仕事として受け止めていたことがわかる。

なお、陶が編集した『大衆文芸』第二巻第二期（一九二九年一二月）には、「青服」による劇評「東京演劇評」が掲載されているのが確認できる。同劇評では、一九二九年八月から九月にかけて「築地小劇場」が本郷座で上演した村山知義作「阿片戦争」とトレチャコフ作「吼えろ支那」の上演を紹介し、特に「吼えろ支那」を「典型的な唯物論的演劇であり、完全なプロレタリア階級のリアリズムを演出している」と高く評価していた。つまり、「青服」は陶烈のペンネームであったことが明らかになる。本郷座は東京帝大の近くに位置しており、おそらく陶烈は研究の合間に同劇場へ足を運んだのであろう。上記の陶の言葉は、衛生学の仕事のみならず、さらにはプロレタリア文芸面の活動においても陶晶孫と陶烈が呼応していたことを示しており、[79]それゆえ陶烈の死がいかに陶晶孫に大きな打撃を与えたかを物語っている。

一九三一年冬、陶晶孫は「対支文化事業」の上海自然科学研究所の中国人研究員に就任する。以後、衛生学科の研究員として衛生学の研究に打ち込む。陶晶孫がなぜ、日本政府の対中国文化政策のレールを歩んだか、その背景は慎重に検討する必要がある。[80]だが、本稿で見てきた通り、陶晶孫は帰国後、みさをと陶烈と共に無錫で社会事業を起こすことを計画し、同時にそれまで生理学と文芸活動に注いだ情熱を衛生事業へ向けつつあった。そして、陶烈が最期に手がけた仕事が衛生学研究であったことを踏まえれば、陶晶孫にとって上海自然科学研究所とは、弟の遺志を引き継ぎ、社会事業としての衛生学の研究に正面から取り組む場所であったのかもしれない。

「人間の意識の解明」の追究から衛生学への方向の転換、そして「対支文化事業」をめぐる陶晶孫の屈折した心情の表明には、大正期の日本の高等教育で培った自己の学問と理想を中国社会の現状に合わせて形を変え、社会改革につなげようとした陶晶孫の中国知識人としての葛藤と抗い、そしてまた青春の日々を共にした陶烈とみさをとの精神的な絆が刻まれているのである。

(1) 伊藤虎丸「解説――問題としての創造社(日本文学との関係から)――」(同編『創造社研究』創造社資料別巻、アジア出版、一九七九年）、厳安生『陶晶孫 その数奇な生涯――もう一つの中国人留学精神史』（岩波書店、二〇〇九年）等を参照した。

（2）濱田麻矢「文化的〝混血児〟――陶晶孫与日本」（『中国現代文学研究叢刊』一九九六年第三期）では、日中のはざまに身を置いた陶晶孫の文学の特質を論じている。鈴木将久「『対日文化協力者』の声――陶晶孫の屈折」（『上海モダニズム』中国文庫株式会社、二〇一二年）、孫洛丹「陶晶孫発表於《新申報》〝千葉文芸〟作品考論」（『新文学史料』二〇一三年二期）では、戦時上海の活動について、また黄英哲「越境者としての陶晶孫―『淡水河心中』論」（『立命館文学』第六一五号、二〇一〇年）では、戦後台湾での活動について考察を行っている。

（3）前掲、厳安生『陶晶孫 その数奇な生涯――もう一つの中国人留学精神史』では、陶晶孫の日本留学を大正教養主義との関わりから論じている。

（4）これまでのところ、陶烈に関しては、友人の柘植秀臣による回想「陶さん兄弟のことども」（『わが内なる中国』亜紀書房、一九七一年）、徐科「中国神経科学研究のすぐれた先駆者――陶烈」、柘植秀臣「陶烈先生についての若干のコメントと注記」（『中国研究月報』一九八一年六月号）、佐藤みさをの生涯については、一九八〇年代に佐藤姉妹へインタビューを行った澤地久枝「日中の懸橋 郭をとみと陶みさを」（『完本 昭和史のおんな』文芸春秋、二〇〇三年）がまとまった資料となっている。なお、徐科「中国神経科学研究のすぐれた先駆者――陶烈」の内容は、主に陶熾「亡弟陶烈的略伝」（『学芸』第十一巻第四号 追悼社友陶烈専号、一九三二年八月）に基づいていると思われる。

（5）陶晶孫「陶念鈞先生伝」（『陶念鈞先生伝及其他』無錫：大観書局、一九四二年）六八－六九頁。

（6）陶姉妹の経歴の詳細は、周一川『中国人女性の日本留学史研究』（国書刊行会、二〇〇〇年）を参照されたい。

（7）前掲、厳安生『陶晶孫 その数奇な生涯――もう一つの中国人留学精神史』五七－五九頁。

（8）前掲、柘植秀臣「陶さん兄弟のことども」二二七－二三〇、二三四頁。

（9）陶熾「書於巻前」（『脳之研究』痴僧書房、一九三九年）に拠れば、『脳之研究』は、陶烈が東京の書店のために日本語で執筆したものである。一九三五年春に陶は中国語への翻訳を終え、中華学芸社へ原稿を渡したが、病気の治療を終えて戻ってきたところ、刊行の話は消えていた。改めて友人の紹介で国立編訳館から出版しようとしたが実行されなかった。このため、父親から補助を得て同書を刊行するに至ったという。なお、陶熾「同懐弟陶烈府君墓志銘稿」（『自然』第十一号、一九四一年）でも、陶烈の略伝が綴られている。

（10）前掲、陶熾「亡弟陶烈的略伝」。以下、本稿での引用文の訳は引用者による。また原文が日本語の場合、原則として旧字体を新字体に、旧仮名遣いを新仮名遣いに改める。

（11）前掲、陶熾「書於巻前」。

（12）前掲、厳安生『陶晶孫 その数奇な生涯――もう一つの中国人留学精神史』第一章「少年留学生陶晶孫」第二節「忘れ難き少年時代」第三節「『さんらんと輝ける』教養主義の下」。

（13）「留日学生之水上運動会」『申報』一九一七年九月三〇日。

（14）前掲、厳安生『陶晶孫 その数奇な生涯――もう一つの中国人留学精神史』四一頁。

（15）前掲、陶熾「書於巻前」。

（16）前掲、陶熾「亡弟陶烈的略伝」、同「亡弟陶烈的学術」（『学芸』第十一巻第四号）。

（17）前掲、澤地久枝「日中の懸橋 郭をとみと陶みさを」三三九頁。

（18）前掲、陶熾「書於巻前」。

（19）以下、下中邦彦『哲学事典』（平凡社、一九六八年、初版第十四刷）、「ゲシュタルト心理学」「行動主義」「行動心理学」

「ケーラー」「ワトソン」の項目に拠る。

(20)「陶熾 日本内地視察旅行報告」(JACAR、Ref.B〇五〇一五八〇〇五〇〇、第四七画像)。同資料に関しては、見城悌治先生のご教示を頂いた。感謝の意を表したい。

(21)東北帝国大学庶務課編『創立二十五周年記念 東北帝国大学ノ昔ト今』(発行年記載なし)六-一一頁、東北大学編『東北大学五十年史 上』(一九六〇年)二四〇-二四一頁。

(22)尚絅女学院七十年史編集委員会編『尚絅女学院七十年史』(一九六二年)七〇頁。

(23)本章で紹介する尚絅女学院の歴史は、断りのない限り、尚絅女学院七十年史編集委員会編『尚絅女学院七十年史』に拠る。

(24)尚絅女学院編『尚絅女学院の一〇〇年』(一九九二年)二八-二九頁。

(25)前掲、澤地久枝「日中の懸橋 郭をとみと陶みさを」三三六頁。

(26)「第七回記念文芸会順序」「父兄会次第」(『むつみのくさり』第八号、一九一五年)五九、六四頁、「小文学会報告」「内田先生受浸四十年記念会報」(『むつみのくさり』第八号、一九一五年)九八-九九頁。

(27)前掲、澤地久枝「日中の懸橋 郭をとみと陶みさを」三三八-三三九頁。

(28)津田塾大学編『津田塾大学一〇〇年史』(二〇〇三年)「第一章　女子英学塾の創設」「第二章　大正期の女子高等教育と女子英学塾」。

(29)佐藤操「東京より」(『むつみのくさり』第九号、一九一六年)六頁。

(30)陶晶孫「胡乱和女学生」(『音楽会小曲』上海:創造社出版部、一九二七年)。同短編小説は「短篇三章」の中の一篇である。

(31) 陶晶孫「愛妻的発生」(『音楽会小曲』)。『晶孫全集第一集』(上海:暁星書店、一九四一年再版)では、「女学校的訪問」と改題されている。
(32) 前掲、澤地久枝「日中の懸橋 郭をとみと陶みさを」三三九頁。
(33) 「個人消息 陶夫人」『むつみのくさり』第十七号、一九二六年。
(34) 前掲、澤地久枝「日中の懸橋 郭をとみと陶みさを」三三九頁。
(35) 迷麗「寝言二ツ三ツ」(『むつみのくさり』第十四号、一九二三年)二五-二八頁。
(36) 藤田敏彦「陶晶孫君を憶う」(『日本医事新報』第一八一五号、一九五九年)四九頁。
(37) 同右、五〇頁。
(38) 前掲、陶熾「亡弟陶烈的略伝」。
(39) 前掲、陶熾「書於巻前」。
(40) 前掲、藤田敏彦「陶晶孫君を憶う」四九頁。
(41) 『尚絅女学院七十年史』の名簿に拠れば、みさをは一九二六年に退職している。ただし、澤地久枝「日中の懸橋 郭をとみと陶みさを」では、第一子が生まれた一九二五年に辞職したと記されている。
(42) 「対支文化事業」および特選留学生の制度については、阿部洋『「対支文化事業」の研究―戦前期日中教育文化交流の展開と挫折―』(汲古書院、二〇〇四年)で詳しく記されている。本稿では、同事業の政治性に焦点を当てるため、「対支文化事業」という名称を括弧付で用いることとする。
(43) 「特選支那留学生ニ対スル本邦内地修学旅行費支給方ニ関スル件」「特選支那留学生陶熾ノ修学旅行費補給ニ関スル件」(JACAR、Ref.B〇五〇一五八〇〇五〇〇)第八-十画像。なお、以下、本節の内容は、拙論「陶晶孫と「対支文化事業」——特選留学生としての軌跡」（『中国研究月報』第六七巻第五号、二〇一三年）の考察を踏まえている。

(44)「上海自然科学研究所設立ニ関スル専門家協議会記事（大正十四年一月九日）」（JACAR、Ref.B〇五〇一五一八八一〇〇）第八画像。

(45) 外務省文化事業部「対支文化事業の概要」（『日華学報』第三号、一九二八年二月）に拠れば、選抜留学生は一九二六年には候補者一七〇名、一九二七年には候補者三三〇名から、それぞれ三五名、三〇名が選定された。

(46) 陶晶孫「特選留学生」（『音楽会小曲』上海書店影印、一九八九年）一一七頁。

(47) 陶晶孫「博士的来歴」（『大衆文芸』第二巻第二期、一九二九年十二月）二一二頁。

(48)『東京大学医学部百年史』（東京大学出版会、一九六七年）六二三―六二四頁、『三井記念病院百年のあゆみ』（三井記念病院、二〇〇九年）二八―二九頁。

(49)「中華民国医薬学生秋季懇話会出席者芳名（昭和二年十月二二日）」（JACAR、Ref.B〇五〇一五七四〇五〇〇）第三画像。

(50)「故陶烈氏追悼会」（『同仁』第四巻第十号、一九三〇年）五七頁。

(51) 謝循貫「追憶的一二」（『学芸』第十一巻第四号）。

(52) 前掲、「故陶烈氏追悼会」五七頁。

(53) 前掲、陶熾「同懐弟陶烈府君墓志銘稿」八五頁。陶烈と闓子については、山崎朋子「革命のなかの二つのドラマ　郭沫若・陶晶孫と佐藤姉妹と」『アジア女性交流史　明治・大正期篇』（筑摩書房、一九九五年）でも触れられている。

(54) 前掲、陶熾「陶烈畧伝第三」。

(55) 陶熾「陶烈略伝」（日本語）（『陶烈論文集』東京　同仁会、一九三三年）。

(56)前掲、陶熾「亡弟陶烈的略伝」。

(57)同右。

(58)注(54)引用文に記された陶晶孫の補助費の停止とは、東北帝大を休学し、上京して医師の実習を受けたことと関係があるかもしれない。原則として、特選留学生の学費補助の支給は、休学中は中断された。

(59)前掲、『東京大学医学部百年史』六一八－六二一頁。

(60)前掲、陶熾「亡弟陶烈的略伝」。

(61)陶熾「末尾随筆」(『学芸』第十一巻第四号)。

(62)同右。なお、原文「失去被受学位之対象」は、学位授与の資格を失ったと解釈することもできる。『京都帝国大学一覧』を確認する限り、卒業生名簿で陶烈は医学士として記されている。しかし、『京都帝国大学一覧』と現存する『東京帝国大学一覧』(陶烈が滞在した時期では、大正十五年から昭和二年までを記録した一冊しか現存しない)を見る限り、陶烈の名は大学院生の名簿には記されていない。陶烈の学籍については、引き続き調査を行いたい。

(63)前掲、柘植秀臣「陶さん兄弟のことども」二三四頁、前掲、謝循貫「追憶的一二」。

(64)前掲、陶熾「書於巻前」。

(65)前掲、柘植秀臣「陶さん兄弟のことども」二三四頁、同「陶烈先生についての若干のコメントと注記」三八頁。

(66)京都帝国大学学生運動史刊行会編『京都帝国大学学生運動史』(昭和堂、一九八四年)等を参照。

(67)前掲、柘植秀臣「陶烈先生についての若干のコメントと注記」三八頁。なお、後日、陶烈の遺体の移送には尾崎秀実が付き添い、上海へ送り届けた。

(68)陶烈「神経生物学の傾向」(『東京朝日新聞』朝刊、一九二七年四月二一日)、陶烈「発病を予知する精神病の知識」

（『東京朝日新聞』朝刊、一九二七年五月八日）。
(69)前掲、柘植秀臣「陶さん兄弟のことども」二三五頁。
(70)小谷一郎「一枚の写真から――帰国前の陶晶孫、陶晶孫と人形劇のことなど」（『中国文化』第五九号、二〇〇一年）、同「ふたたび一枚の写真から――王道源、そして「青年芸術家連盟」のことども」（『日本アジア研究』第六号、二〇〇九年）、同『一九三〇年代中国人日本留学生文学・芸術活動史』（汲古書院、二〇一〇年）を参照されたい。拙論「陶晶孫のプロレタリア文学作品の翻訳（続）――人形座、築地小劇場との関わり――」（『中国文学研究』第三五期、二〇〇九年）では、東京での翻訳作業について考察している。
(71)陶弥麗「上海便り」（『むつみのくさり』第二〇号、一九二九年）三四－三五頁。
(72)太田進「帰国後の陶晶孫」（『野草』第二八号、一九八一年）、同「陶晶孫とプロレタリア文学」（『季刊中国』第九三号、二〇〇八年六月）を参照されたい。
(73)尾崎秀樹『上海一九三〇年』（岩波書店、一九八九年）、丸山昇『ある中国特派員――山上正義と魯迅』（田畑書店、一九九七年）、前掲、小谷一郎「一枚の写真から――帰国前の陶晶孫、陶晶孫と人形劇のことなど」。
(74)陶晶孫「一年間」（『日本への遺書』創元社、一九五二年）。
(75)前掲、柘植秀臣「陶さん兄弟のことども」二三六頁。
(76)前掲、陶熾「亡弟陶烈的略伝」。
(77)陶熾「陶烈著作紹介」（『脳之研究』）。
(78)同右、「陶烈遺作目録」（『陶烈論文集』）。「陶烈略伝」に拠れば、陶晶孫は衛生学関連の遺稿の刊行も予定していた。
(79)『大衆文芸』第二巻第二期には「阿片戦争」の陶晶孫訳、第二巻第四期（一九三〇年五月）には「吼えろ支那」の沈西芩訳が掲載されている。

（80）姉慰孫と妹虞孫も上海自然科学研究所の嘱託研究員を務めている。

倉石武四郎の中国留学初論

譚皓（孫安石訳）

一　はじめに

日中の長い交流の歴史は、古代においては中国から日本へ多くの文化、文物が伝わったが、近代に入るとその形勢は逆転し、特に中国人の日本留学はとくに一九世紀末から二〇世紀初にブームを迎えた。しかし、文化交流はそもそも双方向的なもので、中国文化本来の吸引力によって多くの日本人が近代以降においても中国に留学している。[1] 中国に留学した彼らの出身や目的は様々であったが、その一部の人々は日中友好のために卓越した功績を残したといえる。本稿で取り上げる倉石武四郎はその代表的な人物の一人である。

倉石は一九二八年に文部省の在外研究員として選抜され、同年三月一八日に日本を出発し、三月二三日に北京に到着し、一九三〇年四月までの二年間、北京に滞在した。その後、私費留学生という身分でさらに四か月間を過ごし、一九三〇年八月三日に帰国している。倉石は、北京での留学生活の間、中国語と古典籍に関する研究に従事した他、多くの中国人学者とも親交を深め、済南事件を経験し、東北軍が北京を撤退し、北伐軍が北京を接収する過程を直接目の当たりにしている。彼は帰国後、京都大学、東京大学で教育と研究活動に従事し、多くの中国語学習教材を編纂し、中国語の教育方法の改革にも取り組んだ。また、戦後『岩波中国語辞典』や『岩波日中辞典』などの辞典編纂はもちろん、中国語教育を専門に研究する学術団体と民間学校（倉石中国語講習会、後に日中学院に改称）を創立して、中国語教育と研究を通じて日中友好に尽力した。[2] したがって、倉石は日本の著名な中国学者、中国語教育家として研究する価値を有しており、彼が北京でいかなる生活を過ごしたのかを明らかにすることは、きわめて興味深い研究テーマである。

倉石は北京滞在中に多くの資料を残している。そのうち、北京での最後の八カ月間、中国語で自分の日記を残し、それを「述学斎日記」と名付けている[3]（以下、「日記」と略称）。日記は一九三〇年一月一日～八月六日の二一八日間の活動を詳細に記しており、その資料的価値はきわめて高い。この「日記」に対して張国功は、次のように述べている。

「中華民国時期に中国に滞在していた日本人留学生が中国語の勉強と古典、漢籍などの資料の購入に奮闘する生活の記録は、近現代の日中文化交流史を深く研究するための基本的な材料である[4]」

また、倉石は北京の留学生活を終えた後、日本に帰国してから文部省に「在外研究始末書」（以下、「始末書」と略称）という報告書を提出している。この「始末書」は倉石自身による中国での留学生活の総括であり、倉石の北京で

【図１】「在外研究始末書」（部分）

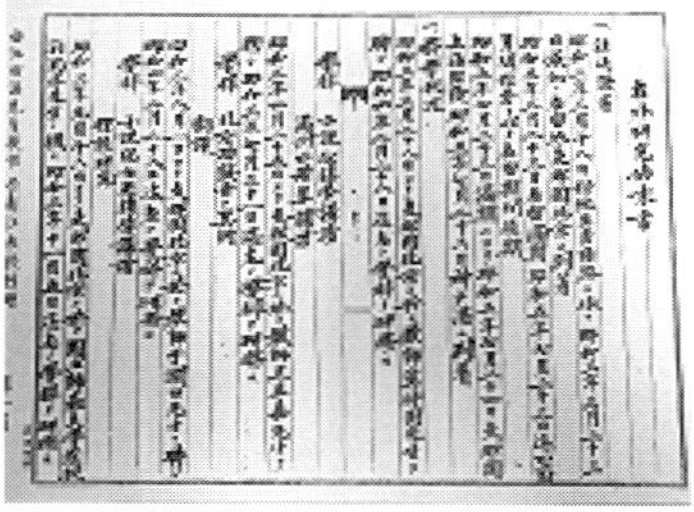

【図２】「述学斎日記」（部分）

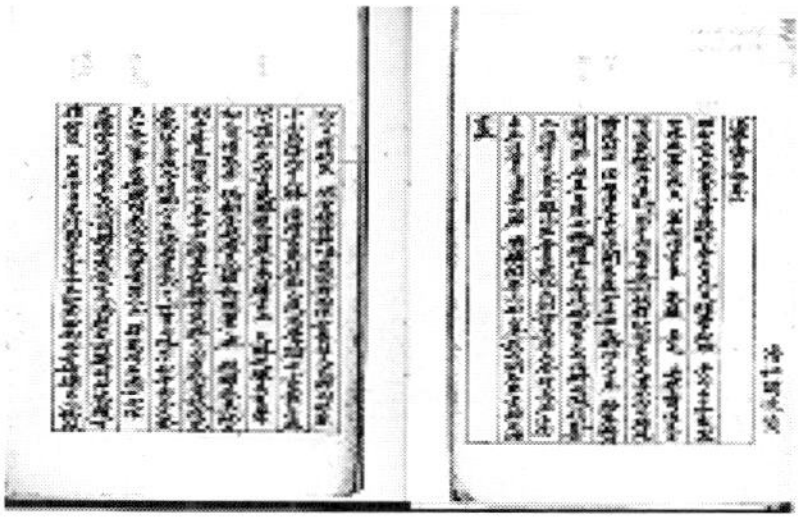

の留学生活の全貌を把握するための様々な手がかりを提供してくれる。倉石の後の著作には北京での留学生活について触れる部分が多く出てくるが、「日記」と「始末書」はこれらの記述を裏付ける資料ともいえる。[5] また、倉石の北京での留学期間は、友人である吉川幸次郎の北京滞在期間（一九二八年四月〜一九三一年二月まで留学、四月に帰国）とほぼ重なるだけではなく、二人は同じ寄宿舎（延英舎）で過ごし授業を受けるなどしたことから、両者の回想を比較することで関連部分の空白を埋めることも可能であろう。[6] 以下、倉石が書き残した「日記」と「始末書」を通して、彼の北京での留学生活の主な活動を紹介していく。

二　中国語発音の学習と清代典章制度に関する研究

倉石は北京に到着したのち、個人教師と大学の授業という二つの形式で中国語の学習を進めた。到着して間もない時期から一九二九年五月までの間は個人教師による中国語の学習に力を入れていたが、その後は大学の授業を聴講する形で中国語の学習を重視した。大学の授業に参加するようになった後も個人教師を続けていたのは言うまでもない。

「始末書」によれば、倉石は一九二八年三月二八日から一九二九年二月二八日の一カ月間の間、満洲旗人の奚待園から『紅楼夢』や『満州四礼集』の講義を受けている。倉石は、この『紅楼夢』を読んだ時期を回想し、次のように述べている。

「『紅楼夢』を読み始めたときに、ちょうど吉川君が加わった。ゆっくりと読む速度を上げ、私たちは午前中の時間のほとんどを『紅楼夢』の講読の時間に充てていた。北京の夏は足早と訪れ、我々はドアを閉め切り、蒸し風呂のような暑さのなかで、『紅楼夢』の一二〇回の話しを講読したのだった。一二〇回の話しを全部、読み終えた時には皆は我々二人を、『紅楼夢』マニアックになった、とからかった。しかし、銭稻孫先生は、『「紅楼夢」を通して中国語を学習したのは絶妙な方法だ』、と我々を褒めてくれた」(7)

倉石は、実は北京に留学する前にすでに一度『紅楼夢』を読んでいたこともあり、北京で中国人の個人教師に講義してもらう過程でその内容を再度理解する機会を得たのである。『紅楼夢』の舞台が北京であったことを考えれば、倉石は『紅楼夢』を読みながら北京の風土と人情を学ぶことができたといえよう(8)。

ところが、倉石が『紅楼夢』という文学作品を学習した本当の目的は、中国文学を研究するというよりは中国語の発音を学ぶためであった。まず、『紅楼夢』という内容を熟知している文学作品を選び、中国語を勉強することでより迅速に中国語の音韻に触れることができた。この点からも、倉石が当時の日本人留学生が選んだ中国語教材とは一味違う教材を使って工夫を凝らした勉強をしていたことがわかる。

倉石は奚待園に『紅楼夢』を学ぶ傍ら、一九二八年四月二五日～七月三一日は王孟嘉から「北京話発音の異同」と翻訳について、一九二八年八月一日～一九二九年二月二八日は于閪田から『児女英雄伝』と俗語について、一九二八年九月一六日～一一月五日は国立師範大学の孫蜀丞から音韻学について、一九二八年一〇月二四日～一九二九年九月一四日は曾隠畊から『四書』と『詩経』の発音について、それぞれ学習した。これらの学習内容から、倉石は文学や古典籍の内容よりもむしろ中国語の発音を学ぼうとしていたことがわかる。言い換えれば、倉石にとって北京留学の本当の目的は中国語という言語を学ぶためであったのである。

倉石が中国語学習のなかで「話せる中国語」にこだわったことには大きな理由があった。倉石は家庭の環境から幼少の時から漢文と接し、中学のときには早くも中国語の勉強を始めていた。当時の倉石の中国語勉強法がその他の中国語学習者と同じように漢文訓読法という旧式の訓練を取り入れていたのは言うまでもない[9]。漢文訓読法は「日本語の発音をもって中国語の原文を読み、中国語の隣に訓点をもって表記し、学習者が語法の順番をかえて部分を読んでい」き、「日本人が中国語を読むときに外国語を読んでいるという感覚をもたらさない」ものであった[10]。訓読という方法は漢文を読み下すことはできるが、中国語の発音と文法を学ぶには適当な方法ではなく、本当の意味で中国語をマスターすることはできない、というのが倉石の考えであった。その後倉石は、中学、高校でイギリス人の英語教師が英語を教えるときに発音から入ることを見てさらに驚いた。イギリス人教師から英語の詩、歌などを勉強した経験によって、倉石は大いに刺激を受けたのである。倉石は、英語教育が発音から始まり、学生に発音の面白さを感じさせて学習者の興味を引き出すのと同じように、中国語を学習すべきだと考えたのである。倉石は一九一八年に東京帝国大学に入り、専攻を中国古典文学にした[11]。この時期に倉石は中国語の勉強について、すでに次のように考えるようになっていた。

「英語やドイツ語の教科書はずいぶんむずかしいものをやらされた。それでもへたくそながら西洋人の読む通りに読んだはずです。そしてそれで意味はわかっていました。ところが漢文だけは、あるいは支那文学だけは、不思議なことをやっているものだと考えた。原文を見ながら、その漢字をひっくり返していちいち日本語にして読んだ。第一、とてもまだるっこくてしようがないということを感ずるようになりました。これがわたくしの生涯の一つの転機でした。[12]」

このような理由から、倉石は漢文訓読という旧来の方法を捨てて発音から中国語を学ぼうとしたのである。一九二二年、倉石は卒業を前にして京都大学出身の青木正児の「本邦支那学革新の第一歩」（『支那学』一九二一年、第五号）という一文と出会うことになる。すなわち、青木は「いままで日本で漢文訓読法をもって中国語の学習を続けてきたことこそ日本の「支那学」が遅れた最大の理由である」と述べ、漢文訓読法をやめて中国語の発音をもって中国語を読むべきとする「漢文直読法」を主張したのである。倉石は青木の考えに共感し、京都大学大学院に進学することにする。[13]

しかし、子供の時から慣れ親しんだ漢文訓読という学習法をなかなか捨てることはできなかった。ちょうどこの時に中国への留学という機会に巡り合い、倉石は中国語の発音をもって中国語を読む勉強法を実践する契機を掴んだのである。[14]

倉石が二年間の留学を終えて京都大学に戻った後、第一に着手したのは、「支那文学科」の教材として日本で初めて魯迅の『吶喊』を取り上げることだった。後には『紅楼夢』や『説文解字』さえも教科書として取り入れていった。[15]倉石はまず、これらの作品を通して学生の現代中国語に対する興味を引き出し、学生が現代中国語を用いて中国の古典を読んでいくように誘導した。ここから倉石は、従来の漢文訓読法とは完全に一線を画し、現代中国語の発音をもって中国の古典を読むことを教室の中で実践していった。倉石は、一人でも多くの学生が中国語の美しい音に触れ、正確な中国語学習に邁進することを願っていたのである。

倉石が北京留学時に学んだもう一つの重点は、翻訳の練習であった。「始末書」によれば、倉石は一九二九年七月一〇日から一九三〇年五月二七日まで北京大学教授の兪平伯から翻訳について学んでいる。倉石は北京に到着した後、王孟嘉について翻訳を学んでいたが、その後の倉石の回想に多く出てかつ印象が深かったのは、兪平伯に学んだ経歴のほうだった。兪は一九二八年一〇月から清華大学の文学部中国文学系の講師を務めた後、一九三〇年に北京大学へ籍を移した。[16] まさにこの時期に兪は倉石に翻訳の手ほどきをしたのである。

「日記」の一九二九年～一九三〇年春の「課程表」[17]によれば、倉石は火曜日の午後の時間を兪の老君堂の住居で翻訳の勉強をした。その具体的な学習方法は、夏目漱石の『坊ちゃん』や『文鳥』などの作品を倉石が翻訳し、兪が修正するとともに指導するというものであった。日記によれば、平均すると兪のもとでの勉強にほぼ毎週一日が充てられ、倉石の遺稿の中に当時の兪が墨をいれて訂正した手書きの原稿が残っているほどである。[18] ここで兪の指導で倉石が勉強したのは、日本の文学作品を現代中国語の口語体を用いて翻訳するというやり方であり、文語体で翻訳するものではなかった。このような翻訳の学習が後に倉石の漢籍翻訳の基礎になっていることがわかる。

また、倉石は清代の法律制度に対する興味から、一九二九年一一月五日から一九三〇年四月二九日の間、楊鐘羲から『大清会典及事例』について学習した。楊鐘羲はかつて江寧府の知府と翰林の南書房行走を務めた人物なので、清代の法律制度に詳しく法律を学ぶためには絶妙な人選であったといえる。上記の「課程表」によれば、倉石は毎週火曜日の第二時間目の科目として、楊鐘羲の主宰していた雪橋講舎に出かけて法律の勉強を続けた。また日記には、『大清会典』を数十回にわたり読んだことを記しており、雪橋講舎で勉強に励んだ様子がよくわかる。

【表1】北京大学での聴講科目（「始末書」と「日記」より整理）

時期	科目名	教員
一九二九年五月九日～一九三〇年五月三一日	経学史、文字音韻学概論、古書読書法、清儒韻学書研究	馬幼漁
	中国史学史	朱逖先
	近代散文	周啓明
	作曲法	許之衡[21]
	版本源流	倫哲如

【表2】私立中国大学での聴講科目（「始末書」と「日記」により整理）

時期	科目名	教員
一九二九年九月三〇日～一九三〇年五月一三日	三礼名物	呉検斎
	詞学	孫蜀丞
	文選	高閬仙
	文詞挙例	楊遇夫
	古歴法	范文瀾

三　北京の大学での聴講

倉石は、北京で個人教師による中国語学習を進める傍ら、聴講生の身分で北京の幾つかの大学の講義を受けている。当時、北京の一部の大学では正式な聴講生制度を設けており、北京大学でも「各学部において欠員がでた場合、聴講生を受けることができる」という規定のもと、一定の費用を徴収して外部の人々の聴講を認めていた(19)。倉石は学費の支払いに困っていたわけではなかったので、北京大学と私立中国大学に聴講生の手続きをしていた。「日記」の二月一八日には、「中国大学に登録」という記述がある。以下の【表1】と【表2】は、「始末書」に見える北京大学、中国大学での聴講科目を整理したものであるが、倉石が熱心に勉強に取り組んだ姿勢をうかがうには充分な内容である(20)。

しかし、北京師範大学では授業を聴講することができなかった。倉石は当時、北京師範大学の銭玄同による音韻学の講義「国音沿革」を聴講することを希望していたが、北京師範大学には聴講制度がなかった。そこで、倉石は馬廉という学者を経由して銭玄同に連絡し、次のような返事を得たという。

「北京大学でも同じような講義をしているし、北京大学なら聴講の制度があるからそちらにしたらどうか。しかしぜひ師範大学でということならば聴講の制度がないため許可はできないが、無断で聴講するという方法なら……[21]」

倉石は銭玄同の意向をくみ取り、一九二九年の秋から銭玄同の講義「国音沿革」を聴講することにした。こうして一九二九年九月三〇日から一九三〇年五月一二日の間、倉石は北京師範大学国文系の「国音沿革」、「説文研究」（ともに銭玄同の担当）、「文字形義学」（沈兼士）、「曹子建詩」（黄晦聞）、「詞学」（孫蜀丞）などの講義を聴講した。この北京師範大学での聴講は倉石の中国語研究に大いに役立ったらしい。倉石は次のように回想している。

「そのとき習いました銭先生の講義はたいへん役に立ちました。これは今から白状するようですけれど、京都大学で講義をはじめました時に、だいぶ種本として使わせていただきました。（中略）銭先生はいまの国語改革をやっている人たちの仲間で、注音符号とか、国語ローマ字とか、その当時の問題はたいていこの先生が手掛けておられる。そこでそういうことを知るためには非常に助かりました。そのお仲間の黎錦熙という人、このかたとはわたくし京都大学の代表者として燕京大学の落成式に出席した時に同席いたしました。このひとが『国語語法』の著者でありました。この本はまた、わたくしが京都へ帰りましたころ、ごく初歩の人に発音をいっぺんさーっとやったあと、文法をやるときにたいへん利用させていただいたわけです。[22]」

倉石は、この北京師範大学での聴講を通して、新文化運動前後の中国語改革の成果を把握することができ、これは後の日本における中国語教育改革を実施するための大きな経験になっていたことがわかる。北京師範大学には正式な聴講制度がなく、留学生を受け入れていなかったことは残念なことであったが、倉石が北京師範大学で学んだ初めての外国人であったことには間違いない[23]。

四　古書店めぐり

倉石の北京での活動は中国語の学習の他に、古書店めぐりと書籍の購入があった。周知のように近代日本の知識人が中国を訪問する目的の一つは、漢籍を購入することであった。たとえば、内藤湖南、田中慶太郎、武内義雄、神田喜一郎、長澤規矩也、吉川幸次郎など多くの日本の知識人が、中国を訪問した時に競って古書店を回った様子を日記や訪問記に記している[24]。倉石が北京の古書店を回って漢籍の購入に勤しむことで使い込んだ金額は、上に挙げた知識人にほぼ匹敵する金額であった。

倉石がわざわざ師範大学に聴講に行ったのも書籍購入のためであった。彼は、「これは師範大学でなければ聴けない講義ではなかったのですが、師範大学はわたくしが毎日のように通っております琉璃廠という本屋街のすぐそばですから、学校がすんだらすぐ本屋にしけこむという手があった。そこでそっちを選んだわけです[25]」と回想している。日記そのものが倉石の書籍購入帳簿であるようだと言っても少しも誇張ではない。そして、倉石が漢文の専門知識をもとに選定、購入した漢籍は、多くの人々の注目を集めてもおかしくないものであった。

明治期に中国に留学した日本人留学生の多くは、すでに大学教育を修了して明確な研究目的をもっていたこともあり、関連書籍の購入は留学生活の重要な部分であった。特に倉石の場合は、漢学を勉強した家系で育ったこともあって、漢籍に対する造詣が深く、自身が各時代の版本に対する基礎知識をもっていたため、貴重な漢籍を購入する有利な条件を備えていたといえる。彼が収集した蔵書で構成された東京大学東洋文化研究所の倉石文庫が中国の「経史子集」のあらゆる分野を網羅しているのをみても、彼が中国で書籍の購入に並々ならぬ情熱を傾けていたことやその専門家としての素養を垣間見ることができる。(26)

もちろん、倉石が多くの漢籍を購入できたのは、彼が十分な資金をもっており、北京での書籍購入が比較的に廉価にでき、生活費が安かったためでもある。倉石が北京に滞在していた時の経済状況については、同じ時期に北京に滞在していた吉川幸次郎の例が参考になる。一九二九年当時、吉川の奨学金は二〇〇円で、それは銀貨が大暴落した時期の前後であったが、「(当時)金二百円が銀五百元ですね。五百元というと、いまの金なら月五十万円くらいとちがうかしら。五百元のなかで(中略)生活費は百元はかからないです。さっきの比率で言えば十万円はかからない。あとの四百元、四十万円は全部本が買えた(27)」という。

日本政府が中国に派遣する学生や研究者に補助した奨学金も、現地での生活と勉学のためには充分な金額であった。そのうえ、中国の銀本位制による通貨暴落で生じた為替レートの変動も、日本人留学生に有利に作用した。中国での生活費は奨学金の五分の一で賄うことができたことを考えれば、倉石の北京生活には相当な余裕があったことがうなずける。

さらに、倉石の場合は経済条件が吉川よりもさらに恵まれていた。その理由の一つは文部省の在外研究員であったことである。文部省の在外研究員は、その他の官庁から派遣された在外研究員より高い奨学金を受給することができた。一九一八年の「文部省在外研究員規定(28)」によれば、毎月三六〇円が支給されることになっており、一九二六年には「文部省在外研究員規定及其他関連事項」により毎月二五〇円に調整されたが[29]、三年後の一九二九年には「在外研究員規程に依る給与改正要綱案」により再び年額四三二〇円（毎月三六〇円）に戻っている。文部省の在外研究員に対する奨学金は、外務省が年額二五〇〇円、鉄道省が高等官三〇〇〇円、一般二五〇〇円の水準であったことを考えると最も恵まれており、倉石の二年間の北京生活は余裕のあったことがわかる。[30]倉石は吉川と同じく毎月二〇〇円の上野奨学金を受給していたが、日記によればその他の収入もあった。即ち、「日記」の一九三〇年四月二四日の記述によれば、倉石は京都大学理学部宇宙物理研究室の中国天文学研究に関連する事業にも参加し、「収理学部薪水三百六十圓」（理学部から給料三六〇円を受け取った）とある。[31]以上のような恵まれた経済状況を背景に、倉石は個人教師を雇い大学の授業を聴講しながら中国の書籍を購入するという、意欲的に中国語を学習する留学生活を送ることができたのである。

当時、北京で購入する書籍の値段が安かったのは言うまでもない。「日記」には購入した書籍の値段も記載されており、安いのは数角から高いものは一〇〇元に至るまで様々であったが、数十元以下のものが多かった。「日記」の一九三〇年一月二日に「清理書単、桂節已後、不覚逾千。書嚢無底、此之謂也」（書籍の領収書を整理。仲秋以降、一〇〇〇冊以上の書籍を購入。書籍を運ぶ書嚢に底なし、とはこのことをいっているのだろう）と書いていることから、一九二九年の仲秋の節句（九月一七日）からわずか三か月半で、倉石はすでに一〇〇〇元以上を書籍の購入に使っていることがわかる。[32]倉石は、残りの日記でも一〇〇〇冊以上の書籍を購入したことを記している。

当時、書籍を購入する方法は二つあった。一つは、自分で書店を訪れて書籍を購入する方法で、倉石の日記には自ら北京の古書店街で有名な瑠璃廠や隆福寺などに行ったことが記されている。「日記」に記載されている書店だけでも、来薫閣、通学斎、文華堂、文奎堂、富普書社、翰文齋、中国書店、邃雅齋、企古齋、商務印書館、保萃齋[33]、文昌館、文禄堂など一三か所に上り、合計で三七回にわたりこれらの書店に足を運んでいる。これをみても、倉石が中国の古籍購入にかけた情熱を感じることができる。

書籍を購入するもう一つの方法は、書店が先ず関連する書籍を集め、学者や知識人、官僚など本を必要とする読者の自宅を直接訪れ、書籍を買うかどうかを決めてもらうという方法である。吉川幸次郎は北京に留学していた時、書店の訪問販売を次のように回想している。

「いろんな本の『頭一本』、最初の一冊を風呂敷につつんで、朝、ぼくは寝坊だったが、起きるまでに十人くらいが門番の部屋につめかけている。それを次次引見して、頭一本を見て、これは買う、『留下』、留下というと買うことになる。考えた上でそのうち返事するのは、『看一看』、ちょっと見せておいてくれ。そうした本屋との応対が、毎朝一時間以上かかるわけだ(34)」。

「日記」の記載をみれば、一九二九年一月一日から六月一四日までの一六五日の間、書店が倉石の自宅まで書籍を届けた日数だけでも七五日に及び、倉石はその中から必要な書籍を購入し、端午、仲秋、年末年始などにまとめて支払っていることがわかる。

書店などで購入できない個人所蔵の資料や貴重本などについては、倉石は書籍を借りて写本を作っている。「日記」によれば、倉石は合わせて二三回に渡り書店や知人から書籍を借りて、うち二一回は自分でまたは人に頼んで写本を作っている。倉石は写本を作ると直ちに校閲を加えており、「日記」には校閲を加えたという記録が四五回も登場している。

倉石は書籍の購入と写本という方法で大量の貴重書を蒐集できた。当時、北京の古書蒐集家はみな宋代の版本を貴重であるとし、清代の版本には注目せず、その値段も廉価なものであった。しかし、倉石は清代の版本に注目し、大量の書籍を購入できたのである。東京大学東洋文化研究所の倉石文庫は、まさにこの清代の版本の多さが特色をなしており、多くの中国人学者が倉石文庫を訪れるほどである。[35]たとえば、倉石が収蔵した程乙の「紅楼夢」は最初期の印刷本として貴重で、「倉石本」とも称されるほどである。倉石が購入し収集できた書籍がどれほどの規模になるのかについては、「日記」に正確な記載がなく、その全体数を把握することは困難であるが、「日記」の四月一七日、四月二四日に「一日中、書籍を数える」という記述や六度にわたり図書を日本に送ったという記述があることからも、相当な規模であったことがわかる。中山大学の桑兵はかつて吉川が帰国するときに送った書籍の小包が三〇〇個前後であったと指摘したが、[36]倉石が購入した書籍も恐らくはそれ以上のものであったと考えられる。

五　北京の知識人との交流

一九二〇年から一九三〇年の間は、倉石や吉川などの留学生にとっては学習に専念できる平和な時代であった。この時期を挟んで済南事件や満州事変などが発生し、中国に対する日本の攻勢は日々強まっていったが、留学生として滞在する倉石が大きな影響を受けることはなかった。確かに、中国の多くの知識人が反日的な感情をもっていたことは事実であったが、中国について勉強することを願っていた日本人留学生には特別に対応し、心温まる交流が実現したのも事実である。

倉石が訪問した中国人学者には、著名人が多く含まれている。一九二九年五月三一日の魯迅訪問については、魯迅も「三十一日晴。午後金九経偕塚本善隆、水野清一、倉石武四郎来観造象拓本」(三一日、晴れ。午後に金九経が塚本善隆、水野清一、倉石武四郎を連れて、造象の拓本を見に来た)と記載している。[37] また、魯迅はこれに留まらずこれら四人にそれぞれ拓本を一部ずつ贈り、当時の中国の知識人がどうして拓本などを収蔵するのかについて説明している。中華民国初期の知識人に対する弾圧は厳しく、政府の政策を批判したことを理由に罪に問われる人は少なくなかった。魯迅はもともと拓本や絵画などが好きだったので、拓本と絵画を集めることを唯一の趣味として自分の保身を図る他には方法がなかったと語った。[38] もし、魯迅からこのような説明を聞くことがなかったなら、倉石は魯迅が拓本を集める理由を理解できなかったであろう。

魯迅の他にも、倉石は当時の北京にいた多くの知識人を訪問している。「日記」に限っても、馬幼漁(裕藻)、朱逖先(希祖)、周啓明、許之衡(守白)、倫哲如(明)、趙斐云(万里)、呉検齋(承仕)、孫蜀丞(人和)、高閬仙、楊遇夫(樹達)、范文瀾、銭玄同、沈兼士、黄晦聞、楊子勤(鐘羲 雪橋)、王孟嘉、于闊田、曽隠畊、徐森玉などの名前が見え、その他にも、北京から上海などを旅行した際には洗玉清、馬隅卿、尹爽公、陳垣、陳寅恪、胡適、董大理、章太炎、黄季剛などの学者を訪ねている。

たとえば、歴史学者の陳寅恪と会ったことを記述する五月二七日の「日記」には、「陳寅恪は論理が整然としており、さすが王国維に次ぐと言われる所以が分かる」としている。倉石の訪問は中国人学者の間にも大きな印象を残したらしい。倉石は一九二九年七月六日に楊樹達を訪問したが、楊樹達はその『回顧録』のなかで「此君頭脳明晰、又極好学、可畏也」[39](倉石君は頭脳明晰で、よく勉強しており、後生畏る可し)と振り返っている。

「日記」の六月一四日の記述によれば、倉石が北京を離れて日本に帰国するときに、上述した多くの中国人学者が見送りにきている。また、尹爽公、陳垣、趙斐云は倉石に離別の記念として書籍を贈っているが、それは一心に勉学していた日本人留学生への支持と尊敬の念を反映しているのである。

もし、倉石が個人教師と大学での聴講を通して中国語学や古典についての理解が大いに進んだとするならば、中国の知識人との幅広い交流を通してその視野を広げただけでなく、政治と時代を超えた友情を打ち立てることができたと言えよう。まさにこの友情こそが、その後政治の堅い氷を解かす暖流になったのである。一九五四年の春、倉石は中国側の要請を受け、日本側の一三名の代表の一人として新中国成立の五周年記念式典に参加し、率先して日中の学術交流の橋渡しの役割を果たした[40]。また、倉石はこの交流を通して、新中国の新しい語言・文字改革の二つの内容、すなわち漢字の簡体化とピンイン使用の確定を理解して、それを日本に取り入れるべきだと主張した[41]。特に中国語のピンイン導入は従来の日本の中国語教育界における注音符号の不統一問題を解決し、日本の中国語教育と研究の発展を促進することになった。果たして、その後の様々な発展は、北京滞在期間における中国人学者との交流のなかにその答えを求めることができるだろう。

六　漢籍の調査と中国各地の遊歴

近代において中国に留学した日本人学生は、その身に多少なりとも時代の影を帯びていて、日本の政府や団体の対中国の活動に参加している。倉石本人も日本政府派遣の在外研究員であり、「始末書」には合わせて四つの任務を引き受けたと書いている。一つは、一九二八年一一月一〇日から北平図書館（従来の京師図書館を一九二八年に改称）が所蔵する宋と元の版本を調査しその解題を付す仕事で、倉石はこれを『舊京書影』と呼び、一九三〇年一月二二日にはその大体を終えた。二つは、一九二九年三月六日から二七日まで実施された北京の明刻戯曲小説とその挿図に関する調査、三つは、一九二九年一月二八日から三〇日まで外務省東方文化事業部の委嘱を受けて実施された山東省の聊城県楊氏の海源閣蔵の版本調査、四つには、一九二九年七月二六日から八月一二日まで東方文化学院京都研究所の委嘱による、江蘇省の武進県陶氏の「渉園蔵書」を購入する仕事であり、この四つの任務のうちで影響が最大であったのは、『舊京書影』の編集と「渉園蔵書」の購入であった。

倉石の回想によれば、彼は北京に到着して間もなく京師図書館の善本を調査し、それを撮影して記録として残すことを思いついた、という。この計画は、京師図書館の徐林玉から外部に貸出できない善本の目録と実物を持ち出す協力を得られたことで実現に向かった。しかし、その数が当初の計画より多く、整理には時間を要したようであり、倉石は、「二人の筆写だけでは間に合わず、その他の留学生の手を借りて夜遅くまで筆写を続けた。その時はちょうど冬だったので、時間を節約するために朝早く起き、吉川君と一緒に急ぎ足で図書館に向かった。しばらくの間は、このような生活を送った」と回想している。(42) 一九二八年の冬から一年ほどの労力を費やし、一九三〇年初めには体裁を整えて解題を完成させたのが『舊京書影』であった。その後橋川時雄に印刷を託して『舊京書影』という題名が付けられ、その概要は橋川が主宰する雑誌『文字同盟』の第二四号、二五号の合本に掲載された。(43)『舊京書影』に掲載された写真は合わせて七一六枚で、その内容は漢籍の経・史・子・集を網羅しており、一九二九年時点で北平図書館が所蔵していた善本の写真であって高い史料価値と実用価値を備えているのである。ただし、残念ながら『舊京書影』は当時正式には印刷出版されず、少数を印刷して一部の日本の漢籍研究者に伝わるのみだったので、中国と世界の漢学界に大きな影響を及ぼすことはなかった。(44) ところが、『舊京書影』の完成後中国は幾多の戦乱を経ることとなり、多くの漢籍や貴重本が破壊されたり遺失したり各地に流転するなどしたことから、次第に『舊京書影』の価値が増すことになった。その後出版社の努力を経て二〇一一年に『舊京書影』が中国で出版され、多くの人々がその価値を共有することができるようになって、倉石の当年の苦労が後世に大いなる恵みをもたらしたのである。

続いて、東方文化学院京都研究所の委託を受けた漢籍の購入と江蘇省武進県の陶氏の「涉園蔵書」の調査に関する倉石の仕事について見ると、東方文化学院京都研究所の所長狩野直喜が中国の古典籍を集める仕事を託す人物として倉石に白羽の矢を立てたのは、極めて妥当な人選であったといえる。倉石は書籍の購入について二つの方策を進言した。一つは中国の著名な蔵書家が集めた書籍を一括で購入する方法で、もう一つは北京の古本を流通させる業者に依頼して必要な図書を購入するという方法であった。倉石はこれら二つの案を併用することが最も適当であると進言し、実際に日本側は倉石が進言した方法で必要な書籍を購入している。

「始末書」によれば、倉石は、一九二九年七月二六日から同年八月一二日の間、東方文化学院の依頼を受けて江蘇省武進県の陶氏の「涉園蔵書」の調査と購入の仕事に参加している。陶湘は字を蘭泉、号を涉園と言う人物で、前半生で実業と金融関連の仕事に従事し、その後漢籍を収集することに熱中し、三〇年間で三〇万冊の善本を集めて近代におけるもっとも重要な蔵書家の一人になった[45]。ところが、中国国内の混乱により家産が傾き、九人の子供の学費を支払うことができなくなって蔵書を売り出し始めたのである。倉石の報告は次のように記している。「昭和四年七月二六日、私は東方文化学院京都研究所長の狩野博士の嘱託により、天津特別一区一〇号路に赴き、陶蘭泉所蔵の漢籍類を調査した。京都帝国大学大学院学生水野清一を助手として帯同した[46]」。

この天津での仕事こそが「涉園蔵書」が収集した古典籍の購入の仕事であったことは言うまでもない。この時倉石が整理し購入した書籍は合計で二万四六一四冊、三七三四函で、印刷と装丁がまことに良好な製本された陶氏蔵書は海を渡って日本に運ばれた[47]。

留学生が留学する国の各地を旅行することはとくに珍しいことではない。しかし、倉石が中国各地を回った場所は他の留学生とは一風かわっていた。「始末書」によれば、倉石は北京での留学生活期間中に二回旅に出かけている。第一回目は一九二九年四月一日から二六日までで、山西省の太原県天龍山の六朝石仏を遊覧し、春秋時代に建城されたという平陽府の古城と六朝、唐、宋時代の遺物といわれる石碑の調査に没頭した。第二回目の旅は日本に帰国する前で、北京から南下して一九三〇年六月一九日から七月二三日にかけて江蘇省を回り、上海、南京、無錫などの各種書院と個人蔵書家を訪ねている。中でも第一回目の山西省の旅は強い印象を与えたようで、倉石は繰り返しその道中のことを回想している。当時、倉石は考古学を勉強する友人らと山西省の天龍山と太原を回ったあと、いったん北京に戻り、今度は一人で曲沃から翼城などの村落を訪れている。[48]この旅は、実は『春秋左氏伝』に登場する「晋の曲沃の伯（二代目）で名を鱓という荘伯が、主君の孝侯を翼で弑したが、晋人に攻められたため曲沃に帰り、鄭と邢と共に宗家の翼を討った。さらに周桓王が尹氏・武氏に命じてこれを援助したので、晋の鄂侯は隋に出奔した」という件の部分を再度訪れることが目的であった。倉石はその時の感動を、「一高の漢文の教室で、この曲沃という地名がでた。（中略）そのあこがれの曲沃に、おりたったときは、まるで、ゆめをみているように、うっとりした」と回想している。[49]

近代以来の日本人の中国遊歴は中国旧慣調査、経済実態調査、軍事上の調査などさまざまな目的から行われたが、倉石の場合は『春秋左氏伝』に登場する歴史の舞台を訪れるというものであったので、まさに一人の日本人学者の学問的な好奇心にその端を発したものと言えよう。倉石は生涯日中友好のために尽力し、晩年に日中学院を創立した時には校訓を「中国語を学んで日中友好の架け橋となろう」と定めたほどであった。[50]倉石が山西省を回って記していたように、彼のような日本の文化人の目には、中国はまさに文化の故郷というものであったのかも知れない。

おわりに

以上、本稿は、二年間にわたる倉石の北京における留学生活の一端を明らかにしたが、北京で交流を重ねた中国人や同時代の北京滞在の日本人に与えた第一印象は、倉石の学問に対する真摯な態度であった。倉石が日本に帰国後、北京で一緒に暮らしたことのある吉川幸次郎は「倉石さんは実によく勉強される。夜でも本を読む」と回想し、終始学問に邁進した倉石を褒め称えている。(51) しかし、書籍購入の面のみを取り上げるとしたら、あるいは自覚してはいなかったかもしれないとしても、倉石の行為そのものは日本の対華文化侵略の役割を果たすものだったと言える。しかも結果的に見ると、その全体の経過において主要な役割を発揮しており、日本側が最終的に定めた対華書籍購入の基本方針として、倉石の二案併用の提案が採用されている。だが、倉石を選んで陶湘蔵書の購入にあたらせたのは、ただ彼が漢籍の選定に詳しい学者であったからに過ぎなかった。倉石は、あの蔑視と殺戮が充満していた非人間的な時代において、中国の文化と古書籍を熱愛し、平等な価値観で中国に対することができた。「日本全土に広がっていた軍国主義と国粋主義から遠く離れて、このように誠実に中国文化に心を傾け、中国の言語と文字、中国文化の研究に没頭した」(52) ことで、倉石はすでにまことに得難く貴重な存在となったのである。

（1）桑兵「近代日本留華学生」（中国、『近代史研究』、一九九九年第三期所収。その日本語訳は、大里浩秋・孫安石編『留学生派遣から見た近代日中関係史』、御茶の水書房、二〇〇九年に所収）。

（2）倉石武四郎自身が書いた『中国語五十年』（岩波新書、一九七三年）にその概略が記されている。

（3）本稿で取り上げている倉石武四郎の「在外研究始末書」と「日記」は、倉石の存命中には出版されず、彼の娘婿である池田温先生のところに保管されていた。「日記」は、同時代の中国人と日本人の人名と地名などが頻出することもあり整理が遅れたが、二〇〇〇年ごろから北京大学の栄新江教授と当時北京大学でポストドクターをしていた朱玉麒さん（現在、北京大学教授）により整理が始まり、のちに栄新江・朱玉麒輯注『倉石武四郎中国留学記』（中華書局、二〇〇四年）として刊行された。その他に「日記」の原文は、戸川芳郎先生古希紀念論文集編纂委員会編『中日文化交流史論集―戸川芳郎先生古希紀念』（中華書局、二〇〇二年四月）にも、陳捷が整理し「一位日本学家的留学日記」と題して収録されている。

（4）張国功「民国日本在華留学生読書与購書生活的剪影（上）」（中国、『博覧群書』、二〇〇二年、第九期、所収）。

（5）注（3）と同じ。

（6）注（3）と同じ。吉川幸次郎の北京留学時代については、吉川幸次郎『吉川幸次郎全集』、第二二巻（筑摩書房、一九八五年）と吉川幸次郎『私的留学記』（銭婉約訳、光明日報出版社、一九九九年）を参照。

（7）「延英舍のこと」、栄新江・朱玉麒輯注『倉石武四郎中国留学記』、前掲、二一一頁。

（8）倉石武四郎『中国語五十年』、前掲、二七～二八頁を参照。

（9）倉石武四郎『中国語五十年』、前掲、三～四頁を参照。

（10）孫歌「漢学的臨界点」（『世界漢学』、一九九八年　第一期、所収）。

（11）陳贇「倉石武四郎的現代漢語教育」（王勇主編『人文往来与東亜交流』、光明日報出版社、二〇一〇年、一九七頁）。

（12）倉石武四郎『中国語五十年』、前掲、一九頁。

（13）倉石武四郎『中国語五十年』、前掲、二〇～二一頁を参照。

（14）倉石武四郎『支那語教育の理論と実際』（岩波書店、一九四一年）、一八九～一九一頁。

(15) 倉石武四郎『中国語五十年』、前掲、四〇～四一頁を参照。
(16) 孫宝蓉「兪平伯伝略」(『晋陽学刊』、一九八六年、第八期)。
(17) 栄新江・朱玉麒輯注『倉石武四郎中国留学記』、前掲、一一、七二頁。
(18) 栄新江・朱玉麒輯注『倉石武四郎中国留学記』、前掲、二六、六六頁。
(19) 張静「傍聴往事」(『視野』、二〇〇七年、第八期)。
(20) 注(3)と同じ。
(21) 倉石武四郎著、頼惟勤、戸川芳郎編集・解題『漢字・日本語・中国語』(倉石武四郎著作集第2巻)、くろしお出版社、一九八一年、三六〇頁。中国語訳は、栄新江・朱玉麒輯注『倉石武四郎中国留学記』、前掲、二四〇頁。
(22) 倉石武四郎『中国語五十年』、前掲、三四～三五頁。
(23) 朱玉麟「留学師大第一人」(『中華読書報』、二〇〇一年一二月一九日)を参照。
(24) 日本の知識人が漢籍の購入のために中国に渡った点については、『日本学人中国訪書記』(中華書局、二〇〇六年)を参照。
(25) 倉石武四郎『中国語五十年』、前掲、三三頁。
(26) 大木康「特色ある図書館」(『東京大学東洋文化研究所付属東洋学研究情報センター報』、二〇〇七年、第一七期)。
(27) 吉川幸次郎『吉川幸次郎全集』、第二二巻、筑摩書房、一九八五年、三七一～三七二頁。吉川幸次郎『私的留学記』(銭婉約訳、光明日報出版社、一九九九年)、九五～九七頁。
(28) JACAR(アジア歴史資料センター)Ref. A03021273100、御署名原本・大正九年・勅令第三百九十三号・文部省在外研究員規程制定文部省外国留学制生規程廃止(国立公文書館)。

(29) JACAR（アジア歴史資料センター）Ref. A05020102300、文部省在外研究員規程其他に関する注意事項（国立公文書館）。

(30) JACAR（アジア歴史資料センター）Ref. A08071566400、在外研究員規程に依る給与改正要綱案（国立公文書館）を参照。

(31) 栄新江・朱玉麒輯注『倉石武四郎中国留学記』、前掲、一二七頁。

(32) 栄新江・朱玉麒輯注『倉石武四郎中国留学記』、前掲、六頁。桂節は仲秋の節句である。当時琉璃廠などの書店は常連客に対し、その本代を往々にして端午、仲秋、春節前夜と三回に分けて受け取っていた。

(33) この本屋の名号に関しては、日記の三月二五日の中で、栄新江・朱玉麒輯注『倉石武四郎中国留学記』には「於保萃齋得『夢窗詞』」とあるが、陳捷整理の「一位日本中国学家的留学日記」には「於保華齋得『夢窗詞』」と記されている。「萃」と「華」は形が近く、確定できなかった。幸い倉石氏のお弟子である東京大学名誉教授戸川芳郎先生が倉石日記の原稿のコピーを貸してくださり、ようやく「保萃齋」と断定できた。

(34) 吉川幸次郎『吉川幸次郎全集』、第二二巻、前掲、四〇四頁。中国語訳は、吉川幸次郎『私的留学記』、前掲、六七頁。

(35) 大木康「特色ある図書館」、前掲を参照。

(36) 桑兵「近代日本留華学生」、前掲『近代史研究』、一七八頁。

(37) 『魯迅全集』（第一六巻、人民文学出版社、二〇〇五年）、一三六頁。

(38) 倉石武四郎『中国語五十年』、前掲、三八頁を参照。中国語訳は、栄新江・朱玉麒輯注『倉石武四郎中国留学記』、前掲、二二九〜二三〇頁。

(39) 楊樹達『積微翁回憶錄』、北京大学出版社、二〇〇七年、二九頁。

(40) 王曉秋・大庭脩主編『中日文化交流史大系歴史巻』、浙江人民出版社、一九九六年、三六〇頁。
(41) 倉石武四郎『中国語五十年』、前掲、一〇〇~一〇一頁に当時の中国での論戦が紹介されている。
(42)「延英舍のこと」、栄新江・朱玉麒輯注『倉石武四郎中国留学記』、前掲、二一二頁。
(43) 倉石武四郎編拍・趙万里撰集『舊京書影、北平図書館善本書目』、前掲書、一頁。
(44) 倉石武四郎編拍・趙万里撰集『舊京書影、北平図書館善本書目』、前掲書、九~一〇頁。
(45) 江慶柏「陶湘和他的『涉園藏書』」(『四川図書館学報』、二〇〇〇年第四期)。
(46) 陳捷「一位日本中国学家的留学日記」(『中日文化交流史論集—戸川芳郎先生古希紀念』、中華書局、二〇〇二年)、二三六頁。
(47) 高田時雄編『東方學資料叢刊第一七冊:陶湘叢書購入關連資料』、京都大学人文科学研究所附属東アジア人文情報学研究センター、二〇一〇年版、四~九頁。
(48) 倉石武四郎『とろ火』、くろしお出版社、一九六〇年、二八頁。
(49) 倉石武四郎『とろ火』、前掲、二四頁。
(50) 日中学院倉石武四郎先生遺稿集編集委員会『中国へかける橋』(亜紀書房、一九七七年)を参照。
(51) 吉川幸次郎『吉川幸次郎全集』、第一七巻、筑摩書房、一九六九年、四七七頁。
(52) 銭婉約「日人筆下的民国学林掌故」(『中華読書報』、二〇〇二年一二月一八日)。

今村与志雄編『橋川時雄の詩文と追憶』（汲古書院刊）を読む（上）（下）

木山英雄

（上）

橋川時雄という先学は、その学においてまずわたしの関心外にあったというほかはないけれど、ごくささやかな縁はあった。学生のころ、竹内好の『魯迅』や武田泰淳の『司馬遷』と同じ叢書（東洋思想叢書、日本評論社）で橋川著『楚辞』を読むだけは読んだものの、訓読書き下しを採らぬところは漢文先生らしくなかったし、ありきたりの「南北」論とは意識的に区別する独自の「華夷」「文筆」の辨による楚辞の性格づけは今読んでも面白いのに、その大構想を「しかるに今日は殷周交代以来の大変動が支那大陸にも波及してきた、四千年を経て遭遇した夷系回復の大変動とも見られる、東方よりする日本の道義勢力が働きかけて、あくまで華系今は英米夷狄の物力に取縋ろうとする輩たちをして、華夷両系を界断する対角線上の一隅に追ひまくった」と現在化する、この本の中ではむしろ異例な気焔に、のっけからつまずいてしまったらしい。子供なりに屈折した敗戦の後先の記憶を抱えて読む戦争末期の著作だけに、単純な感覚的反応を越えるためには、相応の知識が必要だったのだろう。わたしは、古本屋へ売りにゆく本の中にこの一冊を入れたことまで覚えているが、その後も、戦後の中国学界に目立つことのなかったこの学者の人とも書き物とも、没交渉に過ぎた。そんな人に手紙を書いてわざわざ訪ねることになったのは、今しがた出てきた、「御手紙拝見、いつでも在宅いたして居りますから」云々とある丁寧な返書の消印によれば、一九七五年（昭和五〇）七月、中国では文化大革命もようやく終わりかけていたころである。当時わたしは、周作人の問題の一件に関して、占領下北京を知る人を芋づる式に訪ねては聞書きを取っていたところで、松枝茂夫先生に紹介されて、なんのことはない荻窪の松枝邸の隣に住まわれる橋川老先生に、おそれながら採訪を願い出たのであった。老先生には、傀儡政権への周引き出し工作に直接かかわる質問事項を用意して臨んだが、三十年近くも北京に根をおろし、問題の時期にも北京の文教界に深く関与し続けた人の話には、さすがに期待にそむかぬ確かな手応えがあった。淡々となんでも話してくれる感じも爽やかだった。

如上の次第ゆえ、小文も相応の関心と無関心との偏りを免れがたいが、わたし自身の加齢の結果が、疎隔をすこしは緩和する方向に作用していれば、幸いだ。

その著『楚辞』一冊だけではわたしに通じなかった、橋川時雄という中国学者の特異なところが、まさに五四運動から日中戦争の全期間にわたる激動の時代を北京ですごし、その間数えきれぬほどの学者や文人と、とにもかくにも学術・文化上の交渉の糸を繋ぎとめ、戦争の最後の瞬間までその場をもちこたえた経歴にあるのは、事実だろう。それをくわしく承知するためには、本書の全部を熟読するに如くことはないが、まずその経歴のあらましを、自身の不勉強の反省も兼ね、雑駁ながら日本人の中国留学一般との関連において一瞥しておきたいと思う（以下、橋川以外の学者の経歴等は、特に出典を示さぬ場合、主として東方学会編『東方学回想』Ⅰ～Ⅹによる）。

特異な経歴は、福井の農家の次男に生まれ、師範学校在学中に漢学に熱中しだした青年が、すでに日清（一八九七）日露（一九〇四）の両戦役を経て、当の中国も口語文学を旗印とする文学革命に沸き立っていた一九一八年（大正七、民国七、橋川二四歳）という時点で、「早く中国にいって、中国人たちと同じ気持ちで漢文が書けるようになりたいものだと、居ても立っても居れなくなって」と後に回想するような、いささか時節はずれな動機から、小学教員の職を棄てて渡中を決行したことに始まる。しかし、たまたま、東京で高等師範を出て付属中教員を十年勤め上げた後、橋川より一年遅れて同じく私的な留学に出た諸橋轍次も、「支那の学者はだんだん少なくなっている。早く行かないと清朝の旧学者にも逢われないかとの心配」に急かされて決心したといっている（『遊支雑筆』一九三八）ように、時節はずれというなら、海外に学問を求めるという通常の意味で中国留学を思うこと自体がそうだったのだろう。しかも表向き政治に無関心な漢文学学徒の留学の夢に、大陸へのまさに時代的な関心がどこかで重なっていなかったはずもない。

わたしのあやふやな知識では、橋川や諸橋よりも早く、留学といえばまず欧米留学を指した明治開化主義のもとで、国立大学を通じて正式に中国留学が行われたのは、一八九九年（明治三二、光緒二五）服部宇之吉が東京帝大文科大学助教授になるのと同時に、漢学研究のため満四年間、但し内二年は教授法および研究法研究のためドイツへという条件で、翌一九〇〇年には文科大学大学院学生狩野直喜が、それぞれ文部省から清国に派遣されたのが最初のようである。教授法と研究法はドイツで、というところがミソで、日清戦争以後とみに声威の落ちた清国はせいぜい調査や視察の対象にすぎなかったわけである。ところでこの両人の留学は、ともに一九〇〇年の「北清事件」（義和団）に巻き込まれ、「北京籠城」のほうが有名になってしまった。服部の『北京籠城日記』が掲げる民間人「義勇隊」三三人の名簿中に「文部省留学生」の肩書きは服部、狩野の両名、ほかにただ「留学生」とある二人の姓名からはその性格はわからない。熊本の済々黌を狩野より三年ほど先に卒業し、一高中退後独学で『支那文学史』（一八九七）を出した古城貞吉の名もあるが、これは「日報社」（後の大坂毎日新聞社）の従軍記者として来ていた。同じころの例で、一八九九年秋に萬朝報記者の身份で北清と長江地方へ初めての旅行をした内藤虎次郎（湖南）の紀行「禹域鴻爪記」（『燕山楚水』一九〇〇）に見える、在清日本人のうち「留学生」と名のつくのは、横浜正金銀行、三井物産などの企業や農商務省といった官庁がそれぞれに持っていた施設ないし方法で研修中の者ばかりである（あとは当時「学堂」と呼ばれた各地のさまざまな新式学校の日本人教習たちや本願寺の布教を兼ねた日本語学校で教える僧侶など）。一九〇〇年には、朝野を挙げての大陸進出機運を現地での学校経営という理想に反映して、南京同文書院（のちの上海・東亜同文書院）が設立され、初代院長根津一が日本から公費生五一人、私費生一八人を引率して開院式に臨むというような動きもあり（安藤彦太郎『中国語と近代日本』）、さらにつづく満鉄（南満州鉄道株式会社、一九〇六）創立以下、中国固有の伝統的学問以外の関心にもとづく現地研修の場は商、軍、官等の各界にわたって急増しつつあっただろう。

そのような段階から橋川の渡中まで、まだかなりの時間があるが、橋川や諸橋には高嶺の花とでも映ったであろう、一九〇六年（明治三九）の、東京帝大文科大学助教授塩谷温の留学について、こんなエピソードがある。塩谷は、宇野哲人とともに、服部宇之吉の場合と同じく清国・ドイツあわせて四年間の留学を命ぜられたが、総長の浜尾新から、「勿論支那には学校もなく学者も居ない。一草一木を師と思って勉強してお出なさい」云々と諭されて出かけたところ、はたして北京には「行くべき大学もなく、従ふべき先生もなかった」。そのあげくに彼は湖南僧学堂で教習をしていた水野梅暁のすすめで、長沙の葉徳耀に個人的に師事することになり、後にこれを「明治の初期に楢原陳成が杭州に俞曲園に従ひ、宮島大八が武昌に張濂亭に従った当時の遊学は、全く中国人同様の入門であったが、中期以後の服部、狩野両博士は、見学に過ぎなかった」というふうに自負する（塩谷『天馬行空』一九五六）。ここで引き合いに出された楢原陳政（成は誤記）は、上記「北京籠城」の際の負傷がもとで死んだ、当時の日本公使館二等書記官。かつて大蔵省印刷局で製版の見習い中、成績抜群につき「漢学専門研習」を命ぜられ、まず清国公使館に内地留学といった形で、初代公使何如璋や参賛官黄遵憲らに就いて四年間「学術并ビニ語言」を修めた後、一八八二年（明治一五）何如璋の帰国に随行して渡中、三年にわたり各地を巡遊視察して帰国、『禹域通纂』二巻（大蔵省、一八八八）を出した。杭州（のたぶん詁経精舎）で俞樾に師事したのはその間の約一年、自ら「昼夜研習専ラ学術ヲ治メ交友ヲ広クシ位置ヲ高尚ニシ受益最モ博シ」と回顧する（『禹域通纂』巻首「留学略記」）。宮島大八（詠士）は一八八六年（明治一九）東京外国語学校の清国語科学生だった時、魯、清、韓語の三学科が東京商業学校に吸収された（英、独、仏は大学予備門に）のを不満として、魯語科の長谷川辰之助（二葉亭）といっしょに学校を飛び出し、翌年、直隷省保定の名門蓮池書院に留学、「曽（国藩）門四学士」の一人として桐城派古文や書法に名の有った、時の院長張裕釗に師事すること七年、帰国して今に続く私塾善隣書院を開き、新東京外語学校清語科の初代主任も勤めた。父誠一郎（栗香）は米沢藩で国事に奔走の後、明治に入り貴族院議員となったが、これも清国公使館に出入りして黄遵憲を感服させた漢詩の上手で、大八の歴とした士人教育機関への本格的入門には、この父の紹介と本人の強い意志がものを言ったと伝えられる（陳捷『明治前期日中学術交流の研究』、安藤上掲書）。俞樾と張裕釗にはほかにも日本人の門弟がいたといわれ、わたしはその詳しいところを確かめてはいないけれど、いずれにせよ、楢原陳政や宮島大八の例から、元高崎藩主大河内輝声以下、清国公使館員との筆談に熱中した人々の例（実藤恵秀編訳『大河内文書―明治日中文化人の交遊』、陳上掲書）が語るような、大陸文化への憧れないしは尊敬の上に、公私の留学を通じて、大陸事情調査や言語教育の新しい道の拓かれだした時代を読み取ることができるだろう。もっと早くは、外務省が必要に迫られて霞ヶ関に魯語学所と並び設けた漢語学所で、唐通事が教えそれを習うのも唐通事の子弟というのが、明治四、五年頃の状態だったが、同九年、文部省に交渉し旧外国語学校から三人の学生を「通辯見習」に選んで北京へ派遣したのが「官辺に於ける北京語尊重の始であり且つ北京留学生派遣の嚆矢」だろうという（何震三『北京官話文法』一九二九）。

しかし塩谷の自負は、近代的な学制の下で留学しても中国には学ぶべき近代を見いだせなかった焦りが、前近代の美風で救われたというだけの話ではない。というのは「何しろ支那文学の新生面を開拓せん為に戯曲小説の研究に専念して居った」塩谷が「伝家の業」たる経史の学からの逸脱を周囲からたしなめられながら葉徳耀に習おうとした詞曲の学には、漢文学が大学の文学学科に適応するための近代化の一選択としての意味がかけられていたから。つまり、士大夫の学としての漢文学のなかへ国民主義的な文学史観によって俗文学を引きいれようというので、それを彼は続くドイツ留学で理論的に補強し、さらに彼が葉に師事していた年に『曲録』や『宋元戯曲史』を完成させていた王国維の先蹤に導かれ、学位論文の元曲研究を完成させた（一九二〇、大正九）のだった。

戯曲小説という「新生面」は、すでに狩野直喜も経史第一の信条の下にではあれ充分な関心を注いでいたが、旧漢文学からの脱却のもう一つの道である厳格な文献批判の学（フィロロギイ）としての清朝一代の考証学の消化吸収こそ、狩野が京都帝大文科大学における新「支那学」の存立をかけて意欲的に推進したことだった（狩野『支那学文藪』一九二七）。狩野の留学経験じたいは、北京籠城の後、出直して上海へ渡った際は西人の中国学（シノロジイ＝支那学）に関心を集中し、さらにその基礎のうえに一九一二年（明治四五＝大正一）の欧州留学が続くが、留学に代わる経験として、辛亥革命後に日本へ亡命し、京都に移り住んだ羅振玉や王国維らとの直接交流があった。こうして、京都支那学の次世代を代表し、「中国人と同じ考え方、中国人と同じ感じ方で中国を理解する」（吉川幸次郎「留学まで―質問に答えて」全集二二）ことをモットーに、一九二八年（昭和三）中国留学に出た倉石武四郎（文部省派遣）や吉川幸次郎（上野奨学金）は、事前に羅・王や董康らの来日学者との応接に慣れていたうえに、北京では橋川にも大いに助けられて、存分に留学効果を享受することになる。

日本人中国留学史の束の間の全盛期を象徴するとさえいえそうな、彼らの遊学三昧ぶりは、倉石が当時話題になっていた李慈銘の『越縵堂日記』に触発されて書いたという、留学第三年（一九三〇、昭和五）正月から八月帰国までの漢文日記『述学齋日記』（本邦未刊。栄新江、朱玉麟輯注『倉石武四郎中国留学記』中華書局、二〇〇二）に、夫子らしい透明さでみっちり記録されている。彼は、橋川と懇意な音韻学者孫人和の邸宅に寄宿して常住その指導を受け、橋川の個人雑誌『文字同盟』誌上の広告で知った楊鍾羲の私塾石橋講舎に吉川と通い、北京師範大学では銭玄同の講義を聴講し、さらにわたしは初めて知ったが、毎週漱石の『坊っちゃん』を漢訳しては兪平伯宅へ持参し、白話文の手ほどきまで受けていた。そういう定期的な勉強の合間には、夥しい古書の購入や日中の多彩な学人との交流の記事が詰まり、最後は神戸港でかれを中国人と間違えた税関職員の差別的な態度に対する憤慨で終わる。

一方の橋川は、後に「私にヘンテコながら中国文学というものに対するモノの考えかたがあるとするなら……倉石武四郎・吉川幸次郎や古城貞吉・長沢規矩也たちと親しく相語ったことから、強い示唆を受けて、私なりに固まりかけた」云々と述懐していて、かれの留学の成果もまた、ようやくその頃、確かな学問的手応えの自覚に達したようである。

そこまでに至る橋川の遊学生活に少しふれておく。かれは師範の先輩の紹介で、渡中に際し、すでに京都帝大文科大学教授におさまっていた内藤虎次郎を訪ね、「今学校にゆくところだ。……師範出には往々馬鹿なヤツがいる、君もしんみりと勉強したらモノになろう」の一言に、同じく師範出の人の言葉だけに大いに励まされたと、本書中にも再三繰り返し回想しているが、そういう勉強のさしあたっての目的でも手段でもあったのが、彼が本場で磨きをかけたいと願った、漢文の読み書き能力だった。そもそも彼が中国で最初に頼ったのは、父親の友人の当時大連で漢字新聞『泰東日報』を主宰していた金子平吉（雪齋）という人物で、彼が一九二二年（大正一一）北京の漢字新聞『順天時報』に入社できたのも、もとをいえば金子の紹介による。内藤にも『萬朝報』以前に『台湾日報』主筆となってもっぱら漢文で論説を書いた経験があり、『燕山楚水』に引かれる厳復や文廷式への筆談インタビューなども併せて、漢文ジャーナリズムともいうべき分野の栄えた時代とその局面をしのばせる。『順天時報』への入社は橋川の最初からの希望だったが、その時は社長の渡辺哲信に「うちでは、ふるい型の漢学をやる人には来てもらうわけにはいかない、中国の事情は変わってきたのです」と断られ、北京大学の聴講や共同通信社の翻訳記者その他のアルバイトなどで相応の経験を積み、梁啓超『清代学術概論』や胡適『輓近の支那文学』（原題『近五十年的中国文学』）の翻訳を出す（ともに東京、東華社一九二三。さらに魯迅『中国小説史略』も訳す予定だった）までに視野のひろがったところで、それがかなったのであった。

人も知る橋川の中国の学者文人との広く深い交流の基礎は、『順天時報』で、名高い演劇通の辻武雄（聴花）の下で学芸記者を勤めた時いらい徐々に培われたのだそうであるが、彼が一九二七年（昭和二）に同社を辞し、その退職金を頼りに漢・和文二本立ての個人雑誌『文字同盟』（一九二七－三一）の発刊に踏み切ったのは、そうした漢文ジャーナリズムの経験をこころゆくまで学芸に仕えさせ、みずからもその世界に生きるためだった。その世界に生きるというのは、長衫を着たり詩文の応酬を無難にこなしたりするだけではなく、学問の成果をもその世界の最も洗練された文体によって示すべく志すことで、そのようなレベルで「中国人になりきる」ための本気な精進におおらかな信用を以て応えるところに、その世界の中華的普遍主義があったのであろう。そんな関係は漢字文化圏の学問に当初から埋め込まれていた理想でも宿命でもあり、さらには京都支那学が近代主義的な方法によって追及したところでもあったかもしれぬが、それを身柄ごと現地に投じて実践した点で橋川ほど徹底した例はほかにないのではなかろうか。

と、まずは溜め息半分にこんなことを考えさせられるのだが、一方で、事はそんながさつな言葉で論じきれそうにない気もする。それは、中国学者として彼が最も尊敬し、かつ後述の一大事業のうえで実際にも立ち入った関係を持つことになる狩野直喜や、彼の終生かわらぬ陶淵明心酔、さては小文の冒頭に言及した『楚辞』の「華夷」「文筆」の辨などまで併せて「しんみり」考えるべきかもしれない。さてとにかく、王国維の入水自殺や葉徳耀の北伐革命軍による処刑というような事件に彩られる時代の旧学を主とする学者の世界に寄り添い、しかも終刊号には橋川自身の学問的代表作をも附刊する（第五年四・五・六号合刊附刊『陶集版本源流攷』）雑誌『文字同盟』の全容は、本書に先立って刊行された、今村与志雄編『文字同盟』全三巻（汲古書院、一九九〇－九一）の、後になるほど単発的な附刊の方が主になる全号の影印と編者の至れり尽くせりな解題、年表等に余すところなく示されている。橋川にとって最も充実した幸福な時期の所産に違いないその雑誌の影印を承けて、いわばかれの別集と行実資料集を兼ね、さらに遺族を挙げての記念出版の趣も加わったのが、実は本書であって、両書を通じる編者の今村与志雄は橋川の女婿に当たる。しかし、岳父の生涯と遺業を学術的歴史的な客観性とともに伝えようとする、編者の注や年表は本書において却って批評的な克明さを増す感があり、逆に、影印本『文字同盟』第一巻巻頭には次のような愛情の言葉があった。

「江戸時代の儒者が、そのまま時空を超越して、清朝時代の人情風俗の面影をとどめている……古都北京に住んだなら、こういう記録をのこしたであろう、橋川時雄の『文字同盟』の漢文で書かれた編集後記……は、読むものにそういった一種のアナクロニズム的魅力を感じさせる」「……困難な境遇にあった清朝の旗人たちに見られる没落する階級・身分の人々にみとめられる礼儀正しさ、気品といったものの夕映えの美しさに心動かされていたようである」（「刊行のことば—序に代えて」）。

このような言葉を特にここに引いた理由は、確かにそんな風韻に事欠かぬ橋川の夢のような学事三昧にそのまま日本帝国の国策事業が乗っかってきて、彼みずから「吏と儒を兼ねる」（「自甘労苦吏儒兼」本人による訓み「自ら甘んず労苦吏儒を兼ぬるを」）と詩に詠うような、もはや留学問題とは別な事態に、本書の内容はより多くかかわるからである。

（原載『中国研究月報』二〇〇七年九月号）

（下）

倉石武四郎や吉川幸次郎を北京に迎えた頃の橋川には、「『文字同盟』社主」のほかに、一九二九年（本書附載の「年譜」では二八年。下記阿部著書に従う）いらい「東方文化事業総委員会」の「庶務担当」という肩書きがあった。この「事業」を含む日本の「対支文化事業」については、近くは阿部洋の浩瀚な調査報告（『「対支文化事業」の研究』二〇〇七）が委細を尽くしている。それをも参照して要点をいえば、義和団事件賠償金その他の補償金を中国に還元するという名目でさまざまな文化事業が計画された、そのうちの日中共同による四庫全書提要の続修事業が、済南事件（一九二八）に抗議する柯劭忞（総裁）以下中国側全委員の一斉辞職に遭って頓挫した後、日本軍の山東撤兵開始を機に再開へ向かう過程で、自ずと橋川に白羽の矢が立つことになったのである。橋川を強力に推挙したのは、この事業のために外務省から特に常駐委員として派遣され日中間の調整役に当たっていた元漢口総領事瀬川浅之進で、その推薦書に描かれた橋川像は次のようである。

当地ニ於イテ文字同盟ト称スル月刊雑誌ヲ発行セル橋川時雄ハ、漢学ノ素養モ相当ニ有之、且ツ勤勉篤実ニシテ当地著名ノ支那学者トモ広ク交際シ居ルカ故ニ、従来本邦ヨリ当地ニ遊歴シ来ル観察家ニシテ支那学者ニ接触セントスルモノハ、概ネ橋川ノ紹介ニヨルコト多ク、……将来東方文化事業ノ進行上並ニ支那学者ト連絡上ニ就テモ亦、同人ノ助力ニ待ツモノ多々可有之ト存候。（阿部書所引瀬川委員より岡部［文化事業］部長宛て「文字同盟社主橋川時雄補助ニ関シ稟請ノ件」一九二八年八月一〇日付。［「補助」の二字は、外務省の非正規職員すなわち上記肩書きの「庶務担当」名義で現地採用するという意味であろう―木山］）。

こうして、提要の執筆を委嘱すべき中国側の協力者をあらためて調査、組織することになった橋川の活躍ぶりは、たとえば、次のようであった。

予ガ此ノ行ノ使命ハ、私人資格ヲ以テ支那各地ニ存在スル潜儒碩学ヲ歴訪シ、其ノ閲歴、著述、生活等ヲ取調ブルコトニ在リ。然モ近十数年来ニ物故セル学者ノ行述及ビ遺著ノ所在等ニ関シテモ、勉メテ旁索ヲ為シ、又兼ネテ蔵書家ヲ訪ヒ、学校図書館、書肆等ヲ視察シ、又研究所続修四庫全書ノ事業ニ関聯シ、四庫全書及ビ其ノ提要ニ関スル諸家ノ撰纂ニ対シテモ特ニ注意シテ取調ブル所アランコトヲ期シタリ。余ハ北京出発ノ前ニ於テ、楊鍾羲、胡玉縉、楊樹達（清華学校教授）、瞿宣頴（燕京大学教授）、張爾田（同上）、黄節（清華大学研究院導師、北京大学教授）、邵瑞彭（中国大学教授）、孫人和（同上）、尹炎武（輔仁大学教授）、闞鐸（中国造営学社総纂）諸氏ヨリ好意的ニ寄セラレタル紹介状約四十餘件ヲ携帯セリ。（影印『文字同盟』第三巻「解題」所引橋川時雄『天津、済南及長江地方学事視察報告書』一九三一年外務省文化事業部刊）

一九三一年七月から九月にかけ三ヶ月近くにわたったこの学人歴訪の旅は、同年四月に橋川が中国側代表の江瀚、胡玉縉の訪日に随行し、日本側代表の服部宇之吉と狩野直喜を訪ね協議したうえでのことであるが、当時服部と狩野がそれぞれその東京と京都の研究所長に任じていた「東方文化学院」〔今の東京大学東洋文化研究所、京都大学人文科学研究所〕は、済南事件で日中共同事業が行き詰まった結果、国民政府の賠償金全面返還要求を斥け、還元事業の重点を日本国内の研究施設に移す方向で設立されたのであった。一方それとの関連で「北京人文科学研究所」が設けられ、一九三二年一〇月、瀬川の総務委員退任帰国後は、橋川が「総務委員署理」〔この「署理」も代行、事務取扱の意―木山〕の立場でこの研究所を主宰し、ここで敗戦までの十餘年に及ぶ四庫提要続修事業に全力を打ち込むことになる（阿部上掲書）。

さて、ここまでは小文の（上）と同時に書いてあった。もともと小文は、日本人の中国留学史を主題とする特集（本誌No.七一五）に荷担すべく、当時は新刊書のうちだった本書の評介に事借りて、ひとまず明治から昭和の敗戦に到る留学史のあらましをさらう目論見を含んでいたのだったが、以後えんえんと怠けていた続きを今度はどんな企画との関連で督促されたにせよ、とにかく（下）はさような（上）の続きでしかありえない。すなわち、あとは本書と橋川時雄その人に即して、実に七年越しの読書報告のけりをつけるまで。

遅まきながら、一書の概要を章立てで示しておく。

〔一〕「漢詩・漢文そして雑記・雑考」
〔二〕「中国の学者・文人との交誼」
〔三〕「東方文化事業総委員会・北京人文科学研究所関係資料」

［四］「橋川時雄回想録」
［五］「橋川時雄追憶集」
［六］「夫への追憶」
［七］「橋川時雄年譜」

以上のうち、［一］が本書書名中の「詩文」に該当するとして、すでにふれたような橋川の留学動機や現地での精進からすれば、ここは純然たる漢詩文による一家の別集をなすべきところだったのかもしれない。事実、終生作り続けた漢詩については、自他において結集の企ても一再ならずあったようである。しかし、時局に便乗した学者はいくらもいたなかで、むしろ「対支文化事業」なる国策の方から便乗された格好での大奮闘のあげく、敗戦の翌年（一九四六）に五四歳で一切を北京に置いて帰国し、以後さらに三六年に及んだ「敗戦後の余生」（本書六〇頁）をも併せたところの「生前、新聞雑誌に発表したものや、未発表のまま残っている遺稿から選」（編者「凡例」）んだ結果は、当然ながら和文の「雑記・雑考」も相応の比重を占めることになる。［二］は、日本人との漢詩の応酬などはすでに［一］に含めたうえで、もっぱら中国の学者・文人から寄せられた序跋類や詩の挨拶を多く手跡ごと収める。そして、［五］［六］が日本人知友と家族とによる橋川その人の「追憶」ということになるが、［三］の本人が直接その衝に当たった「東方文化事業総委員会・北京人文科学研究所」の一件資料に、［四］の中国文学畑の後輩（小野忍、目加田誠）と「対支文化事業」研究者（阿部洋、佐伯有一）とからの質問攻めに答えた二つの座談会における本人の回顧談、それと編者の手になる［七］の年譜、さらに全章にわたる編注も併せた総体は、記念出版風な標題「詩文と追憶」には尽くしきれない、時代的な記録としての意義をおのずからに主張する。

記録性に因んでいえば、前にも記したとおり、橋川の個人雑誌『文字同盟』の復刻全三巻が、同じ書肆から先に刊行されていて、本書はその後を承けるだけに、前者が「満洲事変」勃発までの、橋川本人の求学の志にとっても日本人中国留学史にとっても最も幸福な数年間の奇特な物証とすれば、本書はそれをも含む橋川全生涯の学事文事にかかわるとはいえ、記録の比重は、「事変」の拡大から日本の敗北に到る戦争下での畢生の事業へ傾くことになる。畢生の、とことさらにいうのは、帰国後二十年近く経ってもなお本人に「私には過去があって現在がない」（一一四頁）と言わしめる長い北京生活の、それが最後の長丁場に当たるからである。

本書の歴史的な記録性の焦点は今いったような方へ片寄るとしても、一書の要はやはり、橋川その人の短くはない生涯の面貌を広く反映しようとする［一］の遺文選にあるとしなければならない。そのうちの漢文作品として、まず開巻第一篇、恩師福井師範学校長（本多忠綱）にその勤続十年を賀して捧げた序と詩四首というのがある。すっかり忘れていた若書きを帰国後に校長の外孫から贈られ、それに自ら訳文と後記を付して発表したもの。一九一七年（大正、民国とも六）、師範学校五年修了の後小学教員を務める傍ら、この校長の勧めで郷土の漢学者（勝屋馬三男。江戸後期に古学派の儒者広瀬淡窓がひらき、大村益次郎や高野長英を輩出した咸宜園の最後の塾頭を勤めた由）の私塾に三年ほど通ったころの作として、翌年中国留学に発つことになるその直前の、漢文学にかけた意気込みと作文力の程を伺うに足る。もう一つの「宋嘉泰重修三謝詩書後」は、橋川が一九三四年、北京の故宮博物院から影印出版した宋本『三謝詩』巻末の版本解題で、この方面の代表作『陶集版本源流攷』（一九三一『文字同盟』第四・五・六号合刊附載）とともに、〝本場〟で漢文学をやってみたかったらしい、当初の目標の達成形といえるだろう。

こうした漢文による学術論文の執筆は帰国後の日本ではさすがに必然性を失ったが、漢詩の方は、全作数に対する比率はいざ知らず、本書にも少なからぬ作例が収録されている。ここでも「見るがよい、漢詩の雑誌でも、自作に讀解をつけなければ読み手がつかないほど、漢詩もこの世に必要でなくなった」云々（一〇二頁）と寂しがるような状況に事欠きはしなかったものの、そうした自作自解の和文が戦後何篇も書かれたのも事実で、それとおそらく本書の読者に対する編者の配慮との合致するところにこの選録結果があるわけだろう。

私としては、そのうちの過半を占める同業や同好との応酬についてはいうことはないけれど、敗戦から翌年の帰国までの間の感懐を詠む「餘園落葉賦」二十首の失われた句稿から記憶に残ったという四首や、最晩年の「買山居句集私鈔」十首などには興味を惹かれる。「落葉賦」四首を除く十六首の忘失は、なにしろ総力戦の敗北で諸価値一変していた故国への帰還をはさんでのことゆえ、意識的ないし無意識的な淘汰でなかったかと疑う余地はあろうけれども、それはさて、とにかく残った四首は、非常事態のさなかでも歴然と陶淵明という詩想の枠をとどめている。一々はあげきれないが、小文（上）でその「自甘労苦吏儒兼」の句を引いた一首とともに作者の意にかなったらしいもう一首は、たとえばこうである。

不是柴桑靖節家　　これ柴桑靖節（淵明のおくりな）の家ならず、
九秋無色逕無花　　九秋に色なく、逕に花なし。
抜心誰信玄根朽　　心を抜いて誰か信ぜん玄根の朽つるを。
帰矣悔繙書五車　　かえらんか、悔いてひもどかん書の五車。

作者の詩稿（『無聞精舎偈』）から編者が録出した四首のうちの件の二首を、帰国の翌年に作者自ら「述懐詩二篇―敗戦後の余生」と題して公表した時の形で、ここに引いた。一二句は餘園すなわち東方文化事業総委員会・北京人文科学研究所と橋川の寓居とを兼ねた敷地の敗戦後の味気ない荒廃ぶりを、江西は柴桑里の故郷に帰隠した詩人の家とは似もつかぬものと嘆き、あるいはさらに隠逸の夢そのものを現実の風にさらす。三句、平易ではあるが見慣れぬ「抜心」の二字は、後さらに試みたという口語訳でこの句を「私の背骨が抜かれたのだ、痛い、／がしかし、ふるい根は朽ちないであるものを」（六六頁編注所引）と敷衍するように、言葉には換えがたい衝撃やその痛手をいっそ〝擬物〟的に言ってのけた格好。そこをかろうじて持ちこたえるよすがが「玄根」なる道家者流の生と存在の究極（玄牝ノ門、是レヲ天地ノ根ト謂フ。『老子』）のなお失われていない実感であるらしい。とすると、結句の「帰矣」は、陶淵明流の「帰隠」の夢よりも、一二句の事実を事実として、さしあたり夢同様にあてどない前途ではあるが、「帰国」後の現実に耐えるための猛勉強を覚悟せねばなるまい、と気をとりなおすのであろう。

ところで「悔」はなにを悔いるのか。若い時こそ「しくじったところで、帰ってきて、巡査になればいいという気持ちだったのです」（p.237）といった剣幕だったにせよ、そのご彼の境涯に同情したのか、服部宇之吉から、どこぞの師範学校に欠員ができたから「すぐ帰国して高等教員になる試験を受け」るようすすめられたりしても、「どうせ受かりやしないから」とかで、今さら従いはしなかった（二五七頁）いきさつなどもあり、家族を巻き込んでの北京生活がここまで長引けば、学事三昧の風狂沙汰で完結しえたはずはない。ましてそのあげくの事業頓挫となれば、悔いの種はいくらでもあったろう。ちなみに、「吏儒兼」の詩のほうの自釈には「官吏と儒者の中間をぶらついて、男ざかりの半生を過ごしてきた。この桎梏からぬけ出そうと考えられたのはよほど前のことであった」とあり、詩の結句でも「未買青山未曰潜　いまだ青山を買わず、いまだ潜といわず」と、淵明の又の名「潜」をもじって（潜ハ隠ナリ）、やはり悔いをバネにしてでも、とにかく隠逸どころでないドサクサに対処する覚悟をしたためるようである。事実は、五四歳で帰国の後もまだ、北京でできた人縁で京都女子大から東京の二松学舎まで幾つかの大学での教書暮らしがあったのは生憎とも僥倖とも言えようが、その果てにようやく七九歳にして信州野尻に病後静養のための山荘を得て、その名も「買山居句集」をものしながら、九年後に同所で道山に帰するまでがこの人の戦後であった。それはまた、一度は『陶淵明評伝』（和文）上中下三巻の上梓に漕ぎつけながら、関東大震災で原稿を焼かれてしまったという不運（年譜）の挽回の過程でもあったかに思える。

和文雑記の一つとして、たぶんその『評伝』の準備のためでもあっただろう、北京留学の三年目に日本人倶楽部での仕事の退職金を投じ、何ヶ月にもわたり陶淵明の遺跡を探訪してまわった旅の一端を記した一文（「陶淵明遺愛の地に遊びて」。三宅雪嶺の『日本及日本人』に発表）は心弾むような読み物。この旅の途上で太田正雄（木下杢太郎）と交渉があったのに因んで、杢太郎（『支那南北記』）や芥川龍之介（『支那游記』）といった文壇人の中国紀行と時を同じくしたことを編注は周到にも指摘するが、少し前には谷崎潤一郎（「蘇州紀行」「秦淮ぼ夜」ほか）などの例もあり、大きくいえばそもそも漢文学青年橋川の留学とて、大正という時代らしい「支那趣味」（谷崎）の高潮とあながち無関係ではなかったのでもあろう。もっともこちらは、単身で百姓家に泊まりこみ、都の客を珍しがって集まってきた村の若者たちに話をせがまれて、北京の軍閥争闘を「余の未熟な支那語で語りだした」ものの、むつかしいことは一向に通じず、「京人の言葉はわからぬな」といわせたりしながら、結局たあいない昔話みたいな調子になってしまった次第などは、橋川流ならではの挿話である。

そしてあと一篇だけ、わたしはずっと以前、日本占領下で出た『北京案内記』（一九四一、新民印書館）という本を手に入れ、編者（安藤更生。中国美術史家、当時新民印書館に在職）の序に「北京はもはや単なる観光都市ではない。決然として立ち上がった興亜の最主要基地である。」と謳うだけにというか、その割にはというか、四〇〇ページ近い占領地案内の意外な充実ぶり、わけても「酔軒潜夫」署名による「北京の学芸界」一〇余ページの格調と視野に感心した覚えがあるが、それもここに選んである。

次は、さきにその歴史的な記録性を云々した、[三]の提要続修事業に関する資料のこと。といっても、主には、事業自体より橋川という人について所感を述べるにすぎないが、個別には取り上げきれないほかの章に随意ふれる便宜もあろう。選録された一件文書は(一)四庫提要続修事業の概略説明、(二)敗戦後の国民政府代表によるそれの「接収」に関する文書、(三)帰国後に外務省に提出した最終報告書。

(一)は、一九四〇年現在における「東方文化事業並北京人文科学研究所便覧」として橋川が執筆したもので、四庫全書そのものの概要と研究状況から提要続修事業の意義、経過と成績、さらに研究所蔵書について説明しているが、[四]の二つの座談会での回顧談は、それ以後敗戦までの数年分を含む全期間を通しての事業と橋川その人の体験とを補って、いっそう興味深い。それらを通じてわかることの一つは、既述のようにかつて政治的な抗議として一斉辞職した中国側委員筆頭格の柯劭忞をはじめ、少なからぬ学者が、おそらく多分に橋川の信用により、提要執筆者として復帰し、結局一〇〇人ほどの協力を得て、目録に掲げた提要五万部のうちの四万部を達成して終わったこと。この作業は敗戦まで維持されたが、戦争のさなかに協力者が〝漢奸〟などの汚名を着ることのないように最大の配慮をはらわねばならなかっただけでなく、日本から経費がほとんど来なくなった結果、橋川は自分の給料を返上したことにして執筆の謝礼に充て、占領下に「満洲国」の官吏養成機関「大同学院」にならって開校した「新民学院」の教授職の俸給で食いつなぐなどの苦労を重ねたという。特に「対支文化事業」が外務省から新設の興亜院に移管されてからは、こんな浮世離れした研究所よりもっと実学的な効果をねらった「近代科学図書館」に当局の関心はさらわれたのだった。ついでながら、それだけに後者へむけられた中国人の視線はより険しかったらしく、当時、いうところの〝偽〟北京大学理学院で日本語を教えたりしていた竹内好の『北京日記』にも、橋川と出会って、「近代「科学」図書館」に爆弾が仕掛けられたと聞き、「即ち図書館に見舞に赴く。巧妙なる仕掛ありたりと。……その意志に烈々たるものを感ず」というような記事がある（一九三八年九月二九日）。

（二）は、橋川が帰国するにあたり教育部平津区特派員沈兼士から交付された「証明書」であるが、中身は前年の民国三十四年十月三十日付橋川時雄名義で沈に提出した「東方文化事業総委員会会計移交書」一通一〇葉の写しに、沈兼士が三行の「証明」を書き添えたもので、大意、さきに橋川が責任者として東方文化事業会の事務引き継ぎに当たった関係により、あわせて接収後の日本図書の整理に協力すべく、暫時特派員辦公処に留用の身となったが、仕事が一段落して帰国を迎えるに当たり、そのことの証明を求めに来たのでここに証明する云々とある。もともと沈兼士は橋川とは旧知の間柄で、接収・引き継ぎの作業はきわめて友好的かつ円滑に終始したといい、本書の体例では［二］に収むべきところを特にこの「証明書」と併録する、沈兼士の七言十韻の詩は、かつて「東方文化事業総委員会」に因んで日本側委員代表格の服部宇之吉と狩野直喜に贈った旧作を、この後帰国する橋川への餞に揮毫したもの。詩は服部や狩野の目指す学術提携を遣唐使晁衡（阿部仲麻呂）と李白や王維との友誼に擬えながら、その一方で当代の「兵気」を忌避する、いかにも北京大学教授連のうち日本留学出身の「知日派」グループの一人として日本の「対支文化事業」に批判的に関与した人物らしい感懐を詠っている。しかも周作人問題との関連で私の承知するところでは、占領初期にはローマカトリック系の私立校として中立を守っていた輔仁大学に在って、清初の民族主義者顧炎武にちなんで「炎社」（のち華北文教協会と改称）と名乗る抗日組織を主宰したのち重慶へ脱出したという履歴の主である。しばしば伝えられた利権がらみの乱脈な接収は文教方面では論外としても、〝淪陥区〟北京の複雑にして怪奇ないしは微妙なうらおもてを知らぬまま単純な敵味方観念をかざして、同じ中国人の間にすら不信や反感を呼んだような例しもあるなかで、橋川としてはまずもって願ってもない交渉相手に恵まれたものであった。それにひきかえ、上記

「近代科学図書館」の接収は、同館で「人文研究所」における橋川のような立場にあった山室三良から阿部洋が聞き取ったところによると、よほど手きびしいものだったらしい（本書三七一頁）。

（三）の「外務大臣吉田茂あて報告書」は、その前置きに、「本員より中国教育部特派員に対して提出したる移交文書は十三項に分ちて、其の沿革、内容、数量等詳細に具述されたるものなるが、其の会計清算に関する一項のみ携帯したるを以て、他項に関しては茲に詳述出来ざるを遺憾とす」とあるのによって、沈兼士の「証明書」を附した接収・引き継ぎ文書が会計報告一通だけだった理由を明かし、かつその同じ一通を「附件」として末尾に添える。そうして、この「附件」を除くと、本書の紙面で七ページそこそこの「報告」は、つとに所管機関へその都度「詳細報告済み」だった事業そのものではなく、もっぱら敗戦に伴うそれの中国側への全面接収・引継ぎを語っているのであるが、語りに伴う報告者本人の気息に独特なものがあるので、此の際ぜひともそれの顕著なくだりを何段か引いておきたい。

「昭和二十年十月五日、国民政府教育部特派員沈兼士等重慶より来平……本員に対して先づ今次蔣［介石］委員長の命を受け華北に於ける教育文化諸機関を接収する為来平したるが、此重責を達成する為には老友貴殿の協力に期待するところ多しと言辞頗る懇切を極む。仍ち本員は之れに対し本員所管の本会並に他処移管の財産及文献等に就ては一物の紛失なく、其の他本員負責の諸般文化工作の経過内容に関しても、既に貴方接収に即応すべく、各般一切の準備を完了して支那側職員中の一代表者に移交しあるを以て、総て該員より接収相成度、其間各方機関接収の際一日本人としての立場に於て、敢て協助を惜むものに非ずと述べ、次で移交書十三項を手交して其接収を完了す。

「本会の事業として、或は本員個人資格に於いて譲受購収したる書籍文献及び四庫提要の著稿其他一切の財産は、在華北最も価値ある存在として、中国側に於ても夙に預期したるところなるが、其の実際の接収を受くるに及びて近年一段の充実を示しあることを認識し最も本会並に本員の工作に対して敬意を表し、常に満足の意を表し居れり……本会が終戦後の華北に於ける文化復興の爲に名実相具ふる根城となり得て、其の年来の編纂四庫提要に対しても鄭重に接収をうけ、将来之が完成を企図致したき旨表示ありたるは、両国文化提携上の至幸と謂ふべきなり。

「又本会事業として編纂されたる四庫提要につきては、其の原簿に照して、約三万五千篇、各篇稿費銀拾五元として接収されたるが、吾が大使館は本員の報告に基きて評価し、賠償金繰り入れの手続をなしたり。本員は更に……従来の経過内容及び企画につきて、約三百頁に詳述したる説明書（漢文）を教育部に手交し、近き将来、本事業が中国人側に於て、日本学徒の協力によりて達成せられむことを要望し置きたり。

「本会の事業は大戦勃発と共に時事に迂なりの理由を以て停止を命ぜられ、是に於て本員は自家の図書を売り、又各方特志の醵金を募りて本事業を維持し、飽く迄其完成を期したり。……

「本員在華三十年間縮衣節食して購入したる図書は、近年本会経費困窮の際は、其一部を売却して本会の経費並に本員の生活費に充て来りたるが、昭和二十年二月、其の全部を売出して本会経費に充て、本会四庫提要刊行に充当することもあらむかと思考し、北平一書館に暫く委託せり。此の間の事情、中国学人間に於ても沈特派員に於ても、既に知悉し居ることとて、沈特派員は来平とともに、此の物ばかりは本員私有物として接収せざる旨の誠意を披瀝し居りて、……然るに近くは日人隠匿財産の摘発投書をなす無頼邦人の跋扈甚しく、某邦人これを李宗仁［国民党「広西派」首領、蒋介石としばしば対立］行営に投書密告したることを知るや、教育部は即ち之れを教育部に運び、兼て本員より提出したる書目に照らして接収したり。而して本員よりも接収要求を提出したり。……該図書は本員多年苦心して蒐集したるものにして、其の研究資料としての価値に於て頗る特色あり、冊数は三四万冊なり。

「本員は本会の日華職員とともに十月五日接収をうけたる後も、なほ会内の原住処に止まりて中国側の文化教育諸機関の接収に協助をなしたり。……常に日華両方面の間に介在して、接収を意義あらしめ又常理あらしめむ爲に努力せり。中国側に於ても事情に通ぜざる爲に事巨細となく本員に諮詢するあり。就中、既往邦人の文化工作に対して疑惑或は問題あるときは、本員より公正なる釈明を与へて解決せしめたり。是故に終に盧溝橋事変の文献紛失に就いては、一々本員に対する追究となり、李宗仁行営等をして屡々問責追究をうくるに至りたるも、本員は平心に一々公正なる釈明を与へ来れり。

「本員は、終戦と同時に、健康なる精神と肉体とを以て祖国の土をふむただ此一事を念願し、一切の私念を排除し、物に執着することなく、最後の文化活動を開始致し、此の際如何にして日華文化提携の爲に一路一線を護持すべきかに就いて最も苦慮し、有らむ限りの心力を尽したり。

「[橋川の申請により教育部での留用を認められた]邦人学徒十数名、本会会内に於ける奉仕工作も十月初めより三月末迄継続され、技術を有する邦人は其技術を以て教育部の諸設備修繕の爲に奉仕し、戦に敗れたりと雖、日本人としての真面目を発揮し、頗る彼方の感激を得たり。

「本員は去る十月三日、半肩の行李を荷ふて悠然帰国したるも、此次の歴史的大変革に遭ひ、具に事象を読むことを得、吾が多年論究に対して其の結論を体得し得たるを以て、儲へて半文なく、一頁の著稿も一冊の図書をも携行出来ざりしも、何等遺憾とする所なし。而かも中国の土と人と、及び其歴史とに対する敬意と愛情に至りては終始寸毫もかはることなし。……本員不材を以て、多年貴省の資助をうけて、其文化工作の一端を負責担当し来るを以て、帰朝怱卒の間、聊か報告書を作製して台下に呈す。切に精審を請ふと云。」

事はつい先頃まで勝者の立場で推進してきた「対支文化事業」における敗戦処理に関わり、日本軍の北京占領当初には、橋川自身が軍特務と組んで残留教育文化施設の接収に当たるという、皮肉な因縁もあった（注二）。そういった立場の顚倒を経ても中国の土と人と歴史に対する敬愛はいささかも変わらぬという揚言の真実味を疑う理由は、橋川の場合に限ってありそうにない。軍官民を問わず、こんな調子の敗戦処理はどれだけあり得たろうかと考えるにつけて、なにやらロシナンテ号に跨がって昂然と白旗をかかげる趣すら感じさせるあたり、［一］に収めるどの作にも劣らぬ奇文と称するに足るものと思う。本人の回顧談には、外務省の方では「これはいい報告を書いてくれた」と喜んで百部ばかりタイプで打って方々へ配ったらしい、とあるが、外務省の喜んだのが本当だとすれば、中途で持てあまし橋川一人に背負わせた格好の事業が、敗戦日本の数少ない弁明材料になると踏んだわけであろう。

ここで、橋川の仕事の跡をあらためて顧み、揚言の真実味の由て来る所以を考えてみるに、『文字同盟』などの天真無償の求学ぶりはさることながら、たとえば、［二］に収める狩野直喜追悼の一文（「また一個を弱〔うしな〕う・希の原理」）に、こんな一節がある。

四庫提要の続修事業はおもに服部博士が主訂されることになっていたが、その実、［狩野］君山先生の指示と協力にあずかることすこぶる大きかった。月ごとにタイプ印刷に附せられた提要初稿が私から彼れのもとに送られると、彼れはこれを京都研究所の所長室に収めて、随時硃筆をとって批正をくわえておられたのである。……

私が北平からやってきて、卒然彼れの机前にたちむかったとき、硃筆をやめた彼れはだしぬけに、「君、某の述べた某書の提要には困るね」とまるで私を叱るようにいわる。「それは私も読んでよく知っています、それを指摘して云々すれば、その学徒をこばむことになる、せっかくの事業がくずれる、他日開刊して人間に出るときには、各篇ごとに作者の姓氏をつけて、その責任を明らかにすることにしたい」と私がこたえたとき、「君はそれを知っているのか、中国の学者たちとのしごとにはそんなところに苦労がいる」とふかくうなずかれ……

ゆらい京都の「支那学」には、中国の典籍を中国人のように読むという理想があり、時にそれが昂じて中国人以上に読めるといわぬばかりの自負も匂ったが、そうした秀才気質と橋川の細心かつ謙虚な心配りとの微妙な対蹠がここに出ているように思う。これを橋川の狩野に寄せる深い敬愛とは別の話題として語れば、回顧談の次のような一節になるだろう。

ここで大事なことですからひとこと付言させていただきますと、これらの図書について漢文で提要が書けるほどの学者は日本側では皆無といってよいほどなのです。もともと続修提要などという仕事は、中国の学者はいざ知らず、日本の学者では片手間にできることではありません。……私が『中国文化界人物総鑑』(昭和十五年刊)を作ったのは、一つにはそうした中国文化界の人々に対する感謝の気持ちがあったからです。(三一四頁)

ここに言及されている『中国文化界人物総鑑』(一九四〇、復刻版一九八二)を手にとってみれば、本書[二]にも収める原書巻頭の元教育総長傅増湘の序にこもる賛嘆が決してただの辞令でないことを人は納得するだろうとして、それに続く編者の「例言」の末尾に当時の国策言葉ぎりぎりの所で漏らされた、つぎのような願いにも、回顧談にいう「感謝の気持ち」とまさに照応するていの真情を読み取ることはできよう。

此書に居並べるひとびとは皆尤も憂苦し何をかを工作しつつあるに相違ない。彼らをして不安ならしめてはいけない、浮動させてもいけない。これらのひとと、ともども尊敬しあふような世界にいつ到り得ようか。問題は、彼ら支那側の一方にのみ限らるべきでなく、彼らの歪曲の書き改めを求めるとともに、我我からも新秩序型の人物を動員して同じ指標に向かって勇み、戦戦兢兢、東亜安危の瀬戸際が超えて行かるべきであると、切望してやまない。

以上を要するに、続修四庫提要という国策がらみの文化事業に関し、橋川は私心なく全力を傾けつくした者の大いなる自負を以てその戦後処理まで全うしえたのであった。一方、完成間近で頓挫した事業そのものへの心残りがそれで帳消しになったとも思えぬが、それについて［七］の「年譜」が後日の消息を二つ伝える。

一つは、一九七二年の項に「三月『続修四庫全書提要』一二冊附『四角号碼索引』一冊　台湾商務印書館　台北」とあって、注にいう、「……主持人王雲五の「序」によると、東方文化事業総委員会が、橋川時雄主撰により編撰した『続修四庫全書提要』原稿のうち、油印打字本が京都大学人文科学研究所に保存されていて、それに基づいて排印刊行、京都大学教授平岡武夫、台湾の学者何朋が、この計画の実施にあたって尽力したという。……なお、橋川時雄が、生前編者に語ったところによると、これは『続修四庫全書提要』原稿の半分以下、三分の一ほどだという。」阿部洋たちへの回顧談では、これは橋川が帰国後集めて文求堂書店に預けてあった分で、戦前京都の人文科学研究所に送って狩野の硃が入ったりしたものは含まぬなど、かなりちがった話になっているが、最晩年の記憶ちがいもあろうか。なお［二］の「詩文」中の「餘園旧憶四首」は、この時台湾商務印書館社長王雲五に書き送った記念の詩で、「今此の盛事を聞く、ただに牛馬走［謙称］時雄一人の幸にはあらざるなり」云々（原漢文）の句を含む礼状が附してある。

もう一つは、本人歿後一四年目の一九九六年の項に「『続修四庫全書総目提要（稿本）』全三七冊、索引一冊刊行」とあり、さらに編者による調査の結果として、三頁にわたりその刊行の様態を詳述しがてら、かつて橋川が沈兼士に引き渡した続修提要の全原稿と漢文で三〇〇頁に及ぶ説明書とが「「前言」によれば、すべて二百一十九函の稿本として保存され、一九九六年一二月、科学院図書館各位の整理分類により、影印刊行されて、全三七冊、索引一巻として公開された」ことを確認する。これより先、一九九三年の項には「七月『続修四庫全書総目提要　経部』（全二冊）中国科学院図書館整理　中華書局出版発行　北京」とあって、台北版『続修提要』の同部と読み比べた結果、後者の不備や遺漏がきちんと補われていることを附記し、さらに編者の参照しえた先行する四庫全書関連書数点にまで詳しく言及していた。これらすべては、今いった確認にめでたく収斂すべく積み重ねられた観があり、それはまた、中国の伝統的学問の断絶と連続との見失われがちな一環に光りを当てる企図をも明らかに併せ持つ、編者心尽くしの年譜長編掉尾にふさわしい、救われるような後日譚としてある。

これでやっと、老先生への長い不義理を償いおえたかのような気になっているが、どうせすべてが間延びしてしまったついでだから、学生の頃橋川の著書に初めて接しまんまと行き違った経緯から小文を書き出した、その因縁の始末もつけておきたい。『楚辞』（一九四三）というあの本は、今にして、後にも先にもこの中国文学研究者唯一の和文著書だったらしいと知れるものの、その所説の〝来龍去脈〟つまりは前後の脈絡について、本書のどこにも直接示唆する所がないのは意外なことだ。時に考証癖を露わにすることも辞せぬ編注と年譜も、該書刊行の事実以外のことにはふれてない。あるいは「詩文」とは別に「論考」の集成が予定されてでもいたのだろうかと思ってみても、今や亡き編者に問うすべはない。そしてわずかに［五］に収める諸家の追憶のうちで、考古民族学畑の江上波夫の一文（「橋川時雄先生の思い出」）が、続修四庫提要のような大事業を支えた「日中学界・文化界の巨人」たる橋川とは別に、中国の古典や文物・民俗などの広汎な知識のみならず、それらを通した日本の古代民族・文化の研究にも関心をもち、はからずも自分と同じ問題意識のもとに共通の課題を取り上げていた橋川に、個人的には特別の親しみを覚えるとして、戦後の橋川の具体的な論考に即し「鬯草［ちょうそう。鬱金草］」や鵜飼を媒介として日本民族・文化の源流を華中（江北・江南）に探ろうとした」ことを特筆する。江上が戦後まもなく日本古代国家の成立を東北アジア系の騎馬民族による征服の結果とする大胆な仮説により、皇国史観的な閉鎖性を脱けきれずにいた学界に大きな一石を投じたことは知られるとおりで、そんな立場からの共感である。そして、江上がそれを読んでいたかどうかは知らず、ここで言われている橋川の「問題意識」が『楚辞』という本の大きな構想と連続していたことは、疑うべくもない。

事は小文（上）に引いた一節からでも推察可能であろうが、もう少し丁寧に言い直せば、著者は、楚辞は「楚の血・楚の地」の文学が「漢の国の書物」として作られているとする「筆者究極の見解」に立って、これを大陸の東北から西南へ引いた対角線で区切られる高地の「華系」文化と低地の「夷系」文化の対立・交錯のうえで考えようとする。そうした観点を自ら「究極」視するわけは、それを詩経と楚辞をめぐるありきたりの「支那の南北論」から区別しているからで、区別の一つは、関心が文献学や単純な風土論を超えて、民族の生活と文化の諸事象・分野にまで広がっていることと、もう一つには、楚辞を生んだ「夷系」文化が端的に日本文化にまでつながるものと観念されていたことにある。そこであらためて痛感するのは、この人の留学がいささか時代がかった漢文学徒相応の動機に発し、その先で交わった人々の多くもいわば旧派の学人だったのは事実だとしても、彼が飛び込んだ北京の文化界はまさに五四運動や文学革命といった近代化運動の真っ只中にあり、しかもその大本営みたいな北京大学で聴講するために、大総統袁世凱の法律顧問有賀長雄に紹介されたのが陳独秀、そして彼の最初の訳業が胡適の『五十年来之中国文学』というのだから、『楚辞』に漢学先生離れのした構想があるからといって、すこしも怪しむには足りないのだった。

さらにいえば、書中にいう「華夷の辨」は、『文字同盟』時代に親しく接した王国維が「殷周制度論」(『観堂集林』)で中国の政治と文化のうえでこれ以上に激しい変革はなかったと主張する、殷周交代にまで遡るのであるが、但し、王国維が、殷にはなかった「嫡庶の制」を土台として整合的に組織された周の宗族、喪服等々に関する制度・典礼に、殷の失政に学んだ周公の深い叡知を見るのに対し、橋川は、その周人が築いた「華系」文化に、政治と組織に長けて心情の発露を欠く傾向を見る。そうして、辺縁へ逐われることになった信仰深い殷人の「原始的文化創造力」に共感しつつ、「夷系」文化をそこへ系譜づけるのである。これに加えて、文学史上のいわゆる「文[韻文ないし美文]筆[散文ないし実用文]の辨」をもかような「華夷の辨」の構想に組み入れ、文章表現における「華系」の空疎な文飾傾向を問題にするところには、あれほど漢文の魅力に憧れて〝本場〟で修行に励んだ挙げ句の見極めがあるのだろう。

このような観点に五四的新知識人たちの伝統批判と重なるふしがあるのは面白いことで、一例として、北京・清華・南開の三大学が疎開先の昆明に組織した「西南聯合大学」に在って、抗日運動とりわけ戦後の国共内戦反対運動のなかで「中国民主同盟」のもっとも急進的な活動家になり、ついには白色テロルに斃れた、新体詩人出身の古典学者聞一多の中国人の霊魂観をめぐる批判的な研究が想起される。その要旨をかいつまめば、古来神仙思想の発祥地として「燕斉海上の間」(『史記・封禅書』)が言われる、その斉と西域の羌(姜)族との関係(斉は姜姓)に注目、そこに肉体を霊魂の桎梏と考えるような文化がかつて伝えられてあったことを論証して、これを「古道教」と呼び、儒家や堕落した道教の「霊魂不滅」ならぬ「肉体不滅」観に対置する（聞、「道教の精神」「神仙考」）。そしてそれは、中国人がついに西洋人にかなわぬ理由と彼が考える「死を怕れる」習いの民族的自己批判なのであった（聞、「従宗教論中西風格」）。

とはいうものの、侵略と抗戦ののっぴきならぬ関係の前では、今見たような近代性の重なり合いも意味が変わって来ざるをえない。小文（上）に引いた橋川著『楚辞』の一節は、かの「対角線」の「華系」側は親英米派、「夷系」側は日本勢力の働きかけ対象というふうに、ずいぶん乱暴な割振りを敢えてしていたが、同書の「自序」に「筆者の頭の中にいつもこむがらかって、汨羅の神と真珠湾底に沈みませる神神とが聯想の絲にたぐられてくる」云々と、対英米開戦二年目の興奮の中で二〇〇〇年の餘も昔の異域の詩人の霊が甦ることをいうのも、同じことであろう。こうした立場は、周辺異民族による代々の征服王朝の征服者がやがて同化されるという話とは逆に、征服の名分に同化を前提するようなものだ。さらに別の頁には、漢の役所「楽府」による「采風」すなわち諸国歌謡の蒐集をも「夷系」文化に対する「華系」一流の「政治工作」で、所詮あるがままの記録とは別のことだったとする議論があって、これなど、「対支文化事業」の現場当事者として、どんな自己意識をともなう立言だったのか、すこぶる興味深いが、これを近代性が同時に孕む国民主義的イデオロギーによって、おのれの立場には目が曇った、といったふうな一般論で解くのは充分でないと思う。というのは、橋川はおのれを「華系」の政治主義に対立する「夷系」の立場において考えているからで、本書中の戦後の回顧談で彼が四庫提要続修ではもっぱら「国事を談ぜず」主義で事に当たったと語っていたのも、一貫した態度の証しと解しうる。つまるところ、橋川には、もはや名前をあげるにとどめるほかないけれど、居留邦人の間で別格な〝ラオペイチン（老北京）〟の名を彼と分け合った、中江丑吉（注二）のような自覚的な戦争批判の思想があったというよりは、「東亜解放」「大東亜共栄」といった戦争の名分を額面通りに信じかつそれを真正直に生きた場合ということになるのではなかろうか、すくなくとも、「対支文化事業」における彼がまさしくそうだったように。

（注一）阿部洋『「対支文化事業」の研究』に、日本軍進駐直後に組織された北京の「地方維持会」（委員長江朝宗）の下で残留教育文化施設の接収に当たった「国立各級学校保管委員会」に「文化部顧問の日本人三名（西田畊一、武田熙、橋川時雄）が加わって」いたとあり（八六七頁）、一方、当時の「北平陸軍機関業務日誌」（みすず現代史資料三八『太平洋戦争』）によれば、「地方維持会」に対する〝内面指導〟は同機関の業務の一つであり、附載「職員表」には機関長松井太久郎（陸軍歩兵大佐）以下三四名中に軍籍外の嘱託として西田畊一（勅任扱）武田熙（奏任待遇）の名がある。武田の経歴は私も直接本人から聞いていたし、橋川が「軍の特務に使われたこともありましたよ」と語ったのは、思えばこのような事実を指していたのであろう。

（注二）中江丑吉は橋川より一足早く（一九一四＝大正三）総統府顧問有賀長雄の秘書として渡中、前後三〇年近く北京に滞在した。父兆民ゆかりの曹汝霖や西園寺公望の援助により終始一民間人の立場を維持、のちに満鉄調査部との嘱託契約により生活の自立を得たが、研究以外は一切無条件という特別待遇だった。その学問と思想と生涯については、中江『中国古代政治思想』、鈴江言一・伊藤武雄・加藤惟孝編『中江丑吉書簡集』、阪谷芳直・鈴木正編『中江丑吉の人間像―兆民を継ぐもの』などを参照。

（原載『中国研究月報』二〇一四年一一月号）

音楽学校の中国人留学生
——東京音楽学校を中心として

尾高暁子

はじめに

日本の「音楽学校」に在籍した中国人留学生については、すでに多くの先行研究があるが、おおむね辛亥革命以前の、代表的な人物に焦点をあわせてきた[1]。彼らが日本の唱歌を範として学堂楽歌の創作と普及に尽力し[2]、さまざまな音楽社団活動[3]を展開し、帰国後は専門的な音楽教育制度を確立[4]したためである。これらの人物を除くと、他の留学生にはほとんど言及がなく、取り残された空白部分は大きい。筆者は、東京音楽学校『留学生管理文書』[5]の報告を行って以来、この空白を埋める必要性を感じてきた。このため本稿では、以下のとおり、日本の音楽学校で学んだ中国人留学生について、俯瞰を試みた。

①明治末期から第二次世界大戦終了前までの各校在籍者を整理し、就学状況を概観する。

②東京音楽学校については、諸資料を照合して在籍者名簿の確定を試みる。さらに彼らの履歴や帰国後の活動を含

めた人物像についても、可能な限り特定につとめる。

一　音楽学校の範囲、資料と年代

(一)「音楽学校」の限定

本稿では「音楽学校」の範囲を、唯一の官立校である東京音楽学校と、地方自治体の認可を得た私立音楽学校、および正規の学校に開設された音楽科に限定した。当時、これら以外にも、中国人留学生が音楽を学ぶ広義の「学校」は以下のとおり存在したが、複数の理由で対象外とする。

明治三十五(一九〇二)年、日本初の中国人音楽留日学生として、東京音楽学校に王鴻年[6]が籍を置いたころ、認可を受けた正規の私立音楽学校はまだなく、既存の学校にも音楽科は開設されていなかった。その実、巷には唱歌の指導者を養成する私設公設の講習所「唱歌会」が開かれ、器楽の訓練も含めた学習の場は、すでに数多く存在した。明治三十九年以降、これら私設の「唱歌会」から、地方自治体の認可を得て、正式な私立音楽学校となるものが次々と現れた。第一号が「音楽遊戯協会」を母体とする「女子音楽学校」である。これ以降、正規の音楽学校で学ぼうとする留日中国人に、官立私立の選択肢が用意された。中国人の留日ブームが高まる明治三十年代後半には、東京だけで「唱歌会」が二十か所以上[7]もあり、もし認可にこだわらず、経済的な状況が許せば、留学生にも学習の場は開かれていた。実際、かれらが「唱歌会」で学んだ可能性も十分に考えられるが[8]、現時点では関連資料は未見である。

中国人留日学生が音楽を学ぶ場としては、中華留日基督教青年会の存在も無視できない。中国基督教青年会が、中国国内における音楽――とりわけ洋楽――の教授と伝播に果たした役割は大きく[9]、その経験にもとづき日本でも活動を展開した事は、記録からも明らかである。[10] 日本の影響と推測される「唱歌倶楽部」の設置など、注目すべき活動が含まれるが、日本側の開設機関ではないため、本稿では言及を控えた。

(二) 在籍者の特定に用いた主な資料

東京音楽学校の在籍者については、以下の①~⑨を照合した。①『官報』(清国游学日本学制監督処発行、第一期~第五十期)、②『中国留日監督処文献(早稲田大学図書館蔵、請求番号M42)』、③『清末民初洋学学生題名録初輯』(台北、中国研究院近代史研究所編)、④『清末各省官自費留日学生姓名表』(光緒三十四[一九〇八]年九月-宣統元[一九〇九]年七月、同年七月-二[一九一〇]年六月、宣統二年六月-三[一九一一]年)、⑤『留日学生名簿』(財団法人日華学会学報部編、昭和三-四[一九二八-一九二九]、六-一九[一九三一-四四]年)、⑥『中華留日同学会同学録』(中華留日同学会編、一九四一年)、⑦『満洲国留日学生録』(駐日満洲国大使館編、康徳二-八、十[一九三五-四一、四三]年、⑧『東京音楽学校一覧』(東京音楽学校編、明治二一-二六、三二至三三、三四-四五年、大正一-十二、[一二-一三号欠番]、十三-十五年、昭和一-十七年)。⑨『東京音楽学校入学願書資料』(東京音楽学校編、一九一五-一九四七、以下『入学願書資料』)。

資料⑨は、東京藝術大学音楽学部が保管する『東京音楽学校教務文書』全五六一件中の一つである。入学志願者が提出した願書、履歴書、入学前在籍校の成績証明書などを含む。履歴書には、本籍、現住所、族籍、姓名、生年月日、父兄の職業、職歴、学歴、音楽学習歴、賞罰、記載年月日が記され、志願者の背景を知る上でとくに参照価値が高い。『入学願書資料』全体は、大正四年度から昭和二十三年度までの入学願書、九九四八件を含み、現時点で入力を終えた約六七〇〇件中、のべ二二〇件あまりが、外国人学生(ないし外地学生)にあたる。さらに中国大陸の志願者実数は、

【図１】東京音楽学校入学願書表紙（左）
【図２】選科受験者履歴書（右）

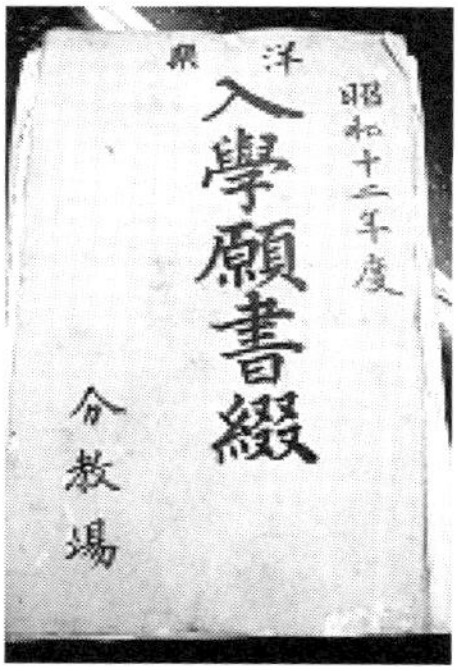

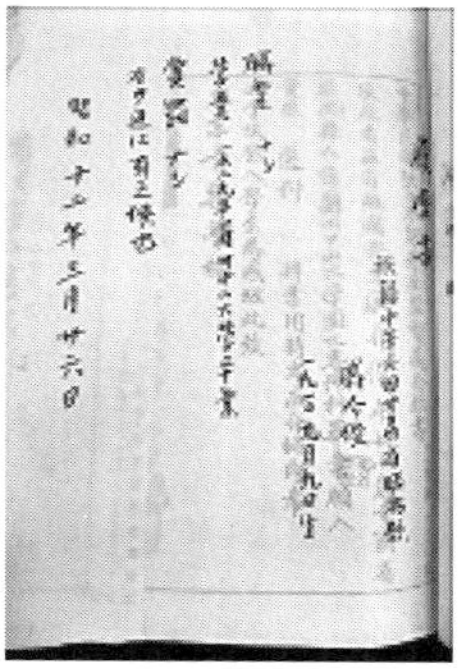

昭和二（一九二七）年度から二十一（一九四六）年度までの、合計五四人（中華民国四三名、満洲国一一名）に絞りこまれ、うち三六名が在籍（合格）と確認された。以上の経過を経て、明治三十五（一九〇二）年度から昭和二十（一九四五）年度まで在学した一三四名について、付録「東京音楽学校の中国人留学生一覧」をまとめた。

私学在籍者の特定には、本来は在籍者の特定に各校の学籍簿を利用すべきだが、戦災による焼失ほか諸事情により不可能なため、目下、底本とすべきデータはない。[11] このため前掲①〜⑨の照合結果を、在籍者の範囲とみなし、補足資料として、⑩『国立音楽大学同窓会名簿（一九九六）』（記載年代一九二七－一九九六）、⑪『武蔵野音楽大学同窓会名簿（一九九一）』（記載年代一九二九－一九九一）も参照した。

二　東京音楽学校の中国人留学生

（一）同校の沿革

東京音楽学校の前身は、音楽教育の実施や創作に先立つ調査機関として、明治十二年十月に文部省に設置された音楽取調掛である。その初代掛長には、のちに初代東京音楽学校校長となる伊澤修二が任命された。伊澤は、唱歌教材の刊行や音楽の基礎研究など、明治期の日本音楽界に大きな足跡を残した。明治十三年三月、本郷の文部省用地に取調官署が置かれ、内外音楽の調査をはじめ多くの事業に着手するとともに、東京師範学校及び東京女子師範学校の附属小学校、幼稚園生徒に授業を行い、さらに取調掛にも伝習人を募集して音楽の授業と教員の養成をはじめた。明治十五年九月以降は、諸外国の音楽学校制度を調査し、四年制の音楽専門教育の学制を敷いた。明治二十年十月に東京音楽学校と改称し、明治二十三年五月現在の上野校地に移転。一時期、東京高等師範学校の附属学校となったが（明治二十六年～三十二年三月）再び独立し、昭和十一年六月には邦楽科を設置。その後は諸制度の改変を経て昭和二十七年三月に廃校となった。教授学科の内訳は、四年制の本科［声楽科、器楽科（ピアノ・オルガン・弦楽器・管楽器・打楽器）、作曲科及び邦楽科（能楽・箏曲・長唄）］と、師範科（甲種三年、乙種二年）、二年制の研究科（声楽部・器楽部・作曲部・邦楽部）並びに簡易な技能教育を目的とした選科（一～五年以内）からなる専門学校であった。戦後は東京美術学校とともに東京藝術大学に再編され、同大学音楽学部として現在に至る。[12]

（二）中国人留学生数の増減

第二次世界大戦前の東京音楽学校には、中国や東南アジア、欧米の留学生や、旧植民地下の朝鮮、台湾から多くの学生が集った。初の外国人学生は一八九六年に入学した。同校初の中国人留学生は、一九〇二年入学の王鴻年である。これ以降一九四五年まで中国人留学生は一三九人、内訳は、清末（一八七二～一九一一）三十九人、民国初期（一九一二～一九二七）五〇人、一九二八～一九四五年が五十人である。中国人増加のピークは図1のとおり三回あり、第一次が一九〇八～一九〇九年、第二次が一九一八～一九二一年、第三次が一九三五～一九三九年である。中国人留学生の一般的なピークとは、三回とも数年遅れといえる。[13] ピーク第二次の一因として、新文化運動の高揚も想定されよう。また一九一八年五月には、日支共同防敵軍事協定に反発した留学生が一斉帰国したが、同校では大きな影響は感じら

【図3】東京音楽学校中国人留学生数の推移

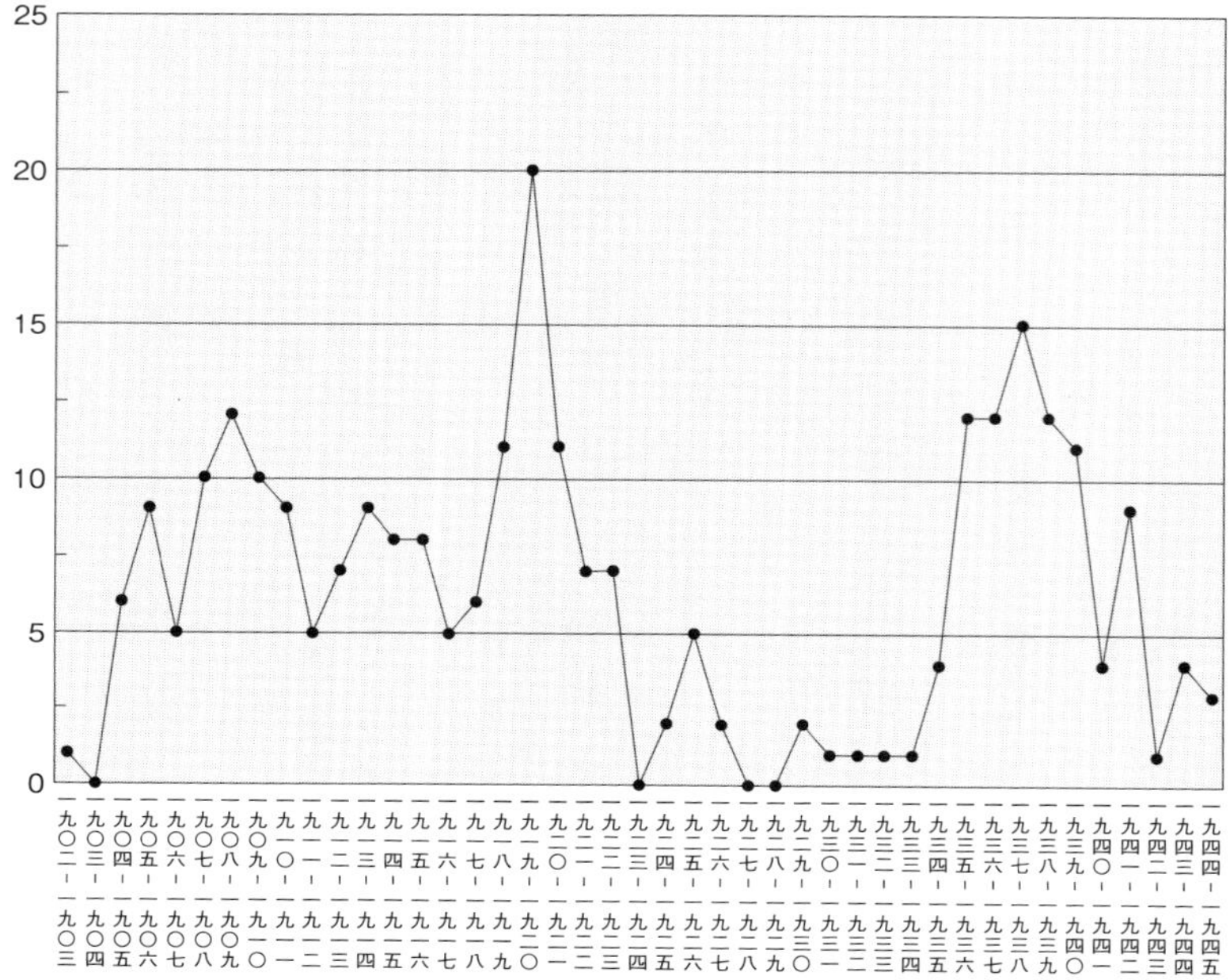

【表1】1928－1945年の出身地一覧

満洲	河北	広東	浙江	江蘇	湖北	江西	山西	山東	福建	雲南	四川	広西	甘粛	不明	合計
12	8	9	3	1	1	3	1	1	4	2	2	1	1	1	50

れない。[14]ピークの第三次は、満洲国設立の翌年（一九三五）に始まる。この期間には中国東北部と満洲国出身者の割合が増し、これら二地域と汪兆銘政権の管轄地をあわせると、全体の七割以上に及ぶ（表1）。なお中華民国初期までは、東京音楽学校の留学生全体で中国人が七〇％以上を占めたが、一九二八～一九四五年には朝鮮人が甚だしく増加したこともあり、最終的には全体の一五％未満まで減少した。[15]

（三）多勢を占める選科生

選科生が多勢を占めることは、『東京音楽学校一覧』を繰れば一目瞭然である。時期ごとに選科生の率を割り出すと、清末八七％、民国初期七六％、一九二八〜一九四五年に七二％となり、選科生の比率は清末が最も高いとわかった[16]。三期を通算すると、在籍者一三九名のうち、延べ人数で本科六、乙種師範科四、甲種師範科三、予科十四、聴講科一、残りが選科である[17]。比率はともあれ、選科優勢が時期を問わず続く傾向は、後述の私立音楽学校とは対照的である。

東京音楽学校における選科優勢の第一要因は、アマチュアを対象とする選科の簡易な入学制度と履修制度であろう[18]。同校で専門家を目指す学生は、予科（一年）を経て本科（三年）か師範科に進み、さらに研鑽を望む者は研究科に進んだ。その入り口にあたる予科の受験には、男女を問わず十四歳以上二十歳以下の年齢制限があり、既婚者の入学も認められず、入試自体も難関であった。

いっぽう、選科には年齢制限も入学時の筆記試験もなく、保証人を立てて書類審査に通れば入学が許された。入学すると実技の個人レッスンのみで講義はなく、履修規定上も、昼間の仕事や他校との兼学が認められていた[19]。一高・東大に在籍しながら、一九〇〇年代初めに東京音楽学校選科で学んだ田邉尚雄[20]は、次のように述懐する。「当時の学校はかなり自由だったので、一高の授業に差し支えがない限り、余暇の時間を行使することは自由であった。また音楽学校の方も官立（今の国立）であるが選科は自由であり、殊にその授業が夕刻であったから、両方の学校に通うことも一向支障はなかった[21]」。田邉が師事したヴァイオリン講師の頼母木駒子門下には、ほかにも東大生が複数いたことがわかる[22]。また女子学生には良家の令嬢が多く、教場を離れれば、教師が彼女たちを「お客様」扱いした、とも述べている[23]。紅帆氏は「東京音楽学校選科更像是業余芸術学校」[24]と指摘したが、実際、選科は予科や本科とは全く別の基準にもとづく、アマチュア本位の特異な制度であった。その点は、『東京音楽学校一覧』の規程においても明らかである[25]。

選科を中国人自身が見下したエピソードも記録文書に見いだせる。昭和四年、天津南開大学に在学する女子学生の母親から、〝娘を本科に入学させよ〟という要望が学校に届いた。乗杉嘉寿校長は、〝行政整理で教員も減り校舎拡張もできない現在、入学の便宜は図れない〟、と前置きしてから、〝差し当たり音楽の研究を志望する中国人は駿河台の音楽学校選科に入る外ない。選科は入学も簡単で、現在四百名あまりが在籍する〟と回答した。母親はその後、〝選科はレベルが低いので娘は入学させない〟と、きっぱり拒絶した。(26) 選科は上野の本校にはなく、神田駿河台の分教場でレッスンを行った。「分教場」は選科の代名詞であり、人々が教授内容や評価を含めて、「上野」と峻別したことは想像に難くない。

アマチュア主体の方針こそ変わらなかったものの、実際には小刻みに制度が変わり、在籍時期によって選科生の待遇にはかなりの差があった。実技科目の範囲を例にとると、当初は本科の主科＝実技すべてを対象としたが、一九二〇年代は、唱歌・ヴァイオリン・ピアノ・オルガン・チェロ・箏の六種類のみ。一九三〇年代には、唱歌・ピアノ・オルガン・ヴァイオリン・チェロ・管楽・作曲・能楽（謡、仕舞、太鼓または小鼓）・箏曲（箏または三絃）及び長唄（唄及び三味線、または囃子）まで、一気に選択肢が広がった。同時に履修できる科目数も、上限を明示しない時代から、三科目、さらに二科目へと減少した。一科目の教習時間は、当初明確な規程がなかったが、一九一〇年代からは一週間三時間以内となった。選科の継続年数は、一九三〇年代に最長五年と決まった。ただし成績優秀ならば、さらに特定科目の研究生として学校に残ることも認められた。

以上の変化は、洋楽邦楽アマチュア層の拡大や、大正昭和初期にかけての邦楽の隆盛など、音楽界の動向を受け止めた結果であったと考えられる。時期を問わず志望者は膨らみ続けたが、学校は最後まで選科を廃止せず、分教場の教員を増やして対応した。受講者の技術面も、おそらく清末と民国後期とでは、段違いにレベルが向上したことであろう。それは日本人にかぎらず中国人留学生も同様で、時代が下るにつれ専門化が進んだことは、予科や本科、研究科の進学者増からも明らかであった。留学生の選科選択は、移り変わる日本と中国双方の音楽事情とともにあり、時期ごとに選択の目的や意味も吟味する必要がある。

（四）兼学の推移と目的

清末の留学生には選科生が多く、要因として、選科の自由な履修規程をあげた先行研究は、一つにとどまらない。たしかに、田邉（前掲）の述懐からも、この傾向は納得できる。では実際の兼学率は各期を通じてどう推移したのか。以下の数値を得た。清末十一人（三九人中、二六・五％）、民国初期（一九一二～一九二七）一七人（五〇人中、約三四％）、一九二八～一九四五年、十人（五〇人中、二〇％）。

清末は、帝大や早稲田大学など、一般大学や学校との兼学者が多かった。内訳は、帝大五（うち一は中央大学に転学）、早大一、成女学校一、女子美術学校二、女子音楽学校一、東洋音楽学校一である。[27]

一九一〇年代から一九二〇年までは、女子音楽学校（一九〇三年開校）や東洋音楽学校（一九〇七年開校）との兼学率が急上昇する。[28] 私立音楽学校との兼学は一九〇五年の許壁が第一号だが、一九二五年には、留日学生総会会計幹部をつとめた蓮玉玲が、同時に三つの音楽学校に在籍した。また、相前後して複数の音楽学校に籍を置く者もいた。[29] 革命家の唐群英もその一人である。[30]

この時期の音楽学校に中国人留学生が集中した要因は、複数あげられよう。第一が、実習時間をより長く確保し、異なる指導者から学ぶ機会を得るため、である。東京音楽学校選科で選択できる科目は、実技二種類まで。一科目につき週三時間までと限定されていた。第二に、同校選科では学べない科目を他校で補った可能性もあろう。大正十一（一九二二）年時、東洋音楽学校の特別科（東洋音楽学校の選科に相当）では、作曲や東京音楽学校が除外した楽器も選択可能だった[31]。東京音楽学校に飽き足らない学生は、授業料の高さを押してでも、兼学を望んだであろう。第三に、各校の校風も選択を左右した可能性がある。女子音楽学校は正規に認可を得た日本初の私立音楽学校である。同校の前身は有力な「唱歌会」の一つであり、音楽科と遊戯科の教員と教員志望者のために、長年夏期講習会を実施した。同校の師範学校（ないし師範科）の在籍・志望者や卒業生に限らず、同校の教授経験に期待する部分は大きかったと考えられる。いっぽう東洋音楽学校は、創設者の鈴木米次郎が弘文学院で多くの中国人留学生を教え、沈心工や曾志忞らの唱歌集刊行を支援した経緯がある。音楽を志す留学生の間では、認知度が高かったことは間違いない。第四に、すでに音楽面の素養がある専門家が少なからず在籍したため、複数校の教授内容を把握する欲求が、単なる愛好家以上に強かった、とも推測される。

一九二八年〜一九四五年では兼学率自体が下がり、大半が一般大学との兼学者、私立音楽学校との兼学者は、東洋音楽学校在籍者の二名のみである。一九二〇年代後半には、東京高等音楽学校と武蔵野音楽学校が開設され、東洋音楽学校とこの新規二校が留学生受け入れの新御三家となった。しかし、新規二校と東京音楽学校との兼学者は皆無で、中華民国初期のように、複数の音楽学校を渡り歩く状況は、ほぼなくなったと言ってよい。新規二校の参入と前後して、私立音楽学校で選科を選ぶ中国人留学生は急減し、大半が本科か師範科に入学した。私学は、もはや東京音楽学校の受験予備校ではなく、それぞれに教育方針を掲げて、専門教育を推進する時期を迎えていた。これに応じて、留学生も資格取得や正規の専門教育を私学に求めた、と考えられる。また音楽学校の留学生自身も、中国国内で音楽の基礎教育を受ける率が増し、彼らはステップアップをめざして日本留学を望んだ。日中両国における音楽（専門）機関のレベル向上は、留学生の志向にも影響を与え、各校ごとの学生の定着度も高まったと考えられる。

（五）選科の選択科目

表2は、時期ごとに中国人留学生の選択科目をまとめた結果[32]である。これをみると、（三）で述べた科目選択肢の変化もあって、時期ごとに違いがある。

清末から民国初期の特徴は、唱歌と鍵盤楽器、とくにオルガンの優位であろう。オルガンは唱歌教育の伴奏楽器として、明治十六（一八八三）年以降、師範学校に広まり、小学校などの教育現場に普及した。そもそも東京音楽学校は、前身の音楽取調掛時代から唱歌教育の基盤を作り、唱歌教員を養成した機関である。つまり、唱歌の普及を最優先事項とし、当時の音楽教育界を率いる立場にあった。その基本方針は選科でも一貫する。いっぽう初期の中国人留学生も、唱歌、つまり音楽による性情の涵養や儒教モラルの称揚手段に、礼楽思想との親和性を見いだし、教育手段として大いに関心を寄せた[33]。一八九五年、康有為が光緒帝に「請学開校摺」を上書し、「楽歌」の設置を説いた所以である。唱歌は、のちに中国人留学生によって中国に移植され、「学堂楽歌」として定着する。清末に東京音楽学校に在籍した中国人知識人は、楽歌をめぐる国内の議論を当然認識していただろう。東京音楽学校初の中国人留学生で、後の外交官、王鴻年[34]は、官費で東大法学部に学びながら、選科で唱歌を学んだ。当時の唱歌は、専門を問わず、留学生の関心事であったと推測される。

一九二八～一九四五年ではヴァイオリンの履修率が上がり、新規科目の作曲やチェロの履修者も現れた。唱歌の選択者は残ったが、オルガン選択者はゼロとなる。この数字から、かつて唱歌教育のシンボルであったオルガンに、留学生が興味を持たなくなったことが明らかに読み取れる。（三）（四）で述べたとおり、この時期には、東京音楽学校でも中国人留学生の専門志向が高まり、選科生は減少した。残った選科生の目的は、彼らの経歴からみても明らかに個人的な趣味の充実であり、ヴァイオリンやピアノへの偏りも、その傾向を裏付けるものだろう。また同時期は、中

【表2】選択科目一覧

	S	Org.	Vn.	Pf.	S+Org.	S+Pf.	S+Vn.	Pf.+Org.	Vn.+Org.	comp.	Vc.	S+comp.
清末	8	8	3	4	4	9	2	0	0	0	0	0
民国初期	6	5	3	9	7	13	3	1	1	0	0	0
1928-1945	6	0	12	6	0	5	1	0	0	2	1	1

S→唱歌、Org.→オルガン、Vn.→ヴァイオリン、
Pf.→ピアノ、comp.→作曲、Vc.→チェロ

国国内で唱歌を中心とする音楽教育が定着し始めた時代であった。選科で学ぶ中国人に、唱歌はすでに以前のような強烈な関心をかき立てる存在ではなくなっていた。それが実態であろう。

(六) 経費

官費と私費の別については不明者が多いが、確認できる範囲では私費が八割以上を占める。同じ「芸術」分野である美術が、具体的な物の生産と結びつき、官費の支給率が高かったのとは対照的である。官費の支給が音楽でも一時期増えたのは、辛亥革命終結後の五～六年間と、一九四〇年代（補給生も）である。

(七) 在学者の顔ぶれ

個々人の情報は別項にゆずるとして、全体としては以下の傾向が認められる。①師範学校の卒業生や教員経験者が多い。中国も日本と同じく、遊戯と体育、あるいは体育と音楽を一組の教習科目としたので、音楽専攻ではない体育教員も学んだ可能性もある。②民国期以降の留学生には、芸術系の専門学校で訓練を受けた者が少なからず含まれる。中国国内で教育機関の整備充実がはかられた証とも言えよう。彼らは、音楽美術教育の中心となった上海や、杭州、北京を足がかりとして日本に留学した。③清末民国初期には、先行研究も指摘するとおり、革命家や革命活動に関わる者が多い。唐群英は代表的な人物である。彼らは音楽を革

命工作の隠れ蓑としたというよりも、音楽も求め、革命にも関わったと考えるべきではないか。中国国内で著名な琴の演奏家、王露も、来日後に運動家と知己を得て、帰国後の活動に明らかな変化が現れた。

（八）東京音楽学校で学んだ人々

在籍者個々人の概況は付録にゆずり、ここでは、先行研究の言及が少なかった人物にスポットをあてる。

①劉質平（劉毅）、孫咸德、傅彦長ほか―上海音楽界の担い手たち

東京音楽学校に在籍し、帰国後、上海で活躍した清末留学生には、蕭友梅、曹志悫、曹汝錦夫妻らがいる。彼らより数年遅れで民国初期（一九一二～一九二七）に在籍した留学生にも、上海音楽界の重要人物が含まれる。

その一人が、劉質平（原名は劉毅、一八九四～一九七八年）である。浙江省立第一師範学校で学んだ劉は、留日経験のある李叔同に天分を見いだされ、同校の図画音楽教師となった。李は、東京美術学校で絵画を学びながら、音楽や演劇にも活動の領域を広げた著名人だが、劉は李に私淑し、美術音楽の知識を得た。李のバックアップで東京音楽学校に留学した後、劉は呉夢非[35]や豊子愷[36]とともに、上海芸術師範学校を開設した。これは音楽・美術教員を養成する中国初の学校である。さらに一九二〇年前後には、南通に開設された伶工学舎で音楽を教授する一方、中国音楽や伝統劇音楽の崑曲や京劇を研究整理した。一九二一年から一九三一年にかけては、劉海粟[37]に協力し、上海美術専科学校の設立に尽力し、十一年間も芸術教育学部主任、音楽学部主任の職にあった。同校は「美術」を校名に冠するが、夏季音楽講習会を土台として、一九二五年に音楽学部を正規に開設した。陳洁は「同校音楽科の出現により、音楽を単なる娯楽や品性の陶冶の手段とする狭い観念は過去のものとなり、音楽教育を国民の素質を高める教育項目として、芸術面の人材育成に重点が置かれるようになった」と指摘する。[38]一九二三年には、劉海粟とともに湖南長沙に赴き、全

国小中学校の音楽教員に音楽の講習を行い、大きな反響をよんだ。劉の活躍はこれだけにとどまらず、一九一九年には呉夢非らとともに中華美育会を結成し、[39]雑誌『美育』を刊行する。[40]その後も『教育雑誌』や『音楽界』ほか各誌で、初等中等学校における音楽教育カリキュラムについて、多くの提案や批評を行った。さらに一九三一年には、上海美専を離れて上海新華芸術専科学校を開いたほか、十数校で教育活動を展開した。[41]教えた学校の多さや受講者数からみて、近代中国の音楽・芸術教育界に及ぼした影響は多大である。

傅彦長と孫咸徳も中華美育会の結成メンバーであった。孫については、同会結成と『美育』への寄稿をのぞくと、具体的な活動はわからない。いっぽう傅彦長は、汪兆銘政権下の著名な親日作家であった。作家活動にとどまらず、傅は日刊紙『申報』で、同じく親日作家であった張若谷らとともに、音楽会評や楽曲解説を長く担当した。一九二六年前後には、アマチュア愛好家向けに「上海音楽会」を立ち上げ、みずから会長になった。さらに、一般向けの歴史入門書『西洋史ＡＢＣ』『東洋史ＡＢＣ』(ともに世界書局、一九二八年出版)を執筆するなど、かなり発展家の一面も見て取れる。現在入手できる傅を評した記述では、漢奸文人、洋楽かぶれの中国音楽嫌い、[42]何にでも首をつっこむ門外漢、[43]とさんざんなイメージが浮かび上がる。たしかに、日本のマスコミへの積極的な協力や、汪兆銘政権下の上海で結成された「中華留日同学会」に音楽人でただ一人加わるなど、十分すぎるほど漢奸の要素はそろっていたかも知れない。とはいえ、二十世紀初頭の上海で、傅が音楽教育や、アマチュア愛好家を含めた一般大衆の啓蒙に貢献したことは、否定できない事実である。

劉質平らと前後して日本に留学し、一九一〇～一九二〇年代の上海音楽界で地歩を固めた人物には、蕭友梅や曹志悠、東京美術学校卒の李叔同、李叔同に師事した豊子愷、曹志悠が開設した上海貧児院で音楽を指導した高寿田らが[44]いる。留学時代の在籍校も関わりの程度も異なるだろうが、彼らが帰国後の事業を、留学時のネットワークを基に展開したことは多分に推測できる。

一九三四年から一九三五年まで東京音楽学校選科に在学した徐紹曾は、劉質平らが開設した上海芸術師範大学[45]の卒業生である。徐は美術と音楽を学び、来日前には同大学などで絵画を教えた。一九三五年、東京帝国大学文学部に在籍した常任侠[46]は、東京音楽学校に在学する徐と出会う。常は日記でも頻繁に徐に言及し、音楽美術に通じる得難い友人として、帰国後も交流が続いたことが読み取れる[47]。李叔同に師事した劉質平、劉が開設した上海芸術師範大学を卒業した徐紹曾へと、日本留学のバトンは受け渡され、さらに新しい人脈形成を促したことは、近代中国芸術史発展の重要な因子として指摘すべきであろう。また李叔同や豊子愷、徐紹曾らは、音楽と美術の垣根を超えて芸術全般への造詣が深く、彼らの幅広い活動が、上海芸術界の人的交流をいっそう促進したことは十分に推測できる。

②王露と陳蒙—北京大学音楽研究会の講師陣

王露（一八七七～一九二一）は、山東出身の著名な古琴家、琵琶奏者である。幼時より父、王作楨に古琴を師事した。古琴家としては珍しく虞山派と金陵派の両派を修め、のちに琵琶も天津の白雲道人に師事し、王露は、洋楽習得のため日本に一九〇八年から六年滞在した。東洋音楽学校を一九一二年に卒業し、東京音楽学校選科には一九一〇～一九一二年まで在学。留学中に同盟会に参加し、革命宣伝にも加わった。帰国後、北洋軍閥との関わりを嫌って故郷山東で隠遁生活を送るうち、一九一六年、東京亡命時代に王の演奏を聴いて感銘を受けた章炳麟の勧めにしたがって、済南大明湖で「徳音琴社」を結成し、多くの弟子を育て古琴の再興に努めた。一九一八年には、北京大学校長の蔡元培の要請を受けて、北京大学音楽研究会の講師となり、翌一九一九年には、同会の音楽専門研究誌『音楽雑誌』を、研究会メンバーとともに創刊したほか、絲竹改進会も立ち上げ、伝統楽器の改良や楽譜収集と整理、改良を進めた。北京大学音楽研究会の受講生からは、後の著名な琴家、張友鶴らも育ったが、王は活躍のさなかに四十四歳の若さで他界した。[48]王露の六年にも及ぶ留学が、帰国後の実践にどう結びついたかは、少々見えにくい。むしろ帰国後は洋楽と距離をとった観もあるが、絲竹研究会の立ち上げや楽器・楽譜の改良は、比較対象としての洋楽体験があってこそ行えた、と言えるのではないか。

陳蒙（仲子）は、王露の帰国翌年にあたる一九一三年、東京音楽学校選科に入学、一九一四年に乙種師範科に入学、卒業した。帰国後、彼も北京大学音楽研究会の講師となり、西洋音楽理論を講じた。前掲の『音楽雑誌』にも初心者向けの概説を寄稿している。[49]一九二一年、中華民国政府教育部は、中華民国国歌の作曲を、当時、上記音楽研究会の講師であった蕭友梅、陳蒙、王露、呉梅（著名な国文学者、崑曲研究家）の四名に、委嘱した。国歌の創作は、実は一九一二年の公募以来、挫折を繰り返しており、教育部は決定打を求めて、上記四名に白羽の矢を立てたのだった。最終的に、四名のうち蕭の試作が正式に国歌として発布されたが、あまりに洋風の楽曲が、歌詞『尚書大伝』帝舜の《卿雲歌》に合わず、輿論の反発にあって取り消された。[50]国歌創作の結果はともあれ、東京音楽学校選科に在学した三名が、奇しくも帰国後に同じ組織で後進の指導に当たり、しかも国歌制定という重大な場面に立ち会ったことは、じつに興味深い。

③一九二八～一九四五年の留学生─高まる専門家志向

この時期の特徴は、帰国後に音楽の専門教育機関に奉職した者が多いことである。東京音楽学校入学以前に、すでにかなり高度な音楽教育を受けた者も含まれた。以下、数名を例に挙げる。

蕭而化（本科、一九三六～一九四〇年在学）。江西出身、作曲家。父も早期の日本留学経験者。幼時より家庭内で伝統音楽に親しみ音楽の素養を身につけた。その後、一九二五年に立達学園（豊子愷が私財を投じた美術音楽専門学校）に進み、西洋音楽と美術の基礎を学んだ。一九二七年には杭州芸術専科学校研究院で油絵を学ぶが、間もなく退学し、一九三三年『音楽教育』主編となる。一九三五年、音楽への情熱を押さえきれず、東京音楽学校に進んで作曲を専攻した。一九三八年帰国後は、広西芸術専科学校で隔年ごとに教鞭をとり、一九四三年、国立福建音楽専科学校長に就任する。一九四六年、台湾省立師範学院音楽系開設への協力を機に、一九四八年の同音楽系正式設立以降、多くの台湾人作曲家、音楽家を育てた。一九七七年アメリカに移住し、一九八五年死去。(51)

譚氷若（予科、一九四四年入学）。広東省出身。音楽学者。広東省立広東大学高等中学部卒業後に、補給生として東京音楽学校に入学。一九四七年、上海国立音楽専科学校（現、上海音楽大学）の理論作曲系入学。一九五一年から同校で音楽鑑賞や外国音楽史などの科目を講義。大学外での啓蒙活動にも尽力し、高い評価を得る。二〇一四年現在、上海音楽大学教授、上海復旦大学芸術研究室及び上海工程技術大学兼職教授、譚氷若声楽芸術進修学校校長。(52)

このほか、清華大学音楽室で長年教鞭をとった陸以循（選科で作曲、一九三五〜一九三六年在籍）。台湾出身で武蔵野音楽大学を経て満洲に渡り、吉林師道大学でヴァイオリン他を教授した董清財。東京音楽学校本科声楽を経て、声楽家として北京芸術学院で教鞭をとった薄一彬など、多くの人材が活躍した。

三　私立音楽学校

（一）在籍校の沿革と中国人留学生の在籍概況

今回、中国人留学生の在籍を確認した私立音楽学校は一一校で、合計のべ人数は九一名であった。ここでは、確認できた在籍者の多い順に、各校の沿革や留学生の概況を記す。

①女子音楽学校

東京音楽学校元教員の山田源一郎が、音楽教育の進展と幼稚園教員の養成を目指し、一九〇三年に開いた、日本初の私立音楽学校「音楽遊戯協会講習所」がもと。同講習所は一九〇六年に「女子音楽学校」（女子むけに開校）と「日本音楽協会」（男子むけに開校）に分かれ、一九二七年に男女共学の「日本音楽学校」となった。『官報』等では、創立者の名前を冠して「山田女子音楽学校」とも記される。

同校の在籍者は、一九〇九年から一九二一年まで、合計二五名。唱歌とピアノの履修者が最多である。東京音楽学校との兼学者が七割近くに上り、他の専門学校との兼学者も少なくない。

②東洋音楽学校

鈴木米次郎が一九〇七年に設立。鈴木は東京音楽学校を卒業後、高等師範学校付属音楽学校＝東京音楽学校ほかに勤め、東京盲唖学校の教育や、宏文書院で中国人留学生の音楽教育にも関わった。東洋音楽学校設立直前の一九一六年一二月には、清国で上海・南京・漢口・武昌・蘇州等を視察。辛漢ら留学生の唱歌集編纂を支援し、自身の著書を留学生の翻訳で出版した。

同校の在籍者は、一九〇八〜一九四二年まで合計二一名。女子音楽学校に次ぐ人数で、江西、広東、雲南出身者の割合が高かった。同校の創設初期に講師を務めた田邉尚雄は、〝毎年一、二名の清国人が入学した〟と回想する。[53]女子音楽学校や東京音楽学校との違いは、本科生が多勢を占めることで、東京音楽学校との兼学者はほとんど見当たらない。

③東京高等音楽学院

現、国立音楽大学の前身。大正十五（一九二六）年創設。大正五、六年頃から、東京でほぼ唯一の音楽マネージャーとして活躍した中館耕蔵が、関東大震災後に、女子音楽学校長山田源一郎から消失した学校の引き受けを依頼された。

だが最終段階で山田の翻意に遭い、話は白紙に戻された。これが引き金となって、大正十五年、東京音楽学校出身者や女子音楽学校の名誉教授陣と、新たに東京高等音楽学院を設立した。資金は米国富豪の後援による、という[54]。

同校の在籍者は、一九三一〜一九四四年四月まで、合計一四名。広東出身者が半数近くを占め、残りはだいたい東北と華北の出身者である。東京音楽学校との併修者はほとんどいない。同校には開学当初から、多くの朝鮮人が在籍し、個別の配慮がなされたが、中国人留学生には特段の待遇がなかった模様である[55]。しかし一九四三年度には、共栄圏の結束を謳う「国民楽科」が開設され、下記の関連文書から推測すると、東北華北出身の中国人留学生に対して特別な対応がとられた可能性もある。

〝「国民楽科」開設。目的：東亜各国の音楽文化運動に率先参画せんとする者、国内厚生音楽指導者たらんとする者共栄圏各国出身留学生にして祖国の音楽文化運動の指導者又は音楽教員を志望する者に音楽の専門的技術と一般的教育を授け同時に各国の民族音楽を研究せしめ特に授くる所の作曲法。指揮法、諸指導法を活用実際に役立つ音楽家を養成し将来国民音楽樹立の礎石たらん事を念願して民族音楽研究の権威有馬大五郎、民族と律動の研究家小森宗太郎並びに東亜音楽研究の第一任者枡源次郎の三教授を主として各専門職員之が指導に当り総合的教課の目的を達成せんとするものであります[56]。〟

④武蔵野音楽学校

武蔵野音楽大学の前身。一九二九年、東京府代々幡町幡ヶ谷に設立。創立者の福井直秋は、東京音楽学校甲種師範科卒業生。長野県立中学校教諭として教鞭をとりながら、『日英唱歌集』や『初等和声学』の発刊、長野市内の音楽会を開催した。一九〇九年に辞職して、清国浙江両級師範学堂教習となった（一九一〇年まで）。同年帰国後は各地の学校で音楽教師をつとめ、唱歌教則本を続々と刊行した。一九二六年に青山師範学校教諭となり、一九二七年には、高井徳蔵が出費した帝国音楽学校の校長に就任。一九二八年には同校を退職し、一九二九年に武蔵野音楽学校を設立した[57]。

同校の在籍者は、一九三五年から一九四四年四月まで、合計一二名。大半が東北、華方、上海などの出身者で、本科と師範科の学生が全体の九割にのぼる。

⑤神戸女学院専門学校音楽科

神戸女学院専門学校は、神戸女学院大学の前身として一九〇九年に設置された。アメリカで教育者のキャリアを持つ女性宣教師二名が創設者。関西における女子高等教育機関の先端を行き、一九〇六年に音楽科を開設した。津上智美[58]によると、学内に残された同校ピアノ専攻者のレッスン記録に、レッスン曲名（一部のみ）、専攻者名、担当教師名、レッスン日など簡単なメモが残されている。そこには、以下のとおり、アルファベットで中国人の可能性がある人名も含まれる。〝Julia Song（1910, 1911, 1913）〟〝Wo Be-lan（1914）〟〝So Rei-shun（1914）戦争のため休学〟。〝Ryo Shukke（1914-1918）（一九一九年初回のレッスン後、全学期にわたって中国に滞在）〟。〝Ro Rai Chi（1917）〟。〝Tei（1915-20）〟。これらの学生が神戸在住の華僑である可能性も考慮すべきである。また人物特定につながる資料は未見だが、二つの添え書からみて、少なくともSo Rei-shunとRyo Shukkeは中国人留学生の可能性が高いのではないか。なお、日華学会の『留日学生名簿』で在籍を確認した六名は、昭和十二年から十八年にかけての在籍で、籍貫は福建、江蘇、広東、安徽、河北とバラつきがあった。

⑥女子体操音楽学校

現東京女子体育大学の前身。一九〇二年設立。創立者の高橋忠次郎は、もともと小学児童の遊戯研究を行う「日本遊戯調査会」の発起人で、遊戯指導における音楽の重要性を早くから意識した。遊戯研究の延長線上に、舞・踊・清楽・洋楽を自ら実習し、遊戯関連書の収集や訳書を刊行。この間に高等師範付属音楽学校（＝東京音楽学校）の教員も務めた。こうした経緯で、同校では体操と音楽の併修を義務づけた[59]。

同校の在籍者は四名で、一九四〇年と一九四二年に、広東と河北の教員養成校から推薦を受けて来日した公費生、ないしは補給生である。

⑦駿河台女学院音楽科（在籍者二名、一九三三年）

駿河台女学院は、東京神田のＹＷＣＡ（一九〇五年設立）を母体として、一九二八年に東京府の認可を受けて開校した。音楽部の設置は一九三〇年である。認可前から、英語や聖書の講義のほか、音楽のレッスンも実施されており、一九二〇年代には簿記やタイプの講習も行う職業学校として知られた[60]。

⑧東京音楽院（在籍者一名、一九〇九年）

一九〇五年、東京神田今川小路に開設された。翌年、東京都の認可を受ける。校長の三宅雄次郎以下、ほとんどの教員は東京音楽学校の卒業生か職員で、教授科目は、唱歌、オルガン、ピアノ、ヴァイオリン、チェロ、独唱などであった。一九一九年廃校[61]。

⑨東京メロデー音楽会（在籍者一名、一九一八年、詳細不詳）

⑩大阪女子音楽学校（在籍者一名、一九一八年）

浄土真宗本願寺派が一八八八年に開設した相愛女学校が母体。一九二八年に相愛高等女学校と改名し、大学女子音楽学校を増設した。現相愛大学音楽学部の前身[62]。

⑪広島私立女子音楽学校（在籍者一名、一九一九年、詳細不詳）

（二）私立音楽学校在校生の全般的な傾向

以上（一）でみた各校の状況をまとめると、以下の傾向が指摘できる。

①分布　東京に集中し、地方は学校数も在籍者も少ない。②有力校の勢力交代　東京では初の私学、女子音楽学校が大正期まで多くの留学生を集めた。昭和期には東洋、武蔵野、高等音楽学院の三校に学生が集中した。③東京音楽学校との兼学状況　大正期の女子音楽学校では七割近くが兼学者であった。いっぽう昭和期の有力三校では兼学はほぼ皆無であった。④昭和期の本科・師範科志向　昭和期の有力三校では選科生はほぼ皆無で、予科から本科や師範科を目指す者が大勢を占めた。これは大正期との明らかな違いである。⑤昭和期以降の兼学の減少　大正期には男女とも兼学がめだつ。女子音楽学校では、手芸学校と兼学した翌年に、産婆学校に転出する者もいた。当時は音楽も「女性の適職」の一つと見なされ、留学生も帰国後の生活の糧として捉えていたことが伺われる。しかし昭和に入ると、有力三校で本科と師範科志向が強まると同時に、経費と時間の両面で兼学には現実味がなくなった、と考えられる。⑥専攻の種類　専攻が確認できるのは一部に過ぎないが、大正期の女子音楽学校と東洋音楽学校では、唱歌プラスαの選択が定番であった。昭和期に入ると、唱歌は師範科科目に吸収され、他の学生は各人一つの専攻実技（作曲を含む）を選択した。専攻名が確認できた者は、ピアノかヴァイオリンのいずれかを選択した。⑦昭和期における私立の地位向上　明治末に私立音楽学校が発足した当初、各校には、東京音楽学校の受験予備校としての役割が期待された。東京音楽学校への合格率が、私学の優劣を決める基準とすらなった。しかし昭和に入ると私学各校のレベルが上がり、もはや東京音楽学校への通過点ではなくなった。上述③や④の傾向も、私学の役割が変化したことと関わりがあるだろう。

おわりに

以上、一九〇二年から一九四五年まで、日本の音楽学校で学んだ中国人留学生ついて、初歩的な概観をおこなった。約四〇年間に、日中双方で音楽教育制度や音楽界の状況が推移し、留学生の学習目的や関心事、素養に影響を与えた点が確認できた。東京音楽学校在籍者では、七割近くに関して、人物特定につながる情報が得られたことは収穫であった。本稿で紙面を割いた兼学や選科優勢の傾向は、それ自体、とくに目新しい内容ではない。しかし、今回は私学をあわせて、音楽学校全体の留学生受入状況を約四〇年にわたって俯瞰したので、時代による兼学率の高下や、官立と私立に留学生が求めた内容の違いを、あらたに指摘できた。

本稿が積み残した課題としては、まず各校の在籍歴、出身地、経費など諸情報の補充がある。今回の調査であらためて痛感したが、音楽学校の在籍者については、官立私立を問わず、学校側も諸機関の統計資料も不備や欠けが大きい。とくに清末から民国初期にかけては、官立私立とも私費の選科生が圧倒的多数をしめ、学生の流動率が高かったこと。加えて、南京国民政府時期の日本留学は、周氏が指摘する「半無政府状態」[63]にあり、給費の対象にならない音楽学校留学生は、完全に管理の網から抜け落ちてしまったと思われる。このため、資料の補充はかなりの難題だが、各省の官報などに調査範囲を広げて、不足部分を補う予定である。

本稿で触れ得なかった観点としては、①音楽学校内での具体的な学習内容、②学外の音楽活動がある。①の把握は、各音楽学校における資料の保管状況を考えると、それほど簡単ではないと思われる。しかし、神戸女学院で見つかった新出資料の例もあるので、引き続き可能性をさぐる必要はあるだろう。②については、清末の学外社団活動に関して先行研究の集積がある[64]。今後はこれらをもとに、民国初から後期まで対象時期を広げ、留学生の多くがかかわった中国基督教青年会も、課題の一つに含めたいと考える。

謝辞：本稿作製にあたり、周一川氏と見城悌治氏から貴重な資料、情報をご提供頂いた。ここに記し、御礼申し上げる。

（1）張前は、留日音楽生研究の嚆矢となった著書『中日音楽交流史　唐代篇・明清篇・近代篇』（人民音楽出版社、一九九九年）で、留日生の唱歌導入や日本滞在中の社団活動、帰国後の動向、日本人教習との関係等に言及した。ただし中華民国期以降の記載はなく、付録の留学生人名録は民国十年までである。また芸術系留学生全般に注目した紅帆の以下論文も、対象は清末に限られる。「日本学生監督處『官報』中的留日芸術学生」『雲南芸術学院学報』二〇〇五年、四月、七一～八〇頁。

（2）沈心工や辛漢、李叔同、曹子炁、豊子愷が代表的人物。汪毓和は学堂楽歌時期の代表人物として沈心工、辛漢、李叔同、曹子炁を挙げる。汪毓和『中国近代音楽史』人民音楽出版社、二〇〇二年、四二～五九頁。高婙の一連の著作は、いずれも唱歌教育を中心に近代中国の音楽教育思想の成立過程を考察する。高婙『近代中国における音楽教育思想の成立―留日知識人と日本の唱歌』慶應義塾大学出版会、二〇一〇年、「日本明治期的音楽教育対沈心工唱歌集的影響」『楽府新声―瀋陽音楽学院学報』二〇〇九年第一期、一一七～一二一頁。その他、各人物の個別研究は膨大であるため、逐一列記しない。

（3）戴俊超『二十世紀上半叶中国音楽社団概論』二〇一〇年度、中国音楽学院博士論文、何洪禄「清末留日学生在日本的音楽実践活動」『日本研究論集』（南開大学文学院）二〇〇三年〇〇期、一七二～一八九頁ほか。

（4）王洋「蕭友梅対我国近代専業音楽教育的貢献」『蘭台世界』上海音楽学院出版社、二〇一三年二八期、一二七～一二八頁ほか多数。

（5）東京音楽学校教務関連資料（全五六一件中）の一件、書類番号第四〇三番。書類の表紙原題は「台湾留学生関係書外国人生徒関係書類　朝鮮（清國）留学生」。内容は、学外諸機関との連絡文書。詳細は、尾高暁子「旧東京音楽学校管理文書にみる中国人留学生」『東京音楽学校の諸活動を通して見る日本近代音楽文化の成立－東アジアの視点を交えて（科研報告書、課題番号20320030、研究代表者　大角欣矢、二〇一二年）三一四～三五六頁。

（6）房兆楹編『清末民初洋学学生題名録初輯』（中央研究院近代史研究所、台北、一九六二年）の、一九〇二～一九〇三年に東京在住の中国人留学生欄で確認。同時期の留学生で王鴻年を名乗る者は、光緒二十四年十月に来日し、使館官費で東京帝国大学法科に入学した一名のみ。東京音楽学校在籍者も同じ人物と同定できる。

（7）武石みどり『音楽教育の礎：鈴木米次郎と東洋音楽学校』春秋社、二〇〇七年、九八～九九頁掲載「表五唱歌会・私立音楽学校開設期間年表」参照。

（8）武石氏は直接的な根拠を挙げてはいないが、「明治三〇年代後半、清国留学生の急増と並行して唱歌会の開設が急増し、」と指摘する。武石、上掲書九六頁。

（9）郭常英、岳鵬星「中国基督教青年会音楽伝播活動考察――以20世紀二三十年代南方地区為中心」『南陽師範学院学報』二〇一二年、第十期、八六－九一頁。

（10）馬伯援『中華留日基督教青年会最近三年成績報告』中華留日基督教青年会、一九三〇年。

（11）東洋音楽学校では、第二次世界大戦の戦災で学籍簿を含む教務文書一切が焼失した。女子音楽学校でも、第二次世界大戦前の諸文書は所在不明。他の主要私立校も状況は大同小異である。このため、『中国留日監督処文献』（一九一四

〜一九二一）と『留日学生名簿』（一九二八〜二九、一九三一〜四四）の間には資料の欠落があり、本稿も正確にはこの期間を考察の対象となし得ない。

（12）以上の沿革は、東京芸術大学百年史編集委員会編『東京芸術大学百年史〈東京音楽学校篇 第一巻〉』一九八七年より抜粋。

（13）周一川氏は、第一次を一九〇五〜一九〇七年、第二次を一九一三〜一九一四年、第三次を一九三五〜一九三七年に分けてブームのピークを指摘する。周一川『近代中国女性日本留学史（一八七二〜一九四五）』社会科学文献出版社、二〇〇七年、一頁。

（14）外務省外交資料館3－10－5－3－6「在本邦清国留学生関係雑纂」雑ノ部 第二巻 大正二年一二月によると、大正七年五月三一日、兵庫県知事清野長太郎が報告した、神戸港から帰国した中国人学生氏名欄に東京音楽学校の黄馨聞が含まれる。また大正七年九月一七日、同知事が内務、外務、文部大臣、警視総監、千葉県知事にあてた「支那留学生の動静に関する件報告」には、「本月十六日正午入港ノ欧航郵船伊豫丸ニテ支那留学生二十四名来神シタルヲ以テ調査シタルニ左記ノ通リニシテ復校又ハ新規入学ノ目的ニテ渡来シタルモノナルカ当地上陸後夫々学校所在地ニ向ケ出発セリ。管下来住中異常ナシ　右及申通報候也。」とある。この時神戸に再上陸した中国人一行に、東京音楽学校の孫咸徳が含まれる。

（15）尾高上掲論文、三二九頁。

（16）［清末全三九名中］選科三四（八七％）、乙種師範科一、予科一、不明三。［民国初期（一九一二〜一九二七）全五〇名中］選科三八（七六％）、甲種師範科二、乙種師範科三、本科四、予科一、専修一、不明一。［一九二八〜一九四五年、全五〇名中］選科三六（七二％）、予科七、本科二、研究科三、甲種一、聴講一。

(17) 予科を経て本科、専攻科に進学した者については、最終専攻課程を対象とした。

(18) 紅帆氏も、東京美術学校と東京音楽学校の選科を比較し、音楽学校選科の履修制度や入学条件が、格段に簡単で自由だと指摘する。紅帆上掲書、七六頁。

(19) 『東京音楽学校一覧』「入学志願者心得」の記載（全文）は以下のとおり。「選科ハ修業年限ヲ定メズ生徒進歩ノ程度ニ依リ課程ヲ進ム。選科ノ授業時数ハ一定セズト雖モ現在毎週二回又ハ三回ノ教授ヲナス。選科ノ教授時間ハ午後又ハ夜間ニ至ルヲ以テ他ノ学校ニ在学中ノ者又ハ昼間職務ニ従事セル者ノ入学ヲ妨ゲズ。選科ハ随時入学ヲ出願スルコトヲ得欠員アル場合ニ限リ無試験ニテ入学ヲ許可ス。選科ニ於テ器楽ヲ修メントスル者ハ練習時間ヲ与ヘザルヲ以テ成ルベク自ラ楽器ヲ所持スルヲ便トス（明治三十五（一九〇二）年版、一五〇頁）

この条件は、『東京音楽学校一覧』の選科規程に毎年度掲載された。なお兼職兼学の状況は開設当初の私立音楽学校でも同じで、東洋音楽学校についても卒業生の言及がある。「……他に、別の学校に行っている者や、働きながら勉強したい者の為に夜間の授業も行われていて、先生方も私も結構忙しかった。」（保坂連治『明治から平成まで　歩いて来た道』交友ピランニングセンター、一九九二年、四三〜四五頁）。

(20) 田邉尚雄（一八八三〜一九八四）。東京帝国大学理学部物理学科卒。フランス人宣教師のノエル・ペリから作曲・音楽理論の個人教授を受ける。大学院で音響心理学を専攻。一九二〇年より正倉院および宮内省（現　宮内庁）の楽器研究。アジア音楽研究に従事し、一九二九年帝国学士院賞受賞。東京帝国大学、東京音楽学校で教鞭をとり、一九三六年東洋音楽学会を設立。

(21) 田邉尚雄『田辺尚雄自叙伝　明治篇』邦楽社、一九八一年、二三八頁。

(22) 田邉上掲書、二五三〜二五四頁。

(23) 田邉上掲書、二五四頁に、頼母木門下の女子選科生について次の記載あり：「もっとも先生が自宅に呼ばれるのは選科生だけで、本科生は決して自宅には呼ばれない。それは選科生はいずれも上層社会のお嬢さん方で、単に趣味としてやっているので、教室を離れれば、お客さんのようなものであるからである。」

(24) 紅帆上掲論文、七六頁。

(25) 『東京音楽学校一覧』は、明治から昭和を通じて、選科を、予科・本科・研究科とは別枠の、低レベルな存在と位置づけている。明治二四（一八九一）年の巻では、予科から本科への進学にあたり「何レノ学部ニモ入学許可ヲ与ヘ難キモノハ此際退学セシメ又ハ選科ニ転セシムルコトアルヘシ」と怠慢を戒める。昭和初期でも、「選科規程」を、予科・本科・研究科おなじ「学則」には含めない場合が多かった。

(26) アジア歴史資料センター資料　Ｈ－０３６２。

(27) 辛漢や蕭友梅、曾志忞など音楽界の著名人を含む。

(28) 東京女子高等師範学校生の歩以誠は、東京音楽学校と女子音楽学校にも同時に在籍した。歩は帰国後に直隷省で女子教育に貢献した。そこで体育や音楽劇、演劇など文芸活動を奨励し、自身もピアノ演奏を好んだという。「女教育家歩以誠」『今晩報』二〇一三年八月一八日第九面（http://epaper.jwb.com.cn/jwb/html/2013-08/18/content_1002110.htm）。

(29) 女子音楽学校から東京音楽学校を経て奈良女子師範学校に入学した于式玉ほか。

(30) 唐群英は、一九〇四年に実践女学校へ入学し一九〇七年成女高等学校師範科に転入。平行して一九〇九年八月まで女子音楽学校に在籍し、一九一〇年に東京音楽学校に入学した。

(31) 『東洋音楽学校一覧』（大正十一・五・十三）、「一、私立東洋音楽学校規則　第九条」には、「特別科ハ本科生ニ課スル学科中ノ一科若クハ数科ヲ撰ミ修ムルモノトス」とある。その本科生の履修科目には、作曲学、音楽史、音響学など理論科目が含まれ、器楽が「ピアノ、オルガン、バイオリン、セロ、其他管絃楽ニ必要ナル楽器」とある。

（32）各年度の科目不詳者は含めない。同一人物が数年在籍した場合、年度ごとに一名分とカウントした。

（33）高婷氏は、知識層による唱歌観を詳細に考察し、留日知識人の唱歌創作が、政府主導の「上から」路線ではなく、「下から」の自主的な運動であったと指摘する。（高婷上掲書、二三～三三頁）。教育制度も中身である唱歌創作も、すべて「上から」であった日本とは、たしかに対比的な構図である。

（34）帝大と東京音楽学校の在籍者が同一人物である点は、『清末民初洋学学生題名録初輯』台北、中研院近代史研究所編、の一九〇三年欄に、同じ籍貫、同姓同名者がいない事を根拠とした。王の経歴については以下のサイトを二〇一四年十月一日に最終閲覧。「温州歴史名人　王鴻年」http://www.wenzhou.gov.cn/art/2011/2/15/art_9835_158867.html

（35）呉夢非（一八九三～一九七九）。浙江出身。音楽教育者。一九一一年浙江両級師範学堂に入学し、李叔同に師事。一九一九年、劉質平や豊子愷と中華美育会結成。翌年、上海専科師範学校創設。『和声学大綱（一九三〇）』など、音楽教材も執筆し、一九三〇年代の音楽教育界で影響力を持った〔中国芸術研究院音楽研究所『中国音楽詞典』人民音楽出版社、一九八四、四〇九頁〕。

（36）豊子愷（一八九八～一九七五）。画家、漫画家、芸術教育者。李叔同に師事。一九一九年、浙江第一師範学校卒業後、日本で十ヶ月遊学し竹久夢二の絵に開眼。開明書店の開設や立達学園開校など芸術活動を推進した。

（37）劉海粟（一八九六～一九九四）、江蘇出身、画家、芸術教育者。一九一二年、上海美術学院設立。一九一九年日本で美術教育の視察。建国後は南京芸術学院長など要職にあった。

（38）陳洁『上海美専音楽史』南京大学出版社、一九一二年、二六頁。中国芸術研究院音楽研究所『中国音楽詞典』人民音楽出版社、一九八四年、一〇四頁。

(39) 上海専科師範学校と愛国女学の教員であった、呉夢非、劉質平、孫咸徳、傅彦長、李鴻梁、高旭（暁山）、簫蜕（退公）、胡懐琛（寄塵）らが発起し、上海に設立（陳星、盛秧「上海専科師範学校及び『美育』雑誌史述」『潮州師範学院学報』第三二巻第三期、二〇一〇年六月（一〇五～一一二頁）。

(40) 『美育』は第一期（一九二〇年四月）から第七期（一九二二年四月）まで合計七号発行された。

(41) 陳洁上掲書、三五～三八頁。

(42) たとえば寿昌の記名記事「日本詩人之中国音楽観─呈傅彦長兄」（『醒獅』一九二五年五〇号、第六版）は、傅を次のように揶揄する。「周勁の家で傅と歓談中に関良と王導源も加わった。破㧈琳（＝ヴァイオリン＊筆者補注）を最近ひかず胡弓（＝京劇の伴奏楽器の意＊筆者補注）づけ、と語る関良に、私が京劇を歌わせたところ、中国旧劇ぎらいの傅が逃げ出した。」

(43) 『世界史ABC』については、『新月』一九二九年二月一期、九頁に、ペンネーム「英士」の酷評が載った。英士は、傅と同じ文学者であるH・G・ウエルズの著『世界史体系』を引き合いに出し、あれほどのインパクトは期待しないにしても、ABC叢書が通俗的大学教育を標榜するなら、最低限、読者にまともな本を見せてほしいものだ、と述べる。

(44) 高寿田も東京音楽学校に在籍したと自称。著書『和声学』（上海商務印書館、一九一四年）の「編輯大意」で「編者五年前、就学於東京音楽学校及音楽院、於和声一科、稍事研究～」と記すが、目下、高の在籍を裏付けるデータはない。

(45) 開校時は上海芸術師範学校。一九二五年に東方芸術師範学校と合併して、上海芸術師範大学と改称した。

(46) 常任侠（一九〇四～一九九六）。芸術考古学者、歴史家。敦煌琵琶譜や敦煌舞譜の解読など、音楽美術の両面で膨大な功績を残した。

（47）常任侠『常任侠日記集　戦雲記事』（一九三七～三九）、秀威資訊、二〇一二年、三八八頁ほか。

（48）許健『琴史初編』人民音楽出版社、一九八二年、一七五頁。

（49）執筆項目は以下のとおり。「欲国楽之復興宜通西楽説（上）」「西洋音楽詞典」（一九二〇年一二月、第一巻第九、十両号合刊）、「欲国楽之復興宜通西楽説（下）」「西洋音楽詞典（続）」（一九二一年一月、第二巻第一号）、一九二一年二月第二巻第二号「訳特意拉氏的記譜法」「教授西楽譜的研究」（一九二一年四月、第二巻第三、四両号合刊）、「教授西楽譜的研究（続）」（一九二一年六月第二巻第五、六合刊）ほか。

（50）李静「民国国歌《卿雲歌》的誕生與争論」『文艺研究』二〇〇七年第三期、一〇〇～一〇九頁。

（51）国立台湾芸術中心台湾音楽館「音楽家名録欄」http://musiciantw.ncfta.gov.tw/list.aspx?p=M022&c=&hall=1&t=1 二〇一四年十月一日、最終閲覧。

（52）上海音楽学院公式サイト「教師簡介」欄 http://www.shcmusic.edu.cn/html/yuanxi/yyx/s/191185.htm 二〇一四年十月一日、最終閲覧。

（53）田邉尚雄『続田邉尚雄自叙伝（大正・昭和篇）』（一九八二年、邦楽社）で田邉は次のように記す。「（学生全体は＊筆者注）一・二・三年生を通じて数十名乃至百余名もあった。中に毎級、一乃至数名の中国留学生があった」。

（54）渋川久子「東京高等音楽学院・国立音楽学校史の研究」『国立音楽大学研究紀要』［通号二二］（一九八七年、二六二～二六三頁）より抜粋。

（55）渋川によれば、朝鮮出身の学生には、卒業時に学校が賞を授けたり、読売新人演奏会の出演を推薦することもあったという。また内地で唯一の官立音楽専門学校である東京音楽学校は、朝鮮人の入学資格に差別的条件をつけなかったとはいえ、実際には人数制限があったため、音楽を学ぼうとする学生の多くは、差別のない国立や武蔵野を選んだと

いう〔渋川久子「東京高等音楽学院・国立音楽学校史の研究（二）」『国立音楽大学研究紀要』〔通号二三〕（一九八八年、一九五〜一六五頁）、一八九頁〕。
(56)『東京高等音楽学院　昭和十八年度入学案内』より転載。
(57)福井直秋伝記刊行会編『福井直秋伝』一九六九年より抜粋。
(58)津上智美「神戸女学院音楽部レッスン帳（一九〇七〜一九二三）の資料的価値とその内実」（『神戸女学院大学論集』神戸女学院大学研究所編、五七（二）二〇一〇年　一二、一四一〜一五三頁）。
(59)掛水通子「高橋忠次郎に関する歴史的研究(1)　東京女子体操音楽学校の創立者として」『藤村学園東京女子体育大学紀要』（通号一四）一九七九－〇三、六〜一三より抜粋。
(60)東京ＹＷＣＡ百周年記念委員会『年表　東京ＹＷＣＡの百年』財団法人東京基督女子青年会、二〇〇五年、一一頁。東京ＹＷＣＡは一九一五年に大規模な慈善演奏会を開催し、一九一六年には新設の「教育部」内に、仏語科、生花科、英語社交科、音楽科を設けた。これが実質的な音楽教育のスタートといえる。
(61)中等教科書協会編『中郷教育書学校職員録　明治四十一年十月現在』中等教科書協会、一九〇八年、三八頁。
(62)相愛大学公式ＨＰ「沿革」http://www.soai.jp/history/index.html　二〇一四年十月一日、最終閲覧。
(63)周一川『南京国民政府時期の日本留学について—一九二八〜一九三七—』大里浩秋・孫安石編『中国人日本留学史研究の現段階』御茶の水書房、二〇〇二年（二〇七〜二二六頁）、二一二頁「第二章　無政府状態の日本留学」
(64)張前上掲書、何洪禄の上掲論文ほか。曾子恣の「亜雅音楽会」（一九〇四年結成）、付属の「唱歌講習会」「軍楽講習会」に言及した先行研究は複数提出されている。

［付録］東京音楽学校在籍の中国人留学生一覧（1902-1945）

	氏名	『東京音楽学校一覧』掲載号	他情報源	国名	性別	専攻	選科選択科目	出身	経費	人物情報
1	王鴻年	1902-1903		清国	男	選科	Org.	浙江永嘉	自費	兼）東京帝国大学法科大学（使館官費）。1870生-1946没。1897年湖北武備学堂に入学。翌年、湖広総督張之洞の不興を買い、同年9月、使館官費で東京帝国大学法科大学入学、1904年卒業。駐日公使館一等秘書、駐日横浜総領事等を歴任。
2	王志超	1904-1905		清国		選科	Pf.			
3	伍宗明	1904-1905		清国		選科	Org.			
4	辛漢	1904-1905	官報(2)	清国	男	選科	Org.	江蘇寧県	自費	兼）東京帝国大学法科（官費）。「中国男児」を代表曲とする著名な学堂楽歌作曲者、音楽家。鈴木米次郎編著『オルガン教科書』（1911）の中国語訳もあり。［張前1999：pp.288-289］
5	曾汝錦（=曹汝錦）	1904-1906		清国	女	選科	1）S, Pf. 2）S	江蘇上海	自費	兼）東京女子美術学校（1903-1905）。曹志悉夫人、画家、女性運動家、夫と来日（1901）。実践女学校から女子美に進む。帰国後、夫と上海貧児院を運営。［張前：1999］
6	曾澤霖（=曹志悉）	1904-1907	官報(2)	清国	男	選科	S, Pf.	江蘇上海	自費	兼）早稲田大学法科。学堂楽歌作曲家。留学中、沈心工が東京で始めた音楽講習会に参加。自身も亜雅音楽会を結成。社会教育を主眼とする新音楽活動を開始。帰国後は、音楽理論や作曲に関する編著訳書刊行、上海貧児院管絃楽隊の結成指導ほか業績多数。［張前1999：pp.286-288］
7	蕭思鶴（=蕭友梅）	1904-1910	官報(2)	清国	男	選科	S, Pf.	広東香山	自費	兼）東京帝国大学（1906入学、官費）。作曲家、音楽理論家。帰国後、上海音楽学院初代校長。［張前1999：pp.289-290］
8	朱俊	1905-1906		清国		選科	S			
9	朱少屏	1905-1906		清国	男	選科	S, Org.	江蘇上海		1882生-1942没。南洋中学を経て留日。中国同盟会入会（1905）年に。中国政府の留学生取締強化を機に帰国。帰国後は革命文学団体や新聞社、留学生支援団体で活躍し、中国駐シンガポール領事館員時に、日本軍に殺害された。［『民国人物大事典』河北人民出版社, 1991. p.188右］
10	馮鴻圖	1905-1906		清国	男	選科	S, Pf.			海軍学校卒業生（1912）
11	張競新	1905-1907	官報(2)	清国	女	選科	S, Pf.	浙江海寧	自費	兼）私立女子美術学校 選科普通科（1905年6月入学、10月退学）、1890年2月生。※官報では男。

	氏名	『東京音楽学校一覧』掲載号	他情報源	国名	性別	専攻	選科選択科目	出身	経費	人物情報
12	李僑	1905-1907		清国	男	選科	S, Pf.	丁華		帰国後、1908年設立の天津音楽体育伝習所で「管理者」。通訳と音楽教員
13	馮開模	1905-1909	官報(2)	清国	男	選科	1) S,Org. 2) S,Vn. 3) S,Vn.	江蘇上海	自費	兼）帝大法科大学選科（1907）→中央大学専門部政治科（1908）。帰国後に上海崇明中学楽歌教師（1915）
14	許壁	1907		清国	女			湖南善化		兼）女子音楽学校（奉天官費 1905.7-1907.10）、実践女学校（1906. 7）[『清末各省官費私費留日学生姓名表（1905-1907）』]
15	許崇光	1907-1908	官報(10)	清国	男	選科	S			1907年除名。同年、両江師範学堂に教員歴あり
16	苗啓珩	1907-1908		清国		選科	Vn.			
17	李燮義	1907-1908		清国	男	乙種師範科		雲南大理		1875生-1926没。筆名は剣虹。留日（1904）、同盟会入会（1907）。同時期に「滇声歌」、「雲南大紀念歌」など学堂楽歌を創作し多くの雑誌で公開。中国古典歌曲に基づく愛国歌曲を創作。[高婙 2010, p.181]
18	林淤	1907-1908	官報(2)(7)	清国	女	選科	Pf.	福建		1908年5月除籍。『官報第七期』請暇601頁に「七月初四日～二ヶ月」
19	余辺申	1907-1909	官報(2)	清国	女	選科	S, Pf.	直隷任邱	自費→直隷官費	1909年、北洋女子師範学堂の教員一覧に名前あり。
20	胡濫莊	1907-1910	官報(2)	清国	女	選科	S, Pf.	江蘇江寧	自費	兼）成女学校[『清末各省官費私費留日学生姓名表』「自光諸34年9月起至宣統元（1909）年7月止」。]1906年中国留日女学生会の「招待」役。[周一川 2007：p.46]
21	劉鼎烜	1908-1909		清国	女	選科	Pf.			
22	袁平子	1908-1909		清国	女	選科	S			
23	涂景新	1908-1909		清国	女	選科	Pf.			
24	涂景堯	1908-1909	官報(16)	清国	女	選科	S	（両江）		中央大学から東京音楽学校へ進学
25	李韻嫻	1908-1910	官報(38)	清国	女	選科	S	直隷寧河	直隷官費	東京女子医学校入学（1914?、官費、1918年卒業）。1919年北京、森仁病院開業。[周一川 2007：p.185]
26	黃瓚	1908-1911	官報(38)	清国	女	選科	Org.	安徽		

	氏名	『東京音楽学校一覧』掲載号	他情報源	国名	性別	専攻	選科選択科目	出身	経費	人物情報
27	徐竹素	1908-1913	官報(7)(8)	清国	女	選科	Org.	四川	四川官費	官報に官費申請歴あり
28	金蘭子	1909-1910	官報(27)	清国	女	選科	Vn.	安徽休寧		『各校各生履歴清冊』p.345では「安徽休寧、25歳、湖北、光緒29、正月到、光30. 3 = 1904年入校、東京音楽学校第一年」『音楽学校一覧』と矛盾
29	李郁暄	1909-1910	官報(33)	清国	女	選科	S, Org.	広西	官費	『東京音楽学校一覧』は男子
30	王蘇		官報(27)					江蘇		
31	胡呉雙		官報(38)					湖南湘潭		
32	門世忠	1909-1911, 1913-1919	監T3（8月）他	清国	男	選科	S, Pf.	直隷天津	官費	
33	徐竹筠	1909-1912	官報(7)(8)	清国	女	選科	Org.	四川	四川官費	
34	王露	1910-1912	官報(23)	清国	男	選科→予科	S	山東		兼）東洋音楽学校（1908-1911）古琴家、北京大学音楽研究所講師
35	厳世芬		官報(23)	清国	男	選科	S			
36	唐群英	1910-1911	官報(31)	清国	女	選科	Org.	湖南		女子音楽学校1905. 10-1909. 8。女性運動家、同盟会会員。実践女学校、成女高等学校の在学歴あり
37	厳智鍾	1909-1911, 1914-1916		清国	男	選科	Vn.	直隷天津		兼）東京帝大医学部東京帝国大学医科卒業。民国末期に渡台、台湾帝国大学医学院教授。［曁南大学珠海校区図書館華人留学文化研究専題数拠庫「厳智鍾」の項目］※天津の著名な教育学者、厳範孫の子。弟妹とともに来日。医師。
38	柴爾玖	1910-1912		清国	女	選科	1）S 2）Org.			
39	張淑英	1910-1913		清国支那	女	選科	Org.			兼）女子音楽学校（1919-20選科）；東京美術学校（1921年1月入学）［『九年度春季各単文・高等・専門名册（民国9年）女子音楽学校在学生調査表』「江蘇」］
40	盧智閑	1912-1913		清国	女	選科	S, Pf.			
41	鄭審因	1912-1913		清国	女	選科	Vn.			兼）東京女子高等師範学校理科1911.4入学（官費、1916.3卒業）、1917.3研究科修了。聴講生として明治44年4月入学［周 2007:p.319］

	氏名	『東京音楽学校一覧』掲載号	他情報源	国名	性別	専攻	選科選択科目	出身	経費	人物情報
42	劉錦製	1912-1913		清国	男	選科	Org.			
43	厳智開	1912-1913	監 T3（8月）	清国	男	選科	S, Pf.	直隷天津	自費	兼）東京美術学校（官費）東京美校学校西洋画科選科入学（1912）。卒業後、米国留学を経て天津美術館長［吉田千鶴子『近代東アジア美術留学生の研究－東京美術学校留学生史料』ゆまに書房、2009、150頁］※天津の著名な教育学者、厳範孫の子。
44	孫咸徳	1912-1913, 1913-1920	監 T3（8月）	清国	男	選科→予科→本科 Pf.	S	江蘇	官費	上海刊行雑誌『美育』創刊号（1920）以来の執筆者。上海芸術界指導者の一人。
45	厳智閑	1912-1915	監 T3（8月）	清国	女	選科	1）S 2）Pf. 3）Pf.	天津	自費	天津の著名な教育学者、厳範孫の娘
46	呉興	1913-1914		支那	男	選科	Vn.			
47	張天寵	1913-1914		支那	男	選科	Vn.			
48	陳蒙（仲子）	1913-1914 1914-1915 1915-1916		支那	男	選科→乙種師範科→甲種師範科	S, Vn.		自費	北京大学音楽研究会講師。
49	楊瑞華	1913-1914		支那	女	選科	Pf., Org.			
50	李暮	1913-1914		支那	男	選科	Vn.			
51	王宗黄	1914-1915	監 T3（8月）	支那	女	選科	S, Vn., Org.	雲南雲龍		
52	張佩芬	1914-1915	監 T3（8月）	支那	女	選科	Pf.	雲南大理	自費	自費来日（1906）、東京女子高等師範（1906.10-1909.3 理科）、女子大学普通豫科官費獲得（1910.2）、東京音楽学校選科入学（1914.3、自費）［周一川 2007：319］ほか
53	趙玫	1914-1915	監 T3（8月）	支那	女	選科	Pf.	江蘇上海		1884年10月16日生。実践女学校中学科1909年7月21日卒業［周一川 2007：314］
54	陳剣吟	1915-1916		支那	女	選科	S, Org.			
55	傅恆璣	1915-1916		支那	女	選科	S, Org.			

	氏名	『東京音楽学校一覧』掲載号	他情報源	国名	性別	専攻	選科選択科目	出身	経費	人物情報
56	呉靖	1915-1916		支那	男	乙種師範科				
57	王素常	1915-1916, 1918-1923	監 T8	支那	女	選科→予科→乙種師範科	S, Pf.	浙江臨海	官費	兼）女子音楽学校（1918-1920）
58	秦薫	1916-1917		支那	男	選科	Vn.			
59	宋李毓秀	1916-1917		支那	男	選科	Org.			
60	羅紀	1917-1918		支那	女	予科				
61	劉毅（質平）	1917-1918		支那	男	選科	S			上海美術専科学校音楽科主任、上海芸術師範学校創設者の一人。
62	傅彦長	1917-1918		支那	男	選科	S	湖南海寧		文学者、音楽学者、1930年代の上海芸術界でリーダーの一人。「民族主義文芸宣言」を表明し、左翼文芸運動家と対立。
63	陳嶼洲	1918-1919	監 T8	支那	男	選科→甲種師範科	1）S,Org.; 2）S,Vn.	直隷	官費	兼）女子音楽学校（1919-20） 選科2年、甲種師範科3年
64	劉訒	1918-1919	監 T8	支那	男	選科	S, Pf.	湖南海寧	自費	
65	呉國璋	記載なし	監 T7/8					四川江津	自費	
66	黃馨聞	記載なし	監 T8			本科	Pf.	陝西	官費	兼）女子音楽学校（1919-21）
67	聶佩菊	記載なし	監 T8			専修？		陝西	官費	兼）女子音楽学校（1918-21）、実践女学校
68	呂耀同	1918-1919	監 T8	支那	男	選科	S, Org.	直隷		
69	伊宗維	1918-1921	監 T8/9	支那	女	選科	S, Pf.	直隷交河		兼）女子音楽学校（1919-20）
70	呉文蔚	1918-1920	監 T8	支那	男	選科	1）S, Vn. 2）Org.	江蘇		兼）女子音楽学校（1919-20）。1917年時点で、上海中国基督教青年会幹部［呉文蔚『基督教青年会管理問題』『青年進歩』第六期、1917］
71	歩以誠	1918-1923	監 T8/9	支那	女	選科	S, Pf.	直隷	官費	兼）女子音楽学校（1919-20）、東京女子師範学校。1923年東京女子師範学校卒業、帰国後、直隷省第一女子中学校長。［天津市海河中学公式サイト http://www.022net.com/channel/hhzx3fyx/ 女子中学の項参照］※中国近代の教育家。

	氏名	『東京音楽学校一覧』掲載号	他情報源	国名	性別	専攻	選科選択科目	出身	経費	人物情報
72	兪恩濟	1918-1923	監 T8/9	支那	女	予科→本科 Pf→選科	S, Pf.	浙江		兼）女子音楽学校（1919-20 自費→官費）
73	史建功	1919-1920	監 T9	支那	男	選科	S	山西		
74	周瞻西	1919-1920	監 T9/10	支那	男	選科	Org.	奉天瀋陽	自費	
75	張叔英	1919-1920	監 T8/9	支那	女	選科	S, Org.	江蘇		兼）女子音楽学校（1919-20　選科）、東京美術学校 1921＝大正 10 年 1 月入学
76	田寶硯	1919-1920		支那	男	選科	Pf.			天津軍医学校卒業生と同一人物、
77	傅敏中	1919-1920		支那	男	選科	Pf.	山西		
78	遅金環	1919-1920	監 T8/9/10	支那	女	選科	S, Org.	吉林	自費	兼）女子音楽学校（1919-21 選科　自費→官費）
79	温徳霊	1919-1921	監 T10	支那	男	選科→乙種師範科	S, Org.	広東屏東	自費	
80	曾麗春	1919-1921	監 T10	支那	女	予科→本科 Pf.	Pf.	広東香山	自費	
81	阮永咸	1919-1921	監 T8/9	支那	男	選科	1）S, Vn 2）S, Pf.	江蘇		兼）女子音楽学校（1919-20）
82	胡頌南	1919-1922	監 T8/9	支那	男	選科	S, Pf.	浙江蕭山	自費	兼）女子音楽学校（1919-20）
83	袁尊素	1920-1923	監 T10	支那	女	選科	Org.	河南		兼）女子音楽学校（1921）
84	周正香	1922-1923		支那	女	選科	S			
85	孫玉永	1922-1927		支那	女	選科	Pf.	雲南		大正 11 年 11 月入学、大正 16 年 12 月卒業見込み
86	馮玉蓮	1924-1927		支那	女	選科	Pf.	広東		大正 11 年 11 月入学、広東、22 歳、大正 16 年 12 月卒業見込み
87	于式玉	1925-1926	監 T13	支那	女	選科	S；Pf.	山東	自費	女子音楽学校（1924）→奈良女子高等師範学校（1926-30）［帰国後、北平国立女子文理学院講師（日文と日本史担当）。『日本期刊三十八種中華方学論文篇目引得（1936）』出版］。［汪洪亮「李安宅、于式玉先生編年事輯」『民族学刊』2013 年 6 期、網絡版］

	氏名	『東京音楽学校一覧』掲載号	他情報源	国名	性別	専攻	選科選択科目	出身	経費	人物情報
88	蓮玉玲	1925-1926	監 T13	支那	女	選科	S；Pf.	山東	自費	女子音楽学校（1924）、兼）東洋音楽学校（1925）、1926年留日学生総会会計部幹事
89	鮑慧濂	1925-1926	監 T13	支那	女	選科	S；Pf.	広東	自費	兼）東洋音楽学校（1925）、1926年留日学生総会会計部幹事
90	鄭佩萱	1929-1931	日華1930	支那	女	選科	S, Pf.			
91	鄭四妹	記載なし	日華 1929	中華民國	女	選科	S, Pf.	広東香山	自費	『昭和4年4月　入学者願書』明治45年6月6日生。［本籍］中華民国広東香山南屏。［学歴］民国16年3月　同文学校卒業、民国18年3月広東女子中学校卒業。
92	楊秀華	1931-1934	日華 1931-33	中華民國	女	選科	Vn.	河北天津	自費	兼）駿河台女学院英語部。『昭和6年　東京音楽学校豫科入学願書』明治39年10月12日生。［本籍］中華民国天津河北二馬路誠安里。［学歴］大正12年4月　天津貞淑高等女学校卒業。昭和3年、日本美術学校ニ入リ昭和5年4月迄修業。昭和5年5月、駿河台女学院英語部ニ入リ現在迄在学。
93	夏啓能	1934-1935	日華 1934	中華民國	男	選科	Vn.	浙江省奉	自費	『昭和9年4月　洋楽各科入学願書　東京音楽学校分教場』選科。1914［大正3］年2月4日生。［本籍］中華民国浙江省奉代県。［学歴］1917年省立南京中学校入り、1923年卒業。
94	徐紹曾	1934-1935	日華 1934	中華民國	男	選科	Vc.	浙江関谿	自費	『昭和9年4月　洋楽各科入学願書　東京音楽学校分教場選科』明治38年1月7日生まれ。セロ。［本籍］中華民国浙江省蘭谿県。［学歴］大正11年9月　上海芸術師範大学園音科入ス。14年7月　卒業ス。昭和5年9月　国立音楽院セロ選科入ス。昭和8年7月　退学ス。［職歴］大正14年9月　上海芸術大学絵画教授ヲ任ス。昭和2年7月　退職ス。昭和2年9月　国立暨南大学師範科絵画ヲ任ス。昭和8年7月　退職ス。
95	梁景蓮	1934-1936	日華 1934-35	中華民國	女	選科	Pf.	江西坪県	自費	『昭和9年4月　洋楽各科入学願書　東京音楽学校分教場』大正6年4月15日生まれ。唱歌、ピアノ。［本籍］中華民国広西省北流。［学歴］昭和4年9月　上海啓秀女子中学に入り昭和8年7月　卒業。［音楽修行歴］昭和9年1月より現在まで　東中野音楽院で唱歌とピアノを習ふ。
96	程繼元	1935-1936	日華 1935	中華民國	男	選科	Vn.	山西祁県	自費	『昭和14年4月　洋楽入学願書綴（五十音順）』1914年5月2日生［本籍］中国山西省祁県。［学歴］1933年6月山西省立国民師範学校卒業。

	氏名	『東京音楽学校一覧』掲載号	他情報源	国名	性別	専攻	選科選択科目	出身	経費	人物情報
97	余維素	1935-1936		中華民國	男	選科	Vn.	広東開平	自費	『昭和十年九月　入学願書　分教場』選科。明治41年8月6日生。[本籍] 中華民国広東省開平県。[学歴] 中華民国10年9月広東省立第一中学校卒業、中華民国14年9月上海大学校文学院ニ入学、同16年6月7日、同院中国文学系2年修了。[音楽修行歴] 1930年4月、東京高等音楽院ニ入学、同6年3月同院予科修了。 ※1936年武蔵野音楽学校で在学歴あり。
98	陸以循	1935-1936	日華 1935	中華民國	男	選科	comp.	河北北京	自費	『昭和10年4月洋楽入学願書綴（五十音順）』大正元年1月25日生。[本籍] 中華民国江蘇省太倉県。[学歴] 中華民国19年9月　国立清華大学西語系ニ入リ、同23年6月　同校卒業。※帰国後、清華大学付属音楽室室長、ヴァイオリン指導
99	洪永明	1935-1940	日華 1935-36 満洲 1937	中華民國	男	選科	comp.	福建思明	自費	『昭和10年4月洋楽入学願書綴（五十音順）』明治43年2月28日生。[本籍] 中華民国福建省思明県。[学歴] 民国16年6月、厦鼓英華中学校初中部卒業ス。昭和5年6月、同校ノ高中部卒業ス。同年9月ヨリ　福建省厦門大学商学部一年ニ入学シ、昭和8年6月第三学年ヲ修業ス。
100	盧雪妮	1935-1940	日華 1935-36 満洲1937	中華民國	女	選科	Pf.	河北北京	自費	
101	陳盛智	記載なし	日華 1935	中華民國	男	選科	S	江蘇呉県	自費	『昭和10年4月洋楽入学願書綴（五十音順）』大正2年5月12日生 [本籍]中華民国福建省晋江県。[学歴]中華民国福建省厦門大学卒業。
102	周心閑	記載なし	日華 1935	中華民國	女	選科	S	福建晋江	自費	『昭和10年4月洋楽入学願書綴（五十音順）』大正元年7月24日生。[本籍] 中華民国江蘇省呉県。[学歴] 公歴1926年7月　江蘇省立第二女子中学校に入り、公歴1930年7月卒業。[音楽修行歴] 公歴1932年7月より1934年7月まで　国立上海音楽専科学校に修業2年。
103	李雅妹	記載なし	日華 1935	中華民國	女	予科 Pf.	—	浙江杭県	自費	『昭和10年　豫科入学願書　東京音楽学校』大正2年12月8日。[本籍] 中華民国浙江省杭県。[学歴] 昭和4年9月　入国立北平大学女子文理学院。昭和9年6月　卒業。※陸以循夫人、自身も清華大学音楽室ピアノ教師

	氏名	『東京音楽学校一覧』掲載号	他情報源	国名	性別	専攻	選科選択科目	出身	経費	人物情報
104	馬熙純	1935-1942	日華 1936 満洲 1941	滿洲	女	選科→予科→本科→研究科	S, Pf.	奉天遼陽		『昭和10年12月入学願書』選科、大正9年9月1日生。［本籍］満洲国奉天省遼陽県。華族。［学歴］昭和2年4月遼陽高等女学校入学。同10年12月迄修業。『昭和11年3月洋楽入学願書綴』予科。声楽。※日本で料理研究家として活躍。父の馬延喜は旧満洲国協和会委員を努めた奉天の起業家、終戦直前に一家で日本に移住。終戦後は日本の料理研究家。
105	丘憲章	1936-1937	日華 1937	中華民國	男	選科	Vn.	広東梅県		兼）第一高等学校。『昭和11年9月　入学願書綴　分教場』大正5年6月10日生。［本籍］中華民国広東省梅県。［学歴］昭和10年4月10日第一高等学校に入り、第一高等学校特文科甲類第二学年生。［音楽修行歴］昭和10年4月より11年7月1日まで岡田次郎に就きヴァイオリン修業。※1944年、抗日運動の前線黔江で病死。父の丘哲（1885-1959）は、清末民初に来日、革命運動家を支援。帰国後に農工党を創始した一人。
106	丁桂英	1936-1937		中華民國	女	選科	S；Pf.	雲南昆明		『昭和11年9月　中学願書綴　分教場、選科』明治45年12月11日。［本籍］中華民国雲南省昆明県。［学歴］大正15年　雲南省立女子高級中学校卒業。［音楽修行歴］昭和10年3月　渡邊と里先生指導下にピアノ専攻（現在）。［職歴］昭和8年9月　河南省省立開封女子中学教員任職。
107	盧英芳	1936-1937		中華民國	女	選科	S	広東東莞		兼）東洋音楽学校。『昭和11年9月　入学願書綴　分教場』選科。大正3年11月7日生。［本籍］中華民国広東省東莞県。［学歴］昭和7年9月1日廣州国光中学師範科に入り、昭和10年7月1日同校卒業。※日華名簿では東亜学正科　三期一班在籍
108	呉端祥	1936-1937	日華 1936-37 満洲 1937	中華民國	女	選科	Pf.	広西桂林		『昭和11年3月　洋楽入学願書綴　分教場』大正3年7月8日生。［本籍］中華民国広西省桂林県。［学歴］昭和6年7月　中華民国河北省北平市翊教女子中学校中部卒業、昭和10年7月中華民国河北省天津市女子師範学院家政正系音楽副系卒業。
109	王文子	1936-1940	日華 1937 満洲 1937	中華民國	女	選科	Vn.；S	雲南昆明		『昭和11年9月　入学願書綴　分教場』大正3年5月10日生。［本籍］中華民国南京高家酒舘安楽。［学歴］大正10年4月東京市富士見小学校入学。大正14年3月同校第四学年修了。昭和4年4月私立北京聖心女学院入学。昭和9年3月同校卒業。［音楽修行歴］昭和9年2月ヨリ昭和11年5月マデ馬思聰ニ就キヴァイオリン修業。

	氏名	『東京音楽学校一覧』掲載号	他情報源	国名	性別	専攻	選科選択科目	出身	経費	人物情報
110	潘和子	1936-1940	日華1937 満洲1937	中華民國	女	予科	Vo.	広東広州		兼）東洋音楽学校。『昭和10年9月　入学願書　分教場』選科。大正9年3月14日生まれ。唱歌。［本籍］中華民国広東省広州市西関昌華横街。［学歴］大正15年3月　神戸市華僑同文学校入学ス。昭和7年4月　神戸市華僑同文学校卒業ス。昭和7年9月　広島市立第三高等女学校へ入学ス。昭和10年7月　広島市立第三高等女学校女子部第一位ヲ以ッテ卒業ス。
111	蕭而化	1936-1940	日華1936-37 満洲1937	中華民國	男	予科→本科→研究科	comp.	江西萍郷		『昭和11年度　豫科入学願書　東京音楽学校』1908年6月29日生。［本籍］中華民国江西省萍郷県。［学歴］1924年7月長沙獄雲中学校卒業。1924年9月　上海立達芸術専科ニ入リ　1928年7月卒業。1928年9月　杭州国立芸術専科学校ニ入リ研究科一年修了。［音楽修行歴］昭和11年4月11日　東京音楽学校予科作曲部ニ入学、同12年4月11日　東京音楽学校本科第一学年作曲ニ入学、目下在学中。日本へ来て5ヶ月。ピアノは二ヵ年李樹化氏（フランスで勉強した人）に就いた。作曲はヤダソーンのハーモニーを修む。［職歴］1929年9月ヨリ1935年マテ　江西省立第二中学校ノ教員ヲ勤ム。1935年（昭和10年）10月渡日　東亜日語学院ニテ日本語ヲ学ブ ※帰国後は、中国国内各地の音楽専門機関で教鞭をとった。1946年台湾省立師範学院音楽専修科主任。その後、国立師範大学、国立芸術専門大学の教授、中華民国音楽学会常務理事など、要職を歴任。
112	王守徳	記載なし	日華1936	中華民國	女	選科	Pf.	四川成都		『昭和11年3月　洋楽入学願書綴　分教場』明治43年2月6日生まれ。ピアノ。［本籍］中華民国四川省成都県。［学歴］昭和6年2月　上海美術専門学校音楽系入学。昭和9年1月　同校同系卒業。［音楽修行歴］前項どおり。［職歴］自昭和9年4月至昭和10年9月上海浦東中学校教員。
113	馬仁熙	記載なし	日華1937 満洲1937	満洲	女	予科		天津遼陽		天津遼陽馬氏中学卒
114	純傅仲	記載なし	日華1937 満洲1937	満洲	男	予科		哈爾濱		兼）明大

	氏名	『東京音楽学校一覧』掲載号	他情報源	国名	性別	専攻	選科選択科目	出身	経費	人物情報
115	傅仲仁	記載なし	満洲 1937	満洲		選科	Vn.	哈爾濱	自費	兼）明治大学政治学部『昭和12年度洋楽入学願書綴　分教場』大正4年6月23日生。［本籍］哈爾濱道外四道街。［学歴］明治大学政経学部在学。［音楽修行歴］昭和11年1月6日ヨリ昭和12年2月マデ　北澤道夫ヴァイオリン修業
116	韓行鵬	記載なし	満洲 1937	満洲		選科	Vn.	大連	自費	兼）早稲田大学『昭和12年度洋楽入学願書綴　分教場』大正4年5月17日生。［本籍］関東州大連管内革鎮保土会安山屯。［学歴］早稲田大学在学。［音楽修行歴］昭和10年5月ヨリ昭和12年2月マデ　東京音楽院　ヴァイオリン修業
117	徐振渭	1937-1938	満洲 1937-39	満洲	男	選科	Vn.	大連		兼）明大『昭和12年度洋楽入学願書綴　分教場』［本籍］関東州大連市老虎灘。［現住所］東京市杉並区高円寺。［学歴］昭和11年4月1日　明治大学法学部1年入学。昭和13年1月　明治大学法学部2年在学中。
118	戚介俊	1937-1938	日華 1935 満洲 1937	中華民國	男	選科	Pf.	甘粛		『昭和12年度洋楽入学願書綴　分教場』1910年9月9日生まれ。ピアノ。［本籍］中華民国甘粛省。［学歴］1929年　蘭州中山大学卒業。『昭和十年四月洋楽入学願書綴（五十音順）』選科。［本籍］中国甘粛省臨洮県。［学歴］1927　入蘭州中山大学。1929年　卒業。
119	張振南	1937-1939		中華民國	女	選科	S, Pf.	江西南昌		『昭和12年度洋楽入学願書綴　分教場』民国9年2月26日生。唱歌、ピアノ［本籍］江西省南昌市羅家塘。［現住所］東京市向島区寺島町。［学歴］中華民国25年9月　江西葆霊女学2年級卒業。
120	李朝熹	1937-1938	日華1937 満洲1937	中華民國	男	予科（特別入学）	Vn.	広東番禺		広州市立美術校卒業（1932）
121	夏韶光	1938-1939		滿洲	女	選科	1）Pf. 2）S	満洲奉天		『昭和13年4月　洋楽入学願書　分教場』選科。女。大正4年11月18日生。ピアノ。［本籍］奉天省浜陽県。［学歴］昭和6年8月20日　哈爾浜東省特別法政大学予科ニ於テ卒業ス。同年9月1日、本大学本科法律系第一学年ニ入学ス。昭和10年8月　本校ニ於テ卒業ス。同11年12月25日　満洲国政府語学検定試験日本語二等に合格。［職歴］昭和10年9月1日　満洲国政府外交部属官ニ任命ス。同12年8月11日　駐日満洲国大使館主事ニ拝命ス。『昭和十四年四月　洋楽入学願書　分教場』選科。唱歌。

	氏名	『東京音楽学校一覧』掲載号	他情報源	国名	性別	専攻	選科選択科目	出身	経費	人物情報
122	史永芬／白光	1939-1941	日華 1940-42	中華民國	女	選科	S, Pf.	河北北京	補給	『昭和14年4月　洋楽入学願書　分教場』選科。大正10年5月21日生。唱歌及ピアノ。［本籍］中華民国北京府前門街。［学歴］昭和12年6月　北京華光女子中学卒業。昭和13年9月　三浦環歌劇学校へ入学　声楽ヲ学ぶ。昭和14年3月　同校解散のため日本大学芸術科音楽部に入学　現在に及ぶ。昭和13年10月より　中華民国留学生として待遇され帝国外務省より給費を受く。［職歴］昭和13年1月　東和商事会社製作「東洋平和の道」撮影のため第1回来朝同3月帰国。昭和13年7月　北京臨時政府新民会より「新民会歌」「新民婦女の歌」「新民少女の歌」レコード吹込のため第2回来朝。引続き在朝す。昭和14年5月　コロムビア専属。
123	伍威儀	記載なし	日華 1940	中華民国	男	選科	—	広東広要		
124	王克智	1941-1942	日華 1942-44	中華民國	男	選科	S, comp.	山東濰県		『昭和16年4月　洋楽入学願書　分教場』選科。大正8年8月27日。声楽。［本籍］中華民国山東省。［学歴］中華民国28年6月河北省私立潞河中学校卒業。
125	王瀛	1941-1942	日華 1942	中華民國	男	選科	Vn.	四川儀県		兼）国立北京大学医学院一年
126	王慶善	1941	日華 1941-42	中華民國	男	選科	Vn.	福建厦門		『昭和16年4月　洋楽入学願書　分教場』大正7年10月30日生。［本籍］福建省厦門市。［学歴］昭和8年8月北京育英小学校卒業。昭和14年1月国立北京師範大学附属中学初中三年高中二年共五個年在学、同年重病の為高中第二学年で退学。昭和14年1月上海音楽館選科入学。［職歴］上海中華口琴会副会長。ハーモニカ音楽教師及ハーモニカシンホニーオケストラ副指揮者、会長命で昭和16年3月20日東京留学。※『東京音楽学校一覧』では国名は台湾。
127	王蘋	1941-1942	日華 1941-43	中華民國	女	選科	S, Pf.	河北北京	官費	『昭和15年4月　洋楽入学願書　分教場』大正12年11月4日生まれ。［本籍］北京市西城。［学歴］河北省師範専門学校工芸科。

	氏名	『東京音楽学校一覧』掲載号	他情報源	国名	性別	専攻	選科選択科目	出身	経費	人物情報
128	高翔有	1941-1942	満洲 1943	満洲	男	選科	S	吉林長春（満洲版は新京）	満洲帝国教育会貸費生	『昭和18年豫科入学願書』大正7年9月22日生。［学歴］吉林省立第二師範学校初級中学入学。康徳元年3月、新京公学校日語専修科卒業。同3年4月新京工学院建築科入学。同5年卒業。同8年新京法政大学特修科経済学部3年生卒業。［音楽修行歴］昭和16年満洲国新京ニ於テ長澤正治先生ニツイテコールューブンゲン及ビ楽典、ピアノ（バイエル）ヲ学ブ。昭和17年5月満洲国政府民生部編審官林幸光先生ノ推薦ニ依リ満洲国留学生トシテ東京音楽学校分教場ニ入学ス。唱歌（酒井弘先生）ピアノ（外狩仲一先生）目下勉学中ナリ。［職歴］康徳4年8月、国務院総務庁官房雇員採用試験ニ合格同会計科ニ勤務。同6年2月都合ニ依リ退職ス。同6年2月　満洲拓植公社建設部建築課ニ就職ス（同7年1月退職）。同7年1月国務院総務庁官房会計科ニ就職ス。同8年7月割愛ニ依リ新京特別市公署行政教育科ニ転職ス（同9年3月退職）。
129	呉宝章		満洲 1943	満洲	男	選科	S	奉天		『昭和18年1月　入学願書綴　分教場』大正13年12月6日生。［本籍］満洲国吉林省吉林市偕行路。［学歴］康徳5年2月10日　哈尓浜江省立第二国民学校高等学校ニ入学。康徳8年12月20日　同校ヲ卒業。康徳9年12月10日　国立留学生予備校卒業。
130	曲鴻書		満洲 1943	満洲	男	予科 声楽		安東	満洲帝国教育会貸費生	『昭和18年4月　洋楽入学願書』大正11年5月12日生。［本籍］安東省安東市興東街福合胡同。［学歴］康徳2年12月　安東県立朝陽街両級小学校卒業。康徳5年安東商立安東両級中学校卒業、康徳6年12月安東省立安東第三国民高等学校卒業。［音楽修行歴］昭和15年10月　上野耐之氏ニ就キ声楽ヲ修業。昭和17年5月　石川和子氏ニ就キピアノヲ修業。昭和18年3月　酒井弘氏ニ就キ声楽ヲ修業。昭和18年3月　大井悌四郎氏ニ就キピアノヲ修業。昭和18年4月　大中寅二氏ニ就キ楽典ヲ修業
131	王鈞鼎		満洲 1943	満洲	男	研究科		安東		『昭和18年4月　洋楽入学願書』大正9年8月15日生。［本籍］満洲国安東省鳳城県。［学歴］康徳5年12月2日　満洲国立哈尓浜師道学校卒業。昭和18年9月26日　東京高等音楽学校卒業。

	氏名	『東京音楽学校一覧』掲載号	他情報源	国名	性別	専攻	選科選択科目	出身	経費	人物情報
132	謝福信	1941-1942	日華 1943	中華民國	女	甲種師範科	Trp.	福建福清	官費	『昭和17年　B甲種師範科入学願書』甲種師範科。大正9年11月9日生まれ。［本籍］中華民国福建省福清。［学歴］昭和8年9月　福建省福州省立中学校一学年ニ入学ス。昭和9年4月　長崎市活水高等女学校二学年ニ転校ス。昭和13年3月　長崎市活水高等女学校ヲ卒業ス。※上海音楽大学元教授
133	董清財	1941-1942		満洲	男	聴講生	comp.	台湾→満洲		武蔵野音楽学校卒業、満洲で奉職、妻は日本人。［林ひふみ「満洲国の台湾人と日本人　その戦後・董清財、吉崎ヨシ夫妻の足跡」『明治大学教養論集　通巻441号（2009・1）』pp.1-38］
134	袁晞		日華 1941	中華民国	女	選科	S	湖北漢口		『昭和16年4月　洋楽入学願書　分教場』大正11年8月13日生まれ。唱歌。［本籍］中華民国湖北省漢口市特二区満陵邨。［学歴］昭和7年9月　漢口市立第一女子中学に入り昭和13年7月　卒業。昭和15年9月より16年3月25日まで　東亜学院に就き日語修業。
135	李洪賓		日華 1942	中華民国	男	選科	S, Pf.	河北北京		『昭和16年4月　洋楽入学願書　分教場（選科）』大正9年2月27日生。［本籍］中華民国北京市。［学歴］中華民国26年7月天津市覚民中学卒業。中華民国30年7月北京国立師範大学一年修業。
136	楊鼎玉		日華 1943	中華民国	男	選科	Vn.	河北北京		兼）慶応大学医学部予科。『（昭和18年）入学願書』大正12年4月4日生。ヴァイオリン。［本籍］中華民国北京市内三区船板胡同。［学歴］昭和17年6月　中華民国北京市市立第八中学校卒業。昭和18年2月　慶應義塾大学医学部予科合格。
137	譚氷若		日華 1943-44	中華民国	男	予科	Vo.	広東番禺	補給	『昭和18年度豫科入学願書　東京音楽学校』大正12年7月25日生。［本籍］中華民国広東省番禺県広州市小北路。［学歴］民国27年7月　広東省国立中山大学附属初頭中学部卒業（三年）。民国30年7月　広東省省立広東大学付属中学高中部入学卒業（三年）。［音楽修行歴］民国29年　広東省で黄金槐氏に就きピアノを学ふ。昭和17年4月1日　東洋音楽学校予科声楽部に入学。師は船越富美氏、矢島信子氏。
138	薄一彬		日華 1944	中華民国	男	選科→本科声楽	S, Pf.	河北夷強	官費	『昭和18年9月洋楽入学願書（選科）』。大正7年11月15日生。［本籍］中華民国河北省夷強県。［学歴］民国16年8月　夷強県県立大営鎮小学校民国22年7月卒業。民国25年7月　北京市私立三基初級中学校卒業、民国28年7月　北京市私立平民高級中学校卒業、民国28年9月　国立北京師範大学入学、民国32年6月　国立北京師範大学卒業。

	氏名	『東京音楽学校一覧』掲載号	他情報源	国名	性別	専攻	選科選択科目	出身	経費	人物情報
139	馬韶融		日華 1943 1944	中華民国	女	予科→本科	Vo.	広東広州	自費	『昭和18年度豫科入学願書　東京音楽学校（予科）』大正14年12月4日生。声楽。[本籍]中華民国広東省南海県広州市海珠北路。[学歴] 民国24年12月　広東省広州市市立第七小学卒業。民国28年12月25日　広東省広州市知用中学初中部卒業。民国31年2月26日　広東省広州市知用中学高中部卒業。[音楽修行歴] 民国30年10月7日　広東省広州市天主教会聖神学校。民国31年7月24日　法国姑娘白孃入学修業ピアノ。昭和17年9月26日、東京音楽学校城多又兵衛先生声楽。昭和17年9月26日　東京音楽学校宇佐見先生ピアノ。

[凡例]

1. 他情報源欄
 1)「監」は『中国留日監督処文献』
 2)「日華」は『留日学生名簿』（財団法人日華学会学報部編）
 3)「満洲」は『満洲国留日学生録』（駐日満洲国大使館編）
2. 選科選択科目欄（楽器名等の略語）
 S＝唱歌、Vo.＝声楽、Org.＝オルガン、Pf.＝ピアノ、Vn.＝ヴァイオリン、Vc.＝チェロ、Trp.＝トランペット、comp.＝作曲
3. 経費欄
 経費の費目名は、各資料の記載に従った。
4. 人物情報欄
 1）記載内容の出典は文中に直接示すか、項目末尾に［　］で記した。
 2）末尾に［　］がなく、「他情報欄」に資料があれば、当該資料が出典。
 3）本稿本文中で言及した人物については、出典を省いた。
 4）1929年以降で『～入学願書』とある物は、『東京音楽学校入学願書資料』を意味する。専攻や選択科目欄、学歴のうち小中学校の入学歴は、紙面の都合で割愛した。
 5）兼）は、他校との兼学を指す。

近代日本におけるデザイン専攻中国留学生の動向と帰国後の活動

見城悌治

はじめに

中国留学生による近代日本での「近代知」受容の研究は、その根底をなす思想・文学分野では、魯迅などの知識人を素材として、あるいは辛亥革命などの政治思想の検討を通じて、これまで数多くの蓄積が重ねられてきた。[1] 他方、近年では留学生が修学した専攻分野別の研究が、農業、医薬学など実学・科学系の分野も含め、進められつつある。[2] 「近代知」に関わる領域としてはさらに芸術分野も重要と考えられ、既に美術、またその隣接分野である建築留学生についての研究もある。[3] しかしながら、美術と工業あるいは建築との境界領域と言える「工芸」を修学した中国留学生をめぐる研究はほとんどない。[4] 冒頭に記した「近代知」という意味合いから言えば、「工芸」も近代の市民生活や社会に相即するという意味で無視できない重要な分野であろう。ただ、この領域の確定は、実は難しい点がある。[5]

たとえば、「工芸」の二文字を校名に初めて入れた官立高等教育機関である京都高等工芸学校（一九〇二年創立。現京都工芸繊維大学）は、機織科・色染科・図案科の三科から、また二つ目の官立学校たる東京高等工芸学校（一九二一年創立。現千葉大学工学部）は、工芸図案科・金属工芸科・木材工芸科・印刷工芸科の四科からスタートしている(6)。つまり、この分野は、伝統と重なり合う領域から、先端領域までが含まれていることが分かるのである。

この幅広い「工芸」分野のうち、本稿では、「近代」の社会や文化生成に関わる面がより強いと考える「図案（デザイン）」専攻留学生に焦点を当て、彼らがこの分野で何を学び、またその修学を帰国後にどのように活かそうとしたのか、それらを同時代の日中両社会の特色に照らして考察していくことを課題としたい。

なお、近代日本で独立した「図案科」を設けていた官立の高等教育機関は、京都高等工芸学校、東京高等工芸学校のほか、東京美術学校と東京工業学校だけであった。よって、本稿においては、原則的にこの四校で学んでいた中国留学生のみを対象とすることをお断りしておく。

一　近代日本におけるデザイン教育の歴史と教学の特色

(一) デザイン分野の官立高等教育機関の歴史

官立の高等教育機関で最初に「図案科」を設置したのは、東京美術学校（一八八九年創立）で、日清戦後の一八九六年のことだった。さらに三年後の一八九九年、東京工業学校（以下、「東京工業」と略す）本科に工業図案科が設置されたが、この科は一九一四年に廃止され、在学生たちは、東京美術学校（以下、「東京美校」）へ移管されることになる。一方、一九〇二年伝統工芸の中心地・京都に創設された京都高等工芸学校（以下、「京都高芸」）に図案科が置かれた。一九二一年には、廃止された東京工業図案科教員たちの熱意もあり、東京高等工芸学校（以下、「東京高芸」）が創立され、工芸図案科が設置された（開校は翌年四月）。以下では、この四校が持っていた特色を簡単に説明したい。

（二）東京美術学校「図案科」の特色

東京美校の「図案科」は、純粋美術（画家）と応用美術（図案家）を別物と捉えていた西洋の方法を取らず、両者を区別しない教育を重視した。とりわけ、一九〇一年に図案科教授に就き、三十年余り教鞭を取った島田佳矣は絵画・彫刻の基礎訓練を経た上で、図案の指導を行った。一九一四年に東京工業図案科が廃止された際、東京美校図案科との合併も模索されたが、美術工芸性を重んずる東京美校とプラクティカルな図案技術者の養成を目指す東京工業の特色が異なったため、合併には至らなかったという。(7)

（三）東京工業学校「工業図案科」の特色

東京工業の「工業図案科」は、工業化社会・工場制生産を視野に入れたデザイナーやデザイン教育者の養成を目的とし、海外のデザイン事情に詳しい人材を教授陣の中核に据え、そうした最新情報の導入を図った。そのため、学科も「工業図案科」と名付けられた。(8)（なお東京工業は一九〇一年に東京高等工業学校と改称し、さらに一九二九年東京工業大学となるが、本稿では「東京工業」で統一していく。）しかしながら、同科は一九一四年に突然廃止されてしまう。その理由としては、輸出品としての伝統工芸が捗々しい成果を生めず、新しい工芸が求められていたこと、また一九一〇年代に入り、産業としての工業が重視される傾向が強くなったため、デザイン教育は軽視されたためとされる。(9)

（四）京都高等工芸学校「図案科」の特色

はじめて「工芸」の名を冠した官立高等教育機関である京都高芸の特色はどこにあったのか。開校（一九〇二年九月）時における中沢岩太校長の式辞では、「我国の情態を顧みれば、製作家は只旧法旧式を墨守し、進んで海外の事物に就いて研究するの勇気なく、自家の智能を啓発することを求めず」と、これまでのやり方を批判し、自らの設立趣旨を「美術及学理を応用すべき工芸技術を練習」せしめることに置くとした（そこには、東京美校への批判・対抗も含意されていたとされる）。さらに、「単に祖業を継承模倣」するのではなく、「最新科学の指針」によって、「世界的競争場裏にあって、優秀の効果を収めること」が基調とされた。ただ実際の教育は、伝統工芸図案が中心となり、その結果、輸出用工芸など広義の図案を扱おうとした東京の図案教育とは性格を異にすることになったという[10]。

（五）東京高等工芸学校「工芸図案科」の特色

第一次世界大戦後の社会で、再びデザイン教育の必要性が認識されたため開設されたのが東京高等工芸学校である。同校には、東京工業の元教員たちなどが再び集ったが、たとえば、安田禄造（のち、四代目の校長となる）は、新聞紙上で、「工芸教育には二つの主義あり。一は美術を本位とするものと二は商品を本位とするもの、是なり。前者は工芸をして成るべく美術に近づけんと務むるものにして、販路及価格如何の問題は之を度外に置き、天下一品的の製品を作るを目的とするものなり。之に反し、後者は其の目的は多く売るにあり。売りて利益を得るにあり。又之を以て富国の一財源たらしめんとするものなり[11]」と語り、後者の工芸教育に力を入れるべき時節が到来したことを強調した。

東京高芸の「図案科」が、「工芸図案科」と命名されたことについても安田は、「東京工業で廃止された「工業図案科」の再現でもよかったが、成長を遂げた今の日本には、製造工業と美術工芸の間に美術的技巧を必要とする「経済的工芸」が充分に発展してきており、それに即した図案教育が必要になってきたが故に、「工芸図案」とした」という主旨を語っている。そのため、安田には、「デザイン分野を「工芸」と総称し、そのデザイン活動を図案として定義し」た結果、「戦前のデザイン領域を定着させた点で、大きな影響力を持つことになった」との評価が与えられることになる。[12] 東京高芸はそうした理念に基づくデザイン教育を展開していくのであった。

二　近代日本の官立高等教育機関でデザインを学んだ中国留学生たち

(一) 東京美術学校「図案科」(一八九六〜一九五二)

東京美校は一九五二年に廃止されるまで、五七九九人の卒業生を送り出したとされる。その中で外国人留学生は、中国一〇三人、朝鮮八九人、台湾三〇人、その他西欧を含む諸外国が一七人であった。そのうち、「図案科」に入学した中国学生は六名に過ぎず、さらに卒業できた学生はたった一名だけだった。[13]

(二) 東京工業学校「工業図案科」(一八九九〜一九一四)

この学校の図案科は、前述のように僅か一五年しか存在しなかったのだが、同科初の中国留学生は一九〇一年に東京高等工業学校に改称された後の一九〇六年に入学している。その後、一九一三年までに、一三名が入学したものの、卒業できた学生は七名だけである。そして、そのうち四名が「製版特修」というコースの修了者であった。[14] このように工業図案科の留学生数が少なかった理由については、そもそも学科の人気が高く、日本語試験も課せられた留学生の合格が難しかったこと、また教材費が高く経済的負担も大きかったことが指摘されている。[15]

（三）京都高等工芸学校「図案科」（一九〇二～一九五二）

同校は、機織・色染・図案の三科編成で始まった。そして一九〇五年、色染科に最初の中国留学生が入学して以来、一九四一年までに、六九名の外国籍学生（朝鮮、台湾も含む）が在籍していたことが確認できる。うち中国籍は五三名（ほかには、朝鮮五名、フィリピン・インド各三名、台湾二名、ビルマ・ジャワ・米国各一名）で、学科別では、機織二一名、色染一九名、図案一二名、窯業（一九二九年設置の陶磁器科が一九三七年に改称）一名だった。このうち、図案科入学第一号は一九〇九年。最後の入学者は一九三六年であり、卒業に辿りついたのは七名だった。(16)

（四）東京高等工芸学校「工芸図案科」（一九二二～一九五二）

一九二二年四月に開校した同校は、その年に朝鮮学生一名を印刷工芸科に迎えた。中国留学生は翌二三年から在籍し、以来一九四一年までに、四〇名の外国籍学生が入学した（朝鮮、台湾を含む。またアフガニスタン人が二度入学をしているので、延べ人数としては四一名）。そのうち中国籍が最も多く、一七名。次いで朝鮮の一〇名だった。中国留学生の学科別内訳は、工芸図案一三名、印刷工芸二名、写真一名、金属工芸一名の在籍で、ほとんどが図案専攻者だった。この一三名のうち、一二名が課程修了を果している。(17)

（五）デザイン専攻中国学生たちの日本での活動

デザインを専攻した留日学生たちが、日本で自らの作品等を発表する場はあったのだろうか。中国留学生の支援をしていた日華学会等の後援で、一九三一年六月「中華留日学生作品展覧会」が開かれたとの記録が次のように残る。

美術学校等にて芸術を専門に研究されている諸君に於いても、亦其の作品を日本で展覧する機会は殆んど恵まれていなかった。其処で今回、東京堂書店では日華学会及泰東書道院後援の下に、中華留日学生作品展覧会を催し、六月二四日より三十日迄、同店画廊にて（略）留学生と日本との情感を更に深めんと試みたのであったが、果然内外の好評を博し、恰も毎日の雨天にも不拘数千人の入場鑑賞があった。

この時の展示部門は、書、東洋画（日本画・南画）、西洋画、彫刻、篆刻、図案、写真、刺繍、造花に分かれ、出品者の実数は約五〇名、出品数は三〇〇点を越える盛況ぶりだった。このうち、「図案之部」には、東京美校　盧景光、東京高芸　孫行予（孫昌煌）、同校　王石之（王之英）、川端画学校　陳成璋の四名が出品している。(18)

また、東京高芸工芸図案科に一九二七年入学した高希舜は、帰国する一九三三年に、東京で個展を開催している。(19)これについて「彼の技術は精密で、しかも多少の日本的要素が入っていたため、彼の絵は日本民衆の好感を呼び、絶大な支持を得た。この時出展した一二〇余りの作品は、すべて買い取られた。つまり、彼の芸術は日本でも大きな反響を呼び、日本の芸術界から「画伯」の尊称を与えられた」のような評価が現代中国でされていることも紹介しておきたい。(20)

三　一九二〇～三〇年代における日中の社会状況とデザイン分野への関心

(一)　近代日本におけるデザインをめぐる新たな状況

一九二一年一月に東京で開かれた「欧州大戦ポスター展」を観覧したある日本人は、「ポスターとはこのような強烈な力を発揮するものか（略）その形に、大きさに、色に、構図に、姿勢に、そして凄い感じに表現されているイデオロギーの力には、戦慄を覚えながら教えられるところ多いものがあった」と、その衝撃の強さを回顧している[21]。この展覧会図録はただちに朝日新聞社から出版され高評を得たほか、京都高芸講師が留学時に収集した成果を『最近仏蘭西ポスター集』として一九二一年一〇月に発行するなど、この分野の活性化は格段に進んだ。そして、このような刺激の結果、広告業界は「長く続いた『近世的美人画ポスター』一辺倒の状況から脱皮し、一気に今日に近い広告スタイルを実現できるまでに変貌した」とされる[22]。

さらに、一九二四年に発刊された雑誌『広告と陳列』（二六年に『広告界』と改題）は、ポスターが近代日本で認知されるため大いに貢献したとされる。すなわち、同誌は読者の実用志向に応える編集をするとともに、東京高芸教授等からの寄稿も求め、学問的な芸術系の記事と経営実務者向け記事を混在させ、多様なニーズに応えたとされる。学問的要素では東京高芸・工芸図案科教授宮下孝雄の役割が大きく、「学校の図案科で広告を知り、広告を教えている先生は一人も居ないところに、氏の研究と発表は、広告指導には一つの真光球だ[23]」。「広告芸術に着手せられた氏の炯眼には、私は最大の喜びを感ずる[24]」などの高評を得たとされる。

またそうした中で、登場したのが、「商業美術」概念である。「今日の広告図案家は、暗夜岐路に立ちて、その行路に迷っている（略）広告図案家たることを一時の足がかりとして、純粋美術の研究に向わんことにのみ腐心し、真に広告図案家として精進せんとするものの、まことに微々として振わない状態にある」云々[25]。こうした状況を打破するため、一九二六年に広告クリエーター職能団体「商業美術家協会」が設立され、翌年には機関誌『商業美術』が刊行された。協会の趣意書には「今日迄商業美術が他の美術に比して低い位置に置かれたこと賤しめられたこと（略）は大きな不覚であった。（略）純正美術及び工芸美術は享楽の美術である（略）多くはブルジョアジイである（略）商業美術は、印刷に、建築に、照明に、造型にあらゆる文明の形式をして、最も多数者に話しかけようとする芸術である。故に我々は、現代大衆の友として存在するものである」[26]とあり、一九二〇年代半ばの日本の社会思想を色濃く反映する内容が提示されていた。それを受け、一九二八〜三〇年には、日本初のデザイン全集『現代商業美術全集』（全二四巻）も刊行される。

こうした動きと連動し、「写真」の持つ意味が大きくなってきた一九二六年には、東京高芸が印刷工芸科に「附属写真部」を新設している。翌二七年には、雑誌『広告界』が「広告写真特集号」を出し、また『現代商業美術全集』がその一巻として「写真号」を発刊（一九二九年）するなど、「写真広告」も社会的に認知されてくるのである。[27]

さて、こうした新しい状況が生まれる中、京都と東京の高等工芸学校卒業生（日本人）の就職傾向はどのようなものだったのだろうか。京都高芸では、一九三〇年代初頭までの同校卒業生の就職先は、「工業試験場、陳列所、学校、諸官署の建築・土木・勧業および商工課、百貨店の宣伝・家具装飾及意匠部、広告会社、新聞社、其の他自営及び個人経営の家具、建築材料、装飾設計商店」であったと言う。[28]また東京高芸同窓会が、一九四〇年に卒業生一五七七名の就職先の特色を調査した報告によれば、印刷工芸学科卒の四二％（一一九名）は、印刷出版業に従事しており、また木材工芸の三四％（七〇名）、図案工芸二五％（四〇名）は、官庁・学校に職を得、各地の工芸試験所や学校で、自ら学んだ技術を伝える役割を果たしていたという。[29]

すなわち、両校を卒業した日本人は、広告会社、百貨店など、新しい産業分野で活躍するとともに、教育現場でも新たな技術を伝授していったことが分かるのである。

（二）近代中国におけるデザインをめぐる新たな状況

翻って、一九二〇～三〇年代中国の社会状況はどうだったのだろうか。陳暁華の研究によれば、以下の如くであった。経済的繁栄にともなう市場拡大により、商業美術人材の需要が急務となったが、伝統的徒弟制と自己流の修学では、既にそれらの需要を満足させることは出来ず、正規のデザイン教育を受けた人材が必要とされてきた。しかし、当時の公立大学は純粋芸術教育に偏重し、市場の期待に応える存在ではなかった。そのため、私立美術学校が誕生し、実用性を重んずる教育を行った。特に上海では、一九二〇年代に、多くの学校が創設され、美術編集、書籍装丁、ポスター、カレンダー画[30]、舞台セット、紡績品デザイン等の専門人材を育成した。また五四運動前後、新文化運動期において、青年有志は、工業が日々発展する様子と、「実業救国」「美術救国」のスローガンの影響で、工芸美術が発展する方向に力を尽くすことを選択した。そして、西洋学を学ぶため、日本、フランスなどへ留学した。留学を終え、帰国した後、商品経済が日に日に活動する一九二〇～三〇年代の中国商業界と芸術教育界に身を投じ、中国芸術デザイン教育のための理論と実践の基礎を固めた[31]。

(三) 日本人教習などが中国で果した役割

こうした中、元留日学生たちが帰国後に活躍する場が用意されていくのだが、それを見る前に、日本人の専門教員(「教習」)が中国に招聘され、現地で果した役割にも簡単に触れておきたい。まず、一九〇四年に中国に渡った人物に松長長三郎(東京美校図案科一八九九年卒業)がいる。松長は、直隷高等工業学堂・意匠図案学科に一九〇四～一九一五年の間、在任し、教育指導を行った。一方、一九一〇年に南京で開かれた「南洋博覧会(勧業会)」に出された工芸作品中、元留日学生の作品や日本人教習が現地で指導した作品に高い評価が与えられたと伝えられる[32]。また、一九二九年には、東京美校教授・斎藤佳蔵が杭州の国立芸術院大学に新設された図案部で教鞭をとることになる(後に詳述)。

さらに一九三〇年代に入ると、日本のデザイン関連図書が次々と中国で翻訳出版されていく。たとえば、工芸美術理論の分野では、『工芸意匠』(李潔氷編訳、上海商務印書館、一九三八)が、横山薫次の同名書(一九三二)や山本鼎「農民美術の沿革」(一九三六)から編訳されている。それらは、大衆のための工芸や農民美術に賛同する観点に特色があったとされる。またデザイン教材分野では、『基本図案学』(傅抱石編訳、上海商務印書館、一九三六)と『基本工芸図案法』(傅抱石編訳、長沙商務印書館、一九三九)が、金子清次『基本図案学』(一九三四)と山形寛『手工図案器体の組成と装飾』(一九三二)を翻訳したもので、応用例をたくさん用い、実用的で親しみやすい著作だった。これらの翻訳者として名前が見える傅抱石は、一九三三年に帝国美術学校(現武蔵野美大)で彫塑や東洋美術を学び、一九三五年に帰国。中央大学(南京)芸術学部で教鞭をとった人物で、画家としても高名だった。[33]

日本の印刷会社と中国との関連についても簡単に記しておきたい。東京工業の修了者のうち、四名が「製版特修」であったことは既述した。大阪の精版印刷会社(中田印刷所)は、明治末期に清国政府印刷局の依頼で、中国学生に彫刻、製版、印刷の技術を三年間に亘り指導し、印刷技術を伝えたという。また、一九一八年に同社は、上海に工場を設け、煙草の包装紙やカレンダー印刷を大量に引き受けた[34]とされるが、印刷技術を通じた日中の交流もこのような形で存在したのである。

四　デザイン専攻留日中国学生の帰国後の活動

(一) 東京美校卒業生の事例

東京美校図案科第一号の官費留学生であり、結果として唯一の卒業生であったのは陳之仏（一八九六～一九六二）である。杭州工業学校教員だった陳は、一九一八年に渡日し、二〇年に東京美術学校に入学する。二五年の帰国後は、上海の東方芸術専科学校図案科主任教授に就き、また、一九二〇年代後半の上海で商業図案家を育成する目的で、「尚美図案館」を創設した。二五年からの一〇年間は、書籍装丁にも積極的に携わった。魯迅が自著の装丁を日本のそれを参考にした事例はあるが、近代中国の書籍装丁の先駆は陳とされ、新文化運動を担った総合雑誌『東方雑誌』の表紙デザインも担当しているが、そこにも日本の影響が見て取れるという。[35]

さらに陳は、美校教授・島田佳矣著『工芸図案法講義』（一九一一）掲載の図案を借用した『図案法ABC』（一九三〇）も発刊している。また、広州市立美術学校図案科主任、上海美術専科学校や南京中央大学の教授などを歴任、四一年には、重慶で国民政府教育部美術教育委員会委員に就き、翌年には国立美術専科学校校長にもなった。陳のこうした活動は、「図案教育の興盛を呼び起こし、一般の図案への関心を高めた」[36]と評されたり、「近代中国美術の発展に大きな功績を上げた画家・美術教育家・工芸美術家として揺るぎない評価を得ている」。「近代中国においてデザイン分野を専攻した唯一の人物である。（略）彼は日本で図案・工芸の教育を受けたおかげで、日本を通じて、世界の美術教育・工芸の動向を誰よりもいち早く察知していた」のごとく極めて高い評価を与えられている。[37]

（二）東京工業卒業生の事例

『東京高等工業学校一覧』所載の「卒業生の動向」から、工業図案科に在籍した一三名のうち、帰国後の履歴が分かるのは八名だが、五名が工業系・芸術系の学校教員を、三名が印刷・出版関係を、一名が新聞社勤務をそれぞれ経験していた（延べ人数）。うち、丁乃剛（一八八六～一九四六）は、一九一五年の帰国後、上海中華書局、商務印書館、北京財政部印刷廠技師を経て、一九二九年には北平大学芸術学院教授実用芸術系主任も務め、「現代印刷工芸分野の中国の先駆者のひとり。また実用工芸美術工芸の創始者のひとり」との評価が与えられるに至っている[38]。

(三) 京都高芸卒業生の事例

『京都高等工芸学校一覧』の「卒業生の動向」は、図案科の中国人一二名（卒業できた者は七名）全員のその後の経歴を「不明」としているため、現状で帰国後の動向についての手がかりはない。一方、同校の機織科（中国学生二一名が在籍）および色染科（同一九名）については、九名が工業学校教員、二名が工業試験所、四名が会社・工場にそれぞれ勤めていたことが明かになっている。

(四) 東京高芸卒業生の事例

『東京高等工芸学校一覧』から、工芸図案科在籍一三名のうち、七名の職業が分かっていて、うち六名は専門学校・大学教員に就いている（杭州芸術専科、北京芸術専科、南京美術、中央美術院、北平大学美術院、河南省立工芸専門、上海美術専科、武昌美術専科、蘇州美術専科ほか）。また、南京の正中書局美術部に勤めていた者も一人いる。

先に、卒業生のひとり高希舜（一八九六〜一九八二）が帰国直前に個展を開いたことを紹介したが、高は一九三一年の帰国後、南京美術専門学校を創設し、校長兼教授を務めた。新中国成立後は、北京の京華芸術学院院長となり、中央美術学院でも教えている。「花鳥画」の画集も多く残している。高希舜以外では、王之英（一八九三〜一九九〇）も著名で、国立北京芸術専門学校の教授・校長を務めたほか、美術教育家としての評価も高い[39]。

（五）帰国留学生による近代デザイン教育の創始

一九一八年創設の北京美術専門学校は、近代中国最初の国立高等芸術学校とされ、絵画科・図案科が置かれた。梁啓超が著した『美術学校開学記』は、「一　社会教育界のため、美育を提唱する。二　小中学生のため、美術教師を提供する。三　社会実業界のため、製造品を改良する」と三つの特色を示した。とりわけ、図案教育は、学校教学の重点の一つで、運営モデルは、日本の東京美術学校を参照にし、教員も多くは留日学生であり、初代校長の鄭錦もそうだった。このように北京美術専門学校は、日本から西洋絵画や教育方式を持ちこみ、「図案」科を正式に専門教育へと位置づけた嚆矢とされる。(40)

一九一二年創設の上海美術院は、一九二〇年に上海美術学校、一九三〇年に上海美術専科学校と名称が度々変わるが、その工芸図案科(41)には陳之仏や商家堃（東京高芸卒）など、日本で学んだ元留学生たちが勤務していた。また、既に各校卒業生の事例としても挙げたが、一九二〇年創設の国立北平大学芸術学院の図案科、一九二八年創設の国立中央大学芸術教育系図案科などに元留日学生は就職し、日本で修得したデザイン技術を中国で教育、普及して行ったのである。(42)

そうした中、一九二九年、南京政府直轄の国立芸術院大学（杭州芸術専科学校）に図案部を創設する際、日本の専門家の派遣要請が外務省文化事業部に来た。そこで選出されたのは、東京美校の斎藤佳蔵（佳三）で、一九三〇年までそこで教鞭を取っている。(43)斎藤はどのような思想を有していた人物だったのか。一九二六年に、欧米視察報告書である『図案および装飾美術教育に関する調査』を著した斎藤は、その中で、「現代工芸は大量生産による生活物品に目標を置くべきであり、図案もそれに即したものでなければならないのに、美校の図案教育は有用性に乏しい一品製作の美術工芸品図案に留まっている」という批判を展開した。それがただちに東京美校の改革に結びつくことはなかったが、五年余り経った後、和田英作校長の時代（一九三二～四四）に、斎藤の提言を入れた改組が行われ、図案科は工芸科図案部となる。「それ以後、図案部は欧米のデザイン運動を積極的に採り入れ、新感覚のデザインを目指すようになり、また、図案に代わって、デザインという言葉を使う傾向が強まる。その反面、伝統的図案の研究は片隅に押しやられてゆき、美校開校以来のこの方面の蓄積が埋没してしまう結果となった[44]」との評価も一方でされるが、新しい社会状況に即応した「デザイン教育」が展開される方向に転じたことは間違いないのである。そして、そのような「新感覚」が、教員によって、あるいは元留学生によって、中国に持ち込まれて行ったのである。

おわりに――まとめと今後の課題

近代日本で「図案科」を持っていた官立学校四校の入学者を年次ごとに累計したのが付表である。その特色を概観すると、最初にデザイン専攻希望の中国留学生を受け入れたのは、一九〇六年の東京工業であった。その後、同校の図案科が一九一四年に廃止されるまでの総計一三名と、京都工芸の四名を加えた一七名が、一九一三年までの入学者の総数だった。その後、東工図案科廃止のためもあり、五年間は、「図案」科の入学者はゼロとなる。そして一九一八年以降は毎年一人ないし二人が、東京美校、京都高芸のいずれかに入学する状況が続く。しかし二二年に開校した東京高芸・工芸図案科に、漸次集中していく傾向が見て取れる。そして、戦前期、最後のデザイン専攻生は、三七年の東京美校新入生（のち中退）であった（ちなみに、一九四五年まで、他分野を学ぶ中国留学生は存在し続けていた）。

この傾向を見るに、近代日本での「デザイン（図案）」修学を希望した中国学生たちの志向は、「純粋美術」に傾きがちであった東京美校図案科への入学を敬遠し、一方で「伝統工芸」との連関性が強い京都高芸よりも、「経済工芸」

【表1】近代日本の官立学校「図案」科に入学した中国留学生の年次別一覧

年次	東京美校	東京工業	京都高芸	東京高芸	総計
1906		1			1
1907					
1908		3（3）			3（3）
1909		3（2）	1（1）		4（3）
1910		2（1）	2（1）		4（2）
1911		2（1）	1		3（1）
1912					
1913		2			2
1914					
1915					
1916					
1917					
1918			2（1）		2（1）
1919			1（1）		1（1）
1920	1（1）				1（1）
1921			1		1
1922	1		1（1）		2（1）
1923			1（1）		1（1）
1924					
1925			1（1）		1（1）
1926				2（1）	2（1）
1927				2（2）	2（2）
1928					
1929	1				1
1930				1（1）	1（1）
1931	2			1（1）	3（1）
1932					
1933				1（1）	1（1）
1934				2（2）	2（2）
1935				1（1）	1（1）
1936			1	3（3）	4（3）
1937	1				1
総計	6（1）	13（7）	12（7）	13（12）	44（27）

注1 （ ）内の数字は、卒業に至った人数。

注2 東京工業・工業図案科は1914年に廃止。

注3 東京高芸・工芸図案科は1922年から募集開始。

を睨んだ教育を積極的に行っていた東京高芸の教育方針を求めていたと解釈しても良いだろう。さらに、東京高芸卒業生の半数余が、帰国後、工芸系・芸術系の大学教員に就くことが出来たことは、そうした分野の専門家を、同時代の中国社会が求めていたことの証と思われる。

近代日本の留学生の修学分野において、「デザイン（図案）」を専攻した学生は、必ずしも大人数ではなかった。しかしながら、帰国後は一九二〇〜三〇年代中国における「近代知」の発展あるいは大衆化に寄与貢献するため、母国の芸術系学校の教壇に、あるいは産業界の第一線に立って、活躍したことを本稿では明らかにしてきたつもりである。ただし、本稿は官立学校四校の図案科に在籍した学生のみを対象としたまとめであり、師範学校系あるいは私学の美術学校系留学生をも含めた、よりトータルな研究が今後の課題となる。またフランスなど欧米に赴いた中国学生と対比する中で、留日学生の特色を明らかにする作業も大切だろう。

一方、新文化運動を支えた雑誌デザインにも関わった陳之仏が、留学中、東京美校教授から中国芸術を再評価するよう促されたという逸話は気になるところである。[45]すなわち、陳はのち「花鳥画作家」としても著名になり、一九五三年には『中国図案参考資料』という伝統図案集も発刊している。デザイン専攻留学生の中には、陳のほか、高希舜なども伝統画家としての評価を与えられる側面があるのだが、彼らの近代日本への留学体験と伝統再認識とがどのように連関していったのかを究明することも重要な課題と考えている。

（1）この分野の先行研究は膨大になるため、大里浩秋・孫安石編著『中国人日本留学史研究の現段階』御茶の水書房、二〇〇二年、のみを挙げておく。

（2）たとえば、河路由佳・野本京子・淵野雄二郎『戦時体制下の農業教育と中国人留学生』農林統計協会、二〇〇三年があり、見城も「戦前期における千葉高等園芸学校の留学生とその動向」『国際教育』四号、二〇一一年、見城「明治～昭和期の千葉医学専門学校・千葉医科大学における留学生の動向」『国際教育』二号、二〇〇九年、同「千葉医学専門学校・千葉医科大学時代の留学生たち」『千葉大学医学部創立一三五周年記念誌』、二〇一二年等をまとめている。

(3) 陸偉榮『中国の近代美術と日本―二〇世紀日中関係の一断面』大学教育出版、二〇〇七年。吉田千鶴子『近代東アジア美術留学生の研究―東京美術学校留学生史料』ゆまに書房、二〇〇九年。徐蘇斌『中国の都市・建築と日本―「主体的受容」の近代史』東京大学出版会、二〇〇九年。

(4) 見城は、千葉大学工学部の前身にあたる東京高等工芸学校時代に在籍した留学生（中国人以外も含む）の概要をまとめたことがある（見城「戦前期における東京高等工芸学校（現千葉大学工学部）の留学生とその動向」『国際教育』六号、二〇一三年）。

(5) 近代日本における「工芸」概念については、それが包含する内容だけでなく、その概念規定についても複雑な変遷がある。それについては、北澤憲昭「「工芸」ジャンルの形成」『美術史の余白に―工芸・アルス・現代美術』美学出版、二〇〇八年、森仁史『日本〈工芸〉の近代―美術とデザインの母胎として』吉川弘文館、二〇〇九年、を参考されたい。

(6) 京都工芸繊維大学編『京都工芸繊維大学百年史』、二〇〇一年。千葉大学工学部編『千葉大学工学部六十年史』、一九八二年。

(7) 吉田千鶴子「東京美術学校デザイン教育略史」（長田謙一・森仁史他編『近代日本デザイン史』二〇〇六年、美学出版）三〇三、三一一、三一四頁。なお、磯崎康彦・吉田千鶴子『東京美術学校の歴史』日本文教出版、一九七七年、『東京芸術大学百年史』（東京美術学校編）、一九八七年も参照のこと。

(8) 緒方康二「明治期のデザイン教育―東京高等工業学校工業図案科の活動」（前掲『近代日本デザイン史』）一二一～一

二二頁。『東京工業大学百年史』一九八五年、も参照。

(9) 柏木博「デザイン史のなかの東京高等工芸学校」(千葉県松戸市教育委員会編『デザインの揺籃時代展―東京高等工芸学校の歩み(二)』一九九六年)七頁。

(10) 前掲、『京都工芸繊維大学百年史』、一六～一八頁。『京都工芸繊維大学工学部七〇年史』(一九七二年)も参照。

(11) 『時事新報』一九一六年一二月一七日付。この項については、前掲、柏木「デザイン史のなかの東京高等工芸学校」八頁、を参照にした。

(12) 前掲、森『日本〈工芸〉の近代』、一二〇頁。

(13) 前掲、吉田『近代東アジア美術留学生の研究』、一〇頁。また、『東京美術学校一覧』各年度版参照。

(14) 『東京高等工業学校一覧』各年度版。

(15) 田島奈都子「戦前期日本と中国の印刷界の関わり」(『『良友』画報とその時代(アジア遊学一〇三)』勉誠出版、二〇〇七年)一二五～一二六頁。

(16) 『京都高等工芸学校一覧』各年度版。

(17) 『東京高等工芸学校一覧』各年度版。前掲、見城「戦前期における東京高等工芸学校(現千葉大学工学部)の留学生とその動向」には、四〇名の留学生名簿を掲載しているので参考にされたい。

(18) 「中華留日学生作品展覧会」『日華学報』二五号(一九三一年七月)、四九～五〇頁。前掲、吉田『近代東アジア美術留学生の研究』、五五～五七頁。

(19) 前掲、注(4)見城論文、四四～四五頁。

(20) 「高希舜:桃花江から生まれた芸術大家」:中国・新浪網「文化漫談　読者論壇」掲載、前掲見城論文も参照のこと。

(21)渡辺素舟『日本の広告デザイン史』技報堂、一九七六年、一八五頁。筆者の渡辺は、一八九〇年生まれで、実際にポスター展を観覧した上で、その衝撃を回顧している。
(22)竹内幸絵『近代広告の誕生』青土社、二〇一一年、一三頁。
(23)「亜土漫言」『広告界』四-一、一九二七年、六九頁。
(24)室田庫造「高等工芸の宮下教授」『広告界』四-三、一九二七年、六四-六五頁。
(25)飯盛勘一「広告画を書く人々」『広告巡礼』一九二七年、八五頁。
(26)「商業美術家協会設立趣意」(浜田増治編『商業美術』第一回パンフレット、一九二七年)三-四頁。
(27)この項の叙述は、前掲、竹内『近代広告の誕生』を参考にした。
(28)『京都高等工芸学校三〇年沿革史』、一九三二年。
(29)森仁史「日本のモダン・デザインを繙く—東京高等工芸学校のあゆみ」(前掲『デザインの揺籃時代展』)、一一三頁。
(30)陳瑞林『中国現代芸術設計史(デザイン史)』(湖南科学技術出版社、二〇〇三年)の「第二章 二〇世紀前期中国的芸術設計」は、四節に分かれている。「新しい建築デザインの形成」、「カレンダー画(月份牌画)と商業美術」、「現代書籍デザインの発展」「伝統工芸の継続と変化」(原文の中国語を筆者が日本語に訳し示した)の四つだが、この目次構成から、カレンダー画や書籍デザインが、中国近代デザイン史において、大きな意味を持ったことが理解できる。
(31)陳暁華『工芸与設計之間(工芸とデザインの間):二〇世紀中国芸術設計的現代性歴程』重慶大学出版社、二〇〇七年、一〇六・一〇九頁。原文の中国語を筆者が適宜の日本語に訳し示した。
(32)前掲、吉田『近代東アジア美術留学生の研究』、四六頁。西槇偉「清末から民国期にかけての中国の工芸美術教育と日本」(稲賀繁美編著『伝統工藝再考 京のうちそと』思文閣出版、二〇〇七年)、四四八、四五五~四五六頁。

(33) 以上の叙述は、同右、四六三～四六四頁を参照。
(34) 聖山会編『聖山中田先生伝』、一九五三年、一五〇頁。また前掲、田島論文、一二六頁。
(35) 陸偉榮『中国近代美術史論』、明石書店、二〇一〇年、一八四頁。
(36) 吉田千鶴子「斎藤佳三と林風民」（瀧本弘之・戦暁梅編『近代中国美術の胎動（アジア遊学一六八）』勉誠出版、二〇一三年）、二二六頁。
(37) 前掲、注(35)陸著、一八二～一八三頁。また前掲、陸偉榮『中国の近代美術と日本』、二〇〇七年も参照のこと。
(38)「丁乃剛」（「義烏名人」『義烏志史編輯部』HP、二〇〇七年六月一日付）。
(39) 前掲、注(4)見城論文、四五～四六頁。
(40) 郭恩慈・蘇珏『中国現代設計的誕生』東方出版中心、二〇〇八年、六七～六八頁。李中華『一九一七—一九三七年北京国立専門美術教育研究』（二〇〇五年度中国芸術研究院修士学位論文）も参照にした。
(41) 夏燕靖「上海美専工芸図案教学史考」（劉偉冬・黄惇主編『上海美専研究　専輯』南京大学出版社、二〇一〇年）、一〇六頁。
(42) 前掲、注(4)見城論文、『東京高等工芸学校一覧』などを参照。また、張道森『中外美術教育史』中国社会科学出版社、二〇一一年、一五四～一六〇頁も参照。
(43) 前掲、吉田『近代東アジア美術留学生の研究』、および前掲西槇論文、参照。
(44) 前掲、吉田「東京美術学校デザイン教育略史」、三一五～三一六頁。
(45) 前掲、西槇論文は、「日本を強く意識していた」図案科教授・島田佳矣の教えを受けた「陳之仏における伝統の再認識も、その日本体験と深く結びつくものだったと思われる」（四六六～四六七頁）と捉えている。

Ⅲ　資料編

敗戦前後の中国人留学生受け入れ関連資料

川崎真美

本稿では、敗戦前後の日本における中国人留学生受け入れに関連する資料の原文を掲載する。資料の多くは同時期に中華民国留日学生補導総本部と日華協会主事を兼務するなどした石田一郎氏が旧蔵していたものである。時期としては昭和十四～十九（一九三九～一九四四）年、作成元の組織は興亜院（一九三八年十二月十六日～一九四二年十一月一日）や大東亜省（一九四二年十一月一日～一九四五年八月二十六日、拓務省や興亜院等が一元化された組織）のものがほとんどであり、同氏が「私史・十五年戦争と戦後六十年」に記したように、「昭和十九年四月中国現地における文化体験から、国際交流事業に関心を寄せ、大東亜省所管の中華民国留日学生補導総本部（本部長津田静枝、興亜院）、日華協会（会長近衛文麿）主事を兼務、ついで同省支那事務局嘱託に就任［……］昭和二十年八月十五日終戦に伴い外務省に移り、同省事務官。管理局、総務局、調査局在籍。引き続き対支文化事業特別会計団体の解体と清算業務、中国事情調査業務に従事した」とされる時期に入手した史資料である。石日氏所蔵資料は、二〇〇五年に同資料を撮影した大里浩秋氏により提供された電子データおよび紙媒体をもととする（石田氏は二〇一二年に逝去されており、大里氏がご子息に伺ったところ、現在資料原本の所在は不明とのことである）。他には外務省外交史料館所蔵資料を掲載する。

まず、本稿で扱う資料の歴史的背景について簡単に紹介することとしたい。

中国人留学生の受け入れ・養成に関して、戦前の日本で世話団体の運営などの多くを担ったのは外務省による東方文化事業（「対支文化事業」）であった。同事業は、一九二三年三月に日本政府が義和団事件の賠償金等を基金に「対支文化事業特別会計」を設け、日中両国の共同運営として始まるが、一九二〇年代末には日本単独の運営となった。その後、同事業は日本軍部の展開と密接に関係する「文化工作」の一環に位置付けられていく。一九三八年十二月には興亜院の設置にともない、東方文化事業の多くは外務省より同院に移管された。一九四一年四月には、外務省所管として残されていた東方文化学院（東京）および東方文化研究所（京都）、日華学会および留学生関係教育施設、東亜同文書院も興亜院に移管されるが、翌年十一月には、興亜院自体も大東亜省に吸収合併された（この間の経緯については阿部洋『「対支文化事業」の研究』汲古書院、二〇〇四年が詳しい）。その後、戦況が深刻化していくなかで、中国に関する文化事業全般を統合整備する目的で、留学生を管轄する諸団体を統括した組織の設立が模索されていく。そこで登場するのが、日華協会である。日華協会は一九四五年に設立されるものの、一年ほどで解散せざるをえず、実質的な活動がほとんどできず、幻ともいえる存在であった。

こうした時期に作成された資料類からは、戦時中に日本政府が掲げた「大東亜新秩序の建設」の担い手に留学生が含まれ、留学生関連団体もまた再編成の過程でより深く「文化工作」に組み込まれていったことが読み取れる。また、石田氏所蔵資料には、外務省記録を含むアジア歴史資料センターの資料群等には存在しないものもあることから、本紹介を通じて敗戦前後の中国人留学生受け入れの実態の一端を明らかにできればと考えている。

本稿では、資料を（一）文化、教育指導等に関する資料、（二）留学生に関する統計表、（三）留学生受け入れ団体関連資料の三つに分けて紹介していく。

（一）石田氏所蔵資料のうち、興亜院のものは「支那文化指導要領」「支那思想指導要領」「支那民族ノ民生指導要領」「支那ニ於ケル宗教団体指導要領」「支那ニ於ケル衛生社会事業指導要領」「支那文教指導要領」（いずれも昭和十四年八月十二日発表、昭和十五年十二月十二日追加印刷とされている）がある。これらは東方文化事業が「日本の対華軍事進出のための手段たる〝文化工作〟を担当するものとして」（前掲、阿部洋『「対支文化事業」の研究』六六六頁）転換していく過程で発表されたものであり、当時の日本政府の対中方針が読み取れる。ここでは、総括的な内容である①「支那文化指導要領」と中国人学生の教育にかかわる②「支那文教指導要領」を掲載する。あわせて、日本政府が「大東亜共栄圏」建設を謳うなか、一九四三年十一月の大東亜会議で「大東亜共栄宣言」が採択される直前に閣議決定された③「留日学生の指導に関する件」を取り上げるが、ここからは中国人留学生のみならず留学生を「大東亜政策」に含むものとしていた日本政府の姿勢がみて取れる。

（二）中国人留学生の人数については、調査機関、史料によって数字が異なり、実態を把握するのは難しい（周一川「近代中国人留学生統計資料に関する考察――民国期を中心に」『中国研究月報』第六八巻第一一号、二〇一四年十一月を参照）。ここでは、大東亜省支那事務局総務課分室調査が作成した一九四三年十月十日現在の①「中華民国留日学生学校別数」、②「地域別男子留日学生数一覧表」、③「地域別女子留日学生数一覧表」を扱う。いずれの史料も出典は記されておらず、たとえば日華学会発行の『中華民国留日学生名簿』と照らしても留学生総数は異なる。しかし、管見の限りアジア歴史資料センターの資料群等には含まれておらず、大東亜省が当時把握していた中華民国の留学生数を知ることのできる貴重な資料であるため、取り上げることとする。これらの資料から、当時、留日学生のうち男子は二十地域、女子は七地域に分布しており、圧倒的に東京に集中していたことがわかる。

(三) 留学生受け入れ団体関連資料としては、日華協会にかかわるものを中心に取り上げる。日華協会は、日中間の文化提携強化を名目に、中国人留学生の管理を一元化すべく第二次世界大戦末期に設けられた組織である。協会は一九四五年二月から一九四六年三月まで存在した。一九四五年一月八日に設立準備委員会が開かれ、設立代表者兼理事長代理を津田静枝とし、二月十五日に設立認可を受けた。この時吸収した日華学会(同会については大里浩秋「『日華学報』目次」『人文学研究所報』三八号、二〇〇五年三月、見城悌治「一九四〇年における「中華民国留日学生会」の創設と日華学会」『中国研究月報』第六八巻第一〇号、二〇一四年十月、が詳しい)などの諸団体が行っていた留学生の補導育成や学校経営、中国文化の研究などを事業としていた。協会の運営としては、二月二十日に第一回理事会、三月三十日に第二回理事会(このときに近衛文麿を会長とすることが決定)が開かれるも、空襲、終戦などにより第三回理事会の開催は遅れに遅れ、十二月七日に開かれた際には協会の解散が決定するなど、実質的にはほとんど活動することはなかった。なお、日華協会を含め、敗戦前後の留学生を管轄する諸団体の活動については、田中剛氏による研究が詳しい(同「日本敗戦前後の中国人留日学生政策――汪精衛政権・「満洲国」・「蒙疆政権」」京都大学人文科学研究所附属現代中国研究センター研究報告『長江流域社会の歴史景観』二〇一三年十月)。

掲載資料のうち、まず日華協会の設立構想が含まれる①「支那事務局文化課長事務引継書」は、藤井重雄・元大東亜省支那事務局文化課長より堂ノ脇光雄・支那事務局文化課長に宛てられた文書である。分量が膨大なため日華協会にかかわる部分を優先し、一部省略しているが、ここからは日本による「文化工作」の具体的な方針が読み取れる。続いて、日華協会の設立にかかわる②「日華協会発起人候補者氏名」、③「日華協会設立の趣旨」、④「日華協会設立要綱(昭和十九年一月十七日(閣決案))」では、日華協会がいかなる目的でまたどういった顔ぶれで成立したかが確認できる。⑤「留学生輔導関係外郭団体一覧表」、⑥「日華協会及関係団体表」は、日華協会に関連する団体が把握できるもので、留学生を管轄する諸団体を統括した組織としての日華協会が、実際には関連団体のすべてを統合、一元化することはできず、管理下に置くにとどまったものや従来通り存続するものがあったことがわかる。⑦日華協会「第一回（自昭和二十年二月十五日至同三月三十一日）事業報告書・決算報告書」、⑧日華協会「昭和二十一年度事業報告書」は日華協会の短い活動のすべてである。⑧は「二十一年度事業報告書」というタイトルが付されているが、実際には二十年度の内容で、日華協会が活動できなかったことを物語る記録となっている。日華協会は実質的な活動を展開する前にことごとく空襲により頓挫し、敗戦により組織の存続さえ維持することが難しくなり、事業の多くを財団法人国際学友会に移譲することで終焉を迎えた。なお、移譲先の国際学友会は、日本の留学生補導団体の多くが中国・満洲国からの留学生を対象としていたため、他の諸国からの学生を対象とする組織として一九三五年十一月に創設された団体であるが、会長は日華協会と同じく近衛文麿であったほか、理事等の役員の多くは外務省、大東亜省、文部省職員であり、より官の色の濃い組織であった。

本稿で紹介した資料により、敗戦前後の中国人留学生を受け入れた日本側の実態がある程度見通せると思われる。戦時期、留学生の受け入れを日本に都合の良い人材を養成する手段と目論んだ日本の一方的な政策・方針から見えてくるものは何であるのか。そうした政策・方針があろうとも、実際に留学生と接したあるいは実務に携わった石田氏のような人びとは何を感じていたのか。日華協会や関連団体に関する資料はまだまだ多数存在する。ここでは明らかにできなかった留学生受け入れの現場や、公的な史資料からは見えてこない留学生の実態などについて、本稿を一つの契機として、留学生研究がさらに進展していくことを願いたい。

資料は断りのない限りタイプ印刷である。翻刻にあたっては原則として旧字を新字に、カタカナを平仮名に改め、統計資料については漢数字を算用数字にした。資料中の［　］は引用者による注記である。また、特に断らない場合は石田氏所蔵資料であり、それ以外については資料末尾に出所を記した。

（一）

①　支那文化指導要領　昭和十四年八月十二日　昭一五、一二、一三追加印刷

興亜院

注　意

本要領は興亜院の関係職員の為めの指針とす之か実行に当りては地域的社会的環境に応し其の方法適正を得ると共に特に露骨に我か国文化の優秀性を誇示するか如きことなき様厳に戒心するを要す

第一　方　針

一、支那文化の指導は東亜新秩序の建設を指標とし我か国文化の精華を昂揚することに依り支那文化の正しき発達を図り皇道思想を中核とする新なる東洋文化の創成発展を期するを以て方針とす

第二　要　領

二、支那の思想を指導するに当りては我か帝国の大思想に基き支那在来の思想を醇化し特に共産思想を芟除し以て新支那を指導すべき思想の創成発展を図らしむるを主眼とするものとす

三、支那の文教を指導するに当りては学術の選を適正ならしむると共に特に青少年の教育と日本語の普及とに力を致さしめ支那側をして進んで東亜新秩序の建設に邁進する人物を養成せしむるを主眼とするものとす

四、支那に於ける宗教団体を指導するに当りては東亜新秩序の建設を妨害せざる限り其の布教の自由を許さしむる如くするを主眼とするものとす

五、支那民族の民生を指導するに当りては日満支経済一体化の顕現を指標として支那分担の資源を増産せしむると共に努めて各地住民の主要食料を自給自足せしめ日常諸品を安価且容易に取得し得る如くするを主眼とするものとす

六、支那に於ける衛生社会事業を指導するに当りては先づ日支両民族の混合生活地域に於ける防疫医療に関する事業の実施に重点を注がしめ其の他の実施は東亜新秩序建設の成果に照応して之を行はしむる如くするを主眼とするものとす

七、支那新文化の建設実行は原則として支那側之に任じ我か方之に協力するを建前とす

然れども重要なる文化関係事項特に新支那を指導すべき基本思想の創成発展並我か国と密接なる関係を有する地方における文化事業には充分なる我か人的物的参加を行ふものとす

又我か方に於て自ら教育医療等の諸機関を経営するときは特に之を模範的ならしむることに留意するを要す

支那在来の風俗習慣は特に必要ならざる限り差当り改変を加へざるものとす

八、支那新文化の構成は努めて分治合作の主旨に合する如く之を指導するものとす

九、支那新文化の建設に関する各事業は努めて速に其の本格的機能の発揮を図るものとす

而して之が実施に当りては防疫医療に関する事項の整備を先きにすと雖全般的には教育、民生の向上に密接なる関係を有する産業就中農業に重点を注ぐものとす

一〇、第三国関係の対支文化事業は新指導精神に基く文化の発展に伴ひ逐次我か方に融合吸収せらるるの已むなきに至らしむるものとす
而して文化事業就中宗教の陰に匿れ東亜新秩序の建設を妨害せしめざる如く厳に監督指導するを要す
一一、対支文化事業の為め我か方に於て設くる機関は努めて単一且有機的に啓蒙し以て指導に関する各種機関の間隙摩擦を除去することに努むるものとす
又人的物的資源状態及現況の治安並経済状態就中通貨の状態に深く注意を払ひ之に即応し最も効果的施策をなすことに万全を期するを要す
一二、文化に関する各部門の指導要領は別に之を策定す

② **支那文教指導要領**　昭和十四年八月十二日　昭一五、一二、一三追加印刷

興亜院

第一　方　針

一、支那の文教を指導するに当りては学術の選を適正ならしむると共に特に青少年の教育と日本語の普及とに力を致さしめ以て支那側をして進んで東亜新秩序の建設に邁進する人物を養成せしむるを主眼とするものとす

第二　要　領

二、学術は左に依り之を指導するものとす
イ、学術の攻究は東亜新秩序の建設に即応するものを主とす
ロ、所要の学術攻究者は充分之を厚遇し又逃避学者に対しては適宜招撫の道を講ず

ハ、研究所の設置学術団体の結成に当りては日支文化の提携作興に資する如くす

三、教育は左に依り之を指導するものとす

イ、教育の内容を刷新し我か国文化の精華を摂取し新支那建設の基本精神を開明透徹すると共に抗日教育及共産主義教育は厳に之を排し欧米依存の風潮を芟除す

ロ、教育の制度に就ては特に青少年の教育、教員養成訓練機関の刷新、初等教育機関の充実、高等教育機関の統制、督学機関の整備教科書編纂機関外国留学生制度の改善等に力を致し各級の学校を以て夫々完成教育とす

ハ、従来の偏智教育を排し教育全般に対し徳育の徹底を期すると共に実社会と密接なる関係を有する科学の応用を主とする学の普及振興を図る

ニ、日本語の普及は大規模且徹底的に行ふ

ホ、教科書編纂に当りては特に抗日教材及共産主義教材を除去し、東亜に於ける国際正義の確立、共同防共の達成、新文化の建設等に必要なる教材を採択し以て日満支三国の提携互助連環関係の樹立、欧米依存の風潮芟除に資するが如き内容たらしむ

ヘ、第三国人経営の学校に対しては東亜新秩序建設に即応する様厳に監督指導す

四、前諸条の実現を期する為め我か国より支那側文教機関に対し所要の援助をなし且必要に応じ我か方経営の文教機関を設く

日支共学は差当り之を行はざるを原則とす

支那側教育機関に入るべき日本人の数の基準概ね左の如し

イ、主要教育行政機関に少数の人員

ロ、大学及専門学校には日本の文化を示すに必要なる教授、師範学校には所要の教師、日本と関係深き都市の主要なる小中学校に毎校概ね一名の教師

ハ、教科書編纂機関に少数の編纂官

③ **留日学生の指導に関する件**（昭和十八年九月十日閣議決定）

第一　方　針

留日学生に対しては大東亜政策の一環として皇国を中心とする大東亜建設に挺身協力すべき実践的指導者たらしむべく之を育成するを以て主眼とし、之が為八紘為宇の大精神に基き皇国に深き理解と信頼とを得しむると共に東洋本来の伝統精神を振作昂揚し優秀なる皇国の学術技能を修得せしむる如く指導するものとす

第二　実施要綱

一、留日学生は戦争中は特に少数有為の人材を簡抜するを本旨とし当該国政府又は現地関係機関の推薦あるものより大東亜省に於て文部省其他所管官庁と協議の上計画的に各国各地別に之を決定す

二、留日学生は一定の予備教育を受くるを原則とし訓育に重点を置き併せて日本語の習熟、基礎学力の向上に努めしむ

三、留日学生の入学に関しては各国各地別の事情並に派遣国及本人の志望等をも勘案の上関係各庁と協議し文部省に於て計画的配分を行ふ

四、留日学生の学校に於ける教育に関しては原則として日本人と同様に厳正に之を施すものとす

五、留日学生の輔導に関しては特に意を用ひ輔導団体を強化し其の活動に依り之が徹底を図る

六、留日学生に対しては帰国帰郷後に於ても留学の成果を結実せしむる如く適切なる措置を講ず
七、国内各国に対し留日学生に対する関心と理解を深めしめ之が指導に協力せしむる如く措置す
八、文部及大東亜両省に於ては留日学生指導に関し必要なる機構を整備す
九、輔導団体の指導監督は大東亜省に於て文部省其の他関係各庁の協力の下に之に当るものとし、各国又は各地別に原則として一元的統制あらしむる如く措置す

備考

軍関係等特別の事情ある留日学生の指導に関しては本件の外とす

附属了解事項

留日学生に対しては出身国出身地の特殊なる事情に応じ留学中の被服、食糧、燃料等生活必需物資の給与に付適当なる措置を講ずるものとす

① **中華民国留日学生学校別数**（昭和18年10月10日現在）

男子学生の部			女子学生の部		
学校別	校数	在学生数	学校別	校数	在学生数
大学	26	387	高等師範学校	2	17
高等師範学校	1	29	専門学校	12	69
高等学校	5	117	その他	1	2
大学予科	6	30	女学校	5	13
専門学校	46	291	計	20	101
その他	6	64			
予備校	1	219	総計	126	1270
中学校	15	32			
計	106	1169			

②　地域別男子留学生数一覧表（昭和18年10月10日現在）

学校別数／地方名	大学及高師		高等学校		予科		専門学校		その他		予備校		中学校		計	
	校数	員数	校数	員数	校数	員数	校数	員数	校数	員数	校数	員数	校数	員数	校数	員数
東京	15	269	2	112	5	26	23	225	4	57	1	219	6	6	56	914
京都	2	94	1	1			3	4	1	2					7	101
兵庫	2	4					2	3					4	16	8	23
福岡	1	18					1	3							2	21
北海道	1	11			1	4	1	5							3	20
大阪	2	5	1	2			2	4					2	7	7	18
宮城	1	7	1	2			2	6					1	1	5	16
千葉	1	6					1	1	1	5					3	12
長崎	1	1					1	9					1	1	3	11
秋田							1	7							1	7
神奈川							1	5					1	1	2	6
群馬							1	5							1	5
茨城							1	3							1	3
石川							1	3							1	3
岩手							1	2							1	2
三重							1	2							1	2
山口							1	2							1	2
広島	1	1													1	1
岐阜							1	1							1	1
京城							1	1							1	1
計	27	416	5	117	6	30	46	291	6	64	1	219	15	52	106	1169

③　**地域別女子留学生数一覧表**（昭和18年10月10日現在）

学校別数	高等師範学校		専門学校		その他		女学校		［計］	
地方名	校数	員数	校数	員数	校数	員数	校数	員数	校数	員数
東京	1	13	9	66	1	2	1	3	12	84
神奈川							2	7	2	7
奈良	1	4							1	4
兵庫			1	1			1	2	2	3
京都			1	1					1	1
大阪			1	1					1	1
群馬							1	1	1	1
計	2	17	12	69	1	2	5	13	20	101

（三）

① 支那事務局文化課長事務引継書（昭和十八年十一月十三日）

事業引継書

支那事務局文化課分掌事務別紙ノ通引継候也

昭和十八年十一月十三日

元　支那事務局文化課長　藤井重雄

支那事務局

文化課長　堂ノ脇光雄殿

昭和十八年十一月十三日

支那事務局文化課長事務引継書

目次

一、文化課所管業務の概要

二、現に進行中の主要事務の状況

三、懸案事項

四、職員現在表

五、機密書類

六、留学生学資金

一、文化課所管業務の概要

（一）対支文化政策の方針並に現況

対支文化政策は支那本来の文化を尊重しつつ皇国文化の精華を発揚滲透することに依り之を醇化すると共に欧米思潮を払拭して皇道に同調し得る東洋的新文化の創成発展を図り以て東亜新秩序の建設に寄与せしむるを根本方針とす、而して対支文化施策は肇国の大精神に淵源する興亜精神の透徹昂揚と国防総力の充実増強とに資する如く政治、経済施策と緊密なる連繋を保持して必要なる諸般の事業を協力に遂行しつつあり即ち差当り進出邦人特に対支活動の根幹たるべき中枢人物に対する教育錬成の徹底と支那に於ける衛生状態を改善し進出邦人及支那人の衛生保健を全からしむる為の医療防疫施設の整備拡充とに重点を置き尚支那側に対する文化的協力に於ては教育を主眼として親日防共思想の啓培、興亜精神の昂揚に力を致し之か為支那側教科書の編審に所要の協力を為し主要学校に日本人教員を派遣する等東亜新秩序の建設を分担するに足る支那人の育成に資し又日本語の普及に力を注きて汎く日支の理解融合の基礎を固めつつあり其の他思想、宗教、学術、厚生等の各部門に於ても夫々関係諸団体等の協力に依り必要なる方途を講する等万全の努力を致しつつあり

而して今次大東亜戦争の遂行に伴ひ対支文化施策は叙上の方針に基き愈々之を強化し、先つ進出邦人各自をして必勝の信念を堅持し毅然たる態度を以て挺身事に当らしむるは勿論思想、教育、放送等を通し聖戦の本義を透徹せしめ又防疫、医療を通し国防要域の安定確保と国防総力の増強とに資せしむる如く万違算なきを期すると共に特に米英の東洋制覇の先鋒たりし敵性文化諸施設の敵性を根絶する如く軍の施策に密接に協力し、更に軍の実権下に把握せられ

たる是等敵性文化諸施設の利用運営に関しても、軍の方策に対し、米英色を払拭し既定の文化施策の方針実現に活用する如く汎有ゆる協力を為しつつあり

(二) 対支教育、訓練の方針並に現況

東亜新秩序建設の根幹たるへき日本人の人材を錬成し教育することは新秩序建設の基底に培ふ所以にして寔に肝要なり

仍ち曩に興亜錬成所を開設し主として支那に於て政治、経済、文化等各般の施策に従事し居る者の中将来其の根幹として活動すべき人材に一年有余に亘りて須要なる錬成を為すと共に新に支那に派遣する日本人教員、対支宗教家等に対しても渡支前短期而も徹底せる錬成を施して肇国の大精神に淵源する東亜新秩序の理念並に新秩序建設の具体的方略一般を授け、更に現地に於ても各地区毎に関係各機関の協力の下に対支活動の中堅人物に対し所要の錬成を施しつつあり

又現地に於ける対支活動の根幹たるへき日本人材の教育に関しては東亜同文書院大学は固より事変後新に青島東亜医科学院、北京興亜学院、蒙古善隣協会経営厚和義塾等夫々各地区の特性をも考慮して所要の教育機関を設置経営せしめ以て新秩序建設に須要なる人材の育成に力めつつあり而して大東亜戦争の遂行に伴ひ敵性教育施設を利用し東亜同文書院大学専門部並に華北高等工業学校を創設したり

○支那側教育に対する協力

支那側教育の内容を刷新し抗日教育及共産主義教育は厳に之を排し欧米依存の風潮を芟除すると共に我国文化の精華を摂取し道義に基く東亜新秩序建設の真義を透徹せしめ真心より我と提携して東亜新秩序の建設を分担するに足る支那人を育成することは事変以来特に帝国の力を致しつつある所なり

而して我方は支那側教育の正しき発達並に支那人の思想、転換に関して特に教科書の編審に所要の協力を為して之を改訂せしめ又主要なる学校に所要の日本人教員を派遣する等親日防共思想の啓培、興亜精神の昂揚に万全の努力を傾注しつつあり尚日本語の普及は日支の理解融合の基礎を固むる所以にして大規模且徹底的に之か普及に努めつつあるか支那側学校に於ても正課として之を課する等其の普及に努めつつあり

○大東亜戦争遂行に伴ふ教育施策

大東亜戦争の遂行に伴ふ教育施策に関しては既定の方針に基き愈々之を強化することとし即ち先つ進出邦人をして必勝の信念を堅持し毅然たる態度を以て挺身事に当ると共に支那民衆を誘掖指導せしむる如くし又支那側教育に対しては我方の指導を一層強化徹底し特に派遣教員等をして思想戦士たるの実を挙けしめ米英依存の迷妄より断乎脱却せしむると共に反戦反軍乃至共産主義運動の扇動の余地なからしむるは勿論進んで聖戦の本義に徹して之か完遂に敢然として協力邁往せしむる如く万全の努力を傾注せしめ次に在支敵性教育施設処理に関する軍の方策には密接に協力し来れる所にして而して華北に於ては閉鎖せられたる中小学校一一一校中改組開学せられたるもの七四校及燕京大学の閉鎖に伴ひ大部分の学生及教職員を収容せる北京大学に対し所要の日本人教員を派遣し華中に於ても改組開学せらる多数中小学校中主要なるもの並に金陵大学を利用運営すべき中央大学及上海に於ける敵性大学専門学校の整理改組に伴ひ（我方に於ては同仁会医科大学及上海居留民団立甲種工業学校を経営す）上海大学外五大学専科学校に対し夫々所要の日本人教員を派遣し厦門に於ても敵性中小学校にして改組開学せられたる学校に所要の日本人教員を派遣し以て多年に亘る米英依存の迷妄より断乎覚醒せしめ進て道義に基く東亜新秩序建設を分担するに足る素地を鞏くせんと着々計画実施中なり尚支那側教科書の内容を更に大東亜戦争の遂行に即応する如く改訂せしむる為め編纂指導員を新規に派遣増派し所要の協力を為さしむる如く努力しつつあり

（三）日本語普及に関する方針並に現況

日本語の普及は日支の理解融合の基礎を固むる所以なるを以て大規模且徹底的に行ふを方針とす而して支那側学校に於ては日本語を正課として課しつつありて我方よりは所要の日本人教員派遣援助する等日支協力して其の普及に努むると共に我方に於ては更に枢要なる地点に逐次模範的日本語学校を経営せしめて汎く支那民衆に対する日本語の普及に努めつつあり

尚文部省とも協力して日本語教育振興会を創設し関係官民一体となりて日本語普及に関する研究並に日本語教科書、課外読本其の他必要なる印刷物の作成、頒布等を行はしむる等日本語普及の強力なる遂行に努めつつあり

而して今次大東亜戦争遂行に伴ひ敵性学校にして改組開学せられたるものは悉く日本語を正科として課することとなれるを以て其の主要なるものに日本人教員を派遣する等日支協力して日本語の普及に努むると共に特に従来敵性の根源たりし上海共同租界に急速に大規模且徹底的に日本語を普及せしめ以て米英色を払拭して日支文化の緊密化を図る為租界内に新に日本語専修学校を設立し又華人教員の日語講習会を開催し更に厦門に於ても鼓浪嶼租界に対する日本語普及の為日本語専修学校の拡充を図るの外日本語教育振興会をして成人用速成日本語教科書の作成配布を為さしめんとする等着々実施準備中なり

（四）支那の思想の指導の方針並に現況

支那の思想を指導するに方りては肇国の大精神に基き支那在来の思想を醇化し特に共産主義思想を芟除し欧米依存の風潮を排し以て新支那を指導すへき思想の創成発達を図らしむるを主眼としつつあり

而して肇国の大精神を支那に普及し特に共産主義思想は断乎之を排し道義に基く東亜新秩序建設の理念を透徹せしむる為進出邦人をして自ら皇道精神の実践具現に努めしむるは勿論、日支官民協力一致鋭意教育を通し各地区に在る

思想団体等の活動を通し其の他熱誠なる努力を傾注しつつある所にして特に新政府の官吏及教職員は之を新思想運動の中核たらしむる如く力めつつあり

尚支那在来の思想に関しては武力戦争遂行期間に於ける時局収拾を容易ならしむる為共産主義は絶対に之を排撃するも其の他は差当り三民主義は親日防共に害ある部分を修正せしめ支那古来の思想特に孔孟の教は寧ろ復興の気運に向はしめ爾余の主義思想は其の害悪の点を修正せしむる等深甚の考慮を払ひつつあり

尚大東亜戦争遂行に伴ふ思想施策に関しては既定の方針に基き益々之を強化し有ゆる方途を講して多年に亘る米英依存の迷妄より翻然脱却せしむると共に興亜聖戦の本義を徹底し進んで敢然として聖戦完遂に協力邁往せしむるに特段の努力を致しつつあり

（五）支那側学術に対する協力の方針並に現況

支那側学術に対する協力に当りては学術の選を適正ならしめ東亜新秩序の建設に即応するものを主とする如くするを方針とす

而して主なる日支協力の学術団体としては華北に於ては東亜文化協議会、華北医学会、華北農学会、華中に於ては中華医学会等あり

其の他各主要都市毎に日支連合医学会も逐次設置せらるる等夫々各地区の特性に応じ日支協力して日支文化の融合、東亜新文化の創成発展に資しつつあり

（註）支那に関する日本側学術研究機関にして本省の助成に係るものに上海自然科学研究所、北京人文科学研究所、東方文化学院、東方文化研究所、中華民国法制研究会等あり孰れも相当の成果を挙げ来れるが現下の事態に鑑み東亜新秩序の建設に直接必須なる研究を主とする如く指導しつつあり

次に大東亜戦争遂行に伴ひ敵性学術研究施設の敵性根絶に協力すると共に特に其の中上海レスター医学研究所は同仁会華中衛生研究所に、ロイアル亜細亜協会は華中興亜資料調査所として上海共同租界内に在る敵性図書（図書館会社銀行等に所蔵のもの）をも併せて蒐蔵整理し利用運営せしめつつあり

（六）対支宗教施策の方針並に現況［略］

（七）対支衛生施策の方針並に現況［略］

（八）阿片癮者の治療に関する方針並に現況［略］

（九）対支社会事業の指導要領並に現況［略］

（十）対蒙人文化施策の方針並に現況［略］

二、現に進行中の主要事務の状況

（一）昭和十九年度予算要求

当課の主管に係る昭和十九年度補助費対支文化事業費其の他補助文化事業費補助の第一次要求総額は四〇、三七三、二一〇円（内訳別紙の通）にして既に大蔵省に対する説明を了したり、而して中国側課税権承認に伴ひ民会、税収減に対処し其の経営に係る医療防疫事業を同仁会に承継せしむる方針に決したるを以て之が経費補助昭和一九年分六、〇〇四、〇五七円を第二次として大蔵省に要求し其の説明を了したり（昭和十九年度予算要求額合計四六、三七七、二六七円となる）

（二）第二予備金要求

現地に於ける急激なる物価騰貴に対処し補助団体の在支職員及派遣教員に対する給与額の五割に相当する物価手当

の支給並に東亜同文書院大学、同専門部及華北高工の各学生生徒の食費を倍額とする方針の下に之が経費合計七、三六一、一五五円を第二予備金より支出方大蔵省に要求中なり

（三）青島医科学院卒業生医師免許状［略］

（四）興亜教育会

支那側に派遣せられつつある教職員を対象となし其の研究錬成、福利共済を目的とし併せて興亜教育の振興を目指す興亜教育会は去る八月十四日設立を見るに至り事務所を当課内に置き既に専任職員をも有し目下具体的事業に着手しつつあり

（五）博愛会事業の同仁会統合［略］

（六）華北及蒙疆結核予防協会結成［略］

三、懸案事項

（一）対支文化方策

対支文化方策は曩に興亜院時代の制定に係るものあるも爾後急転せる新事態に適せざるものあり殊に今回の日華同盟条約に即応し根本的に改訂の要ありと思料し或る程度の研究を進めつつありしも未だ成案を得るに至らず

（二）日華文化協会（仮称）の設立

本年一月実施の対華新方針及十月末締結を見たる日華同盟条約等の精神に基き今後の基本方針は専ら、支那の文化的伝統を活かしつつ其の本来の儒教道義精神の復興を図るが如くすると共に、他方文化交流を企図して皇道日本文化の真髄を中国に自出的に滲潤せしむるに存することとなるべし

右に照応して日華文化協会の設立を計画し、之に要する十九年度経費を大蔵省に要求中なり
日華文化協会は右対華文化基本方針に則り
1、日本文化の紹介滲透を図る
2、支那文化の調査研究を計画的且徹底的に行ふ、之が為既設調査研究機関を統制指導す
3、日華文化人の全面的連携接触を可能にす
の機能を帯びしめ、斯て日華文化の有効且根本的なる交流滲透の促進を期せんとするものなり
本協会の発足は之を可及的速かならしむる意図の下に、十八年度内に結成を了し、十九年度早々より具体的事業に着手せしむるの要あり

（三）留学生対策

九月十日の閣議決定に基き輔導団体の統合整備を始め諸政策を実施するの要あり差当り実施予定中の事項左の如し
1、文部省所管に関する輔導団体の移管
2、右実現と共に輔導団体首脳者全員を集め留日学生指導に関する閣議決定の趣旨を伝へ、輔導機構の確立整備を為すべき旨を説明し、何分の協力方を要請す（大体本月二十四、五日頃を予定す）
3、一方、目下大蔵省に提出しある輔導経費予算（十八年度追加予算及十九年度通常予算）の確定を見る迄の間生起し得べき二、三の場合を想定し、之に処すべき統合整備実施案を用意しおき遅くも本年末迄には何等かの形に於て新設団体の設置若くは現存団体の統合整備を具現せしめ一月以降新規事業に着手せしめたき意向なり

（四）在支那人高等教育機関の整備

北京興亜学院を本年十一月一日より東亜同文会に移管せしむることとし一段落を見たるも同校と東亜同文書院大学

附属専門部との相互調整等は国内教育に関する決戦態勢強化方策と関連し早急に検討解決を要する問題あり

（五）同仁会上海医科大学設立［略］

（六）華僑子弟教育方策

在日華僑子弟の教育方策に関しては具体的方策を起案し目下検討中なり

（七）善隣協会統合

東京に在る善隣協会と蒙古善隣協会は元、一団体たりしものにして先年分離の余儀なきに至りたるも西北工作強化のため現地の機関を発展的に解消し在東京の善隣協会に統合するの要を認め現地側に於ては目下着々進捗中なり

（八）渡支宗教家指導方策［略］

（九）戒煙治療所設置［略］

四、職員現在表　昭和十八年十一月一日現在［略］

五、機密書類

別冊「機密文書保管状況票」の通［別冊は資料欠落］

六、留学生学資金

杭州特務機関に勤務中なりし河内良然の斡旋に依り同地の児童五名を河内良然の養父たる新潟県古志郡六日市村龍昌寺住職河内冏念に委託留学せしめ国民学校より中等学校に進学せしめあり其の学資として曩に金一万三千円の保管を委託され必要に応じ之を交付しつつあり

其の保管状況左の如し

（一）預入先　　住友銀行麹町支店

(二) 通帳番号　三四五A
(三) 預金現在高　一〇、一七〇円七四
(昭和一八、四、一記帳)

添付資料
・対支文化事業費補助に要する経費［略、途中より史料欠落］
・中日文化協会一覧表　昭和一九年二、一〇現在［略］

② 日華協会発起人候補者氏名

一、本協会役員
侯爵　近衛文麿
男爵　平沼騏一郎
翼政会総裁陸軍大将　阿部信行
大政翼賛会興亜局長　永井柳太郎
元文相　医博　横田邦彦
陸軍中将　柳川平助
貴族院議員陸軍中将　坂西利八郎
大日本青少年団副団長　朝日奈策太郎
駒井徳三
大日本青少年団長陸軍大将　鈴木孝雄

興南学院名誉総長　大谷光瑞
貴族院議員　○今井五介
興亜総本部総務局長　桑島主計
国務大臣　後藤文夫
元蔵相　八田嘉明
日華実業協会会長貴族院議員　○兒玉謙次
興亜総本部部長　宮田光雄
東京商工会議所会頭　○藤山愛一郎
内閣顧問　○山下亀三郎
宮内庁長官　法博　杉栄三郎
侯爵　中御門経恭
貴族院議員　男爵　高崎弓彦
海軍中将　◎津田静枝
衆議院議員　◎池崎忠孝
貴族院議員　◎松本学
元情報局次長　◎奥村喜和雄
読売新聞社長　◎正力松太郎
平凡社社長　◎下中弥三郎

放送協会会長　下村宏
中日実業副総裁　高木陸郎

二、既存の対支文化（含輔導）団体関係者［略］
三、国内重要文化団体関係者［略］
四、財界［略］
五、政界［略］
六、軍関係出身者［略］
七、一般文化人［略］
○は募金関係世話人候補
◎は総務関係世話人候補

［外務省記録「一．日華協会設立要綱」『日華協会関係雑件』アジア歴史資料センター Ref.B05015322400 にも存在する。］

③ **日華協会設立の趣旨**

日華両国関係は過般締結せられたる日華同盟条約及大東亜会議に於ける共同宣言の発出により道義を基調とする両国提携の基本体制は明確に制定せらるるに至り、今後は右条約並宣言の精神を日華両国民に浸透せしめつつ政治、経済、文化各般に亘る密接なる国民提携融和の具現に邁進するを以て我対華施策の要義とするの段階に入れり、然る処、右実行具現に関し文化方面に於ては未だ統一ある民間組織を有せず、而して中華民国側に於ては我方の協力に依り既存の文化団体を改組拡充し、其の機構の整備を図りつつあるところ我方に於ては徒に群小諸団体乱立するに過ぎずして到底対文化交流事業の強力なる遂行は所期し得られざる現況なり

依而過般の外郭団体整備に関する閣議決定の趣旨に基き簡素強力なる民間機関を設け之に依りて活潑且統一ある事業の遂行を図るの要あり

茲に対支文化交流の事業に関し、日本側民間の中枢的推進機関として日華協会を設立し、中華民国側関係機関と提携呼応せしめ、以て日華間に於ける文化提携並に国民親善の促進を期す

[外務省記録（「一．日華協会設立要綱」『日華協会関係雑件』Ref.B05015322400）にも同内容のものがあるが、外務省記録は下書き段階のものである。]

④ **日華協会設立要綱**（昭和十九年一月十七日（閣議決定案））

一、設立目的

日華両国間の文化交流と国民的親善提携を促進する為日本側民間の中枢的機関として日華協会を設立す

二、設立要領

一、事業内容

イ、日華両国間の文化交流に関する事項

ロ、中華民国留日学生の輔導

ハ、日華両国間の国民的親善提携に関する事項

ニ、前各項に関する国内関係諸団体事業の連絡調整及中華民国側関係諸団体との連絡提携

ホ、其の他本協会目的達成上必要と認むる事項
二、組織
イ、本協会は財団法人とす
ロ、本協会組織の細部に関しては会長、副会長、理事長等の意見をも参酌して之を定む
三、経費
本協会の経費は事業収入、政府補助、寄附金等を以て之に充つ
但し政府補助金の使途は政府の指示に従はしむ
三、本協会の運用と既存諸団体の関係
一、日華協会は政府と表裏一体の関係に於て対支文化交流並に国民親善の一元的綜合連絡機関として政府に於て強力に支援するものとし更に支那側民間団体に対する連絡機関たらしむ
二、既存の対支文化諸団体にして本協会と同趣旨の事業を為しあるものは努めて本協会に統合を図るものとす
三、政府の代行機関として特殊の使命を有するもの其他継続活動せしむるを適当とする団体は之を存置し本協会をして之か統制又は連絡に当らしむ
四、対支活動のみを主目的とせさる国内諸団体等の対支文化交流並に国民親善に関する事業に付ては本協会に対し密に連絡協議せしむるものとす

［外務省記録「一．日華協会設立要綱」『日華協会関係雑件』Ref.B05015322400 にも存在する。］

⑤ 留学生輔導関係外郭団体一覧表（昭和一九、一、五現在）

団体名	主要幹部名	所在地	設立年月	備考
財法日華学会	会長 細川護立 理事長 杉榮三郎 常務理事 砂田実 教育部長 近澤道元	神田区西神田二ノ二ノ七（九段一〇六一 四〇四八）	大七、四	
東亜学校	校長 細川護立 学監 杉榮三郎	神田区神保町二ノ二〇（九段一四二四 四八二〇）	大一四、四	
仝 高等科	教頭 森川智徳	中野区高根町一四（中野五四七六）	昭一二、二	
白山学寮（子女）	寮監 安田春江	小石川区白山御殿町一一五	大一二、一〇	定員二〇名
中野学寮	仝 中村祐吉	中野区高根町一四（中野五四七六）	昭四、一二	仝 五〇名
東亜寮	仝 窪田資嘉	神田区西神田二ノ二ノ八	昭一〇、一二	仝 二二名
平和寮	仝 浜中直樹	麹町区飯田町二ノ九（九段一八一七）	昭一二、五	仝 二〇名
赤城学寮	舎監 篠崎正	牛込区赤城下町五三ノ二	昭一七、四	定員五〇名
巣鴨学寮	仝 関世男	豊島区西巣鴨二ノ二四一	昭一八、四	仝 三〇名
館山夏期寄宿舎	管理人 河名文造	千葉県館山市四ノ浜（沼）八四七ノ一一	大一二、七	仝 八〇名
財法東亜振興会	副総裁 川島義之 理事長 坂西利八郎 常務理事 太田義三 仝 松江豊将	芝区田町二丁目一三 旧大蔵省東京財務局跡	昭二、七	

丸子学寮	寮長　宮崎信路	神奈川県川崎市上丸子八九七	昭一四、一一	定員六名
明治学寮	仝　鈴木熊太郎	世田谷区粕谷町九九（烏山一三四）	昭一四、一二	仝　二〇名
東中野学寮	仝　中野孝一郎	中野区宮園通一ノ二	昭一五、一	仝　一五名
大岡山学寮	仝　広野藤吉	大森区北千束七六一	昭一五、二	仝　一五名
池袋学寮	仝　得田耘	豊島区千早町一ノ五	昭一五、九	仝　一〇名
名古屋学寮	仝　三上孝基	名古屋市千種区田代町衆善館	昭一五、一〇	仝　五名
吉田学生寮	寮長　中川嘉久	京都市左京区本町一五	昭一五、一二	定員二〇名
天神森学寮	寮監　小松敏克	大阪市住吉区天下茶屋三丁目天神ノ森	昭一五、一二	仝　七名
東亜学寮	寮長　奥村拓治	神戸市灘区青谷町四丁目	昭一七、三	仝　六名
金沢学寮	仝　吉田長久	金沢市蛤坂新通二ノ三	昭一五、七	仝　四名
岩手寮	仝　菱谷敏男	盛岡市新庄田中一二	昭一六、一二	仝　七名
龍昌寺寮	仝　河内問念	新潟県古志郡六日市村一七五三	昭一六、三	仝　五名
財法善隣協会	会長　一條実孝 理事長　大嶋豊	淀橋区西大久保四ノ一七〇（四谷二二八三）	昭九、一	
善隣学寮	寮長　大嶋豊	淀橋区西大久保四ノ一七〇（四谷五一六六）	昭九、四	仝　七四名
蒙古学寮	（目下建築中）	板橋区練馬仲町		仝　一〇四名
興蒙学寮	寮長　小林巳智次	札幌市北七條四一六丁目	昭一二、頃	仝　二〇名
財法東洋婦人教育会	会長　松平信子 理事　清藤秋子	神田区一橋通教育会館内（九段四一五一　四一五三）	昭一三、五	

	〃 服部繁子 〃 鳩山薫子			
仝 第一女子学寮	寮監 服部繁子	赤坂区一木町八三（赤坂四〇九七）	昭一五、一一	定員一五名
財法東亜同文会	会長 近衛文麿 副会長 阿部信行 理事長 津田静枝 専務理事 一宮房次郎 常務理事 牧田武	麹町区霞ヶ関三ノ四（銀座五四八二二九〇）	明三二、一一	
成城学校留学生部	校長 児玉秀雄 理事 鈴木孝雄 仝 坂西利八郎 主事 岡碩人	牛込区原町三ノ八七(牛込一一〇二)	明三一、	日本語学校
財法東方民族協会	理事長 芳川寛治 専務理事 荒木芳造 常務理事 大塚整司	麻布区西町二一（三田四七六七）	昭一七、一〇	定員三〇名
財法大東亜家庭寮	理事長 佐々木久一	淀橋区下落合三ノ一一四六	昭一八、五	仝 名［ママ］
財法大東亜学寮	理事長 津田静枝 理事 大達茂雄	世田谷区玉川中町一ノ六二八（玉川二五八）	昭一六、七	仝 九〇名
財法大東亜留学生会	理事長 菊地豊三郎 理事 櫻井徳太郎 常任参与 兒玉宣武	麹町区三年町一三年町公館（銀座三五三〇 七八〇六）	昭一七、七	

財法大欅塾	塾長 阿部宗孝 主事 友野代三	目黒区洗足一四四六	昭一八、五	若干名
財法新興亜会	会長 坂西利八郎	京橋区築地一ノ五（築地九一 二七六二）	昭一三、三	
名古屋新興亜学院				
京都新興亜学院				
東京新興亜学院				
水戸興亜塾				
大東亜寮				
財法青年文化協会	会長 八田嘉明 理事長 河原春作	神田区神田一ノ二（神田四九八五）	昭一四、九	
東南アジヤ学院		主として南方留学生の輔導に当り居るも若干名の中華人留学生を収容しあり		
千駄ヶ谷学寮				
梅ヶ谷学寮				
淀橋学寮				
興亜青年聯盟	会長 近衛文麿			
東亜修交会	理事長 明石元長	麹町区麹町三ノ二（九段二一六四 二五九四）		
留学生友遇会	会長 小崎道雄 常務理事 又山伝太郎	牛込区南山伏町一五ノ一	大八、	定員一五名
興亜学塾	塾長 村田重次	杉並区馬橋三ノ三七八	昭二、五	仝 一三名

留日学生親和会	会長　七里重恵	豊島区池袋三ノ一四五五	昭九、九	輔導機関
家庭組合婦人会聯合本部	委員長　押川美香	本郷区駒込追分町五三	昭一一、四	
地湧塾分塾	塾長　富田穣	世田谷区烏山町二二三八	昭一四、六	
模範女学院附属国際館	経営者　鈴木亀寿	四谷区荒木町二七北通	昭一五、一二	
中華民国基督教青年会聖山寮（小青荘）	責任者　塚本弘	小石川区指ケ谷町七（小石川一四〇四）		定員二〇名
営雪荘		中野区桃園町四一		定員六〇名（アパート）
興亜学寮	白土金吾	下谷区上根岸八一	昭一五、七	仝　五〇名（仝）
福起館		本郷区森川町四三		仝　二〇名（仝）
福田寮		牛込区鶴巻町一一一		仝　二五名（仝）
	関水耐蔵	目黒区三谷町三〇		仝　六名（仝）
国際会館		渋谷区代々木西原町九二一		（仝）
ニユーグランドハウス		淀橋区戸塚町一ノ五二三		（仝）
大黄学社	秦義雄	淀橋区戸塚町三ノ九三五	大	日本語学校

⑥　日華協会及関係団体表（昭和19年1月22日現在）

［単位：円］

分類	種別	団体名	昭和19年度補助金	前年度補助金
統合を図るもの	留学生輔導団体	日華学会	290,163	240,163
	〃	東亜振興会	48,370	48,370
	〃	東洋婦人教育会	5,000	5,000
	〃	大東亜学寮	15,000	―
	〃	大東亜留日学生会	―	―
	〃	大東亜家庭寮	―	―
	〃	成城学園留学生部	―	―
		小計	358,533	293,533
指導統制に服せしむるもの	留学生輔導団体	東方民族協会	―	―
	〃	個人経営的学寮	―	―
	文化団体	中華民国法制研究会	14,700	14,700
	〃	支那民族誌刊行会	30,000	―
	〃	興亜造形文化聯盟	―	―
	〃	日本書道報国会等	―	―
		小計	44,700	14,700
管理下に置くもの	学術研究機関	東方文化学院	50,000	90,500
	〃	東方文化研究所	50,000	105,040
	〃	上海自然科学研究所	526,893	459,110
	〃	上海近代科学図書館	126,755	107,513
	〃	北京科学図書館	133,396	125,000
	〃	華中興亜資料調査所	195,820	139,000
		小計	1,082,864	1,026,163
存続するもの	対支教育機関	東亜同文会	3,936,052	3,350,762
	対支厚生団体	同仁会	16,639,989	10,241,621
	派遣教員団体	興亜教育会	16,125	40,000
	対蒙工作団体	善隣協会（含蒙古善隣協会）	740,452	729,860
		小計	21,332,618	14,362,243
		総計	22,818,715	15,696,639

［外務省記録「一．日華協会設立要綱」『日華協会関係雑件』Ref.B05015322400にも存在する。］

⑦ 第一回（自昭和二十年二月十五日至同三月三十一日）事業報告書・決算報告書

日華協会

一、事業概況

本年度に於ける本協会の事業は留学生集合教育実施に伴ひ留学生に旅費を支給し且つ地方に於ける学寮の新設整備に着手したること並に日華学院の創設準備略完了せる等にして参加団体の既設諸事業は四月一日を期し一斉に接収することとなり居れり

二、処務要項

一．二月十五日附を以て大東亜、文部両大臣より本協会の設立を認可せらる

二．二月二十日第一回理事会を大東亜大臣官邸に開催昭和十九年度予算案を附議決定、尚理事長より常任理事及日華学院創設準備委員を指名す

三．三月二十五日附を以て大東亜大臣より昭和十九年度補助金下附せらる

四．三月二十七日第一回参与会を帝国ホテルに開催昭和二十年度に実施すべき文化局関係事業を審議す

五．三月三十日第二回理事会を帝国ホテルに開催昭和二十年度予算案を附議決定

三、昭和十九年度決算報告

本年度決算額は収入金三十七万六千九百三十六円八十八銭、支出金一万三百六十五円、残額金三十六万六千五百七十一円八十八銭にして残額は之を翌年度へ繰越したり

内訳左の通り

収入

科目	予算額	決算額	予算過不足	備考
一国庫補助金	222,600.00	222,600.00		
大東亜省補助金	222,600.00	222,600.00		
二寄付金	150,000.00	154,336.88	△ 4,336.88	
参加団体寄附金	150,000.00	154,336.88	△ 4,336.88	
三諸収入	100.00	0	100.00	
雑収入	100.00	0	100.00	
計	372,700.00	376,936.88	△ 4,236.88	

支出

一協会本部費	84,500.00	10,365.00	74,135.00	
人件費	21,500.00	6,980.00	14,520.00	
事務費	63,000.00	3,385.00	59,615.00	
二事業費	285,200.00	0	285,200.00	
留日学生輔導費	56,600.00	0	56,600.00	
留日学生非常措置費	222,600.00	0	222,600.00	
補助費	6,000.00	0	6,000.00	
三予備費	3,000.00	0	3,000.00	
予備費	3,000.00	0	3,000.00	
計	372,700.00	10,365.00	362,335.00	
収支差引	0	366,571.88	366,571.88	

［外務省記録「5. 予算関係 分割 2」『日華協会関係雑件』Ref.B05015322900。本資料は手書きである。］

⑧ 日華協会　昭和二十一年度事業報告書

財団法人日華協会

一、事業概況

四月一日を以て財団法人日華学会、同大東亜学寮、同大東亜留日学生会、同東亜振興会及同東方民族協会の事業を吸収統合し、従来是等諸団体の経営し来れる留学生の輔導育成事業を継続経営すると共に協会の機構を拡充整備し協会の他の目的たる事業即日華文化の昂揚並文化交流及日華親善の諸事業を活溌に遂行すべく期したるも此の頃より海空よりする襲撃益々激化し国内は勿論、日華間の交通著しく阻害せらるると共に寮舎、校舎等の焼失するもの並に留学生及職員の罹災するもの続出し事業遂行上多大の支障を来したるが、更に終戦と共に事態は茲に一変し本協会の目的たる諸事業の遂行全く不可能に陥り、創立後基年ならずして遂に解散の已む無きに至れは誠に遺憾なり

今本年度に於ける重なる事業を略記すれば左の如し

一、留学生輔導育成事業

(一) 政府の集合教育実施方針に協力し前年度に引続き留学生に対し移転旅費を補給し且旅行に付関係方面と連絡して諸般の便宜を供与すると共に京都を始め高松、山口、鳥取、広島、秋田、札幌及千葉県稲毛に新に学生寮を設置せり、尚本年度に於て移転旅費を支給したるもの一三二名、金額一万四千六百円なり

(二) 外務省補給学生に対する補給金は総て当協会を通じて交付することとなれる処外務省に於ける支出遅延勝なるに依り当協会に於て一時立替の上毎月一定日に学生に交付することとして便宜を計れり

(三) 海空よりする襲撃激化に伴ひ日支間の交通著しく阻害せられ公私費留学生に対する母国よりの送金杜絶勝にして学生の困窮に陥るもの多かりしを以て是等学生に対しては大学在学者月二百円、専門学校在学者月百八十円の割

合を以て当協会より学資を貸与することとし九月より実施せるが政府の経済統制の緩和と共に物価は日々に騰貴し前記金額を以ては到底学生の生活を維持すること能はざるに至れるを以て之が応急策として年末に於て学生一名に付金百円を歳暮名義にて支給せり一方外務省に於ては留学生よりの申出もあり旁諸般の事情を参酌の上学資貸与額は之を月五百円に増額するを適当なりとし其の旨当協会に通知越したり依て一月分より一率金五百円を貸与せるが、本年度中学資を貸与せるもの三百十七名、金額三十八万八千余円なり

（四）罹災学生に対しては夫々応急措置を講じたる外各学生に対し金百円を見舞として贈り之を慰問せり

（五）空襲は日を追て激化せられたるを以て山梨県岡部村に農家二棟を借入れ、埼玉県秩父の金剛院、大通院の二寺の使用を契約する等万一の場合に備へたるか遂に四月十三日日華学院高等部の校舎及附属寄宿寮空爆に依り全焼せるを以て在学生全部を一時前記金剛院に収容して授業を継続せるが東京工業大学及第一高学校に於ても危険迫りたるに依り右二校在学留学生を前者は秩父の大通院に、後者は山形県高湯に何れも疎開せしめ之が経費を当協会に於て補助したり

（六）高松経専校は空爆を受け焼失せるも幸に留学生全部無事なるを得たるも同校にての授業の継続困難の事情ありたるに依り学校当局と連絡の上全学生を山口経専校に転学せしめたり

（七）広島に於ける原子爆弾襲撃に際しては不幸にも留学生中一名の即死、二名の負傷者を出したるを以て協会職員を急派して死亡者に対しては適宜の処置を講ずると共に負傷者は之を東京に連行して手当を加へたる結果日ならずして全癒せり

（八）留学生中帰国を希望する者に対しては協会より旅費を支給するの外乗車、乗船等に関しても関係当局と連絡し出来得る限り便宜を供与することとしたるも希望者意外に少なく実際帰国したるは僅かに十数名なり

（九）双十節、旧正月の祝賀会其の他留学生の各種の催に対しては当協会より其の時々相当額の補助を為せり

（一〇）年末に於て在京留学生の為に日本劇場に於て映画観賞を催せり

二、日華学院

旧日華学会の経営せる東亜学校は本協会の経営に移ると共に従来の正科を専修部に、高等科を高等部に改めたる外新に中等部を設け校名を日華学院と更め内容の刷新充実を期したるが専修部二十年三月末在学生全部卒業後新入生無く、中等部は主務省の方針に従ひ当分開設を見合すこととなり、結局高等部のみ授業を継続せるも協会解散と共に之を財団法人国際学友会に移管せり

三、文化事業

（一）文化事業に対し左の通助成す

イ、東方文化研究所に於ける東方文化講座（一七、六四〇円）

ロ、同上に於ける支那近世俗語辞典編纂事業（一五、四〇〇円）

ハ、同上に於ける毛詩正義国訳事業（一六、二〇〇円）

ニ、同上に於ける支那方言の研究（二六、五〇〇円）

ホ、日華学芸懇話会の一般事業費（一三〇、〇〇〇円）

ヘ、日華芸文学会の一般事業費（五八、〇〇〇円）

ト、東亜考古学会の「邯鄲」及「北沙城」出版事業（二五、〇〇〇円）

チ、京大教授神田喜一郎氏の古典保存事業（一七、七九二円五〇）

（二）執筆又は研究を依嘱したるもの次の如し

イ、近衛霞山公を中心としたる興亜運動史（田中惣一郎氏、脱稿）
ロ、民俗史より見たる日支関係の研究（首藤雄平氏）
ハ、日華文華交流に関する再検討（長谷川萬次郎氏）
㈢故大宮権平氏遺作「支那暦史地図」又索引の原籍及発行権譲渡を受く
四、日華親善事業
㈠華僑民国立神戸中華同文学校に対し二十年度事業費金三千円を補助す
㈡在日華僑の罹災する者続出し、生活困難に陥れる者も尠なからざりしを以て駐日中華代理公使を通じ罹災に金三万を贈り之を慰問せり
㈢在日華僑との関係を緊密ならしむる為、横浜在住華僑、東京在住華僑及阪神在住華僑の幹部との懇談会を各一回開催せり

二、処務要綱
一、四月五日　近衛会長就任認可方大東亜大臣宛申請
一、四月七日　協会事務所を旧日華学会より小石川区大塚町五六に移転す
一、四月十日　新丸子学寮空爆を受け全焼す
一、四月十三日　赤城学寮全焼
一、四月十四日　日華学院専修部校舎内部焼失
一、四月廿六日　警視庁外事課より都内外国人立入禁止区域に支那留学生の出入取締を強化する旨通知あり

一、四月三十日　近衛会長就任の件大東亜大臣より認可せらる
一、同　京都光華学寮開設
一、同　山梨県岡部村に大和寮開設（緊急避難準備）
一、五月一日　札幌学寮開設
　　　　岩手学寮、鳥取学寮開設
一、五月十五日　事務所開所式を食堂にて開催
一、五月二十二日　発会式招待状発送
　　　　　第三回理事会開催の件通知す
一、五月廿四日　岡部長景、池田成彬両氏を顧問に依嘱す
一、同　大空爆あり大東亜省建物内部大半及新館焼失、事務所附一帯一夜にして焦土と化せるも事務所建物は幸に無事
一、同廿六日　発会式場並第三回理事会場に予定せる帝国ホテル廿四日罹災せるに依り両会合を無期延期することとし其の旨関係者に通知す
一、五月廿九日　細川侯爵副会長に就任の件認可方大東亜大臣宛申請す
一、六月二十五日　局部長新規採用及異動承認方大東亜大臣宛申請す
一、七月十二日　霞山会館に於て協会発会式を挙行す、参列者鈴木首相以下百数十名にして盛会なりき
一、七月十四日　華僑の戦災者に代理大使を通じ見舞い金を贈る
一、七月二十七日　神戸中華同文学校に対し補助金を交付す

一、八月七日　広島市原子爆弾に大被害を受け留学生中に死傷者を出したるに依り職員を急派す
一、八月十五日　終戦の詔勅渙発せられ事態一変す
一、八月廿五日　細川副会長就任の件大東亜大臣より認可せらる
一、九月五日　局部長新規採用及異動の件大東亜大臣より承認せらる
一、九月十二日　戦戦時農園開園式挙行
原子爆弾に依り広島に於て死亡せる留学生の慰霊祭執行
一、九月三十日　大岡山学寮閉鎖
山梨県岡部村所在大和寮々舎の賃貸借契約を解除す
金剛院（日華学院高等部疎開）大通院（東京工業大学特設予科疎開）山形県高湯（第一高等学校特設高等科疎開）盛岡学寮、大阪天神森学寮閉鎖
一、十一月二十一日　外務省より二十年度上半年分補助金交付せらる
一、十一月三十日　靖亜塾閉鎖
一、十二月一日　左記学寮の名称を変更す
玉川学寮（旧大東亜学寮）
神田学寮（旧東亜学寮）
麹町学寮（旧平和寮）
鳥取学寮（旧鳥取日華学寮）
一、山口学寮開設

一、十二月七日　丸の内常盤家にて第三回理事会を開き本協会を解散すること、清算人を坪上貞二、伊藤武雄の二名とすること、並に残余財産は主務官庁の認可を得て財団法人国際学友会及目下設立手続中の文化団体に寄附することを決議

一、十二月十八日　外務、文部両大臣宛第三回理事会議事録を提出す

一、十二月廿二日　外務、文部両大臣宛協会解散認可申請書を提出す

外務省の指示に依り留学生帰国斡旋要領を各学寮宛通知す

一、一月十七日　日華学院設立者を財団法人国際学友会に変更の件認可方申請す

一、一月二十四日　本協会寄附行為、役員及主なる職員の名簿並略歴を外務省に提出す

一、一月三十日　日華学院々長鈴木孝雄辞任に付高等部長森川智徳をして院長事務を取扱はしむる件認可方都長官宛申請

一、二月一日　留学生輔導育成事業及日華学院の事業を財団法人国際学友会に移譲す

一、二月六日　協会解散の件一月三十一日附を以て認可せらる

一、二月十二日　日華学院設立者変更の件認可せらる

一、二月二十日　協会清算事務所を神田区西神田二の二、旧日華学会内に移転す

一、三月二十日　小石川税務署宛協会解散届を提出す

財産目録　昭和二十一年三月三十一日現在

財団法人日華協会

	円
一、土地	二一三、二八八・五八
一、建物	五六七、一二九・六六
一、什器	一五二、四七一・二六
一、書籍	一九、八九二・五五
一、印刷紙	一五二、九八五・〇〇
一、仮払金	七三四、八三九・四二
一、家屋敷金	一、九八五・〇〇
一、有価証券	三五、九六三・七五
一、預金及現金	四、二八七、七四八・九三
合計	六、一六六、三〇三・一五

［戦後外交記録『日華学会（協会）関係　第一巻』I'.1.8.1.1-26。本資料は手書きである。］

『中国留日学生報』記事目録

王雪萍

解題

『中国留日学生報』（以下：『学生報』）は、一九四六年五月二十二日に成立した日本における中国人留学生の統合団体である中華民国留日同学総会（以下：同学総会）の機関紙として、一九四七年一月に創刊された新聞である。本目録で使用した『学生報』は、以下の四か所より集めたものである。

一か所目は、プランゲ文庫である。国立国会図書館ウェブサイトの紹介によると、連合国最高司令官総司令部（GHQ）の民間検閲部隊は、一九四五年から一九四九年十月までに日本国内で出版された図書、雑誌、新聞等に対して検閲を行った。検閲廃止後、保存されていた資料は、GHQ参謀第二部で文官の修史官を務めていたゴードン・W・プランゲによって、米国のメリーランド大学へ移管された。一九六〇年代から整理作業が進められ、一九七八年には「ゴードン・W・プランゲ文庫－一九四五－一九五二年日本における連合国の占領」という文庫名が付与されたが、「プランゲ文庫」はこの略称である。プランゲ文庫で保存されている『学生報』は、一九四七年から一九四九年まで刊行された同紙の一部である。

二か所目は、横浜華僑陳立清氏のご遺族の寄贈で設立した陳立清文庫である。陳立清氏は東京生まれの華僑で、学生時代は、同学総会の執行委員として機関紙『学生報』の主編、その後旅日華僑青年聯誼会の機関誌『東風』の編集長として在日華僑青年学生の愛国団結運動において活躍された。一九五七年より東京華僑総会に勤務し、機関紙『華僑報』の編集長を長く務めた。二〇〇四年に発刊された『日本華僑・留学生運動史』の編纂には、副主編として心血を注がれた。陳立清文庫の資料の多くは、『日本華僑・留学生運動史』を編纂するために集められたものである。二〇〇九年に氏が逝去された後、氏の所蔵していた書籍、雑誌、新聞（主として、留日華僑関連）はご遺族から筆者に寄贈され、現在、その整理とデータベース化を進めている。陳立清文庫所蔵の『学生報』は、一九四八年から一九五七年にかけて断続的に収集されたもので、早期のものについてはコピーが多いが、一九五〇年代以降のものは原本が多く含まれている。

三か所目は同学総会元主席の郭平坦氏から提供された『学生報』のコピー資料である。郭平坦氏は台湾で生まれ、神戸で育った台湾華僑である。一九五〇年に早稲田大学法学部に入学し、一九五二年から一九五六年までの間、同学総会委員、副主席、主席を歴任した。一九五六年に帰国し、中国の対日・対台湾業務に長年従事してきた。氏が一九五六年に帰国した際、一九五〇年から一九五七年までの『学生報』の原本の大部分を持ち帰り、現在まで大事に保管されている。二〇〇七年にインタビューのため、北京にある氏のオフィスに訪ねたとき、筆者は、その史料を複写させてもらった。

四か所目は神奈川大学大里浩秋教授から提供された『学生報』のコピー資料である。大里教授の資料は神戸華僑歴史博物館所蔵の『学生報』の複写と国立台北教育大学何義麟副教授が東京華僑総会から収集した資料を併せたものである。

日本華僑華人研究会編『日本華僑・留学生運動史』（日本僑報社、二〇〇四、六十七頁）や同学総会元主席郭平坦氏へのインタビューでは、『学生報』は一九六〇年代まで刊行されたと指摘されているものの、筆者が現在確認できたのは一九五七年七月一日刊行の第一一六号までである。本目録は、以上の四か所で入手した『学生報』のすべての号（中には一部の紙面しかない号もある）の記事タイトルを、東京大学総合文化研究科修士二年生の田沼彬文さんの協力を得てリストアップし、筆者が確認・統合のうえ、整理したものである。編集の最終段階にあたり、神奈川大学外国語学研究科博士課程胡穎さんに手伝い頂いた。ここに記して感謝申し上げたい。

各号の新聞名、年号、号数は、新聞に掲載されたた形式のままである。各号の記事タイトルも、基本的に紙面の順番で並べたが、そのうち、中国語版が単独で作られた号に関しては、記事を「国語版」として並べたことから、日本語紙面の記事タイトルの順番を多少前後させるなどの調整を行った場合がある。

新聞名については、一九四七年三月一〇日（第三号）～一九四七年四月三〇日（第四号）までの名称が『中華民国留日学生旬報』、一九四七年五月一日（第五号）～一九四八年一月三〇日（第十六号）は『中華留日学生報』となっている。一九四八年五月四日（第十八号）以降は『中国留日学生報』に変更され、筆者が確認できた最後の号である一九五七年六月一日刊行の第一一五号まではこの名称が使われた（十七号は入手できず、第十六号と同じであったか否かは不明）。ゆえに、本資料編のタイトルは『中国留日学生報』と付けたが、記事目録の各号の名称は当時の新聞名をそのまま反映させている。

年号に関しては、一九四七年三月十日（第三号）～七月一日（第七号）までは「民国」（中華民国の年号）のみ表記し、同年七月十五日（第八号）～九月十五日（第十一号）までは西暦のみの表記、同年十月十五日（第十二号）～一九四八年五月四日（第十八号）では西暦と民国暦を併記していたが、同年六月十五日（第十九号）以降は、民国暦の掲載なく、西暦のみ表記するようになった。民国暦のみで表記された号については、読者に分かりやすいよう括弧を付けて西暦を併記した。それ以外の号は、すべて原文表記のままである。

一九四七年の創刊初期における年号表記の変更は、創刊されたばかりであり、編集方針が固まっていなかったことによるものと推測される。これに対して、一九四八年六月第十九号の年号変更と同年五月四日の第十八号の新聞名の変更はほぼ同時期に実施された。留日学生・華僑は「中華」、「中華民国」と言えば国民党政権を連想し、「中国」と言えば、中国共産党(以下:中共)政権を思い浮かべることが当時から慣習化していたのであった。さらに、民国暦は国民党政権が一貫して使用していた年号であり、西暦は中共が使用している年号である。以上の特徴から、一九四八年春の同紙の名称および年号表記の変更は、紙面では説明されなかったものの、同時期に同学総会が左傾化しはじめたことと関係していると考えられる。その傍証として、同学総会は当時、中華民国駐日代表団の指導下にあり、一九四九年夏まで中華民国留日同学総会という名称であったが、国共内戦における中共側の勝利が確実視されると、中華人民共和国建国直前の一九四九年九月一日発行の『学生報』の発行所表記は、何の説明もなく「中華民国留日同学総会」から「中国留日同学総会」へ変更し、新聞の紙面でも中共支持を打ち出した。

『学生報』は、同学総会の機関紙としての性格上、同学総会の会員である日本各地の中国人留学生による投稿が数多く掲載されるとともに、同学総会及び日本各地の同学会、華僑団体の活動状況も随時掲載していた。さらに、同学総会や留日学生・華僑が中華民国政府や中華人民共和国をどのように見ていたのかを示す記事も多く掲載されていた。ゆえに、『学生報』を史料として、戦後初期から一九五〇年代までの中国人留日学生・華僑の生活と思想の変化、留日学生・華僑と中国政府との関係、留日学生・華僑史など、数多くの研究テーマに取り組むことができる。

これまで『学生報』を史料とする研究は、川島真(「過去の浄化と将来の選択——中国人・台湾人留学生」劉傑・川島真編『一九四五年の歴史認識――〈終戦〉をめぐる日中対話の試み』東京大学出版会、二〇〇九年、三一－五一頁）、何義麟（「戦後在日台湾人之処境与認同：以蔡朝炘先生的経歴為中心」、『台湾風物』第六十巻第四期、二〇一〇年、一六一－一九四頁、「戦後台湾人留学生の活字メディアとその言論の左傾化」大里浩秋編『戦後日本と中国・朝鮮――プランゲ文庫を一つの手がかりとして』一二〇－一六八頁）、田遠（「戦後直後における中国人留日学生の境遇と選択：一九四五～一九五二－主に『中国留日学生報』を通じて」神奈川大学大学院外国語研究科博士論文、二〇一四年三月）、筆者（「戦後期日本における中国人留学生の生活難と政治姿勢をめぐる葛藤――救済金問題を事例に――」大里浩秋編『戦後日本と中国・朝鮮――プランゲ文庫を一つの手がかりとして』研文出版、二〇一三年、八三－一一九頁、「留日学生の選択－〈愛国〉と〈歴史〉」劉傑・川島真編『1945年の歴史認識――〈終戦〉をめぐる日中対話の試み』二〇三－二三二頁）などがある。とはいえ、これらの研究は『学生報』の一部分しか利用しておらず、本目録の刊行によって、『学生報』を利用した戦後中国人留日学生・華僑研究を活性化させることができれば幸甚である。

中国留日学生報記事目録

王雪萍・田沼彬文

中華民国留日学生旬報、民国三十六（一九四七）年三月十日、第三号

東京同学会　代表委員会章程の審議に入る	
会論　生活与文化―同学会員に与ふるの書―	
日本　留華同学会誕生――三月八日挙行創立大会――	
五月　計画輸送あり　帰国希望者に留意せよ	

仙台　留学生宿舎全焼
受験生に告ぐ
執行部消息
中国関係　文化団体消息　時事問題研究会
民享会
吉士林
婦人会
基督教青年会
国内通訊　留日華僑之特別教育
於台北設立「国府史蹟紀念館」
四大学開設「南洋学生奨学金」
中国科学促進会成立
当前的中国経済問題——転載中央日報（程紹徳講　湯尚恭記）
中華民国憲法解説（一）（蔡錦聡）
蒋主席的求学時代（一）
「科学者の妄想」
科学　同姓結婚とその遺伝学的考察（許燈炎）
近代芸術小論（一）——特に絵画の面よりみたる——
出版文化活動への回顧——過去一年間の編輯生活の体験から——
掌編小説　苦笑

中華民国留日学生旬報、民国三十六（一九四七）年三月三十日、第四号

全体代表大会召開　同学総会范琦主席就任第一声

会論　献給台湾省諸同学──関於台湾二・二八事件──
新年度の執行部成る　三十日、会員大会開かる
ポンと一万円‥　学生救済漸く具体化
中国も原子力の研究に着手
三六年の選良は誰か？　華総第二次大会　四月十八日伊東にて開催
国内通訊　台湾セメント公司設立
台湾の硫酸塩酸に需要殺到
白国防部長談　〝中国は台湾を切り離せない〟善良愛国の省民
〝暴動でなく政治ストだ〟謝南光先生談
軽々しい断定を許さない　台湾二・二八事件の見方
地方自治の限界
中華民国憲法解説（二）（蔡錦聡）
台案発展前途堪虞　処理委会意以政府自居　提卅二条件並接収公営事業
蒋主席的求学時代（二）
歴史唯物論之輪廓（一）（鄭孝舜）
最近日本的労働運動（緑衣）
戦後に於ける留日学生の四課題（三）（博定）
近代芸術小論（二）──特に絵画の面よりみたる──
詩　山（李自若）
さみどりの原（王景祥）
婦女の集ひ
雑誌評　桃源と民鐘
海の謎

中華留日学生報、民国三十六（一九四七）年五月一日、第五号

五四運動を偲びつつ　中日青年の和やかな集い　五月四日、東大二五番教室にて

学会組織の芽生え

各学会の奮起を要望　演劇名画鑑賞　ダンスパーティなども

普選に訴へよ　一位当選劉博士選挙を語る

会論　五四運動を偲びて

華総選挙風景　名刺をくばる候選人　あきれかへる宣伝ビラ

旋風

文化講演会　留日学生の究学態度闡明　復興建設に専門技術は絶対必要　李将軍中華青年会館にて語る〔李将軍紹介記事付き〕

今年度大学進学率五割　高専校は一高トップを切る

新入生歓迎大会

東京同学会　図書館整理着々進行　五月初旬より公開閲覧開始

武蔵野に憩ふ――水力発電所見学――

学生召還どうなる

新入生に告ぐ

学生へも特配

映評　真摯な映画　嵐の青春をみる

論説　由五四運動論及中国学生精神（石丹蛍）

五四運動精神的延長（陸馳）

一個做夢的人的漫歩及其幻想（連心）

子張問（舞雩）

特別寄稿　人類幸福への道（角田四郎）
「学び方」の問題――理工系学生に寄す――（林鉄錚）
中華民国憲法解説（三）（蔡錦聡）
（続）科学者の妄想

中華留日学生報、民国三十六（一九四七）年五月十五日、第六号

創立一周年を迎ふ　同学総会の全国態勢整ふ　文化活動は旧態依然
京都同学会　新執行部成る
華総　会長に黄廷富氏立つ
会論　博定氏に与ふ
外人登録令を衝く
旋風
革命期の中国文化界
在日青年美術家蹶起す　毎月第三周目に小美術展
留日学生　演劇研究に着手　舞台装置、演劇史等の講座展開
五月の雨は緑に
帰国船六月上旬出帆
工業建設の礎　産業科学研究所生る
図書貸出開始
新入生歓迎運動会今夏休に延期す
〝ミイラは未だ死せず〟ラビール会とは？
創立一週年に際し「文化賞」設置
文化ニュース　第二次文化講演会

現代中国木版画展
中国初期創作版画展
青年会館でレコードコンサート
今般文化活動に…
同学会だより　総会事務所勤務時刻変更
区別配給制
消息生活部長…
文化部長…
学生報第五号…〔訂正記事〕
歴史的唯物論之輪廓（二）（鄭孝舜）
精神頽廃問題（周元賓）
関於華僑第二次代表大会（錦芳）
詩　时啊、你这、老吉卜西人
中産階級革命思想と新聞か運動の方向（一）――中国通訊所載――
「学び方の問題」（二）――理工系学生に寄す――（林鉄錚）
〝無題の論議〟
解説『ギリシヤ彫刻』ヴィーナスの美（李泰然）

中華留日学生報、民国三十六（一九四七）年七月一日、第七号

全国代表委員会　焦点は今後の文化活動
学生報の自主性　編集委員会の確立
時評　国内の学生運動と留日学生
六月中は二度も代表委員会　国内学生運動に関して

同学会だより
おわび
神奈川同学会設立
在学証明書未提出者は留学生資格を喪失す
文化ニュース　第三次文化講演会は…
中国人編集になる口語雑誌…
東京同学会文化部では…
時事問題研究会では…
訂正（第六号一面記事）
旋風
第二次文化講演会　学問、経験と事業　中国工業の将来に一大暗示　代表団、林可儀先生力説
台湾工業建設の構想　産業科学技術研究所長林俊生先生熱演
成果を期待　工大で国語講習会
中国語研究熱高まる
交響楽
映評　米国映画を見て
唠叨（周元賓）
「噢！中国！你是一个多么奇怪的組合」（秦敢）
胡适的葫芦
「童子操刀、其傷実多」
只好向前進
湘西的『神兵』
祖国之鱗爪　第一輯

陶行知遺事
黷武之心理
南京和公文
两個乾儿子
給茶房送扁
啞吧的喉嚨
国際展望　最近の美蘇解剖――世界政策より見る――
随筆　地図を開いて――黄河、楊子江〔ママ〕を見よ――（蔡慶播）
「量子力学への道」――学び方の問題（三）（林鉄錚）
姿体美

中華留日学生報、一九四七年七月十五日、第八号（七・七復興記念号）

七・七記念式典盛大に挙行
中国復興の可否は諸君の双肩に
中、鮮、日学生青年の集ひ
学生大会決議文
会論　七・七記念日
東京華聯合執行部成る
〝中華児童〟の創刊
旋風
第五期講習生との座談会〝中国語を通じて親善を〟文化部主催
国内消息　上海大学生連合会に解散命令
　南洋華僑に五千万米ドル貸出

在日華僑の国大代表一名に決定
米国教育界名士中国学生教授の釈放要求
台湾幣と法幣は比率一対六五
米国留学生選抜
交響楽　K君の雑記帳
もり沢山なプラン　近ずく《ママ》夏季運動会
留学生ホール近く新設
同学会だより　外人登録必要
氷の特配
食料特配購入通帳
国際展望　中国問題の国際化　米・ソ間に直接影響　ウ将軍派遣は米政策の一大転機か
世界民族史（一）　民族に優越ありや？（上）（騒人聲岳）
中日貿易の再開と華僑　信用の未知数たる華僑の介入に疑問
Y・M・C・A一週年記念大会
演劇研究会ニテ短編脚本ヲ募集
津田左右吉史観を批判す　〝シナの史〟というものを中心として（陳萼芳）
古酒新裹（魚返訳）〔李白「子夜呉歌」王維「送別」〕
台湾青年の言語問題（李振華）
新聞教室　新聞の出来るまで

中華留日学生報（国語版）、一九四七年七月十五日、第八号

実践興表現（七七復興節紀念会講演原稿）（范琦）
唠叨（庸人）

訂正〔第七号本欄唠叨文中…〕
歴史変転了（石丹蛍）
「活魚」門的悲喜劇（任均）
介紹一下　中華青年会館的壁報
上海画壇一感（陳煙橋）
雨夜（蓮子）

中華留日学生報、一九四七年八月十五日、第九号（八・一五勝利記念号）

全留日学生へのメッセージ（駐日代表団副団長　沈観鼎）
会論　八・一五の回顧と中国の現状
自強不息
中日提携の近道　暴に報いるに徳を（華総会長　黄廷富談）
戦争の教訓を胸に（同学総会主席　范琦）
東京同学会　代表委員会流会
文化部ニュース　（一）図書館は先月下旬頃に…
（二）新聞社見学…
（三）新刊図書は岩波書店のご厚意で…
国際的親善の芽生え　国際学生好友会の発足〔創立趣意書付き〕
中、鮮、日学生座談会　日本学生同盟が主催
インドネシヤ在日学生大会
学生生活安定及び日本文化の紹介懇談会
時代の寵児合成樹脂　中国に原料無尽蔵
関西探訪　華僑「学生報」に関心国際新聞社を筆頭に

声　名称の統一
大阪華僑旅行接合処
文化ニュース
躍進！神奈川同学会
同学会だより〔編集部・運動部〕
交響楽　犬と猿
おことわり
学生生活の実態　暑中休暇の生活設計
東京「良き人は良き環境を作る」
関西各同学会めぐり　大金持の息子でも夏休中は働く
光華寮　寮風の刷新へ
神戸　大部分が華僑の子弟
国際展望　ウ将軍の派遣と国府の改造問題
貿易　中日貿易再開決定と民間業界の意見
新刊紹介　大同、第一輯
中国資料第二巻
中国と日本創刊号
評書『中国侵略秘史』
華僑総会最近の動向
台湾だより　中国紙よりペストと密輸
活気あふれる台湾
中、朝、印、日対抗蹴球リーグ戦
終戦後の華僑文化界　言論出版界など

飢えたる国（岳芳）

津田左右吉史観を批判す〝シナの史〟というものを中心として

スポーツ　盛夏の舞踊

火蓋は切られた　第一次留日東京学生総合運動会

運動会寄付者御芳名

映評『戦争と平和』

中華留日学生報（国語版）、一九四七年八月十五日、第九号

仲夏奏鳴曲（連心）

青年会館之新風（李敏徳）

中日戦争之史的意義（于恩洋）

七七余談（席占明）

寄母親（茅祖本）

中華留日学生報、一九四七年九月一日、第十号

中国演劇研究会主催　中国人音楽の夕　二度に亘る演奏で、僑胞慰問

時評　中国青年生活表現の検討（范琦）

円満解決の兆　援護会第一次救済に四万円支出

学生大会で生活窮迫を叫ぶ

執行部任期満了　あと一ヶ月

副主席も一役買って　関西遊説に乗り出す

地方記者に就て

訂正〔第九号所載の中日代表団副団長…〕

旋風
陸に・海に挑む若人七百　多彩だった！！東京同学会この夏の催し
文化ニュース
同学会だより
おわび〔魚返善雄先生の…〕
交響楽　離婚
論壇　終戦後の華僑文化界――下――（陳蕚芳）
中国の演劇活動　古典劇活発化『話劇』は振はず（田漢）
古酒新嚢（下）（魚返訳）（杜甫・王勃・薛業・陳子昂）

中華留日学生報（国語版）、一九四七年九月一日、第十号

二年来的悪夢（朱定裕）
流浪之歌（雲影）
論弱小民族的闘争（潘朗）

中華留日学生報、一九四七年九月十五日、第十一号

妥協案遂に成る　同学会側態度を闡明
夏休みさらば　学びの殿堂に還る・留学生
主張　同学会の危機（林瑞聡）
全留日学生体育大会　京都にて十月末開催予定
中日鮮懇談会
スポーツ　大阪にて卓球大会
旋凬　同学会改選と我等の要望

総会の東京偏重を指摘　京都にて「学生報」主催座談会
「学生報」を全国的組織化せよ！　関西僑胞の協力に深謝
大阪学生寮と台湾クラブ
「テレビジョン」の研究に伴ひレーダー等の新兵器登場　産研にて林熊元先生研究を発表
百万円の新会館…神戸青年会…
交響楽——蛇の卵と聖書——
同学会だより〔総務部・文化部・生活部〕
「学生報」寄付者御芳名〔京都方面・神戸方面・大阪方面〕
近代思想の流れ　相立する二つの思潮（金子聡）
教育行政の現状　教育事業は量的に進歩　教師難・留学教育は継続（教育部長　朱家驊）
夕映えの（王景祥）
科学ニュース
文化ニュース
新着国内雑誌より

中華留日学生報（国語版）、一九四七年九月十五日、第十一号

記「新青嚢書」（護人）
墨書（銹丁）
論弱小民族的闘争（続）（潘朗）

中華留日学生報、一九四七（民国三十六）年十月十五日、第十二号（祝賀第三十六回双十節特別号）

先輩の遺志を継いで闘うこそ意義ある大祭典
祝賀芸能大会を挙行　二日に亘り、日比谷、ムーラン・ルージュにて　華僑、学生挙って参加

全国会員代表大会を開会
会論　双十節に当りて
全国会員代表大会を開会　九月二十二日東京に召集さる〔編集委員会確立さる、ほか〕
旋風
中国学生運動に学ばん　日本天皇制に言及す
前途に明るい希望と叡智　危機突破強力執行部成る　范琦主席留任・郭、羅両氏出馬
南原東大総長と面談
自由の声高き学園　早大島田総長と面談
日本の技術と中国の工業　和田工大学長抱負を語る
中国は工業が第一　中国留学生を大いに歓迎す　明大学長を訪問
留学生を語る海野部長　よく勉強する
慶大・中大各学長に合へず《ママ》
文化の塔自由の丘を築かん　学生報の使命と地方記者
最近華僑業者の動向「華僑貿易協会」を設立
水害地の同学を訪れて　新小岩方面の水害状況
都内唯一の常打劇園　ムーランルージュ台湾出身の林以文氏経営
交響楽
運動会寄付会芳名
訂正〔本紙前号…〕
中国に於ける新社会政策の課題（鄭国演）
基督教の直面せる課題（李泰然）
特別寄稿　荀子「天論篇」の天の思想に就て（李献璋）
アメリカ映画祭とアメリカ映画

詩　中国の友（H生）
英国人のカント（多暇子）

中華留日学生報（国語版）、一九四七（民国三十六）年十月十五日、第十二号

人的挽〔輓〕歌（連心）
中秋随感（孟飛）
特別寄稿　中日文人筆談之一日（実藤恵秀）
群像吶喊（許希習　李亻斤合作）
現代中国研究ゼミナール
日本大学中国研究会　第二回公開講演会

中華留日学生報、一九四七（民国三十六）年十二月十五、三十日合併号、第十五号（一九四七年回顧合併号）、一面は印刷ミスで、一九四七（民国三十六）年十一月三十日、第十四号と誤記した

胡適博士、歓迎運動展開へ　学生、華僑に其の準備ありや
東北代委又も缺席か　全国委員代表会議の経過
同学総会は政党にあらず　総選挙に地方同学会意志表示
動的実践の決意表明　林瑞聡氏、羅氏の後任副主席に
同学総会成立より今日に到る迄　〝真に七転八起の観がある〟
青春の良識を同学会に求めん　思ひ出される立役者連の雄弁とゼスチア（博定氏談）
総会年刊発行を（周元賓氏談）
同学会、守成の段階に入る（呉修竹氏談）
同学会と共に不朽の功績　羅氏、激務で肋膜を思う
会論　一九四七年回顧と精神の危機

古城何をか語り　停電何をか答へん
キリスト教会設置の気運　華僑、学生活動積極化
〝天皇制と侵略戦争〟三田新聞、留学生と座談会
康春松同学　新文化部委員に
旋風
華僑各界の動態と展望　来春は如何なる抱負と施策で　各方面の当事者に聞く
〝改むべきは改め―〟学者らしい批判と決意（黄廷富会長談）
一片の統制で掣肘される如きヨタヨタした状態を脱却せよ（経済組長劉啓盛氏談）
〝文化活動の推進は先づ強固なる連合体〟（田孟献氏談）
華光社　華僑出版界の大御所
業態転換と工業進出は急務　中華科学研究所を訪ふ
婦女への新なる認識と健全なる男女交際へ
望みなきにあらず　百万円も夢ぢゃない
政府の全面的援助を　華僑教育界の現状
華僑美兵紛糾に抗議　代表団より学生へ指令書
交響楽
学生報創刊一周年大記念祭
同学総会だより
書ける人の欠乏か読者層の素養の不足か　〝華僑言論出版界展望〟（陳蕚芳）
政治　政府の民主化と統一化実現へ　中国政治の諸問題（宮武護一）
文化　〝文化の根本は思想の自由〟　中国文化界一年の歩み（斎藤秋男）
経済　経済復興はインフレ抑制が先決問題　一九四七年の中国経済（米沢秀夫）
台湾大学の現状（続）

中華留日学生報（国語版）、一九四七（民国三十六）年十二月十五、三十日合併号、第十五号

関於日本人対中国的態度　読波多野乾一先生的時評（谷伯英）

賀年状

生命的零度（臧克家）

一個人、他的心臓在跳動着（陸馳）

中日文人筆談之一日（三）（実藤恵秀）

編後

中華留日学生報、一九四八（民国三十七）年一月十五、三十日合併号、第十六号

新段階に立つ中国政治　日本人記者は中国の現段階をかく見る　対日講和をめぐる諸問題　米・ソ尚妥協の余地？

米、中国の妥協案検討（共同通信社東亜部次長　佐岡健一郎）

コールド・ウオアを戦う米ソ　対日講話をめぐる中国の動向（朝日新聞社東亜部次長　篠原武夫）

中国の立場は重要　対日講話は極東平和の要素（国際タイムス社論説委員　平澤先三郎）

二大勢力の闘争とその背景　報道されない莫大な事実（読売新聞社外報部次長　我妻隆雄）

国内紛糾の動向と展望　中国の命運を導くもの　知識層及学生への期待は大きい（朝日新聞　青木繁）

旋風

文化ニューズ《ママ》　戦争か平和か？

在日華僑　新聞人の使命は　日刊紙、東西僅かに二社

日本一流紙をリードせん　中日交流は社内から（国際新聞社長　林清木氏談）

政府の意志を以て本社の意志とす（中華日報社社長羅錦郷氏語る）

読ませる能力があるか否か　学生新聞は理論に趨りやすい（国際新聞社総経理　葉枝茂氏談）

学生報の三大意義（旧総会主席博定氏談）

執行部年間の抱負（総会主席　范琦）
危機打開は実践のみ（林瑞聡氏談）
研究会結成へ（康文化部委員談）
名簿作成（孚総務委員談）
生活苦克服へ（高福利委員談）
財政難克服
国際学生親善懇談会
偉大なる先覚者　故陳春長同学の二周年忌
創刊一周年を迎えて　国父の「民報」に因んで革命完成への推進力たれ（中華日報編輯次長　柯宮）
良心的な読者の立場で（李泰然）
「第二の試練」に克て　過去一年を回顧して（学生報主編　李子聡）
正確な報道、公平な評論　日本の復興を扶け、不正は断固指摘（国際新聞編集次長　鄭孝舜）
声　学生報へ苦言
交響楽
誰も彼も自由を叫ぶ　戦後の文学（上）（鹿地亘）
賠償問題に対する一考察――独逸と日本への――
「文字の国」の正書法としてのROMANIZATIONの問題（石黒魯平）
〝質量共に極めて低調〟戦後に於ける華僑文芸界（韓慶愈）
土曜文化講座を設置
学術研究発表会
文化ニュース　アメリカの女大生はジャーナリストを志望
映評　失われた週末
旧二部会員に告ぐ

雑誌評　典型的なジャーナリズム
産研所報創刊号

中華留日学生報（国語版）、一九四八（民国三十七）年一月十五、三十日合併号、第十六号

大地　新春放談（莫委羅）
血祭及其礼賛（舒貝）
丁字耙（朱定祐）
寄給遠方的友人（寒風）
特別寄稿　中日文人筆談之一日（四）（實藤恵秀）

中国留日学生報、一九四八（民国三十七）年五月四日、第十八号（五四記念特輯号）

新五四運動前進のために
五・四運動の歴史的基礎とその発展（塩脇幸四郎）
青年喲、人類的春天！（郭沫若）
訣別――給死難者――（馬逢華）
五四運動和学生的使命（空）
給在国内的英妹的信――第二封――（武彦）

中国留日学生報、一九四八年六月十五日、第十九号

国内新聞各紙、最近の論調（上）
会論　平和への勝利者たれ
論評　朝鮮人学校問題の焦点をつく
ニュース〝母国学者米国の基金獲得〟

視線
同学各位へお願い
論壇　笑いの為に（李恭然）
音に関して（上）（簡鏡山）
〃幻滅〃（深海）
時尚短訊
声　日本ジャーナリストの堕落
〃中・米学生を交換〃
総合だより（福利部・総務部）
CARL CROW' S CHINA
READ AND LAUGH WOW
話×の×泉
学生報寄附者御芳名
珍話
中日学徒親和会三十周年を迎う
中国文学界最近の動向
人間的自由の追求と戦後の日本文学（下）（鹿地亘）
魯迅と二葉亭（李泰然）
中国最近の文芸作品――新桃花扇――（波多野太郎）
形式の美と完璧は…（老舎）
五・四運動以来の実際と理念の発展（甘文芳）
作家と現実
編集後記

中国留日学生報国語版、一九四八年六月一日、号の表記無（おそらく日本語版第十九号の続き）

国際形勢裏的両個問題（給周鯁生先生的一封信）（胡適）
学府風光　漫話臺大（寧静）
朝華夕拾　胡適和銭穆互争老子
陶行知罵人詩『該罵不？』
靠血吃飯（北平通訊）
病磨十六年的科学家高士其（青心）
従故郷寄来的歌（解説付き楽譜）
時代的前進（蒼心）
水車　関于学日本話

中国留日学生報、一九四八年七月一日、第二十号（民族復興記念号）

国内新聞各紙、最近の論調（下）
論説　民族復興記念日に学生の自覚と反省
視線
激論展開さる　天皇制をめぐって　東京在日学生懇談会
各国学生の見解
結晶　科学の進歩・大戦と現実感の回復（黄八愷）
音に関して（下）　音と心理（箇鏡山）
扇子（ＳＥＮＳＥ）　中国のユーモア
子供にはカナハナイ
国内学生の動き　華北十二大学ゼネスト

北平の学生デモ
中国公論創刊さる　第二号発売中
総会告知板
洋服の件
偉大なる民族教育家　陶行知先生の思い出（小野三郎）
中国の学生運動と日本の学生運動（増田米治）
木刻説明
中国木刻　日本民主化を推進（中日文化研究所長　菊池三郎）
美術家への反響
勤労者への影響
学生への影響
児童への影響
結語
宣言
感想

中国留日学生報国語版、一九四八年七月一日、第二十号

談歌頌光明（茅盾）
従書簡看魯迅（趙文樸）
大公報社評　反美情緒的分析　一九四八年六月五日
紅十字会的工友　苦闘成功的作家艾蕪（彭桂蕊）
他做了和尚的厨子（周曙）
陶行知先生語録

閻羅的舞宴（欧陽式）
話従「七七」説起
抗議日本政府封鎖韓国学校（万学）
五弟寄来的信（虚数）
盲腸炎患者（玲兒）

中国留日学生報、一九四八年八月一日、第二十一号

七・五事件の真相　北平城頭の血
論説　祖国の現実とわれわれ留日学生
何を物語るか　日共徳田書記長暗殺未遂事件
対華軍事援助停止せよ　米進歩党政綱決定さる
視線
SPORTS
一般同学は無関心
東京YMCA茶話会
地方通信　神戸同学会改組
　関西学院同学会復活
　仙台同学会改組
総会告知板
声
青年会館便り　八月十五日紀念祭
中日親善のくさび「亜東協会東京分会成立」
七七を記念して　中国研究所で講演会

留日華僑東京女婦会改選迫る
全国代表委員会召集
中研連とは何か　其の過去、現在展望
華僑子弟の国語教育　国語を知らぬ悲しさ　外国語で意見を発表
恋愛とは如何なるものか　恋愛は如何になすべきか
国民政府下の経済動向（宮武謹一）
香港の特質と繁栄の意味（赤津益造）
中共解放地区経済の動向（尾崎庄太郎）
人物紹介　中国経済学会の父：馬寅初先生
民族文化について　第四回在日国際学生懇談会
祖国短信　茅盾のソ連見聞録
映画『駱駝祥子』
阿Q正伝映画化
世界演劇会議
香港で小説月刊創刊きる《ママ》

中国留日学生報国語版、一九四八年八月一日、第二十一号

南京学生宣布聯防（冰若）
青勃
眼睛（倪海曙）
論反扶日（李純青）
北平各大学教授四百人余抗議司徒雷登書全文
我的事業苦悶（顧頡剛講）

広島生活回憶（朱定裕）
朝華夕拾　張学良的新詩
「小」総統
編後

中国留日学生報、一九四八年九月一日、第二十二号

アジア民族平和文化祭
論説　われわれの最低生活を保障せよ
思い起せ九・一八
第二回国際青年デー　世界民主青年団結せよ
東宝問題に寄せて
全国代表委員会
中華青年会館記念祭
一高排球部京都に遠征
声　愛国はここから
黄萬居氏が留日学生に関心
総会告知板
清華寮便り
東京華僑連合会長林以文氏に感謝
地方通信　神戸同学会
為聘請華僑小学教師啓事
誰の策謀か？皮肉か？　台湾独立地下結社の真相を衝く
中国人気質批判　知性と行動の遊離したいわゆる華僑インテリ（劉啓盛）

中国人の生活と現実性の解釈（李恭然）
中国における科学技術と民族工業（島田政雄）
間に合せの人間になるな（内山完造）
コンミニズムと基督教との対決
中国の産業発達と科学技術（周元賓）
人物紹介　生長中の中国キューリ婦人　何澤慧女史
民族解放運動に於ける宗教　第五回在日国際学生懇談会
華僑科学界の現状（林俊生）

中国留日学生報国語版、一九四八年九月一日、第二十二号

和謡吹遍
鋒鏑余生——一個開封学生歴険記——
中国文学的世界化（魚返善雄）
日本華僑木刻運動的形成及発展——給中華全国木刻協会的諸同志——（李平凡）
朝華夕拾「職業学生」敵「黒名単」
流亡学生集団行乞
胡適発牢騒「当大使比当校長好」
台湾議長黄朝琴力闢独立運動謡伝
朱自清逝矣
認為新弁法没有打擊豪門　北平幾位教授評幣制改革
伝斯年帰国談
大公報重申対日意見
陳立夫外遊説法

小額法幣悲劇
五台山尼出嫁？
論語　九一八和日本人
言論範囲
我現在在做甚么

中国留日学生報、一九四八年十月一日、第二十三号

武昌起義の継承者　革命尚未成功　同志仍須努力　双十節第三十七周年紀念（岩村三千夫）
憂国学生が又迫害される　北平、上海、南京各地に多数の学生を逮捕
暴圧の下で戦う中国の学生――北平清華大学学生の手記
向太陽　向自由（楽譜）
蝉脱（汪寒作　野駒譯）
SCIENCE　肺のためにも〝ペニシリ〟が一役
私は中国で何を見たか　中国の学生は決して屈服しない（国際学連秘書CARMEL BRICKMAN）
地方通信　東京　国際学生懇談会
盛岡
帰国同学に告ぐ
編集室から
魯迅先生逝去十二周年紀念　魯迅とその時代（鹿地亘）
魯迅と民主民族戦線（島田政雄）
十二周年（内山完造）
献詞
感想（竹内好）

李平凡先生への返信　日本の人民木刻について（菊池三郎）

中国留日学生報国語版、一九四八年十月一日、第二十三号

紀念民族魂魯迅
魯迅語録
興奮与激動　九周年紀念　在勝利年的重慶
為人民大衆服務　為民主和平奮闘　魯迅精神不死　十周年祭在上海
我的兒子（富春）
光復後的台湾（楊春松）
給中国木刻的友人　菊池三郎先生（李平凡）

中国留日学生報、一九四八年十二月一日、第二十四号（十一・十二月合併号）

国際学連の旗の下に　邁進せよ！世界の恒久平和へ
論説　留日学生と華僑よ　固く団結せよ！
社告
友愛の交流戦闘の鼓舞　全世界青年学生から中国学生に寄せたメッセージ
双十節国旗侮辱事件（大阪）　華僑留学生追求委員会を結成
反飢餓運動　全面的に展開　華北各学校教職員学生ストライキ
同学総会東京同学会　委員改選　総会主席林連徳　副主席林傑栄、高銘智
民主的華僑学生団体同時に誕生　華僑民主促進会　民主中国研究会
連合運動会
玉川警察署と激戦
魯迅逝世十二周年紀念祭　青年会館にて盛大に挙開

代表団組長さん達と留日学生の歓談会
団結即是力量（同学総会主席林連徳）
日本の学生運動（日本民主主義学生同盟　中村正光）
中共地区の政策（林承卿）
同学会半年来の文化活動の回顧とその展望（王兆元）
南洋華僑の巨頭　厦門大学創始者　陳嘉庚先生とその人
祖国学生の動き　国際学連副主席　中国学連再び当選
人権保障デーに学連宣言を発表
北大教授同盟休講宣言
南洋華僑同学組　国に書簡を送る　人民解放のためあくまで戦うことを誓う
特刑庭の学生虐殺に抗議　全国学連宣言を発表
各国学連中国学生を支援　世界学生週間に展覧会を開催
杭州特刑庭の陰謀　浙江自治会抗議す
解放区青年同盟　朝鮮青年へメッセージ
中国解放区学生同盟の結成

中国留日学生報国語版、出版年月日記載なし、第二十四号（十一・十二月合併号）

談禿先生　魯迅作品思想研究（適夷）
魯迅筆底下的「阿金」形象（孟超）
関於「美校的花園」──許長貴日展入選作品──（李敏徳）
一個北大生的来信
団結就是力量　群衆舞曲〔解説付き楽譜〕
民主青年進行曲〔楽譜〕

中国人和中国話——臭豆腐雑談之一——（司馬衛）
一篇関於共区生活的報導
我的是我的、你的呢？（石英）

中国留日学生報、一九四九年二月一日、第二十六号（誤植・正しくは二十五号）

春天是我们的　告留日同学書
華僑・留学生座談会
新中国と我々の任務
我が理想とする新中国　帝国主義何ぞわれに及ばんや（京都　陳顕明）
名実共に揃った社会主義国（新潟　王泰武）
夕暮のコーラス（東京　陳鴻群）
世界　精神的楽園（東京　黄天恩）
〝アット・ザ・グラース・ルーツ〟（東京　李泰然）
平和の工業国家（京都　黄陸）
働くものの手で自由と歓喜の国（東京　陳文貴）
明るい人民の笑顔（神奈川　簡木昌）
謝泳心女史訪問記
正しい認識に基く実践　民中研の動き活発　全華僑留学生の民主的団体へ
国際学生協議会に加入　神戸同学会幹事改選さる
京都同学会　第六期委員会名簿
民族の独立を守れ！　反オランダ帝国主義大会
われらの学生新聞
楽青晩会が契機　留日学生日本研究会の結成へ

帰国学生旅費免除
民主化はまづ家庭から　新年を迎へて初の懇談会
電力に関する通知
留日学生のデザイン――一九四八年末総合調査統計――（生活調査・世論調査）
銃火をくぐる死斗一年　見よ・解放近し・固き団結
文化ニュース　周揚の芸術論　北方文芸工作の領導者
〝明日の中国〟ストロング女史の新著
スチルウエル日記…華文版刊行…
世界民主青年同盟　今秋、世界大会　平和を守れ＝パリ会議の報告
祖国短信　民主同盟談話発表　八条件の支持表明
台湾民主自治同盟　和談について声明
全国青年代表大会「五四」に開催決定
解放区学生代表大会近日中開催
ブラックリストを作って　大逮捕を開始す　あがく蔣政府の〝特刑廷〟

中国留日学生報国語版、一九四九年一・二月号、第二十六号（誤植・正しくは二十五号）

奴才的醜態（午子）
拿起笔来（史進）
注意日本的反動勢力（石英）
小劇三場（亦人）
我所理想的新中国　自由・民主（東京・韓慶愈）
和平・文化的中国（九州　李堯博）
自家専用車（九州　孟憲議）

没有搾取階級的中国（北海道　田福）
大同世界（京都　海君）
毎個人都以労働吃飯（東京　張玉峰）
発動革命建設的熱情（東京　李敏徳）
揮起鋤頭和鎌刀（東京　寒風）
各尽其力平々安々過日子（東京　孫徳成）
不講面子須求実際（京都　廖人寿）
革命求徹底（東京　左久仁）
詩篇　卅七年歳末暁越書懐似甘国手兼示明電啓盛（竹軒）
和竹軒瑤韻（文芳）
聯合創作　阿Q過新年

中国留日学生報、一九四九年三月十五日、第二十六号

人民は真の主人になった　街頭に賑うヤンコ踊り
主張　祖国の同学に応えよ　祝三・一中華全国学生代表大会
全国的勝利の前夜で学生の新任務を検討　中華全国学生代表大会開く
新しい中国はどんな科学者を必要としているか？（楊奎章）
革命完成最後の舞台　紅い星謝雪紅女史解放区へ　暁近い台湾（郭梅郷）
〝陳儀を戦犯に　倒れし先烈に続け〟台湾二・二八事件記念大会
解放を待つ上海　商工界が中共の政策に注目
スメドレー女史を慰問　誹謗に憤激した香港美術界
三分間で重労働三年　朝鮮学生同盟の国旗掲揚事件
北平学生、新中国建設に活躍

新民主台湾の構想
社告
春遠からじ…はるばる呉蘭さんへの手紙…（渡邊和子）
祖国短信　戦犯岡村寧次の厳重処罰を主張
建設すすむ天津
化学製品など満載　英国船解放華北へ
天津、上海間郵便業務はじまる
中国学連本部上海から解放区へ
解放地区の学校続々と北平に移転
〝人民革命大学〟北平で設立さる
中国の若い人々　北平にあつまる

中国留日学生報国語版、一九四九年三月十五日、第二十六号

故郷呵、我要回去！（臧克家）
小二黒結婚（一）（趙樹理・作　米谷・画）
介紹趙樹理先生及「小二黒結婚」

中国留日学生報、一九四九年四月一日、第二十七号

「全国学生団結起来！」
你是燈塔（楽譜）
燃え盛る三一の炬火　全華学生代表大会のルポルタージュ
主張　中国人民の敵　岡村寧次を裁け
中国青年の旗幟　新民主主義青年団を結成

「外人財産政令」の意味するもの（呉修竹）
三万人に青酸カリ　全僑胞、注視せよ――外国人財産取得政令――
人生観について（天野貞祐）
人間の階級性（劉少奇）
世界民主青年週間　北大西洋条約に反対　帝国主義に対し断固斗う
世界平和擁護大会を支持　中国科学者協会宣言
世界平和会議へ　中国代表きまる
全華文化美術労働者会議の開催決定
文化美術協会本部上海から北平に移転
全華青年会議　五月四日開催
同学総会だより　五四運動紀念準備委員会の動き
会員整理並びに学生証引換に御注意
生活調査表の提出
外人特配中止について
神戸同学会改選
紙上御礼〔学生報基金寄付御芳名・在日国際学生協議会寄付御芳名（中国側）〕

中国留日学生報国語版、一九四九年四月一日、第二十七号

僑校巡礼（一）　介紹横浜中華学校　民国的縮図――横浜中華学校的概況及沿革――
為学的態度（初中部第二学年学生　潘創治）
偶感（初中部第二学年学生　陳如意）
故郷的回憶（初中部第一学年学生　呉應健）
小二黒結婚（二）（趙樹理・作　米谷・画）

中国留日学生報、一九四九年四月十五日、第二十八号

夜明け前・青年の血は叫ぶ——南京四・一惨案の真相——　〝争生存、争自由、争真和平〟の怒濤
主張　この血をみよ！——抗議南京四・一惨案——
〝元凶を処罰せよ！残殺同学の仇をうたう〟　全国学連、国際学連厳重抗議
世界の人民は平和を欲している（平野義太郎）
五四運動と精神変革（陣萼芳）
五四卅周年記念祭　中国学連解放区青連　全国青年に呼びかける
五四卅周年の北平を飾って　全国青年代表大会開く
中国の新しい文化
同学総会会員代表大会決議事項
東京同学会大会
中華全国青年代表大会へ贈る　中日青年学生団結万歳！…日本全学連より友情にみちたメッセージ…
五月一日より教育防衛デー
大学法上程されたら無期限スト　松山高校
五高でスト決行
宮崎県連でも動く
東京同学会報誕生
五四特集原稿募集

中国留日学生報国語版、一九四九年四月十五日、第二十八号

中国学運的当前任務　中華全国学生第十四回代表大会通過
社告

鉄槌――紀念五・四運動卅周年――（欧陽穂）

中国留日学生報、一九四九年五月十五日、第二十九・三十合併号

中日学生　五・四運動卅周年記念大会
中国朝鮮日本　人民交歓の夕べ――京都五・四運動卅周年紀念――
社告
チャールズ大学　郭氏に名誉博士
世界民青年から全華青年会議にメッセージ
国民党の残虐破壊　太原で映画に記録
白き嵐台湾を吹く　台北四・六学生弾圧事件
中国青年運動の輝かしき発展　新民青第一回全国代表大会
新民主主義青年団とは何か（馮文彬）
四月二十九日とメーデー　人民広場における二つの表情
〝同志よ固く結べ〟五・四前夜の大合唱
進む歌ごえ（関鑑子）
同学総会だより　同学総会会員代表大会召集
東京同学会臨時全体会員大会決議
救済対策委員会　本格的に動出す
至急在学証明書写真を提出せよ
南京軍管委の国府　諸組織接収すすむ
解放軍のニュース映画を製作
アミシスト号救出に米国は気乗り薄
人民勝利への歴史「五・四」三十周年の意義（島田政雄）

日本学生運動の課題　自由・独立・平和への教育防衛斗争（武井昭夫）

偉大なる三十年　科学者の新しい課題（厳希純）

世界民主青年会議　今秋ブタペストで開催　日本青年も参加準備

留日学生の任務――五・四運動三十周年を迎えて――（崔士彦）

最近における日本の青年運動（佐佐侃）

中国留日学生報国語版、一九四九年五月十五日、第二十九・三十合併号

画時代的新「五四」（李儒勉）

東京中華小中学校沿革史

僑校巡礼（二）東京中華学校　做一個科学的工人――我的志願――（初中二年学生　頼誠壱）

雑感（初中二学生　陳正雄）

我的志願（初中二年学生　余金緑）

請組織請参加　日本研究会　今介紹中国留日学生日本研究会

小二黒結婚（三）（趙樹理・作　米谷・画）

中国留日学生報、一九四九年六月一日、第三十一号

中華全国青年大会開く

　青年代表大会宣言（全文）

主張　日本学生運動に寄せて

全世界青年へのメッセージ　帝国主義は〝紙老虎〟世界人民勝利の日へ

雄壮《ママ》な歌声が響く　始《マ》めて《マ》自由に　解放区各地「五四」行事

中国工業化の基礎　進む東北経済建設

躍進発展する解放区の青年運動
〝首を出せ〟――同学会半年来の感――（リン・レント）
新しい学制の下でさかんな政治学習　解放後の北平三大学
平和の訪れた南京　劇専生勇躍解放戦争へ
忽ちに売切れ　毛沢東の名著
中国解放区経済の復興とその発展（尾崎庄太郎）
共に語り斗い歌はん　国際青年学生協議会の結成へ
世界学連、四つの競争　学連歌学連会館など
同学総会だより　東京会員大会　朱代表団長来場
同学総会会員代表大会　主席李桂山（東大）主編呂永和（早大）
東同改選　主席張玉峯（東大）副主席陳文貴（一高）
華僑総会改選　会長は林炳松氏
紙上御礼（東京同学会会員大会寄付者芳名・神奈川同学会寄付者御芳名）

中国留日学生報国語版、一九四九年六月一日、第三十一号

文芸節歌〔楽譜〕
狗爬径山歌　七姉妹
新的使命（寒風）
小題　大閙国会議事堂　日議員戯手好拿（年生）

中国留日学生報、一九四九年六月十五日、第三十二号

中国人民の勝利と世界平和　世界和平大会中国代表団長　郭沫若氏の帰国第一声
主張　歴史から学べ　二つの「一五三〇」によせて

中国留日学生報国語版、一九四九年六月十五日、第三十二号

中国留日学生報国語版、一九四九年七月一日、第三十三号

帰郷念友（渡邊尚子）
為人民的春天而工作（鐘光）
音信往来
老Ｐ小記（蘇衣貝）
編後

中国留日学生報、一九四九年八月十五日、第三十四号

留日学生救済基金　十二万ドルの行方は？　奇怪な代表団の措置
苦学会の成立と同学会との関係（林傑栄）
留日学生奨学会成立　先ずトップに　林会長五十万円寄付
〝留学生救済は緊急の要事〟華僑諸士の喚起を要望　華僑総会会長林炳松氏談
全国代表委員会　民擁同加入学を決議
紙上御礼（学生報寄付者芳名）
世界青年よ団結せよ　ブタペストに集う若人
　国際青年祭前夜のブタペスト
　国際青年祭大行進で幕開く
在英中国留学生帰国を要望
京都留学生殴打事件　民擁同、政府高検に抗議す
健康相談所　同学会に設置
内外タイムス記者　取材おことわり　華僑総会声明
声　甚だ心外に堪えない

私は中国をこう見る〔五つの質問に対する、10名の知識人からの回答〕
最近の内外情勢について　野坂参三氏にきく
臨時帰国　時を失するか

中国留日学生報国語版、一九四九年八月十五日、第三十四号

喜事（一）（西戎）
建設新中国〔楽譜〕
Q太郎（雁居）
海行（黄炎培）

中国留日学生報、一九四九年九月一日、第三十五号

ドナウ河畔に響く歌声　世界青年学生祭に活躍する中国代表
主張　救済資金を民主的保管機関に！
新中国　留学生を招く　留米帰国学生歓迎さる　十七名北平に到着
留日学生に福音　十四万五千弗救済用に
華僑子弟の学校に　上海曁南大学指定さる
中日親善協会
華僑・留学生　合同大運動会
「九一八」と東北建設（加島敏雄）
八・一五記念講演会　新中国をめぐる国際情勢（テレプレス特派員　ヒュー・デイン）
孫文の途を追う二人の女性「革命母親」何香凝女史
　孫中山先生の遺志をつぐ宋慶齢女史
朝連等解散命令に同学総会談話発表

京都事件　市警責任を転嫁〝混乱した当時の情勢〟に
帰国問題　許可証僅か十二名に――今後は個人申請――
苦学会問題　王枢個人も合同に同意

中国留日学生報国語版、一九四九年九月、第三十五号

東北帰来（于聡）
我们是民主青年〔楽譜〕
紡紗廠――「数来宝」調――
喜事（二）（西戎）

中国留日学生報、一九四九年十月十一日、第三十六号

中華人民共和国　中央人民政府成立公告（全文）
慶祝スローガン
義勇軍行進曲〔解説記事付き楽譜〕
世界平和擁護　中国委員会発足す
中華人民共和国成立に関する声明書　中国留日学生東京同学会
奨学会救済開始　多数の申込みを希望
林以文氏の美挙　奨学会に五十万円
中国木版画展覧会
中華人民共和国の成立に当って　留日学生諸君に（中西功）
解説　反封建、反植民地から独立、民主、和平、統一、富強へ　中華人民共和国生る
学資の保証される学生生活　引揚者の語る新中国の現状
学生救済用の十四万五千弗管理問題化す　学生、華僑の参加拒否さる

苦学会委員六名を除名　東同代表委員会で決議

中国留日学生報国語版、一九四九年十月十一日、第三十六号

北上紀行（郭沫若）
向前進〔楽譜〕
厭世与情熱（豊耘）
郷愁（偏青）
十月のこよみ

中国留日学生報、一九四九年十月十五日、第三十七号

紀念魯迅先生逝去十三週年
魯迅論（毛澤東）
魯迅先生像（汪刃鋒）
主張　祖国の建設に参加するため
「人民共和国に満腔の支持おくる」中日友好協会準備双十節慶祝　大会
開放された阿Q（菊池三郎）
新中国に望む（内山完造）
文芸は前進する―「八月の郷村」の作家の悲劇―（島田政雄）
安息歌〔楽譜〕
許広平夫人の思い出（池田幸子）
魯迅芸術学院について（山本辰五郎）

中国留日学生報国語版　一九四九年十月十五日、第三十七号

把人民解放的成果献於魯迅的在天之霊―継続努力完成革命（田亦文）
真的声音（貝連）
呵！今夜的星斗（杜埃）
紀念魯迅先生（郭泉）
喜事（三）（西戎）

中国留日学生報、一九四九年十二月一日、第三十八号（一面のみ）

〝福音〟遂に実現　代表団救済金十一月中に支給
主張　祖国建設と留学生の任務
『祖国需要你』〔絵〕周亜人作
奨学会だより　幸運は誰に？―東京同学会の巻―

中国留日学生報、一九五〇年二月一日、第三十九号（一、二、五、六面のみ）

未だ波紋多し　留日学生救済問題
望　你努力進修好為人民服務
同学総会新執行委員の顔ぶれ
解決近いか桐油問題　早くも小委員会成る
月に参拾万円　寄付金問題一段落
総務部通告　代表団発行の学生証
総務部通告　送金手続
意気と熱溢るる第七期全国会員代表大会　来賓我を忘れて熱弁

中国留日学生報、一九五〇年七月一日、第二期第一号

中国留日学生報、一九五〇年九月十五日、第二巻第二期（号の記載なし）

平和投票の社会主義的競争で「九・一八」記念日を迎へ
中国人民の首都北京市の顔・顔
文化教育工作に関する報告　一九五〇年六月十七日人民政協全国委員会第二回会議における報告（政務院文教委員会主任　郭沫若）
（解説）中国革命と土地改革＝土地改革は中国工業化の基礎＝
土地改革とわが故郷　人民文学作家趙樹理語る
新刊紹介　中国新民主主義革命史　胡華著
日本人民の闘争と進路（余伯約）
国境線・社研半年等続々発刊さる
自然科学協会大会開かる　章程改正、幹事改選など
「九・一八」平和記念祭　平和投票競争の表彰など
補助金被停止者を救へ―清風寮で拠金―
　東同代表委員会でも討議
コーラス・テニス　マージャンの清華寮
掌握實事求是的學習態度　從〝人民民主專政是否無產階級專政〟談起（史川）
毛澤東思想的革命人生觀（「毛澤東思想」學習筆記初稿之一）（黃淺）
介紹蘇聯的美術（孟飛）
（寓話）戰爭之神與和平之神（黃海）

中国留日学生報、一九五一年一月二十七日、第二期第四号（一面のみ）

同学会の一致団結を　総会韓慶愈主席挨拶
主張　学習について

〝活動を停止せよ〟代表団、同学会へ通達
不法捜査に対して抗議　日本警官職権を濫用
代表団同学会を調査
甘文芳先生を囲んで
声明　中国留日同学総会
執行委員会決議報告

中国留日学生報、一九五一年三月七日、第二期第五号（一面のみ）

東京の学生寮に圧力　代表団、意見書をつきかえす
反植デー前夜祭　嵐をついて敢行さる
主張　全面講和の運動を
日本警官を告訴す―同学会不法捜査事件―
地方同学会便り　毎年五千円の赤字　神戸同学会の近況
盛岡　林同学、病む
生活苦の会員へ
「中国文学芸術通信」創刊さる
郭沫若中国代表、対日全面講和を提案　世界平和評議会
宋慶齢女史、日本の全面講和を激励
団学生登録を要求
会員消息　博仁同学パパに
何松全同学〔訃報〕

中国留日学生報、一九五一年五月十二日、第二期第七号

団結の力で粉砕　団、忠誠宣誓をひっこめる
主張　五・四と現状
五・四スローガン
王樞一派と結託
五・四記念懇談会　平和投票の競争を決議
暴圧の下にメーデーへ　全面講和・再軍備反対を要求
〝反政府〟の四氏堂々当選　団、東華総の選挙を妨害
祝　御入学　御卒業
五・四運動の歴史　五・四は新民主主義革命の端緒
「日本再武装反対！！　戦争宣伝を禁止せよ」〝二月廿四日世界平和理事会　ベルリン会議大会上の公演〟（嘗ての極東軍事裁判所中国代表判事　梅汝璈）
地方同学会便り　大阪同学会機関紙を復刊す　「白蘭」で丁玲女史を紹介
新中国の民族政策
日本再軍備反対運動　「北京人民日報」の概観
奨学会の報告
戦争は必ず防げる　さらに人民大衆の中へ（日本青年祖国戦線事務局長　福山秀夫）
同学会の歩んだ道（呉霧林）
亜細亜人、起来！（艾青）
寄朝鮮人民（田間）
凱旋（佚名）
新刊紹介　福建語法序説（李献璋氏著）

続蝦球物語（黄谷柳著　島田政雄先生寄贈）
新中国のスポーツ
編後

中国留日学生報、一九五二年二月十五日、第十二期第一号（一、二、三面のみ）

スローガン
中ソ友好同盟相互援助条約締結二周年を迎う
「吉田書簡」に反対する！
中国人民に挑戦　中国政府声明要旨
主張　中ソ友好条約と吉田書簡
平和をまもる世界人民の闘いますます拡大
幼きものの生長―私の工作日記から―（東　医院託児所　内田美津恵）
寮問題に一波瀾か！
総会新主席挨拶　凡ての努力を真理の追求に捧げよう（馬広秀）
帰国を急げ　残留者は同学会結集せよ―帰国同学からの便り―
鳥居博士一家を囲んで　1月15日総会で催された懇談会　朝鮮動乱でも物価は不動　民衆に愛される兵隊さん、お巡りさん
人権擁護　悪法反対の集い―小林多喜二、二〇回忌記念―
横浜中華学校の特務教師を叩き出せ
日本国を相手に訴訟　後楽寮事件その後
淮河治水　第二期工事はじまる
悪法反対の動き　出入国管理令国際共同対策委員会
「ポ政令の法律化」一括上程、既に衆議院法務委員会を通過

中国留日学生報、一九五二年三月二十五日、第十二期第二号（三面のみ）

中国の明暗　明るい太陽と過酷な圧制＝外人の眼に映った中国＝
熱心な学生・半数の女性　倉石教授主催　中国語講習会

中国留日学生報、一九五二年五月二十五日、第五十九号（第十二期第四号）

スローガン
日台条約は中国への侵略準備　周思来〔周恩来〕外相声明を発表
メーデー「二つの顔」
主張　日本国民大衆の闘争と我々の立場
代表団、在学生の補助金停止を延期
後楽寮を狙う代表団の陰謀
帰省者の再入国に管理令適用か
葛藤を続ける平和寮
希望と幸福に微笑む　新中国労働者生活の実態
解説　任意送還の欺瞞性　休戦会談の進展を阻むもの
祖国短信
真実はゆがめられない　台湾に帰省同学の手記
ルポルタージュ　松川調査団に参加して　崩れ去る砂上の楼閣　松川事件を世界は見守っている
新中国はじめての女飛行員をむかえて！（きのした）
人殺し共をひっくくれ！（ユアン・スウエイポ）
馬良山（朝鮮の山の名まえ）（レイ・ウエン）
朝鮮の峯に立って（アメリカの無名戦士）

解説　「五・三〇」の歴史的経過　血みどろの闘争と虐殺
書評　清冽な抒情の流れ　李廣田著「引力」
編集後記
東大で毛沢東思想講座　東京大学中国研究会

中国留日学生報、一九五二年八月十五日、号外

武装警官隊三〇〇学生寮を襲う　三同学を不当逮捕
アッピール　日本の民主的諸団体並びに我々の親愛なる同学諸兄姉に訴える
可憐な少年少女たちにも武装警官の手が—横浜中華学校—
不当弾圧を止めよ！　抗議文を関係官庁に提出
法曹界の長老布施氏弁護に立つ
三君ともに元気！　偽総会のものには会はない（李君）　メーデー事件の責任を外国人に…（蔡君）
彼等に援助の手を

中国留日学生報、一九五二年十月十五日、第六十二号（第十三期第二号）（一、四面のみ）

スローガン
十月より救済、月額六千円　全国会員代表大会で救済金処理案を決定
主張　大同団結を訴う
救済金と「補助金」の相違点について
感謝状（全文）
加賀町署横浜中三年生を三名を逮捕
病床同学の救済に着手　十八日、常任理事会開く
魯迅祭　中国留日同学総会　中華青年会館

重工業を主とする「基本建設」
三度目の助学金到着―米ドル二万一千―
大建設えの基礎成る＝三年来の成果＝
年頭にあたって　各同学会主席の抱負　すべての力を平和に結集（同学会主席　韓慶愈）
学習に励み祖国の実情を知ろう（東京同学会主席　蕭龍光）
華僑と共に闘う年（神戸同学会総幹事　蔡謀謙）
〝少年老い易く学成り難く〟（福岡同学会主席　傳祖恭）
商売政治は我々の敵（大阪同学会主席　謝坤蘭）
馳せ参じよう平和建設に（自然科学協会理事　張銘忠）
平和勢力の勝利を期待（仙台同学会主席　陳栄芳）
全体会員代表大会報告　妻子にも旅費貸与
留日中国学生に望む　祖国の平和運動に呼応せよ（布施辰治）
日中文化・学術交流の水先案内を（島田政雄）
多くの日本人と語合う機会を（難波英夫）
理解と友愛を以て平和の基そを固めよ（内田巌）
（無題）（竹内好）
広いアジヤに眼を（村上知行）
中日両国人民の提携を（松山繁）
日本にも良心あることを（高桑純夫）
望諸位早日學成（林炳松）
望諸位好好地補習國文（陳以益）
說幾句好話當作答復（甘文芳）
（無題）（余家麟）

同学読者諸兄え
奨学会版　理事会の構成
助学金　延五六〇名に恩恵　支給総額二四〇万円
病臥中の同学達　早く元気をとり戻したい（李）
へった体重たちまち回復（陳）
帰国同学からの便り　漫然と助学金に頼るな！　卒業者は一日も早く帰国のこと（陳）
北京大学　賑やかな入学典礼　新入生歓迎会で〝日本の歌を歌わせられた〟（林麗韞）
各同学会だより　福岡の巻　苦しいけれども全員増額を辞退

中国留日学生報、一九五三年二月一日、第六十五号（第十四期第三号）

中ソ友好万歳
第一次五カ年国家建設の展望　全ての部門で需要を保証
新段階に入った淮河治水建設
横眉談
記念論文募集　学生報編集委員会　日中友好協会
灯心
遺骨を送還しよう！　浅草棗寺で花岡犠牲者慰霊祭
送還の為に使節団を　引揚問題の代表団申入れ
引揚雑感
捕虜の抵抗記　生存者の語る血の体験
国内建設ニュース　天成鉄道　阜新
解説「二・七」記念日
すくすくと伸びゆく中国の若い世代

一月の暦　二月の暦
僑界通訊　大阪　東京　横浜
海外華僑通信　フィリッピン　タイ
台湾近況
奨学会版　理事会の構成
同学僑胞の帰国熱高まる　東京各所での壮行会盛会
助学金に寄せる　全員で全員の審査を　光栄ある任務を自覚せよ
東瀛雑感　胡適に憶う　留米学生と留日学生（岳鴻）
編集委より

中国留日学生報、一九五三年二月十五日、第六十六号（第十四期第四号）（一、二面のみ）

政協全国委成功裡に閉幕　周副主席の報告を承認
ス・毛両首脳メッセージを交換
横眉談
祖国からの援助金は助学金でなく救済金　僑務委員会から来函
二・二八起義六周年紀念　講演と映画の夕
花岡事件に新しい証人　獄中で盟約を結ぶ　首謀者として投獄されたもの十五名
二・二八台湾起義記念特刊
各地通訊　統一選挙の気運高まる　東京
僑華各界会議
新校舎間もなく着工　横浜　募金好調
悦来荘焼失　北多摩
光の島（剛）

奨学会だより
日本青年に16ミリ映写機―世界民青連から贈物―
編集委から

中国留日学生報、一九五三年三月五日、第六十七号（第十四期第五号）

選挙法公布さる
五ヶ年計画第一年度予算を公布　収支各約百億ドル相当　文教経済建設に歳出の六割
横眉談　近頃の腹ふくるるわざ
日本学生に一七二万円送金　中華全国学生連合会から
二・二八台湾起義記念特刊　台湾の早期解放を期して二・二八六周年紀念会　渋谷公会堂で盛大に開かる　劉明電氏台湾解放の急務を強調
楚々たる革命家謝雪紅女士の憶出　田中松次郎氏語る
二・二八事件を回顧して（呉栄蔵）
アジヤ不戦の誓を強化しよう　大山郁夫氏演説
弟よ！　何故死んだ！（振）
三月の暦
紹介　国際婦人デー
　孫文時略
身上相談所開設
反共署名はかように行われた　書換られた筋書　署名引換えに弁当　僑民えの最大の侮辱
国府と同根の盟友？　独立派アナクロを露呈
各界簡訊　東京華僑総会　各界会議　客家公会　留学生寮の動静
資料　台湾における自治闘争についての中国共産党の論評

我的愛（行之）
反攻（史川）

中国留日学生報、一九五三年三月十五日、第六十八号（第十四期第六号）

巨星スターリン逝く　労働人民に捧げられた生涯
中国人民の偉大な友
偉大なる同志スターリンを悼む　人民日報社説
スターリン逝去をめぐって　ブルジョア新聞の常道（白玲華）
一貫した革命の伝統　建設事業によせて（伊藤武雄）
日中文化交流の課題について（島田政雄）
『スターリン中国』（ＬＬ）
ご存じですか？　これが反共署名簿　署名した方はいませんか？
華僑各界会議　アピールを発表
日僑帰国後の生活を懸念　華僑の帰国費用は受持つ―廖承志団長発言
中国にあるアメリカスパイ機関―ＳＡＣＯ（中米合作所）の正体―
各界簡訊　反動派動き出す？
花岡犠牲者慰霊祭四月一日に
東京華僑総会
活発なゼミナール　自然科学協会
新校舎近く落成　気が狂った王一派　横浜中華学校
貧困僑胞援助のため各地方同学会積極的に動き出す　僑胞の出路を拓こう　神戸同学会
半年間の救済事務を回顧して（劉璋温）
感想　救済金について（奈良　金長弟）

Mから自己批判書　同学諸兄姉え
日・中・朝親善の夕
告知板

中国留日学生報、一九五三年四月十日、第七十号（第十四期第八号）

北京大学の新築校舎
建設革命に進んでいる国内　帰国日僑の語る国内の現状
横眉談　新しい社会に於ける新しい人間像
国家から保障された学生生活　進歩はそろって英雄主義はなくなった
花岡殉難者の慰霊祭　参会者の決意も新たに盛大に終る
中国紅十字会より弔電
米軍による捕虜虐待明るみに　なつめ寺での懇談会席上で
万年筆（汪明　高峯夏子訳）
松田解子著『地底の人々』にちなんで
東京華僑総会の選挙に際して（同学総会主席　韓慶愈）
不断に努力を続けん（陳嫣徳）
団結した大きな力で（張城）
生活の安定のために（李漢波）
各界簡訊　華僑医師会　客家公会　山梨　東京　北多摩悦来荘　横浜
ピクニックの催し
授業料等別途に支給　生活補助は最高六千円に　中央審査委員会で決定
中華学友会館（後楽寮）が善隣学生会館に　寮生の居住危まる
北京の貧民窟　龍鬚溝

山田証言に新証人
全く想像外で感激するばかり　帰国僑胞からの便り（連竹堃）
『中国の歌』・『日本の歌』（林麗）

中国留日学生報、一九五三年五月五日（年号の記載ミス、一九五二年と記載）、第七十一号（第十四期第九号）

学窓を巣立つ同学をおくり新たに学窓に入る同学を迎えるにあたって　同学総会主席　韓慶愈
同学総会五月中に改選　会員代表大会5月23日に
同学総会五月中に改選　悪質なデマを粉砕しよう
花岡事件犠牲者の遺骨について　華僑事務委から来函
中国におけるメーデー
政治協商会議全国委員会　一九五三年メーデースローガン
「五・四運動」と知識分子の道　陳伯達の論文から
書刊介紹　陳登科著『生きていた同志』竹内實　評
闘いによって得た幸福　米俊　作　鶴鳴　訳
書刊介紹　華崗著『五・四運動史』
信箱　仙台　陳榮芳
信箱　東京　松田　解子
帰国障碍打開のために　帰国希望者の懇談会開かれる　四月十八日東京華僑総会で
帰国障碍打開のために　帰国希望者の懇談会開かれる　共同声明（中国留日同学総会　全日本学生自治会総連合）
帰国した同学からの音信　その一
帰国した同学からの音信　その一　米軍の捕虜虐待問題で　人権を守る会が米大使館へ抗議
帰国した同学からの音信　その一　中朝軍捕虜収容所における米軍捕虜の楽しい生活
帰国した同学からの音信　その二

帰国した同学からの音信　その三
記念論文募集は不成績　―次回、集体研究を企画―
記念論文募集は不成績　基礎分析や形態についての研究が欠けている　……審査員の言葉
帰国した同学からの音信　その四
生活園地　帰国の問題について　東京　秀雲
各界簡訊　東京華僑総会役員改選　会長に康鳴球氏留任
各界簡訊　東同から三名当選
各界簡訊　馬朝茂氏総会選挙を妨害
各界簡訊　合作社第二回総会
生活園地　私のいただいた御手紙
各界簡訊　平和でなくなった平和寮
各界簡訊　要望書
生活園地　不必再多費宝貴的銭
生活園地　まだ見ぬ祖国への憧れで胸がいっぱい　仙台　呉千代子

中国留日学生報、一九五三年五月十五日、第七十二号（第十四期第十号）

五四運動記念祭盛会　三十四年前の教訓を偲んで
非常識（N生）
応募論文を読んで（島田政雄）
日中友好旬間五月二十五日・六月十日行事予定
時の焦点　ラオス民族解放運動
応募論文　新中国第一次五ヶ年計画経済建設の基本動向とその展開　一　建設への条件（郭平坦）
応募論文　新中国第一次五ヶ年計画経済建設の基本動向とその展開　二　指導原理と基本的構造（郭平坦）

各界簡訊　京都
編後

中国留日学生報、一九五三年六月五日、第七十三・七十四合併号（第十四期第十一号、第十五期第一号）

着々進む大都市の建設　1．北京
着々進む大都市の建設　2．南京
着々進む大都市の建設　3．ハルピン
着々進む大都市の建設　4．瀋陽
着々進む大都市の建設　5．長春
着々進む大都市の建設　6．撫順
着々進む大都市の建設　7．本渓
着々進む大都市の建設　8．鄭州市
拡大中央委員会総会で重点的に文教工作参加を決定　中国民主同盟
岩手県大橋鉱山でも中国人捕虜を虐殺
人民中国「日本語版」発刊　六月一日から
五月三十一日からの中央人民放送局の番組と波長
農業の集団化進む―東北にコルホーズ
建設革命に向かった中国の労働組合運動　―中国工会第七回代表大会の成果―
希望に満ちた集団農場の生活
応募論文　中国経済の性質と第一次五カ年計画の実施（姜子光）
書刊介紹　毛沢東選集　第三巻
書刊介紹　中国青年
信箱　編集者へ　奄美大島名瀬市　一青年団員

東京華僑総会に婦人部成立

中国留日学生報、一九五三年七月二十五日、第十五期第二号（第七十五号）

第二次　青年全国代表大会終る　国家計画経済建設に青年を動員　工作方針と任務を規定
「訳文」創刊される
抗日烈士の遺霊祖国の土に眠る
慰霊追悼会天津で隆重に挙行　在日僑胞・日本諸団体の努力酬いらる
遺骨捧持団北京から帰える　アジヤ人相戦わずの決意新たに
犯罪者は正義の名で裁かれん　―廖承志挨拶―
愛国華僑の努力を賞賛　中国人民軍解放軍代表（鍾炳昌）
祖国からのおみやげ
中国人捕虜の遺骨と日本政府（東京　林歳徳）
祖国の姿　建設の意欲に湧く　同志という言葉にこの上ない親しみ（韓主席語る）
祖国の印象
帰国するにあたって（東京　詹文成）
離別（横浜　胡傑栄）
学習与生活　私の悩み（東京　催冬克）
帰台観光団のもたらすもの　同胞にわり切れない感情を残すな（東京　蘇日新）
僑胞の愛国熱情を賞賛　歓迎演芸にアンコール
日本の学友に「白毛女」を見て貰って（東京　露韻）
清華寮又も捜査さる　董同学を不当に長期拘留
大阪同学会の帰国奉仕団に参加して（大阪同学会　許秋木）
捜査を受けた体験から（清華寮　方達元）

同学総会執行委員会に対する要望（大阪同学会　許秋木）
戦犯受刑者の其の後　一日も早く更生したい　獄中から切々の嘆願
応募論文　中国における五ヶ年計画建設について（劉俊男）
信箱（横浜　胡傑栄）
我們的党（東京　史川）
「一定要把淮河修好」（東京　孟飛）
日警の僑胞圧迫強まる　北多摩悦来荘も捜査さる
編後

中国留日学生報、一九五三年十月二十五日、第七十六号（第十五期第三号）

五ヶ年大建設の基礎成る─「一九五二年度国民経済及び文化教育復興発展状況に関する公報」─
第四次救済金到着
政協同全国委員会華僑代表団を招宴
国慶日対華僑広播詞　中央人民政府華僑事務委員会主任委員（何香凝）
無計画性を克服　沈滞を一掃しよう！許同学の要望に答える（同学総会主席　韓慶愈）
新中国に使して（菅原惠慶）
救済金の支給について　同学総会執行委員会　第十八次委員会決定
一定要把淮河修好（孟飛）
中国近代史資料書刊　抗日戦争時期的中国人民解放軍─八路軍総政治部宣伝部
書刊摘録
魯迅─我們偉大的榜様（呂行之）
我要是一隻鳥─遥祝国慶節─（史川）
シナという国…ある少年のこと…（任章）

第三次帰国者一路天津へ　華僑子弟多数帰国　東同郭主席、阪同楊主席帰国者と同行

中国留日学生報、一九五三年十一月十五日、第七十八号（第十五期第五号）

民族形式体育状況の検閲　民族形式体育大会天津で開催
新進気鋭の士を待望　同学総会の改選迫る
人民日報社論　十月革命的光輝照耀着　我們前進的道路
全国運動大会成績
我們有了強大的祖国作後盾―読何主任「国慶日対華僑広播詞」後感（劉玉如）
近代中国史学習会について―経過報告と自己批判―（凌憲民）
初めて国語を学ぶもののために
四会和順口溜
学文化五要（馮宿海）
精読文選　語体文　由日本回来了（郭沫若）
祖国河山巡礼　祖国地形外観
祖国河山巡礼　従北京到広州
回憶―傷心的美燕呵―（雪華）
問候（馬沙）
『和平』将軍（羅維）
中華青年会館優勝―東同恒例球技大会閉幕

中国留日学生報、一九五三年十一月二十五日、第七十九号（第十五期第六号）

第三次旅日華僑代表に対する廖承志華僑事務委員会副主任の挨拶
協商によって華僑代表を選出　華僑事務委員会僑務拡大会議

東京華僑総会会報　明年度から旬刊実現
東同大会二十三日開かる　次期主席に凌同学を選出
毛主席説
半ヶ年を顧みて　好好用功用完功快回国　同学総会主席（韓慶愈）
半ヶ年の成果と今後同学に望むもの　同学総会副主席（郭平坦）
組織強化のために　―任期中感じたものの中から―　組織部
同学の帰国状況
12・9　北京学生数　国運動簡介
初学専頁　文学初歩読み物と文学名著故事
初学専頁　学習雑誌
書刊摘録
関於語言（張傑）
学習人民的語言及口頭創作（鐘敬文）
女作家謝氷心回到了北京（耕野）
帰来以後（氷心）
我们将看到祖国農村的新気象　又来了一部新的電影
回憶（続前）―傷心的美燕呵―（雪華）
詩　祖国（えのき・たかし）
敬禮（郁芝）

中国留日学生報、一九五三年十二月十五日、第八十号（第十六期第一号）

第十六回全体会員代表大会　新路線を確立、盛大裏に終る　十一月二十八・二十九両日東京で
中国留日同学総会基本方針

迎接学習祖国的高潮　同学総会主席（呂永和）
第十六回全体会員代表大会主要決議事項
総会及び奨学金の章程改正個所
『クリスマス歓迎ダンスパーティ』主催　平和寮
組織強化に関連して　帰国同学からの批判に答える（凌憲民）
祖国より同学会を思う（凌定民）
地方同学会便り
同学会のあり方について　—重ねて執行委員会並に全同学に要望する—（大阪同学会　許秋木）
文化部に就任して（何文健）
福利部に就任して　福利部委員
言論（鴻儒）
電影故事　葡萄熟了的時候
毛沢東同志少年時代的故事（上）（李季）
你帯来了金星　—記歓迎大山郁夫回国大会—（史川）
重逢（曉林）
中国寓言選
鐵匠底歌（石揚）

中国留日学生報、一九五四年二月一日、第八十一号（第十六期第二号）

留日華僑　代表協商会議閉幕　初の人民代表選挙に各代表興奮
海外華僑当然任務
新春の朗報　第五次救済金到着
華僑会議—第二日—「留日華僑協商会議」生る　同学総会からも常任委に選出

我们都是老郷　―留日華僑協商会議参加記―（同学総会主席　呂永和）
人民代表に四名の候補　人民代表選出問題
元旦対海外華僑広播詞　中央人民政府華僑事務委員会主任委員（何香凝）
祖国建設の成果　銅都――鞍山
自由討論　理論と実践との結合こそ望ましい　許同学と韓前主席の論議をめぐって　中華青年会館　学習会
学習専頁　学習は新しい力を創り上げる　学習会に参加して（黄宗仁）
毛沢東同志少年時代的故事（下）（李季）
新法人の動き露骨化　中華学友会館　地裁に提訴
日記（徐珮）
葡萄熟了的時候　京都でも盛況

中国留日学生報、一九五四年三月一日、第八十二号（第十六期第三号）

平和に寄与した四年間　模範的な国際条約　中ソ友好同盟相互援助条約四周年
偉大なる国際主義精神の発露　―誠実無私のソ同盟の援助―
中ソ友好同盟相互援助条約と日米安全保障条約（淡　徳三郎）
「二・二八起義」七周年　解放を待ち焦がれる台省同胞
二・三月重要記念日
謝雪紅女士小伝（白玲華）
二・二八台湾起義の思い出　―残虐極まる蒋介石―（劉祺璋）
祖国建設の成果　石油の宝庫　玉門
祖国通信
我们体会着　毛沢東時代的幸福生活　―北京農業機械化学院同学们来信
ソ同盟に学べ

過渡期の総路線　みんなで学習しましょう！
書刊評介　「幸福的帰国華僑学生」
「攜起手来並肩前進！」―兄弟民族学生和華僑学生聯歓小記―（帰国華僑学生　蘇式栄）
会員代表大会と主席選挙について　主席、各地同学会委員及び前会員に提案（大阪同学会　許秋木）
屋裏的春天（上）（艾蕪）
各地同学会の現状　長崎同学会見記（執行委員　林寿源）
詩　我站在什麼地方（伯揚）

中国留日学生報、一九五四年五月一日、第八十三・八十四合併号（第十六期第四・五号）

五・四運動記念祭
中国新民主主義青年団中央指示　響応毛主席「三好」的号召　為実現社会主義而奮闘
ジュネーヴ会議と中国（岩村三千夫）
五月重要記念日
北京放送日本語の時間
迎接自己的節日　従新立下誓言（顧一民）
五・四運動卅五週年に際して　―日本学生から―（山本勇）
二つの紀念　―五・四を祝う意味―（野沢豊）
中国青年節
「五・三〇」紀念日　廿九週年を祝う
メーデーの起源とその意義
毛主席和水兵談話　中国人民解放軍戦士（趙莱静）
我們誇耀自己是祖国的兒女　談到生活態度却又愧無投地―中華青年会館学習会的回信
祖国建設の成果　急速に発展する人民鉄道

中国留日学生報、一九五四年六月二十五日、第八十五号（第十七期第一号）

中国留日学生報、一九五四年九月三十日、第八十六号（第十七期第二号）

全国人民代表大会開幕　毛主席致開幕詞

第一回全国人民代表大会　荘厳通過中華人民共和国憲法選出毛沢東朱徳為主席副主席

中華人民共和国憲法草案の基本精神及び主要な内容（一）（劉玉如）

認真学習討論憲法草案　合せて基礎学習を

人民民主主義の優越性を認識　―清風寮―

出席率良好　今後も継続　中華学友会館

祖国の大学

国歌の作曲者　聶耳小伝（白玲華）

赤十字会代表歓迎準備と我々（洛風）

平和と繁栄の国家予算　五四年度国家予算が意味するもの　―憲法草案の理解の為に―（陳立清）

留日華僑協商会議　常任準備委員会拡大会議開かる

憲法草案の学習等を討議　全国主席会議

アミにかかった魚（三）（許春基）

中国留日学生報、一九五四年十月十五日、第八十七号（第十七期第三号）

主張　祖国の代表を迎えて

第五回国慶節慶祝　大会盛大に盛り上がる

後楽寮寮生に追出しの策動

華僑運動大会開かる

中国の偉大な作家―魯迅　―逝世十八年を記念して―

映画紹介　梁山泊と祝英台

躍進する祖国の農業
中華人民共和国憲法草案の基本精神及び主要な内容（二）（劉玉如）
研究論文　新中国の金融事情（上）（陳志成）
アミにかかった魚（四）（許春基）

中国留日学生報、一九五四年十一月一日、第八十八号（第十七期第四号）

謙遜・団結・友好（廖承志）
李徳全代表一行無事到着　出迎えに華僑千数百名
短期間に大きな進歩　帰国は国語学習運動から　康鳴球人民代表語る
留日華僑商会議成立す　議長団・事務局長を選出
魯迅逝世十八周年紀念座談会　内山、島田、甘文芳先生を囲んで
医学では国を救えぬ　文筆生活の動機―内山先生の話をきいて（呉文詳）
研究論文　新中国の金融事情（下）（陳志成）
アミにかかった魚（五）（許春基）

中国留日学生報、一九五四年十一月十五日、第八十九号（第十七期第五号）

アジア学生サナトリウム
半年来的回顧和検討　第十七回執行委員会工作報告
東京同学会員大会開かる　主席何文健、副主席陳清源を選出
在日華僑の心構え　神戸にて廖承志氏語る
中華人民共和国憲法にみられる社会主義社会への保証　―第四条を中心とする考察―（郭平坦）
アミにかかった魚（続完）（許春基）

中国留日学生報、一九五四年十二月十五日、第九十・九十一合併号（第十八期第一号）

中国留日学生報、一九五五年二月一日、第九十二号（第十八期第二号）

祖国短信　◇二トン半の大ふか　◇昨年度の映画製作百五十五本　◇「鋼化ガラス」の試作に成功　◇上海に移動発電所　◇玉門油田の埋蔵量さらに増大　四川盆地等でも油層発見　◇京劇音楽の楽譜を記録・整理　◇中国京劇院成立＝北京
世界民青連代表訪問　友情と団結のために
炸薬（上）（楊徳達）
課題　わが国憲法を学習して　五・四紀論文募集
アジアの若き世代　NHK座談会で
年頭雑感　同学会をめぐる悩みと意見（陳亨）
各地通信

中国留日学生報、一九五五年三月一日、第九十三号（第十八期第三号）

主張　台湾問題と私達の在り方　解放の日に備えて学習しよう！
座談会　台湾問題をめぐって　—正しい理解のために—　平和共存の真の意味／戦争を企むもの
二・二八事件とは
台湾解放は正義の事業であり内政問題である　朝日新聞社説のでたらめに対する反ばく（洛鳳）
祖国短信　☆生うるしからプラスチック　すでに電気絶縁器材を製造　☆北京図書館の古稀本解放前の二倍　☆上海郊外に三つの人口降雨漕所　☆ライプチッヒ見本市へ代表団出発出品は二千九百余種　☆学生音楽舞踏コンクール開幕
思い出は故里をかけめぐる（英々）
研究論文　台湾の「法的地位」（法学士理学士　X生）
我々は故郷台湾のいかなる国際管理をも許さない（白玲華）
邱永韓著「濁水渓」の読後感
手を携えて日中友好（小西明）

ふるさと台湾の思い出（露韻）
神戸学習会的近況　横浜　盛大な映写会　東京　新会計に陳圓子同学

中国留日学生報、一九五五年四月二十日、第九十四号（第十八期第四号）

主張　卒業生を送るに当たって
新しく大学に入った会員の皆様へ（主席　郭平坦）
学生諸君に望む　大同団結と同学会の強化を（康鳴球）
はなむけの言葉　今春卒業する学生諸君へ（劉明電）
卒業するに当たって（陳圭宗）
高校生の進学について（同総会執行部）
増産節約・全てを建設に！　何副主席談話
呂同学より帰国便り
貿易代表団の通訳として来日　林連徳、王兆元両氏の横顔（何乃昌談）
梅蘭芳、周信芳氏に文化部賞　舞台生活五十周年記念会開く
帰国荷物について　呂同学より第二信（立訳）
華僑界の結婚問題　特集大同団結への第一歩
我が恋は溝の中に　阿基　手記
医学部学生及びインターン生へ

中国留日学生報、一九五五年六月一日、第九十五・九十六合併号（第十八期第五・六号）

主張　国語学習について—今すぐ始めよう
相互理解・共通利益の増進　周総理のA・A会議報告　△会議の目的　△植民主義反対　△経済協力について
△台湾問題について　△国連に対する態度

盛りあがる国語学習熱　座談会
初めて国語を学ぶ人のために
ささやかだが楽しく過ごした五・四前夜祭　東京
祖国便り　呂同学より　第三信
什麽是青年的幸福？―紹介「中国青年」上的討論―（白玲華）
祖国短信　☆どしどし大学に入る労働者農民
ロシヤ語を独習される同学のために（陳永俊）
時事論文　台湾の「法的地位」（中）（X生）
日ごとに発展する祖国の託児所
「六・一」国際児童節
小麦畑に飛行機で施肥
青年男女之間的友誼和愛情
我が恋は溝の中に（三）（阿基）
「憲法」論文期限延長
信箱　五・四記念晩餐会―京都―
信箱　張り切って国語の勉強―仙台―
信箱　長崎同学会便り
信箱　対於学生報的一個意見
信箱　学生報応該用国語！
信箱　学生報「結婚問題」を読んで

中国留日学生報、一九五五年七月一日、第九十七号（第十八期第七号）

主張　夏休みを有意義に過ごそう！

祖国を正しく知るために　第一次五ヵ年計画の概要　―全国人民代表大会開かる―　社会主義工業化への第一歩
新しい祖国の姿　〝新中国読本より〟
任務を終えるに当たって（主席郭平坦）
みんなの力で救済金の正しい運用を（陳清源）
同学会への関心を高めよう！（羅輝雄）
救済金の意義を再認識するために（前東同福利部　楊人津　劉順宝）
祖国は六日から夏休み
白博士長崎を訪問
什麼是青年的幸福？―紹介「中国青年」上的討論―（続）（白玲華）
社会科学同好会発足す―〝経済学教科書〟を読む会―
「会員の横顔欄の解説」―編集部
会員の横顔（郭平坦）
各地同学会訪問記　東北・北海道の巻（陳明新）
各地同学会訪問記　北九州・関西の巻（陳立清　記）
会員の横顔（何乃昌）
高校生から見た新社会　長崎同学会寄稿
創作　運動靴と革靴（許功）
我が恋は溝の中に（完）（阿基）
会員の代表を送り出そう！
―東京華僑総会より―

中国留日学生報、一九五五年九月一日、第九十八号（第十九期第一号）

主張　中日友好と私達の在り方―まず祖国の認識から―

平和こそ社会主義建設を保証―周恩来総理の外交演説―
第一個五年計画的基本精神（楊英傑）
―祖国短信―　九月から新学年
黄河開発計画の展望　〃人民の夢〃実現遠からず
独立と平和をまもるために
解説　五ヶ年計画成否の分岐点―新国家予算の横顔―
第19回会員代表大会　民族的自覚と誇りを高揚　学習を通して組織を強大拡大
華僑子弟の積極的入会　盛り上がる国語学習熱―各地同学会報告―
会員獲得への努力を　在日学生の実態を把握
学習の同学会へ　国語学習の成果を弁論大会に
救済金は学習重視　生活態度も考慮
成績証明書　各地執行部へ提出
節約運動の推進
主席に郭平坦重任　副主席陳清源、何文健
私たちの会を更に発展させるために（主席郭平坦）
気力と積極性をもとう（副主席陳清源）
親しみ易い同学会（会計呉瑛英）
大同団結は華僑と青年学生の結合から（副主席何文健）
福利部就任に当って（楊人津）
文化部　首先応該認識祖国（陳立清）
楽しい同学会に（組織部　陳園紫）
西瓜やクワイも酒の原料
北京師範大学校長　成訪彷吾先生と懇談する

三たび許すまじ原爆を　原水爆禁止東京大会
私生活和学習的関連（張賢）
〝長崎〟あちらこちら（許功）
会員の横顔　民族教育の担い手　弁慶の現代版（兪長慶）
全体会員代表大会的感想和批評　—神戸代表—
各地同学会便り　楽しかった夏休み—神戸同学会の動き—
各地同学会便り「我が恋は溝の中に」を読んで（必周）
各地同学会便り　阿基に　祖国が貴方を愛している（白菊）

中国留日学生報、一九五五年十月十五日、第九十九号（第十九期第二号）

主張　見本市開催に当って
東京中国見本市開かる
〝日本政府は具体的責任をとれ〟雷任民氏強調
人民日報　米の制約からぬけだせ　日本の対外貿易を論評
盛大な第六回国慶節　北京
盛大な第六回国慶節　東京
解説　祖国対日声明の波紋をおう　—日本政府処置に苦慮—
国交正常化促進を決議　—日中友好協会第五回全国大会—
同学会はどうあるべきか　—会員懇談会より—
学習国語的要訣（何長金）
有意義であった懇談会（李国雄）
会員の横顔　阪同再建の親（郭長城）
各地通信

我が大学を語る　―北海道大学―
会員専頁　受験時代の思い出（沈健生）
会員専頁　北海道同学会の寮問題について
声
中国見本市十七日に開幕　各界代表約千名を招待
読者来信　〝我が恋は溝の中に〟の批評・助言に答えて（阿基）

中国留日学生報、一九五五年十二月一日、第一〇〇号（第十九期第三・四合併号）

主張　学生報百号を迎えて
学習資料　關於農業合作化問題　一九五五年七月二十一日　在省委市委和区党委書記会議上的報告（毛沢東）
興安丸をめぐって　―真相の解明と今後の問題―
歴史の流れ　歳末の街頭で洪氏と固い握手
浜松事件の真相
声明文
この世で見られない生地獄（荘元）
洪氏釈放される
新聞の危険性（陳青）
興安丸問題　どう解決すべきか　―華僑総会、各界有識者の意見聴取―
感激をひとりひとりの胸に　〝日本のうたごえ〟に参加して（呉瑛香）
「日展」を見て（張清華）
創刊百号記念に寄せて　学生報は日中友好の象徴　日中友好協会事務総長（伊藤武雄）
創刊百号記念に寄せて　学生新聞界の木鐸たれ（頼正山）
創刊百号記念に寄せて　活字以上に相互の理解を

中国留日学生報、一九五六年二月一日、第一〇一号（第二〇期第一号）

明けましておめでとう（副主席陳明新）
京都中華学校に対する援助　執行部工作の反省
主席　郭平坦　副主席何乃昌　陳明新
洪進山氏無事帰国
学習を強化せよ（副主席何乃昌）
会員の横顔　哲学趣味の巨像（陳明新）
中日両国の医学交流（陳青）
中日貿易の動向（陳章針）
国語専頁　―爲了不会本国的標準語却犯了日本的法律―（凌憲民）
給祖国商展団的同志们（康辛）
中国留日同学会々歌々辞　潮光試作
婦女専頁　姑娘们、突起花衣衣服来把！
花（李文艷）
進学相談
婦人棚設置をめぐって
題名のない話（斯道）
学生報頌（滄田作）
読書文芸　面会（徐新民）
〝回国〟に寄せて（田中律）
会員の横顔　童顔の名議長（陳健生）
〝回国〟読後感　愛情に国境はない（国蘭）
クリスマスイブの出来事　―東京同学会―
劉春梅同学の第一回公判

中国留日学生報、一九五六年五月十五日、第一〇四号（第二〇期第四号）

華僑青年指導的重要性（金慕箴）
中華全国学生連合会的到祝福
中国留日同学総会創立十周年記念　旅日中国青年聯歓節照片専頁　日本・東京　一九五六年五月五・六日
特集（2）祖国需要倆們　学んだら帰ろう！　親愛なる同学会会員　並びに委員の皆様へ（王鴻徳）
光栄的事業等待着我們！（林連徳　王兆元）
無限の誇りと幸福を！　祖国での労働青年の生活（李順然）
会員の横顔　ソプラノの薬学士さま（呉瑛香）
婦女専頁　服装式様
十周年行事を反省して（沈健生）
感銘をうけた旅日中国青年聯歓節（東京外国語大学中国科学生　輿水優　阿部雅恵）
各地通信

中国留日学生報、一九五六年六月十五日、第一〇五号（第二〇期第五号）

主張　祖国需要我們　社会主義建設に参加しよう！
特集　祖国需要我們　帰国して建設に参加せよ（郭沫若）
情勢は変化した！　区切りをつけて早期帰国せよ（陳文彬）
豊富な資源は開発されるのを待っている（頼民権）
元米留学生の手記　祖国の土をふんで（謝家慶）
京劇代表団を囲んで　東京同学会
京劇代表団と僑胞の交歓
九州関西同学会訪問記（沈健生）
中国語講習会の成果（京都　陳章針）
暑さの中から拾った話（明新）

同じく（玲華）
京劇代表団を訪ねて（編者）
全国帰国華僑連合会準備会成立す
会員の横顔　女丈夫の恵比須さま（呉文子）
華僑事務委員会　第四回僑務拡大会議開く
婦女専頁　神戸華僑婦女的近況（彭淑琴）
帰国者歓送会に出席して（楊忠銀）
我が留学日記〝雑草の花咲く日まで〟より（阿基）
京劇を鑑賞して（張清華）
親孝行と無銭帰国　帰国するにあたって（何天貴）
各地通信
帰国される先輩の皆様に　必ず同学会で学籍証明書を！

中国留日学生報、一九五六年九月一日、第一〇六号（第二十一期第一・二合併号）

主張　我々の専門学習を強化せよ　第二十一回全体会員代表大会決議
第二十一回全体会員代表大会　卒業生の帰国を促進させよう　在学生は専門学習の強化　第一日　今回より任期は一年
第二十一回全体会員代表大会　学習第一主義　委員の社会活動を制限　第二日
帰国問題について
留日学生を紹介して頂きたい　西北大学楊教授の来信
会員の横顔　女性に親切で小柄なスポーツマン（王鳳棟）
読者文芸　祖国需要我們（魚両）
〝詩〟黄河頌（東京　常薫）

中国留日学生報、一九五六年十月一日、第一〇七号（第二十一期第三号）

『第二十一回全体会員代表大会の意義とその諸問題について』（陳久）
科学の発展に思う（江豊満）
世界よ！台湾人は人間か？―アメリカに訴える―（亮星）
スターリン暴政のデマに反対す（月光）
中国の仁義と日本の反省（東々）
各地通信　京都　帰国歓送会　神戸　神同通信
第七回国慶節

中国留日学生報、一九五六年十一月一日、第一〇八号（第二十一期第四号）

主張　学習・団結・友好―執行委員会第六次会議で確認―
学習　第八回全国大会にたいする中国共産党中央委員会の政治報告（劉少奇）
当面の国際情勢は平和に有利　陳毅中央委員発言
特集　祖国需要我們　仕事の中で自信を得よう
請国《ママ》快回来
帰国希望者に朗報!!　政府・旅費・仕度金を支給
魯迅逝去二十周年に寄せて
慶祝第七回国慶節　各地で盛大に挙行
日本商品見本市は国交回復への灯
中国共産党大会の略史　一九五六・九・一四「人民日報」
走向世界和平的道路！―原水爆禁止世界大会―　於長崎
会員の横顔
各地通信

中国留日学生報、一九五六年十二月一日、第二十一期第五号（第一〇九号）

中国留日学生報、一九五七年二月一日、第一一〇・一一一合併号（第二十一期第六・七合併号）

主張　愛国心について—愛国心について—
主張　愛国心について—インテリゲンツイアの優れた役割—
主張　愛国心について—Ａ・Ａの学生に学ぶ—
注目の的—周首相の各国訪問　社会主義諸国の友好、協力に大きな役割
東京中華学校　鄭董事長解任　楊校長辞職　影に暗躍する偏領事館
東京中華学校校友会　声明を発表
留学生の居住権を擁護せよ—日華学会の陰謀をあばく—
平和と新年（内山完造）
Ａ・Ａ諸国と日本の進路　平和勢力は結集せよ　ＪＯＫＲ「現代の十字路」の初回放送
祖国見聞録　その２　三、天津にて（兪長慶）
祖国見聞録　その２　四、人間は環境の函数（兪長慶）
世界経済を中心にした今年の見通し（陳章針）
会員の横顔（林愛子）
常に反省会を持て（大阪外語大学　宝官洋美）
連載小説　すべてを黨に（呉雲鐸）
各地通信　東京　救済金問題で日華学会を追及　東同評議委員会
朗報！祖国より救済金到着

中国留日学生報、一九五七年三月十日、第一一二号

二二八起義十周年記念盛大に挙行—華僑の団結を更に強化—
主張　旅日華僑青年聯誼会全国代表者会議に寄せて

アジア学生会館設立の動き　Ａ・Ａグループに近づく日本
我々も協力を！（沈健生）
日本もアジアの一員として（杉浦正健）
祖国学生代表訪日の予定　アジア学生技術会議に出席のため
旅日華僑青年聯誼会全国代表者会議
趙、鄭両氏の帰日許可に　署名運動展開
学生報を更に発展させんが為に！
在台湾的老朋友們談一談吧！
北京大学に日本文学講座
在北京同学們　愉快な春節の一日
祖国見聞録その３　兪長慶　五、北京百貨店にて
対理工系同学的希望（馬広秀）
各地通信
連載小説　すべてを黨に（呉雲鐸）

中国留日学生報、一九五七年四月一日、第一一三号

祖国の学生代表初の訪日　アジア学生技術会議に参加のため
中日友好一歩前進　東京工業大学学友会の招請
会議成功裡に閉幕　於東大学士会館
涵徳亭で歓迎会　東京同学会
東大工学部を見学
四月十四日空路帰国
主張　回顧（二十一届）と展望（二十二届）

早実を優勝へ　王君投打に大活躍
五月中旬に集団帰国か！　八ヶ月ぶり再開
会員一人一人の声を大会に―各地会員大会開催を前に―
祖国観光団事件　第二回裁判ひらく
華僑子弟の就職問題を討論
上海に電信科学研究所設立
卒業生歓送会ひらかる　東京同学会に於いて
島根県に青年会結成の動き　準備委員会既に発足
映画鑑賞「最後の橋」T
音楽への誘い　東京労音
「郭沫若文集」近く出版
広西省でマンガン鉱発見
北京で優秀映画コンクール
連載小説　すべてを党に（呉運鐸著）

中国留日学生報、一九五七年五月一日、第一一四号

第二十二回全体会員代表大会開らかる　百家争鳴百家斉放の実あげる　自己の力を再評価せよ　陳明新主席挨拶
第二十二回全体会員代表大会開らかる　百家争鳴百家斉放の実あげる　第二日　救済金を大幅削減
廿二届の活動方針　総会執行部の見解発表
帰国促進運動に誤り　執行委員会自己批判
祖国を正しく認識して　確立せよ！強固な社会主義思想を
或る会員の悩み　私の進むべき道は（梅花）
京阪新聯誼懇親会正式に発足　東京にも結成の動き

アロカ代表を囲んで　A・A学生親睦のひととき
十字路
第廿二届全体会員代表大会　報告及び決議事項
救済金削減の意味するもの（解説）
不滅の熱球　王貞治選手物語
同学総会十年の歩み　同学会の前身旅日台湾学生連盟初期の思い出（林鉄錚）
再び整風運動を展開　中国共産党中央委員会の指示
再び整風運動を展開　中国共産党中央委員会の指示　官僚・セクト・主観主義に反対
再び整風運動を展開　中国共産党中央委員会の指示　我々自身の問題として
マレーに於ける最近の学生運動について（鞭敵）
節約しましょう！　増産節約の問題について
台湾の平和的解放の可能性について
全部が全部進学できないのでは？　中国教育事業にあらわれた幾つかの問題について
帰国の喜び（章福弟）
会員の横顔　専門学習強化の本家　楊忠銀同学の巻
働く青年に憩いの場を　旅日華僑青年聯誼会の発展を願う
学習資料　祖国の社会主義工業化の概況（２）　現有企業の生産潜在力の発揮
各地同学会新執行部紹介
米の侵略行為許さず　誘導弾部隊台湾派遣に人民日報社説
北京の都市計画　数十年後に世界最大の都市　北京市の建設プラン成る
第十六次帰国船出帆
映画界　アジア六カ国で大掛かりな共同映画を製作
北京にプラネタリウム

書物紹介　すべてを黨に（呉雲鐸）

中国留日学生報、一九五七年六月一日、第一一五号

救済金に対する祖国の意向　第十一次帰国船乗船代表に聞く
新民主主義　青年団大会ひらく　今後の活動方針を検討
勤労、学習、団結の三つ　胡耀邦書記、青年の任務を指摘
共産主義青年団と改称　青年団大会、新規約を採擇
青年代表団到着
青年運動の歴史的転換のとき　鄧小平中共書記の演説
ついに立ち上がった台湾人民　帝国主義の暴政ゆるさず　全世界の民主勢力が支持
ついに立ち上がった台湾人民　帝国主義の暴政ゆるさず　全世界の民主勢力が支持　東京華僑総会　声明書発表
ポスト　ちょっとひとこと（和媚）
救済金に対する同学総会の方針　緊急執行委員会で決定
救済金事務　十月三十一日で打切り
救済金停止の経緯（解説）
児童節慶祝遊芸会挙行　横浜中華学校で
中日親善重量挙試合　六月下旬の予定
同学総会十年の歩み（2）
回顧談　同学総会の成立迄（博定）
文芸「云」（白芳）
文芸「念台湾」（鑑湖）
会員訪問　国語の先生　鄭国梁同学を訪ねて
略談近年来　馬来亜的学生運動（二）（鞭敵）

中国留日学生報、一九五七年七月一日、第一一六号

あとがき

孫安石

今から考えると、しばらくの間研究費の獲得に恵まれなかったのが良かったのかも知れない、と思う時がある。そのお蔭で日中関係史の中でも本流ではない中国人の日本留学という研究テーマに集まるマニアックな研究仲間を得ることができ、細々と研究会を継続することができたのではないか。スティーブ・ジョブズの言葉"Stay Hungry, Stay Foolish"を額面通り守ろうとしたわけではないが、研究会に関わった皆は、スティーブ・ジョブズの孤高たる精神の欠片には触れたような気持ちを共有し、満喫することができたのではないか、と密かに思っている。

しかし、これも成果があっての話で、二〇一三年からは神奈川大学学内の共同研究助成金に採択され、同年六月には北京大学でシンポジウム「近代以来中日留学生」を開催し、二〇一四年一月には神奈川大学でシンポジウム「中国人留学生と近代日本」を開催し、編者を同じくする第三冊目の論文集を準備するきっかけをつかむことができた。

二〇一四年九月には、神奈川大学の箱根保養所にて論文集を刊行するための予備報告会を開いたが、なかにはすでに完成原稿の状態まで文章をまとめた人もいれば、まだアイデアの段階で全体の骨組みもできていない人もいるなど準備状況はまちまちであった。しかし、原稿の締め切りは論文を生みだす「母」であり、遅れた論文が集まり、二篇の翻訳をし、長老の木山先生の論考を加えさせていただき、さらに資料編が揃って、何とか研究書の仲間に並べられるような体裁が整って安心し、いまこのあとがきを書くにいたっている。

実藤恵秀以来の中国人日本留学史の研究は、多くの研究が蓄積されてきた分野ではあるものの、まだ解明されていない課題が数多く残っている。たとえば、本書でも多くの言及がある中国人留学生の日本研究に関わる組織である日華学会、そしてその機関誌にあたる『日華学報』については、実はいまだに本格的な研究がなされているとは言い難い。研究会が今後、進めるべく研究課題の一つとして設定したい。

最後になったが、遅れた原稿に付き合って、面倒な校正や表紙の選択など、細かなことにまで助力を惜しまなかった御茶の水書房編集部の黒川恵子さんに、感謝を申し上げたい。

【初出一覧】（掲載順）

周一川「近代中国人留学生統計資料に関する考察―民国期を中心に」（『中国研究月報』二〇一四年一一月号）

劉建雲「第一高等学校特設予科時代の郭沫若―『五校特約』下の東京留学生活」（神奈川大学人文学研究所『人文学研究所報』二〇一四年八月）

譚皓「倉石武四郎留華生活初論」（『徐州師範大学学報（哲学社会科学版）』二〇一二年第二期）

木山英雄「今村与志雄編『橋川時雄の詩文と追憶』（汲古書院刊）を読む（上）・（下）」（『中国研究月報』二〇〇七年九月号、二〇一四年一一月号）

川崎真美「史料紹介　石田一郎氏所蔵文書にみる中国人留学生受け入れの実態―日華協会を中心に」（『中国研究月報』二〇一四年一〇月号をもとに大幅に改稿）

執筆者略歴（執筆順）

大里浩秋（おおさと　ひろあき）

秋田県生まれ、東京大学大学院人文科学研究系修士課程修了、神奈川大学外国語学部教授

専門：中国近代史、日中関係史

主著：『近現代中日留学生史研究新動態』（編著、上海人民出版社、2014年）、『辛亥革命とアジア』（編著、御茶の水書房、2013年）、『租界研究新動態』（編著、上海人民出版社、2011年）、『20世紀の中国研究――その遺産をどう生かすか』（編著、研文出版、2001年）、『中国人日本留学史研究の現段階』（編著、御茶の水書房、2002年）

胡穎（HU Ying）

中国遼寧省生まれ、神奈川大学外国語学研究科博士課程

専門：中国近現代史、日中関係史

主著：「『官報』からみる清末日本留学生の生活実状について」（『アジア文化研究』第16号、2009年6月）、「清国留学生教育機関における留学生の受け入れ――明治末期の東京府知事宛申請書類群に関する考察」（『アジア教育史研究』第19号、2010年3月）

李暁東（LI Xiaodong）

中国福建省生まれ、成蹊大学法学政治学研究科政治学専攻博士課程修了、博士（政治学）、島根県立大学総合政策学部教授

専門：日中関係史、政治思想史

主著：『近現代中日留学生史研究新動態』（共著、上海人民出版社、2014年）、『転形期における中国と日本――その苦悩と展望』（共編、国際書院、2012年）、『転機に立つ日中関係とアメリカ』（共著、国際書院、2008年）、『近代中国の立憲構想――厳復・楊度・梁啓超と明治啓蒙思想』（法政大学出版局、2005年）

周一川（ZHOU Yichuan）

中国山東省生まれ、お茶の水女子大学人間文化研究科博士課程修了、博士（社会科学）、日本大学理工学部教授

専門：近代中国人女性の日本留学史

主著：『中国人女性の日本留学史研究』（国書刊行会、2000年）、『近代中国女性的日本留学史』（中国・社会科学文献出版社、2007年）、「近代における中国人海外留学の流れについて――日本とアメリカ留学の比較」（『アジア教育』第2巻、2008年10月）、「『満州国』における女性の日本留学――概況分析」（『中国研究月報』第64巻第9号、2010年9月号）

孫安石（SON An Suk）

韓国ソウル生まれ、東京大学大学院地域文化研究科専攻博士課程修了、博士（学術）、神奈川大学外国語学部教授

専門：中国近現代史

主著：『近現代中日留学生史研究新動態』（編著、上海人民出版社、2014年）、『租界研究新動態』（編著、上海人民出版社、2011年）、『中国学の魅力』（御茶の水書房、2010年）、『東アジアの終戦記念日』（編著、ちくま新書、2007年）、『中国人日本留学史研究の現段階』（編著、御茶の水書房、2002年）

田中剛（たなか　つよし）

鳥取県生まれ、神戸大学大学院文化学研究科博士課程修了、博士（学術）、大阪教育大学非常勤講師

専門：内モンゴル近現代史

主著：「日本敗戦前後の中国人留学生政策――汪精衛政権・『満洲国』・『蒙疆政権』」（森時彦編『長江流域社会の歴史景観』京都大学人文科学研究所、2013年）、「近代内モンゴルにおける学校教育の試み――内蒙古自治運動から『蒙疆政権』まで」（『孫文研究』第48・49合併号、2011年8月）、「チンギス・ハン祭祀と日中戦争」（『近きに在りて』第51号、2007年6月）、「『蒙疆政権』の留学生事業とモンゴル人留学生」（『歴史研究』第38号、2001年3月）

王雪萍（WANG Xueping）

中国河北省生まれ、慶應義塾大学大学院政策・メディア研究科博士後期課程修了、博士（政策・メディア）、東洋大学社会学部准教授

専門：戦後日中関係史

主著：『跨越彊界：留学生与新華僑』（共編、中国・社会科学文献出版社、2014年）、『戦後日中関係と廖承志――中国の知日派と対日政策』（編著、慶應義塾大学出版会、2013年）、『大潮涌動：改革開放与留学日本』（共編、中国・社会科学文献出版社、2010年）、『改革開放後中国留学政策研究―― 1980-1984年赴日本国家公派留学生政策始末』（中国・世界知識出版社、2009年）

易惠莉（YI Huili）

中国四川省生まれ、華東師範大学中国近現代史専門博士課程修了、博士（歴史学）、元華東師範大学歴史系教授

専門：清代史、日中関係史

主著：『西学東漸与中国伝統知識分子――沈毓桂個案研究』（吉林人民出版社、1993年）、『鄭観応評伝』（南京大学出版社、1996年）、『二十世紀盛宣懐研究』（主編、江蘇古籍出版社、2002年）、『易惠莉論招商局』（社会科学文献出版社、2012年）、『盛宣懐与日本』（上海書店出版社、2014年）

劉建雲（LIU Jianyun）

中国河北省生まれ、岡山大学大学院文化科学研究科博士課程修了、博士（学術）、日本大学非常勤講師

専門：日中教育文化交流史

主著：「関於郭開文日本留学的初歩考証——清末留日大潮中的一個個例」（寥久明主編『郭沫若家世』復旦大学出版社、2010 年）、「清末中国の日本語教育水準を代表する教科書——郭祖培・熊金寿著『日語独習書』」（『研究集録』第 144 号・岡山大学大学院教育学研究科、2010 年 6 月）、「郭沫若在岡山的住所考」（『郭沫若学刊』2010 年第 2 期）、『中国人の日本語学習史——清末の東文学堂』（日本図書センター、2005 年）

中村みどり（なかむら　みどり）

東京生まれ、東京都立大学大学院人文科学研究科博士課程修了、博士（文学）、早稲田大学商学部准教授（任期付）

専門：中国文学、日中比較文学

主著：「“一・二八事変”之後的日本幻想」（王中忱・林少陽主編『重審現代主義——東亜視角或漢字圏的提問』清華大学出版社、2013 年）、「《留東外史》與日本」（曾平原・何林福主編『平江不肖生研究専輯』復旦大学出版社、2013 年）、「『対支文化事業』と陶晶孫——特選留学生としての軌跡」（『中国研究月報』第 67 巻第 5 号、2013 年 5 月）、「1930 年代上海におけるハリウッド映画『マダム バタフライ』の受容」（『文化論集』第 41・42 合併号、2013 年 3 月）

譚皓（TAN Hao）

中国遼寧省生まれ、北京大学歴史学系博士課程修了、博士（歴史）、大連民族学院講師

専門：中国近現代史、日中関係史

主著：「日本参謀本部首批『清国語学生』考略」（『北京社会科学』2014 年第 6 期）、「近代日本軍方首批留華学生考略」（『抗日戦争研究』2014 年第 1 期）、「重審甲午戦前中日関係史」（『中華読書報』2013 年 7 月 17 日、第 10 版）、「試論倉石武四郎漢語教育思想」（『日本学』第 18 輯、世界知識出版社、2013 年 12 月）

木山英雄（きやま　ひでお）

東京生まれ、東京大学大学院人文科学系修士課程修了、一橋大学名誉教授

専門：中国文学

主著：『人は歌い人は哭く大旗の前 漢詩の毛沢東時代』（岩波書店、2005 年）、『周作人「対日協力」の顛末——補注『北京苦住庵記』ならびに後日編』（岩波書店、2004 年）、『北京苦住庵記——日中戦争時代の周作人』（筑摩書房、1978 年）

尾高暁子（おだか　あきこ）

東京生まれ、東京藝術大学大学院修士課程修了、東京藝術大学、一橋大学ほか非常勤講師

専門：中国近代音楽史、音楽民族学

主著：「大正琴の伝播と変容――台湾、インドネシアおよびインドの事例」（共著、『京都教育大学紀要』No.120、2012年）、「東京音楽学校管理文書にみる中国人留学生」（『第九届中日音楽比較国際学術検討会論文集』2011年）、「従黎錦暉編的『倹徳歌集』来看1930年代上海」（『天津音楽学院学報：天籟』2008年第2期）、「両大戦間期の中日ハーモニカ界にみる大衆音楽の位置づけ」（『東京藝術大学音楽学部紀要』第33集、2007年）

見城悌治（けんじょう　ていじ）

群馬県生まれ、立命館大学大学院文学研究科博士後期課程修了、博士（文学）、千葉大学国際教育センター准教授

専門：日本近代史、東アジア文化交流史

主著：「1940年の『中華民国留日学生会』と日華学会」（『中国研究月報』第68巻第10号、2014年10月）、「1930年代における中国留学生たちの日本見学旅行」（矢嶋道文編『互恵と国際交流』クロスカルチャー出版、2014年）、「中国医薬留学生和近代日本」（大里浩秋・孫安石編『近現代中日留学史研究新動態』上海人民出版社、2014年）、『近代の千葉と中国留学生たち』（千葉日報社、2009年）

川崎真美（かわさき　まみ）

東京生まれ、中央大学大学院法学研究科政治学専攻博士前期課程修了

専門：近代日中関係史

主著：「駐清公使矢野文雄の提案とそのゆくえ――清末における留日学生派遣の契機」（大里浩秋・孫安石編著『留学生派遣から見た近代日中関係史』御茶の水書房、2009年）、「明治～大正、神保町留学生地図」（共著、地図解説、『東京人』26巻11号、2011年11月）

田沼彬文（たぬま　あきふみ）

東京生まれ、東京大学大学院総合文化研究科国際社会科学専攻修士課程2年

専門：国際政治学、安全保障

主著：「武力行使の威嚇と国際合意――湾岸戦争、イラク戦争、迂回された安全保障理事会――」（東京大学大学院総合文化研究科修士論文、2015年3月）

編　者　神奈川大学人文学研究所《かながわだいがくじんぶんがくけんきゅうじょ》

編著者　大里浩秋《おおさとひろあき》・孫安石《SON An Suk》

神奈川大学人文学研究叢書 35

近現代中国人日本留学生《きんげんだいちゅうごくじんにほんりゅうがくせい》の諸相《しょそう》——「管理《かんり》」と「交流《こうりゅう》」を中心《ちゅうしん》に

2015年 3 月31日　第 1 版第 1 刷発行

編　者——神奈川大学人文学研究所

編著者——大里浩秋・孫安石

発行者——橋本盛作

発行所——株式会社御茶の水書房

〒113-0033　東京都文京区本郷5-30-20

電話　03-5684-0751(代)

組版・印刷・製本所——東港出版印刷株式会社

Printed in Japan

ISBN978-4-275-02010-9　C3022